예술심리학

Ellen Winner 저

이모영 · 이재준 공역

학지사
www.hakjisa.co.kr

INVENTED WORLDS

by Ellen Winner

▓ 역자서문 ▓

1871년 어느 날의 일이었다. 독일 드레스덴에서는 아주 흥미로운 전시회가 있었다. 이곳에 홀바인(Holbein)이 그렸다고 간주되는 마돈나 초상화 두 작품이 걸렸는데, 두 작품 중 하나는 진작이고 나머지 하나는 모작이었기 때문이었다. 페히너(G. Th. Fechner, 1801-1887)는 바로 이 곳에서 예술의 효과에 관한 경험적 연구를 수행했다. 그는 이 연구에서 관람자들을 대상으로 설문조사를 실시했는데, 두 작품들 중에 어느 것이 더 마음에 드는지를 묻는 일이었다. 물론 그 결과는 너무나도 빈약했다. 약 1,000명이나 되는 관람자들 중에서 조사에 응한 것은 단지 17명뿐이었던 것이다. 그러나 이 연구는 최초로 경험적 연구방법을 사용해서 예술의 효과를 설명하려 했다는 점에서 중요한 역사적 의의를 지닌다. 왜냐하면 그 당시에는 예술과 아름다움을 철학적인 연구방법에 따라 이해하고 해석하는 것이 일반적이었기 때문이다. 페히너는 자신의 접근방법을 '아래로부터의 미학(Ästhetik von unten)'이라고 일컬음으로써 철학적인 방법론에 의한 '위로부터의 미학(Ästhetik von oben)'과 구별했다.

그가 이처럼 새로운 방법론에 따른 '새로운 미학'을 모색한 데에는 세계관의 변화를 몸소 실현한 그의 학문적 의지가 크게 작용했다. 당대는 과학의 시대이자 미학의 시대였다. 그래서 예술은 미학의 대상이었던 것 못지 않게 과학적 심리학의 중요한 분야로 간주되었다. 과학적인 미학이라고 할 수 있을 예술학(Kunstwissenschaft)의 탄생도 따지고 보면 심리학이 과학이라는 의미의 학문으로서 자리하게 되었던 비슷한 사정에서 연유한다. 그 사정이란 이렇다. 서양에서는 예술학이 등장하기 이미 백여년 전부터 '미학'(Aesthetik)이라는 명칭이 사용되었다. 여기에는 지금 우리가 알고 있는 '미학'을 학문의 한 분과로 자리매김했던 바움가르텐(A. G. Baumgarten, 1714-1762)의 역할이 컸다. 그는 1750년과 1758년에 『미학』(Aesthetica)이라는 책을 세상에 냈는데, 아름다움과 예술에 관한 학문을 철학의 한 분야로 삼았다.

미학이라는 말의 뜻을 찾아 거슬러 올라가다 보면 고대 그리스말 '아이스테시스'(aisthesis)에 다다른다. 그것을 '감각에 따라 앎' 쯤으로 거칠게 옮길 수 있을 듯하다. 바움가르텐이 왜 이런 말을 예술과 아름다움에 관해 사용했는지는 굳이 전문적인 분석이 아니더라도 쉽게 알 수 있다. 요컨대 우리는 일상적으로도 예술을 어떤 개념으로 규정하지 않고서도 대개 느낄 수 있어서, 감각이나 감정을 쫓아 경험하는 것이 보통이다. 다만 그것의 의미를 형이상학적으로 구명하느냐의 문제는 여전히 남아 있을 수 있고, 그래서 바움가르텐 역시 예술에 관한, 그리고 아름다움에 관한 주제를 형이상학이 다뤄야 한다고 여겼던 것이다. 물론 이런 이야기의 배경에는 근대적 주체의 탄생이라는 엄청난 사상적 힘이 영향을 행사하고 있다.

어쨌든 여러 가지 반론과 극복의 노력들이 있었지만 이런 전통은 19세기까지 계속 이어졌다. 독일관념론 철학의 대표자인 헤겔(G. W. F. Hegel, 1770-1831)이 죽은 몇 년 뒤에 호토(Hotho)라는 제자가 스승이 평소 강의했던 내용을 묶어 이를 『미학강의』(Vorlesungen ueber die Aesthetik)라는 이름으로 출간했다. 그 책이 가진 내용의 진위야 어떻든 파장은 일파만파로 퍼져 온 세상이 헤겔의 관념론적인 미학에 열광했다. 하지만 다른 한편으로 당시는 르네상스 이래의 과학적 정신 역시 크게 성장한 때여서 그 여파는 오래가지 않았다. 과학을 학문으로 신봉하는 전통에서는 사변적이고 관념적인 입장을 받아들일 수 없었다. 예술학은 바로 그 무렵에 탄생했던 것이다.

데스와(M. Dessoir, 1867-1947)는 1906년에 『미학과 일반예술학』 (Aesthetik und allgemein Kunstwissenschaft)이라는 책을 냄으로써 세상에 예술학을 정식화했다. 예술학의 기본 목표는 철학적인 '미학' 이 다루었던 내용을 과학적인 방법에 입각해서 엄밀하게 마련하려는데 있다. 그 사이에 어느덧 예술에 관한 심리학, 예술에 관한 사회학, 예술에 관한 물리학, 예술에 관한 화학 등등 다양한 과학적 학문 분과들이 미학과 화해했고, 그런 학문들이 이제는 예술학의 한 영역으로 자리하게 되었다. 그결과 우리는 이제 미학을 '예술철학' 과 '예술학' 이라는 양대 산맥으로 크게 구별한다. 이렇게 보면 예술심리학은 미학과 심리학 사이에 있는 '사이학문' 이라 할 만하다.

한편 페히너 이후에도 예술에 관한 심리학 연구는 정신물리학의 연구 패러다임에 기초하여 심미적 대상의 자극특성과 그 반응간의 관계를 설명하는데 관심을 집중해왔다. 다양한 색채와 형태들을 조작하고, 이들 자극들에 대한 심미적 반응, 즉 즐거움(pleasure)의 정도를 객관적으로 측정하여 심미적 대상과 심리적 반응간의 보편적인 법칙을 세움으로써 이를 토대로 예술 현상을 설명하고자 시도했다. 또한 다양한 색상이 미치는 심리적 효과들을 분석했고, 형태들의 다양성과 통일성에 기초한 미적 만족의 원리들을 검토했다. 이러한 연구의 기본 방향은 '새로운 실험미학(new experimental aesthetics)' 이라 불리는 예술심리학 이론에 근거하여 더욱 면밀한 방법론으로 발전되어 왔다. 이처럼 예술심리학은 심리학이 하나의 독립된 학문으로서 자리하기 시작했던 무렵부터 심리학 연구의 중요한 분야로 간주되어 왔던 것이다. 물론 당시의 예술심리학 연구는 정신물리학과 지각심리학의 연구 패러다임 안에서 활발히 연구되었다.

그렇지만 예술에 대한 심리학 연구는 심리학의 다른 주제들과 비교하여 상대적으로 소홀히 다루어져왔다. 그 이유로는 첫째로 연구대상인 예술이라는 주제가 지닌 특성에 기인한다. 사람들은 흔히 예술을 신비한 것으로 여겼으며 그에 대한 경험적 연구란 불가능하다고 생각해왔다. 심리학은 경험적 연구방법을 사용하여 인간의 행동에 관한 보편적인 법칙을 추구한다. 따라서 예술에 대한 심리학 연구에서는 심리학의 경험적인 연구방법을 사용하여 예술활동에 대해 객관적이고 보편적인 진술을 세우고자 한다. 실제로 연구대상인 예술활동은 대단히 복잡하고 미묘해서 경험 과학적 접근방법을 사용하여 기술하기가 쉽지 않다. 창작과 감상을 포함한 이런 예술활동의 복잡성과 미묘함이 그것에 대한 심리학적 분석을 어렵게 한다.

예술에 대한 심리학적 연구가 상대적으로 더딘 성과를 보게 되었던 두 번째 이유는 이렇다. 예술은 문화의 알맹이로서 인간의 순수한 정신활동을 본모습으로 한다. 그러므로 그것은 대개 삶의 유용성에서 빗겨서 있기 마련이다. 말하자면 예술은 실용적이지 못하다. 현대 여러 학문들이 점점 더 실용적인 면을 강조하는 경향을 보이고 있다는 점에서 예술은 이들의 관심을 끌지 못했다.

그 동안 예술에 대한 심리학적 연구가 등한시 되었음에도 불구하고 이에 대한 연구의 필요성은 크게 증가하고 있다. 이는 문화와 예술처럼 비실용적인 주제들에 대한 경제적, 사회적 가치와 효용성이 새롭게 창출되고 있는 현상을 반영한 때문이다. 고도화된 기술문명이 자본과 뒤엉켜 있는 이즈음의 사회에서 우리는 그에 걸맞는 방식으로 삶의 질을 향상시키려한다. 감성적인 즐거움에 대한 몰입은 우리 사회의 지향점과 맞아떨어진다. 문화와 예술에 대한 욕망의 확대도 이런 배경을 가지고 있다. 이러한 맥락에서 인간 삶의 여러 측면들에 관심을 보여왔던 심리학이 예술에 주목하는 것은 시대적 요구에 대한 당연한 응답이라 할 수 있다. 예술심리학은 예술 문화가 보여주는 다양한 스팩트럼을 그 심층에서 이해할 수 있는 견고한 토대를 제공해 줄 수 있을 것이다.

이 책은 심리학의 측면에서 예술에 대한 여러 가지 궁금증을 해소해 줄 것이다. 그리고 빈약한 국내의 예술심리학 연구를 위해서도 좋은 연구 사례들을 보여줄 것이다. 나아가 이 책이 보여줄 수 있는 것 이상의 더 큰 관심이 예술심리학에도 일어날 수 있길 기대한다. 루돌프 아른하임(Rudolf Arnheim)이 머리말에서 밝히고 있듯이 이 책은 개론서이지만 비판적인 성격의 글이다. 이 책은 경험적으로 입증된 무미건조한 화석화된 지식을 그저 우리 앞에 늘어놓기보다는 오히려 여러 논쟁점들을 생산적인 혼동으로서 제시함으로써 더욱 새로운 연구 분야의 가능성을 제시하고 있다. 결국 이 책을 읽는 독자들은 깔끔하게 포장된 결과물을 손쉽게 받아들 수 없을 것이다. 도리어 문제를 풀고 탐구하는 놀이의 신명나는 마당에 초대받는다.

간단치 않은 분량의 번역작업에 여러모로 도움을 받았다. 성균관대학교 아동학과 석사과정에 있는 이화선 씨는 매 부분마다 번역과 교정을 도맡아주었다. 홍익대학교 미학과 석사과정에 있는 김태은 씨와 최현주 씨도 번역문을 함께 읽어가며 유익한 충고를 주었다. 이 모든 분들에게 감사드린다. 끝으로 이 책이 세상에 나올 수 있도록 노고를 아끼지 않아주신 학지사 김진환 사장님과 편집부 정채영 과장님께도 감사드린다.

옮긴이

▓ 저자서문 ▓

루돌프 아른하임(Rudolf Arnheim)

　심리학자들이 예술을 다룰 때 성공적인 연구를 수행하려 한다면, 무엇보다도 두 가지를 염두에 두어야 한다. 첫째로 유능한 외과의사가 각 기관의 질서와 기능을 파괴하지 않고서도 신체를 해부할 수 있는 것처럼 섬세한 손놀림이 필수적이다. 다른 한편으로 종교에 관해 말했던 루돌프 오토(Rudolf Otto)가 경외로운 신비(mysterium tremendum), 즉 경외감을 불러일으키는 신비라고 불렀던 것을 소중히 여기는 마음도 필요하다. 만일 그들이 섬세한 손길을 갖고 있지 못하다면, 현상들을 충분히 심사숙고하지도 않은 채 기술하거나 설명하려는 자료들을 함부로 다룰 것이다. 또 만일 그들에게 그런 경외감에 대한 소중한 마음이 없다면, 현상들을 대충 다뤄도 된다고 여길는지도 모른다. 그렇지만 예술은 바로 그런 것이다. 예술은 말하자면 특별한 것이다.

　엘런 위너(Ellen Winner)는 그것을 잘 알고 있다. 프로이트조차도 과연 무엇이 예술을 위대하게 만드는지, 또 어떻게 위대한 예술가가 탄생하는지 확신할 수 없었다. 위너는 독자들에게 이런 사실을 환기시킨다. 분명히 선원들만 그런 짓을 한 것은 아니었겠지만, 알바트로스가 갑판위로 끌어내려져 괴롭힘을 당했던 것처럼 시적 알바트로스인 보들레르

(Baudelaire)가 준 교훈에 주목한다. 그녀는 알바트로스가 자유로이 날게 내버려둔다. 그러면서도 그의 그림자가 땅에 드리워져 비로소 가까이 측정할 수 있는 2차원의 존재가 되었을 때라야만 그에게 다가선다. 더욱이 그녀는 자신의 도구를 그에게 사용할 때면, 우리가 경외해 마지 않는 저 고매한 유령에게 깊은 감사와 배려를 아끼지 않는다.

위너는 사뭇 진지하다. 그녀는 실험기법을 아주 잘 익혔다. 더욱이 그 것을 아동심리학에 적용할 때는 더 큰 빛을 발한다. 특히, 아이들이 어떻게 보고 듣는지, 그리고 그들이 언어를 어떻게 다루고 있는지를 밝히려 할 때, 그녀는 추상적인 설명의 한계를 넘어선다. 그녀와 동료들은 자신들이 실제로 관찰한 아이들의 다양성과 복잡성에 따라 그것을 설명해낸다. 위너는 이렇듯 깨어 있는 것이다. 바로 그것이 한 번쯤 느슨해 보일 수도 있었던 그녀의 태도를 과학자들이 갖춰야 할 표준에서 벗어나지 않게 한다. 그녀는 다양한 분야의 예술심리학이 쏟아놓는 수많은 이론들을 조심스럽고도 명료하게 설명해준다. 게다가 가능한 한 전문용어를 사용하지 않으면서도 말이다. 그러면서도 위너는 그것이 과연 검증 가능한지를 유연한 태도로, 그렇지만 끈질기게 쉬지 않고 뒤쫓는다.

이렇게 볼 때 위너의 이 책은 독자들이 앞으로 수년간은 의지하게 될 개론서임에도 불구하고 비판적인 책이라고 할만하다. 여기에는 독자들이 너무나 잘 알고 있는, 또 이미 확증된 나머지 무미건조해져 버린 정보란 하나도 없다. 위너는 묻는다. 또 의심의 목소리를 높인다. 그녀는 빈틈을 꼬집어낸다. 그리고 나서는 맞서 있는 논쟁거리들을 정리한다. 나아가 위너는 생산적인 혼란의 소용돌이 한가운데서 새로운 연구 영역을 보여준다. 그리하여 독자들은 깔끔히 포장된 결과물을 넘겨받는 대신, 문제를 탐구하고 풀어야 하는 놀이에 초대받는다.

실험연구법에 따르는 예술심리학은 검증할 수 있고, 측정할 수 있고, 또한 계량할 수 있는 것에 대해서만 말해야 한다고 주장함으로써 일반화의 길로 향해간다. 우리가 잘 알고 있듯이, 그 길이 향하고 있는 곳이란 실재성에 관한 가장 적합한 진술이면서도 동시에 그 실재성으로부터 가장 거리가 먼 진술이다. 대개의 심리학들은 이렇게 한다. 그리고 다른 과학들도 마찬가지다. 하지만 여기서 이제 두 종류의 요원함을 구별할 필요가 있겠다. 한 부류는 어떤 주제의 부차적인 측면을 다루고 있는 과학적 탐구들이다. 이들은 쉽사리 그런 측면들을 주제와 관련시킬 수 있다. 그러나 그 경우 진리는 저 멀리로 밀려가 버린다. 결국 이들은 그 어떤 것도 밝혀내지 못한다. 이와 다른 한편에 감각들을 일깨우는 것과는 너무나 동떨어진 고도의 추상적인 진술이 있다. 그럼에도 그 속에선 주제의 바로 그 핵심이 반향을 일으킨다. 우주의 떨림을 느끼지 못하고서는 그 누구도 행성운행에 관한 케플러의 수학법칙을 깨우칠 수 없으리라. 예술의 심리학에도 마찬가지의 차이가 존재한다.

누가 어떤 색과 형태를 더 좋아하는지, 심미적인 즐거움이 과연 어느 정도 복잡성 수준에서 지루함의 고통으로 바뀌는지, 그리고 선의 운동궤적이 얼마나 큰 공간적 거리를 만들어낼 수 있는지, 소리의 어떤 배열이 귀에 거슬리고 완결되지 못한 것처럼 들리는지 등등. 수많은 연구들이 이런 것들을 다루어왔다. 물론 이런 문제들을 이해하는 것은 중요하다. 또 워너 역시 이런 벽돌들을 꾸준히 모아 한 채의 집을 지으려 한다. 그러나 통찰력 있는 탐구란 그 어디서나 아래와 같은 사실들을 명확히 입증하려 한다는 점을 예술의 정신은 우리에게 분명히 보여준다. 즉, 인간의 마음은 예술의 도움을 받아 자신의 명료함과 심오함을 구하려 한다는 사실이 그렇고, 우리가 보고 듣는 사물들은 극적인 상징주의를 끌어들임으로써 결국엔 그 사물들의 진리가 우리 자신을 괴롭힌다는 사실이 그렇다. 이것이 바로 워너가 내게 깨우쳐준 점이다.

두 가지 유형의 독자들이 주로 이 책을 볼 것이다. 무엇보다도 심리학 전공자들이 있다. 그들에게 이 책은 심리학의 주제를 예술의 영역으로 확장하는 일이 환영받을 만한 것일뿐더러 유익하기도 하다는 사실을 증명해줄 것이다. 마음은 예술에서 자신의 뜨거운 열정을 가장 순수하게 내비칠 것이고, 또 거기서 자신의 의미를 가장 완전하게 이성적으로 풀어낼 것이다. 예술가의 심리학이라든지, 예술작품의 심리학이나 아니면 감상자의 심리학 등을 정당하게 다룰 수 있는 사람이야말로 인간의 본질을 가장 적합하게 설명해낼 수 있을 길에 들어설 것이다. 다른 한편에 예술 전공학생들, 예술가들, 예술사학자들, 그리고 예술이론가들이 있다. 이들은 관심을 오직 작품 자체에만 기울이려 한다. 그러나 이들은 예술작품이야말로 모든 인간에게 생기를 불어넣을 수 있는 가장 빛나는 산물이라는 사실을, 그리고 또한 창조의 충동이야말로 개인의 동기와 인지 일반에 뿌리를 내려 뻗고 있다는 사실을 깨닫게 될 것이다. 결국 이런 깨달음은 이 유형의 독자들에게 좋은 의미의 장애물의 역할을 해줄 것이다. 여기서 심리학자들은 예기치 못한 이 독자들을 맞아 조촐한 만찬을 함께 할 것이다.

에두아르트 한슬릭은 『음악의 아름다움에 관해』(On the Beautiful in Music)라는 자신의 책에서 이렇게 쓰고 있다. "그 어떤 길도 만물의 중심에 이르진 못한다. 그렇지만 그 길 모두는 저 중심을 향해 나있는 것이다." 중요한 것은 바로 그 '향해 있음'이다. 어떠한 학문도 자신이 열망하는 대상과 똑같이 복제된 것을 세상에 내놓으려 하지 않는다. 학문은 단지 그 대상을 둘러쌀 그물을 던지고 그 속에 잡힌 것에만 다가갈 수 있을 뿐이다. 위너는 자신의 수많은 언급들 가운데서 이렇게 말하고 있다. "창조적 사고의 신비스런 실타래를 풀어내는 일이 예술이라는 이 유일무이한 활동을 폄하하진 않을 것이다. 도리어 그런 일은 더욱 놀라운 일들을 이루어낼 만하다."

▦ 감사의 글 ▦

1978년 여름, 나는 가을학기에 가르치기로 되어 있던 예술심리학 강의 초안을 만들기 시작했다. 그러자 기존의 어느 책도 예술심리학의 다양한 이론들과 내용들을 통합적으로 다루고 있지 못하다는 사실을 알게 되었고, 이런 결함들을 보완하기 위해 나는 이 책을 썼다. 나아가 이 책은 이 강의를 계획했을 때 내 스스로에게 제기했던 물음들에 대답하려는 의도에서, 그리고 이 강좌를 신청해야 할지 망설이던 학생들이 내게 물었던 '예술심리학이란 무엇인가?'에 답하려는 의도에서 쓰여졌다.

많은 사람들이 이 책의 저술에 도움을 주었다. 나는 하워드 가드너(Howard Gardner)에게 가장 많은 빚을 졌다. 예술심리학에 대한 그의 논문들은 나를 크게 자극시켰고, 내 원고에 대한 그의 충고도 큰 도움이 되었다. 그리고 그와의 학문적 교류는 나의 부족한 부분을 내내 채워주었다. 루돌프 아른하임(Rudolf Arnheim), 로저 브라운(Roger Brown), 패이블 마초트카(Paval Machotka) 그리고 데이비드 퍼킨스(David Perkins)는 내 원고를 모두 읽고 아주 적절한 제안을 해주었다. 모트 애처(Mort Achter), 진 뱀버거(Jeanne Bamberger), 톰 캐로더스(Tom Carothers), 어빈 차일드(Irvin Child), 릴리 데이빗슨(Lyle Davidson), 랜돌프 이스턴(Randolf Easton), 게리 햇필드(Gary Hatfield), 존 페이퍼(John Pfeiffer), 윌리엄 레이언(William Ryan), 조셉 테스(Joseph Tecce), 이렌느 위너(Irene Winner), 그리고 데니 울프(Dennie Wolf)는 이 책의 곳곳에 대해서 유용한 비평을 해주었다. 또한 나에게 처음으로 예술심리학 강의를 하도록 제안했던 보스턴 대학 동료교수인 알리 바누아치치(Ali Banuazizi)에게도 고마움을 표한다.

하버드대학 출판부 역시 이 책을 출판할 수 있도록 많은 도움을 주었다. 그 중에서 에릭 워너(Eric Wanner)는 내내 매우 중요한 제안을 해주었고, 엘라인 토플이언(Elyne Toplian)은 편집과 음악의 전문지식에 많은 도움을 주었다. 나는 이 책의 편집자인 버지니아 래플랜트(Virginia LaPlante)에게 극진한 감사를 표한다. 그녀는 거친 표현을 매끄럽게, 연결부분을 탄탄하게 교정해주었고 또한 글의 구조과 논리적인 면을 명료하게 하는데 많은 도움을 주었다.

이브 멘델스존(Eve Mendelsohn)은 그림들을 수집하고 또 그것들을 사용할 수 있도록 허락을 받아주었다. 그녀는 이 일을 미리 헤아려보고 또 효과적으로 수행해서 결국 이 넘치는 일을 해볼만한 것으로 만들어 주었다. 나는 그녀의 기여가 너무나 크다고 여기고 있다. 그리고 다음의 분들에게도 감사드린다. 그림과 도판을 마련해준 베버리 세로닉(Beverlee Seronick), 악보를 준비해준 윌리엄 민티(William Minty), 사진촬영에 도움을 준 크리스 밀러(Chris Miller), 참고문헌을 작성할 때 도움을 준 파우라 블랭크(Paula Blank), 엘리 에리코(Ellie Errico), 크리스 메이어(Chris Meyer), 그리고 크리스 밀러(Chris Miller), 교정을 보아준 엘리 에리코(Ellie Errico)와 크리스 메이어(Chris Meyer), 정서 해준 엘렌 핑켈스테인(Ellen Finkelstein), 캐서린 홀렌바흐(Kathryn Hollenbach), 데이비드 맬루프(David Maloof), 셀리아 슈나이더(Celia Schneider) 그리고 린다 스튜어트(Linda Stuart). 여기서 논의된 몇몇의 연구는 인지발달에 관한 연구영역에 예술이 포함되기를 기대하는 많은 단체들이 지원하는 〈국립교육연구소〉, 〈국립과학재단〉, 그리고 〈스펜서 재단〉이 〈하버드 프로젝트 제로〉(Harvard Project Zero)을 후원함으로써 이루어졌음을 밝혀둔다.

차 례

제2부 미술

제3부 음악

예술의 수수께끼

심리학자들은 예술작품 속에서뿐만이 아니라 예술가들이 기록해 놓은 사적인 관찰들에서도 풍부한 정보를 찾아낸다. 그것이야말로 특별한 연구분야에 공헌할 것이고, 인간의 마음 일반에 대한 이해 또한 더욱 증진시킬 것이다.

– 루돌프 아른하임(Rudolf Arnheim)

예술행위가 생존을 위해 절대적으로 필요한 것은 아니지만, 우리가 알고 있는 모든 형태의 인간사회는 어떤 방식으로든 예술과 관련을 맺어 왔다. 예술은 인류가 이 땅에 존재하기 시작한 이래로 계속 있어 왔다. 인류 최초의 조상인 크로마뇽인들은 그림을 그리고, 가능한 형태의 노래, 춤, 드라마를 즐겼다. 이 최초의 인류는 식물에서 추출한 자연염료를 가지고서 자기들이 사냥한 동물들을 그림으로 그려 동굴 벽을 뒤덮었다. 이 그림에 나타나는 가면의 묘사는 이미 그 당시에 유아기적 형태의 연극이 행해지고 있었다는 것을 보여준다. 또 그 동굴에서는 동물뼈를 깎아 만든 피리도 발견되었는데, 이는 당시에 초기 형태의 음악이 만들어졌다는 사실을 말해 준다. 게다가 그 당시 수렵과 채집이 주가 되었던 사회에서 모든 형태의 예술이 널리 보급되어 있었다는 사실은 크로마뇽인들이 그림을 그렸을 뿐만 아니라 가무 또한 즐겼다는 견해에 대한 중요한 지지증거를 간접적으로나마 제공해 준다.

동시대의 산업사회에서는 오직 몇몇 사람들만이 전문적인 예술 창작에 참여한다. 그러나 대중적 형태의 예술행위들도 '예술'이라는 범위 안에 포함시킬 수만 있다면, 아마 우리들 대부분은 어떤 형태로든 예술적인 창조행위를 하고 있다고 볼 수 있을 것이다. 가령 우리는 보석으로 몸을 치장하고, 정원에서 장미를 가꾸고, 거실을 꾸미며, 음식을 다채롭고도 가지런히 접시 위에 차린다. 또한 관객으로서도 예술에 참여하고 있다. 말하자면 박물관에 가고, 소설을 읽고, 음악을 듣기도 하며, TV 드라마도 보고, 올림픽 경기도 관람한다. 예술행위는 단순히 한가한 사람들만이 즐길 수 있는 사치가 아니다. 오히려 그것은 인간이 공연할 수 있는 모든 레퍼토리의 본질적 측면이다. 예술의 생산이란 참으로 놀랍게도 집단수용소 수용자들의 예술이 입증하듯이, 생존을 위한 끔찍한 투쟁과 같은 인간에너지의 상당 부분이 소모되어야 할 상황에서도 포기될 수 없는 것이다.

인간의 보편적 측면을 이해하기 위해 사회과학자들은 언어, 도구사용, 공격성, 성과 같은 형태의 행위들을 연구해 왔다. 예술의 이러한 보편성에도 불구하고, 우리는 예술행위를 설명하기 위한 거의 아무런 노력도 경주하지 않아 왔다. 예술행위는 많은 어려운 문제들을 제기한다. 예를 들면 우리는 왜 물리적 생존과 아무런 관련도 없는 행위를 그토록 강력하게 추구하고 있는가, 이런 욕구는 우리가 놀이하고 꿈꾸며 환상을 만들도록 동기화하는 그 무엇과 관련되어 있는가, 아니면 그것은 단지 수학문제를 풀고자 하는 욕구와 더 가까운가, 어째서 우리는 예술작품을 관조할 때 그런 강렬한 정서에 휩싸인단 말인가?

이러한 물음은 심리학적인 것들이다. 이 모든 물음에서 본질적인 것은 '예술'이라는 용어 자체의 의미 아래 놓인 근원적 물음이다. 우리는 그 용어를 어떻게 사용하는지 잘 알고 있지만, 예술작품으로 분류하기 위해 도대체 어떤 것에 그 용어를 사용해야 할지, 즉 그 규준들을 정식화하는 일은 너무도 어렵다.

예술에 대한 전통적인 정의

예술작품이 어떤 것인지 명쾌한 예를 제시하고 이것을 예술로 분류되지 않는 다른 예들과 대비시키는 일은 별다른 어려움이 없다. 일반적으로 지도가 아닌 그림은 예술작품으로 여겨진다. 그리고 자동차의 경적소리가 아닌 모차르트의 협주곡과 신문기사가 아닌 한 편의 시도 예술로 간주된다. 우리는 다 빈치의 그림, 셰익스피어의 소네트, 말러의 교향곡, 그리고 그리스 꽃병들 등을 참조한 공통어를 사용하기 때문에, 이 대상들 모두에 공통된 어떤 것이 있다고 가정한다. 우리가 그것들의 공유 속성들을 나열할 수만 있다면 예술의 필요충분 조건들, 즉 모든 예술작품에 공통적으로 있지만 예술작품이 아닌 대상에는 없는 특징들을 기술할 수 있다고 가정한다.

어느 누구도 예술작품임을 부인할 수 없는 레오나르도 다 빈치의 〈모나리자〉(Mona Lisa)를 예로 들어보자. 우리가 이 그림의 특징들을 조목조목 따져보면 아마 예술작품이 지닌 정의적 특성을 찾아낼 수 있을 것이다. 〈모나리자〉는 인공물로서 인간이 심사숙고해서 능숙하게 만든 것이다. 그것은 분명히 유용한 기능을 지니고 있지 않지만 관조하게끔 제작되었다. 또한 〈모나리자〉의 미소가 전달하는 감정은 모호하지만 어쨌든 감정을 표현한다. 그것은 추측컨대 레오나르도의 자기표현 수단으로 작용하는 듯하다. 게다가 그 작품은 아름답고 그것을 바라보는 일은 즐겁다.

그러나 이런 특질들이 예술의 정의적 특성은 아니다. 첫째, 이러한 특질들 중 단일한 특질 그 자체로 어느 대상을 예술작품으로 평가하기에는 충분치 않다. 왜냐하면 이들 특질들 각각은 명백히 예술작품이 아닌 대상들에게도 공통적이기 때문이다. 칫솔은 조각품과 마찬가지로 인공물이다. 그리고 예술작품 이외의 많은 대상들이 인간에 의해 심사숙고 끝에 능숙하게 만들어졌다. 또 예술작품만이 아니라 다른 많은 대상들(가령 스냅사진이나 작은 장식용 소품 등)도 유용한 기능을 가지고 있지 않다. (성난 대중의 신문사진, 늘어진 버드나무 가지 등) 많은 대상들도 감정을 표현하고, (정치적 연설 등은) 자기표현의 수단으로 작용한다. 마지막으로 예술과 같이 자연도 바라보기에 아름답다.

둘째, 이러한 특질들 중 단일한 특질은 예술작품에 반드시 필수적인 것이 아니다. 왜냐하면 그 특질들 중 어떤 것은 예술대상에서 제외될 수도 있기 때문이다. 미술관 안의 난간 받침대 위에 놓인 어떤 조그만 나무막대처럼 '파운드 아트'(Found art)는 인공물이 아니다. 침팬지가 손가락으로 그린 그림은 비록 인간의 산물이 아니더라도 예술로 분류될 수 있다. 우연히 엎질러진 물감이 만드는 유쾌한 패턴들은 비록 심사숙고해서 능숙하게 만들어진 것은 아니지만 예술로 간주되곤 한다. 사실상 19세기의 낭만주의자들은 흔히 심사숙고가 예술을 거스른다고 믿었다. 셸리(Percy Bysshe Shelley, 1792-1822)는 〈종달새에게〉(To a Skylark)라는 시에서 자신의 영혼을 '미리 심사숙고해 놓지 않은 예술'에 쏟아 부었다. 또 초현실주의자들은 자신들이 '자동적 기술'(automatic writing)이라 부르던 것을 신봉했는데, 자신들의 재능을 의식적으로 통제하는 모든 것을 버림으로써 초자연적인 매개물이 그들 자신들을 통해서 발현되도록 작업했다. 어쩌면 예술작품들이 유용한 기능을 발휘할 수도 있다. 가령 동굴벽화는 단순히 감상용으로 그려지기보다는 사냥꾼들에게 행운과 용기를 불어넣어 주기 위해 그려졌을 수도 있다. 20세기의 '미니멀아트'(minimal art)처럼 어떤 예술은 감정을 표현하지 않을 수도 있다. 자기표현의 경우를 생각해 볼 때, 고대 이집트 미술처럼 엄격한 전통에 따라 작업하는 예술가들이 '규준을 위반하는 일'이 높이 평가받는, 비교적 근래의 개인주의적 전통 속의 예술가들처럼 예술로써 얼마나 그 자신을 표현하고 있는지는 의문이다. 끝으로, 심미적 호소력과 아름다움이 필수적이라고 한다면, 이는 '심미적'이라고 불리기 어려운 뒤샹(Marcel DuChamp, 1887-1968)의 〈변기〉(Urinal, 1917. 원래의 제목은 Fountain이다)나 '아름답다'는 일반적 의미의 용어로 표현하기 어려운 뭉크(Edvard Munch, 1863-

1944)의 〈절규〉(The Scream, 1893) 등은 배제된다.

　예술작품의 필요충분 조건을 밝혀내는 일의 모호성 때문에 예술이 무엇인가를 정의하려는 시도는 역사상 오래되었고, 또 논쟁도 많았다. 수세기에 걸쳐 많은 사상가들이 예술의 필요충분 조건을 규정하고자 애써 왔다. 그래서 각각의 새로운 이론들은 기존의 이론들을 비판적으로 배제해 왔다. 정의할 때 특정 예술형식들을 배제하면 그것은 불완전하다고 비판받았고, 또 그것이 예술과 예술이 아닌 것을 분명히 구분하지 못하면 지나치게 포괄적이라고 비판받았다. 그러나 예술을 정의하려는 시도는 포기된 적이 없는데, 이는 모든 예술이 공유하고 있는 것과 예술과 예술이 아닌 것을 구분하게 하는 것을 알지 못하면, 예술에 관한 의미 있는 언술을 할 수 없으리라는 확고한 신념 때문일 것이다(Bell, 1913). 특히 형식주의자와 정서주의자가 시도했던 예술에 관한 두 가지 정의는 그 문제의 난맥상을 여실히 보여주고 있다.

　영국의 미학자인 클라이브 벨(Clive Bell, 1913)은 예술작품이 그것의 내용에 의해서가 아니라 오직 형식에 의해서만 예술로서의 자기 지위를 얻는다고 주장했다. 예술작품에서 근본적 요소들은 '의미 있는 형식'(significant form)을 창조하는 방식으로 조합되고, 이 형식이 관찰자들에게서 '심미적 감정'(aesthetic emotions)을 불러일으킨다는 것이다. 요컨대 오직 예술만이 의미 있는 형식을 가지고 있으며, 바로 이 형식만이 심미적 감정을 불러일으킨다는 것이다.

　이러한 정의는 전통적이고, 서사적이고, 재현적인 기능이 사라져버린 20세기의 추상작품들을 예술에 포함시킬 수 있는 장점을 지니고 있다. 나아가 재현으로부터 디자인의 중요성에로 관심을 돌리게 한다. 그럼에도 불구하고 벨의 정의에는 몇 가지 심각한 문제들이 가로놓여 있다. 첫째, 의미 있는 형식, 즉 예술의 정의적 특질은 심미적 감정을 불러일으키는 것으로 정의된 반면, 다시 의미 있는 형식이 심미적 감정을 야기한 것으로 정의된다. 이러한 순환론적 정의는 검증 불가능하며, 반증할 수도 없다. 더구나 '심미적 감정'를 규정하는 문제는 예술 자체를 규정하는 문제만큼이나 어려움을 안고 있다.

둘째, 벨의 정의는 심미적 반응을 불러오지 못하는 예술을 배제하고 있다. '서툰' 작품은 의미 있는 형식을 결여하고 있을 것이므로 예술로 서 평가받지 못할 것이다. 그래서 그의 정의는 오직 '빼어난' 작품만을 예술에 포함시킨다. 이러한 정의는 (뛰어난 예술과 서툰 예술을 구분하는) 평가적 개념과 (예술과 예술이 아닌 것을 구분하는) 기술적 개념을 뒤섞어 놓았다. 그러므로 벨의 정의는 불완전하다.

벨이 예술의 형식적 측면을 결정적인 것으로 간주했던 반면, 톨스토이 (Leo Tolstoy, 1930)나 미학자인 컬링우드(R. G. Collingwood, 1938) 같은 사 람들은 예술의 정서적 측면을 중시했다. 톨스토이는 예술이 지닌 진정한 본질적 특질은 형식이 아니라 대중적인 감각적 매체로써 감정을 표현하 는 것이라고 주장했다. 예술에서 정서는 마치 전염병이 퍼져나가듯이 수 용자의 마음 속으로 스며든다. 감염의 힘이 크면 클수록 더욱 뛰어난 예 술이다. 나아가 감정을 가지고 다른 사람들을 감염시키지 못하는 것이 있다면 그것은 예술로 평가받지 못한다.

그러나 정의 역시 개연적일 뿐이다. 이 정의의 첫째 문제는 정의의 범 위이다. 전형적으로 예술작품은 감정을 표현하지만 다른 많은 사물들도 감정을 표현한다. 공포 속에서의 비명이나 절망 속에서의 흐느낌은 소리 라는 감각적인 매체를 통해서 한 곡의 음악만큼이나 절절한 감정을 표현 한다. 여기서 필요한 것은 예술이라는 창조되고 꾸며진 가상세계를 통해 서 표현되는 감정과 문자 그대로 인간의 비명이나 흐느낌에 의해서 표현 된 감정 양자를 구분할 수 있는 방식이다. 둘째 문제는 예술작품이 갖는 지위가 그것에 대한 정서적 표현의 정도에 따라 결정되지 않을 수도 있 다는 점이다. 몬드리안(Piet Mondrian)의 그림에서 기하학적인 선들은 명 백한 의미에서는 감정을 표현하지 않지만, 그 그림들은 확실히 예술작품 이다.

이런 형식주의와 정서주의 이론은 예술을 정의하고자 하는 수많은 철 학적 시도 중에서 단지 두 가지 예일 뿐이다. 이처럼 어찌할 수 없을 만큼 난처한 문제를 해결하고자 동시대의 철학자들은 근본적으로 새로운 접근을 시도해 왔다. 그러나 예술의 본질이 무엇인가를 묻는 일은 가구나 음식처럼 일상적인 개념과 관련해서 그것이 무엇이냐고 묻는 것만큼이나 잘못 설정된 물음이다.

예술에 대한 새로운 정의

소크라테스 시대 이래로 '정의'에 대한 전통적인 접근은 문제시되는 용어의 필요충분 조건을 찾아내는 것이었다. 이러한 접근은 미학뿐만 아니라 다양한 분야의 철학적 탐구에 영향을 끼쳐왔다. 이론철학자들은 지식의 정의적 특성을, 도덕철학자들은 훌륭한 삶의 정의적 특성을, 그리고 예술철학자들은 미와 예술, 심미적 반응의 정의적 특성을 추구해 왔다.

정의에 관한 이런 전통적인 생각은 철학자인 비트겐슈타인(Ludwig Wittgenstein, 1953)에 의해 흔들리게 된다. 그는 거의 모든 개념이나 범주들은 그것을 구성하는 모든 성원들이 공통으로 나눠 갖는 공통된 특징 같은 것을 가지고 있지 않다고 주장했다. 또한 범주의 구성원들은 오히려 '가족유사성'이라 불리는 유사성에 의하여 결합되어 있다고 했다. 예를 들어 놀이라는 개념은 체스놀이, 카드놀이, 공놀이, 올림픽 경기, 노래하고 춤추며 둥글게 돌다가 신호에 맞춰 웅크리는 놀이(ring around the rosie), 벽에 볼을 던지는 것처럼 혼자 하는 놀이 등을 포함한다. 이러한 모든 놀이에 공통으로 속하는 특징은 없다. 놀이기술, 경쟁, 유쾌함 등은 몇 가지 놀이의 특성일 뿐 모든 놀이의 특성은 아니다. 어떤 놀이는 몇 가지 다른 놀이들과 특징들을 공유하고, 또 다른 놀이들은 그와 다른 한 놀이들의 무리와 또 다른 공통적 특성들을 공유한다. 전혀 새로운 활동이 특정한 놀이로 분류되는 것은 그것이 이미 놀이로 설정된 활동과 유사한가를 판가름함으로써 이루어진다. 그러므로 이는 새로운 활동이 모든 놀이와 동일한 방식에서 유사한지를 물음으로써 이루어지는 것은 아니다. 놀이 같은 개념은 열린 개념이다. 그래서 그 개념은 일련의 필요충분한 특징을 가지고 있지 않다. 오히려 그것은 중복되거나 교차하는 유사성의 망에 의해 함께 공유되어 있다. 이렇게 일상의 수많은 개념들은 소수(prime numbers)처럼 수학과 논리학의 닫혀 있는 개념과는 달리 열려 있는 개념인 것이다.

그 후 예술은 필요충분한 특성도 불필요한 열린 개념으로 정의될 수 있었다. 예전에는 꿈도 꿀 수 없었던 예술형식들을 포함시키기 위해서 이제 예술의 경계는 무한히 확장될 수 있어야만 한다(Weitz, 1956). 예술은 광범위할뿐더러 대담하고도 동적인 것이기 때문에, 예측할 수도 없으리 만큼 전혀 새로운 형태의 예술이 항상 가능하다. 또한 예술의 개념은 지속적으로 확장되는 것이므로 예술의 정의적 특징들의 목록이 작성될 수 없다. 그런 목록은 도리어 예술의 개념을 닫아놓을 것이다. 따라서 원칙적으로 예술작품을 정의하는 방법이란 존재하지 않는다.

철학자인 굿맨(Nelson Goodman, 1968, 1978)은 그보다 더 유용한 접근을 제안했다. 그는 예술이 필요충분한 특징으로 정의될 수 없다는 것을 인정했지만, 그럼에도 예술작품이 어떤 특징들을 가진다고 주장했다. 이러한 접근은 모든 예술작품이 상징을 포함하고 있을뿐더러 그 자체도 상징이라는 가정을 밑바탕에 깔아놓고 있다는 것이다. 이 관점에 따르면 예술이란 인간의 가장 특유한 활동의 표명, 즉 상징의 구조물이다. 그러나 모든 예술작품들을 상징으로 선언하는 일 또한 예술정의의 문제를 해결하지 못한다. 지도나 도표, 신호 등이나 숫자 등 수많은 사물이 분명 예술작품이라고 할 수 없음에도 상징성을 지닌다. 더욱이 모든 단어들조차도 상징이지만 모든 언어를 예술 언어라고 볼 수는 없다. 심미적 상징을 심미적이지 않은 상징과 구분할 때, 말하자면 신호등과 회화를, 그리고 신문기사와 시를 구분할 때 나타나는 어려움은 결국 예술의 정의적 특징을 규정하는 문제로 우리를 되돌아가게 한다.

이러한 문제를 피하기 위해 굿맨은 "예술이란 무엇인가?"라고 묻는 대신 "어떤 대상이 언제 예술작품이 되는가?"라고 묻는다. 그는 차도 위에 놓여 있는 돌의 예를 든다. 이 대상은 예술작품도 아니고 어떤 유형의 상징도 아니다. 동일한 돌이 지질학 박물관에 놓여 있어도 역시 예술작품은 아니다. 그렇지만 그 돌은 특정 시기에 특정한 성질을 지닌 돌의 샘플이므로 상징으로서 기능한다. 이 동일한 돌을 미술관에 놓아보자. 그러면 이 돌은 예술작품으로 기능하기 시작할 것이다. 지질학 박물관에 있는 돌처럼 미술관에 놓여 있는 돌도 일종의 상징이다. 그러나 이 돌은 지질학 박물관에 있는 돌이 지닌 특징과는 다른 특징의 샘플이다. 미술관에 놓여 있는 돌은 형태, 크기, 색, 결을 예시하고 있다. 심지어 은유적인 분위기조차 보여준다. 사람들이 미술관에 있는 돌을 바라볼 때 이 모든 특징들에 주의를 기울인다. 그런 경우 그 돌은 예술작품으로 기능하고 있다고 할 수 있다.

이 같은 예가 증명하는 것은 어느 하나의 동일한 대상이 어떤 맥락에서는 상징으로 작용하고 다른 맥락에서는 그렇지 않다는 것, 그리고 어떤 맥락에서는 심미적 상징으로 다른 맥락에서는 심미적이지 않은 상징으로 작용한다는 것이다. 어떤 대상이 예술적인 상징으로 기능할 때, 그 대상을 특징짓는 것은 그것이 어떤 증후들을 지니는 경향이 있다는 점이다. 그렇지만 이러한 심미적 증후가 예술의 필요충분한 특징은 아니다. 그것은 오히려 단서 혹은 한 질병의 증후와도 같은 것이다. 대개의 경우 감기는 목이 아프고 기침을 하고 열이 나는 증상을 동반하지만, 또 어떤 사람은 감기에 걸렸어도 아무런 증상을 보이지 않는다. 그리고 한두 가지 감기증상을 보이지만 감기에 걸리지 않은 사람도 있다. 이러한 증상들이 나타날 때, 감기에 걸렸다는 진단은 단지 하나의 안전한 견해에 불과하다. 그러므로 역시 하나나 그 이상의 심미적 증후에 따라 작품을 심미적인 것으로 특징짓거나 특징짓지 못하는 것은 아니다. 하나나 그 이상의 증후는 단순히 예술작품에서 드러나곤 한다. 그래서 이 같은 접근은 개연적인 것일 수 있다. 만약 어떤 대상이 하나나 그 이상의 심미적 증후를 포함한다면, 아마 그것은 예술작품이라고 일컬어질 것이다.

대다수 예술작품이 가지고 있는 증후들 중 하나가 '상대적인 구문론(rela-tive eyntactic repleteness)의 충만함'이다. 예술작품은 무엇인가로 가득 채워지는 경향이 있는데, 이는 어떤 대상의 상대적으로 더 많은 물리적 속성이 그 대상이 예술작품으로 기능하지 않을 때보다 예술작품으로 기능할 때 더 중요하기 때문이다. 지그재그 형태의 선(그림 1)을 생각해 보자. 우리가 이것을 심전도 그래프라고 생각하면 주목해야 할 것은 선의 오르내림이 될 것이다. 그러나 이 선이 풍경화 속에 묘사된 산의 윤곽이라면 선의 특징 이상의 것들, 즉 굵기, 밝기, 색 등에 주의를 돌릴 것이다. 이와 비슷하게 어떤 돌이 미술관에 놓여 있다고 하면 우리는 그 돌의 크기, 형태, 색과 결 등에 주의를 기울이게 될 것이다. 즉 상징이 심미적으로 기능한다면, 동일한 상징이 예술 이외의 것으로서 기능할 때보다 더 많은 물리적 속성이 중요시 될 것이다.

심미적인 것들의 또 다른 증후는 소위 '표현'이라 일컬어지는 '은유적 범례'(metaphorical exemplification)이다. 이것은 예술작품들을 전형적으로 상징화하는 방식들 중 하나와 관련된다. 예술작품은 기분(moods)을 표현한다고 한다. 가령 어떤 그림은 슬프게 한다고, 어떤 교향곡은 기분을 고양시킨다고, 어떤 시는 울적하게 한다고 일컬어지곤 한다. 그러나 표현되는 것은 기분만이 아니다. 가령 어떤 그림은 시끄러움으로, 어떤 교향곡은 뜨거움으로, 한 편의 시는 부드러움으로 표현되곤 한다. 특정 속성이 표현되는 방식은 이 문화에서 저 문화까지 아주 다양할는지도 모른

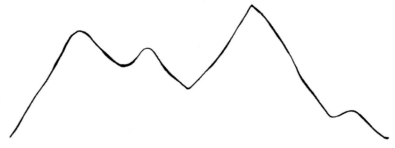

[그림 1] 충만함을 보여주는 지그재그 형태의 선

다. 그러나 그렇다고 하더라도 모든 문화가 보여주는 예술은 선과 색, 그리고 리듬 같은 형식적 특징을 통해서 기분이나 또 다른 특징들을 표현한다. 예술작품들은 표현을 통해서 상징화되지만 심미적이지 않은 상징은 그렇지 않다. 지도나 그래프는 그렇지 않지만, 회화는 슬픔을 줄 수 있고, 또 소란스러움과 따뜻함, 그리고 고요함마저 줄 수 있다. 게다가 예술작품이 표현하는 특징들은 작품이 문자 그대로 가지고 있는 속성과는 다른 것이다. 말하자면 실제로 그림이 파란색으로 그려진 것일 수 있지만 슬프게 느껴지는 것은 오직 은유적으로만 그렇다.

이처럼 심미적 증후가 나타난다는 사실은 우리에게 그림이 재현하고자 하는 것 이상을 상징에 의해 보도록 요구한다. 왜냐하면 우리는 일상적으로 심미적이지 않은 상징들, 즉 지도나 그래프 혹은 신호등 같은 상징들을 가지고 행위하는 것이 보통이기 때문이다. 즉 심미적 증후가 나타나면 우리는 애써 상징 자체에 마음을 기울이는 것이다. 이렇듯 예술작품이란 가시적으로는 분명하지 않다.

어떤 예술작품은 이런 증후들 중 몇 가지를 가지고 있지 않은 경우도 있을 것이다. 또 어떤 증후는 예술작품 이외의 것에서 발견될 수도 있을 것이다. 더군다나 이 증후들은 다양한 예술형태들에 걸쳐 다양하게 분포되어 있다. 만일 모든 증후들이 하나의 대상에서만 발견된다면 그것은 두말할 여지도 없이 예술작품임이 틀림없을 것이다. 만약 그 어떤 증후도 그 대상에서 나타나지 않는다면 그것은 결코 예술작품이 될 수 없을 것이다. 그러나 이들 증후들 중 그 어떤 것도 어떤 대상을 예술작품으로 인정하기 위해 반드시 존재해야 할 필요가 있는 것은 아니다.

이처럼 예술을 증후에 따라 정의하거나 개연적으로 정의하는 일은 예술과 예술이 아닌 것 사이의 경계에 놓여 있는 사례들을 다루기 쉽게 한다. 침팬지가 아무렇게나 그린 그림도 수용자들이 그것에서 나타난 선의 모든 물리적 속성이 적절하다고(풍부하다고) 여기기만 한다면 예술작품으로서 기능할 수도 있다. 그러나 침팬지에게는 그 작품이 예술작품으로서 기능하지는 않을 것이다. 선과 색의 정교한 변화는 아주 우연히 만들어졌을 것이며, 침팬지는 이러한 정교한 변화에 거의 또는 전혀 주의를 기울이지 않았을 것이다. 그러므로 작품은 수용자에게는 예술로서 기능할지 모르나 그것의 생산자에게는 그렇지 않을 수도 있을 것이다. 물론 그 역도 가능하다. 대개 예술과 예술이 아닌 것의 경계에 놓여 있다고 간주되는 작품들, 가령 아이들, 침팬지, 뇌손상이나 정신질환을 앓고 있는 환자들이 만들어 놓은 작품들은 잠재적으로 볼 때 심미적인 대상들이다. 나아가 증후에 따른 접근방식도 어쩌면 그 대상이 생산자에게나 수용자에게 예술로서 기능하는지 어떤지를 결정하는 데 적용될 수 있을지도 모른다.

예술심리학 정의하기

예술심리학은 예술과정에 참여하는 사람들과 관련된 문제, 말하자면 예술가, 예술행사담당자, 수용자, 비평가와 관련된 문제에 초점을 맞추고 있다. 이들 중에 특히 예술가와 수용자의 역할은 가장 많은 관심을 얻어 왔다. 예술심리학자는 기본적으로 예술의 창조와 그에 대한 반응을 가능하게 하는 심리적 기제에 관심을 가진다. 두 가지 광범위한 물음이 예술가에 대한 심리학 연구를 주도해 왔다. 첫째, 무엇이 예술가로 하여금 창조하도록 동기를 부여하는가? 둘째, 예술 창조가 이루어질 때 어떤 인지적 기제가 작용하는가? 그리고 감상자에 대한 연구는 다음과 같은 두 가지 물음에 의하여 주도되어 왔다. 첫째, 무엇이 사람들에게 예술작품을 관람하도록 동기를 부여하는가? 둘째, 예술작품을 이해하기 위해서 어떠한 유형의 인지적 기술이 필요한가? 이와 같은 주요 물음은 예술심리학의 이해를 위한 다음과 같은 체계적 틀을 제공해 준다.

	예술가	수용자
동기: 예술의 '왜'	무엇이 예술가로 하여금 창조하도록 동기를 부여하는가?	무엇이 사람들에게 예술작품을 관람하도록 동기를 부여하는가?
인지: 예술의 '어떻게'	예술 창조에는 어떤 인지적 기제가 관여하는가?	예술작품을 이해하기 위해서 어떤 인지적 기술이 필요한가?

이처럼 광대한 문제와 씨름했던 최초의 사람들이 고대 그리스의 철학자들이다. 플라톤은 예술의 창작과정에 대한 견해뿐만 아니라 예술가들을 창조하도록 이끄는 것에 관한 이론도 전개했다. 그는 시인이 신의 영감에 사로잡혀 있다고 주장했다. 그 경우 창작은 시인의 이성적 능력이 비이성적 광기에 굴복하는 과정에서 이루어진다. 아리스토텔레스는 예술 창작에 관한 디오니소스적인 견해에서 비교적 거리를 두었다. 대신에 그는 창작과정에 주의깊게 통제된 기술이 포함되어 있음을 강조했다. 이런 두 가지의 상반된 견해, 즉 예술을 통제 불가능한 광기로 보는 견해와 예술을 주의깊은 이성적 기술로 보는 견해는 계속 반복해서 나타났고, 심지어 오늘날에도 심리학자들을 양극화시키고 있다.

플라톤과 아리스토텔레스는 또한 왜 사람들이 예술에 이끌리는지를 설명하는 이론도 다듬어 놓았다. 플라톤은 예술이 영혼에 강력한 영향을 미친다고 믿었다. 그는 예술이 지닌 잠재적 영향력을 생각해 봤을 때, 어떤 형태의 예술은 청소년들에게 해를 끼치므로 반드시 검열을 받아야 한다고 주장했다. 아리스토텔레스는 비극이 지닌 카타르시스의 정화효과 때문에 관객들이 무대 위에서 행해지는 비극에 매혹된다고 주장했다.

고대 그리스 이래로 철학자는 물론 예술가도 예술의 창작과 그 반응이라는 수수께끼를 풀기 위해 거듭 씨름해 왔다. 예컨대 19세기 시인들은 예술 창조의 신비와 화해하고자 플라톤을 다시 불러냈다. 워즈워드(William Wordsworth, 1770-1850), 블레이크(William Blake, 1757-1827), 셸리

(Percy Bysshe Shelley, 1792-1822), 콜리지(Samuel Taylor Coleridge, 1772-1834), 보들레르(Charles-Pierre Baudelaire, 1821-1867), 랭보(Jean-Nicolas-Arthur Rimbaud, 1854-1891) 같은 작가들은 이성에 맞서 상상, 감정, 비이성적인 것들을 예술의 근원으로 보아 칭송하였다. 예술이란 이성적 '규칙'과 단순한 '기교'만으로는 생산될 수 없는 것이며, 오히려 비이성적인 수단에 의하여 창조된다고 믿었다. 그들은 의식적이고 이성적인 정신은 예술 창조에 부적합한 것으로 보았을뿐더러 이성의 간섭은 오히려 예술적 창조를 위협하는 일이라고 믿었다.

어떤 의미에서 보면 낭만주의의 입장은 플라톤에로의 회귀라할 만하다. 그리스 학자들과 19세기의 낭만주의자들은 예술 창조가 이성적 자아와 무관한 힘에 의하여서만 설명될 수 있다고 믿었다. 플라톤은 예술 창조가 외적인 근원, 즉 신적인 영감을 가지는 것으로 보았던 반면, 낭만주의자들은 예술적 창조의 근원을 내적인 힘, 즉 무의식으로 간주했다. 이런 이유로 한때 꿈이나 약물에 의한 환각, 정신질환, 신체적 질병 등이 창조성의 근원으로 강조되기도 했다. 그리스 학자들은 위로부터의 영감을 믿었던 반면, 19세기의 예술가들은 아래로부터의 영감을 믿었다 (Arnheim, 1962). 비이성적인 것의 중요성에 대한 19세기의 강조는 플라톤을 반복하는 것일 뿐만 아니라 예술적 창조에서 무의식의 역할을 강조했던 프로이트의 생각을 예견하고 있다. 오늘날 예술심리학에서 영감의 문제는 핵심적인, 그러면서도 풀리지 않은 수수께끼로 남아 있다.

심리학자들이 예술에 관한 근본적인 문제들을 다루는 방식은 철학자나 예술가의 접근과는 다르다. 심리학자들의 예술에 관한 연구가 이들과 다른 것은 제기된 문제가 아니라, 문제의 답을 추구하는 방식이다. 철학자와 예술가의 주장은 논리적 분석과 내성적 고찰에 기초하고 있지만, 심리학자들은 경험적 토대에 특히 실험적 토대에 근거해서 문제에 대한 답을 찾는다.

예술심리학이 설정하고 있는 주요 문제들이 이 책에서 다루어졌다. 우리가 제시한 답변들이 결코 그 문제들을 속속들이 규명하고 있는 것은 아니지만, 문제가 제기되어 왔던 지도적이고 상충적인 방식들을 제시하고 있다. 이 책에서는 세 가지 주요한 예술형식들을 다루었는데 회화, 음악, 문학 등이 그것이다. 이와 같은 세 가지 예술형식들이 선택된 이유로 첫째, 심리학 연구는 조각, 무용, 건축, 연극 등의 여타 예술형식보다 이 세 가지 예술형식들에 대해서 더 빈번히 이루어져 왔다. 둘째, 이들 세 가지 예술형식은 서로 다른 방식의 상징을 사용한다는 점에서 특징적이다. 말하자면 회화는 지시적 기호로써(가령 그림 속의 형태는 현실의 대상을 재현할 수 있다) 그리고 표현으로써(가령 그림은 색채에 의해 슬픔을 표현할 수 있다) 상징화한다. 그리고 음악은 거의 대상을 묘사하지 않는 대신 주로 표현으로써 상징화한다(교향곡은 대개 현실의 대상을 직접 참조하지 않고서도 정신적 고양감을 표현할 수 있다). 그리고 문학에서는 지시적 기능이 표현적 기능보다 훨씬 일반적이다. 이렇듯 세 가지 예술형식들 간의 비교는 다른 문제들을 드러내 보여준다. 그 문제들은 (음악 대 문학에서처럼) 각각의 형식이 분리되어 상징화됨으로써, 그리고 (음악 및 문학 대 회화처럼) 두 가지 형식들이 서로 작용하여 상징화됨으로써 설정된다.

이 책은 성인 예술수용자들이 어떻게 반응하고 해당 예술형식을 어떻게 이해하는가, 이런 지각기술이 아이들에게서 어떻게 발달하는가, 예술형식을 만들어낼 수 있는 능력은 어떻게 발달하는가의 문제들을 다룬다. 따라서 이 책은 성인의 완성된 지각능력, 지각기술의 발달, 각각의 예술형식에서의 생산적 기술의 발달 등을 기술한다. 하지만 여기서 성인들의 완성된 생산적 능력을 다루지는 않는다. 왜냐하면 어떤 유형의 예술가가 어떤 방식으로 예술작품을 만들어 내는지는 거의 알려져 있지 않기 때문이다. 심리학자들은 창조보다는 예술에 대한 지각을 중점적으로 다루는 경향이 있다. 아마도 이는 예술 지각이 예술 창조보다 실험실에서나 실험디자인에서 더 쉽게 다루어질 수 있기 때문일 것이다. 또 심리학자들은 예술경험의 보편적 측면에 관심을 기울여 연구해 왔다. 예술 지각이 모든 사람들의 경험에 속한 것인 반면, 예술 창조는 대다수의 아이들에게 적용될 수 있겠지만 성인들에게는 상대적으로 적은 수로 제한되어 있다.

부분적으로 뇌손상(focal brain-demage)을 입은 환자집단과 정신분열증 진단을 받은 환자집단 등 두 부류의 병리학 집단이 다루어졌다. 심리학자들은 어떤 방식으로 예술적인 기술이 뇌 속에서 유기적으로 구조화되는지, 또 예술적인 창의성과 정신질환 간에는 어떤 관련이 있는지를 알아내고자 이들 집단을 분석했다. 이러한 연구는 우리에게 예술의 생물학적 기초에 대한 약간의 통찰을 준다.

우리는 몇 가지 주제들을 여기에서 다루지 않았다. 이미 예술교육에 관한 방대한 문헌들이 존재하지만, 그럼에도 예술교육의 수많은 영역들이 모두 다루어지진 못했다. 그러나 가능한 한 여러 곳에서 교육적 시사점을 논했다.

예술의 사회적 측면 역시 생략했다. 예컨대 사회 속에 포함된 예술가의 역할과 예술의 기능에 대한 문제, 나아가 그러한 역할에 대한 예술가의 변화하는 지각들을 다루지 못했다. 예술에 대한 반응이 우리가 살아 숨쉬는 문화에 의해 매개되는 방식도 논의에서 제외했다. 사회문화적 요인이 예술가가 인식하는 자신의 역할과 예술작품을 받아들이는 방식들에 대해 미치는 영향을 무시할 수 없다. 그러나 이 같은 문제에 대해 경험적 연구가 거의 이루어지지 않았던 탓에 이 책은 예술이 이루어지는 과정에 참여한 사람으로서의 개인에 초점을 맞췄다.

마지막으로 우리는 대중적 형식의 예술들을 거의 다루지 않는 대신 순수예술만을 다루었다. 그런 만큼 이 책에서는 연재만화, 로큰롤은 물론, 텔레비전, 재즈 등이 거의 언급되지 않았다. 대중예술을 다루지 않은 것은 그간의 수많은 예술심리학 연구가 순수예술에 집중해 왔던 사실에 기인한다.

이 책은 하나의 이론적 그리고 방법론적 관점을 가지고 쓰여졌다. 루돌프 아른하임(Rudolf Arnheim, 1974), 넬슨 굿맨(Nelson Goodman, 1968), 수잔 랭거(Susanne Langer, 1942) 등이 제시한 이론적 관점은 예술을 기본적으로 인지적 영역으로 다루고 있다. 예술을 창조하고 지각하는 일에는 상징을 처리하고 조작하는 능력 외에도 매우 섬세한 차이를 느낄 수 있는 능력이 필요하다. 이런 의미에서 예술에도 과학에서와 마찬가지의 지식이 필요하다. 심미적인 상징은 과학적 상징과 똑같이 읽혀져야 한다. 그러므로 예술은 여가나 놀이 또는 유희의 형식이 아니며 나아가 단순한 감정적 활동도 아니다. 그것은 오히려 세상을 인식하는 근본적인 방식으로 비춰진다.

방법론은 체계적이고 실험적인 증거로 더 많이 다가가 있다. 일화적이거나 내성적인 혹은 임상적인 증거는 반복 가능한 경험적 조사에서 수집한 증거보다 덜한 비중으로 다루었다. 오로지 실험적 증거가 없을 경우에만 내성적인 임상적 증거가 사용되었다.

예술심리학은 인간활동에 관한 여타의 심리학보다 상당히 뒤쳐져 있다. 심리학자들은 과학적 연구에 필요한 추론유형에 대해 상당한 주의를 기울여 왔지만, 상대적으로 예술에 대해서는 거의 주의를 기울이지 않았다. 그러나 인류역사의 도정에서 예술은 줄곧 과학보다 훨씬 더 중요한 위치를 차지해 왔다. 논리적이고 과학적인 사고가 구성된 것은 후기 르네상스 문화의 시대가 도래한 이후의 일이다. 더욱이 그것은 개인들로 이루어진 소수집단에 국한되어 남아 있다. 이와 달리 예술에 대한 참여는 수천 년 동안 광범위하게 보편화가 진행되어 왔다. 예술심리학에 대한 연구가 상대적으로 빈약했던 것은 최소한 두 가지 이유에서이다. 흔히 예술은 신비한 것으로 여겨져 왔기 때문에 연구자들이 예술에 대한 경험적 연구가 불가능하다고 가정하였던 것이 첫째 이유이다. 그리고 둘째 이유는 대다수 심리학자들이 상대적으로 예술에 친숙하지 못했기 때문에 그들의 관심에서 벗어나 있었다. 사실 예술심리학만큼 밝혀져야 하는 것과 이미 밝혀져 확립된 것 사이의 간극이 큰 심리학 영역도 없을 것이다. 우리는 이 같은 간극이 좁혀지기를 기대하는 마음으로 이 책을 써냈다.

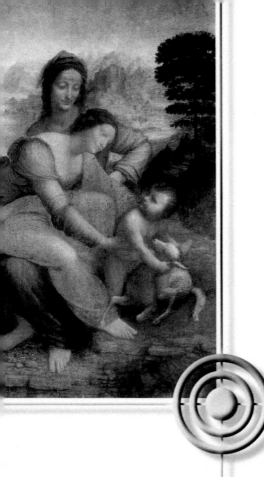

제1부

성격과 인지

제1장

예술가

글을 쓴다는 것은 치료의 한 형태이다. 그래서 나는 종종 의심스럽다. 도대체 글을 쓰는 것도 아니고, 작곡도 하지않는 데다가, 그림도 그리지 않는 사람들이 어떻게 인간적인 상황 속에 근본적으로 내재된 광기, 우울증, 공포에서 벗어날 수 있는지.

　　　　　　　　　　　　　　　　　　　　– 그레이엄 그린(Graham Greene)

왜 창조적 충동은 결코 충족되지 않는가, 우리는 어째서 항상 새로 시작해야만 하는가?

　　　　　　　　　　　　　　　　　　　　– 애런 커플런드(Aaron Copland)

　뉴욕에서 활동하는 두 극작가를 상상해 보자. 모두 40대 중반이다. 그들은 장남이고, 중류층에서 자라났고, 게다가 같은 학교를 다녔다. 많은 면에서 이들 둘은 매우 닮아 있다. 그러나 그 중 한 사람은 아주 창의적인 작가여서 그의 작품이 연극의 개념을 바꾸어 놓곤 한다. 다른 한 사람은 아주 유능하지만 그리 독창적이지는 못하다. 그의 작품은 이미 나온 작품들을 본뜬 것이고, 그래서 한 세대가 지난 후에는 잊혀지고 말 것이다.

　이 두 작가의 차이는 무엇인가? 어떤 심리학자들은 그들의 성격에서 해답을 얻으려 할 것이다. 가령 프로이트는 창의적인 작가가 매우 강하고, 또 좌절된 본능적 충동을 지니고 있을뿐더러 이 충동을 예술작품으로 승화시키고 되돌릴 수 있는 비범한 능력을 소유하고 있다고 주장할 것이다. 정신분석학을 지향하는 또 다른 심리학자는 창의적 극작가가 지닌 비교적 높은 수준의 자율성과 자아강도에 주목할 것이다. 행동주의 심리학자들의 경우, 두 작가의 차이는 각기 저마다의 환경이 그들을 형성하는 방식에 기인한다고 할 것이다. 그래서 창의적 작가란 단순히 대중들이 좋아하는 작품스타일을 우연히 발견한 사람이자, 그 때문에 강화된 사람일 따름이다.

또 어떤 사람은 이 두 작가의 지적 특성에서 차이를 찾아내는지도 모른다. 어떤 심리학자는 비상한 아이디어를 아주 많이 만들어내는 창의적 작가의 능력에 혹은 대개 다르다고 받아들여지는 것들 가운데서 관련성을 지각해 내는 능력에 초점을 맞추기도 할 것이다. 다른 심리학자들은 창의적인 작가가 더 높은 지능을 가진다고 주장할 법도 하다. 그렇지만 여전히 또 어떤 심리학자들은 평범한 작가는 그가 글을 쓸 때 직면하는 문제를 해결하는 데 능숙한 반면, 창의적 작가는 흥미롭고도 도전할 만한 문제를 찾아나서려 하고 또 그러한 문제를 찾아낼 수 있다고 말할 것이다.

또한 그 차이는 창의적 작가의 고정된 성격이나 지적 특성에 자리하는 것이 아니라, 오히려 창작이 이루어지는 동안 작가의 마음이 작용하는 방식에 있을 수도 있다. 어떤 심리학자들처럼 많은 예술가들도 창의적으로 이루어지는 작업에서 무의식이 행하는 특수한 역할에 주목해 왔다. 그들이 주장하길, 창의적인 작가가 가질 수 있는 최고의 아이디어는 무의식에서 탄생하고, 더욱이 그것들은 그 작가에게 영감이라는 형태로 갑작스레 나타난다고 했다. 규칙적인 일정에 맞춰 성실히 일하는 평범한 작가와 달리, 창의적인 작가는 자기도 어쩔 수 없는 신비로운 영감의 힘에 사로잡혀 있다고 일컬어진다.

이처럼 일군의 요인들이 창의적인 예술가를 유일무이한 존재로 만드는 듯하다. 어떤 이론가는 예술가의 동기와 성격을 강조한다. 또 어떤 이론가들은 예술가의 삶에서 작용하는 외적인 요인에 주목한다. 다른 사람들은 예술가의 지적 능력에 초점을 맞춘다. 그리고 또 다른 이론가들은 여전히 창의적인 마음이 실제로 창작과정에서 작용하는 방식의 특수한 측면을 가정하고 있다.

본능적 욕구

"당신들은 왜 창작을 합니까?" 하고 예술가들에게 물으면 대개의 경우 그들은 당연히 해야만 하기 때문에 예술을 한다고 대답한다. 피카소도 "내 모든 시간을 예술에 쏟아 붓지 않고선 난 도저히 살 수 없다."고 토로한 적이 있다(Ghiselin, 1952). 과학은 물론 예술에서도 창의적인 노력이야말로 자신의 일에 대한 열정적인 애착을 포함하고 있는 듯하다. 예컨대 어떤 변호사가 있는데, 그녀는 자기의 뜻과 다르게 법을 집행하고 있다고, 또 변호사일밖에는 할 수 없다고도 주장하지 않는다. 그녀는 더욱이 자기가 다른 전문직을 가진다면 그런 삶이 견딜 수 없이 공허해질 것이라고 강변하지도 않는다.

"예술가와 과학자들을 움직여 가는 것이 무엇인가?" 하는 물음은 심리학자들이 자주 주목해 온 문제이다. 프로이트야말로 예술동기의 원천이 무엇인가에 관한 가장 설득력 있는 이론을 제시했다(1908, 1910, 1914, 1928). 우리는 프로이트의 예술가 이론을 그가 신경증환자의 기억과 꿈 그리고 자유연상에 근거해서 발전시켰던 성격이론의 폭넓은 맥락 안에서 이해해야만 한다. 물론 프로이트 이론의 증거는 심리적으로 문제를 안고 있는 개인들에게서 얻은 것이다. 그러나 그렇다 하더라도 그는 정상인과 비정상인 모두의 행동을 지배한다고 일컬어지는 일반법칙을 형식화했다. 색맹의 연구가 과학자들로 하여금 정상인의 시각기제를 이해하는 데 도움을 주었듯이, 프로이트의 경우에도 신경증적인 갈등에 관한 연구가 정상인의 인간 성격구조를 밝혀주었다.

정신분석학의 기본 신념은 이러하다. 인간행동이란 무의식적이고 본능적인 강한 욕구, 그리고 초자아와 자아가 강요하는 억압과 방어, 양자 사이에서 만들어진 충돌의 산물이다. 정신적 삶 역시 현실적인 충족이 엄격히 금지된 원초적이면서도 본능적인 소망을 고스란히 간직한 채 상당부분 빙산처럼 의식 아래 침잠해 있다. 풀려나려 조바심 치고 있는 이 본능적 소망은 문명이 부과한 억압 때문에 직접적으로 충족될 수 없다. 그래서 사람들은 저 깊은 곳에 자리하고 있는 자신들의 강렬한 욕망을 충족시키기 위해 대안적이면서도 간접적인 통로를 찾아야 한다. 만약 본능의 에너지가 사회적으로 용인된 채널을 따라 분출되어 나온다면 그 사람은 상대적으로 건강할 것이다. 그러나 반대로 그 에너지가 차단되거나 자아와 대립된 것으로 바뀐다면 신경증의 징후들이 나타날 것이다.

풀려나려 애쓰는 본능적 소망은 원래 성적일뿐더러 일찍이 어린 시절의 경험에서부터 기인한다고 프로이트는 주장했다. 그는 자기 환자뿐만 아니라 자기 자신에 대해 분석함으로써 태어난 후 5년 동안 아이가 겪는 사건들이 다 자랐을 때의 성격발달에 결정적으로 중요한 역할을 한다는 것을 믿게 되었다. 두말할 나위도 없이 어린 시절에 겪었던 가장 중요한 경험들, 즉 이후 자기의 모든 삶에 각인되어 남아 있을 경험들이 그 아이와 부모 사이의 관계이고, 그 결과물이 오이디푸스적(Oedipal) 위기이다. 네 살에서 다섯 살 무렵의 아이들은 점차 성적으로 반대인 부모에게 끌려가고, 결국 동성 부모와 멀어지고 싶어한다. 프로이트는 오이디푸스 관계가 해결되는 방식이 발달과정 전체를 형성한다는 사실을 보여주려 했다. 고대 그리스 비극인 오이디푸스 왕 이야기는 모든 사람의 꿈과 환상 속에 되풀이되어 나타나는 주제가 되었다. 그리고 예술가가 된 사람들의 경우, 오이디푸스 테마는 자기들이 만들어 놓은 작품 속에서 몇 번이고 반복해서 나타난다.

프로이트 이론은 인간행동의 모든 영역에 거의 예외 없이 적용된다. 그것은 꿈의 의미를 밝히는 데 사용될 뿐만 아니라 종교의 기능, 사회의 진화, 신화, 동화, 문학과 더불어 시각예술이 지닌 의미구조를 밝히는 데 조차 적용된다. 매우 독특한 나머지 이해할 수 없는 철학자나 예술가들 처럼 창의적인 사람들에 관해서도 우리는 흔히 백일몽이나 농담, 흘리는 말이나 사소한 실수처럼 더욱 일상적인 행동을 지배하는 법칙과 동일한 심리학적 법칙을 적용함으로써 설명할 수 있었다. 만일 이것이 사실이 아니라면 정상인은 천재의 산물을 이해할 수 없을 것이라고 프로이트는 주장했다.

　예술적 창조는 무의식의 오이디푸스적 욕구, 충족될 수 없거나 의식적 으로 마주할 수 없는 욕구를 모방하는 예술가의 수단으로 보였다. 창의 성처럼 신경증 역시 지나치게 강한 본능의 압력과 이런 본능적 욕구의 충족을 금기시하는 문명의 요구 사이에서 일어난 갈등에 대한 반응에 기인한다. 신경증이나 창의성 모두 이 같은 갈등을 해소하기 위한 시도 이다. 신경증 환자는 자기들의 욕구를 억압하고 왜곡시키는 방어기제를 사용해서, 그리고 흔히 비교적 엄격한 성격을 발달시킴으로써 그 갈등 에 대처한다. 창의적인 사람은 사회가 용납할 수 없는 본능적 욕구를 억 압하는 대신에 오히려 그 욕구를 승화시킨다. 승화시킬 때, 성적 에너지 는 억압되는 것이 아니라 그 사회가 용인하는 목표를 추구하는 방식으 로 전환된다. 사회적으로 승인된 이런 목표는 단지 예술의 영역에만 국 한된 것이 아니다. 가령 올림픽에서 최선을 다해 경쟁하고 있는 운동선 수는 예술작품을 창조하려 애쓰는 예술가와 마찬가지로 승화기제를 사 용한다.

　이처럼 예술적 창의성에 내재하는 승화는 대개의 생산적인 행위에 내 재하는 승화와 유사하다. 그러나 예술적 승화는 꿈의 저변에서 이루어지 는 절차와 유사하다는 점에서, 그리고 놀이와의 친근성에서 볼 때 여타 형태의 승화와 다르다. 프로이트는 예술가와 신경증 환자 사이에서는 차 이점을 찾아내지만, 예술가와 꿈꾸고 있는 사람 사이에서는 유사성을 찾 아내려 애쓴다. 이들 둘은 동일한 활동성 안에 포함되어 있다. 말하자면 그들은 환상의 지평 위에서 마음 깊숙이 자리하고 있는 욕구를 무의식적으로 충족시킨다. 예술가가 아이처럼 놀이에 빠져 있다는 것은 다름 아니라 바로 이런 의미에서이다. 아이와 예술가 모두는 자신들만의 세계를 창조한다. 그 세계는 지극히 진지하게 받아들여지고, 현실세계와는 명백히 구분된다. 이 창조된 세계 안에서 그들의 소망은 환상과 꾸며진 형식으로써 충족될 수 있다. 아이들은 동성 형제를 모방한 인형들이 벌이는 죽음의 쟁투를 연기할 때 동성의 형제 또는 동성의 부모 인형을 죽이고 싶어하는 경쟁적 욕구를 보여준다. 주인공이 모든 사람에게 사랑 받는 영웅으로 되어 가는 소설을 쓰는 작가는 자기 자신의 나르시시즘적 바람을 표현하고 있다. 오직 평범한 작품 속에서만 예술가들의 욕구가 눈에 띄게 표현될지라도(위대한 작품일수록 욕구 충족은 더욱더 은폐된다), 모든 예술은 다름 아니라 바로 환상 속에 예술가가 가진 무의식적 갈망의 충족을 포함하고 있다. 그리고 모든 욕구 충족은 비록 환상의 지평에서 이루어질 망정 결국 본능적인 긴장의 해소로 나타난다.

프로이트는 사람들이 즐거운 것을 포기하는 것이 아니라 오히려 이 즐거움을 저 즐거움과 맞바꾸는 것일 뿐이라고 믿었기 때문에, 과연 아이들이 성장했을 때 자기들이 하던 놀이와 교환하려는 것이 무엇인지를 찾아내려 애썼다. 프로이트는 다음과 같이 결론 내렸다. 정상적인 성인들의 경우 놀이가 백일몽과 같은 환상에게 대신 길을 내주고 있지만, 예술가들의 경우에는 놀이가 예술작품의 창작에 길을 내주고 있다는 것이다.

그래서 예술, 신경증, 놀이, 백일몽, 매일 밤의 꿈, 일반적 형식의 생산적 작업들 사이에서 유사성의 표준을 이끌어낼 수 있다. 일반적인 요소, 즉 결코 충족될 수 없는 강한 소망이 행위의 이런 모든 형식들을 움직인다. 이 요소에 억압으로 치닫는 성향이 덧붙여지면 그 사람은 신경증 환자가 될 것이다. 반면 이 동일한 요소에 승화를 향한 성향이 덧붙여지면 그는 야심 찬 사람이 될 것이다. 혹은 '천재'라 일컬어지는 신비로운 요소를 가지고 있다면, 그는 창조적인 예술가나 과학자가 될 것이다.

프로이트는 창조를 향한 충동이 어린 시절의 무의식적 갈등에 의하여 결정된다고 믿었고, 예술작품의 내용도 꿈의 내용처럼 이와 유사하게 결정된다고 생각했다. 예술작품은 어린 시절 무의식적인 소망에 대한 위장된 충족으로서 작용하기 때문에 적절히 해석된 작품은 무의식을 들여다볼 수 있는 창이 된다. 아이들이 놀이할 때 꾸며놓은 꿈과 환타지의 경우와 마찬가지로, 그 작품이 겉으로 보여주는 주제가 무엇이든지 간에 회화나 소설도 그것에 최초로 불을 붙이는 무의식적 소망의 충족을 항상 가장 깊은 수준에서 포함하고 있다. 그래서 아이들의 단편적인 놀이나 꿈과 마찬가지로, 예술작품의 내용을 분석하고 상징적으로 은폐된 내용을 꼼꼼히 살펴보는 일은 예술가의 성격을 드러내 보여줄 수 있다.

소포클레스(Sophocles)의 『오이디푸스 왕』(Oedipus Rex)이나 셰익스피어(Shakespeare)의 『햄릿』(Hamlet), 도스토예프스키(Dostoevsky)의 『카라마조프의 형제들』(The Brothers Karamazov) 등과 같은 세 편의 고전작품 안에 잠재된 내용을 분석해 봄으로써 오이디푸스적인 소망 충족의 예를 확인할 수 있다. 프로이트(1928)에 따르면 이 세 작품은 어느 정도 부모 살인이라는 주제를 다루고 있다. 동성의 부모를 없애버리고자 하는 갈망은 강력하고도 보편적인 소망으로서, 이미 어렸을 때부터 불타올라 언제나 금지된 상태로 있다. 세 작품은 이런 잠재된 주제를 각기 다른 수준에서 다룬다. 고대 그리스의 연극에서는 부모 살해의 행위가 사실상 아들에 의해 이루어진 것이므로 그 잠재된 내용은 가장 덜 은폐되어 있다. 나머지 두 작품 속에서는 아들이 아니라 다른 사람이 아버지를 살해한다. 그렇지만 그 작품에 대한 정신분석학적 해석은 살인테마의 근간을 이루는 것이 자기 아버지를 살해하고자 하는 아들의 소망이라는 점을 보여준다. 말하자면 햄릿이 보여준 정신적인 무기력 증상은 자기의 무의식적인 죄에 뿌리를 내리고 있다. 그리고 『카라마조프의 형제들』에서는 희생자와 부자관계에 있는 사람이 살인을 자행한다. 도스토예프스키가 살인에 대해 동일시 했다는 점은 실제로 그가 어린 시절 살해당한 아버지의 죽음을 경험했다는 사실뿐만 아니라 자기 작품에 등장하는 살인자를 자기처럼 간질병 환자로 묘사했다는 사실에서도 드러난다. 이렇게 볼 때, 프로이트의 관점에서는 소포클레스, 셰익스피어, 도스토예프스키 모두 다 무의식적으로 금기된 오이디푸스적 소망을 자신의 작품 속에서 표출하고 있다. 그러나 여기에서는 그 어떤 죄의식도 뒤따르지 않는다. 그들의 소망이 허구적 인물들로 대치되었기 때문이다.

프로이트는 예술에 의해 이루어지는 소망 충족의 가장 광범위한 예를 레오나르도 다 빈치(Leonardo da Vinci)에 대한 분석에서 보여주었다. 물론 그는 자신의 창의성 이론을 지지하기 위한 사례 연구로 이 르네상스 예술가이자 발명가를 택했다. 그리고 이 결과를 예술적 성취뿐 아니라 과학적 성취에도 적용했다. 프로이트는 레오나르도의 삶, 글, 그림에 이르기까지 모을 수 있는 모든 증거를 활용함으로써 그 예술가의 성격과 동기에 관한 일관된 상을 구성했다(1910).

레오나르도는 사생아였다. 세 살부터 다섯 살 때까지 편모슬하에서 지내다가 어머니와 헤어진 후 아버지와 새어머니 손에 자라났다. 그의 어머니는 남편에게 버림받았기 때문에, 그래서 그녀가 사랑할 유일한 대상이 자신의 아이였기 때문에, 그녀가 레오나르도에게 넘치는 사랑을 주었다고 프로이트는 가정했다. 또 그가 믿기로, 모자간의 그런 강한 관계는 레오나르도로 하여금 일찍부터 성에 눈뜨게 했고 지나치게 강한 오이디푸스적 집착을 자기 어머니에 대해 갖게 했다. 그러나 레오나르도는 이미 어린 나이에 생모 곁을 떠나야만 했기 때문에 오이디푸스적 소망을 충족시키는 일이란 불가능하다는 것을 젊은 레오나르도는 분명히 느꼈을 것이다. 그래서 그는 예술가가 되기 위한 두 가지의 결정적 전제조건을 갖추게 되었다. 말하자면 그는 비정상적으로 강한 욕구를 가지게 되었다는 점과 나아가 이러한 욕구의 충족 역시 그에게는 불가능했다는 사실이다.

어린 시절의 이런 두 가지 요인들은 레오나르도에게 창의성보다 오히려 신경증을 유발시켰을 수도 있었다. 자기 어머니에게 사랑을 얻고 싶어하는 비정상적으로 강한 열망을 방어하기 위해 레오나르도는 '반동형성'이라는 방어기제, 즉 어머니에 대한 긍정적 감정을 그 반대의 감정내지는 어쩌면 모든 여성들에게로 향하는 혐오감으로 바꿔놓는 식의 억압을 발달시켰는지도 모른다. 혹은 그가 자기의 소망을 너무나 강하게 억압한 나머지 다른 모든 정서들조차도 억압되어 버렸을 수도 있다. 이럴 경우 레오나르도는 그 어떤 강한 정서도 경험할 수 없는 지경이 되었을 것이다.

그러나 레오나르도는 비정상적인 신경증 환자가 되기보다 예술가이자 발명가가 되었다. 프로이트는 그렇게 된 데는 레오나르도가 매우 뛰어난 승화의 역량과 '재능'을 소유했기 때문이라고 추론했다. 그런 만큼 레오나르도는 예술가로서의 필요충분 조건을 충족하고 있었다. 그렇지 않고 그의 성향이 억압을 향했더라면 그는 창조적으로 되기보다 신경증을 가지게 되었을 것이다.

프로이트는 〈성 안나와 함께 있는 성모와 아기 예수〉(그림 1-1)라는 그림에서 레오나르도의 동기를 이처럼 설명하기 위한 근거들을 찾아냈다. 마리아와 성 안나는 모두 다 젊은 어머니가 지닐 법한 온화한 미소를 띠고 있다. 성서에 나타나는 성 안나는 마리아보다 훨씬 나이든 것으로 되어 있지만, 여기서는 마리아만큼이나 젊어 보인다. 더욱이 세 인물은 모두 삼각형의 형태로 녹아들어 있다. 프로이트에 따르자면 오직 레오나르도가 겪은 어린 시절을 동일하게 경험한 예술가만이 우아함과 매력을 모두 지닌 이런 젊은 두 어머니를 그릴 수 있었을 것이다. 무의식적인 측면에서 보자면, 이 그림은 두 어머니, 즉 낳아준 어머니와 길러준 어머니에게 보살핌과 사랑을 받고 싶어하는 레오나르도의 억압된 소망을 재현하고 있다. 그런 그림을 그리는 일은 이런 소망을 부분적으로나마 충족시킨다. 그는 결코 현실에서는 그 소망을 충족시킬 수 없었기 때문에, 예술이 보여줄 수 있는 환상적인 수준에서 그 소망을 무의식적으로 충족시키고 있다.

예술의 동기에 관한 프로이트의 이론은 대담한 것이다. 그러나 아마도 그 이론은 너무나 강력하게 정립되어 있기 때문에, 나아가 모든 예술적 동기를 설명할 때 단지 하나의 원리만을 사용하기 때문에 오히려 비판에 쉽게 노출된다. 예술가에 관한 일반이론에서도 그렇지만 레오나르도에

[그림 1-1] 레오나르도 다 빈치, 〈성 안나와 함께 있는 마리아와 아기 예수〉. 프로이트에 따르면 이 그림에서 레오나르도는 자신의 생모와 계모에 대한 욕망을 무의식적으로 표현하고 있다. 마리아를 감싸고 있는 옷감의 외곽선이 독수리의 형상을 하고 있는데, 그 꼬리가 어린 예수의 입으로 곧장 향해 있다. 프로이트는 이런 구도가 레오나르도의 무의식에 갇힌 성적 소망을 재현한 것이라고 보았다. Leonardo da Vinci(1452-1519), Virgin and Child with St. Anne, c.1502-1516, Oil on Wood, Musée du Louvre, Paris.

관한 이야기에도 문제가 있다.

　레오나르도에 관한 이야기에서 가장 뚜렷이 드러나는 허점들 중 하나는 그가 그림을 그리던 당시의 사회역사적 맥락을 주목하지 못했다는 점이다. 예컨대 레오나르도가 살았던 당시를 보면 성 안나에 대한 숭배가 성행하고 있었다(Schapiro, 1962a). 세 인물에 대한 목판화에서 볼 수 있듯이, 교황은 안나와 마리아에게 구원의 손길을 뻗치고 있다. 이 목판화에서 마리아는 성 안나의 무릎 위에 앉아 있고, 또 마리아의 무릎 위에 앉아 있는 아이는 두 여인의 시선을 끌고 있다. 이처럼 그 이미지를 레오나르도가 처음 만들어낸 것이 아니었다는 사실도 아주 설득력 있다. 그렇지만 우리는 레오나르도가 단지 당시 널리 유행했던 이미지를 이용했다는 사실을 증명할 수 있다 하더라도, 그가 유달리 이러한 영향을 민감하게 받아들였다는 점은 그만의 고유한 무의식적 소망에서 기인한 것이라고 주장할 수도 있을 것이다.

　이 이론의 또 다른 약점은 레오나르도의 어머니가 그를 넘칠 만큼 사랑했다는 설정이다. 그러나 이런 설정은 그녀가 사생아인 자기 아들을 미워했다고 가정하는 것과 마찬가지 경우이다. 그렇다면 레오나르도가 비정상적으로 강렬한 오이디푸스적 감정을 가졌다는 것은 근거 없는 주장일 것이다. 이렇게 될 가능성은 직접적인 방식으로 연구할 수 없는 역사적 인물을 심리학적으로 그려내는 일이 얼마나 어려운가를 단적으로 보여준다.

　프로이트 이론의 더 일반적인 약점은 이론적인 예측이 불가능하다는 사실이다. 그 이론은 누가 예술가가 될 것인지, 또 누가 신경증 환자가 될 것인지를 예측하지 못한다. 이 이론은 어째서 어떤 사람은 예술로써 승화를 성취할 수 있는 데 반해 다른 사람은 운동으로써 승화를 하는지, 혹은 어떤 사람은 위대한 화가가 되는 데 반해 다른 사람은 시인이 되는지를 예측하거나 설명하지 못한다.

　프로이트는 이런 한계를 어느 정도 알고 있었다. 그는 유년기의 증거를 토대로 어떤 사람이 장차 예술가로서 성장하도록 운명지어졌는지 예언할 수 있다고 주장하지 않았다. 그는 천재의 필요충분 조건이 무엇인지 설명하려 하지도 않았다. 대신에 그는 정상적으로 기능하는 심리학적 법칙을 무언가를 창조하는 천재의 동기와 창의적인 이들의 삶에서 작용하는 창의성의 심리학적 기능에 적용했다. 프로이트는 정신분석학이 천재를 설명할 수 없다는 점을 인정했다. 그래서 다만 그것은 선택하도록 운명지어진 주제의 유형과 마찬가지로 천재성을 일깨워주는 요인을 드러내 보여줄 수 있을 뿐이다. 그런 한계야말로 프로이트가 "창의적인 예술가라는 문제를 분석하기도 전에 포기해야만 하다니 안타깝다."라고 썼을 때 염두에 두었던 점일 것이다(1928, p.177).

그렇다면 프로이트에게는 가공의 두 극작가들 사이에 나타난 차이는 그들의 오이디푸스적 이력과 그에 따라 형성된 성격특성에 의해 결정될 것이다. 창의적인 작가는 더욱 강렬한 본능적 충동으로 끓어오를지도 모른다. 어쩌면 창의적 작가는 유년기 때 욕구의 좌절을 더욱 많이 겪었던 나머지, 가상적 세계를 만들어 이러한 욕구를 충족시키고자 애썼던 것인지도 모른다. 만약 두 극작가가 동일하게 강한 욕구를 소유하고 있다면 창의적인 쪽이 그 욕구를 자기 작품 속에서 훨씬 잘 은폐시킬 것이다. 반면 그렇지 못한 쪽은 자신의 욕구 충족을 더욱 노골적으로 표현하는 작품을 만들어낼 것이다. 아마 프로이트는 본능적 욕구 충족의 비교적 모호한 기호를 드러내 보여주는 작품을 만들 수 있는 능력은 천재에 기인한 것이고, 그 천재란 창의적인 작가를 평범한 사람에게서 구별시켜 주는 신비한 능력이라고 계속 주장했을 것이다.

자아강도

대중적 견해에서 보면, 예술적으로 위대한 천재들은 정서적으로 불안하다. 아니 어딘가 약간은 '정신 나간 듯' 하다. 어떤 사람은 말년을 정신병원에서 보낸 반 고흐(Van Gogh)나 폭력적인 발작에 자신을 맡겨버렸던 도스토예프스키를 생각할 것이다. 그러나 이러한 것은 거의 사실이 아니다. 1960년대 〈버클리 성격 진단 및 조사 연구소〉(the Institute for Personality Assessment and Research at Berkeley)에서 행했던 몇 가지의 중요한 연구들은 사실상 이와 정반대의 결과를 보여주고 있다. 이 연구결과에 따르면 가장 창의적인 예술가들은 특별히 불안하거나 신경증 증상을 보이지 않는다. 그들은 오히려 상당한 자아강도를 지니고 있고 또 지극히 독립적이기까지 하다는 것이다.

예술가들은 정서적으로 건강하고 강하다는 이 견해는 프로이트의 견해와 일치한다. 프로이트는 본능적 에너지를 엄격히 억압하는 신경증 환자와 똑같은 에너지를 만족스럽고도 생산적인 일로 승화시키는 예술가를 구별하였다. 그러나 예술가에 대한 프로이트의 성격 분석은 간접적 증거에 기초하고 있는 반면 연구소의 심리학자들은 화가, 작가, 의사, 물리학자, 생물학자, 경제학자, 인류학자, 건축가, 과학자, 엔지니어, 수학자를 포함하는 창의적인 사람들에 대한 직접적인 조사에 기초하여 그들의 주장을 펴고 있다(Barron, 1958, 1969; Gough, 1961; Helson and Crutchfield, 1970; MacKinnon, 1961, 1962, 1965). 각각의 경우, 자기 분야에서 매우 창의적인 것으로 평가받은 사람들이 같은 직종에 종사하는 표본 집단과 비교되었다. 그 결과 매우 창의적인 예술가와 평범한 예술가들의 성격특성을 구분할 수 있다는 사실이 입증되었다.

그 전형은 건축가에 관한 몇몇 연구들이었다(MacKinnon, 1961, 1962, 1965). 이 연구는 세 개 집단을 포함시켰다. 즉 다섯 명의 심사위원이 그 분야에서 가장 창의적이라고 평가한 건축가들 그리고 적어도 2년간 '창의적인' 건축가와 함께 일한 경력을 근거로 선택한 건축가들, 마지막으로 건축가 인명부에서 무작위로 선택한 건축가들. 실제로 창의성의 측면에서 세 집단 사이에 차이가 있었다는 사실을 검증할 때, 상당수의 건축가들이 모든 참여자들을 7점 척도로 평가했다. 기대했던 것처럼, 창의적인 건축가 집단은 높은 평가를 받았다. 무작위로 선택된 집단은 가장 낮은 평가를 받았다. 그리고 창의적인 건축가와 일했던 건축가 집단은 중간점수를 얻었다.

그런 다음 다양한 성격 검사들을 실시했다. 이 검사는 참여자들이 일련의 성격기술 문항을 읽은 후 각 문항에 동의하는지의 여부를 물었다. 그들의 답변을 가지고 각 참여자들의 성격을 일반화시켰다. 이 성격검사 목록은 각각의 건축가 집단이 성격적 특징의 서로 다른 위상을 가지고 있다는 것을 입증했다. 창의적인 건축가들은 자기들이 강하고, 고집이 세며, 자기 확신적이고, 자기 통제적이며, 나아가 자기중심적이라는 것을 보여주었다. 그들은 예컨대 여느 집단보다도 훨씬 더 "나는 다른 사람에 대해 권위를 갖는 것을 즐긴다고 생각한다." 또는 "나는 사람들에게 영향을 줄 만한 천부적인 재능을 갖고 있다."는 식의 문항에 동의하는 경향이 높았다. 그들은 자기가 다른 사람을 이끌었다거나 자신의 내적 기준에 따라서만 행동했다고 하는 인상에 그리 신경 쓰지 않았다. 그들은 상당한 자율성과 자아강도를 지녔다. 그들은 여느 집단보다도 훨씬 더 "나는 쉽게 설득을 당한다."는 식의 문항을 거부했던 반면, "누군가가 내가 알고 있는 것을 바보 같다거나 무시할 경우 난 그를 깨우치려 애쓴다."는 문항에는 동의하고 싶어했다.

이와는 반대로 무작위로 뽑힌 건축가 집단은 훨씬 덜 지배적이고 덜 독립적이라는 점이 입증되었다. 그들이 보여준 성격적 특성은 협력, 존중, 사회화, 책임감, 자기 통제처럼 더욱 수용적이고 관례적인 것들이었다. 예컨대 그들은 "결코 나는 단지 스릴을 맛보기 위해 위험스런 짓을 하진 않는다."는 식의 문항에 찬성하는 경향을 보인다(책임감의 척도). 그러나 그들은 "사실상 나의 부모는 나를 이해하지 못했다."라는 진술에는 동의하려 하지 않았다(사회화의 척도).

그 중간집단에 속한 사람들은 자기들이 그다지 창의적이지는 않지만 한동안 창의적인 건축가와 일했던 이들이다. 그런데 그들은 다른 두 집단과 비교했을 때 중간 정도의 점수를 받았다. 그들은 창의적인 건축가들보단 덜 지배적이고 자기 확신적이었지만, 무작위로 뽑은 집단보단 더 지배적이고 자기 확신적이었던 것으로 드러났다. 그러나 이 집단에 속한 사람들은 두 가지 측정기준에서는 최고 수준의 정서적 갈등을 보였다. 예컨대 그들은 지배하고픈 욕구와 지배받고픈 욕구를, 그리고 다른 사람들과 함께 활동하고자 하면서도 동시에 독립적이고자 하는 욕구를 나타냈다. 나아가 이들은 세 집단 중에서 가장 높은 정도의 불안을 보였다. 그들이 비록 신경증 증상을 보이는 것으로 평가되지는 않지만, 창의적이고 평균적인 다른 집단보다는 갈등과 불안 같은 신경증 경향들을 보이는 것으로 나타났다.

건축가에게서 밝혀낸 이러한 성격유형학은 오토 랭크(Otto Rank)의 창의성 이론과 합치한다. 창의적 성격과 그렇지 못한 성격을 구분하는 랭크의 중심개념은 의지와 죄의식이다. 아이들은 처음에 부모의 의지를 경험한다. 그리고 그 뒤에야 자신만의 의지 또는 반항의지(counterwill)가 나타나기 시작하고 이것이 흔히 부모의 의지와 갈등을 빚는다. 그와 같은 갈등은 죄의식을 이끌어내고 세 가지 방식들 중 하나로 해결된다. 그리고 이런 해결이 장차 아이가 커서 이루게 될 성격유형을 결정한다.

그 중 첫째 방식은 아이들 자신이 자기 의지를 부모의 의지에 순응시키는 일이다. 일단 아이들이 자기 의지를 부모의 의지와 동일시하게 되면 그 어떤 갈등도 사라지고 더 이상의 죄의식도 없게 된다. 그러한 해결책을 받아들인 아이들은 사회규범을 내면화한 성인으로 성장하게 된다. 그러한 사람은 갈등을 거의 경험하지 않을뿐더러 그다지 창의적이지도 못하다. 전형적인 성인들의 상당수가 여기에 해당한다.

만약 아이들이 부모의 의지에 자기 의지를 조화시키지 않으려 한다면, 그들에게는 두 개의 길이 열릴 것이다. 그들은 부분적으로나마 자기 부모로부터 멀리 떨어져 나갈 것이다. 반항은 단지 부분적이기 때문에 그들은 완전히 자립할 수 없고 죄책감과 열등감을 가진 채 살아가게 된다. 이런 유형의 사람들은 투쟁적이고 신경증의 경향을 보이지만, 그럼에도 어느 정도의 독립성을 성취했기 때문에 완전히 순응한 사람들보다는 더 창의적이다.

둘째 방식은 부모의 의지에 조응하기를 거부하고 완전한 자립을 성취한 아이들에게 나타난다. 자신의 독립적인 이상과 의지를 확립하고 성취한 사람은 최고 수준의 발달을 성취해 왔다. 창의적인 사람, 예술가, 강한 의지의 소유자가 이에 해당한다.

자율성과 자아강도의 측면에서 볼 때, 창의적인 건축가들은 창의적인 사람에 관한 랭크의 설명과 일치한다. 이런 건축가들의 성격은 자율성과 창의성 간에 어떤 관련이 있을지도 모른다는 점을 보여준다. 창의적인 건축가의 삶에 관한 역사는 랭크의 견해를 더 강력히 지지할 수 있는 증거를 제공한다. 이 건축가들은 어렸을 때 자신의 부모들이 자기들을 유달리 존중해 주었을뿐더러 일상적이지 않은 자유조차 허용해 줌으로써 독립적인 사람이 되길 기대했다고 언급했다. 아이의 독립성에 영향을 끼쳤을 가능성이 높다. 그리고 이들은 자주 낯선 곳으로 이사를 다녀서 흔히 어린 시절을 외롭게 보내야 했던 경험을 진술했다. 아이들의 개인적 의지를 강조하려 할 때, 랭크의 이론을 확고히 언급할 만했던 것은 다름 아니라 그런 경험들이다.

이러한 결과들의 동일한 유형이 그 연구소에서 연구했던 다른 집단의 예술가들과 과학자들의 경우에서도 나타났다. 그 증거는 한 분야에서 가장 창의적인 사람이 또한 강한 자아와 단호함, 독립심을 소유한 사람이기도 하다는 주장을 지속적으로 지지해 주었다. 그렇지만 이러한 증거의 상당 부분은 지필 성격검사에서 얻은 것들이다. 그런 검사는 안정적이고도 내적인 특성을 필연적으로 통찰할 수 있게 해 주지는 못한다. 사람들이 성격검사 항목에 자발적으로 기술했기 때문에 실제로도 그들이 자율적으로 행동할 것이라고는 누구도 확신할 수 없다. 그래서 만일 이러한 주장이 더욱 현실적인 삶의 상황을 토대로 한 것이었더라면 강한 설득력을 얻었을 것이다.

다행히도 사회심리학자인 솔로몬 애쉬(Solomom Asch, 1956)는 질문지가 만들어 놓은 상황보다 현실의 삶에 더 가까운 상황에서 독립심을 측정할 수 있는 실험 패러다임을 고안해 냈다. 애쉬는 한 집단 안에서 참여자들이 아주 단순하고도 직접적인 지각 판단을 내리도록 만든 상황을 설정했다. 그리고 참여자들에게 하나의 직선(목표자극)을 보여주고 난 뒤 이를 다른 세 개의 실험자극과 비교해서 이들 중 길이가 같은 것을 말하라고 했다. 이들 중 오직 하나만이 정확히 일치하는 것이었다. 그리고 나머지 것들은 분명히 서로 다른 것들이었다. 실험에 참가한 사람들 중 오직 한명만이 실제 참여자였고, 나머지는 모두 '실험도우미'로서 실험자와의 사전 협의하에 일정하게 틀린 답을 내도록 지시받았다. 마침내 그 '순진한' 참여자가 답할 차례가 오면, 그는 그 교활한 집단의 압력에 굴복하거나 자신이 지각한 것을 무시한 채 다른 사람들이 일정하게 말한 틀린 답을 따라 답한다. 그 실험은 사람들이 아주 강한 정도로 집단규범에 동조하는 경향을 보인다는 것을 증명했다. 비록 그 사람이 그 규범에 어떤 문제가 있다는 것을 충분히 알고 있었음에도 말이다.

그 연구소 소속의 심리학자인 프랭크 배런(Frank Barron, 1958)은 애쉬의 실험을 창의적인 사람들과 창의적이지 못한 사람들에게 적용했다. 맥키넌(Mackinnon)이 밝혀낸 것과 마찬가지로 배런도 창의적인 사람이 그다지 동조하려 하지 않는다는 것과, 심지어 미묘한 사회적 강제에 직면했을 때조차도 자신의 판단을 고수하는 경향을 보인다는 것을 보여주었다. 그 연구소의 연구자들도 다양한 측정도구를 사용하여 동일하게 일반화된 결과를 보고했다. 다른 이론 틀과 다른 측정도구를 사용하는 다른 곳의 연구자들도 유사한 결과를 보고했다(Cross, Cattel, and Butcher, 1967; Drevdahl and Cattel, 1958). 이 심리학자들 모두의 경우 두 상상적인 극작가를 구별하도록 해 주는 것은 다름 아니라 빼어나다고 하는 극작가의 성격이 얼마나 강하며, 확신에 차 있고, 또 열정적으로 독립적이고자 하는가의 정도 문제이다.

주의라는 말이 여기서 제대로 쓰일 수 있다. 어쩌면 이 연구는 야심 차고 지극히 성취 지향적인 사람들이란 강하고 독립적일뿐더러 인습에도 얽매이지 않는다는 그저 그렇고 그런 주장을 단순히 덧붙이는 것일는지도 모른다. 결과적으로 동료들이 아주 창의적인 사람이라고 지목했을 만큼 탁월했던 저 예술가들과 과학자들은 의심할 여지없이 매우 야심만만

했다. 이렇듯 예술과 과학의 영역에서 '무언가를 해내기' 위해서 자율성과 강한 자아의식은 필수적이지만, 마찬가지로 삶의 많은 영역에서도 성공을 위한 필수조건이다. 나아가 다음과 같은 주장도 있을 법하다. 즉 예술 자체에서 성공하기 위해서는 자율성과 자아강도의 질적 측면이 필수적이지 않을 수도 있다. 그렇지만 단순히 서구사회에서 예술가로 성공하기 위해서는 그러한 것들이 필수적일 수도 있다. 야망과 경쟁에 높은 가치를 두지 않는 사회 또는 모든 예술가들이 반드시 따라야 할 엄격한 예술적 전통을 가졌던 고대 이집트 같은 사회와 같은 곳에서는 예술가로 성공하기 위해 어떠한 성격특성들이 필요한지를 아는 일이 거의 중요하지 않을테고 말이다.

강화

동시대 행동주의 심리학의 주도적 이론가였던 스키너(B. F. Skinner)는 앞서 예술의 동기에 관해 프로이트나 〈성격 진단 및 조사 연구소〉의 연구자들이 설명했던 것보다 훨씬 덜 복잡한 방식의 설명을 제안했다. 동기에 대한 행동주의자들의 견해에 따르면 인간행동도 하등동물의 행동처럼 전적으로 외적인 보상에 따라 형성된다. 우리는 우리 자신의 행동이 자발적으로 이루어지며 어느 정도의 자유의지를 가지고 있다는 환상을 떨쳐버리지 못한다. 그러나 사실상 우리의 행동은 철저히 주위환경의 우연성이 만들어 놓은 산물일 뿐이다.

스키너는 행동이 반드시 결과를 낳는다고 지적했다. 어떤 행동이 긍정적 결과를 가져올 때마다, 그 결과는 언제나 그 행동을 반복하도록 우리를 동기화한다. 유사하게 한 행동이 부정적 결과를 낳으면 우리는 그 행동을 반복하지 않도록 학습한다. 만일 어떤 은행원이 10분 일찍 회사에 도착해서 상사에게 칭찬을 받았다면 그는 계속해서 칭찬을 받길 원할 것이다. 또한 굶주린 쥐가 미로 끝에서 먹이를 찾아낸다면 먹이를 찾기 위해 계속해서 미로 속을 달릴 것이다. 그리고 의뢰인의 이야기를 잘 들어 주지 않아서 손해를 본 변호사는 더욱 열심히 의뢰인들의 이야기를 들어 주려 할 것이다. 마찬가지로 자신의 문장스타일에 찬사를 받았던 극작가는 그런 스타일로 계속 글을 써나갈 것이고, 자기 작품에 혹평을 받았던 극작가는 작품을 아예 포기하거나 적어도 그런 문장스타일을 바꾸려 할 것이다. 스키너가 보기에는 "예술가는 캔버스에 그림을 그리고 그 결과에 따라 강화되거나 그렇지 못하게 된다. 만약 그가 강화를 받는다면 계속 그림을 그릴 것이다."(1972, p.335).

스키너가 말하는 예술가는 강화되기 위해 창조한다. 그러므로 가상의 두 극작가들에게서 보이는 차이란 전적으로 그들이 과거에 얼마나 많은 강화를 받았는가에 따라 설명된다. 창의적인 극작가는 어떤 양식을 어쩌다 우연히 시도했는데 독자들로부터 호평을 받았고, 이런 칭찬 때문에 같은 양식으로 글 쓰기를 계속한다. 그가 평범한 작가들보다 더 '창의적'인 것은 아니다. 사실 스키너는 그처럼 '측정할 수 없는' 질적 측면에 대해서 말하기 싫어했을 것이다. 어떤 작가를 더 창의적이라고 판단하는 것은 다름 아니라 독자들이 그의 작품에서 더 많은 강화(즐거움)를 찾아내는 것이고, 그래서 그것이 작가로 하여금 더 많은 작품을 산출하도록 강화한다는 것을 의미한다. 기이한 행동에 대해서 독특한 설명방식이 필요한 것은 아니다. 따라서 예술가의 동기가 변호사, 은행원 또는 쥐의 동기와 다른 것은 아니다.

스키너의 예술가 이론은 근본적으로 프로이트의 이론과는 많이 다르다. 프로이트는 무의식의 정신적인 힘에 대해 말했던 반면, 스키너는 예술행위를 완전히 관찰 가능한 행동과 환경적인 강화로 설명해야 한다고 주장했다. 그런 점에서 모든 내적이고 비가시적인 과정에 대한 프로이트의 표현을 거부했다. 정신적 또는 정서적 상태에 의지해서 예술가에 관해 설명할 필요는 없다. 모든 살아 있는 생명체의 행동처럼 예술가의 행위도 전적으로 측정 가능한 구체적 보상과 처벌에 의해 형성된다.

그럼에도 어떤 점에서는 양자가 완전히 다르지만은 않다. 이들 모두

다 일상적인 행위를 설명하는 동일한 법칙에 따라 예술적인 창의성을 설명하려 했다. 또한 스키너와 프로이트는 예술가란 자신들도 통제할 수 없는 강력한 힘에 이끌려 창조하게 되는 사람이라고 보았다. 프로이트가 보기에 그 힘은 내적인 것인 데 반해 스키너에게는 외적인 힘이었다.

스키너의 이론은 상당히 많은 비판에 노출되어 있다. 첫째, 그의 이론은 어째서 다른 사람은 그렇지 않은데 예술가들만이 그들의 작품에서 강화를 받는지를 설명할 수 없다. 관객들은 도대체 창의적인 극작가의 작품 속에 있는 무엇을 좋아하는 것인가, 작품의 어떤 측면이 관객들로 하여금 작품을 호평하게 함으로써 작가를 강화하도록 하는가? 스키너는 이런 물음에 대답하지 않았지만, 이 물음들 속에 두 극작가 사이의 차이를 만들어내는 핵심적인 내용이 가로놓여 있는지도 모른다.

둘째, 어째서 평범한 작가에 비해 창의적인 작가는 그다지 강화받지 못할 때조차도 작품을 계속하는지는 설명할 수 없다. 렘브란트(Rembrandt)가 좋은 예이다. 렘브란트는 젊은 시절 대중적 성공을 거뒀지만, 나중에는 그런 대중적 취향을 거부하고 당대 사람들에게 충격적인 방식으로 그림 그리길 택했다. 그는 왜 그런 대중적인 성공을 가져다준 스타일을 포기했을까? 스키너는 다음과 같이 답할 것이다. 어떤 예술가들은 대중성에 강화되지 않는다. 오히려 그들은 몇몇 특정인이 주는 찬사 또는 자신들이 자립해 있는 존재라는 자부심 때문에 강화된다. 그렇다면 그다지 창의적이지 못하다고 하는 예술가는 어째서 그 같은 강화요인들을 찾아내지도 못하고, 또 그 때문에 창의적인 예술가도 못 되는가? 이에 대해 스키너는 다음과 같이 답할 것이다. 어떤 작가는 독립심이 자기에게 보상을 주기 때문에 독립심에 의해 강화되고, 또 어떤 작가는 많은 사람들의 찬사가 자기에게 보상을 주기 때문에 많은 사람들의 칭찬에 의해 강화될 것이다. 그렇지만 이런 대답은 환원론의 모순을 드러낼 뿐이고 이론이 줄 수 있는 예측을 결여하고 있다.

전형적이지 않은 사고

흔히 예술은 근본적으로 정서적 활동이라고 여겨져 왔다. 즉, 창작과정은 추론보다는 오히려 느낌을 포함하므로, 예술가들은 사고하지 않고 다만 느낄 뿐이다. 예술이 본래 인지적 활동이기보다는 정서적 활동이라는 이러한 만연한 믿음은, 예술가가 자기의 이성도 어쩔 수 없는 본능적 충동에 휩싸여 작업한다고 하는 프로이트의 예술가 이론이 뒷받침하고 있다. 그러나 넬슨 굿맨(Nelson Goodman, 1968)이나 수잔 랭거(Susanne Langer, 1942), 루돌프 아른하임(Rudolf Arnheim, 1962, 1969, 1972, 1974) 같은 학자들의 영향으로 예술을 인지의 측면에서 설명하려는 경향이 나타나기 시작했다. 심리학자들은 이제 예술가의 사고과정을 연구하고 예술 동기에 대한 인지적 설명을 찾아내려 한다.

심리학자들은 예술이 지닌 개별적 창의성보다는 창의성 일반에 더 많은 관심을 가지고 있다. 그들은 창의성을 독특한 형태의 사고를 포함하는 것으로 정의했다. 또한 창의적 지성의 작용을 밝혀내고자 여러 번에 걸쳐 시도해 왔다. 조이 길포드(Joy P. Guilford, 1967)가 했던 실험이 그 중 하나이다. '창의성' 검사를 개발해 냈을 때, 그는 창의성이 단순한 기술이 아니라 다양한 구성능력들의 집합임을 입증하려 했다. 검사에 사용한 문항들은 단지 하나의 정답만을 가진 것이 아니었다. 전형적인 문항들은 다음과 같은 것을 참여자에게 요구했다. 주어진 단어의 동의어들을 만들어낼 것, 또 특정한 철자로 시작하는 단어를 만들어낼 것, 그리고 벽돌이라는 단어처럼 일반적인 대상의 용도를 나열할 것 또는 모든 사람이 귀머거리가 될 수 있을 것 같은 불가능한 사건의 결과를 상상할 것. 더 많은 답들이 만들어지면 만들어질수록, 더욱 다양하고 특이한 답들이 나타나면 나타날수록 창의성에서 더 높은 점수를 받았다.

'확산적 사고'(divergent thinking)라는 말은 높은 점수를 획득한 사람들의 사고과정을 기술하기 위해 만들어졌다. 세 개의 서로 다른 요소들이 확산적 사고를 특징짓는다. 그것들은 유창성(단순히 산출된 반응횟수로 측정한 것), 융통성(반응의 다양성으로 측정한 것), 독창성(반응의 독특한 정도에 따라 측정한 것) 등이다. 확산적 사고는 수렴적 사고(convergent thinking)와 대조를 이룬다.

확산적 사고뿐 아니라 수렴적 사고 역시 창의적 문제해결에 필요하지만, 길포드는 확산적으로 사고할 수 있는 능력이 특히 창의적인 사람의 특징이라고 가정했다. 그가 믿기로, 창의적인 사람은 이미 수많은 자료들을 활용할 수 있다는 의미에서 유창했고 유연하게 사고했으며 관례적이지도 않고 독창적이었다. 따라서 창의적인 극작가와 평범한 극작가의 차이는 얼마나 유창하고 융통적으로 독창적으로 사고할 수 있는가 하는 개인차에 있다. 그러나 길포드는 확산적 사고와 예술적 창의성의 다른 측정치들 간의 관련성을 경험적으로 검증하지는 않았다. 따라서 그의 연구는 예술에서 창의적인 사람이 수렴적으로보다는 확산적으로 사고한다는 결론을 허용하지 않았다.

과연 그 같은 관련성이 있는지 없는지를 결정하는 일은 다른 연구자들의 몫으로 남았다. 그런데 그 연구결과들은 상이하게 나타나고 있다. 어떤 연구는 확산적 사고와 창의성 간에 정적인 관계가 있다는 결론을 내렸다. 예컨대 빅터 로웬펠드와 케네스 베이틀(Victor Lowenfeld & Kenneth Beittel, 1959)은 시각예술 분야에서 대단히 창의적인 것으로 평가받은 학생들이 확산적 사고의 많은 항목들에서 높은 점수를 받았다는 사실을 알아냈다. 그러나 맥키넌(MacKinnon, 1961)은 건축가들에게서는 확산적 사고와 창의성 간에 아무런 관련도 없음을 발견했다. 또 야콥 게첼스와 칙센트미하이(Jacob Getzels & Mihaly Csikszentmihalyi, 1976)는 확산적 사고에 따라 받은 점수와 나중에 예술가로서의 성공 사이에는 상호 역관계가 있음을 밝혔다.

확산적 사고와 예술의 창의성 사이에 명확한 관계가 성립하지 않았던 것은 어쩌면 확산적 사고를 측정하기 위해 사용했던 과제유형이 창의적 노력이 지닌 본성과 너무 상이한 것이라는 사실 때문인지도 모른다. 벽돌을 15가지로 독특하게 사용하는 방법과 B자로 시작하는 25개 단어들을 거침 없이 말할 수 있는 능력은 영리할뿐더러 신속하고 유연한 능력을 보여주긴 하지만, 그렇다고 해서 반드시 이것이 예술과 과학의 창의성과 관련해서 심오하게 사고할 수 있는 정신능력을 보여주는 것은 아니다. 더욱이 길포드가 제시한 과제는 모두 언어적인 것이다. 그래서 비언어적인 예술의 창의성에서 언어적 능력이 중요하다고 가정할 아무런 이유도 없다.

길포드는 창의적인 사람이 범상치 않은 여러 생각들을 짧은 순간에 해낼 수 있는 능력을 강조했지만, 여타 심리학자들은 다르지만 약간은 관련된 기술, 즉 대개 무관한 것으로 분류된 요소들 사이에서 관련들을 지각해 내는 능력을 강조했다. 〈성격 진단 및 조사 연구소〉의 연구자들은 창의적인 사람들이 단어연상 검사에서 독특한 반응을 보인다는 사실을 발견했는데, 그런 사람들은 특히 이색적인 관련들을 잘 지각해 낸다고 결론지었다. 사르노프 메드닉(Sarnoff Mednick, 1962) 역시 유사한 결론에 도달했다. 그는 원격연상검사(Remote Associate Test)를 고안해 냈다. 메드닉은 이 검사에서 참여자들에게 '쥐', '청색', '작은 집'처럼 서로 무관한 범주로부터 몇 개의 단어를 제시해 주고 '치즈'와 같이 그 모든 단어들을 연결하는 단어를 생각해 내게 했다. 다른 척도에 따라 매우 창의적으로 평가받았던 사람들은 이 검사에서 그다지 창의적이지 못한 사람들보다도 높은 점수를 받았다. 결국 그들은 더 신속하게 반응했다. 또 그들은 더욱 많은 연합들을 만들어냈는데, 그 연합들은 더욱 다양했을뿐더러 독특했다. 이런 사실들은 창의성의 본질이 비상한 연합을 형성할 수 있는 능력을 포함한다는 견해를 지지해 주었다.

창의적인 사람들은 평범한 사람들이 오직 차이점 밖에 지각하지 못하는 곳에서 유사성을 지각한다고 주장한 연구자가 있었는데, 그가 바로 앨버트 로텐버그(Albert Rothenberg, 1971)이다. 그는 참여자들이 반대말을 채워 넣도록 하는 검사를 고안해 냈다. 이 검사는 두 집단에게 실시되었다. 그는 첫 번째 집단을 매우 창의적인 사람들로 채웠고, 나머지 집단을 그다지 창의적으로 보이지 않는 사람들로 채웠다. 창의적인 사람들은 훨씬 빠르게 과제를 수행할 수 있었을 뿐 아니라 창의적이지 않은 사람보다 더 많은 반대말을 제시할 수 있었다. 대개 서로 무관한 것으로 분류된 요소들 틈에서 유사성을 지각하는 일은 한꺼번에 두 방향을 볼 수 있는 로마의 신 야누스의 이름을 좇아 '야누스적 사고'(Janusian thinking)라고 일컬어졌다. 이러한 사실은 창의적인 사람이란 대개의 경우 완전히 동떨어진 것으로 여겨지는 요소들을 연결시키고 통합할 수 있어야만 한다는 견해를 지지해 주었다. 그러므로 이렇게 볼 때 보통 사람들이 차이만을 보는 곳에서 유사성을 지각할 수 있는 능력을 지녔다는 점에서 창의적인 극작가는 평범한 작가와 구별된다.

지능

창의적인 사람들이 전형적이지 않은 방식으로 사고한다는 결과는 창의적인 사람이 그렇지 못한 사람보다 더 '지적'이라는 것을 의미하지는 않는다. 어느 정도의 지능은 창의성에 필요하지만 정상적인 사람들에게 지능의 수준과 창의성의 수준 사이에는 아무런 관련이 없는 것처럼 보인다.

학업 수행이나 지능 검사로 측정한 지적 능력, 그리고 다양한 유형의 창의성 검사나 산물의 질적 평가로 측정한 창의성, 이 양자간에는 낮은 상관치를 보였다(Getzels and Jackson, 1962; Guilford, 1967; Torrance, 1962; Wallach and Kogan, 1965). 예를 들어 어떤 예술가들은 지능에서는 높은 점수를 얻었지만, 그 동료들은 그의 창의성을 낮게 평가했다. 반면 다른 예술가들은 창의성에서 높이 평가를 받았지만 상대적으로 낮은 지능점수를 보였다(Barron, 1963a; MacKinnon, 1961). 수학자와 과학자들 사이에서도 지능과 창의성 간의 상관관계는 상호 비례했지만 그 정도는 아주 미약하였다(Gough, 1961). 그러므로 상상의 두 극작가 사이에서 보인 차이는 순전히 지능의 차이인 것 같지는 않다.

　확신컨대, 대다수 연구자들은 어느 분야에서건 지능이 낮은 사람은 그다지 창의적일 수 없다는 사실을 밝혔다. 창의적인 사람은 일반 사람들과 비교해 볼 때 높은 지능을 지니는 경향이 있다(Barron, 1963a). 그러나 이미 높은 지능을 지녔던 사람들을 어렸을 때부터 추적해서 뛰어나게 창의적으로 자랐는지를 증명할 수 있는 검사는 없다. 그리고 지능지수 120 이상에서 지능은 창의성 수준과 관련 없는 것처럼 보인다. 이처럼 창의적인 사람은 상대적으로 높은 지능을 지닌 반면, 창의성에서 볼 때 지능지수 180과 120 간에는 별 차이를 보이지 않는다는 것이다.

　그러나 이러한 '하한선 규칙'(the baseline rule)에 대한 하나의 예외가 보고되었다. 낮은 지능지수를 지니고 있음에도 창의성 검사에서 높은 점수를 받은 일군의 아이들이 확인되었다(Wallach and Kogan, 1965). 성인과 아동에 관한 연구들 사이의 이런 불일치는 설명될 수 있을 듯하다. 사실상 아동기의 지능 및 창의성 간에는 아무런 관련이 없다. 그럼에도 불구하고 낮은 지능지수의 창의적인 아이들은 창의적인 분야, 즉 예술과 같은 분야에서 결코 뛰어난 작가로 성장하지는 못할 것이다. 창의성은 높은 지능이 아니더라도 나타날 수 있지만, 만약 누군가 지극히 경쟁적인 예술계에서 인정받으려 한다면 그와 같은 높은 지능이 필요하다.

문제 발견하기

　예술가는 작품을 완성하는 도정에 해결해야 할 문제들과 계속 마주치게 된다. 시인은 가장 적절한 단어를 찾아내야 하고, 화가는 평면에 깊이가 생겨나는 듯 보이게끔 그려내야 한다. 또 작곡가는 멜로디에 최고의 완성도를 주고 더할 나위 없이 좋은 분위기를 자아낼 수 있는 화음을 결정해야 한다. 예술은 단순히 감정만을 포함하는 것이 아니라 예술가들의 인지능력, 즉 문제해결 능력 또한 요구된다.

지능과 마찬가지로 창의성의 가장 전통적인 척도 역시 우리의 문제해결 능력을 평가하는 일이다. 문제의 해결은 예술에서 당연히 중요한 것이다. 그렇지만 어쩌면 이보다 더 핵심적인 기술이 있을 수 있다. 그것은 다름 아니라 문제를 찾아내는 능력이다. 최고의 창의적 예술가는 문제를 아주 잘 해결해 낼 뿐만 아니라 도전과제를 찾아낼 수 있는 능력도 지녔을 것이다.

제이코프 게첼스(Jacob Getzels)와 칙센미하이(Mihaly Csikszentmihalyi)는 잘 알려진 미술학교 재학생의 성격특성과 지각적·인지적 기술에 대한 광범위한 연구를 수행함으로써 위와 같은 제안을 했다. 이 연구는 장 피아제(Jean Piaget, 1963), 로버트 화이트(Robert White, 1959), 해리 할로우(Harry Harlow, 1953), 다니엘 벌라인(Daniel Berlyne, 1960) 등이 제안했던 인간동기에 관한 견해에 기초하고 있다. 이 다양한 심리학자들 모두 프로이트의 견해, 즉 사람들은 자극을 감소시키려 하고 오직 긴장이 없는 상태만이 즐거운 것으로 느낀다는 생각을 거부하였다. 그들이 제시한 새로운 동기이론은 다음과 같은 사실에 근거했다. 말하자면 원숭이는 흥미로운 활동들을 추구하고, 음식을 찾기 위해 돌아다니기보다 퍼즐을 가지고 놀면서 시간을 보낸다(Harlow, 1953). 그리고 어린 아이들은 자극을 감소시키기보다 오히려 증가시키는 순전히 탐험적인 행위를 하면서 대부분의 시간을 보낸다(Piaget, 1963). 이런 증거들은 사람들이 자극을 감소시키기보다는 증가시키도록 동기화된다는 것을 보여준다. 이렇듯 정신적 활동은 그 자체가 목적으로 여겨질 수 있다. 그리고 신기함과 자극을 통해 지루함으로부터 벗어나는 것은 강력한 동기로 간주될 수 있다.

게첼스와 칙센미하이는 인간이 대개 자극을 증가시키고자 한다는 주장에 기초해서, 창의적인 사람이 자극을 월등히 더 추구할 것이라고 가정했다. 그들의 주장에 따르면, 예술가란 해결할 새로운 문제를 찾아 나서서 그것을 발견하도록 동기화된 사람이다. 연구자들은 이런 가설을 검증하기 위해 미술전공생을 참여자로 해서 그들에게 일련의 대상을 주고 그 중에 몇 개를 선택하게 한 뒤 그들이 원하는 대로 배열하게 하고 그것을 정물화의 모델로 사용하게끔 했다. 실험자들은 성공적인 학생들과 그렇지 못한 학생들이 어떻게 이 과제를 수행하는지를 관찰했다. 특히 그들은 그림을 그리는 단계 이전과 이후에 대상들이 다뤄지고 탐구되는 정도 차이를 관찰했다.

완성된 그림은 세 가지 차원에서 평가되었다. 기술적 능력, 독창성, 심미적 가치 등이 그것들이다. 학생들이 왜 그런 배열을 선택했는지, 작업하는 동안 무슨 생각을 하고 있었는지, 그 그림의 기본적 특성 외의 요소들이 변경되고 제거될 수 있는지 등의 물음을 포함해서 그림을 그리는 과정에서 나타나는 그들의 주관적 경험을 보고하게끔 했다. 그들의 응답은 그들이 발견에 대한 관심을 얼마나 반영하는지의 정도에 따라 평가되었다. 예컨대 어째서 대상들을 주어진 방식대로 배열했는지 물었을 때 대상들을 대칭과 조화처럼 기존의 관습적인 원리에 따라 배열했다고 답한 학생들은 발견에 대한 관심이 낮은 것으로 평가되었다. 반면 그림의 실제구조는 화면 안에서 성취될 수 있는 것이기에 배열 그 자체는 그다지 중요한 것이 아니라고 답한 학생들은 발견에 대한 높은 관심을 표명하는 것으로 평가되었다.

흥미롭고도 도전적인 자극을 줄 만한 디자인을 발견할 때까지 대상을 탐구하고 재배열을 시도한 학생들이 가장 독창적일뿐더러 최고의 심미적 가치를 지닌 것으로 평가된 작품을 그렸다. 동일한 학생들은 제시된 물음에 대한 응답에서도 발견에 대한 높은 관심을 보여주는 것으로 나타났다. 가장 독창적이지 못하고 심미적이지도 못한 작품을 만든 사람들은 더욱 수동적으로, 말하자면 문제를 단지 주어진 것으로 받아들였고, 다른 가능한 조합과 구성을 탐구하지도 않은 채 그리기 과제를 수행했다. 흥미롭게도, 발견에 대한 관심과 순수한 기술적 능력 간에는 아무런 관련이 없는 것으로 나타났다.

이런 관찰은 예술가가 문제를 해결하려는 욕구뿐만 아니라 해결할 문제를 찾고자 하는 욕구에 의해서도 동기화된다는 결론에 이른다. 대상들을 배열하는 데 많은 시간을 할애한 사람들은 자신의 도전을 입증할 만한 시각적 문제의 해결책을 찾고자 했다. 그러나 대상을 단지 주어진(관례적인) 방식으로 그렸던 사람들은 주어진 문제를 해결하려 했을 뿐 새로운 문제를 찾으려 하지도, 또 정의하려 하지도 않았다. 이렇게 볼 때, 창의적인 극작가는 자신의 작품에서 풀어내고자 하는 새로운 문제를 탐색한다는 점에서 구별되는 듯하다. 반대로 평범한 극작가는 새로운 문제를 찾으려 하지 않고 다만 손 안에 쥐어진 일을 하는 데 만족했다.

그 연구의 다른 측면에서, 자신들이 왜 창조하도록 동기화되었는지를 학생들 스스로 설명하도록 요구했다. 반복해서 이들 초보 작가들은 발견하기 위해서, 이해하기 위해서, 알기 위해서 그림을 그린다고 말했다. 그러므로 그들의 예술작업 뒤에 가려진 분명한 동기는 프로이트가 제안한 것과는 전혀 다르다. 이 예술가들은 그림을 그리게 하는 정서적 요인들 대신에 인지적 요인을 일관성 있게 언급했다.

재능

위대한 예술가를 평범한 사람과 구별짓는 것이 무엇인지 지나가는 사람들에게 물어보라. 아마도 지금까지 살펴본 요인 중 어느 것도 언급되지 않을 것이다. 그 물음에 대한 가장 상식적인 대답에는 아마도 본능적 욕구, 자아강도, 강화, 전형적이지 않은 사고 또는 새로운 문제의 발견능력 등이 포함되어 있지 않을 것이다. 그 대신 사람들은 "그것은 분명하다. 어떤 이는 재능이 있고 다른 이는 그렇지 않다."라고 답할 것이다.

심리학자들은 이런 평가에 동의할 것이다. 그러나 재능이 의미하는 것이 무엇인지를 규명하는 일은 그리 쉽지 않은 것이기 때문에, 여전히 그 이상의 연구는 진척되지 못한 실정이다. 비록 다양한 예술장르에서 재능을 평가하는 수많은 검사들이 개발되어 있지만(Graves, 1946; Meier, 1940; Rigg, 1942; Seashore, Lewis, and Saetveit, 1960; Wing, 1948) 그 누구도 재능이 무엇인지 정확히 설명하지 못했다. 프로이트 자신도 특수한 재능을 설명하려는 시도를 포기했다.

창의적인 극작가가 길거리 행인들보다는 더 많은 재능을 지니고 있다는 것은 분명하다. 그러나 무엇이 어떤 사람을 재능이 있게 만드는지, 재능을 타고난 아이의 두뇌는 평범한 아이의 두뇌와 다른지 또는 재능은 얼마나 유전되고 또 환경요인에 의해 얼마나 결정되는지는 아무도 모른다. 재능 있는 사람은 하나 또는 그 이상의 예술 상징체계에서 뛰어난 능력을 보여주도록 유전적으로 미리 결정되어 있는 듯하다. 이러한 유전적 경향은 각각의 상징체계에 대해 아주 다르게 나타날 수 있다. 가령 음악적 재능을 가지고 태어난 아이는 완전하거나 거의 완전한 운율을 지니고 있다. 시각예술에 재능을 갖고 태어난 아이는 형상적 심상을 가지고 있을지도 모른다. 그런 심상을 만드는 능력이야말로 시각적 장면을 세부적으로 기억할 수 있는 능력이다. 또 문학작가가 될 아이들은 감각들 상호간의 매우 풍부한 연결을 가지고 있을지도 모른다. 그 경우 한 장면의 색상은 은유적 언어가 가장 잘 포착할 수 있는 분위기를 불러일으킬 것이다.

놀라운 예술작품을 은연 중에 만들어내서 자기 부모를 놀라게 한 어린 천재들의 일화는 특정 예술형식에서의 천부적 재능이 전적으로 훈육과 환경의 문제만이 아닐 수 있다는 견해를 지지해 준다. 그럼에도 불구하고 그 같은 가설을 검증하는 것은 매우 어려운 일이다. 더욱이 최초의 천재적 성향은 태어날 때 이미 신경학적으로 결정되더라도, 그런 재능이 꽃을 피우기 위해서는 상당히 많은 문화적·가족적 지원이 필수적이라는 것은 아무도 부인할 수 없을 것이다.

요약하자면, 예술가가 되기 위해서는 몇 가지 조건들이 충족되어야 한다. 우선 어떤 신비로운 실체, 즉 '재능'이 필요하다. 이런 재능은 특별한 상징체계에만 국한되어 나타나는 것처럼 보인다. 말하자면 음악적으로 재능이 있는 사람이 시각예술이나 언어예술에도 재능을 지니고 있다고 가정할 아무런 이유가 없다. 한 상징체계 내에서 이 정도의 능력 외에도 다른 몇 가지의 인지능력들이 더 필요하다. 다른 사람들이 이질적인 것만을 지각하는 곳에서 관련성을 지각할 수 있는 능력, 다른 사람들이 옛 방식대로 일할 때 새로운 문제를 탐구하려는 경향이 필요하다. 그리고 마지막으로 어떤 성격구조, 즉 개인적인 행위를 예술적 행위로 바꿔줄 수 있을 정도의 강한 힘에 의해 촉발된 자아강도, 독립심, 성공의지에 의해 구체화된 성격구조 등이 더 필요하다.

인지적 특성과 성격적 특성 모두 창의적인 예술가를 구별하도록 하는 반면, 인지적 요소와 성격적 요소 간의 관계는 그리 분명치 않다. 아마도 양자는 서로 무관한 듯하다. 그래서 어떤 이유에서건 강하고 추동적인 성격으로 양육되고, 또 그에 적합한 인지능력을 가진 아이들은 예술가로 성장할 것이다. 그러나 다른 가능성이 여전히 남아 있다. 이미 어렸을 때부터 자기들이 천부적 재능을 가졌다는 사실을 깨달은 아이들은 강하고, 독립적이고, 매우 동기화된 성격구조를 형성할 수도 있다. 자신의 재능을 깨닫는 일이 예술가로서의 전형적인 성격을 발전시키는 일의 배후에서 추동적인 힘으로 작용할 수도 있다는 것이다.

창의적 사고과정

지금까지 우리는 성격과 지적 특성들을 살펴봄으로써 뛰어난 극작가와 평범한 극작가를 구별해 보았다. 그러나 아마도 창의적 작가의 가장 독특한 특성은 모든 영역에서 나타나는 일련의 고정적 특성이 아니라 창의적 작업의 과정에서 나타나는 독특한 사고방식인 듯하다.

과학자들처럼 많은 예술가들도 창조행위 동안에 나타나는 자신들의 사고과정에 대해 호기심을 보여왔고, 이 과정에 대해 내성적 방식으로 고찰해 왔다. 심리학에서 내성법을 이용해서 마음의 과정을 밝히려 했던 시도는 오랜 역사를 지니고 있다. 정신분석학자와 형태심리학자들은 내성적 고찰에 기초해서 많은 연구를 수행해 왔다. 프로이트 이론의 토대 중 하나인 오이디푸스 콤플렉스는 프로이트의 고뇌 어린 자기 분석에서 자라났던 것이다. 또 심지어 가장 철두철미하다고 하는 실험심리학자들조차도 내성법을 그 외의 더 객관적인 척도와 결합해서 사용했다.

그러나 내성법이 신뢰할 만한 증거를 제공해 줄 수 있는지에 대해서는 광범위한 측면에서 아직 의견 일치를 보지 못하고 있다. 예를 들어 행동주의자들은 그런 증거가 직접적인 관찰에 의해서는 측정 불가능한 과정에 기초해 있다는 이유로 그것을 부인해 왔다. 실험심리학자들은 사람들이 자신들의 마음 속에 나타났다고 믿는 일이 대개의 경우 사실로서 발생하지 않는다는 이유로(Nisbett and Wilson, 1977) 내성법을 부인해 왔다. 사람들이 내성법을 통해 자신의 사고과정에 정확히 접근할 수 있는지는 그다지 분명치 않다. 그렇지만 실험적인 방법 역시 마찬가지 한계를 지니고 있다. 그러므로 창의성을 이해하기 위해서는 두 가지 방법이 모두 필요하다.

몇몇 예술가들은 창작과정을 극단적인 방식으로 얘기해 왔다. 그들은 그 과정을 완전히 무의식적이고 비합리적인 것으로 보거나 아니면 완전히 정상적인 것이자 합리적 과정으로 여겼다. 창의적 과정을 전적으로 무의식적이고 설명할 수 없는 것으로 얘기했던 사람들 중 하나가 시인 에이미 로웰(Amy Lowell, 1874-1925)이다. 그녀에 따르면 시를 쓰는 실제 작업은 무의식 속에서 일어나므로, 그것은 시인이 어찌할 수 없는 과정이다: "학문은 시인을 이렇게 정의한다. 지극히 예민하면서도 활동적인 성격을 잠재의식 속에 가둬둔 사람, 그는 순응적인 의식을 먹여 살리면서도 또 그것에 의해 양육된 자이다. 시인들 사이에서 회자되는 말로 하자면, 그게 '저절로' 내게 온다. 이는 너무나 진부한 얘기여서 우리가 이 표현의 사용을 조심스레 자제해야 한다는 것을 알고 있지만, 그것은 내가 알기로 시가 의식 위로 떠오르는 일을 가장 잘 표현한 말이다… 시상이 명석한 논리적 추론을 빗겨 내 머릿속으로 들어온다. 가령 '청동말'이 그렇다. 난 언젠가 말을 내 시의 주제로 삼았었다. 그렇게 한 후 의식적으로 그 주제를 더 이상 고려하지 않았다. 그러나 사실상 내가 했던 것은 그 주제를 잠재의식 아래로 떨어뜨리는 일이었다. 6개월이 흐른 뒤에 시어들이 내 머릿 속에 떠오르기 시작했다. 내 개인적인 표현을 빌리자면, 그들이 '거기에' 있었다."(Ghiselin, 1952, p.110).

자신의 작업에서 의식적인 통제가 불가능함을 경험한 것은 문필가들만이 아니다. 초현실주의 화가 막스 에른스트(Max Ernst) 역시 유사하게 주장했다. 그는 그림작업을 하는 동안 마치 자신의 작품이 탄생하는 광경을 자기가 직접 지켜보는 관찰자인 듯 느꼈다고 설명했다. 이렇듯 그림을 창조하는 것은 아이를 낳는 것과 같은 것이다. 말하자면 그것은 거의 아무런 의식적 통제가 가해지지 않는 과정이다. 에른스트는 창작과정을 자동기술법과 유사한 것이라고 썼다. 그것은 작가가 모든 의식적인 지향을 포기하고 정신적 매체가 자신을 매개해서 활동하게끔 하는 방법이다.

그러나 모든 예술가들이 창작과정을 의식과 합리성에 정면으로 반하는 것으로 기술하지는 않았다. 에드가 앨런 포우(Edgar Allen Poe)는 그런 관점을 예술가에 대한 계획적인 신비화로 보고 거부했다. 그가 창작은 다름 아니라 의식적이고 계산된 현명한 능력에 의한 것일 뿐이라고 주장했다. "대부분의 작가들, 특히 시인들은 창작을 일종의 잘 다듬어진 열광, 즉 탈아적인 직관에 따라 행하는 일로, 나아가 그들이 독자들로 하여금 장면들의 배후에 무엇이 있는지를 살짝 엿보게 하는 일에… 신중한 선택과 배제, 말하자면 시어들을 고통스레 줄여가는 것뿐 아니라 또 고쳐 쓰는 것에 진정으로 몸서리치는 일쯤으로 생각하길 좋아한다."(p.37).

그리고 포우가 자신의 시 〈갈가마귀〉(the Raven)의 구성에 관해 언급했을 때, 이보다 훨씬 더 합리적인 견해를 제시했다. "그 작품을 구성할 때 나는 어느 한 부분도 우연과 직관에 따라 쓰지 않았다… 그 작품은 마치 수학문제가 정교함과 엄밀한 절차에 따르듯 조금씩 조금씩 나아가서 완성에 다가갔다."(Rothenberg and Hausman, 1976, pp.58-59).

분명히 많은 예술가들은 창작에 대해 로웰이 말했던 것처럼 아무런 노력 없이 이루어지는 것이 아니라 지극히 힘든 작업에 의해 이루어지는 것이라고 여겨왔다. 그러나 창작이 무의식적이고 비합리적인 것이라거나 혹은 그것이 의식적이고 합리적인 것이라는 극단적 견해는 문제가 있다. 합리적 극단에서 포우가 시를 짓는 일이 오직 정상적이며 심사숙고만을 포함한다고 썼을 때, 그 자신은 자기의 천재성을 고려하지 못했던 것이라고 주장할 수도 있다. 창작과정을 무의식적으로 비합리적으로 보는 극단의 견해 역시 비판받을 수 있다. 예컨대 로웰에게 위대한 작가가 되기 위해 무엇을 해야 하겠는가를 묻는다면, 분명히 그녀는 창조의 번갯불이 번쩍일 때까지 가만히 앉아 기다리라고 말하지는 않았을 것이다. 더 있을 법하게 말하자면, 오히려 그녀는 오랫동안 열심히 일하고 훈련하라고 했을 것이다. 영감(inspiration)의 순간에 대한 경외감을 전해 주려는 뜻에서 로웰 같은 예술가는 오랜 시간의 형성과정, 말하자면 다년간의 힘든 노력이 결과적으로 영감을 가능하게 할 것이라는 사실을 쉽게 지나쳐 버릴지도 모른다.

　과학자들처럼 대다수의 예술가들도 창작을 신비롭고도 비합리적인 것이라고 보는 견해든 설명 가능하고 합리적인 것이라고 보는 견해든 어느 한 쪽에 자리하고 있다. 그들 대부분은 창조의 과정에 몇 개의 아주 상이한 단계들이 있다고 말한다. 초기의 단계에서 문제들은 의식적으로 다루어지고 모든 방향에서 탐색된다. 이런 과도하게 힘들고 흔히 좌절로 끝나고 마는 단계가 지난 뒤, 창조자들은 자기들이 해결하고자 했던 문제와는 아무 관련 없는 것으로 관심을 돌린다. 그러고나서 갑자기 맑은 하늘이 어두워지고 영감의 불빛이 번뜩인다. 해결의 실마리가 마음 속에 떠오르고, 그 창조자는 마치 그것이 어디서 왔는지 모르는 듯 느낀다. 예술가와 과학자는 대개 자신의 마음이 어디론가 향해 있는 동안 무의식은 계속 문제를 탐구하고 있다고 결론 내린다. 무의식 속에서 '부화' (incubation)가 이루어진 뒤, 문제의 해결은 의식적인 정신에 완전한 모습으로 자기를 드러낸다. 그러나 뜻하지 않은 영감의 순간은 단지 작품의 실마리만을 제공한다. 의식적 노력이 필요 없는 이런 단계에 이어, 의식적인 정교화의 단계가 나타난다. 여기서 창조자는 영감이 가져다준 작은 씨앗을 힘들게 확장시키는 노력을 수행한다.

작곡가 리하르트 바그너(Richard Wagner)는 선잠이 들어 자신의 사고를 완전히 의식적으로 통제할 수 없었을 때 순간적으로 영감이 나타났고, 그 후 영감의 씨앗을 완성작으로 키워나가는 고된 시기를 거쳤다고 술회했다. "난 일종의 최면 상태에 있었어. 그런데 글쎄 그런 상태에서 급류에 휩쓸리는 듯한 느낌이 들었어. 내 가슴을 향해 거세게 밀려드는 그 물소리가 저절로 내림 마장조 화음으로 변해서 파행적으로 계속 울려 퍼지더군… 난 놀라 갑자기 그 잠에서 깨어났지… 난 곧바로 깨달았지. 비록 완성된 형태를 찾을 수는 없어도 마음 속에 오랫동안 간직했던 가극 〈라인의 황금〉의 서곡이 마침내 내 앞에 떠올랐다는 것을 말이야. 그래서 난 즉시 취리히로 돌아가서 내 위대한 시를 작곡하기로 결심했지."(Wagner, 1942, p.603).

극작가 장 콕토(Jean Cocteau)는 영감이 오직 씨앗만을 제공할 뿐 그 후에는 힘든 노력이 뒤따라야 한다고 주장했다. 글을 쓰는 것, 잉크와 종이를 정복하는 것, 단어와 구절을 모으는 것, 그것들을 마침표와 콤마로 분리하는 것은 연기나 책에 대해 꿈꾸는 일과는 다른 문제이다(Ghiselin, 1952, p.82). 소설가 도로시 캔필드(Dorothy Canfield)는 창작과정에서 나타나는 두 개의 아주 상이한 심리학적이고도 생리학적인 상태를 기술했다. 영감의 단계에서 그녀는 시간에 관한 모든 의식을 상실한 채, 두 볼은 벌겋게 달아올랐고, 입술은 바싹 타들어 갔으며, 두 발은 몹시 차가웠다고 한다. 이틀간의 그런 긴장을 겪은 뒤, 안정된 상태로 다시 집필할 수 있도록 수일간 집중이 지속되었다. 그 시간은 원고 수정을 위해 멈춰야 할 때까지 절대 멈추지 않을 듯했다(Ghiselin, 1952).

유사한 증언들이 과학자들에게도 있었다. 프랑스 수학자 앙리 푸앵카레(Heri Poincaré)는 과학의 영역에서 고된 작업과 갑작스러운 영감 간의 상호작용에 관해 말한 적이 있다. "지질학 답사를 떠나기 위해 제가 살고 있던 파리 근교의 캉을 떠나던 바로 그때였습니다… 여행이 가져다준 변화는 제게 잠시나마 수학적 문제를 잊게 해 주었습니다. 쿠탕스에 도착하자 우린 다른 곳으로 가기 위해 버스에 올랐답니다. 길이 단단한 포장에 덮여 있듯 전에는 아무 생각도 떠오르지 않았지요. 그런데 제가 버스 안으로 발을 들여놓는 순간 혹시안 함수(Fuchsian Function)를 정의하기 위해 사용했던 변환들이 비유클리드 기하학의 변환들과 동일한 것이리라는 생각이 떠올랐습니다… 캉으로 돌아가는 도중에 한가로이 그 결과를 검증했답니다."(Ghiselin, 1957, p.37). 푸앵카레는 의식적으로 혹시안 함수 문제를 제쳐두었다. 그러고나서 버스에 발을 올려놓았을 때, 다른 문제에 대하여 생각을 하면서 갑자기 두 유형의 함수 사이에 유사성이 있음을 깨달았다. 영감 이후의 국면, 흔히 주의 깊은 재작업 및 정교화의 단계로 일컬어지는 이 단계는 푸앵카레에게는 간단한 것이었다. 말하자면 검증과정은 단지 그가 이미 사실이라고 생각했던 것을 보여주는 일이었다. 그렇지만 영감의 짧은 순간이 나타나기 이전에 이미 수일간의 고된 작업이 있었다. 푸앵카레의 발견에는 영감뿐만 아니라 노력 또한 포함되어 있었던 것이다.

　예술가와 과학자의 자기 보고에서는 창의적 작업이 이루어지는 동안 일련의 다른 유형의 사고가 경험된다고 말한다. 이 일련의 과정은 단순히 의식적 노력의 산물이라고는 볼 수 없는 영감의 순간뿐 아니라 문제 해결에서의 합리적 노력 또한 포함한다. 그 밖의 단계에서 사고는 질서 정연하게 나타난다. 영감의 순간은 창작자가 하던 일을 그만 멈췄을 때와 마찬가지로 오랫동안 의식적인 작업을 해낸 뒤에 따라오는 것이 분명하다. 고된 작업으로 시작한 것은 종국에는 저절로 이루어진다. 이는 마치 알 수 없는 곳에서 영감이 다가와 작품의 씨앗이 만들어지는 것과 같다.

　창의적 과정에 대한 이 같은 스케치는 오직 한 가지 유형의 증거를 토대로 한다. 그 증거는 창의적인 사람들, 즉 이런 저런 이유로 선발되어 자신들이 어떻게 작업했는지 기술했던 사람들이 해놓은 무작위적이고도 비조작적인 자기 관찰이다. 여기서 심리학자들은 이 문제를 그대로 방치해 두지 않았다. 그들은 임상 실습, 사례 연구, 많은 참여자와 통계적 검증의 도구를 포함한 연구로부터 이끌어낸 다양한 이론과 방법으로 무장한 채 창의적인 마음에 관해 더 많은 것을 증명해 보여주고자 했다.

무의식적 부화

창의적인 학자들의 증언에 기초해서, 그레이엄 월러스(Graham Wallas, 1926)는 창의적 과정이 4단계로 이루어졌음을 밝혔다. 즉 문제가 탐색되는 준비단계(preparation), 문제로부터 의식적 주의가 사라진 부화단계(incubation), 기본적 아이디어 또는 해결책이 갑자기 그리고 명료하게 나타나는 조명단계(illumination), 그 아이디어가 검증되고 정제되는 검증단계(verification) 등이다. 그런데 지금까지 이 정식화에서 가장 큰 논쟁을 불러일으켰던 것이 바로 부화단계이다. 이 단계 동안에 무의식은 문제에 착수해서 그것을 풀고, 그 답을 무의식적 마음에 제시하는 것으로 간주된다. 에른스트 크리스(Ernst Kris, 1952)와 로렌스 커비(Lowrence Kubie, 1958)가 바로 이 관점에 최초의 이론적 지지를 제공한 인물들이다.

크리스에 따르면 창의적인 작업은 정교화의 단계로 이어지는 영감의 단계를 포함하는데, 이 국면들 각각은 지극히 상이한 종류의 정신적 활동 및 의식수준을 수반한다. 영감이 나타나는 단계는 일차과정(priminary-process) 사고가 이끌게 된다. 이것은 프로이트가 비합리적이고 혼란스러울뿐더러 또 모순과 비논리에 대해 관대한 사고유형이라고 기술했던 바로 그것이다. 그가 믿었던 것은 그런 사고가 꿈이나 꿈처럼 환상적인 상태 한가운데 놓여 있다는 점이었다. 프로이트가 처음 이 문제를 다루었을 때 일차과정 사고는 무의식 속에 놓여 있는 것으로 간주되었다. 그러나 정신분석 이론에 대한 크리스의 재해석에서 그것은 프로이트의 무의식보다 훨씬 표면에 가깝게 놓여 있는 전의식(preconscious)에 거주한다.

영감이 이루어질 때 예술가들이 순간적으로 전의식적이고 일차과정적 사고의 수준으로 퇴행한다고 크리스는 주장했다. 그런 단계는 월러스가 말했던 부화단계와 일치한다. 창의적 사고에 수반된 퇴행은 정신질환자의 퇴행적 사고와 구별해서 '자아 통제하의 퇴행(regression in the service of the ego)'이라고 일컬어진다. 정신질환자의 사고를 살펴보면, 그들이 일차과정 사고로 퇴행하게 되면 정상적이고 논리적인 사고형태로 되돌아올 수 없다. 그러나 예술가들의 경우에는 퇴행이 일시적일 뿐 의식적 자아는 완전히 통제될 수 있다.

일차과정 사고로 퇴행함으로써 가능하게 된 '모순에 대한 관용'은 창의성에서 핵심적인 과정인 이미지와 아이디어가 새로이 결합해서 형성될 수 있는 가능성을 증가시킨다. 퇴행의 국면이 지난 후에, 의식적이고 논리적인 이차과정(secondary-process) 사고를 통해 창조작업에 대한 정교화 단계가 뒤따른다. 이 단계는 월러스의 검증단계와 대응된다. 이 단계에서 예술가는 의식적으로 전의식이 제공한 아이디어를 계속해서 다루게 된다.

크리스의 '자아 통제하의 퇴행'이라는 개념은 어느 정도 경험적 지지를 얻었다(Barron, 1963a; Wild, 1965). 예컨대 창의적인 사람들이 일차과정 사고로 퇴행할 수 있는 능력과 그런 사고를 통제할 수 있는 비상한 능력을 지니고 있는지 어떤지를 결정하기 위해 창의성 검사를 받았던 참여자 집단에게 다시금 로르샤하(Rorschach) 성격검사와 창의성 검사를 실시했다(Pine and Holt, 1960). 로르샤하 자극에 대한 반응들은 공격적, 성적 또는 비논리적 진술들에서와 같이 일차과정 사고의 용어로, 그리고 사회적으로 용납될 수 없는 진술들에서와 같은 일차과정 사고에 대한 통제의 용어로 평가되었다. 창의성에서 높은 점수를 얻었던 사람들은 검사의 두 가지 척도, 즉 일차과정 사고의 표출과 그런 사고에 대한 통제에서도 역시 높은 점수를 받았다.

창의성이 무의식적인 부화의 단계를 포함하는 다국면적 과정이라는 주장을 검증하기 위해 캐서린 패트릭(Catherine Patrick, 1935, 1937)은 시인, 화가, 과학자 등을 연구대상으로 삼아 창의적인 과제를 수행하는 동안 생각한 내용을 소리내어 말하게끔 했다. 자신들의 정신적 과정에 대한 참여자 진술은 모두 네 가지 단계로 된 증거를 제공했고, 따라서 창의성이 다국면적이라는 견해를 지지해 주었다. 그러나 패트릭 자신도 인정했듯이 이 연구는 부화라고 이름 붙여진 단계가 실제로 무의식적 작업을 포함하는지에 대한 확고한 결론을 제시하지 못했다. 부화의 증거는 문제수행 과정에서 나타났던 아이디어가 잊혀진 뒤 나중에 다시 회상된다는 사실을 입증하는 것으로 구성되었다. 그러나 무의식적 부화를 증명하기 위해서는 그 아이디어가 의식적으로 잊혀질 때 무의식 속에서 변형을 수행한다는 것과, 그 결과로 그것이 의식의 수준에까지 되돌아왔을 때 새롭고도 더 명확한 형태를 획득한다는 사실을 반드시 보여주어야 했다.

다른 실험연구들이 부화의 구성을 검증하기 위해 수행되었다. 이 연구들에서는 창의성을 위해 선택되지 않았던 지극히 평범한 사람들이 전형적인 방식으로 해결해야 할 문제들이 주어졌다. 참여자들의 절반은 과제수행 중간에 저지되었고 그 대신 다른 방해과제를 수행하도록 했다. 나중에서야 그들은 처음에 수행했던 문제로 되돌아갈 수 있었다. 중요한 것은 어느 집단이 과제를 더 잘 또는 더 빠르게 해결할 것인가이다. 만약 과제수행을 저지당했던 일과 그 대신에 제시되었던 방해과제가 처음에 수행하고 있던 문제를 무의식 속에서 부화하도록 했다면, 방해를 받은 집단이 더욱 뛰어난 수행을 보일 것이다.

이러한 연구의 결과는 일관적이지 못했다(Olton and Johnson, 1976). 어떤 연구들은 방해를 받은 집단이 방해받지 않은 집단보다 더욱 우수한 수행을 보인다고 보고했지만(Dreistadt, 1969), 이 연구들 중 어떤 것도 반복 수행에서 동일한 결과를 보여주지 못했다. 이것은 부화에 관한 대다수 연구에서 사용했던 것보다 더욱 도전적인 과제를 참여자에게 제시함으로써, 또 참여자들이 원할 때는 언제든지 긴 시간의 휴식을 취할 수 있도록 허용함으로써(Olton, 1979) 창의적 작업이 자연스레 이루어지는 과정을 그대로 모사하려는 시도가 불가능한 것이라는 사실을 증명해 보였다.

이러한 어려움이 더욱 복잡한 것은 무의식적 부화가 방해받은 집단의 우수한 수행을 설명하는 유일한 방식이 결코 아니라는 사실 때문이다. 방해받은 집단이 그렇지 않았던 집단보다 과제를 더 잘 수행할 경우에 몇 가지 설명들이 마찬가지로 가능하다. 방해는 참여자들이 그 문제에 상투적인 방식으로, 즉 빈약한 방식으로 접근하지 않도록 해 줄지도 모른다. 또 어쩌면 방해의 결과가 그들의 기분에 활력을 주고 지루함을 덜어줄는지도 모른다(Patrick, 1935; Woodworth, 1938).

그러므로 무의식이 창작과정에서 지대한 역할을 수행한다는 예술가, 과학자 그리고 정신분석이론가들의 주장을 지지해 줄 만한 강력한 경험적 증거는 아직 없다. 그렇지만 창의적인 사람들의 자기 보고에서 이러한 주장들이 지속적으로 나타난다는 사실 또한 간과될 수 없다. 나중에 조명단계가 뒤이어 나타나게 될 부화단계에서 받은 주관적인 인상은 그 자체로 분명한 현상이다. 창의적인 사람들의 자기 보고와 심리학의 실험적 증거 간에 발생한 불일치는 여러 방식으로 설명될 수 있다. 실험의 부정적인 결과는 심리학자들이 창의성에 따라 참여자를 선택하기보다 평범한 사람들을 대상으로 연구했다는 사실에 기인한 것일 수도 있다. 부조화는 어쩌면 오직 뛰어나게 창의적인 사람들의 마음속에서만 나타나는 것일지도 모른다. 또는 실험실에서 부화를 입증할 수 없었던 것은 무언가를 찾아내려 애쓰는 '창조자' 주위의 상황이 상대적인 인위성을 가졌던 때문일 수도 있으며, 아니면 창조자의 마음이 해결과제에서 멀어진 다음에 나타나는 영감에 관한 자기 보고가 이미 과장되어 있었던 것일 수도 있다. 부화는 나타날 수 있지만 거의 드물다. 영감이 닥쳐올 때의 현상이 주는 경외감의 본성 때문에 창조자는 그것이 실제보다 더 자주 나타난다고 믿을 수도 있다.

의식적 능력

창의적인 사람들의 내성법에 따른 보고와 창의적 과정에 대한 정신분석학적 설명 사이의 균열 속에서, 몇몇 심리학자들은 예술작품의 창작에서 나타나는 의식적이고 합리적인 과정의 역할에 관심을 기울여 왔다(Arnheim, 1962; Dewey, 1934; Ecker, 1963). 이 심리학자들에 따르면 "창의성의 본질은 단지 새로운 연결을 만들어내는 일일 뿐이다."라는 정의는 그리 충분한 것이 못된다. 일차과정적 사고에서 나타나는 '변화'(reshuffling)가 중요할 수도 있겠지만, 그것이 창의성의 본질적인 면을 구성할 수는 없다. 예를 들면 모든 새로운 연결들이 효과적이고도 미적인 호소력을 지녔다고 판명되지는 않는다. 더군다나 많은 창의적인 시도들은 예술가들이 영감의 초기 모멘트를 경험한 후에야 나타나곤 한다. 그래서 이 심리학자들은 통찰의 무의식적 특성에 주목하는 대신에 창조행위를 문제 해결에 대한 논리적 유형으로 보았다.

피카소는 한때 다음과 같이 말했다. "단계보다는 그림의 변형과정을 사진으로 보전하는 일이 더 흥미로울 듯합니다. 그렇게 하면 아마 여러분들은 우리가 꿈을 실현시키려 할 때 머릿 속에 어떤 통로를 만들어내는지 볼 수 있을 겁니다."(Arnheim, 1962, p.30). 형태주의 심리학자인 루돌프 아른하임(Arnheim, 1962)은 피카소가 제안한 바로 그 일에 착수했다. 그는 피카소의 회화작품 〈게르니카〉(Guernica)가 완성되기에 앞서 제작되었던 모든 습작과 스케치를 꼼꼼히 조사하고 나서 최종 완성작품에 이르기까지의 단계들을 분석함으로써 창의적 과정에 대한 새로운 견해를 제시했다. 오랜 부화의 시간 뒤에 나타나는 갑작스러운 통찰 대신에, 예술작품의 창작은 '전진과 후퇴를 거듭하는 불규칙한 도약'(p.132)에 따라 작품이 완성되어 가는 변증법적인 과정을 포함하는 것으로 간주되었다. 그런데 이 같은 과정에서 가장 핵심적인 것은 목표지향적인 '시각적 사고'(p.134)이다. 이 개념은 작가들이 자신의 과거를 회고함으로써 언급했던 이해할 수 없는 섬광, 즉 영감과는 거리가 멀다.

두 종류의 가정이 이 접근을 지지해 주고 있다. 첫째, 예술가들은 작업기간 내내 자신들이 완수해야 할 최종목표를 마음 속에 간직하고 있다. 그들이 궁극적으로 성취하고 싶어하는 예술가의 비전이 바로 이 목표이다. 그리고 그것은 창작과정에 에너지와 방향을 제공한다. 둘째, 예술가들이 창조하는 것은 거의 우연적이지 않다. 오히려 모든 것은 최종목표에 더욱 근접하기 위해 제작된다.

예술작품을 만드는 과정에서 예술가들은 모든 의식적인, 즉 지적인 능력을 사용해서 문제를 해결하고자 노력한다. 창의적 과정은 매체에 의한 문제 해결을 포함한다. 화가는 그 과정에 시각적 사고를 포함시킨다. 문제의 해결은 형식적 고려뿐만 아니라 특별한 의미를 표출하기 위해 모두에게 지극히 중요한 필요성에 따라 이루어진다. 만약 형식적인 측면만이 전부라면, 예술가는 단지 최고의 즐거움을 주는 공간적 배열만을 찾아내고자 할 것이다. 그러나 공간의 형식적 배열은 다만 목적을 위한 수단에 불과하다. 그리고 그 목적은 예술가들이 표현하고자 하는 의미를 가시화하는 것이다. 상징적으로 볼 때, 형태와 선 그리고 색의 기능을 선택하는 모든 일은 이러한 의미를 가시화하는 작업이다. 이렇게 해서 〈게르니카〉의 초기 스케치에서는 쓰러진 병사의 팔이 몸에 직각으로 세워져 묘사되었다. 그리고 나중에 피카소는 그 팔을 수평으로 내려놓는다(그림 1-2). 팔을 수평으로 내려놓은 이런 결정은 형식적이고 상징적인 의미에서의 논리적 귀결이다. 형식적으로 볼 때, 수평으로 놓인 팔이 직각으로 세워진 팔보다 황소의 우뚝 선 형태와 덜 경쟁적이다. 그리고 표현된 의미와 관련해서 보자면, 수직으로 뻗은 팔은 황소의 잠재된 힘을 약화시킨다. 반면에 아래로 내려진 팔은 오히려 황소의 힘을 강조하게 된다. 피카소는 아마도 이러한 형식적인, 그리고 상징적인 결론을 얻기 위해 병사의 팔을 수평으로 내려놓았을 것이다.

그 같은 설명은 창의적 과정이 일련의 계획적이고, 의식적이며, 논리적인 선택인 듯 보이게 한다. 예술가들의 문제 해결은 여러 번의 시행착오를 겪은 장기간의 변증법적 과정을 통해 이루어진다. 그러나 예술가는 항상 특별한 전망을 성취하고자 의식적으로 시도한다. 그리고 모든 결정을 이끄는 것은 이러한 전망을 성취하기 위한 형식적이고도 상징적인 구성요건들을 깨닫는 일이다.

[그림 1-2] 위는 피카소가 그린 〈게르니카〉의 초기 상태. 이 그림에서는 오른쪽에 지쳐 누운 병사의 팔이 곧추 뻗어 올려져 있다. 아래 완성작품에서는 병사의 팔이 더 이상 위를 향해 올려져 있지 않다. 아마도 그는 일부러 병사의 곧추선 팔과 황소의 잠재적 힘이 서로 경쟁하지 않게끔 했던 것인지도 모른다.
Pablo Picasso(1881-1973), Guernica, 1937, Oil on canvas, Museo del Prado, Madrid, Spain, and SPADEM, Paris/VAGA, New York, 1982.

창의적 과정에 대한 아른하임의 분석은 무의식적 통찰의 중요성이나 참신한 연결에 대한 지각을 강조하는 분석들과는 사뭇 다르다. 그에 의하면 창의성은 새로운 조합을 지각하려는 마음의 민활한 준비 이상의 것을 요구한다. 확실히 그러한 유연성이 필요하기는 하지만, 그렇다고 해서 그것만으로 충분한 것은 아니다. 피카소는 많은 가능성들을 시험해 보았다. 그러나 새로운 가능성을 아무렇게나 시도했던 것은 결코 아니다. 그의 모든 시도들은 궁극인 전망에 따랐다. 또 그것은 그 작가가 이미 마음 속에 품고 있었던 최종적인 형태에 대한 탐색을 했던 것이다. 그 예술가의 목표는 단순한 독창성이 아니다. 그 독창성은 전의식의 중요성을 강조했던 신프로이트주의 심리학자들이 제시했던 개념이다. 독창성은 필수적이지만, 궁극적 목적은 다름 아니라 그 화가의 전망을 가시적으로 만드는 일이다.

　아른하임이 제기했던 물음들은 프로이트가 했던 물음과 그리 다르지 않다. 하지만 그들이 답하는 방식은 너무나 다르다. 프로이트는 "어째서 레오나르도가 이 같은 방식으로 특별한 그림을 그리게 되었는가?"라고 묻고, 그것이 화가의 개인사와 관련이 있다고 답했다. 아른하임도 유사하게 물었다. "피카소가 왜 이런 방식으로 게르니카를 그렸을까?" 그러나 그의 대답은 피카소의 성격특성보다는 피카소가 수행한 과제의 본성과 긴밀한 관련을 맺고 있다. 프로이트가 작품을 예술가들의 어린 시절에 국한해서 설명했던 반면, 아른하임은 작품을 예술가가 의도한 전망에 비추어 설명했다. 말하자면 예술가의 심미적 목적은 주제뿐만 아니라 이 주제를 표현하고 있는 형식 또한 결정한다. 프로이트는 결국 〈게르니카〉를 피카소에 관한 진술로 해석했을 것이겠지만, 아른하임은 그 그림을 세계에 관한 시각적 진술로 해석했다. 그리고 프로이트의 경우 회화의 내용이 심지어 작가 자신에게 귀속된 궁극적 의미조차 위장할 수 있는 수단이었던 반면, 아른하임에게는 작가의 궁극적이고도 의식적인 전망을 가시적인 것으로 만드는 수단이었다.

　아른하임의 접근 역시 문제가 없는 것은 아니다. 첫째, 예술가가 품었던 전망이 언제나 작품을 시작할 무렵부터 있었던 것이 아닐 수도 있다. 또 어쩌면 〈게르니카〉를 위한 첫 스케치에 너무 많은 해석이 부여되었던 것일지도 모른다. 혹 그것이 아니라면 작업의 초기 단계에서 주도적인 전망을 갖는 일 자체가 회화의 모든 것을 특징짓는 것이 아닐 수도 있다. 말하자면 예술가들이 때로는 우연한 기회로 문제해결 방안을 발견할지도 모르고, 그 결과 그들의 궁극적인 전망이 바뀔 수도 있을 것이다.

둘째, 아른하임의 접근은 초기 설정된 목적개념의 원천을 설명하지 않고 있다. 그래서 결국 예술창조 과정의 가장 근원적인 측면이 신비의 장막 너머에 남아 있게 된다. 그러나 그 어떤 심리학 연구도 예술가들이 어떻게 작품을 위한 아이디어의 최초 인상을 얻게 되는지에 대해 여전히 설명하지 못하고 있는 상태이다. 어떤 학자들은 이런 문제 자체가 원칙적으로 경험적 연구에 허용될 수 없다고 주장하기조차 했다(K. Popper, 1968).

아마도 이 접근의 근본적인 한계, 그리고 아른하임이 분명히 인정했던 것은 그의 설명이 〈게르니카〉를 제작할 때 나타났던 단계들을 제시한 것일 뿐이지 그 단계들 이면에 잠재된 정신적 과정을 보여주려 했던 것이 아니라는 사실이다. 병사의 치켜든 팔이 황소의 우뚝 선 형태와 경쟁하기 때문에 팔을 낮게 내려 그렸다는 것은 추론에 불과하다. 결국 다른 결정과 추론들도 이와 동일한 결과물을 보여줄지도 모른다.

예술가가 차근차근 자신의 문제를 해결하려 할 때 나타나는 심리적 과정에 더욱 직접적으로 접근할 수 있는 방법은 예술가들에게 작업하는 동안 자신의 생각을 소리내어 말하게끔 하는 것이다. 부화에 대한 증거를 얻기 위해 패트릭이 사용했던 기법은 인지심리학자인 데이비드 퍼킨스(David Perkins, 1981)에 의해 다시 사용되었다. 그는 다음과 같은 가능성, 즉 창의적 과정이란 단순히 아이디어가 새로운 방식으로 연결되는 무의식적 부화의 문제가 아니라, 오히려 일련의 계획적이고 비신비적인 결정을 수반한 인지적 문제해결의 시도일 수 있다는 점을 시험해 보기 위해 '온라인'(on-line) 과정추적 방법을 채택했다.

이 방법을 토대로 한 연구는 시인과 시각예술가들이 실험실 안에서 시를 쓰고 그림을 그릴 수 있도록 했다. 또 그들에게 매 5초마다 생각하고 있는 것을 소리내어 말하도록 요구했다. 또 마음 속에 아무런 생각이 나타나지 않는다면 그렇게 말하도록 지시를 받았다. 연구자들은 참여자들이 자신의 사고를 분석하거나 과장해서 설명하지 않고 단지 소리내어 말하기만 하도록 주의시켰다. 그리고 어떤 아이디어가 순간적으로 갑자기 나타나는 듯할 때는 즉시 그 아이디어를 이끈 사고를 기억해 내게 했다.

이러한 기법이 정상적인 사고과정을 방해한다는 주장은 대개 거부되었다. 만일 예술가들에게 자신의 생각을 소리내 말하면서 작업하라고 시킨다면, 그들은 정상적인 방식으로 창조하지 않을 것이다. 그러나 이 연구의 참여자들은 자기들의 작업에 몰두했을 때, 자동적으로 자신의 생각을 소리내어 진술했다. 그리고 거의 모든 경우에 그들은 자신의 일상적인 절차에 따라 거의 정상적으로 작업해 가는 듯한 느낌을 받았다고 보고했다. 오히려 어떤 참여자들은 소리내 말하는 것이 자신들의 사고를 조직화하는 데 도움이 되었다고 보고하기도 했다.

이 연구는 창의적 과정이 이성과 직관의 조합을 포함하고 있음을 제시했다. 이 탐구에서 참신했던 것은 이 연구자들이 창작의 합리적인 측면을 면밀히 살펴보았다는 점이다. 과정추적 방법을 사용함으로써 흔히 예술가들과 과학자들이 말하는 통찰의 결정적 순간을 분석하는 일이 가능해졌다. 그 증거들은 창조적 순간, 예를 들어 시의 마지막 구절이 완성된 모습으로 의식 속으로 솟아나는 것 같은 갑작스런 조명의 순간을 합리적으로 설명할 수 있게 했다. 이 순간들과 이것들에 선행하는 계기들을 주의 깊이 살피는 일은 놀라운 사실들을 보여주었다. 말하자면 우리가 아주 조심스레 살펴보려는 노력을 아끼지만 않는다면, 어떤 아이디어가 불현듯 혹은 헤아려볼 수조차 없는 무의식의 심연에서 솟아난 듯한 환영적 인상 바로 아래에 일련의 논리적 단계가 있음을 알게 될 것이다. 단지 통찰이라는 순간은 창조자가 특별히 주의하지 않는다면 계속 작업 속에 그대로 묻혀 있을 정도로 신속히 이루어지는 추론 연쇄고리의 최종단계일 뿐이다.

연구들 중 하나에 참여하기로 한 전문 여류시인의 경우를 생각해 보자. 그녀는 시를 짓도록 마련된 연구실에 도착해서 가장 모호한 아이디어에서부터 시작했다. 그것은 그녀 아이들의 울음소리가 그 옛날 공습훈 련을 기억나게 했다는 식의 아이디어였다. 그녀는 첫 행을 다음과 같이 썼다. "내 아기가 저 공습훈련처럼 울부짖고 있어/난 기억해" 그녀는 어 린 시절 겪었던 공습훈련에 관한 기억을 몇 줄 더 덧붙였다. 바로 그때 그녀는 쓰기를 멈췄다. 그녀는 도입부에서 아이와 공습 사이렌 사이의 비교를 형상화했지만, 두 가지 소재가 소리 외에 또 어떤 방식으로 연 결될 수 있는지 보여주지 못했다. 그녀는 더 이상 나아갈 수 없었고 이 때 잠시 쓰기를 중단했다. 그러다 갑자기 말하기 시작했다. "아! 그것 은… 처음부터 나 자신의 삶을 보전하려는 것과 관련된 것이구나. 내 생 각에는, 그것이 사실상 이것과 관련되어 있어. 어쩌면 난 이 시를 '자기 보전'이라고 불러야 할 것 같아."

그녀는 어린 아이와 공습에 관해 더욱 긴밀한 관계를 생각해 냈다. 말 하자면 그 두 가지는 자신을 유지하기 위해 어디로인가 도피하도록 그녀 에게 경고하는 효과를 지녔던 것이다. 이런 관계를 어떻게 인식하게 되 었는지를 알아보기 위해 그 생각이 갑자기 떠오르기 직전에 무슨 생각을 하고 있었는지를 그녀에게 물었다. 그녀는 다음과 같이 대답했다. "글쎄 요, 전 생각하고(생각한 것을 소리내어 읊조리고) 있었어요. 그리고는 그 차 가운 전쟁과 홀로 싸웠답니다. 혼자 말이에요. 울부짖는 아이들. 그들이 내게 무슨 일을 하라고 신호했지? 그건(공습은) 내가 무엇을 하라고 시키 는 신호지? 그리고 사실 (잠시 말을 끊었다가), 왜 넌 숨은 거야? 그건 네 가 자신을 보호하려 한 때문이겠지. 그건 아이들이 또 무언가를 하도록 내게 신호를 보내고 있는 거야. 왜냐하면 전 원래 아이들의 울음소리를 참을 수 없기 때문이랍니다. 아뇨, 전 그런 아이들을 참지 못했기 때문이 랍니다. 그들을 떠나 조용한 곳, 이를테면 저 자신을 보호할 수 있을 조 용한 장소로 가야 할 정도로 그것이 절 지치게 했습니다."(pp.66-68).

퍼킨스는 시인이 공습과 아이들 사이의 저변에 깔린 유사성을 인식했 던 마지막 순간까지의 단계들을 분석했다. 울고 있는 아이들이 자신에게 무엇을 하라고 신호했는지, 그리고 또 그 사이렌이 자기에게 무엇을 하도록 다그쳤는지 그 시인은 스스로에게 물었다. 그 사이렌은 자신을 보호할 수 있게 숨으라고 알려줬고, 동일한 이유 때문에 아이들도 자신이 그렇게 하도록 알려주었던 것이라고 그녀는 추론했다. 이런 단계들이 그녀를 통찰로 이끌었다. 이제 시의 씨앗은 완성되었고, 그 다음 해야 할 일은 교정하고, 수정하고 그리고 명쾌하게 하는 작업들뿐이었다.

　정신분석학적 이론은 통찰의 순간을 일차과정적 사고의 산물로, 그리고 연이어 이루어지는 정교화의 시간들을 의식적인 이차과정의 노력이라고 해석할 것이다. 반면 퍼킨스의 연구는 그 어떤 이분화도 발견하지 못했다. 사실상 통찰의 순간은 아무렇게나 우연적으로 되는 단계가 아니라 논리적 단계의 산물이었다. 아른하임처럼 퍼킨스도 예술작품을 예술가가 쏟아 부은 노력의 결과물이라기보다는 단지 천부의 것이라고 여기는 낭만주의 및 플라톤의 견해에 대립된 창조적 과정에 대한 견해를 제시했다. 또한 창의적 과정을 예술가가 실현하고자 하는 궁극적인 목표에 의하여 통제되는 것으로, 마음의 논리적인 능력들이 문제해결 상황에서 관여하는 것으로서 묘사했다.

　그러나 통찰의 순간이 전혀 신비적이지 않을뿐더러 사실상 추론의 신속한 연쇄작용으로 구성된 것이라면, 어째서 대부분의 창의적인 사람들은 '불현듯' 떠오르는 순간적인 통찰의 결정적 역할을 주장하고 있는가의 문제가 제기될 수 있다. 퍼킨스는 이 두 가지 입장들 간에는 사실상 아무런 불일치가 존재하지 않을 수 있다는 점을 증명했다. 추론은 침실을 가로질러 가는 것만큼이나 아주 자연스럽고 자발적인 과정이다. 뇌는 추론하도록 설계되어 있고 실제로도 무리 없이 그렇게 한다. 단지 가야 할 길이 너무 험할 때 걷는 일이 힘든 것처럼, 추론과정도 오직 문제가 어려울 때만 힘든 것이다. 이처럼 이성적인 노력은 힘들 수도 있고 자발적일 수도 있다. 갑작스런 통찰의 순간들에 대해 말했던 예술가들과 과학자들은 단지 자발적인 추론의 급격한 과정을 거쳤을 것이다. 자발적으로 나타나는 사고를 설명하기 위해 굳이 신비하고 무의식적인 과정에 호소할 필요는 없다.

심리학자인 하워드 그루버(Howard Gruber, 1974, 1978)는 이와 유사한 접근방식을 이용해서 찰스 다윈(Charles Darwin)의 사고과정을 연구했다. 그는 창의적인 마음이 진화이론을 세울 때 거치게 되는 단계를 밝혀내기 위해서 다윈의 노트를 분석했다. 비록 이런 작업이 과학분야에서의 창의성에 관해 설명하고 있음에도 그 결과는 예술분야에서 창의성에 대해서도 역시 중요한 무언가를 제시해 줄 만하다.

그의 노트가 그리고 있는 창의적 과정에 대한 모습은 설명할 수 없는 통찰순간에 대해 주장한 예술가들과 과학자들의 자기 보고보다는 아른하임과 퍼킨스 등이 제시했던 견해에 훨씬 더 가까워 보인다. 다윈의 사고는 통찰의 위대한 순간이었다기보다는 오히려 합리적이고 목표지향적인 사고나 수많은 통찰들을 포함한 점진적이고도 구축적인 과정이었다. 다윈은 "계획들의 망"(a network of enterprises, Gardner, 1981, p.64)으로 꽉 차 있었다. 그는 하나의 문제에 집중하기보다는 동시에 많은 문제를 다루었다. 그가 연구한 몇몇의 분야들만 그의 정신과 관련되고 나머지 다른 영역들은 아무 관련도 없는 것처럼 보였다. 결국 다윈은 수많은 탐구영역을 다뤄야 했다. 하지만 이런 다양한 관심 덕택에 서로 다른 영역들 사이에서 관련성이 발견되었을 때 한 영역에서의 연구는 마침내 다른 연구영역을 밝혀주었을 것이다.

그루버에 따르면, 창의적 정신은 지식분야를 재개념화하듯 다양한 요소들이 결합되어 있는 '넓은 범위의 이미지들'에 이끌린다(Gardner, 1981, p.67). 그런데 이런 이미지들이 반드시 시각적일 필요는 없다. 예컨대 피아제의 이미지는 시각적이지 않았다. 그처럼 이미지를 통합하는 예가 바로 프로이트가 말했던 정신의 이미지, 즉 무의식으로서 대부분 가라앉아 있고 의식으로서 수면 위에 조금 떠 있는 빙산의 이미지이다. 그리고 다윈이 말한 자연의 이미지, 즉 가지를 쭉 뻗고 있는 나무의 이미지도 역시 그렇다.

〈성격 진단 및 조사 연구소〉의 연구자들처럼 그루버도 창의적인 사람이 매우 높은 수준의 용기와 자율성을 지니고 있다는 사실을 발견했다.

그리고 아른하임처럼 창조자의 길잡이 역할을 하는 목표의 중요성도 강조했다. 창의적인 사람들은 우연히 이런저런 문제를 다루지 않는다. 오히려 그들이 하려는 모든 것은 궁극적인 목적을 성취하기 위해서이다. 영국의 풍경화가 컨스터블(John Constable)이 머리에 떠오른다. 그는 이렇게 말했다. "그림은 과학이고 자연의 법칙의 탐구로서 추구되어야 한다. 그런데 왜 풍경화는 그림들을 실험으로 삼는 자연철학의 한 분야로 간주될 수 없는가?"(Gombrich, 1960, p.33). 그리고 피카소의 말도 생각난다. "그림은 연구이고 실험이다. 난 그림을 예술작품으로서 그리지 않는다. 그건 모두 연구이다. 난 계속해서 연구하고 있고 이 연구에는 논리적 귀결이 존재한다."(Liberman, 1960, p.33).

　그렇다고 이런 분석이 창의적인 과정에서 무의식이 그 어떤 역할도 하지 못한다는 결론을 입증하지는 못할 것이다. 예컨대 퍼킨스가 언급했던 여류시인도 어쩌면 비합리적 사고과정을 통해 통찰을 얻었을지도 모른다. 나아가 오직 그녀만이 논리적인 통찰의 원천을 발견했을지도 모른다. 이러한 결과들의 애매함은 창의성의 문제를 밝히고자 하는 노력이 얼마나 어려운가를 잘 보여주고 있다. 그럼에도 이 연구는 의식적인 정신 작용에 집중함으로써 연구에 무의식적 과정을 가정할 필요가 없다는 것을 보여주었다. 적어도 창의적 노력의 많은 부분은 목표지향적인 논리적 사고에 의하여 설명될 수 있을 것이다. 이 연구들은 창의적 과정을 고스란히 탈신비화하는 데 도움을 준다. 그리고 그 연구결과는 창의적 과정의 어떤 순간은 이해될 수 없다는 생각 대신에, 우리가 충분히 주의 깊게 살펴보기만 한다면 그 순간들도 실제로 설명 가능하다는 것을 제안하고 있다.

　아른하임, 퍼킨스, 그루버는 모험적인 영역을 탐험했던 최초의 인물들이다. 그들은 창의적 과정을 탐구하는 두 가지 수단을 채택했다. 개별 작품의 창작과정에서 작가가 남겨 놓은 흔적들을 조사하는 일, 그리고 창조적 작업이 이루어지는 동안에 일어났던 사고과정을 탐구하는 일 등이 그것이다. 창의적 사고의 신비한 비밀을 밝히는 일이 이 특별한 인간활동을 폄하하지는 않을 것이다. 오히려 그런 일은 훨씬 더 놀라운 성과를 보여줄 것이다. 왜냐하면 창의적인 사람은 단지 일상적인 인지적 도구인 논리, 추론 그리고 목표지향적인 의사결정만으로도 결코 일상적이지 않은 작품들을 완성해 낼 수 있기 때문이다.

여기에서 신중을 기할 필요가 있다. 어쩌면 '그런' 창의적 과정 같은 것은 없을지도 모른다. 의심할 여지도 없이 창의적인 사람들 사이에 엄청나게 변화된 형태의 다양한 창의적 과정이 존재한다. 이런 예술가들은 더욱 의식적인 능력을 사용할 테지만, 또 저런 예술가들은 더욱 비합리적인 일차과정 사고에 의존할지도 모른다. 모든 과학자들이나 예술가들이 즐겨하듯, 마치 창의성을 하나의 과정인 것처럼 설명하려는 단일 이론은 불완전할 것일 수 있다.

이제 창의적인 극작가와 평범한 극작가를 구별짓게 한 것이 무엇인지에 대해 잠정적이나마 결론 내릴 수 있을 듯하다. 우선 그들은 아마도 기질적으로 다르다. 창의적인 작가는 더 잘 동기화되어 있고, 더 독립적이며, 더 지배적이라는 것이 제대로 된 추측이다. 그는 자율성을 길러줄 수 있었던 가족의 품 안에서 자라났을 것이다. 또 극작가들은 아마도 인지적 특성에서 서로 차이가 있다. 창의적 작가는 대개 무관한 듯 보이는 영역들 가운데서 관련성을 지각하는 능력을 지니고 있다. 그리고 이런 작가는 단지 주어진 기존의 문제를 풀기보다는 더욱 기꺼이 새로운 문제를 찾아내고 싶어할 것이다.

만약 창의적인 작가들에게 글을 쓰면서 일어난 마음의 작용을 기술해 보라고 한다면, 그들은 이를 닦거나 잠에 들려고 할 때 불연 듯 드라마의 최고 아이디어가 떠오른다고 말한다. 영화감독 잉마르 베르그만(Ingmar Bergman)처럼 그도 절대적인 직관에 기초해서 모든 결정을 내린다고 말한다(New York Times, May 8, 1981, p.C7). 그러나 이런 증언은 어느 정도 회의적으로 받아들여질 수밖에 없다. 확실히 극작가는 실제로 자신의 통찰이 다른 어디에서도 없었던 것이 아니라거나 혹은 무의식의 저 심연에서 나온 것처럼 느낀다. 그러나 그의 사고를 주의 깊게 분석해 본다면, 그 안에는 엄청나게 많은 논리적이고도 합리적인 노고들이 있었으며 그것이 결국 이런 통찰을 가져오게 했다는 것을 알 수 있을 것이다. 또 어쩌면 그런 차이는 그 작가가 지녔던 계획들의 연결망 때문에 생길지도 모른다. 즉 창의적인 극작가는 현재 작품을 쓰고 있으면서도 다음 작품을 생각하고 있기 때문에, 한 영역에서의 통찰은 다른 영역에서의 문제를 밝혀줄 수 있을지도 모른다.

예술가의 통찰은 공들인 노고와 목표지향적인 문제 해결에 기초해서 형성된 것이라는 사실에도 불구하고, 평범한 사람들의 통찰과는 질적으로 다르다. 천재적인 사람들과 평범한 사람들 모두 다 논리적이고도 합리적으로 사고한다. 그렇지만 천재만이 세상을 보는 우리의 방식을 새롭게 바꾸어 놓을 수 있다. 창의적인 사람은 힘든 노력과 추론, 관심을 넘어 뛰어난 은유와 멜로디, 그리고 그림 또는 과학적 이론에까지 이를 수 있는 가능성을 지니고 있다. 그리고 그것이야말로 합리적 설명에 끊임없이 도전할 수 있는 독특한 무엇이라 할 수 있다.

제2장

감상자

시는 없어서는 안 될 것이라네, 그 이유를 알기만 한다면 말이야.

– 장 콕토(Jean Cocteau)

예술은 전혀 무익한 것이다.

– 오스카 와일드(Oscar Wilde)

1914년의 어느 날, 프로이트는 미켈란젤로의 조각작품 〈모세〉(Moses) 만큼이나 자신에게 강한 영향을 미쳤던 조각작품은 없었다고 토로했다. 로마를 방문했을 때 그는 〈모세〉가 놓여 있던 낡은 교회에 계속 이끌렸다. 프로이트에게는 그곳에 불가사의하며 쉽사리 이해할 수 없는 무엇이 존재했다. 그는 얼굴표정의 의미에 대하여 이리저리 생각해 보았다. 도대체 그 표정은 인물의 지속적인 성격특성을 나타내 주기 위한 것인가, 아니면 아주 중요한 순간의 특정 분위기를 묘사하기 위한 것인가? 만약 후자라면, 그 순간은 어떤 순간이었을까? 그는 곰곰이 생각했다. 그 조각상은 모세가 이교 숭배의 모습을 보고 노여워한 나머지 벌떡 일어서려는 모습을 재현한 것인가, 아니면 그의 표정은 격해진 감정이 폭발하려는 순간의 모습이라기보다는 그 마지막 순간의 모습인가? 프로이트는 모세가 수염을 만지고 있는 오른쪽 엄지손가락의 정확한 위치를 살펴볼 만큼 아주 상세한 부분들에까지 집중하면서 여러 가설들을 헤아려 본 뒤, 모든 증거들에 비추어 가장 적합하게 보이는 해석에 마침내 도달했다.

프로이트가 왜 그토록 열렬히 미켈란젤로의 〈모세〉에 집착했는지를 설명해 줄 수 있는 몇 가지 가능한 이유들이 있다. 아마도 그 작품에 대한 프로이트의 연구는 자신을 무의식적으로 모세와 동일시하도록 하면서, 말하자면 두 인물 모두 당대인들에게 인정을 받지 못했지만 결국에는 인정받았다는 점에서, 자신의 마음속 깊은 곳의 정서적 요구를 만족시켰을 것이다. 어쩌면 프로이트는 단순히 조각된 형태가 보여주는 순수한 아름다움을 좋아했을 수도 있다. 아니면 그 경험을 통해 프로이트는 도전적인 지적 문제의 해결에서 자신의 재치를 시험해 봄으로써, 자신의 인지적 요구를 충족시켰을 수도 있다.

프로이트가 조각상 〈모세〉에 끌렸다는 사실을 설명하기 위해서는 예술이 주는 호소력의 원천이 무엇인지에 관한 더 일반적인 문제에 접근해 볼 필요가 있다. 베토벤 교향곡이 들려주는 음향은 우리의 주의를 끈다. 그리고 우리는 박물관 벽에 걸린 그림을 감상하면서 많은 시간을 보낸다. 뿐만 아니라 오직 러시아 작가의 상상 속에서나 나올 법한 인물들을 다루고 있는 톨스토이의 『안나 카레니나』(Anna Karenina)를 읽으면서 우리는 인간 감정의 엄청난 넓이를 경험한다. 대체 왜 우리는 이처럼 명백하게 비실용적인 일을 하는가?

뒤집어 생각해 보면, 이 물음은 예술이 지닌 호소력의 기원이 보편적인 것인가, 아니면 예술은 다양한 유형의 사람들이 원하는 다양한 욕구를 만족시켜 주는 것인가의 물음을 다시 제기한다. 아마도 누구나 프로이트가 〈모세〉에서 받았던 것과 같은 강렬한 매력을 경험하는 것은 아닐 것이다. 예술작품에 대한 사람들의 반응은 부분적으로 그 예술과의 친숙함 그리고 그들의 '인지방식'이나 성격에 의해 결정될 것이다.

철학자들과 심리학자들은 예술이 충족시켜 주는 욕구에 관한 여러 이론들을 제시해 왔다. 가장 일반적 견해 중 하나는 예술의 기능이 의사소통이라는 것이다. 예술가는 작품을 통해 자신의 내적 감정을 표현함으로

써 관람자들에게 중요한 메시지를 전달한다. 심미적 경험의 본질은 대개
는 은폐되어 있는 메시지를 움켜쥐는 일이다.

　그러나 이런 설명은 예술이 얼마나 독특한 것인지를 보여주지는 못한
다. 어느 누구도 예술작품이 정보를 전달한다는 사실을 부인할 수 없다.
그러나 예술을 통한 의사소통 외에도 의사소통의 다른 수많은 방식들이
존재한다. 중요한 것은 어째서 사람들이 그토록 열렬히 심미적 메시지를
추구하려 하는지를 이해하는 일이다.

　다윈의 진화론에 기초한 또 다른 접근은 예술의 기능을 환경에 대한
적응으로 보고 있다. 그들은 예술에 대한 경험이 궁극적으로 인간의 생
존기회에 영향을 주는 기술을 습득하는 수단을 제공한다고 말한다. 예
를 들어 예술은 변별능력을 강화시키고, 그것의 심미적인 포장을 통해
중요한 메시지를 더 잘 기억할 수 있게 하고, 사교성과 자기 확신을 고
양시킨다(Dissanayake, 1974). 나아가 예술은 혁신적이고 낡은 관습을 부
수고자 하는 자발성을 길러주는 것(Peckham, 1965)으로 간주된다. 이렇
게 그들은 예술이 인간의 생존과 진화에 공헌해 왔다고 주장한다. 그렇
지만 불행히도 그런 진화론적 주장들을 검증하기는 매우 어려운 것이
사실이다.

　철학의 역사에서도 이미 오랫동안 지속되어 왔던 또 다른 견해가 있
다. 그것에 따르면 심미적 경험의 본질은 아름다움의 파악에 있다. 예술
철학에서는 아름다운 것을 관조하는 일이야말로 독특한 유형의 즐거움
을 준다고 말하는데, 우리는 그것을 흔히 '심미적 정서'라고 부른다. 이
렇게 설명할 경우, 예술은 즐거움에 대한 욕구를 만족시키는 역할을 한
다.

　이러한 견해에는 두 가지 문제가 있다. 첫째, 이 견해에는 심미적 즐거
움에 관한 독립적인 정의가 필요하다. 왜냐하면 심미적 즐거움이 심미적
대상에 의해 제시되는 것이라는 주장은 그다지 많은 정보를 주지 못하기
때문이다. 둘째, 심미적 즐거움이 아름다움에 대한 관조에서 온다면, 아
름답지 않은 작품, 가령 폭력적 유혈사태를 묘사한 장면이나 화가 나서

일그러진 얼굴을 하고 있는 사람의 초상화 등을 보고 느끼는 즐거움의 경험을 설명하지 못한다. 그러므로 분명한 것은 예술의 효과가 즐거움일 경우 그 즐거움은 단지 아름다움의 지각에서만 생겨나는 것은 아니라는 사실이다.

또한 예술은 오랫동안 심리 치료의 수단으로 여겨져 왔다. 플라톤은 어떤 형태의 음악은 영혼을 안정시키는 효과가 있다고 주장했다. 그리고 다른 사람들은 예술이 인간성품에 도덕적 영향을 미친다고 주장하기도 했다. 예술이 본질적으로 심리 치료의 효과가 있다는 견해를 피력한 최초의 설명은 아리스토텔레스의 이론이다. 이 이론에 의하면 관객들이 자신의 열정을 해방시키고, 자기를 정화 및 순화시키기 위해 비극은 연민과 두려움을 불러일으킬 수 있어야 한다.

아름다움이 이끌어낸 즐거움을 강조하는 이론들처럼 심리치료 이론들도 즐거움에 중심적 역할을 부여한다. 그러나 여기서의 즐거움은 아름다움의 결과가 아니라 정화, 경감 그리고 그것들의 결과로 이루어진 치료에서 온다. 아름다움에 기초한 이론들과 달리 심리치료 이론들은 추함과 비극의 역설을 설명할 수 있다.

예술에 노출됨으로써 인간이 얻는 것이 무엇인가에 관한 물음은 다름 아니라 동기론의 문제인 것이고, 그것은 결국 심리학적인 물음이 된다. 심리학의 영역 안에서 볼 때, 심미적 즐거움을 야기하는 근거를 설명하기 위해서 두 가지 중요한 접근이 시도되었다. 예술에 관한 정신분석학 이론은 예술이 곧 심리 치료라는 견해를 지지하고 있다. 프로이트에 따르면 사람들은 좁은 통로를 열어주는 예술의 힘 때문에 어쩔 수 없이 예술에 이끌리게 되고, 결국 강렬한 본능적 요구를 경감시킬 수 있게 된다. 본능적 에너지를 해방시켜 주는 이와 같은 일이 곧 즐거움과 심리치료 효과라 할 수 있다. 매우 다른 전통을 지닌 실험미학적 이론도 즐거움을 불러일으키는 예술의 형식적 특성능력 때문에 사람들이 예술에 이끌리게 된다고 주장하고 있다.

억압의 해방

우리가 예술에 노출됨으로써 욕구 충족이 이루어진다는 프로이트의 이론은 그가 정립했던 예술가의 창조욕구에 관한 이론의 일부분이다. 레오나르도가 〈성 안나와 함께 있는 성모와 아기 예수〉(Madonna and Child with St. Anne)를 그렸을 때 이 상징적인 화면 위에서 자신의 금지된 소망을 무의식적으로 표출했듯이, 이 그림을 감상하는 수용자 역시 자신의 금지된 소망을 무의식적으로 충족시킨다. 따라서 예술작품을 창작하는 일과 감상하는 일 모두 금지된 소망을 충족시킨다.

프로이트에 따르면(1911, 1913a, 1913c, 1925), 관객이 자신의 욕구를 무의식적으로 충족시키는 과정은 두 단계로 구성되어 있다. 수용자, 즉 관객의 첫 번째 반응은 작품의 순수한 형식적 특성이 주는 즐거움이다. 그런 특성들은 그림의 경우 색이나 형태 같은 것이고, 문학의 경우 리듬이나 운율 같은 것이다. 즐거움은 이런 특성들이 아름답기 때문에 일어난다. 그런데 근본적으로 보면 아름다움에 대한 경험에서 나온 이 즐거움은 성적인 것에서 파생된 즐거움과 같다. 프로이트는 이렇게 썼다. "그 어떤 의심의 여지도 없이 '아름다움'이라는 개념은 성적 흥분에 그 근원을 두고 있는 것이며, 그것의 원래 의미는 '성적으로 자극하는 것'이었다."(1905, p.156).

그렇지만 작품의 형식적 특성은 오직 전문가의 경우에만 심미적 즐거움을 일으키는 가장 강력한 원천을 구성한다. 평범한 수용자들의 경우 예술작품의 아름다움이 주는 즐거움이란 오직 '즐겁기 이전의 것'(fore-pleasure)일 뿐이므로 상대적으로 피상적이다. 본질적으로 그것은 유혹하는 역할을 부여받은 존재이다. 그래서 그것은 즐거움의 더 강력한 두 번째 원천을 경험하도록 수용자를 부추긴다.

즐거움의 두 번째 원천은 작품의 내용이 야기한다. 도스토예프스키의 『카라마조프의 형제들』을 살펴보자. 이 소설은 아버지 살해의 테마를 다루고 있는데, 희생자와 부자관계에 있는 사람이 저지른 살인사건에 집중한다. 프로이트는 도스토예프스키가 자기 아버지에 대해 갖고 있었던 무의식적인 오이디푸스적 분노 때문에 이런 테마를 선택했다는 증거들을 제시했다(1928). 나아가 그는 도스토예프스키가 가졌던 아버지 살해의 소망이 모든 독자들의 오이디푸스적 소망이라고까지 주장했다. 독자는 소설 속 인물들과 자신을 무의식적으로 동일시하면서, 또 자기 소망을 소설 속 인물에 투사하면서 도스토예프스키가 했던 것처럼 똑같이 무의식적인 욕구를 충족시킨다.

본능적 욕구를 충족시키는 일은 이처럼 잠재워지지 않은 소망의 불쾌한 긴장을 줄여준다. 나아가 이런 긴장의 해소는 즐거운 것으로서 경험된다. 긴장의 이러한 해소는 예술가나 청중 모두에게 정신적 균형을 가져다주기 때문에 예술의 궁극적인 효과는 심리 치료라고 할 수 있다. 만약 사람들이 자신들의 금지된 환타지를 이처럼 간접적인 방식으로 표출할 수 없다면, 이 소망은 해소되기 위해 다른 더 위협적인 방식으로 강제력을 행사할 것이다.

프로이트에게 억압된 소망들이 상징적으로 충족될 수 있는 유일한 장은 예술만이 아니다. 동일한 과정이 꿈, 백일몽, 말실수, 농담 그리고 신경증의 증후 등의 기저에 놓여 있다. 그러나 예술에 의한 소망 충족은 두 가지 이유로 훨씬 더 강한 즐거움의 원천을 제공한다. 첫째, 예술작품의 아름다움이라고 하는 형식적 특성이 주는 즐거움이 있다. 둘째, 예술작품은 꿈이나 환타지 등에 비해 프로이트가 '이차적 정교화'(secondary elaboration)라고 부른 것을 더욱 많이 포함하고 있다. 이차적 정교화란 예술가가 무의식적으로 작품의 잠재적 내용을 은폐하는 위장을 말한다. 만약 도스토예프스키가 아버지를 죽이고 싶은 소망을 품고 있었다고 공공연히 말했었다면 독자들은 아마 거부감을 느꼈을 것이다. 그리고 그들이 이런 행위를 저지르는 백일몽을 꾸었다면 스스로 죄의식과 불안을 느꼈을 것이다. 그러나 『카라마조프의 형제들』에 숨겨져 있는 아버지 살해에 대한 작가의 소망은 겉으로 나타난 내용, 즉 극중 한 인물이 친아버지는 아니지만 부자관계에 있는 인물을 살해한다는 내용으로 인해 가려졌다. 이러한 방식으로 독자들은 자신의 소망을 의식하지 못하게 되고, 그래서 거부감과 죄의식에서 벗어나게 된다. 예술의 이차적 정교화에 부여했던 중요성 때문에, 프로이트는 꿈에서처럼 직접적인 형식으로 일차과정의 상상을 묘사했던 표현주의와 초현실주의 유파에 대해 반감을 나타냈다.

예술의 호소력에 대한 프로이트의 이론에 결함이 없는 것은 아니다. 그 이론에는 세 가지 중요한 결함이 있다. 즉 형식과 내용을 둘로 갈라놓는 구분, 예술이 치료적이라는 결정적 증거의 부족, 이론을 검증하기 힘들다는 점 등이 그것이다.

프로이트가 작품을 형식과 내용으로 날카롭게 양분한 데는 두 가지 관점에서 문제를 안고 있다. 첫째, 그러한 근본적이고도 급진적인 구분은 철학적으로 지지될 수 없다. 왜냐하면 도대체 형식이 어느 지점에서 끝나고 다시 내용이 시작되는지를 결정할 방법이 없기 때문이다(Goodman, 1975). 조각상 〈모세〉의 얼굴표정은 형식의 측면인가 아니면 내용의 측면인가? 도스토예프스키가 사용한 언어의 강도는 자기 작품의 주제와 분리될 수 있는가? 더욱이 그 같은 구분이 가능하다고 하더라도 프로이트가 주장하듯 사람들이 어떻게 이 두 측면 각각에 대해 독립적으로 반응할 수 있는지를 상상하기는 쉽지 않다. 둘째, 형식과 내용을 구분할 때, 프로이트는 예술의 형식을 부차적 역할만을 해내는 단순히 기술적인 특성으로 간주한 나머지 너무 과소 평가했다. 그가 다른 측면들을 배제하고 오직 재현적 내용에만 집중했던 것이 결과적으로 그의 이론을 음악과 건축 그리고 추상 회화나 조각 등의 비재현적 예술의 호소력을 설명하는 것을 무능력하게 만들었다. 이것이야말로 아주 심각한 결함이다. 비재현적 예술에 대한 경험은 완전히 낯선 원리로 설명되어야 할만큼 재현예술과 그렇게 다르지는 않다.

더욱이 예술작품을 감상하는 일이 심리 치료의 효과가 있다거나 본능적 긴장을 줄여줌으로써 카타르시스를 준다는 프로이트의 견해는 증거가 충분하지 못하다. 사회심리학자들이 수행했던 몇몇 연구들은 이 주제와 관련되어 있다. 전형적인 실험에서는 참여자들에게 폭력적 영화를 보여주었을 때, 투사를 통해 그들의 공격적 충동을 대리적으로 표출하는 것이 과연 겉으로 드러나는 그들의 공격행위를 감소시키는 효과가 있는지 어떤지 결정하려 했다. 하지만 이와 같은 연구들의 결과는 일치하지 않았다(Murray, 1973). 대다수 연구가 공격적인 내용의 영화를 관람하는 일이 외적으로 드러나는 공격행위에 별다른 영향을 미치지 않는다는 것을 밝혔고, 다만 그 중 한 연구만이 긍정적인 영향관계가 있다는 결과를 보고했다(Feshbach and Singer, 1971). 이 연구에서 공격적인 내용을 담은 TV 프로그램을 시청했던 남자아이들은 그렇지 않은 프로그램을 시청한 아이들보다 6주의 실험기간 내내 훨씬 덜 공격적인 행위를 보였다. 이 결과는 저학년의 어린이들에게 주로 적용된 것이었음에도 카타르시스가 나타날 수 있다는 사실을 보여준다. 그러나 그 후에 이루어졌던 다른 연구는 그와 반대의 결과를 제시했다. 말하자면 텔레비전에서 공격적인 내용을 지나치게 많이 시청하는 일은 미취학 어린이들의 공격적 행위의 정도와 높은 상관성을 보인다는 것이다(Singer and Singer, 1979).

이러한 연구의 결과들은 서로 불일치할뿐더러, 그것들이 프로이트의 이론을 검증하기 위한 최선의 방법이 아닐는지도 모른다. 결국 심리학적 실험은 『카라마조프의 형제들』을 읽은 경험이나 〈오이디푸스 왕〉 공연에서 얻은 체험에 가까이 다가가지 못한다. 더욱이 카타르시스를 겉으로 드러나는 공격성의 정도로 측정할 수 있는가도 분명치 않다(Machotka, 1979). 어쩌면 예술이 더 미묘한 정도의 해방감을 줄지도 모른다.

이런 점이 프로이트 이론과 관련해서 더 일반적인 문제점을 드러내 보인다. 그는 가장 포괄적이면서도 가장 근본적인 물음들을 설정했기 때문에, 또 심리학 실험실에서 측정하기가 결코 쉽지 않은 용어들로 짜여진 답들을 제시했기 때문에 그의 이론을 검증하기는 지극히 어렵다. 프로이트는 심미적 반응에 대한 자신의 이론을 직접 실험을 통해 검증하려 하지 않았다. 그 대신 간접적인 증거, 말하자면 자신의 주장과 정신적 삶의 모든 측면을 설명하기 위해 다년간의 임상경험을 근거로 구성했던 이론적 체계, 이들 양자 사이의 일관성에 의존해 왔다.

아래로부터의 미학

19세기 말 사상 처음으로 구스타프 페히너(Gustav Fechner, 1876)는 전과는 완전히 다른 방식으로 감상자에 대한 심리학에 접근했다. 프로이트와 달리 페히너는 예술에 관한 문제를 실험실에서만 설명될 수 있는 것으로만 국한시켰다. 그는 예술이 충족시킬 수 있는 욕구에 관해 포괄적으로 묻기보다는 사람들이 즐거워하는 예술의 형식적 특성이 어떤 것인지를 결정하기 위해 엄밀한 실험절차에 의거한 연구를 계획했다. 그는 자신이 '아래로부터의 미학'을 건설했다고 믿었다. 아름다움의 본질을 성찰하는 철학자들(Kant, 1982)과는 달리, 페히너는 사람들이 현실에서 발견하는 아름다움이 어떤 것인지를 규정함으로써 미학이 잊고 있었던 실제적 근거들을 밝혀낼 수 있기를 바랬다.

그가 이 문제에 접근할 때 사용했던 방법은 단순했다. 오직 한 측면에서만 차이를 보이는 두 가지 자극을 참여자들에게 제시하고, 참여자들에게 이 자극 중 어떤 것을 더 선호하는지 지적하게 했다. 높은 빈도로 선택된 자극의 특성들이 심미적 즐거움을 주는 특성으로 간주되었다. 이 실험에서 사용했던 자극들은 작품 전체가 아니라 작품들이 가지고 있는 구성요소들, 즉 단순한 기하학적 패턴 같은 것들이었다. 이러한 실험재료는 예술적 선호의 정확한 기초를 결정하고자 선택되었다. 말하자면 두 개의 예술작품이 상당히 많은 측면에서 차이를 보이기 때문에, 두 작품 중에 하나를 선택하는 것은 그러한 선호의 기초를 정확히 보여주지 못한다.

따라서 이 방법론은 자극-반응 모델에 기초를 두었다. 예컨대 그 실험에서 자극은 단순한 패턴이었고, 반응은 좋아하는 것을 선택하는 것이었다. 그러한 자극과 반응은 실험실에서 쉽게 측정될 수 있었다. 이러한 패러다임은 '실험미학'이라는 명칭 아래서 20세기에 이루어졌던 연구들의 원형이 되었다. 이런 전통을 받아들였던 연구자들은 전형적인 사람들이 어떤 특성들을 더 선호하는지 규정하기 위해 밝기나 소리의 크기, 평온함(smoothness) 등 시청각 자극의 정신물리학적 속성을 연구했다. 그러고 나서 그 결과들을 예술에 일반화시켰다.

이 연구는 풍부한 결과를 보여주었다. 예를 들어 밝은 색상들이 어두운 색상들보다 더 선호된다는 것을 보여주었다(Guilford, 1934). 색 스펙트럼에서 녹색부터 파란색까지를 가장 즐겁게 느끼고, 빨간색의 끝부분 그리고 노란색에서 녹색 사이를 두 번째로 즐겁게 느꼈다(Guilford, 1940). 또한 참여자들은 서로 다른 색들의 조합을 좋아했다(Granger, 1955a). 그리고 적당한 크기의 소리를 가장 즐겁게 느꼈는데, 소리의 크기가 50데시벨에서 90데시벨로 증가함에 따라 즐거움은 줄어드는 것으로 나타났다(Vitzand Yodd, 1971; Child, 1968-1969, 1978; Francès, 1968; Kreitler and Kreitler, 1972; Pickford, 1972; Valentine, 1962).

실험미학 분야의 연구자들은 프로이트보다도 더 경험적 연구에 적합한 문제들을 제시했다. 어째서 사람들이 예술을 좋아하는가와 같은 근본적인 문제를 다루기보다는 전형적인 사람들이 좋아하거나 싫어하는 예술대상의 특성을 규정하는 것이 훨씬 더 쉬운 일이다. 예술심리학을 실험적 연구분야로 전환시킴으로써 페히너와 그의 동료들은 커다란 공헌을 했다. 그런 공헌에도 불구하고 몇몇 연구자들은 다음처럼 주장할는지도 모른다. 말하자면 페히너와 동료들은 (적어도 초기에는) 너무나 좁은 시야로 그 문제에 초점을 맞추는 한계를 그 공헌에 대한 대가로 삼았다는 것이다. 심리학자인 헨리 머레이(Henry Murray)는 심리학 분야의 일반에 대해 비판을 가했다. "심리학자는 잘못된 것을 비판적으로 고찰한다. 정신분석학자들은 제대로 된 것을 혼미한 정신상태에서 고찰한다."(1981, p.343) 이 인용문은 초창기 실험미학 그리고 예술심리학에 대한 정신분석학의 접근 이 둘이 서로 불안하게 어울리고 있는 특징을 보여준다. 요

컨대 페히너가 문제를 좁은 범위로 한계짓고 그것에 대해 답하기 위해
엄격한 방법을 사용했던 반면, 프로이트는 광범위한 문제를 다루면서 그
다지 정확하지 않은 방법을 사용했다.

1950년대에 이르기까지 실험미학 분야는 상대적으로 이론적 불모지
상태에 놓여 있었다. 실험미학은 무엇인가를 더 좋아한다는 '선호'
(preferences)라는 주제에서 일관성 있는 결론들을 찾아냈지만, 이런 선호
의 내용이 어떤 것인지를 거의 설명하지 못했다. 예외적인 사례가 하나
있는데, 그것은 수학자 조지 버코프(George Birkhoff, 1933)의 연구였다.
그는 두 가지 요인, 즉 복잡성과 질서를 토대로 심미적 가치를 예견할
수 있는 공식을 마련했다. 버코프는 다각형, 꽃병의 형태, 멜로디 그리고
시의 구절 등 네 가지 유형의 자극을 사용했다. 그 결과 그는 높은 정도
의 질서, 조화 그리고 대칭을 보여주는 패턴들이 최고의 심미적 가치를
가진다고 주장했다. 그러나 그는 이 이론이 더 복잡한 예술작품이 가진
심미적 가치를 적절히 설명할 수 있을지 없을지는 증명하지 못했다. 더
욱이 다른 연구들은 이 결과를 의문시 하게 했다(Beebe-Center and Pratt,
1937; Davis, 1936; Eysenck and Castle, 1970).

각성이론

심리학자인 다니엘 벌라인(Daniel Berlyne, 1971)은 질서와 심미적 즐거
움 사이에 버코프의 직선 공식보다도 훨씬 복잡한 관계가 있다는 것을
증명했다. 그는 심미적 반응을 극대화하는 자극특성 및 심미적 즐거움의
본성에 관한 포괄적인 이론을 만들고, 그것을 '새로운 실험미학' 이라고
불렀다. 그의 예술론 한가운데에는 다음과 같은 생각이 자리하고 있다.
즉 예술은 각성상태에, 즉 개인적 수준의 주의나 경계 또는 흥분상태에
영향을 미침으로써 즐거움을 환기시킨다. 벌라인이 심미적 반응에서 각
성의 역할을 처음으로 지적했던 것은 아니다. 원래 이것은 고대 그리스

의 아리스토텔레스가 비극에 대한 반응을 이론적으로 고찰할 때 강조했던 생각이다. 다만 아리스토텔레스가 각성과 카타르시스 사이의 관계에 대해 초점을 맞춘 반면, 벌라인은 각성과 심미적 즐거움 사이의 관계를 찾아내고자 했던 것이다.

각성이론에 따르면 심미적 즐거움은 두 가지 방식으로 성취될 수 있다. 하나는 각성의 '점진적 상승', 즉 최적 한계에 도달할 때까지 적절히 이루어지는 각성상태의 상승에 의해서이고, 다른 하나는 각성의 '급격한 변화', 즉 각성이 감소할 때 기분 좋은 긴장 완화가 이루어지는데, 그 후 최적 상태가 된다. 이때 그 상태의 최적 범위를 넘어서는 각성의 급격한 증가가 이루어지며, 그것에 의해 즐거움이 성취될 수 있다. 즐거움이 긴장의 적절한 증가와 급격한 긴장의 완화에서 성취된다는 견해는 전-즐거움(fore-pleasure)이 긴장의 적절한 증가에 의해, 그리고 후-즐거움(end-pleasure)은 긴장의 감소에 의해 나타난다는 프로이트의 견해와 다르지 않다.

벌라인은 예술이 지닌 다음과 같은 세 가지 다른 특성들이 각성에 영향을 준다고 주장했다. 첫째, 정신물리학적 특성들이 각성에 영향을 주는데 밝기, 채도, 크기, 소리의 크기 또는 소리의 고저 등과 같은 것들이다. 이것들은 '그 옛날' 실험미학에서 연구되었던 특성들이다. 예술이 각성에 영향을 주는 둘째 특성은 음식, 전쟁, 성, 죽음처럼 생존에 이롭거나 해로운 것으로 간주되는 경험과의 연합, 즉 생태학적 특성이다. 이것은 프로이트가 연구했던 특성들이다. 그리고 이 특성들은 오직 작품의 재현적 내용과 관련되어 있다. 셋째 특성은 예술이 각성에 영향을 끼치는 가장 중요한 방식이라고 할 수 있다. 그것은 예술이 지닌 형식적 특성의 '대조'(collative)변인을 통한 것이다. 이것은 이제까지 체계적으로 탐구되지 않았던 방식이다. 대조변인은 각성을 고양시키는 장치들로서, 참신함이나 구성요소들의 새로움, 그리고 놀라움이나 기대를 벗어난 것, 복잡성이나 이질성, 불규칙성, 요소의 비대칭성(asymmetry)과 같은 것들이다. 지각 수용자는 패턴에 내재하는 참신함이나 놀라움 혹은 복잡성을 규정하기 위해서 하나 이상의 원천자료에서 얻은 정보들을 비교하고 대조해야 하기 때문에 이 변인들을 '대조' 변인이라 부르는 것이다. 새로운 실험미학은 대상이 지닌 형식적 측면의 대조변인들에 초점을 맞춘다는 점에서 옛 실험미학과는 다르다.

　각성이론에 따르면 예술가들은 각성에 영향을 주기 위해 서로 다른 두 가지 방식으로 대조변인들을 조작한다. 예술가는 대칭성이 잘 드러나는 패턴처럼 익숙하고 규칙적인 패턴을 사용함으로써 각성수준을 점진적으로 증가시킨다. 또 즉각적으로 이해될 수 없는 지극히 신기하고, 놀랍고, 복잡한 패턴들을 사용함으로써 각성수준을 급격히 변화시킨다. 복잡한 패턴들, 즉 비대칭적이거나 이질적인 형태를 포함하고 있는 패턴들은 지각자들에게 모호함을 상기시킨다. 이런 과정은 각성의 급격한 증가와 밀접히 관련되어 있다. 인간의 근본적인 욕구들 중 하나는 무언가를 탐험함으로써 자신의 호기심을 만족시키는 일이기 때문에(Harlow, 1953; Piaget, 1963; White, 1959), 지각자는 그 대상이 이해될 때까지 계속 패턴들을 탐구하게끔 동기 유발이 이루어진다. 이 같은 동화 및 그로 인한 모호함의 해소는 각성수준의 감소를 수반하는데, 이것이 즐거움으로서 경험된다.

　대조적 특성, 각성수준, 쾌락적 가치 사이의 이중적 관계에 대한 연구에서 벌라인은 실제 예술작품이 아니라 점, 삼각형, 선 같은 구분 가능하고 계산 가능한 단위들로 이루어진 인위적 패턴을 사용했다. 인위적인 자극을 사용했던 것은 실제 예술작품에서 복잡성 같은 대조적인 특성들을 정확히 측정하기는 아주 어렵기 때문이다. 구분 가능한 단위들로 이루어진 인위적인 자극들을 사용하면 대칭성이나 이질성 같은 복잡성의 요소들을 더욱 정확히 측정하고 조작할 수 있다. 비록 그 같은 자극들이 예술작품과 동일하지는 않겠지만 벌라인은 얻은 결과가 예술에 일반화될 수 있다고 주장했다. 나아가 그는 단순 자극들에서 얻은 결과를 확증하기 위해, 자신의 몇몇 연구들에서 실제 예술작품을 사용하기도 했다(Berlyne, 1974). 물론 연구의 대부분은 시각적 패턴에 집중되었지만, 청각적 패턴과 시를 사용한 연구들 또한 수행되었다(Berlyne, 1974; Kamman, 1966).

또 다른 연구에서(Berlyne, 1970) 그는 패턴들을 복잡성의 측면에서 서로 다른 자극쌍들로 배열했다(그림 2-1). 복잡성 정도는 불규칙성(동일한 단위의 대칭적 배열 대 비대칭적 배열), 분량(동일한 단위의 많고 적음), 이질성(동질적인 단위 대 이질적인 단위)과 같은 물리적 특성에 입각해서 객관적으로 측정되었다. 이와 마찬가지로 참여자들에게 복잡성에 따라 패턴들의 순위를 정하도록 함으로써 주관적인 측정방식도 취했다(Day, 1965). 복잡성에 관한 주관적 평가는 네 가지 수준으로 구분되었다. 즉 왼쪽 요소들은 가장 단순한 것으로 간주되었다(수준 1). a에서 d까지 범주의 오른쪽 요소들은 그 다음으로 복잡한 것으로 간주되었다(수준 2). e부터 g까지 범주의 왼쪽 요소들은 그보다 더 복잡한 것으로 간주되었으며(수준 3), e부터 g까지 범주의 오른쪽 요소들은 가장 복잡한 것으로 간주되었다(수준 4).

이런 자극들을 사용함으로써 복잡성, 각성, 심미적 가치 사이의 관계를 예언하고 이것을 검증하는 일이 가능하게 되었다. 예를 들어 각성이론은 아래의 패턴들이 가장 즐거운 것으로 경험될 것이라고 예언한다. 그것은 두 가지 유형의 패턴들이다. 첫째, 적당한 수준으로 각성을 유발하는 단순한 자극이다. 둘째, 급격한 각성을 증가시킬 만큼 충분히 복잡하지만 결코 이해할 수 없을 정도로 복잡하지 않은 자극, 즉 적절히 복잡한 자극이다. 참여자들이 패턴들을 즐거움의 정도에 따라 평가했을 때, 가장 큰 즐거움을 주었던 복잡성의 두 가지 수준은 가장 단순한 〈수준 1〉과 적절히 복잡한 〈수준 3〉이었다. 그러나 이들 두 수준의 복잡성은 다른 유형의 즐거움을 야기한다. 단순한 패턴을 반복해서 보게끔 했을 때, 참여자들은 즐거움이 지속적으로 줄어들었다고 보고했다. 그러나 그보다 복잡한 패턴을 계속 바라보게 했을 때, 그들은 그 패턴들이 처음에는 더 즐겁게 느껴졌지만 점차 매력을 상실해갔다고 보고했다. 결과적으로 참여자들은 단순한 패턴에 대해서는 쉽게 지겨워했다. 즉각적으로 이해되지

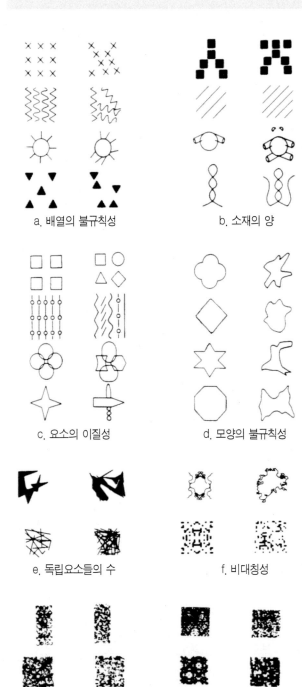

a. 배열의 불규칙성   b. 소재의 양

c. 요소의 이질성   d. 모양의 불규칙성

e. 독립요소들의 수   f. 비대칭성

g. 무선적 분포

[그림 2-1] 이 패턴들은 심미적인 선호도를 검사하기 위해 사용되었다. 각 쌍의 왼쪽 패턴은 덜 복잡하고 상대적으로 원만한 형태였으며, 참여자들이 주로 선호했다.

않을 만큼 복잡한 패턴들의 경우에 그들은 그것들을 충분히 이해한 뒤에야 매력적으로 느꼈다. 그리고 바로 그런 과정을 거친 뒤에야 비로소 패턴은 지겨워졌다.

홍미로움을 측정했을 때는 그보다 더 단순한 관계를 찾아냈다. 말하자면 패턴들의 복잡성이 증가했을 때 홍미로움의 정도도 증가했다. 이것은 〈수준 3〉에서 정점을 이루다가 그 뒤 감소해갔다. 〈수준 4〉의 패턴들은 지나치게 혼동된 나머지 이해되지도 못했다. 결국 참여자들은 그것들에 대해서 즐거움도, 홍미로움도 느끼지 못했다.

또 다른 증거들이 다음과 같은 결과, 즉 홍미로움은 복잡성이 최적 수준에 도달될 때까지 지속적으로 증가하다가 감소한다는 결과를 지지한다. 예컨대 복잡한 패턴들은 단순한 것들보다 바라보는 시간을 더 길게 할 수 있다(Berlyne and Lawrence, 1964). 〈수준 1〉에서부터 〈수준 3〉까지의 패턴들에서는 바라보는 시간이 점점 증가하지만, 가장 복잡한 〈수준 4〉에서는 오히려 다시 감소한다(Day, 1966). 이러한 결과는 복잡한 패턴들이 유발하는 불확실성이 각성수준을 증가시킨다는 이론을 지지한다. 지각 수용자는 패턴들이 이해될 수 있을 때까지 탐구하도록 동기 유발된다. 그러나 그 패턴들이 이해될 수 없을 만큼 복잡한 것으로서 주어진다면, 그들은 그 패턴을 더 이상 바라보지 않을 것이다. 왜냐하면 그보다 더 오래 바라보아도 그 이상의 이해가 되지 않을 것이기 때문이다.

그러므로 즐거움에 대한 판단은 복잡성의 정도와의 사이에서 선형적인 관계를 지니고 있다. 지극히 단순하고 적당히 복잡한 패턴들은 동등하게 선호된다. 그러나 적당히 복잡한 패턴들은 단순한 패턴들에 비해 더 홍미로운 것으로 판단되고 더욱 오랜 시간 주의를 끈다. 더욱이 단순하고 적당히 복잡한 패턴들이 야기하는 즐거움에는 다양한 원인들이 있다. 단순한 패턴들을 바라보는 동기는 '유희'(diversive), 즉 즐거움을 추구하는 것이다. 반면에 그보다 복잡한 패턴들을 바라보고 탐구하려는 욕구는 '인식적', 즉 지식을 추구하고자 하는 것이다. 적당히 복잡한 패턴들은 지각자의 호기심을 자극하고, 지각자가 그 패턴들을 이해할 때까지

도전적으로 탐구하는 행동, 즉 지식추구 행동을 부추긴다.

이러한 결과는 예술이 두 가지 방식으로 각성수준을 자극함으로써 즐거움을 준다는 주장의 일반화를 가능하게 한다. 게다가 그 결과는 다른 활동도 역시 급격한 증가 후 감소가 뒤따르는 각성수준에 따라 즐거움을 제공한다는 것을 보여주었다. 그러한 활동들은 놀이와 유머는 물론 과학적 탐구나 여타의 문제해결 형식도 포함한다. 이러한 영역의 모든 활동들은 사람들이 문제를 해결하도록 이끄는 도전의식을 제공한다. 이렇게 해서 각성이론은 인간에게 근본적으로 중요한 여타 활동들의 맥락 한가운데 예술의 자리를 마련한다.

프로이트가 조각상 〈모세〉에 매료되었던 일을 이제 이해할 수 있는지를 알아보기 위해, 그 조각상에 흠뻑 빠져들어 관조하고 있는 프로이트의 모습으로 잠시나마 되돌아가 보자. 이 상황에 오직 정신분석학적 이론만을 적용한다면, 결국 〈모세〉상이 지닌 내용으로 인해 프로이트가 그 조각상에 매료되었다는 결론이 나올 것은 뻔하다. 어쩌면 그가 무의식적으로 자기와 동일시하고 또 투사할 수 있었던 어떤 것이 그 대상 안에 있었을지도 모른다. 새로운 종교를 후세에 전하고도 당대의 사람들에게 인정받지 못했던 입법자로서의 모세와 혁명적인 '강령'을 설파하고도 당대의 사람들로부터 멸시받은 정신분석학의 창시자, 이 둘 사이의 유사성은 아마도 프로이트의 머리에서 떠나지 않았을 것이다. 그리고 아마도 이러한 동일시의 이면에는 프로이트 스스로 (정신분석학의) 아버지가 됨으로써 그 자신의 아버지를 대체하고픈 무의식적 소망이 있었을지도 모를 일이다.

각성이론은 대안적인 설명을 제시한다. 그렇지만 이것이 반드시 정신분석 이론과 충돌하는 것은 아니다. 이 설명에 의하면 프로이트는 복잡성과 신비함 때문에 〈모세〉상에 마음이 끌렸던 것이다. 〈모세〉상이 보여주는 불확실성과 대립적인 가설들이 프로이트로 하여금 작품의 의미를 파악하도록 유도할 수 있다. 마침내 프로이트가 〈모세〉상을 이해하게 되었을 때, 그는 긴장 감소의 즐거움을 경험하게 되었을 것이다. 이렇게 보면 〈모세〉상을 고찰하려는 동기는 이해의 명료함이 주는 긴장 감소의 기대된 보상이었다고 할 수 있다.

금기된 소망을 충족하기 위해서 프로이트가 모세 또는 미켈란젤로와 무의식적으로 동일시했든 하지 않았든지 간에, 분명히 부인할 수 없는 사실은 그가 문제 해결의 모험에 뛰어들었다는 점이다. 심미적 경험에서 지성의 역할을 강조할 때, 각성이론이야말로 가치 있는 공헌을 했다고 볼 수 있다.

그럼에도 불구하고 각성이론은 여러 문제들에 직면해 있다. 그 중 하나는 경험적 결과에 대한 일반화가 가능한 것인가의 의문이다. 연구에서 사용한 자극들과 현실 예술작품 간에는 깊은 틈이 존재한다. 비록 음악이나 문학 등의 예술형식에서 복잡성을 측정하는 것이 가능하다고 해도, 즉 구별 가능한 상징들로 분석될 수 있다 하더라도 회화 같은 예술형식에서는 복잡성이 그리 쉽게 측정될 수 없다. 그런 예술형식에서는 상징들이 서로 구별되기보다는 오히려 '모호하다'(Goodman, 1968). 그런 이유로 벌라인은 대부분 일정 단위들로 분석 가능한 단순 기하학적 패턴을 시각자극으로 사용했다. 그렇지만 실험실 밖에서도 사람들이 그 패턴들을 즐겁거나 흥미롭게 여길지는 의문이다. 이런 패턴들이 주는 매력은 자극 그 자체에 고유하지 않다. 그 자극들은 실험실 밖에서라면 아마도 상대적으로 중성적일 것이다. 참여자들이 자신의 선호를 표현하게끔 동기 부여한 것은, 그들이 그런 자극에 무관하다 하더라도 어떤 결정을 내리게끔 하고, 그럼으로써 자신들의 전문적인 심미적인 견해를 드러내 보여주도록 부추겼던 것이다(Hochberg, 1978). 어떤 참여자가 일어나서 "점 하나가 어떻게 아름다울 수 있나요?"라고 항변했던 것처럼 말이다 (Normore, 1974).

각성이론을 예술에 대해서 일반화시키려 할 때 발생하는 또 다른 문제는 자극에서가 아니라 사용된 방법에서 제기된다. 참여자들에게 자극에 대한 자신들의 선호를 서열화하게끔 했을 때, 우연히도 광범위한 복잡성이 '중심경향 효과'(central tendency effect)를 유발할 수 있다. 그런 효과

속에서 참여자들은 주어진 일련의 자극들에 대해 중간 수준의 것을 선호하는 경향을 보인다(Woodworth, 1938). 또한 사람들은 자신이 익숙해 있는 수준에서 적당히 떨어져 있는 자극을 더 좋아한다(Helson, 1948). 그러므로 세트로 제시된 패턴에 대한 선호도는 자극의 고유한 특성에 의존하기보다는 참여자에게 제시되었을 때의 특정 세트의 상대적 복잡성에 의존하게 된다(Kennedy, 1961; Steck and Machotka, 1975). 만약 자극이 세트에서 중간 수준에 해당한다면, 참여자들은 그것을 선호할 것이다. 그렇지만 그것이 다른 세트에서 극단적 수준으로 있다면, 참여자들은 다른 패턴들을 선호할 것이다.

그러므로 적당히 복잡한 패턴들에 대한 선호는 그 어떤 특정 예술작품에 대한 선호조차 예언할 수 없다. 왜냐하면 복잡성은 (지각자의 예술에 대한 이전의 경험에 대한 관계이든 또는 동시에 제시된 다른 작품에 대한 관계이든) 전적으로 그 작품이 제시된 맥락에 상대적이기 때문이다. 각성이론으로부터 개별 예술작품에 대한 선호도를 예언하고자 하는 시도는 이상한 결론을 낳을지도 모른다. 예를 들어 패턴들이 복잡하면 할수록 더욱더 오랫동안 주목하기 때문에, 사람들은 몇 개의 수직·수평선과 두세 가지 색채로 단순하게 구성된 몬드리안의 작품보다 지극히 이질적인 요소들로 그려진 그림을 더 오랫동안 바라보아야 한다. 이것은 더 복잡한 작품들이 그다지 성실히 수행되지 않았더라도 사실이어야 한다. 그러나 사람들은 분명히 그 단순성에도 불구하고 전혀 싫증을 느끼지 않은 채 몇 시간 동안이라도 몬드리안의 작품을 꼼꼼히 들여다볼 것이다. 단위의 수량, 이질성 또는 배열에 따라 측정된 것으로서의 복잡성은 예술 속에서 관람자의 주의를 끄는 수많은 것들을 간과하게 한다.

각성이론의 또 다른 문제는 과연 무엇이 심미적 경험에서 유일무이한 것인지를 구체적으로 제시하지 못한다는 점이다. 많은 자극들은 각성수준에 영향을 준다. 죽은 동물의 광경처럼 극단적으로 혐오스러운 자극은 각성수준을 높일 것이고, 거기서 시선을 돌림으로써 그런 부담에서 해방감을 얻을 것이다. 이것은 각성이 그 자체로는 즐겁지도 고통스럽지도 않다는 것을 보여준다. 사람들이 각성된 상태를 즐길지 어떨지는 그들이 자극에 부여한 의미에 의존한다. 각성이론은 이것을 다루고 있지 않다. 결과적으로 이 이론은 사람들이 그림을 바라볼 때 얻는 긴장에서 즐거움을 느낄 수 있다는 사실을, 그렇지만 두려움을 경험할 때 얻는 동일한 수준의 긴장에서는 고통을 느낄 수도 있다는 사실을 설명하지 못한다. 그 같은 이유로 각성이론은 예술영역에서 각성을 일으키는 속성들이 주는 즐거움의 유형과 스포츠처럼 예술 외의 영역에서 각성을 일으키는 속성들이 주는 즐거움의 유형이 어째서 다른지를 설명할 수 없다(Kreitler and Kreitler, 1972).

확실히 각성이론은 예술을 유머, 놀이, 문제 해결 등 도전해 볼 만한 예술 외적 활동들에 연결시키고 있다. 그러나 예술이론이 예술과 인간 삶의 다른 부분들이 전적으로 분리되지 않은 것을 증명하는 것은 중요한 일이지만, 또한 심미적 경험에서 유일무이한 것이 무엇인지도 보여주어야 한다. 프로이트는 우리의 꿈이나 아이들의 놀이가 만들어 놓은 상상 세계와 예술 사이에는 서로 유사성이 있음을 내내 지적했다. 그렇지만 그는 또한 일차과정적 상상(primary-process imagery)이 이차 정교화를 거쳐 만들어내는 더 높은 수준의 은폐와 마찬가지로 예술의 형식적 특성이 주는 심미적 즐거움의 유일무이함도 주장했다. 하지만 각성이론은 예술과 여타 모험적 활동 사이의 차이를 설명하지 못한다.

즐거움의 원리를 넘어서

벌라인은 심미적 경험에서 지적인 측면들이 어쩔 수 없이 개입한다는 사실을 당연한 것으로 받아들였음에도 불구하고, 예술작품을 관람하고자 하는 궁극적 동기는 그 작품이 제공하는 즐거움이라고 보았다. 그래서인지는 당연히 쾌락주의에 봉사하는 것으로 남겨졌다. 이와 달리 철학자들과 심리학자들은 프로이트와 벌라인의 즐거움 중심이론(the pleasurecentered theory)을 넘어서려 했다. 그들은 예술이 이해를 자신의 하위에 놓을지도 모를 그 어떤 즐거움에서 완전히 벗어나 인간의 지식욕구에 기여한다고 주장했다(Arnheim, 1969, 1972, 1974; Cassirer, 1957). 이러한 이론에 따르면 예술은 궁극적으로 실재를 드러내 보여주고, 또 그것을 분명하게 하는 기능을 담당한다.

예를 들어 수잔 랭거(Susanne Langer, 1942)는 예술이 인간의 감정을 객관화하고, 그 결과 사람들로 하여금 내적인 경험세계를 이해하고 관조할 수 있게 한다고 여겼다. 그녀는 (예술 밖에서 사용되는 것들, 가령 글자나 수 등과 같은) 추론적 상징(discursive symbols)과 (예술에서 사용되는) 표상적 상징(presentational symbols)을 구별하면서, 오직 표상적인 것들만이 우리의 내적 실재성을 기술할 수 있다고 논증했다. 감정의 세계는 예술적이지 않은, 즉 추론적인 상징들로는 파악되지 않는다. 이와 달리 표상적인 상징은 감정의 구조를 거울에 비추듯 반영할 수 있다. 그래서 예술은 사람들이 감정을 이해하고, 반영하는 유일한 통로가 된다. 이 때문에 예술은 마음에 대한 통찰을 제공해 준다. 랭거의 이론과 함께 하는 예술이론들의 경우, 이런 인지적 기능은 예술에서 유일무이한 것이다. 그것은 즐거움이나 흥미처럼 예술이 주는 다른 어떤 충족들보다 훨씬 더 중요하다.

아마도 예술에 대한 정서적 반응과 인지적 반응 사이의 엄격한 구분은 존재하지 않을 것이다. 각성이론에 따르면, 감정과 지식은 결국 서로 얽혀 있다. 말하자면 지식은 즐거움을 주는 것이다. 랭거에게도 그 둘은 서로 연결되어 있다. 말하자면 예술은 사람들이 감정의 세계를 이해할 수 있게끔 해 준다.

넬슨 굿맨(Nelson Goodman, 1968)은 감정과 이해 간에 또 다른 관계가 있음을 주장했다. 그는 과학에서 종종 그렇듯 예술에서도 정서가 인지적으로 기능한다는 것을 논증했다. 예술은 근본적으로 앎의 방식이다. 그래서 예술작품은 '읽혀'져야만 하고 그것에 대한 섬세한 판별이 이루어져야만 한다. 이처럼 예술작품을 읽는 일은 인지적 능력뿐만 아니라 정서에 의해서도 수행되어야 한다. "심미적 경험이 이루질 때의 정서는 작품이 어떤 특성을 지니고 있으며, 또 그것을 어떻게 표현하고 있는지를 구별하는 수단이다."라고 굿맨은 지적했다(p.248). 이처럼 이해는 즐거움을 야기할 뿐만 아니라 즐거움 또한 사람들을 자극해서 더욱 섬세한 판별을 가능하게 한다. 그리고 더 섬세한 판별은 작품과 그것이 관계하고 있는 세계에 대한 이해를 열어준다.

〈모세〉 조각상에 대한 프로이트의 관조는 예술에서 감정의 인지적 기능이 무엇을 의미하는지를 분명히 하는 데 또다시 도움이 된다. 〈모세〉상은 프로이트에게 강렬한 정서를 야기했다. 사실상 프로이트를 계속해서 이 조각상에게로 돌아가게 했던 것은 다름 아니라 이러한 정서였다. 이 정서가 프로이트로 하여금 작품을 이해하고, 그 신비를 밝혀내도록 자극했다. 그리고 그가 이 조각상에 대해 더욱더 깊이 알게 되면 될수록 그는 더 많은 즐거움을 느꼈을 것이다. 미켈란젤로의 〈모세〉상에 대한 프로이트의 반응에서 그가 가졌던 감정과 이성의 힘들 중 어떤 것이 더 큰 공헌을 했는지를 구별하기는 불가능하다.

정서의 인지적 기능은 비극과 추함의 패러독스를 해결해 준다. 카타르시스의 치료적 가치나 각성이 준 즐거움은, 사람들이 예술로 표현된 폭력과 고통에 스스로를 드러내 놓는지에 관한 설명을 불필요하게 한다. 오이디푸스가 자기 아버지를 살해하는 장면에서 느끼는 극도의 혐오감은 그 드라마를 더 깊이 이해할 수 있도록 도와준다. 그래서 이러한 이해와 함께 한 만족은 예술의 호소력을 더 잘 설명해 줄지도 모른다.

심미적 반응의 개인차

그 차이가 무엇이든, 예술경험에 관한 다양한 이론들은 최소한 하나의 중요한 관점에서 일치한다. 요컨대 이 모든 이론들은 예술이 모든 사람들에게 동일한 욕구나 일련의 욕구들을 충족시킨다고 가정한다. 또한 특정 예술작품은 각각의 개인들에게 동일한 욕구를 충족시켜 주기 때문에, 어떤 작품이 가장 커다란 만족을 주는지에 대해서는 거의 이견을 보이지 않을 것이라고 가정한다. 그러므로 〈모세〉상은 프로이트의 경우에서와 마찬가지로, 모든 사람들에게도 그만큼의 강력한 영향력을 가져야만 할 것이다.

수많은 연구들이 예술작품에 대한 사람들의 반응이 서로 일치하는가 그렇지 않은가를 탐구하고자 애써왔다. 이러한 연구들 중 몇몇은 사람들이 동일한 방식으로 예술에 대해 반응한다는 견해를 보여주었다. 그러나 이와 다른 연구들은 그 반응이 예술에 대한 친밀도뿐만 아니라 성격과 기질의 내재적 측면에 따라 상당한 개인차를 보인다는 것을 증명했다.

사람들의 심미적 선호도와 판단이 서로 일치한다는 주장에 대해 믿을 만한 증거들이 있다(Beebe-Center, 1932; Eysenck, 1940, 1940-1941, 1941a, 1942; Francès, 1968; Granger, 1955a-c; Soueif and Eysenck, 1972). 한스 아이젠크(Hans Eysenk)와 동료들은 사람들에게 두 가지 패턴을 제시하고 그 중에서 어떤 것을 더 선호하는지 판단하도록 주문했을 때, 동일한 문화권 내에서는 물론이고 상이한 문화권 사이에서조차도 높은 일치를 보임을 입증했다(Götz, Borisy, Lynn, and Eysenck, 1979; Iwawaki, Eysenck, and Götz, 1979). 그들이 고안한 검사는 42쌍의 비구상적 그림들로 구성되었다(그림 2-2). 여덟 명으로 이루어진 예술가들이 하나의 항목에 대해 디자인의 측면에서 열등한 것으로 만장일치의 동의를 보아 그것을 바꿨다는 사실을 제외하고는, 각 쌍의 항목들은 동일했다. 참여자들은 자기들이 선호하는 디자인을 선택하는 것이 아니라, 더 좋은 형태나 더 조화로운 디자인을 선택하도록 주문받았다. 이 검사는 성별이 다른 집단, 연령이 다른 집단 그리고 서로 다른 문화권(일본과 영국)에 속한 집단들에게도 실시되었다.

그 결과는 성별, 지능, 성격특성, 문화와 무관하게 개개의 사람들을 통해서 높은 수준의 일치를 보여주었다. 연령의 측면에서 성인들은 아이들보다 더 높은 점수를 얻었던 반면, 아이들 집단 내에서는 나이와 아무런

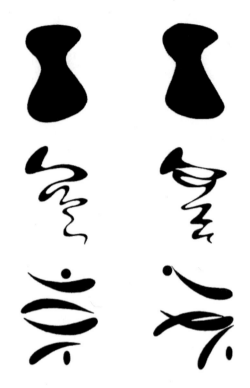

[그림 2-2] 심미적 판단을 평가하기 위해 사용한 형태들. 각 쌍의 왼쪽 항목이 디자인 측면에서 더 우수한 것으로 보인다.

상관도 보이지 않았다. 연구자들은 이 같은 결과에 대해 다양한 사람들이 다양한 정도로 가지고 있는 단일한 심미적 능력이라는 말로써 설명하려 했다. 그들은 신경계의 구조에 뿌리를 둔 '타고난 심미적 감각' 이 존재한다고 가정했다. 그런 만큼 개인 간에 나타나는 미미한 차이는 아마도 지능이나 성격 혹은 훈육이나 문화 등의 요인에서라기보다는 오히려 심미적인 민감성 안에 있는 유전적 요인에 기인할 것이다. 이 결과는 어떤 유형의 자극이 주어질 경우 사람들의 평가적 판단은 일치하는 경향을 보이지만, 일치가 그리 완벽한 것은 아니라는 점을 보여준다. 문제는 규범에서 유래한 개인편차가 순전히 무작위의 사례인지, 아니면 그것이 예술에 대한 친숙성 같은 요인이나 성격 및 인지방식에 체계적으로 관련되어있는 것인지이다. 아이젠크가 개인차와 성격 간에 그 어떤 관계도 찾아내지 못했던 반면, 아이젠크보다 더 복잡한 자극을 사용했던 다른 연구자들은 이와 아주 상이한 결과를 얻었다.

선호를 결정하는 요인

어떤 사람이 예술과 얼마나 친숙한가 하는 것은 그가 좋아하는 예술유형에 영향을 끼칠 수 있다. 아이젠크의 연구에서는 참여자가 가졌을지도 모르는 예술에 관한 배경지식이 통제되지 않았다. 그러나 다른 연구들은 예술가나 예술사를 전공한 학생들처럼 예술에 친숙한 사람들이 그렇지 않은 사람들에 비해 다른 심미적 선호도를 지니고 있다는 것을 보여주었다. 예를 들어 미술에 관해 잘 알고 있었던 사람들은 구성의 완성도를 토대로 삼아 심미적인 판단을 내렸던 반면, 그것에 관해 별다른 지식이 없었던 사람들은 묘사가 지닌 사실성의 정도와 주제의 유형을 토대로 심미적 판단을 내렸다(Peel, 1944, 1946). 이러한 결과는 또 다른 연구에서도 나타났는데, 그 연구는 평범한 사람들이 사실주의적인 그림들을 선호하는 반면, 전문가들은 그런 차원에 별 관심이 없다는 것을 입증했다 (Francès and Voillaume, 1964).

예술에 대한 친숙성이 어떤 역할을 하는지 증명해 준 가장 광범위한 연구 프로그램은 어빈 차일드(Irvin Child)에 의해 개발되었다. 그는 그림, 스케치, 판화 등을 각각 한 쌍으로 구성해 놓은 검사를 고안해 냈다. 각각의 그림쌍들은 표현된 내용이나 사용된 매체 등 외적인 측면에서는 유사했지만, 열두 명의 전문가들이 판정한 심미적 가치의 측면에서는 서로 상이했다. 예컨대 차일드는 한스 홀바인(Hans Holbein)이 그린 〈크롬웰 가문의 부인〉(A Lady of the Cromwell Family)과 한스 크렐(Hans Krell)의 〈헝가리 여왕 마리의 초상화〉(Portrait of Queen Mary of Hungary)를 한 쌍으로 제시했다. 물론 전문가들은 홀바인의 초상화를 더욱 우수한 것으로 평가했다(그림 2-3). 이 검사를 (단지 미술과의 어떤 친숙성을 지닌 사람들로 정의되었을 뿐인) '미술애호가'에게 실시했을 때, 전문가들의

[그림 2-3] 왼쪽은 H. 홀바인의 〈크롬웰 가문의 부인〉, 오른쪽은 H. 크렐의 〈헝가리 여왕 마리의 초상화〉

견해와 상당한 일치를 보였다. 그리고 이러한 결과는 특정 문화 내에서, 그리고 미국, 아프리카, 피지, 일본, 파키스탄, 그리스 등 상이한 문화권 간에서도 동일하게 나타났다(Anwar and Child, 1972; Child, 1962, 1965; Child and Siroto, 1965; Ford, Prothro, and Child, 1966; Haritos-Fatouros and Child, 1977; Iwao and Child, 1966; Iwao, Child, and Garcia, 1969). 반면 검사를 전문적인 지식이 없는 사람들에게 실시했을 경우 그들의 결과치는 애호가들의 그것과 유의미한 차이를 보였다.

이러한 결과는 아이젠크의 결과와 정면으로 대조를 이룬다. 비록 아이젠크가 전문가와 비전문가를 비교하지는 않았지만, 그의 검사항목들은 전문가들이 구성한 것들이었다. 그리고 참여자들은 전문가들의 선호와 일치하는 경향을 나타냈다. 이러한 차이를 이해시켜 줄 하나의 가능한 설명은 그들이 사용한 자극에서 찾을 수 있다. 아이젠크는 단순한 추상적 자극을 사용했던 반면, 차일드는 그 모든 복합성을 포함하고 있는 예술작품을 사용했다. 이로써 예술작품의 탐험 속에서 얻는 경험이 평가적 판단에 영향을 끼칠 수 있다는 사실이 드러났다.

다른 유형의 자극을 사용했던 것은 또한 연구자들이 참여자들에게 주문했던 서로 다른 지시들과 상호 작용했을 수도 있다. 차일드는 참여자들에게 자신들이 선호하는 그림을 선택하도록 요구했던 반면, 아이젠크는 참여자들에게 더 조화로운 형태를 선택하도록 요구했다. 이 두 가지 유형의 지시에 대한 반응은 일반적으로 긴밀히 상호 관련된다(Götz, 1979). 다만 이는 정신질환자의 경우를 제외하고 대개의 사람들이 그다지 조화롭지 않은 것으로 간주된 구성을 더 선호할 경우에 그렇다(Eysenck and Eysenck, 1976). 그러나 복잡한 재현적 자극들을 사용할 경우에 이 두 가지 지시에 대한 반응은 아무런 상관을 보이지 않을 수도 있다. 만일 차일드의 참여자들에게 더 좋은 형태를 선택하도록 지시했었다면 더 높은 일치를 보였을지도 모른다. 요약하자면, 예술에 대한 경험은 사람들의 선호에 영향을 끼칠 수 있지만, 그렇다고 해서 그 경험이 조화를 지각할 수 있는 능력에 영향을 미친다고 할 수는 없다.

여기서 필요한 것은 다름 아니라 다음과 같은 연구설계이다. 즉 전문가들과 평범한 참여자들에게 추상적 자극과 사실적 자극을 보여주고 나서 자신들이 선호하는 것뿐만 아니라 더 좋은 형태를 고르도록 지시하는 일이다. 아마도 이들은 두 유형의 자극 중에서 더 나은 형태를 선택했을 때 높은 일치를 보여줄 것이다. 그렇지만 이와는 달리 선호도 평가의 경우에는, 추상적 자극에 대해서만 높은 일치를 보여줄 수도 있다. 이러한 고찰은 다음과 같은 결론에 이르게 할 것이다. 즉 개개의 사람들은 조화로운 것으로 간주되는 것에 대해서 서로 일치된 견해를 보여준다. 또한 조화는 단순하고 추상적인 디자인을 선호하도록 만들지만, 복잡한 재현적인 작품은 선호하지 않게끔 한다.

예술과의 친숙성이 심미적 판단을 결정하는 유일한 요인은 아니다. 사실상 사람들이 경험에 접근하는 특정 인지방식에서 중요한 것이 무엇인가를 비춰봤을 때 예술적 배경은 부차적인 것일지도 모른다.

차일드(1965)는 인지방식이 심미적 판단을 결정할 것이라는 가설을 세웠다. 예컨대 예술작품은 꼼꼼히 들여다봐야 할 필요가 있을 만큼 복잡한 자극이기 때문에, 복잡성에 대한 폭넓은 관용은 더 세련된 심미적 판단을 이끌어낼 것이다. 게다가 독자적으로 판단하려는 사람들이 더 뛰어난 심미적 판단에 이르리라는 것도 있을 법하다. 그것도 아니면 환타지나 무의식적인 것들에 빈번히 접촉함으로써 예술작품에 완전히 빠져들게 되어 더 뛰어난 판단을 하게 될지도 모른다. 심리문항척도들을 사용함으로써 차일드는 예술전문가들 사이의 높은 일치와 이러한 인지양식의 측정치 사이에 상관이 있음을 증명했다. 또한 그는 이렇게 상호 관련된 두 문항이 참여자의 예술 훈련의 양에 의해 영향을 받지 않았다는 것도 입증했다.

복잡성에 대한 관용이 심미적 판단과 관련된다는 가설을 검증하기 위해 다음과 같이 한 쌍으로 된 문항들에 참여자들이 동의하는지를 물었다. "철학 연구가 사람들의 기본 신념을 흔들어 놓는 한에서라면 그것은 장려되어야 한다." 그리고 "만일 우리가 비도덕적이고 정직하지 못한 사람들을 얼마간 제거할 수 있다면, 많은 사회문제가 해결될 것이다." 첫째 진술에 동의하고, 둘째 진술에 동의하지 않은 사람들은 그들이 예술적 배경이 있든 없든, 전문가들과 동일하게 심미적 판단을 하는 경향을 보였다.

판단의 독립성과 심미적 취향 간의 관계를 검증하기 위해 참여자들이 다음과 같이 한 쌍으로 이루어진 문항들에 동의하는지를 물었다. "언제나 행복한 사람들은 동요되지 않고, 용감할뿐더러 외향적이고, 정서적으로 안정된 경향이 있다." 그리고 "내게는 불완전하고 끝내지 못한 것이 완성되고 완전한 것보다 더 흥미롭다." 첫째 진술에 동의하지 않고, 둘째 진술에 동의한 사람들은 자신이 가진 예술적 배경에 상관 없이 예술전문가들과 동일한 심미적 판단을 보여주었다. 이처럼 전문가적인 판단과의 일치는 독립된 사고에서 생겨나는 것처럼 보인다.

(사고가 지닌 유아적이고 원초적인 양상으로 퇴행할 수 있는 힘으로서의) 환상과 일차과정 사고에로의 접근이 심미적 판단과 관련될 수 있다는 점을 검증하기 위해서, 참여자에게 다음과 같이 한 쌍의 문항을 제시했다. "나는 (무의미한 말을 지껄이거나, 유아들의 말투로 말하는 일 또는 외국어 억양으로 말하는 것처럼) 단어나 언어를 가지고 노는 것에 별다른 재미를 느끼지 못한다. 그래서 그런 일들을 거의 하지 않는다." 또 한편으로 "나는 가끔 내가 전지 전능하고 성공적인 영웅이 되어 있거나, 아니면 최악의 가난한 상태에 빠져 있고, 게다가 심각하게 병들어 있어서 고통받는 사람으로 된 듯한 백일몽을 꾸곤 한다." 첫째 진술에 동의하지 않고, 둘째 진술에 동의한 사람들은 역시 전문가들과 일치된 심미적 판단을 보여주었다. 그러나 예술적인 배경의 영향력이 통계수치상 제거되었을 때는 상관관계도 통계적으로는 더 이상 유의미하지 않았다. 따라서 인지적 퇴행의 힘은 어떤 방식으로든 예술에 관한 배경과 관련되어 있는 것처럼 보인다. 그렇지만 그 자체로 그것이 필연적으로 뛰어난 심미적 판단을 이끌어 내지는 않는다.

심미적 판단과 인지적 스타일 간에는 몇 가지의 가장 중요한 상관관계들이 있다. 이 관계들은 고등학교 시절처럼 이른 시기에 나타날 수 있다. 게다가 이것들은 일본(Child and Iwao, 1968), 파키스탄(Anwar and Child, 1972), 그리스(Haritos-Fatouros and Child, 1977) 등과 같은 모든 문화권을 넘어 광범위하게 퍼져 있다.

만약 이 연구에 사용된 지필검사의 종류들이 실제로 안정적인 내적 특성을 보여준다면(그렇지만 그 논점에는 불일치가 있다), 연구결과는 다음과 같은 사실을 보여준다. 즉 특정한 인지방식이나 경험지향이 전문가들과 일치한 판단을 내린 사람들을 특징짓는다. 이런 사람들은 능동적이고, 탐구하기를 좋아할 뿐만 아니라 독립적이고, 복합적인 것에 대한 넓은 관용의 폭을 지니고 있다. 그러한 성격특성이야말로, 참신하고도 복잡하기 때문에 도전해 볼 만하다고 여겨지는 경험들을 찾아나서도록 그들을 이끌 것이다. 따라서 예술작품의 심미적 가치는 '얼마나 그 작품이 능동적인 마음의 주의를 끌기에 적합하게 기능하는가'로 논의될 수 있을 것이다.

이러한 입장은 예술가들이 그렇지 않은 사람들보다 더 복잡한 패턴을 더 좋아한다는 사실을 증명한 수많은 연구들의 지지를 얻고 있다(Mun-singer and Kessen, 1964). 이런 사실이 패턴들을 탐색할 경우의 단순히 누적된 경험에서라기보다는 인지방식에 원인을 둔 것이라는 주장은 다음과 같은 연구들에 의해 제안된 것이다. 즉 그 연구들은 더욱 복잡한 작품을 좋아하는 사람은 독창적인, 타인과 생각을 달리하는, 그리고 기이한 성격특성에 의해 특징지어진다. 반면에 단순한 작품을 좋아하는 사람들은 그다지 독창적이지 못하고, 보수적이며, 관례적인 경향이 있다는 것을 보여주었다(Barron, 1952, 1953; Barron and Welsh, 1952; MacKinnon, 1962). 능동적인 마음을 지니고 있는 사람들은 복잡한 예술을 더 좋아한다. 왜냐하면 그 복잡한 예술작품들은 더 많은 주의를 끌고 더 큰 도전 기회를 주기 때문이다. 어쩌면 예술이란 그런 사람들에게는 인식의 기능을 하고, 지각의 호기심을 충족시키며, 탐험하고 싶은 욕망을 만족시켜줄지도 모른다. 반면 이와 다른 사람들에게 예술은 무엇보다도 기분전환의 욕구만을 충족시켜 줄 뿐일 것이다.

또 각각의 사람들이 예술 속에서 무엇을 좋아할지는 그의 성격이 결정하기도 한다. 성격의 영향은 두 가지 반대방향으로 작용한다. 한편으로 사람들은 겉으로 드러나는 자신의 성격특성과 일치하는 예술작품을 좋아할 것이다. 이와 다른 쪽의 사람들은 아마 자신의 성격에서 부족하다고 느끼는 감정과 태도를 표현하는 작품을 좋아할는지도 모른다.

프로이트 이론에 따르면, 사람들은 마땅히 자신의 삶에서 결여되어 있는 것을 예술 속에서 기꺼이 좋아해야 할 것이다. 프로이트는 사람들이 현실에서 금지된 즐거움을 예술 속에서 찾는다고 믿었다. 그러한 (프로이트는 그다지 문제삼지 않았지만) 예술에 대한 사람들의 반응에서 개인차가 나타나는 정도에 따라, 우리는 사람들이 겉으로 드러난 성격특성과 대조를 이루는, 그러나 억압된 모든 것들과 공명하는 특성들을 지닌 작품들을 좋아할 것이라고 기대할 것이다. 그러므로 상당히 강하게 억압된 성적 욕구나 공격욕구를 지닌 사람은 겉으로는 매우 절제된 듯 보이지만 분명히 무절제하거나 폭력적인, 아니면 에로틱한 예술을 좋아할 것이다.

프로이트 이론이 옳지 않았다는 사실을 보여줄 신빙성 있는 증거가 있다. 자신의 결점을 보상해 주는 예술을 좋아하는 대신에 사람들은 흔히 자신의 겉으로 드러난 성격을 거울처럼 반영해 주는 예술을 좋아한다. 예를 들어 '일반적 요인'으로 알려졌던 개인 간의 수준 높은 심미적 일치에 덧붙여 아이젠크(Eysenck, 1940, 1940-1941, 1941a)는 기질에 관련된 '양극성 요인'을 찾아냈다. 이 연구는 색상, 회화, 시 구절, 다면도형, 냄새 등을 사용함으로써 외향적인 사람들이 단순하고 분명한 도형을 선호하는 반면, 내향적인 사람들은 난해하고 복잡하며 다양한 자극을 선호한다는 것을 보여주었다. 자기 표현을 더욱 잘할 것 같은 외향적인 사람들은 그들 스스로도 명확하게 표현된 그림을 선호했다. 이와 달리 자기 통제적일 것 같은 내향적인 사람들은 더 무겁고 절제된 그림을 선호했다. 유사하게도, 정서적으로 안정적인 사람들은 고요한 주제를 선호했고, 그렇지 못한 사람들은 극적인 작품을 선호하였다(Burt, 1939). 그리고 높은 성취동기를 지니고 있는 사람들은 차가운 색상을 선호했고, 빨간색이나 노란색보다는 녹색과 청색의 격자무늬를 선택하였다(Knapp, 1957; Knapp, McElroy, and Vaughn, 1962). 낮은 성취동기를 가진 사람들은 따뜻하고 밝은 색을 좋아했고, 빨간색과 노란색 격자무늬를 선택했다. 높은 성취동기를 갖고 있는 사람들은 아마도 정서적으로 더 절제되어 있을 것이기 때문에 이러한 심미적 선호는 참여자의 정서적 표현수준과 일치할 것이다. 정서적으로 절제가 부족한 사람들은 자극적인 색을 선호했다. 반면 정서적으로 절제된 사람들은 억제적인 색상을 선호했다. 이런 결과는 비록 프로이트 이론에 대립하는 듯 보이지만, 이 결과들은 정신분석학의 용어로 해석될 수 있다. 사람들은 스스로 억압해 왔던 것을 예술 속에서 찾는 대신에, 자기 방어력을 더 단단히 다지는 데 도움이 될뿐더러 스스로 억압했던 것이 안전하게 묻혀 있도록 할 그런 것들을 예술에서 찾으려 할 것이다.

이런 연구들은 상관관계의 방법을 토대로 삼았는데, 그것에 입각해서 표준성격 검사 때 얻은 참여자의 평가점수는 선호도와 상관관계를 보였다. 정신분석학 연구자인 파벨 마초트카(Pavel Machotka, 1979)는 이러한 양적 접근의 피상성을 비판하고, 그 대신 개별 참여자들을 대상으로 심층적으로 임상 면접해야 하는 필요성을 주장했다. 마초트카는 심미적인 선호와 성격 간의 관계에 대한 두 가지 경쟁적인 모형들을 검증하기 위해 그러한 임상 연구를 수행했다. 이 두 가지 모형은 다음과 같은 관점들을 반영한다. 사람들은 자신의 삶에서 억압해 왔던 것들을 예술 속에서 찾으려 한다는 견해가 그 하나이고, 나머지 하나는 사람들이 자기 방어를 강력하게 떠받쳐주고 스스로 억압한 것들을 안전하게 보존하는 데 도움을 줄 수 있는 것들을 예술에서 찾으려 한다는 견해이다.

이 연구는 많은 측면에서 서로 다른 회화와 소묘 그리고 조각 등에 재현되어 있는 누드에 대해 사람들이 가지는 선호도의 개인차에 초점을 맞추었다. 누드가 조작된 차원들은 여성–남성, 노출–수줍음, 감상적–직접적, 고요–정열, 물리적 완전성–결함 등을 포함했다. 어떤 차원으로 누드가 평가되었는지 알지 못한 상태에서 참여자들은 각 작품에 대해 그 선호도를 7점 척도로 평가하도록 지시받았다. 얌전한 누드 모두에 대해, 혹은 열정적인 누드 모두에 대해 높은 점수를 주었던 참여자들처럼, 하나 또는 다른 특정 차원에 대해 지속적인 선호를 보였던 사람들은 심층 분석 대상으로 분류되었다. 이들은 비전형적인 사람들이었다. 처음 200명의 참여자들 가운데서 20명으로 구성된 세 개 집단이 선별되었다. 극단적이고 안정적인 것을 선호한다는 사실은 심리적 욕구가 충족되어야 한다는 것을 은연 중에 드러내는 것으로 가정할 수 있을 뿐만 아니라, 이런 양극단의 경우에 겉으로 드러난 역동적 힘은 더욱 전형적인 경우에서라면 희석된 형태로 획득될 것이라고 가정할 수 있다.

심층 속에 머물고 있는 성격특성을 밖으로 끌어내려는 의도에서 이들 참여자들은 치밀한 임상 면접에 참가했다. 연구자는 피면접자가 특별히 어떤 자극을 선호하는지 알지 못한 상태에서 사랑, 친밀감, 성, 공격성,

유년기, 부모와의 관계와 같은 주제에 대해 조사했다. 특정 차원의 각 극
단에서 높은 점수를 얻은 사람들의 성격특성이 비교되었다. 예를 들어
정적이고 억압적으로 표현된 누드를 선호한 사람들은 공격성이나 고통
혹은 황홀함이든 상관 없이 극적이고 열정적으로 표현된 누드를 좋아하
는 사람들과 비교되었다(그림 2-4). 정적으로 표현된 누드를 좋아했던 참
여자들은 '침착한 참여자'로 분류되었다. 이들은 극적인 참여자들이 보
여줬던 것과는 아주 다른 형태의 성격특성을 드러내었다.

　침착한 참여자들은 자신의 욕구, 공격성, 성욕, 음주 등을 표현할 때
지극히 절제된 모습을 보였다. 그들은 삶에서의 무질서를 두려워했거나
엄격한 가정교육을 회상해 냈고, 나아가 친밀한 관계를 형성할 능력이
부족한 경향을 보였다. 어떤 참여자는 고뇌를 표현하고 있는 그림인 〈성
바르톨로뮤의 순교〉(the Martyrdom of st. Bartholomew)를 보는 것조차 거
절하였다(그림 2-5). 그는 "그것이 소이탄에 맞은 아이를 매단 그림 같

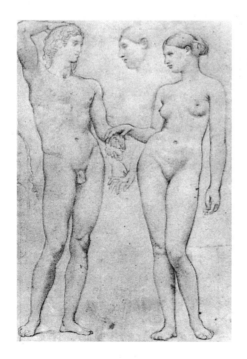

[그림 2-4] 삶에서 기복을 피하려는 사람들은 주로 정
적으로 표현된 누드를 선호했다. 반면 삶에서 부족한 자
극을 느끼고 싶어한 사람들은 그보다 열정적으로 표현
된 누드를 선호했다. 왼쪽은 앵그르의 〈'황금시대'의 남
녀에 관한 탐구〉이고, 오른쪽은 몬토르솔리의 〈보체토
분수〉이다.

[그림 2-5] J. 리베라(Jusepe de Ribera, 1591-1652, 흔히 호세드 리베라 Jose de Ribera로 일컬어짐)의 〈성 바르톨로뮤의 순교〉(The Martyrdom of st. Bartholomew). 삶에서 자극을 피하려는 사람들은 이 작품에서 묘사된 것과 같은 과도한 폭력성을 거부한다.

다."고 말했다. 또 다른 어떤 사람은 이 누드그림을 봤을 때 성 바르톨로 뮤가 끌어 올려지고 있는 것이 아니라, 오히려 부축해서 내려지고 있는 것이라고 주장하면서 자신의 감각을 부인했다. 분명히 이 참여자들의 경우에 심미적 선택은 자극적인 각성에 대항하는 방어의 지지수단의 역할을 했다. 그들은 자신의 삶에서 무질서와 각성을 원하지 않았고, 무질서에 대항하는 방어를 위협할 만한 예술을 싫어했다.

극적인 참여자들도 많은 점에서 유사했다. 그들도 자신의 욕구를 엄격히 통제했고 친밀한 관계를 형성하지 못했다. 그러나 이들 두 집단 간에는 하나의 중요한 차이가 있었다. 극적인 참여자 집단은 자신의 정서를 가치 있는 것으로 평가하고 그것을 즐겼다. 각성과 정열을 두려워하기보다는 자기의 실제 삶 속에서 그것을 경험하지 못할 뿐이었다. 이들에게 예술은 대리만족을 위한 것이었다. 말하자면 그들은 삶에서 즐길 수 없었던 것을 예술에서 찾았다.

유사한 특성이 누드작품을 좋아한 사람들을 그렇지 않은 사람들과 구별해 주었다. 삶에서 친밀감을 원했지만 이를 이루지 못했던 사람들은 누드를 좋아했다. 친밀감을 두려워했던 사람들은 누드에 대한 혐오감을 표현했다. 이렇게 해서 마초트카는 정서의 표현을 소중히 여기는 사람들이 현실에서 충족될 수 없는 무의식적 욕구를 충족시키기 위해 예술을 이용하는 경향을 보인다는 것, 그리고 억압된, 즉 강력한 금기욕구를 가진 사람들은 이러한 금기욕구를 부추기고 각성을 낮은 상태로 유지시키는 수단으로 예술을 이용한다는 사실을 많은 차원에서 발견했다. 이러한 결과는 각성이 예술에서 보편적으로 추구된다고 주장했던 각성이론에 이의를 제기했다.

이 연구는 예술이 다양한 사람들의 서로 다른 욕구를 충족시키는 데 기여할뿐더러 개인의 심미적 선택도 세상에 대처하는 그들 자신의 정상적인 방법을 확장하고 뒷받침해 준다는 것을 보여주었다. 프로이트가 주장하듯 어떤 사람들에게는 예술이 삶에서 결여된 부분을 채워주고, 억압된 욕구에 양분을 제공하는 보상작용을 한다. 그러나 다른 사람들에게는 예술은 억압된 것에 양분을 제공하는 것이 아니라 억압된 것을 유지시키는 기능을 한다. 말하자면 극단적으로 억압된 사람들은 억압된 욕구를 표출하기보다는 억압된 욕구에 대한 불안을 감소시키고자 하는 더 큰 욕구를 경험한다.

물론 이 연구는 평범한 사람들과는 아주 다른 극단적인 선호를 보여준 사람들만을 포함시켰다. 극단적인 면을 연구의 대상으로 채택하고 평균을 무시함으로써, 이 연구는 전형적인 선호의 연구와는 다른 방법을 채택했다. 그러므로 마초트카 스스로도 인정했듯이 결과가 더 전형적인 사람들에게 일반화될 수 있을지는 알 수 없다. 사실상 극단적 선호는 욕구나 방어가 지지되고 있다는 증거일 수도 있다. 그러나 마초트카가 고립시켰던 그 차원에서 벗어나 있는 더 전형적인 선호의 경우에 예술이 그토록 직접적이면서도 일관되게 욕구와 방어의 수단으로 사용되고 있는 것 같지는 않다. 이와는 달리 선호는 특정 시간에 생겨난 기분과 같은 요소들 혹은 복잡한 예술작품을 이해하는 데서 오는 즐거움이나 모험에 대한 욕구 등 폭넓은 다양성에 의존하고 있는 듯하기도 하다. 더욱이 이 결과들이 비재현적 예술에 또는 (누군가 자신의 욕구와 방어를 투사할 수 있는 대상으로서의) 사람을 재현해 내고 있지 않는 예술에도 적용 가능한지는 알 수 없다. 그럼에도 불구하고 이 임상 연구는 최소한 어떤 유형의 사람들이나 어떤 유형의 대상들의 경우에, 예술이 다양한 사람들에게 근본적으로 각기 다른 심리적 욕구를 충족시킬 만한 것이라는 것을 보여준 최초의 사례라 할 수 있다.

심미적 평가와 선호에 대한 주제는 예술이 수행하는 기능이 어떤 것인지를 이해할 수 있게 해 준다. 그렇지만 심미적 경험에는 가치와 선호를 결정하는 일 이상의 것이 있다. 중요한 것은 예술작품을 읽는 것이며, 이것이 변별력과 지성, 감정의 힘을 포함한다.

미술평론가인 야콥 로젠버그(Jakob Rosenberg, 1964)는 피상적으로 매우 유사해 보이는 한 쌍의 그림 사이에서 상세한 비교를 수행했다. 이 비교에서 로젠버그는 선의 질적 특성, 조직화의 일관성, 형태의 명료함 같은 매우 섬세한 차이들이 하나의 작품을 다른 작품과 비교해서 열등하게 만들어 놓을 수 있다는 것을 보여주었다. 그렇다면 관람자에게 실제로 중요한 것은 이런 미세한 차이를 변별해 내는 능력일지도 모른다. 그런 점에서 각각의 그림들에 '더 좋은'이나 '더 나쁜' 또는 '좋은'이나 '싫은' 것과 같은 딱지를 붙이는 일은 그다지 중요하지 않을지도 모른다. 누군가 만일 기대 앉은 여인의 선묘화를 그린 두 화가, 즉 피카소(P. Picasso)

와 뒤피(R. Dufy) 사이의 섬세한 차이를 읽어낼 수 있다면, 어떤 그림이 선호되는지 혹은 어떤 그림을 더 우수한 것으로 판단해야 할지는 결코 중요한 일이 아닐 것이다.

이러한 섬세한 구별을 할 수 있는 능력은 가치판단 능력과 서로 관련되어 있다. 더욱 섬세한 구별을 할 수 있는 능력은 가치판단 능력을 가능하게 한다. 누군가 어떤 작품이 가지고 있을 더 많은 특성들을 볼 수 있다면, 아마도 그는 더 잘 판단할 수 있을 것이다. 그러나 그 관계는 다른 방식으로도 작용한다. 만일 관객들에게 렘브란트가 서명한 두 개의 유사한 그림을 보여주었을 때 그 중 하나가 실제로 모조품이라고 느꼈다면, 그들은 두 작품을 더욱더 면밀히 관찰하기 시작할 것이고, 마침내 이전에는 보지 못했던 섬세한 차이를 발견하게 될 것이다. 따라서 더 미세한 식별은 더 정교한 평가를 가능하게 하고, 더 뛰어난 평가는 더 강력한 식별을 이끌어낼 것이다(Goodman, 1968).

예술작품에 의미를 부여하고 그것을 읽어내는 일, 섬세한 차이를 지각하고 나아가 섬세하게 구별하는 일은 심미적 경험에 즐거움을 가져다 준다. 예술작품을 이해함으로써 얻는 만족은 작품이 즐거운 것으로 여겨지는지 그렇지 않은지와는 다르다. 적합하게 변별할 수 있는 능력은 저절로 생겨나는 것이 아니다. 그것은 오히려 예술에 대한 지식, 동기, 그리고 어쩌면 인지방식에 의해서도 결정될 것이다. 프로이트가 미켈란젤로의 작품 〈모세〉에 애착을 가졌던 일은 이 같은 용어에 의해서라면 가장 잘 이해될 수 있다. 그 작품이 프로이트가 억압한 것을 표현했든지 그의 방어를 지지하는 데 작용했든지, 분명 그것은 프로이트에게 작품을 이해하고자 하는 동기 유발을 했을 것이다. 그 조각상은 순간적으로 이해되지 못했다. 〈모세〉가 의미를 갖게 된 것은 오랜 시간 주의깊게 파고 들어가 가설을 검증한 결과였다. 프로이트의 정서적 반응이 그 작품을 이해하고자 더 많은 노력을 부추겼듯이, 〈모세〉에 대해 그토록 강력한 정서적 반응을 낳게 했던 것은 다름 아니라 작품을 '읽어내는' 과정과 섬세한 변별과정이었다.

제2부

미술

제3장
그림읽기

회화는 과학이다. 따라서 자연의 법칙에 따라 탐구될 수 있는 것으로서 다루어져야만 한다. 그런데 어째서 풍경화가 자연철학의 한 분야로 간주될 수 없는가? 그림은 실험이 아니고 무엇이겠는가?

– 존 컨스터블(John Constable)

우리가 그림에 어떤 의미를 부여할 것인가는 수세기 동안 철학자와 예술가를 곤혹스럽게 해 왔을뿐더러 그들의 흥미도 많이 자극해 왔다. 어째서 그런지 한번 실험해 보자. 존 컨스터블(John Constable)이 그린 〈와이벤호 공원〉(Wivenhoe Park, 그림 3-1)처럼 지극히 사실적인 그림을 찾아보라. 그러고나서 그 그림을 아주 가까이에서 다시 바라보라. 여러분들은 다양한 색채의 물감들로 얼룩져 뒤덮인 평면을 보게 될 것이다. 이제 다시 몇 발자국 뒤로 물러선 뒤 그림을 보라. 그러면 색채로 뒤덮여 있던 평면이 창문 속으로 옮겨져 3차원으로 된 세상이 펼쳐져 있을 것이다. 그래서 이제 채색된 평면 대신 저 깊숙한 곳에 물러나 자리하고 있는 대상들을 보게 될 것이다. 우리가 어떻게 평면을 3차원 공간으로 '읽을' 수 있는지에 대한 물음은 사실주의적인 그림들이 가져다 주는 대단히 흥미로운 문제이다.

[그림 3-1] J. 컨스터블, 〈와이벤호 공원〉. 이 그림은 3차원 공간 속의 창문으로 지각된다.
John Constable(1776-1837), Wivenhoe Park, Essex, 1816, oil on canvas, 56.1×101.2cm Widener Collection, National Gallery of Art, Washington.

〈와이벤호 공원〉에서 몇 발자국 물러서면 3차원으로 재현된 광경을 볼수 있고 나아가 그것이 표현하고 있는 평온하고도 고요한 분위기를 지각할 수 있을 것이다. 그렇지만 지노 세베리니(Gino Severini)의 그림 〈가장무도회의 역동적인 상형문자〉(Dynamic Hieroglyphic of Bal Tabarin)(그림3-2)를 보게 되면 아주 다른 분위기를 경험하게 될 것이다. 그것은 굉음이나 뜨거움 같은 흥분과 격앙의 분위기이다. 그 그림이 청색일 수도 있고 녹색일 수도 있듯이, 어쩌면 시끄러울 수도 조용할 수도 있다. 혹은고요할 수도 있고 마음을 조마조마하게 할 수도 있다. 우리는 어떻게 그림에서 평온함과 격정과 같은 인간의 정서상태와 뜨거움과 시끄러움과같은 시각적이지 않은 감각특성들을 당연하게 인식할 수 있는가? 이것이야말로 시각예술이 제기하는 두 번째 물음이다.

[그림 3-2] G. 세베리니, 〈가장무도회의 역동적인 상형문자〉. 이 그림은 광포함, 소음, 열기를 표현하고 있다.
Gino Severini(1883-1966), Dynamic Hieroglyphic of the Bal Tabarin, 1912, 5ft 3 5/8in ×5ft 1 1/2in Museum of Modern Art, New York.

그림으로 표현된 재현 읽기

철학자들과 심리학자들은 항상 지각을 불확실한 것으로 증명해 왔다. 이는 그것이 대상과 어느 정도 거리를 두고 작용하기 때문이다. 한 그루의 나무에 대한 시지각이란 대개 그 나무와 우리 눈 사이의 상당한 거리를 통과한 나무의 반사광선에 의해 가능하게 된다. 과연 이 광선이 그 나무로부터 나온 것임을 분명하게 증명할 수 있는지 혹은 지각자가 어떤 방식으로든 보충해야 하고 변형시켜야할 만한 모호한 정보를 제공하는 것인지는 지각이론가들이 파악하고자 한 근본적인 물음들 중 하나이다.

그림에 대한 지각은 지각심리학에서 특별한 문제를 야기한다. 무엇보다도 그림이 제공한 재현적 정보는 정상적인 환경에서 있을 수 있는 정보보다 훨씬 보잘것 없다. 예컨대 컨스터블의 그림에 재현된 소는 '현실'의 소보다 훨씬 적은 양의 정보를 전달한다. 우리는 소의 눈, 발굽 또는 소가죽의 결을 볼 수 없을뿐더러, 소의 보이지 않는 반대쪽을 보기 위해 소의 주위를 걸어다닐 수도 없다. 그럼에도 우리는 그 이미지들을 소로 읽어내는 데에는 아무런 어려움도 없다. 흑백그림 또한 아주 보잘 것 없는 정보를 준다. 그러나 그 그림이 세계를 회색으로 표현하더라도, 우리는 그것을 회색의 세계로 여기지 않는다. 더 나아가 선으로 묘사하는 그림은 단지 대상의 가장자리만을 그리고 있지만 그것을 철사로 된 세계의 재현으로 읽지 않는다.

회화적인 정보는 빈약할뿐더러 모순적이기도 하다. 어떤 깊이단서는 〈와이벤호 공원〉의 표면이 평평하다는 것을 분명하게 보여준다. 하지만 이와 달리 또 다른 깊이단서는 그림 속의 대상들이 3차원상의 공간에 위치해 있다는 것을 보여준다. 표면이 평평하다는 것을 보여주는 깊이단서는 우리가 두 눈을 가지고 있다는 사실에서 찾을 수 있다. 우리의 눈은 바라보고 있는 대상에 수렴한다. 수렴의 각도는 대상이 멀리 있을 경우보다 가까이에 있을 때 더 크다. 뇌는 수렴의 이 각도를 거리에 관한 정보라고 해석한다. 그 각도가 우리의 두 눈에 의존하기 때문에 우리는 이 것을 '양안단서'(binocular cue)라고 부른다. 우리가 〈와이벤호 공원〉을 바라볼 때 수렴의 각도는 그림 속에서 재현된 모든 이미지들에 대해 동일하다. 말하자면 각각의 이미지들은 우리와 동일한 거리만큼 떨어져 있다는 것이다.

우리가 어떤 광경을 바라볼 때 머리의 움직임은 또 다른 깊이단서로서의 운동시차(motion parallax)를 알 수 있게 해 준다. 이렇게 함으로써 가까이 있는 물체가 멀리 있는 물체에 비해 더 빨리, 그래서 더 먼 거리를 운동하는 위치에 있는 것으로 여긴다. 〈와이벤호 공원〉이라는 작품 바로 앞에서 머리를 움직인다면, 거기서 묘사된 모든 대상들은 같은 정도로 위치를 변경할 것이다. 그 경우 대상들은 동일한 평면에 놓여 있을뿐더러 우리와 동일한 거리만큼 떨어져 있다는 사실이 드러날 것이다.

비록 양안단서와 운동시차단서는 컨스터블의 그림이 평면이라는 것을 알려주지만, 선 투시법(line perspective)나 대기 투시법(atmospheric perspective) 등 회화적인 단서들은 우리가 그림을 3차원으로 지각하도록 떠민다. 선원근법은 멀리 떨어진 물체를 가까이 있는 물체보다 더 작게 묘사하도록 강제한다. 또한 대상이 뒤로 물러나면서 나타나는 평행선의 끝 쪽은 수렴되는 것으로 묘사하도록 지시한다. 공기원근법(aerial perspective)이라고도 일컬어지는 대기원근법에 따르면, 멀리 있는 물체의 색은 전면에 있는 물체의 색보다 어렴풋하면서도 희미하게 보여야 한다.

어떻게 해서 미술가는 우리로 하여금 양안단서와 운동시차가 제공해 주는 2차원적 진실을 거부하고, 그 대신 회화적 깊이단서가 마련해 놓은 3차원 공간을 받아들이게끔 하는가? 이것은 간단치 않은 문제이다. 물론 그렇다고 해서 우리가 실제로 그림에 농락당하는 것은 아니다. 우리는 2차원으로 된 그림을 3차원적인 것으로 읽어낼 때조차도 현실의 3차원적인 장면을 보고 있는 것이 아니라 오히려 깊이의 환영을 보고 있을 뿐이라고 분명히 의식한다. 그렇지만 중요한 것은 미술가가 어떻게 이러한 환영을 만들어내느냐이다. 이 점에 관하여 경쟁을 벌이고 있는 세 개의 이론들이 제시되어 왔다. 다음에 제시될 이 이론들은 정상적이며 회화적이지 않은 환경에서 어떤 방식으로 지각이 작용하는지를 밝힌 또 다른 이론들에 그 기초를 두고 있다.

직접지각 이론

가장 일반적 의미의 지각이론을 꼽는다면 제임스 J. 깁슨(James J. Gibson, 1950, 1966, 1979)이 제시한 직접지각이론(registration theory)일 듯하다. 이 이론에 의하면 지각은 그다지 문제거리가 아니다. 감각에 유용한 정보들은 풍부할뿐더러 모호하지도 않기 때문이다. 주위환경에서 옮겨와 눈에 도달한 빛은 자신의 원천인 대상의 구조에 관한 정보를 보존하고 있다. 그때의 정보는 그 환경 속에 놓여 있는 대상의 표면결(texture), 밝기의 대조, 윤곽 등이다. 두 눈을 가진 관찰자의 경우, 신경계는 이런 정보를 자동적으로 입수하고 기록해서 실제의 환경에 대한 지각을 만들어낼 것이다. 그러므로 시지각은 의식적인 노력 없이도 직접적으로 이루어지고, 그 어떤 해석이나 어림짐작조차 필요치 않게 된다.

깁슨은 그림을 지각하는 일이 일반적인 주위환경을 지각할 때처럼 거의 의식적인 노력 없이 실제적으로 이루어진다고 주장했다. 그림은 정보의 풍부한 원천이다. 그래서 양안단서와 운동시차단서가 제아무리 그림 표면을 평평한 것으로 제시한다 하더라도, 지각하는 사람이 어렵지 않게 그 그림을 3차원 공간상에서의 물체가 재현된 것으로 지각할 수 있을 만큼의 충분히 회화적인 깊이단서가 있다. 신경계는 망막이 수용한 정보를 자동적으로 수집함으로써 3차원적인 표상이라는 지각경험을 가능케 한다.

깁슨(1954)은 그야말로 사실적인 그림이 사실적으로 보인다고 말했다. 그런 그림은 현실에서 묘사된 광경이 방사하는 광선의 파장이나 강도와 동일한 정도의 광선을 방사하기 때문이다. 만일 두 광선이 완전히 동일하다면, 그림은 관찰자가 '그것은 현실이다.'라고 여길 만큼 기만적인 것이 될 수도 있을 것이다. 그림은 원리상 그것이 재현코자 하는 대상이 방사하는 것과 동일한 광선을 방사한다는 견해는 유서 깊은 전통을 가지고 있다. 그것은 르네상스의 정신에서 기원한다. 레오나르도 다 빈치는 자연에 대한 완전한 모사물을 창조해 내기 위해서는 화가들이 단순하면

서도 유용한 장치를 사용해야 한다고 충고했다(Richter, 1970). 그는 광선
이 수렴되므로 대상에서 눈으로 온 빛은 피라미드를 형성한다는 것을 알
고 있었다. 만일 유리판을 이 피라미드 사이에 끼워 넣는다고 가정해 보
자. 그러면 우리는 이 유리창을 통해 한 쪽 눈으로 고정된 위치에서 창
에 비친 광경을 면밀히 볼 수 있을 것이다(그림 3-3). 이것이 완벽한 원
근법에 의한 모사를 만들어낸다는 점은 분명하다. 그 같은 장치는 '레오
나르도의 창문'이라고 일컬어졌다. 결국 여기에 덧붙여 화가가 색혼합
법칙을 완벽히 구사할 수만 있다면 현실과 동일한 패턴의 광선을 구현하

[그림 3-3] A. 뒤러(Albrecht Dürer, 1471-1528), 〈초상화를 그리는 솜씨 좋은 화공〉
(Draftsman Drawing a Portrait). 이 그림은 레오나르도가 고안한 전형적인 창문이 어떤
것인지를 잘 보여주고 있다. 창문을 통해 한 쪽 눈만으로 대상을 바라보고, 또 유리판
에 비친 광경을 꼼꼼히 분석함으로써 정확한 투시법에 근거한 모사를 성취하고 있다.

는 그림을 그려낼 수 있을 것이라고 레오나르도는 믿었다.

깁슨은 그림이 사실상 눈을 바보로 만들 수 있음을 실험으로 증명했다 (1960). 어슴푸레한 방 안에 실물크기의 사진들을 배치하고, 조그만 구멍 (peephole)을 통해 한 쪽 눈으로만 들여다볼 수 있게 했다. 조그만 구멍 으로 들여다볼 때, 그 방과의 관계를 고려하면 관찰자들은 카메라가 사 진을 찍을 때와 같은 위치, 즉 관측위치에 그들 자신이 서 있음을 깨닫 게 될 것이다. 이와 다른 두 번째 구멍을 통해서 관찰자들은 실제 방을 들여다볼 수 있다. 여기선 다시 사진을 볼 때와 동일한 상대적 위치에 서 있게 된다. 그러고나서 참여자들에게 언제 사진을 보았는지, 그리고 언제 실제 방을 보았는지를 결정하게끔 했다. 참여자들 가운데 1/3은 사 진을 보면서도 실제의 방으로 여겼다. 심지어 다른 두 명의 연구자들은 이보다 더 극적인 결과를 보고했다. 그들에 따르면 조그만 구멍을 통해 방 사진을 보게 했을 때, 참여자들은 예외 없이 실제 방을 보았다고 믿 었다(Smith and Smith, 1961).

깁슨은 그림에서 나온 정보가 회화적이지 않은 세계에서 나온 정보와 일치할 수 있다는 증거로써 이 결과를 사용했다. 그렇지만 이 결론의 문 제는 관찰조건이 정상적이지 않았다는 점이다. 무엇보다도, 사진은 오직 한 쪽 눈으로만 관찰되었다. 두 눈을 사용했다면 양안단서는 그림과 3차 원적 대상 사이를 구별하도록 도왔을 것이다. 둘째, 들여다보는 작은 구 멍 때문에 관찰자들은 머리를 움직일 수 없었다는 점을 들 수 있다. 만 약 머리를 움직일 수 있었다면 운동시차단서는 마찬가지로 그 방안의 모 든 것들이 동일한 평면에 놓여 있다는 사실을 보여줬을 것이다. 마지막 으로, 방 안 광경을 촬영할 당시 카메라가 놓여 있던 바로 그 자리에 관 찰자가 서 있도록 좁은 구멍의 위치를 배치했다는 점이다. 정상적인 경 우 우리는 그림을 다양한 각도에서 바라볼 것이다. 그것이 카메라의 촬 영위치나 화가의 시점과 반드시 일치하는 것은 아니다. 그리고 촬영자나 화가가 보는 각도와 다른 각도에서 그림을 보는 것은 원근법상의 왜곡을 야기한다. 이 왜곡은 우리가 그림을 3차원 광경으로 보게 되는 단서를 줄 수 있다(그림 3-4).

그 밖의 문제는 사진증거들이 반드시 회화에서 일반화되지는 않는다는 사실에 있다. 사진은 실물크기였고, 그 방은 어둑어둑하도록 조명이 배치된 상태였다. 이 모든 요인들은 이 상황을 아주 특별한 것으로 만들어 놓는다. 일상적인 조건에서라면 재현된 그림을 실물로 잘못 보지는 않는다. 말하자면 우리는 두 눈으로 그림주위를 움직이면서 바라볼뿐더러 다양한 각도로 바라본다. 그리고 여전히 우리 눈은 속지 않을 것이지만, 그럼에도 그것을 3차원 광경으로 여긴다. 분명히 말해서 이것은 그림의 반사광선과 실제 광경의 반사광선 사이의 일치에 그 원인이 있다고 할 수 없다.

만약 이런 문제들이 제기된다면 그림과 실제 대상이 동일한 광선을 우리 눈에 방사할 수 있다는 주장은 흔들리고 말 것이다. 그림이 깁슨의 그 특별한 관찰조건 아래 제시되었다 하더라도, 그림에 관한 이 이론은

[그림 3-4] 왼쪽은 정확히 고정된 점과 방향에서 보고 그린 그림이다. 오른쪽처럼 좋지 않은 각도에서 그림을 보면 원근법상의 왜곡이 생긴다.

결코 흑백 선묘(line drawing)에 관한 지각을 설명할 수는 없을 것이다. 얼굴을 흑백의 선으로 묘사한 것은 실제 얼굴과 동일한 빛을 방사하지 않는다. 즉 소묘해 놓은 얼굴은 색채가 없을뿐더러 그 면은 덩그러니 비어 있다. 게다가 소묘한 선은 얼굴의 윤곽과 일치하지만 선에서 나온 빛은 얼굴 자체의 윤곽에서 나온 그것과는 다르다. 그럼에도 우리는 흑백으로 선묘한 것의 대상을 즉시 알아볼 수 있다. 이 이론은 우리가 캐리커처를 알아본다는 사실을 설명할 수 없다. 캐리커처는 흔히 촬영된 사진이나 그림자 소묘, 그리고 윤곽 중심의 소묘보다 더 직접적으로 대상을 알아볼 수 있게 한다(Ryan and Schwartz, 1956). 비록 실제 얼굴의 윤곽과 이 얼굴을 선묘로 묘사한 선이 직접적으로 일치할는지는 몰라도, 일치의 수준은 캐리커처 속에서는 사라지고 만다. 이는 캐리커처가 보여주고 있는 선은 심사숙고한 끝에 왜곡된 것이기 때문이다.

이러한 문제들을 깨달았기 때문에, 깁슨은 자신의 이론을 수정하게 된다(1971). 그는 그림과 실제 광경 사이의 '일대일 일치'(point to point correspondence)라는 개념을 '고차적 질서의 일치'(higher order correspondence)라는 개념으로 바꿔 제시했다. 이 새로운 이론에 따르면, 재현적 그림은 묘사된 실제 광경에서 나온 고차적인 질서정보를 보존한다. 이러한 정보는 표면의 결, 밝기의 대조 그리고 윤곽 등 불변적인 특성들로 구성되어 있다. 이것들은 밝기의 교차나 보는 각도의 변화 혹은 캐리커처에서 등장하는 길게 늘려진 형태처럼 피상적인 변화에 영향받지 않기 때문에 불변적이라 할 수 있다.

이제 그림에 의해 포착된 정보에 관한 이러한 이론으로 흑백의 실루엣 그림이나 선묘그림, 더 나아가 캐리커처 또한 다룰 수 있게 되었다. 흑백 실루엣만을 보여주는 풍경화는 다양한 회색의 그림자들로 인해 실제 광경과의 색채관계를 보존한다. 말하자면 가장 밝은 회색이 실제 장면의 가장 밝은 부분에 대응한다는 것이다. 방 안을 선묘한 그림은 실제의 방 안과 동일한 고차적 질서의 정보를 보여주는데, 이는 그림에서 묘사된 선들이 실제 방 안 표면의 모서리들에 대응하기 때문이다. 또한 사람을

캐리커처한 그림은 실제 인물의 생생한 모습과 동일한 정보를 보여주는
데, 캐리커처는 외양에서 드러나는 특징들 간의 관계를 보존하고 있기
때문이다. 말하자면 묘사된 인물의 얼굴이 튀어나온 코를 가졌다면, 캐
리커처는 이러한 튀어나옴을 과장할지언정 코의 튀어나옴과 그것의 길
이 사이의 관계는 일정하게 유지한다.

또한 그림은 깁슨이 '표면 결의 정도 변화'(texture gradients)라고 부른
것을 보존한다. 주위환경 속의 표면은 규칙적이고 동질적인 결을 지니는
경향이 있다. 예컨대 잔디는 일정한 크기를 지니는 잎새들로 결져 있고,
바닥에 장식된 같은 크기의 흑백타일도 결을 만들 수 있다. 또 마당에
둘러쳐진 울타리에도 같은 간격으로 박힌 말뚝들로 인해 결이 생긴다.
왜냐하면 광선이 수렴함으로써 형태들은 마치 점차 뒤로 물러나는 것처
럼 시각장 속의 공간도 점차 줄어들기 때문이다. 말하자면 표면의 결은
더 멀어질수록 더 조밀하게 나타나 보인다.

컨스터블의 그림 〈와이벤호 공원〉에서 울타리 말뚝들은 왼쪽에서 오
른쪽으로 갈수록 점차 좁아진다. 결의 이러한 정도 변화는 울타리를 화
면에서 평행하되 고르지 못한 구조로서가 아니라 오히려 높이에서 점차
깊이로 물러나는 듯한 구조로 지각하게끔 만들어 놓는다. 그림이 아니라
실제 광경을 보고 있다면, 양안단서와 운동단서는 울타리가 규칙적이되
뒤로 물러나고 있다고 알려줄 것이다. 만일 그런 단서도 없다면, 결의 정
도변화만이 우리 지각을 인도할 것이다.

요컨대, 직접기록 이론에 따르면 빛은 규칙적으로 자신의 근원과 관계
하고, 신경계는 자동적으로 망막을 통해 그것을 수용한다. 그러므로 지
각수용자는 자신의 감각에 도달한 정보를 따로 보충할 필요가 없다. 이
정보 자체로는 현실적인 지각을 발생시키기에 충분하기 때문이다.

구성주의 이론

직접기록 이론과는 달리 구성주의 이론에 따르면, 우리 감각기관에 제공된 정보는 근본적으로 모호하기 때문에 보완되어야 한다. 직접지각 이론에서 지각은 탐지의 문제인 반면, 구성주의 이론에서 지각은 구성의 문제이다. 구성주의 이론의 기원은 19세기 독일의 물리학자이자 생리학자인 헬름홀츠(Hermann Ludwig Ferdinand von Helmholtz, 1821-1894)로까지 거슬러 올라가는데, 그는 아주 놀라운 주장을 했다. 지각은 아무런 노력 없이도 직접적으로 이루어지는 것처럼 보일 수 있지만, 이런 느낌은 환영적인 것이다(1867). 그 자체로만 볼 때 우리의 감각들에 유효한 정보들은 그 근원에 대해 모호하고 잘못된 정보를 제공한다. 따라서 지각은 수용자 쪽에서 보면 지속적이고 무의식적인 보충처리(supplementation)의 산물이다. 그리고 보충되어야 할 정보는 본래 모호하기 때문에 지각은 본질적으로 추측작업의 문제이다.

두 사람이 각각 가까이 그리고 멀리 떨어져 서 있는 장면을 통해서 고전적인 구성주의 이론을 설명할 수 있다(그림 3-5). 두 인물에서 반사되어 나온 광선은 두 눈의 망막에 수렴되어 망막 이미지를 형성한다. 가까이 있는 사람에게서 반사된 광선은 멀리 떨어져 있는 사람에게서 반사된 광선보다 망막의 더 넓은 영역을 차지한다. 만약 이 이미지를 있는 그대로 해석할 경우, 망막 이미지는 2차원적이기 때문에 우리는 한 사람이 다른 사람보다 훨씬 작은 상태로 동일한 평면 위에 위치한 두 사람을 지각하게 될 것이다. 그렇지만 다행히도 우리는 망막상의 정보만을 이용하지는 않으며, 그 이상의 것을 활용한다. 그런데 헬름홀츠는 이러한 과정을 '무의식적 추론'(unconscious inference) 기제에 의해 이루어진다고 주장했다. 우리는 사람들이 거의 같은 키를 가졌다고 생각하기 때문에 키 작은 사람이 키 큰 사람과 같은 평면 위에 서 있는 왜소한 인물이 아니라 오히려 멀리 떨어져 있는 같은 키의 인물이라고 추론하게 된다. 헬름홀츠에 따르면 이러한 추론은 세상사에 대한 우리의 경험적 지식으로 인

[그림 3-5] 크기 지속성을 잘 보여주고 있는 형태들. 멀리 있는 인물이 망막 위에 더 작은 이미지를 만들어 놓을 것이지만, 그럼에도 두 인물을 동일한 크기로 지각한다.

해 가능하다. 대다수의 구성주의자들은 지각적인 추론이 학습에 의존한다는 것에 동의한 반면 몇몇 구성주의자들은 학습이 필연적인 것은 아니라고 주장해 왔다. 대신에 추론은 지각수용자가 망막상의 정보를 안구의 근육운동처럼 비시각적인 단서와 통합할 때 자동적으로 이루어진다(Festinger, Burnham, Ono, and Bamber, 1967).

지각적 추론은 무의식적으로 이루어지기 때문에, 우리는 마치 지각이 직접적이면서도 의식적인 노력 없이도 빛정보에 의해 즉시 이루어지는 것처럼 느낀다. 그러나 우리가 주어진 정보를 넘어서지 않았다면, 사실상 세상은 아주 이상하게 보였을 것이다. 멀리 있는 코끼리는 가까이 있는 사람보다 더 작게 보일 것이다. 게다가 그 코끼리가 점점 다가오면, 마치 계속 공기를 채우고 있는 풍선처럼 크기가 커지는 듯 보일 것이다.

미술사학자인 곰브리치(E. H. Gombrich, 1909-2001)는 구성주의의 지각 원리를 그림지각문제에 적용했다. 그는 그림지각과제에서 '지각자의 보충작업'(beholder' s share)이 이루어지지 않을 경우, 그림을 단순히 평면, 즉 선과 색이 비재현적으로 나열된 상태쯤으로 지각할 것이라는 사실을 보여주고자 했다(1960). 관찰자는 묘사된 대상을 인식하고 깊이를 지각하기 위해 그림을 능동적으로 처리해야 한다. 곰브리치는 그림이 로르샤흐 검사에서 사용되는 잉크반점과 같다고 했다. 말하자면 그림이나 검사 모두 외부세계의 대상을 모호한 형태로 암시한다. 또 양쪽 다 투사 (projection)를 용인한다. 〈와이벤호 공원〉은 너무나도 사실적으로 보이지만, 대상을 재현한 그 어떤 그림도 자연이 그 대상에게 준 모든 구체적인 정보를 포함할 수는 없다. 다만 〈와이벤호 공원〉은 현실의 공원이 가진 단 몇 개의 단서만을 준다. 묘사된 나무들 가운데 하나를 아주 가까이에서 쳐다보라. 그러면 보이는 것은 단지 물감의 얼룩뿐일 것이다. 그러나 멀리 떨어져 보라. 또 투사기제를 사용해서 그림을 바라보라. 그러면 이 얼룩들은 나뭇잎으로 변할 것이다. 그 경우 관찰자는 예술가가 주는 암시를 받아들이고 그 나머지 것들에 대해서는 나름대로 읽어낸다.

관찰자는 아무렇게나 해석하지 않는다. 그 대상이 어떤 것과 유사한 경향을 가졌다는 지식은 투사를 인도한다. 잡음 섞인 라디오 프로에 귀를 기울일 때 그 프로가 친숙하다면 내용을 더 잘 알아들을 수 있을 것이다. 왜냐하면 흔히 기대는 우리의 추측을 정확한 방향으로 인도하기 때문이다. 이와 마찬가지로 그림을 바라볼 때 우리의 추측은 맥락이 만들어 놓은 기대에 따라 모양새를 갖춰나간다. 컨스터블의 작품에 등장하는 한 무리의 나무들 옆에 그려진 모호한 형태는 또 다른 나무로 보여지기 십상이다. 반면 그와 똑같은 형태가 멀리서 풀을 뜯고 있는 소들 옆에 있다면 또 다른 소로 읽혀지기 쉽다. 마찬가지로 이런 현상은 일상의 주변환경을 지각할 때도 일어난다. 가령 우리 모두는 멀리 있는 물체를 "아, 그것이구나!" 하고 알았다가도 그것이 가까이 다가오면 그제서야 잘못된 가설을 품고 있었다는 것을 깨닫곤 한다.

회화에서 지식이 대상에 대한 인식을 이끈다는 주장은 논리적으로 확장 가능하다. 만약 묘사된 대상에 관해 아무런 지식도 가지고 있지 않다면 이해하지 못하는 정보들이 있게 된다. 그 경우에는 그림이 잘못 지각될 것이다. 곰브리치는 모피 장식이 있는 천조각을 묘사한 그림을 예로 들었다. 그 그림은 얼마나 사실적이냐에 상관 없이 촉각적인 정보를 적합하게 제공할 수 없다. 따라서 모피의 결(texture)은 관찰자에 의해 해석되어야 한다. 그러나 모피를 만져봤던 경험이 없는 사람은 무엇을 읽어내야 할지 알지 못한다. 한 번도 차가운 눈을 보지 못한 사람들 역시 이런 유형의 문제에 직면하게 된다. 이런 사람들은 눈그림을 보고서 그것이 매끈한 결구조를 가지고 있다고 상상할 것이다. 그것을 만져봤던 적이 없었던 사람들에게서는 동일한 문제가 실제 대상의 결을 지각할 때도 나타날 것이다.

투사기제는 곰브리치가 '등등의 원리'(the etc. principle)라고 칭했던 그것이 어떻게 작동하는지를 설명한다. 화가가 대상을 묘사하려 할 때 그 대상의 구체적인 부분 모두를 다 잡아내기는 불가능하다. 그래서 캔버스 위에 담을 수 있는 제한적인 몇몇 특징들만 남게 된다. 그렇지만 거기에는 화가가 묘사하고 싶었던 수많은 양의 정보가 있다. 예컨대 머리카락을 묘사할 때 화가는 머리카락 몇 개만을 아주 사실적으로 묘사하고 그 나머지 부분들은 뭉개진 상태로 남겨둔다. 그럼에도 그림을 보는 사람들은 흐릿하게 뭉개진 부분에로 투사함으로써 사실상 한 올 한 올의 머리카락들을 모두 보고 있다고 상상하는 것이다. 이것은 마치 화가들이 머리카락 몇 가닥만을 그려놓고서 "기타 등등, 기타 등등."하고 말하는 것과 같다.

그림을 바라보는 지각수용자들은 사실상 있지도 않은 머리카락들을 환상으로 만들어내는 게 아니다. 주의깊게 살펴보기만 하면, 관찰자들은 거기에 머리카락 몇 가닥만이 묘사되어 있다는 것을 확실히 알 수 있다. 그럼에도 불구하고 사람들은 대개 그림 지각의 문제를 깊이 생각해 보지 않는다. 그래서 흔히 현실의 광경과 그려진 장면이 서로 일치하지 않는다는 것을 깨닫지 못한다.

곰브리치에 따르면, 그림에서의 깊이지각도 역시 지식이 이끄는 투사기제에 토대를 두고 있다. 마법처럼 3차원의 세계를 만들어 내려 시도하는 모든 2차원 평면상의 구성들은 모호하다. 정밀한 2차원적 이미지들이 정확히 원근법적인 시야를 열어주는 공간에서는 무수한 형태들이 존재한다. 가령 그려진 어떤 타원은 그것과 동일하지만 정확히 수직으로 있는 평면 위에 놓인 타원으로 재현될 수도 있을 것이다. 또는 그 타원은 공간 속으로 점차 물러나는 것처럼 비스듬히 보이는 원형으로 재현될 수도 있을 것이다(그림 3-6). 컨스터블이 묘사했던 그 울타리는 갈수록 좁아지는 두 개의 가로막대 및 말뚝들으로 수렴하면서 관찰자의 시선과 수직을 이루는 것일 수 있다. 혹은 평행한 가로막대나 고른 간격으로 서 있는 말뚝들과 함께 관찰자로부터 점차 물러나는 것일 수도 있다. 실제 세계에서라면 이런 모호함은 양안단서와 운동깊이단서를 사용함으로써 해소될 수 있을 것이다. 하지만 우리는 그림에 대해서는 그런 단서를 사용할 수 없기 때문에 훈련된 추측작업에 의존해야 한다. 우리가 보고 있는 울타리의 실제 모습은 우리가 보고 싶어하는 것, 다름 아닌 우리가 예전에 보았던 울타리에 관한 지식에 의존한다. 우리는 고른 간격으로 위치한 말뚝들을 보고서 울타리가 평행을 유지하려 한다는 것을 알게 되면, 이 울타리가 공간 안쪽으로 물러나고 있기 때문에, 불규칙한 이미지들을 지닌 규칙적인 울타리라고 해석할 것이다.

곰브리치에 의하면 그림이 환영적이면 환영적일수록 그 환영을 완성하기 위해 지각수용자들에겐 더욱더 풍부한 추론이 요구된다. 이는 분명 역설적이다. 컨스터블의 작품과 어린이가 이것을 복제한 그림을 비교해 보면 그 점이 잘 드러날 것이다(그림 3-7). 컨스터블의 풍경화에서는 잔디는 밝은갈색 내지 진한녹색을 띠고 있다. 그러나 그림을 보는 사람들

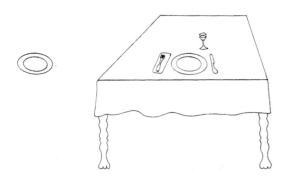

[그림 3-6] 타원형. 왼쪽에서 그것은 화면과 평행하게 자리한 것으로 고립적으로 지각되었다. 그러나 오른쪽에서는 저편으로 점차 물러나고 있는 원형의 맥락으로 지각되었다.

은 자연광 안에서나 밖에서, 그리고 눈에서 떨어진 다양한 거리에서도 (왜냐하면 멀리 떨어져 있는 대상은 더 어두운 색으로 보이기 때문에) 단일한 색으로 부호화해야 한다. 어린아이가 그린 모사작품에서는 그 같은 해석이 필요치 않다. 왜냐하면 그 아이는 잔디를 모두 한 가지 색으로만 그렸기 때문이다. 유사한 효과는 울타리에서도 나타날 수 있다. 컨스터블의 그림에서 수용자는 수렴선이 물론 점차 뒤로 물러나고 있지만 평행선으로 부호화해야 한다. 아이가 그린 그림에서는 수렴하는 선을 평행선으로 해석할 필요가 없다. 왜냐하면 선을 실제로 평행하게 묘사했기 때문이다. 거기에는 원근법적인 왜곡이 존재하지 않는다.

요컨대 컨스터블의 그림에서 공간 안으로 점차 물러나고 있는 대상을 재인하는 일에는 분명 그 어떤 노력도 필요하지 않다. 그리고 그것은 환

[그림 3-7] 컨스터블이 그린 〈와이벤호 공원〉을 아이가 모사한 그림이다. 이 그림은 망막에 생성된 이미지로서 묘사된 것이 아니고, 경험된 광경으로서 묘사된 것이다. 원근법에 따른 왜곡이 없다는 점과 단일한 색으로 칠해진 잔디를 주목해 보라.

영적이다. 그림을 몽상이 아닌 것으로 지각하기 위해서는 기대가 경험적으로 이끌어낸 엄청난 양의 무의식적 추측작업과 사전경험과 지식이 필요하다.

직접기록 이론은 묘사된 대상이 가지고 있던 정보를 그림도 동일하게 포착하기 때문에 그런 그림은 재현에 성공한다고 주장한다. 반면 구성주의 이론은 그림과 묘사하려는 대상 사이의 간격을 더 멀리 벌려놓는다. 그 경우 그림은 현실 대상이 가지고 있는 정보의 일부분만을 포함한다. 그 외의 것들은 옳든 그르든 모두 해석된다. 그림은 객관적으로 묘사하려는 대상과 닮을 수 없다. 닮았다는 것은 오히려 관찰자가 경험한 닮음이 거기에 부과된 것일 뿐이다.

넬슨 굿맨(Nelson Goodman, 1968)은 직접기록 이론과 더욱 상이한 견해를 제안했다. 구성주의자와 마찬가지로 굿맨 역시 그림이 묘사대상과의 사이에 임의적인 관계를 지니고 있다고 주장했다. 사실주의의 준거들은 상대적인 것일뿐더러 그 문화의 표상체계에 의해 결정된다. 그림이 자연과 동일하게 보인다고 말하는 것은 그것이 "대개 자연을 묘사한 방식으로서 그렇게 보인다."(p.39)고 말하는 것과 같다. 그림이 재현하는 것이 무엇인지를 아는 일은 해당 문화가 사용해 온 관례를 읽어내는 방법을 학습하는 문제이다. 만일 관례들을 알지 못한다면, 우리가 묘사대상에 대해 얼마나 많이 알고 있느냐도 중요치 않게 될 것이다. 문화가 적용해 온 회화적인 재현언어에 숙달될 때에만 그림들을 정확히 읽어낼 수 있을 것이다.

현실에 대한 환영을 그토록 설득력 있게 창조해 낸 듯한 선원근법조차도 우리가 해석하기 위해 배워야 할 관습으로 간주될 수 있다. 예를 들어 원근법은 대상의 가장자리들이 우리 눈에서 점점 멀어져 갈 때 점차 수렴된다고 말한다. 그러나 회화적 투시에서는 이 규칙이 오직 부분적으로만 적용된다. 즉 수평선상의 표면은 먼 쪽에서 수렴선들로써 묘사된다. 그러나 수직선상의 표면은 평행선들로써 묘사된다.

그럼에도 불구하고 우리는 양쪽 경우의 모든 선들을 눈에서 멀어질수록 뒤로 멀어져 간다고 해석한다. 건물그림의 경우를 생각해 보자(그림 3-8). 건물의 꼭대기는 바닥보다 관찰자의 눈에서 더 멀리 떨어져 있지만 수직선들의 끝부분은 여전히 평행을 유지하고 있다.

　화가들은 더 일관성 있게 기하학에 따른 묘사규칙을 엄수하고 있음에도, 또 그래서 건물의 수직선 끝부분을 수렴하는 것으로 그리고 있음에

[그림 3-8] 원근법에 맞춰 그린 건물. 이 건물의 바닥은 우리 눈에서 멀어질수록 수렴하는 수평선으로 되어 있다. 그러나 이 건물을 구성하는 수직선은 여전히 평행한 상태로 남아 있다. 이 그림에서 원근법은 광학법칙을 따르지 않고 있다.

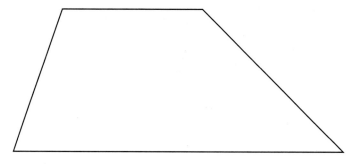

[그림 3-9] 모호한 형태. 이 형태는 수평적으로, 수직적으로 혹은 어떤 알 수 없는 각도로 점차 뒤로 물러나고 있는 직사각형이나 사다리꼴의 재현일 수 있다.

도, 그림에서 모호성은 여전히 남는다. 만일 그 건물의 앞쪽만을 볼 수 있게 그려놓았다면, 우리는 전체적인 배치가 수평면을 따라 뒤로 점차 물러나고 있는 바닥으로 구성된 것인지, 수직축을 따라 치솟고 있는 벽면으로 구성된 것인지, 우리에게서 멀리 기울어져 있는 벽면으로 구성된 것인지를 알 수 없을 것이다(그림 3-9). 우리가 할 수 있는 일은 다만 하나나 그 이상의 해석을 결정하는 관례를 확정짓는 것 뿐이다. 그래서 고전적 구성주의 이론은 묘사대상들에 관해 우리가 이미 알고 있기 때문에 그림을 이해할 수 있다고 하는 반면, 구성주의자들은 우리가 그 그림 외에 또 다른 그림들을 알고 있기 때문에 그 그림을 이해할 수 있다고 본다.

형태 이론

쿠르트 코프카(Kurt Koffka, 1935)와 볼프강 쾰러(Wolfgang Köhler, 1929), 막스 베르트하이머(Max Wertheimer, 1945) 같은 심리학자들이 주창한 지각형태 이론은 직접지각 이론과 구성주의 이론의 중간에 놓여 있다. 직접지각 이론처럼 형태 이론은 지각이 그 어떤 추론과 추측도 포함하지 않는다고 주장한다. 그렇지만 구성주의 이론처럼 지각자가 자신의 감각에 제시된 정보를 변환시킨다고 가정한다. 그러나 다른 한편으로 구성주의자들이 주장하듯 수용된 정보가 지식에 의하여 변환된다고 보지 않고, '단순성의 원리'(simplicity principle)라 불리는 지각원리의 조작에 의해 변형된다고 본다. 망막에 도달한 빛이 생성한 각 패턴들은 '뇌의 전기장'(brain field)이라고 일컬어지는 뇌 속 패턴을 생성하는 일로 간주된다. 뇌의 전기장들은 스스로 가장 단순하고도 경제적인 방식으로 조직화된다. 그리고 이것이 곧 세계가 어떻게 지각되는가를 결정한다.

따라서 형태주의와 구성주의 양쪽 모두 지각수용자가 망막에 제시되는 정보를 넘어선다고 주장하는 것이다. 그러나 일치된 주장은 단지 이것뿐이다. 구성주의 이론은 학습되고, 그래서 잠재적으로 각 개인에게 특유한 세계에 관한 지식을 우리의 저 바깥에 무엇이 있는가를 추론하기 위해 사용함으로써, 우리 스스로 망막상의 이미지를 넘어선다는 주장을 고수한다. 형태이론은 보편적이고도 고유한 그리고 선천적인 뇌 구조화 원리 때문에, 우리가 망막에 주어진 정보 이상의 것을 지각한다는 주장을 고수한다.

루돌프 아른하임(Rudolf Arnheim, 1972, 1974)은 관찰자가 단순성 원리를 조작함으로써 회화적인 정보를 변형시키는 방식을 증명해 보임으로써 형태이론을 그림 지각의 영역에까지 확장시켰다. 또 '단순성'은 패턴을 구성하는 요소들이 몇 개인지를 계산함으로써 측정할 수 있는 것이 아니라는 점을 밝혔다. 예컨대 여섯 개의 점으로 구성된 패턴이 오직 네 개의 점만을 지니고 있는 패턴보다 더 단순할 수 있다(그림 3-10). 더욱이 같은 수로 구성된 요소들은 그것들이 서로 어떻게 관련을 맺느냐에 따라 단순한 패턴을 형성할 수도 혹은 복잡한 패턴을 형성할 수도 있다. 그래서 비대칭적으로 겹쳐진 삼각형 패턴은 인접한 삼각형으로 구성된 패턴보다 더 복잡하다(그림 3-11). 단순한 패턴들은 요소가 몇 개인지에 따라 특징지어지기보다는 질서, 규칙성, 균형, 분명하게 정의된 구조에 따라 특징지어진다. 또 다른 형태이론가들은 어떤 원리들이 단순성을 구성하는지에 대해 좀더 구체적으로 다뤄왔다. 단순한 형태는 정보의 높은 용

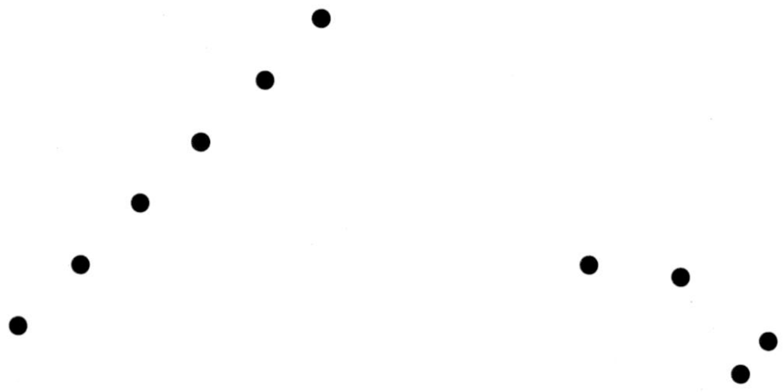

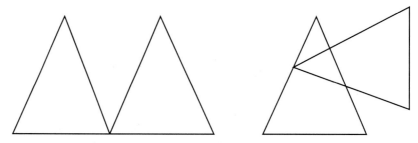

[그림 3-10] 점의 패턴들. 이 패턴들 중 고르게 공간을 점유하고 있는 여섯 개의 점들은 더 많은 요소들을 가지고 있음에도 불구하고 불규칙하게 나열된 네 개의 점들보다 더 단순한 배열을 만들어 놓고 있다.

[그림 3-11] 삼각형들. 체계적으로 배치된 삼각형들은 같은 개수이되 불규칙하게 겹쳐져 있는 삼각형들보다 더 단순한 패턴을 형성한다.

중률(redundancy), 부호화(encoding)의 높은 절약성(economy), 낮은 불확실성(uncertainty), 낮은 무작위성(randomness)을 지니는 것으로 정의된다(Attneave, 1954; Hochberg and McAlister, 1953; Perkins and Cooper, 1980).

단순성 원리는 아른하임이 회화적인 깊이 지각을 설명하기 위해 사용했던 것이다. 다시 〈와이벤호 공원〉으로 돌아가 수렴하는 울타리 문제를 생각해 보자. 형태이론에 따르면 평행한 선들과 규칙적인 말뚝들이 만들어 놓은 패턴은 수렴선이나 불규칙한 말뚝들이 만들어 놓은 패턴보다 더 단순하기 때문에, 우리는 울타리가 시야에서 점점 멀어져 갈 뿐만 아니라 평행선 및 규칙적인 말뚝들로 구성된 것이라고 여긴다.

   원근법이 낳은 왜곡이 단순성 원리의 조작에 의해 어떻게 깊이감을 생
성하는지를 보여주는 많은 예들이 있다. 바둑판 무늬로 된 사다리꼴 형
태를 생각해 보라(그림 3-12). 우리는 이 형태가 그림의 평면에 수직으로
서 있는 불규칙한 사다리꼴인지, 시야에서 멀어져 가는 직사각형 타일바
닥인지를 어떻게 결정할 수 있을까? 직접지각 이론에 따르면, 타일이 형
성한 결의 기울기가 수평으로 멀어지는 마루바닥임을 알려준다고 한다.
구성주의 이론에 따르면, 그림의 맥락이 우리에게 마루바닥을 기대하게
끔 하므로 그것을 마루바닥으로 지각한다고 한다. 불규칙한 크기와 형태
를 지닌 타일 역시 도움이 된다. 왜냐하면 타일이 일정한 크기와 형태를
지니고 있다는 것을 우리가 이미 알기 때문이다. 그래서 우리는 그 마루
바닥을 타일이 단지 뒤로 물러나고 있기 때문에 불규칙하게 보일 뿐인
규칙적인 타일바닥으로 이해한다. 형태이론은 이런 두 이론과 대조적이
다. 그 이론은 우리가 무의식적으로 가장 단순한 해석을 선택한다는 주
장을 고수한다. 우리는 타일에 대한 아무런 지식을 지니고 있지 않을 때
조차도 그것이 더 단순한 해석이기 때문에 이 이미지를 뒤로 물러나는
직사각형으로 읽는 것이다. 뒤로 물러나고 있는 직사각형은 평면에 수직
으로 놓여 있는 불규칙한 사다리꼴보다 더 단순하다. 왜냐하면 직사각형

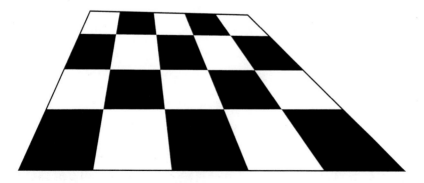

[그림 3-12] 모호한 형태. 이것은 서로 다른 모양과 크기의 체크 무늬로 이루어져 수
직으로 뻗어 나가고 있는 사다리꼴의 재현일 수 있거나 아니면 규칙적인 타일로 이루
어져 수평적으로 점차 물러나고 있는 직사각형의 재현일 수 있다.

은 더 규칙적인 기하학적 형태이기 때문이다. 뒤로 물러나고 있는 균일한 크기의 타일벽은 다른 형태와 크기를 지닌 타일의 수직벽보다 더 단순하다. 왜냐하면 균일성은 변화보다 더 단순하기 때문이다. 따라서 요소들의 상대적인 배열을 2차원보다는 3차원적인 것으로 읽어냄으로써 더 단순한(즉 더욱 대칭적이고도 균형 잡힌, 그리고 더 중복적인) 패턴이 야기될 때, 깊이를 지각하게 될 것이다(Attneave, 1972; Hochberg and McAlister, 1953; Hochberg and Brooks, 1960).

표상이론 평가하기

회화적인 재현에 관한 세 가지 이론은 두 개의 범주로 분류될 수 있다. 한편에는 기록이론이 있다. 그것은 관찰자가 그 어떠한 정보도 덧붙이지 않는다고 주장한다. 그리고 다른 한편에는 구성주의와 형태주의 이론이 있다. 이 이론들은 관찰자가 회화적인 정보를 몇몇 형태로 변환시킨다고 가정한다. 그 유용한 증거들이 직접기록 이론의 문제를 드러내 보여주고, 또한 관찰자가 어떤 방식으로든 정보에 간섭하고 변형한다는 주장을 뒷받침해 준다.

그림 지각에 대한 직접지각 이론의 핵심은 결의 정도 변화가 어떤 방식으로든 명확하게 깊이감을 만들어 준다는 데 있다. 그러나 이 견해에는 최소한 두 가지 문제점이 있다. 첫째, 결의 정도 변화 그 자체는 패턴 지각에서 나타나는 모호함을 완전히 해소하지 못한다. 가령 위쪽 결이 조밀한 사다리꼴을 생각해 보자(그림 3-13). 이 그림에서 보이는 결의 정도 변화는 다음처럼 서로 다른 세 가지 해석 중 우리가 어떤 것을 선택해야 할지를 알려주지 못한다. 첫째, 이 그림은 수평으로 멀어지는 직사각형이다. 둘째, 이 그림은 위로 솟구치는 직사각형이다. 이것은 대상이 위로 향해 멀어질 때는 결이 더 조밀하게 되고, 수직선들은 한 점을 향해 수렴한다는 투시법에 정확히 맞는 것이다. 셋째, 이 그림은 수많은 각

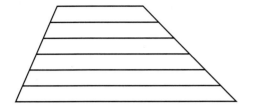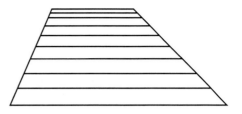

[그림 3-13] 사다리꼴들. 한쪽은 단일한 결을 가졌고 수직 사다리꼴임을 보여주고 있다. 다른 한쪽은 위로 향할수록 조밀해지는 결을 가졌고, 점점 뒤로 물러나고 있는 직사각형임을 보여주고 있다.

도들 가운데 어떤 한 가지에 맞춰 점점 뒤로 물러가고 있는 직사각형이거나 아니면 사다리꼴이다(Goodman, 1968). 여기서 불가피한 결론은 하나의 해석을 선택하는 일이 다름 아닌 관찰자 자신이 가진 바에 근거한다는 점이다. 말하자면 구성주의 이론에서처럼 자신의 기대가 선택을 결정하든지, 형태 이론에서처럼 단순성 원리가 선택을 결정하든지 한다는 것이다. 게다가 결의 동질성에 대한 바로 그 가정을 구성주의자들의 경우 자신들이 외부세계에서의 결이 규칙적인 경향이 있음에 주목함으로써 얻은 현실세계에 대한 지식의 한 부분으로 볼 것이고, 형태주의 이론가의 경우에는 규칙적인 결이 불규칙적인 것보다 더 단순하기 때문에 이 가정을 단순성의 원리로 여길 것이다. 이런 이유 때문에 구성주의자와 형태주의 이론가는 현실 세계에 대한 지식과 단순성 원리의 도움이 없는 상태에서 결코 결의 정도 변화만으로는 깊이를 해명해 주지 못한다고 여긴다.

결의 정도의 변화자체는 깊이를 보여주는 데 불충분할뿐더러 불필요하기도 하다. 윤곽선만으로 그린 그림에서는 결의 정도 변화가 존재하지 않는다. 거기에는 오직 선투시법(linear perspective)과 단축법(foreshortening)만이 존재한다. 그런데 직접지각 이론조차도 그 자체만으로는 모호할 수 있다고 지적한다(Kennedy, 1974). 윤곽선만으로 그린 타원은 뒤로 점점 물러나고 있는 원일 수도 있고, 또 이와 꼭 마찬가지로 화면과 평행한 타원일 수도 있다(그림 3-6). 그렇지만 선묘화에서 깊이를 인식하는 데는 아무런 어려움도 없다. 이것을 설명해 줄 수 있는 두 가지 해석이 있다. 우리는 우리가 보고 싶어하는 기대에 따라 해석한다(타원이 만찬 테이블에 놓여 있다면, 우리는 접시가 동그란 형을 지니고 있다고 기대할 것이므로 그것을 동그란 원으로 지각할 것이다). 아니면 가장 단순한 해석을 선택한다(원은 원둘레의 모든 점들이 중심점으로부터 일정한 거리를 가진 것이기 때문에 타원형보다 더 단순하다).

결의 정도 변화가 그림을 명료하게 해석하는 데 필요하지도 않을뿐더러 충분하지도 않다는 사실만이 직접지각 이론을 비판하는 증거는 아니다. 또 다른 증거가 있다. 우리와 얼마나 떨어져 있느냐에 따라 대상이 망막에 맺히게 되는 공간의 양적 크기가 변화함에도 불구하고, 우리는 대상의 크기를 일정한 것으로 지각한다는 사실이 바로 그것이다. 크기 항상성 현상은 왼손을 멀리 놓고 오른손을 가까이 가져올 때 증명될 수 있다. 두 손은 동일한 크기로 나타나지만, 두 손을 시야에 겹쳐지게끔 하면 그 크기에는 아주 커다란 차이가 나타난다. 이제 왼손이 수축된 것처럼 보일 것이다. 이것이야말로 우리가 망막에 의존해서 경험하지 않는다는 증거이다. 말하자면 우리는 이처럼 하기 위해서 책략과 전략을 끌어들이고 있는 것이다. 멀리 있는 손을 가까이 있는 손과 동일한 크기로 경험한다는 사실은, 무의식적으로 우리가 멀리 있는 대상을 큰 비례로 파악한다는 것을 말해 준다. 이는 마치 우리가 우리 자신에게 "왼손은 멀리 떨어져 있어."라고 말하는 것과 같다. 따라서 원근법은 멀리 있는 손을 더 작게 보이게 하는 원인이 된다. 우리는 그것이 작아지지 않았다는 것을 안다. 그래서 이것을 교정하고 실제로 그것을 더 큰 것으로 지각하게 된다.

관찰자의 측면에서 동일한 유형의 무의식적 보충은 그림을 지각할 때도 나타난다. 원근법이나 중첩과 같은 회화적인 깊이단서가 우리에게 어떤 대상이 멀리 떨어져 있는 것으로 이해해야 한다고 알려올 때마다 무의식적으로 그 대상을 크게 측정할 것이다. 곰브리치는 이것을 컨스터블이 그린 〈와이벤호 공원〉의 구성요소들을 약간 변경시킴으로써 증명해 보였다. 그는 호수 건너편에 있는 말을 호수의 앞쪽, 그러니까 그림의 오른쪽 앞에 있는 잔디밭 위에 가져다 놓았다. 그러고나서는 울타리의 오른쪽 끝부분을 왼쪽 앞 첫 번째 부분의 위에 가져다 놓았다(그림 3-14). 그 결과는 충격적이었다(실제 크기에는 아무런 변화가 없음에도 불구하고). 말과 울타리는 관찰시점에 멀리 있는 것으로 해석될 때 보다 더 가까이 있는 것으로 해석될 때 훨씬 더 작은 것으로 보였다. 이는 우리가 그림을 능동적으로 해석하지 않을 수 없다는 사실을 보여주는 좋은 증거이다. 관찰자들이 이런 방식으로 개입하지 않는다면 원근법이 야기한 크기의 축소는 훨씬 더 극단적으로 보일 것이고, 결국 불안정해 보일 것이다.

현실 세계에서뿐만 아니라 회화적 세계에서도 무언가를 지각할 때 나타나는 시각적 환영(visual illusion)이 있다는 사실은 직접지각 이론가에게 치명적이다. 시각적 환영이 나타난다는 것은 지각이 잘못된 것일 수도 있다는 증거이다. 지각은 감각에 전달된 정보가 빈약하고, 보충과 변형

[그림 3-14] 컨스터블의 작품 〈와이벤호 공원〉을 몽타주한 것. 말과 울타리가 화살표로 지적된 곳에 겹쳐져 있다. 이 이미지들은 멀리 떨어져 있는 것보다 가까이 있는 것으로 해석되었을 때 훨씬 더 작게 보인다. 왜냐하면 멀리 있는 대상들은 이미 무의식적인 상태에서 투시법에 따른 감소를 보상하기 위한 크기로 측정되기 때문이다.

을 요구할 때 오류를 범하기 쉽다. 정확하지 않게 그림을 해석하는 것은 오류를 낳는다. 모든 정보들이 외부에 주어지고 이런 정보들이 다 기록된다면 지각이 잘못될 이유는 어디에도 없다.

그림 지각이 단순히 정보를 수집·기록하는 것 이상이라는 몇 가지 증거가 있다. 우리의 감각에 도달한 정보는 어떤 방식으로든 변형된다. 그러므로 문제는 이러한 변형이 구성주의 이론에서처럼 관찰자가 가진 세계에 대한 지식에서 연유하는 것인지, 형태이론에서처럼 단순성 원리에서 나온 것인지를 결정할 수 있는 증거를 찾아내는 일이다.

하지만 이런 증거를 찾기는 쉽지 않다. 많은 경우 구성주의와 형태 이론은 동일한 예측을 하고 있기 때문에, 이들 양자 사이를 검증하기는 불가능하다. 예컨대 타일로 된 마루를 생각해 보라(그림 3-12). 두 이론 모두 이 형태가 뒤쪽으로 깊이 멀어져 가는 직사각형의 타일표면으로 해석될 것이라고 예측한다. 타일을 단일한 형태로 해석하는 일은 마루를 뒤로 물러나고 있는 것으로 보이도록 하는 데 필수적이다. 그리고 타일을 단일한 형태로 해석하는 것 또한 관찰자가 타일에 대해 가지고 있었던 사전지식(구성주의 이론의 설명)과 단순성 원리(형태이론의 설명)에 의해 예측된다.

그림의 깊이 지각에 대한 구성주의의 설명과 형태 이론의 설명 중 양자택일하기 위해서는 (지식이든 단순성이든) 오직 한 원리만 작용되는 예가 필요하다. 또 이 두 가지 원리들이 서로 상반된 예측을 낳는 예가 있다면 더 좋을 것이다. 지식이 개입하지 않은 상태에서 인식이 단순성 원리에 의해서만 설명될 수 있는 한 가지 예가 있다. 그것은 기하학적으로 낯선 형태들이다(그림 3-15). 이 도형들은 2차원적으로 해석될 수도 있을 것이다. 하지만 현실 세계에서 결코 경험된 적이 없음에도 즉시 3차원적으로 해석된다(Perkins, 1979). 타원그림이 타원이나 원 또는 양자 사이에 있을 수 있는 수많은 형태들 중 어느 하나를 나타낸 것일 수 있듯이, 여기서도 이 그림이 묘사할 수 있는 3차원적 형태들이 무한히 존재한다. 그러나 관찰자는 이 형태들을 직각과 평행한 가장자리들로 구성된 것으

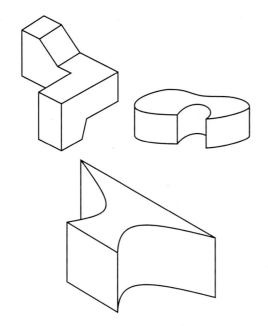

[그림 3-15] 낯선 형태들. 우리
는 즉각적으로 이것들을 비스듬
하고 평행하지 않는 가장자리가
보여주는 더 큰 복잡성과 대조해
서 직각 및 평행하는 가장자리들
을 지닌 형태로 해석한다.

로 가정한다. 이러한 가정은 직각이나 평행선이 사각(oblique angle)이나
비평행적 가장자리에 비해 더 단순하기 때문에 가능하다. 이런 가정이
형태에 관한 지식에서 파생되어 나온 것일 수 있는 가능성은 없다. 이
형태들은 관찰자에게는 낯선 것이기 때문이다. 따라서 이 경우 단순성
원리만이 지각된 것이 무엇인지를 설명할 수 있다.

단순성 원리가 적합하지 않고 대신에 사전경험과 지식에만 의존해야
할 경우에도 그림은 여전히 정확히 읽혀질 수 있다. 불가능한 대상보다
는 있음직한 대상을 볼 경우를 생각해 보라. 한 무대기의 나무 이미지
옆에 놓여 있는 페인트 얼룩은 또 다른 나무로 읽혀질 것이다. 그리고
한 무리의 소떼 옆에 있는 마찬가지 얼룩은 또 다른 소로 읽혀질 것이
다. 또 다른 유사물로 읽어내는 것만큼 단순한 것은 없다. 그래서 유일하
게 가능한 설명은 우리 기대에 기초해서 그림 속 이미지에 자신을 투사
하는 일인 듯하다.

단순성 원리 없이도 지식이 성공적으로 작용하는 또 다른 예는 모피를

묘사한 그림의 경우이다. 우리는 앞서 이것을 언급했다. 모피의 결에 대한 지식은 우리가 그 그림을 옳게 지각할 수 있게 한다. 그렇지만 우리가 이전에 모피를 만져보지 못했다면, 그 그림 속 모피의 결을 지각할 수 있는 아무런 방법도 없다. 여기서 대상 인식은 오직 이전의 경험을 적용함으로써 성취된다. 모피의 결을 인식하는 일이 더 단순하지는 않다. 오히려 그것은 더욱 정확하다.

단순성의 원리와 사전지식이 모두 그림의 인식을 가능하게 하는 경우도 있다. 다른 각도에서 바라본 두 개의 입방체를 생각해 보자(그림 3-16). 우리는 가장 쉽게 그 하나를 3차원의 입방체로, 다른 하나를 2차원 그림으로 볼 것이다. 두 번째 그림을 3차원적으로 해석할 수는 있겠지만 이 해석을 유지하기 위해서는 반드시 지속적인 노력이 필요하다. 그러나 첫 번째 그림에서는 이런 노력이 필요 없다. 각각의 경우, 형태들은 가장 단순한 방식으로 지각된다. 첫 번째 형태에 대한 3차원적인 해석은 2차원적인 해석보다 더 간단하다. 2차원적 해석이 불규칙한 모양을 보여주기 때문이다. 그러나 두 번째 형태에 대한 2차원적 해석은 규칙적인 패턴을 보여준다. 따라서 두 번째 형태를 규칙적인 3차원 입방체로서보다는 2차원 형태로 지각하는 것이 더 간단하다. 왜냐하면 세 번째 차원을 덧붙이는 일은 복잡성의 수준을 증가시키기 때문이다. 이제 누군가가 우리에게 두 번째 형태를 입방체라고 말했다고 가정해 보자. 그렇지만 아직도 이런 말은 우리가 그 형태를 입방체로 보게 하는 데에는 별 도움이 되지 않을 것이다. 우리는 그 그림을 입방체로 계속 지각할 수 없다. 이는 그 형태가 더 편안하고 단순한 2차원의 형태로 미끄러져 되돌아가기

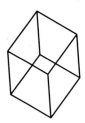 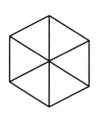

[그림 3-16] 서로 다른 각도로 그려진 입방체들. 하나는 이미 3차원적 입체로 지각되었다. 다른 하나는 그보다 더 앞서 2차원적인 그림으로 지적되었다. 여기선 단순성이 지식보다 지배적이다.

때문이다. 육각형의 그림보다는 입방체에 대한 더 큰 친숙성, 그리고 심지어 그것을 입방체로 보게끔 하는 명백한 지시들도 별 도움이 못 된다. 패턴을 가장 단순형 형태로 지각하는 경향성은 우리가 보고 싶어 기대하는 것을 보게 되는 경향성을 능가하는 듯하다.

지식에 대해 단순성이 더 우위에 있다는 사실은 한 사람이 다른 사람 뒤에 서서 카메라를 향해 손을 흔들어 보이는 사진 속 병렬배치에서 나타날 수 있다. 그 경우에 팔은 가끔 다른 사람의 머리 위에 나타나는 것처럼 보이지만, 친숙성이란 용어로 보면 그 같은 해석은 무의미하다. 그러나 단순성 개념으로는 이런 지각을 설명할 수 있다. 이것을 머리에서 자라난 팔로 읽는 것은 우리가 머리와 팔의 규정을 어떤 지속적인 윤곽으로 이해하게끔 만들어 놓는다. 이것은 단순성 원리의 한 양상을 보여 준다. 우리는 이것을 소위 '좋은 연속성의 원리'라 부른다. 또 그 원리는 단순성이 지식에 비해 얼마나 우위에 있는지를 다시금 보여준다(Perkins, personal communication). 친숙성에 비해 단순성이 우월함을 보여주는 유사한 예는 복잡한 패턴 속에서 구체화된 글자들에서 나타난다. 알파벳만큼 친숙한 것은 없지만, 글자를 알아보는 일이 쉽지 않다는 것을 종종 깨닫는다. 그 대신 더 커다란 패턴만을 알아본다.

그러나 그와 반대인 경우도 있다. 말하자면 친숙성은 단순성을 능가하기도 한다. 불규칙하게 이루어진 방 안을 구멍을 통해 일정한 각도에서 들여다 보았을 때 관찰자가 그 방을 직사각형으로 본 경우를 생각해 보자(Ames, 1955; Ittelson, 1952). 그러나 참여자들에게 충분히 오랫동안 이 방을 들여다 볼 수 있게 해 주고, 또 구멍을 통해 막대기를 써서 쑤셔보도록 하는 등 다양한 방식으로 방 안에 있는 대상들을 관찰하도록 했을 때, 결국 그들은 그 방을 올바로 보게 되었다(Kilpatrick, 1954; Weiner, 1956). 이는 회화 이외의 영역에서 지식이 단순성의 원리보다 지배적임을 보여주는 경우이다.

결론적으로 지식과 단순성은 우리가 그림을 정확히 이해할 수 있도록 해 준다. 양자를 서로 비교해 봤을 때, 어떤 경우에는 단순성의 원리가,

다른 경우에는 친숙성 원리가 우세하게 나타난다. 포함된 단순성이나 유사성의 정도를 고려해 봤을 때 흔히 친숙한 것보다는 단순한 것이 더 잘 보이는 반면, 다른 상황에서는 친숙한 것이 단순한 것보다 더 잘 보일는지도 모른다. 따라서 전체적으로 보면 지식은 대개 대상이 무엇인지를 설명할 때 더 유용한 반면, 단순성 원리는 깊이 지각을 설명할 때 더 강력하다.

회화표현 이해하기

회화작품에는 재현하려 한 것 이상의 무엇이 있다. 만약 그것이 우리를 향해 심미적으로 작용할 수 있다면 우리는 그것이 표현하려 한 기분과 비시각적인 감각특성을 지각해야 할 것이다. 컨스터블의 작품 〈와이벤호 공원〉를 온전히 감상하기 위해서는 3차원적인 광경 이상의 것을 인식해야 한다. 예컨대 지각수용자는 그림이 표현하고 있는 평온한 정조를 파악해야만 한다. 세베리니의 작품 〈가장무도회의 역동적인 상형문자〉(그림 3-2)를 감상하려 할 때는, 열광과 흥분의 기분, 그리고 시끄러움과 뜨거움의 특성을 지각해야만 한다.

그림처럼 정적인 대상이 평온하거나 열광적인 것으로, 슬프거나 행복한 것으로, 시끄럽거나 뜨거운 것으로 특징지어진다면, 그런 표현들은 그림에 은유적으로 적용된 것이다. 〈와이벤호 공원〉은 문자 그대로 소리 없는 색이 지배하는 직사각형의 화면이지만, 동시에 그것은 오직 은유적으로만 평온하다. 그리고 세베리니의 작품도 문자 그대로 보이는 밝은 색상과 비스듬히 가로지르는 선들로 이루어진 표면이지만, 동시에 오직 은유적으로만 열광적이고 소란스럽고 뜨겁다.

그림은 슬픔이나 평온함 혹은 불안 등 심리적 속성들뿐만 아니라 꽹음이나 뜨거움 혹은 날카로움 등 비시각적인 감각특성들도 표현할 수 있다. 작품이 표현하는 특성들은 작가와 관객의 정서적이거나 신체적인 상태와는 무관하다. 명랑한 화가가 슬픈 그림을 그릴 수도 있는 것이고 우리가 그 그림을 슬프게 지각하기 위해 굳이 우리를 슬프게 만들 필요도 없다. 그림이 표현하는 특성 역시 그것이 재현하려는 것과 무관하다. 가령 조용한 성격의 인물을 그린 그림도 열광적일 수 있는 것이며, 겨울풍경을 그린 그림 역시 따뜻할 수도 있다. 더욱이 어떤 구체적 대상을 재현하고 있지 않은 추상화조차도 분명 어떤 속성을 표현한다. 자신의 그림을 온통 추상적인 색들의 장(場)으로 만들어 놓았던 미국 화가 마크 로드코(Mark Rothko)는 색과 형태들의 관계에는 관심이 없고 주로 인간의 "비극적인, 탈아적인 혹은 운명적인" 감정이 흥미롭다고 주장했다(Lark-Horowitz, Lewis and Luca, 1973, p.229). 철학자인 에른스트 카시러(Ernst Cassirer, 1874-1945)의 표현에 따르자면, 비시각적인 경험은 오직 밝기나 색상 등의 감각 데이터로 구성되어 있다. "우리는… 하나의 단순한 선을… 그것이 가진 순수한 표현적 의미를 좇아 생각해 볼 수 있다… 특정한 기분이 순수하게 공간적인 규정 속에서 표현된다. 가령 그 선이 공간 속을 오르내리는 것은 내적인 운동성, 역동적인 오르내림을 끌어안고 있는 것이다."(1957, III, 200). 또 아른하임은 다음과 같이 언급했다. "순수한 형태 같은 것이란 존재하지 않는다. 왜냐하면 가장 단순한 선조차도 감정과 기분을 표현하며 그러는 동안 상징적이기 때문이다."(1974, p.461).

만일 작가와 관객의 정신상태도 또 재현된 그 무엇도 표현된 특성들을 전해 주지 못한다면, 그것은 무엇 때문인가? 형태주의와 구성주의 심리학자들은 이 문제에 대해 다음과 같은 상반된 입장을 보인다.

도상적(Iconic) 견해

아른하임 같은 형태주의 심리학자는 (색과 형태 그리고 선 등의) 형식적 특성들이 (유사성의 관계 등의) 비시각적인 특성과 도상적 관계를 갖는다고 주장한다(1949). 예를 들어 어떤 색과 형태는 구조적인 면에서 실제로 슬픔과 유사하다. 또 다른 색과 형태는 불안과 닮아 있다. 따라서 사실상 그림은 자신이 표현코자 하는 것과 유사하게 보이기 때문에 우리는 그 그림이 표현하고자 하는 것에 대해 말할 수 있는 것이다.

이러한 견해는 '기하학적-기술적'(geometrical-technical) 지각(실제 대상의 특성에 대한 지각)과는 대립되는 것으로 '관상학적'(physiognomic) 지각(생명 없는 대상에서 기분 내지 분위기의 지각)에서 초기의 형태적 관심에 그 기원을 두고 있다(Köhler, 1929, 1937; Werner, 1961; Werner & Kaplan, 1963). 형태주의 이론에 따르면 패턴이 분위기와 동일한 구조를 지니고 있기 때문에 관상학적 지각은 사람들이 패턴 속에서 분위기를 알아볼 수 있게 해 준다(Langer, 1953). 이런 견해는 이형동질 원리(the principle of isomorphism)에 그 기초를 두고 있다. 말하자면 기분은 그 기본적인 구조에서 지각패턴과 유사하다고 일컬어진다. 그래서 사원의 기둥들은 마치 장애물을 극복하고 앞으로 나아가기 위해 애쓰고 있는 사람처럼 지붕의 엄청난 무게를 버텨 밀어올리고 있는 것처럼 보이기 때문에, 그 기둥이 분투하고 있다고 표현한다. 축 늘어진 버드나무 가지는 구조적으로 슬픔의 심리학적 특성과 유사하기 때문에 슬픔을 표현한다. 나무의 구조와 기분의 구조가 수동적일 뿐만 아니라 무력해 보이기 때문이다. 이와 비슷하게 위로 치솟는 선들로 이루어진 그림은 생명의 충만함을 표현한다. 이는 구조상 위로 향한 선들은 고무될 때 느낄 수 있는 들뜬 느낌과 유사하기 때문이다.

도상적 견해에 따르면 표현적 특성은 예술작품에만 국한된 것이 아니라 생명이 없는 자연대상에서는 보편적으로 지각된다. 예들 들어 둥근 옥석은 강한 힘을 표현하고, 버드나무의 늘어진 가지는 슬픔을 표현한다. 표현적 특성 역시 보편적으로 인간의 신체에서 지각된다. 가령 양끝을 치켜올린 입술은 반가움을 표현하고, 주름진 이마는 근심을 표현한다. 또 질질 끌며 느릿하게 걷는 걸음걸이는 수동성과 슬픔을 표현한다. 그래서 표현적 특성은 예술뿐만 아니라 자연의 지각패턴에서도 고유한 특성들이다.

　지각패턴들은 자신이 표현코자 한 것과 구조적으로 유사하기 때문에, 표현을 지각하는 일은 근본적이고도 직접적이며 학습되지 않은 과정으로 여겨지기도 한다. 더욱이 표현적 특성은 표현을 가능케 하는 형태패턴들이 파악되기 훨씬 이전에 파악될뿐더러 더욱 오래 기억되기도 한다. 도상이론에 따르면 화염이 솟아오를 때의 불을 특정 색과 형태로 지각하는 일보다는 광폭함(Violence)을 표현하는 것으로 지각하는 것이 더 자연스럽다. 또 우리는 대상의 정확한 형태와 색상을 잊어버리고 난 후에도 그 대상이 표현하고 있던 것을 잘 기억할 수 있다. 우리는 의자 위에 둘둘 말아 쌓아놓은 담요에서 그 담요의 색상을 기억하기보다 그 담요가 '지친' 것처럼 보였다는 것을 더 쉽게 기억해 낸다(Arnheim, 1949). 이와 비슷하게 흔히 우리는 벌써 오래 전에 그림이나 소설, 영화 등의 주제나 구성을 잊었어도 이것들이 가지고 있었던 분위기를 기억하기도 한다.

　물론 형식적 특성은 그것이 발견되는 맥락과 무관하게 고유한 의미를 지니고 있는 것은 아니다. 그래서 어두운 수채화가 침울한 기분을 표현할 수는 있겠지만 검은색 펜과 잉크 스케치는 그렇게 하지 못한다. 이런 그림에서는 색상을 선택해서 사용할 수 없기 때문이다. 유사하게 몬드리안(P. Mondrian)의 작품 〈브로드웨이 부기우기〉(Broadway Boogie Woogie)는 그의 작품을 훨씬 딱딱하고 진지한 것으로 알았던 사람들에게는 생동감을 준다(그림 3-17). 만일 율동적이고 밝은 색상의 자유로운 그림을 그렸던 세베리니가 이 작품을 그렸다고 한다면 〈브로드웨이 부기우기〉는 앞서와는 대조적으로 형식적인 절제를 표현한 듯 보일 것이다(Gombrich, 1960). 아른하임은 문맥이 표현된 것을 인식할 때 우리에게 영향을 미칠 수 있다는 것을 보여주는 유사한 예를 지적했다. 금세기를 살고 있는 우리에게 모차르트 협주곡은 평온함과 즐거움을 표현해주지만 당대 사람들에게는 격렬한 열정을 표현했다. 아른하임은 이러한 차이를 모차르트의 협주곡과 이 시대 음악 사이의 생생한 대조에 기인한 것으로 설명했다.

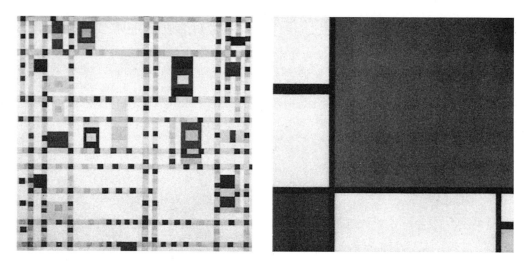

[그림 3-17] 몬드리안의 작품 〈브로드웨이 부기우기〉. 이 그림은 그의 일반적인 스타일과 달리 생동감과 쾌활함을 표현하고 있다. 여기선 빨간색과 파란색 그리고 노란색의 구성으로 보인다. 그렇지만 세베리니의 작품 〈가장무도회의 역동적인 상형문자〉(그림 3-2)와 비교해 보면 절제된 채 표현되었다.

구성주의적-관습적 견해

도상적 견해와는 아주 대조적으로, 극단적 구성주의자들은 그림이 임의적인 관습에 의거해서 감정과 느낌을 표현한다고 주장한다(Goodman, 1968). 도상적인 관계와 관습적인 관계 사이의 차이는 유사성이 있느냐 없느냐 하는 데 있다. 개를 그린 그림은 일반적으로 실제 개의 모습과 유사한 것으로 간주된다. 그러나 '개'라는 단어는 실제 개처럼 보이지도, 소리나지도 않는다. 그럼에도 임의적으로 그 단어가 지시하는 대상과 짝지어져 있다. 난생 처음 중국어를 들은 서양인들이 그게 대체 무슨 말인지 이해할 수 없는 것은 단어와 그 단어가 지시한 대상 사이의 임의적 관계 때문이다. 또 서양인들이 동양화가 재현하고 있는 대상들을 인식할 때 아무런 어려움도 겪지 않는 것은 그림과 그 그림이 지시하고 있는 대상 간의 도상적 관계 때문이다.

그림이 관습적인 수단에 의거해서 표현된다는 주장은 슬픔 또는 명랑함을 표현하는 형식적인 수단을 문화가 임의적으로 결정한다는 주장을 설명해 준다. 어두운 색조로 표현된 그림은 본래 침울한 분위기와 닮은 것이 아니다. 관찰자를 지배하는 문화에 따라서 이런 동일한 어두운 그림은 침울한 느낌을 표현할 수도 있고, 또 명랑한 느낌을 표현할 수도 있다.

형태주의자와 구성주의자의 견해에서 나타난 차이는 이 이론들이 재현 문제를 다루는 서로 다른 방식에서도 드러난다. 형태주의 이론의 경우, 그림이 재현해 놓은 것에 대한 지각은 단순성의 원리에 따라 즉각적이고 학습되지 않은 상태로 이루어진다. 구성주의 이론의 경우, 그림이 재현해 놓은 것에 대한 지각은 인지적 구성에 의존한다. 말하자면 관찰자는 세계에 대한 자신의 지식이나 자신이 속한 문화의 재현관습을 사용해서 단서들을 종합해야 한다. 따라서 형태주의 이론의 경우, 재현과 표현의 정확한 이해는 관찰자에게 어떠한 사전지식도 요구하지 않는다. 반면 구성주의 이론의 경우, 지식의 역할은 재현과 표현에서 너무나 중요하다.

	재현을 지각하는 일	표현을 지각하는 일
구성주의 이론:	세계에 대한 지식 또는 재현의 문화적 관습에 대한 지식을 통해 구성됨	표현에 관한 문화적 관습에 의해 구성됨
형태주의 이론:	단순성 원리의 조작에 의해 직접적으로 주어짐	지각적 패턴과 비시각적인 상태 간의 이형동질에 의해 즉각적으로 제시됨

표현에 대한 지각을 설명할 때, 형태주의 이론은 그림표상의 지각에 대한 직접지각 이론과 매우 유사해 보인다. 두 견해에 따르면 지각은 직접적이고 매개되지 않으며, 관찰자에 의해 보충될 필요가 없다.

표현이론 평가하기

만일 도상적 견해가 옳다면, 그림이 표현한 것에 대한 사람들의 견해는 상당한 일치를 보여야만 할 것이다. 게다가 사람들은 표현된 것을 이해하기 위해 꼭 학습할 필요도 없을 것이다. 유사성을 인식하기 위해서는 학습할 필요가 없기 때문이다. 만약 구성주의적-관습적 이론이 옳다면, 그림이 표현한 것이 무엇인지를 결정할 때 상이한 문화 간의 불일치가 나타날 것이 분명하다. 또 관습적 견해는 표현관습이 반드시 문화규범에 노출됨으로써만 학습된다고 예언한다.

불행히도, 표현에 대한 도상적 견해와 관습적 견해 중 어느 것이 옳은지를 결정할 수 있는 증거는 빈약하다. 그 증거는 세 가지 범주로 구분된다. 첫째, 문화 속 각 개인의 견해가 패턴이 표현하는 특성들에 대해 얼마나 일치된 것인지를 보여주는 연구들, 그리고 상이한 문화들 사이에서 일치의 가능성에 관해 조사한 연구들, 마지막으로 아이들이 표현된 것 어떻게 판단하는지에 관해 조사한 연구 등이 있다.

사람들이 문화 안에서 어떤 방식으로 표현을 지각하는지를 탐구한 연구들은 사람들 사이에 상당한 일치가 있음을 보여주었다(Arnheim, 1949). 예컨대 사람들에게 상이한 감정을 표현하는 선들을 그리게 했을 때 이들은 상당히 일치를 보였다. 어떤 연구에서는 직선과 각을 이룬 선만이 '흥분한', '성난', '단단한', '강력한' 것을 표현하는 데 사용되었다. 그리고 오직 곡선들로만 이루어진 선은 '슬픈', '고요한', '나태한', '즐거운' 것을 표현하는 데 사용되었다. 위로 향하는 선들은 '힘', '정열', '강인함'을 표현하는 데 사용되었고, 아래로 향하는 선들은 '약함', '우울'을 표현하는 데 사용되었다(Lundholm, 1921. 또한 다음 문헌들을 살펴보라. Hochberg, 1978; Kreitler and Kretler, 1972; Murray and Deabler, 1957; Peters and Merrifield, 1958; Poffenberger and Barrows, 1924; Springbett, 1960; Werner and Kaplan, 1963; Werner, 1954).

그러한 결과를 낳은 몇몇 연구들에 근거한다면, 어떤 문화 속 구성원들은 특정 지각패턴이 은유적으로 표현해 놓은 속성들에 관해 일치를 보인다는 결론은 옳을 수 있다. 그렇지만 이런 사실에 대한 일반적 믿음에도 불구하고 그것은 도상적 입장을 강력히 뒷받침해 주지는 못한다. 동일한 문화 안에서 살아왔고 또한 이미 성인들이기 때문에, 사람들은 표현에 대한 문화적 관습을 학습해 올 수 있었다. 도상적 입장을 입증하기 위해 사용된 유일한 결정적 검사는 그런 과제를 상이한 문화 간에 비교하여 실시하거나 아니면 너무 어려서 아직 관습을 학습하지 않은 아이들을 대상으로 삼아 연구할 수 있는 정도뿐이다.

비교문화적인 증거는 상반된 것들이 뒤섞여 있다. 한편에서는 단순패턴이 표현하고 있는 특성들에 대해 판단하도록 참여자들에게 요구했을 때 상이한 문화임에도 불구하고 얼마간의 일치가 나타났다(Werner and Kaplan, 1963; Osgood, 1960; Jakobits, 1969). 한편 특정 정서들이 어떻게 표현되는가에 대해서는 모든 문화들 간에 분명한 일치를 보여주지 못했다. 가령 서구문화에서 검은색은 사악한 또는 침울한 느낌을 표현하고 흰색은 순결, 순수, 경쾌함을 나타낸다. 그렇지만 이와 달리 북경의 오페라에서는 배우들이 경건하고, 정직하고, 또 곧은 성품을 표현하기 위해 검은색으로 분장하고 간악함과 교활함을 상징하기 위해 흰색으로 분장한다.

표현적 속성을 지각할 수 있는 어린 아이들의 능력에 대한 연구결과는 그들이 그림을 접했을 때 초등학생 수준이 되어야만 비로소 표현된 기분에 대해 민감성을 보인다는 결과를 제시했다(Carothers and Gardner, 1979). 하지만 이와 달리, 고립된 선분이나 색상표를 보여주었을 때는 심지어 취학 이전 아이들조차도 표현된 속성을 지각할 수 있었다(Gardner, 1979). 이런 결과는 표현에 대한 지각이 전적으로 임의적인 관습에 의해서만 형성되는 것이 아님을 보여준다.

복잡한 비교문화적 증거들에 따르자면, 가장 합리적인 결론은 우리가 (마치 명암처럼) 서로 다른 감각양식상의 지각패턴들 사이에, 그리고 (밝음과 긍정적인 효과처럼) 지각패턴과 심리적 상태 사이에 있을 수 있는 어떤 연관을 지각할 수 있는 능력을 타고난다는 사실일 것이다. 선천적으로 타고난 것은 서로 다른 문화들 사이에서 나타나는 일치, 그리고 아이들이 어른과 동일한 방식으로 표현을 지각할 수 있는 능력 등을 설명해준다. 그렇지만 문화는 우리가 선천적으로 타고난 능력 위에 새겨지며, 또한 우리가 태어나고 자란 특정문화는 타고난 능력(지각패턴과 심리적 상태의 연관성을 지각하는 능력)을 강화하기도 하고 무의미하게도 만들 것이다. 문화가 그 관계들의 힘을 빼앗아버릴 경우, 문화들 사이의 불일치는 어른과 아이들 사이에서도 나타날 것이다.

그림을 읽어내는 일은 별다른 어려움 없이 이루어지는 것일지도 모른다. 그럼에도 불구하고 예술작품을 의미 있는 것으로 만드는 일에는 지적일뿐더러 탐구적인 눈이 필요하다. 이는 특히 재현의 경우에 들어맞는다. 2차원 평면을 3차원적 공간으로 이해하는 일에는 관찰자들이 주어진 정보 이상의 것을 처리하는 능력이 필요하다. 이런 기술은 하나 이상의 수단에 의해 이루어진다. 즉 2차원적 재현은 관찰자들이 세계에 대해 알고 있는 지식에 의해, 그들이 재현관습에 대해 알고 있는 지식에 의해, 또는 단순성 원리의 조직적인 영향에 의해 풍성해진다. 이 기제들 각각은 독립적으로 작용하거나 아니면 서로 관련되어 작용할 수 있다. 두 개 이상의 원리들로 인해 두 가지 해석이 경쟁하게 될 때는 문맥에 의거해서 그 중 하나가 주도적인 역할을 해낼 법하다.

만일 지각수용자가 그림이 재현해 놓은 것만을 볼 수 있다면, 그 그림은 심미적인 역할을 하지 못할 것이다. 지도나 도식처럼 심미적이지 않은 그림들은 재현에 따라 상징적인 기능을 하지만, 오직 예술작품만은 표현에 따라 상징적인 기능을 수행한다. 지도를 평온하다고 하거나 도식을 슬프다고 한다면, 정말 이상할 것이다. 만일 그림이 심미적 방식으로 이해될 수 있다면, 표현을 읽어내는 일이 중요할 것이다.

짐짓 '심미적 태도는 올바르게 보아야 한다'는 식의 유혹에 빠져들지 말라고 한다. 그 대신 그림의 표면적 특성들에 주목해야 한다고 요구한다. 표면적 특성이란 분위기나 비감각적인 감각특성을 표현하기 위해 선이나 색 또는 결 등을 사용하는 일, 화면 위 형태들의 배열, 그리고 그 그림의 양식 등이다. 그런데 예술에 정통한 사람들은 별다른 어려움 없이 이 일을 해 낸다. 특별히 예술에 친숙하지 않은 사람들도 분명 이런 표면적 특성들에 주목할 수 있는 능력을 가지고 있다. 그렇지만 그들이 그런 특성에 자연스럽게 주목할 수 있는 것 같지는 않다.

화가가 작업할 때 사용해야 할 모든 것은 표면이다. 그러나 그들은 표면을 이리저리 조작함으로써 우리가 그 표면을 넘어서 3차원 공간으로 나아가거나 표현된 분위기를 이해할 수 있게 해 준다. 심미적 시각은 수용자가 표면과 그것이 관계하고 있는 표현된 특성 및 환영적인 3차원적 단계를 한 걸음 뒤로 물러나 이해할 것을 요구한다. 아마도 이는 다른 영역에서의 전문가가 되는 것이 무엇인가를 이해하게 해 줄 것이다. 언어의 경우를 예로 들어보자. 정상적인 사람은 문장을 통해 그것이 의미하는 내용을 바르게 알아들을 것이다. 그렇지만 이때 소리특성이나 정확한 어법처럼 언어의 표면적 특성들은 무시된다. 반대로 전문적인 시낭송자와 언어학자들은 문장의 표면에 귀기울이고 의미의 표면적 수준과 심층적 수준 간의 관계를 이해하려 한다. 회화예술의 전문가들 역시 그림의 표면적 특성이 환영적인 3차원이나 표현된 비시각적 특성과 어떤 관계에 있는지를 이해하기 위해 그것의 표면적 특성에 초점을 맞춘다.

제4장
순수한 눈

5세 아이와 어른의 대화:

"꽃 그림과 진짜 꽃 중에서 어떤 것이 더 예쁠까?" 하고 어른이 묻는다.

아이는 "꽃!" 하고 대답한다.

다시 어른이 "언제나?" 하고 묻는다.

아이는 "응!" 이라고 짧지만 단호하게 응수한다.

"왜지?" 라고 어른이 또 묻는다.

아이는 "음, 왜냐면 가끔 화가들은 내 머릴 뒤죽박죽으로 만들어 놓아요." 라고 한다.

누구도 2세 아이 앞에 책을 놓아주고, 그들이 그것을 읽을 것이라고는 기대하지 않는다. 반드시 '학습된' 기술이 있어야 글을 읽을 수 있다는 사실에 모든 사람들은 동의한다. 그러나 그림은 다르다. 대개 사람들은 그림이란 읽어서 될 일이 아니라고 믿는다. 즉 그림을 본다는 것은 직접적으로 이해한다는 것을 의미한다.

그렇지만 그런 가정이 전적으로 정당화된 것은 아니다. 경험 이전의 순진한 눈은 많은 경험을 겪은 눈과는 아주 다른 방식으로 그림을 이해한다. 그림을 이해하는 일은 단지 보는 것만으로는 충분치 않기 때문이다. 문어체의 경우처럼 그림의 어떤 측면들은 보여지는 것일 뿐만 아니라 읽혀져야만 한다.

6개월 된 아이도 컨스터블의 작품 〈와이벤호 공원〉(그림 3-1)을 마주하게 되면 거기 묘사된 친숙한 대상을 잘 인식할 수 있을 것이다. 게다가 그 아이가 예전에 이미 소를 본 적이 있었다면 분명히 그림 속 소를 알아볼 것이다. 그렇지만 아이는 모든 성인들이 즉각적으로 알아차릴 수 있는 깊이의 환영만은 지각할 수 없다. 예를 들어 아이들에게는 소들과 집이 서로 다른 공간층 위에 자리한 것으로 보이지 않는다.

3세 아이들의 경우라면 동일한 그림에서 깊이단서를 어려움 없이 읽어낼 것이다. 그들이 보기에, 분명 젖소들은 그저 집 앞에서 풀을 뜯고 있을 따름이다. 그렇지만 그림이 재현하고 있는 것에 그들이 지배당한다 하더라도 (그림의 표현, 구성, 양식 등) 그림의 심미적 측면을 완전히 이해한 것은 아니다. 그들은 그 작품이 표현하고 있는 경건함과 고요함을 깨닫지 못하며, 그 아이들은 화면 위에서 형태들이 균형 있게 유희하고 있다는 점을 보지 못할 뿐만 아니라 컨스터블이 그린 양식에 무감각하기조차 하다. 이 아이들에게 〈와이벤호 공원〉은 단지 암소 그림일 뿐이다. 그래서 그들은 이 그림이 소를 묘사하지 않은 컨스터블의 다른 그림들보다 다른 화가가 그린 소 그림과 더 비슷하다고 여긴다. 6, 7세가 되어서야 비로소 그림이 지닌 비재현적 혹은 심미적 요소들을 지각할 수 있다. 어떤 경우에는 성인으로 자라나서도 (표현이나 구성, 양식 등) 그림의 이런 측면들에 대한 성숙하고 의식적인 민감성을 제대로 키우지 못한 예도 있다.

간단히 말해서 그림의 다양한 측면들은 각기 다른 나이나 경험의 수준에서 지각되고, 이해된다. 아이들은 어른과는 다른 방식으로 그림을 지각하며, 그림에는 일반적인 성인이 볼 수 있는 것 이상이 있기 때문에, 무엇이 그들에게 심미적인 즐거움을 주는지는 발달수준에 따라 다를뿐더러 전문성의 수준에 따라서도 다르다. 회화에 대한 친숙성이 대개 그림 속에서 보이는 것이 무엇인지를 결정한다. 그와 반대로, 보이는 것은 우리에게 흥미를 끄는 그림의 유형을 결정한다.

묘사 대상 인식하기

과일 정물화를 바라보고 있는 성인들은 캔버스 표면에 있는 동그랗고 붉은 형태가 사과라는 것을 쉽게 안다. 또 그들은 그 사과가 현실의 것이 아니라 다만 재현물일 뿐이라는 점도 안다. 요컨대 그들은 붉고 둥근 원이 현실의 사과와 유사하다는 것을 안다. 그렇지만 그들은 그 차이도 안다. 과연 그들은 재현된 그림을 이해할 수 있도록 학습했는가, 아니면 타고난 능력인가?

서양문화 속에서 자라난 성인들은 사과 그림을 볼 수 있는 기회가 많았을 것이다. 어쩌면 그들은 누군가 다른 사과 그림을 가리키며 "사과"라고 명명하는 것을 보아왔을 수도 있다. 그들은 또 그림 표면을 만져볼 기회가 있었고, 그것은 실제로 먹을 수 없는 사과라고 확신했을 수도 있다. 그러므로 사과를 묘사한 이미지가 그 그림의 내용임을 알 수 있는 능력이 학습의 산물이라고 가정하는 일은 근거 없는 것이 아니다. 그러나 두 명의 심리학자들이 행한 실험은 이런 상식적인 가정에 의문을 제기했다(Hochberg and Brooks, 1962).

그림에서 대상을 인식하는 것이 선천적인 능력인지, 그림에 노출됨으로써 학습된 산물인지를 결정할 목적으로, 연구자들은 그림을 볼 수 없는 환경 속에서 한 명의 아이를 키웠다. 깡통에서 라벨들을 모두 제거했고 아무 그림도 벽에 걸어놓지 않았다. 또 그 아이가 읽을 책에서조차 그림을 없앴다. 이처럼 그 아이는 그림에 명칭을 부여하는 그 어떤 훈련도 받지 않았고 그림에 노출되지도 않았다. 그 아이가 두 번째 생일을 맞기 바로 전에 검사를 실시했다. 처음에는 그 아이에게 선묘화를 제시했고, 뒤이어 신발이나 열쇠처럼 익숙한 대상이 담긴 흑백 사진을 제시했다. 그러고나서 무엇을 보았는지 물었다. 연구자들은 놀라운 사실을 발견했다. 그 아이는 거의 모든 그림들에 정확한 명칭을 부여했다. 심지어 상세한 부분이 거의 생략된 가장 단순한 윤곽만을 지닌 도형들에 대해서조차도 그렇게 했다. 또한 그 아이는 신발 그림이 자기 신발과 유사하다는 것을 즉시 알아볼 수 있었다. 게다가 그 차이를 알아보았기 때문에 굳이 묘사된 신발을 자기 발에 대보려 하지 않았다. 이 연구는 묘사된 대상에 대한 인식이 그림에 대한 노출에 의존하지 않는 능력이라는 것을 보여주었다(또한 다음의 문헌들을 참고하라. Daehler, Perlmutter, and Myers, 1976; Jahoda, Deregowski, Ampene, and Williams, 1977).

그림으로 묘사된 대상을 인식할 때 교육이 필요한 것이 아니기 때문에 이런 능력은 2세의 아이에게는 물론이고 영아들에게서도 잘 나타날 것이다. 최근의 연구는 이런 예측을 입증해 보였다. 영아들이 그림을 어느 정도 지각할 수 있는지를 알아보기 위해서 연구자들은 '신기함-선호'(novelty-preference) 패러다임이라 불리는 것을 사용했다(Fagan, 1970). 이 패러다임은 유아들이 색다른 것을 선호한다는 사실을 이용한다. 익숙한 것과 색다른 것을 보여주고 그 중 하나를 선택하게 하면 그들은 새로운 자극을 선택한다. 신기함-선호 패러다임이 유지되는 가운데 유아들이 친숙해질 때까지 하나의 대상을 계속해서 제시했다. 그러고나서 다시금 원래 제시했던 자극과 새로운 자극 두 가지를 동시에 제시했다. 만일 그들이 원래 제시했던 자극을 알아본다면, 그 자극이 친숙하게 보인다는 것이므로 그것에 거의 관심을 두지 않을 것이다. 그 대신 새로운 자극을 보고 싶어할 것이다.

유아들의 그림 지각을 연구한 또 다른 사례가 있다. 그 실험에서는 부모들이 5개월 된 아이를 무릎에 앉혀놓은 채 그 아이에게 동일한 두 개의 3차원 인형을 1분 동안 동시에 보여주었다(DeLoache, Strauss, and Maynard, 1979). 그러고나서 그들에게 다음과 같이 세 개의 서로 다른 인형 쌍들을 보여주었다. 친숙한 인형과 새로운 인형, 그리고 친숙한 인형 및 새로운 인형을 기록한 컬러사진, 마지막으로 친숙한 인형 및 새로운 인형을 기록한 흑백사진. 이 인형 쌍들을 아이들에게 10초 동안 제시하고, 그동안 관찰자들은 아이들이 자극들을 응시한 시간을 기록했다.

기대한 대로 기존 인형과 새로운 인형 가운데 하나를 선택하게 하면 아이들은 새로운 인형을 더 오랫동안 응시했다. 놀라운 것은 컬러사진과 흑백사진에서도 동일한 결과가 나타났다는 사실이다. 이전에 보았던 인형 사진과 새로운 인형 사진 가운데 하나를 선택하게 했을 때 아이들은 새로운 인형을 기록한 사진을 더 좋아했다. 이러한 사실은 유아들이 실제 인형과 그것을 기록한 사진 사이에 나타난 유사성을 지각한다는 것을 보여준다.

동일한 연구에서, 유아들은 얼굴을 기록한 컬러사진과 동일한 얼굴을 선으로 묘사한 그림 사이에서도 유사성을 지각할 수 있음을 보여주었다. 이러한 사실은 정말 인상적이다. 왜냐하면 얼굴 사진과 그것을 선으로 묘사한 것 사이에 보이는 유사성은 개별 특징들을 토대로 한 것이 아니고 더 추상적인 수준에서 나타나기 때문이다. 컬러로 기록된 얼굴 사진과 얼굴을 흑백으로 스케치한 것 사이에서 유사한 것은 눈과 입을 묘사한 방식이 아니고 얼굴이 지닌 전반적인 패턴과 지향(orientation)이다.

이 실험에서 유아들이 보여준 내용이 과연 그림과 대상을 구별하지 못하는 그들의 무능력에서 오는 것인지, 둘 사이의 유사성의 차이를 지각할 수 있는 능력에서 기인한 것인지를 결정하기 위해, 여기서도 '시각-선호' 패러다임을 사용할 수 있다. 이 패러다임에서는 유아들에게 두 개의 자극을 제시한다. 만약 그들이 하나의 자극만을 더 오랫동안 바라보면 그들은 둘 사이의 차이를 지각한다고 결론지을 수 있다. 그러나 유아들이 각각의 자극을 동등하게 바라본다면 아무런 결론도 내릴 수 없을 것이다. 왜냐하면 그들이 차이를 지각할 수 있다 하더라도 어떠한 선호도 보이지 않을 수 있기 때문이다.

연구자들은 5개월 된 유아에게 이 같은 패러다임을 적용해서 네 개의 다른 자극 쌍을 보여주었다. 첫째, 실제 인형과 그것의 컬러사진. 둘째, 동일한 인형과 흑백사진. 셋째, 임의의 얼굴을 기록한 컬러사진과 그 얼굴을 선으로 묘사한 그림. 마지막으로 임의의 얼굴을 기록한 컬러사진과 동일한 얼굴의 흑백사진(DeLoache et al., 1979). 모든 경우에 응시시간은 각각의 쌍을 구성하고 있는 두 요소들 사이에서 분명한 차이를 보였다.

이는 유아들이 3차원 대상과 그것에 대한 2차원적 재현 사이의 차이를, 그리고 어떤 대상과 그것을 다른 유형으로 재현한 2차원적 표상 간의 차이를 식별할 수 있음을 보여준다. 모든 경우 유아들은 더 사실적인 자극을 선호했고, 사진보다는 3차원적인 대상을 더 오랫동안 응시했다. 그리고 그들은 흑백사진이나 선묘화보다는 컬러사진을 더 오랫동안 바라보았다(Dirks and Gibson, 1977; Fantz, Fagan, and Miranda, 1975; Field, 1976; Rose, 1977; Ruff, Kohler, and Haupt, 1976).

비록 이 결과가 유아들이 대상에 그림을 대응시킬 수 있고, 그 양자 사이를 식별할 수 있음을 분명히 보여준다 할지라도 이런 사실이 곧 그림이 유아에게 재현으로써 작용한다는 결론을 보여주는 것은 아니다. 사실상 태어난 뒤 1년 동안 유아들은 상징적 능력을 갖고 있지 않기 때문에 그림이 다른 무엇인가를 대신하고 있음을 인식하기는 거의 불가능해 보인다(Piaget, 1963). 유아들이 그림을 어떤 것에 대한 재현물로 여기지 않는다는 또 다른 증거가 있다. 이는 그들이 그림을 대상과 동일한 방식으로 취급한다는 사실이다. 예컨대 유아들은 얼굴을 묘사한 그림을 보고 미소를 지으며 사회적 상호작용을 나타낸다(DeLoache et al., 1979). 또 3차원으로 재현된 대상이나 그림을 잡으려고 손을 뻗는 모습이 관찰되기도 했다(Field, 1976; Bower, 1972). 따라서 유아들은 그림과 대상 사이의 유사성 및 차이를 식별할 수 있는 반면, 그들에게 그림이란 단지 바라보기에 재미있거나 여타의 흥미로운 대상일 뿐 그 어떤 상징적인 재현의 지위를 갖지 않는다.

그림으로 그려진 대상에 대한 인식은 유아들에게는 물론 원숭이, 침팬지, 심지어 비둘기들에게서도 나타나는 것처럼 보인다(Cabe, 1976; Davenport and Rogers, 1971; Hayes, 1951; Patterson, 1977; Zimmerman and Hochberg, 1963, 1971; Winner and Ettlinger, 1979. 그러나 이 마지막 실험의 경우에는 침팬지에게서 그림 인식을 증명하지 못했다). 그렇지만 유아들처럼 인간 이외의 영장류들도 실제 사물과 그것을 묘사해 놓은 그림 사이를 혼동하는 듯하다. 가끔 원숭이들은 묘사된 대상을 잡으려고 손을 뻗기도 한다. 또 손목시계 그림을 보면 초침소리를 들으려고 그 그림 쪽으로 귀를 가져가는 것으로 알려졌다(Kennedy, 1974). 이와 동일한 행동들이 침팬지들에게서도 관찰된 바 있다(Hayes and Hayes, 1953).

이 모든 연구들은 단순한 사실적 그림에 대한 인식이 어떻게 이루어지는지를 다룬 것이다. 이보다 더 복잡한 그림을 지각할 때 관찰자들은 더 많은 능동적 전략을 필요로 한다. 이런 경우에 그림을 인식하는 일은 아마 학습뿐만 아니라 인식하는 사람의 성숙도에도 의존할 것이다.

대상을 최소한의 힌트만으로 묘사해 놓은 그림을 접했을 때 아이들은 그것이 묘사하고 있는 내용들을 쉽게 알아보지 못했다. 예들 들어 선만으로 불완전한 윤곽을 그린 그림(Gollin, 1960, 1961), 선 몇 개만으로 그린 기하학적 도형(Piaget and Inhelder, 1967) 그리고 초점을 흐리게 해서 찍은 사진(Potter, 1966) 등에 대한 인식은 나이가 들수록 잘 이루어진다. 우리는 윤곽을 도식적으로 묘사한 그림처럼 추상적인 자극 배열과 실제 대상 양자 사이의 유사성을 인식할 수 있도록 '신경학적으로 구조화된' 듯하지만, 극단적으로 빈약하게 제시된 그림을 읽어내기 위해 그런 것이 미리 구조화되어 있지는 않은 듯하다. 대신에 그런 그림을 인식할 때는 상당한 정도의 추측작업이나 추리 그리고 영아에게서는 찾아볼 수 없는 인지전략 등이 필요하다.

하나의 방식만으로는 해석할 수 없는 애매한 그림을 볼 때 거기에 있을 법한 부적절한 정보들을 무시하지 못하는 어린 아이들의 경우 또한 문제가 있을 수 있다. 어떤 연구에서는 아이들에게 사람처럼 분리되지 않고 완전한 대상의 각 부분들이 과일처럼 분리된 대상들로 묘사된 그림들을 보여주었다(Elkind, 1970; Elkind, Anagnostopoulou, and Malone, 1970). 이처럼 그림들 중 하나는 머리가 사과로 다리가 바나나로 된 사람을 재현해 놓은 것이었다. 7세가 채 못 된 아이들은 묘사된 것의 외형을 사람 및 과일의 부분으로 보지 못했다. 대신에 그 아이들은 사람을 보았다고 말하거나 아니면 과일 몇 개를 보았다고 했다. 그러나 이미 나이가 든 성인들은 사람과 과일 둘 다를 볼 수 있었다. 게다가 그들은 그것들 사이의 관계를 기술할 수도 있었다. 유사한 연구는 파묻혀 숨어 있는 형태를 찾아내는 과제, 즉 한 개의 구성요소가 서로 다른 두 개의 전체에서 부분을 이루고 있는 과제를 아이들이 제대로 수행하지 못한다는 것을 보여주었다(Ghent, 1956).

또 다른 유형의 그림에서도 아이들은 어려움을 겪는다. 구체적으로 말하자면, 질주하고 있는 차 뒤에 선을 그어 묘사함으로써 대상이 움직이고 있다는 것을 나타내는 그림, 즉 '이동의 경로' 같은 문화적 관습을 사용한 그림들이다(Friedman and Stevenson, 1980). 분명 이러한 그림의 의미를 이해하기 위해서는 문화가 움직이는 물체를 어떤 방식으로 묘사하는지를 학습할 필요가 있다.

아이들은 애매하고 빈약하게 그려진 그림을 이해하는 데 어려움을 겪는다. 이는 그들이 아직 체계적인 탐색전략을 갖고 있지 못하기 때문이다. 6세 아이는 그림을 바라볼 때 눈을 넓은 폭으로 몇 번만 움직이기보다는 오히려 좁은 폭으로 여러 번 움직인다. 그래서 어른들과 달리 그림을 완전하거나 체계적으로 경험할 수 없다. 또한 이들은 독특한 하나의 특징에만 주의를 기울인 채 그 주변을 둘러봄으로써 이 특징의 정체를 밝히려 하는 반면, 4, 5세 이하의 아이들은 하나의 지배적인 특징에 초점을 맞춰 그것을 위에서 아래로 검색을 해 나간다(Braine, 1972). 그래서 지배적이지 못한 특징이 전면에 나타나면, 그들은 그 특징을 알아보지 못할 것이다. 그런 탐색전략이 주어졌을 때 아이들은 대개 그림의 정보적 측면을 인식하지 못하고 만다. 이러한 현상들이야말로 어째서 아이들이 비약적으로 또는 모호하게 제시된 표상을 인식할 수 없는지를 설명해 줄 수 있을 것이다.

아이들도 명료한 그림을 어떤 대상의 재현으로 인식할 때는 학습이 필요 없기 때문에 그림 없는 세상에서 살아온 성인들 역시 그림을 처음 볼 때도 그것을 인식하는 데에는 별다른 어려움을 겪지 않을 것이다. 20세기 초에 10년 동안 그림 없이 생활하는 문화를 연구한 인류학자들은 이와 반대되는 결과를 발표했다(Kennedy, 1974; Segall, Campbell, and

Herskovits, 1966). 이에 따르면 그림이 없는 문화에서 성장한 어른들이 난 생 처음 그림을 보았을 경우 아주 곤혹스러워했고, 그것이 무엇인지를 알기 위해 여러 번 심사숙고 해야만 했다는 것이다. 따라서 그림을 인식 하는 것은 학습을 통해서 그림에 많이 노출된 결과 이루어진다는 결론이 도출되었다.

그러나 그림에 익숙하지 않았던 사람이 그림을 보자 처음에 당황해했 다는 사실이 필연적으로 그들이 회화적인 표상을 인식할 수 없다는 것을 의미하지는 않는다. 어쩌면 단지 그들은 전혀 낯선 대상을 보았을 때 그 대상을 경이롭게 여겨 유심히 살펴볼 수 있는 것처럼 그림을 그렇게 대 했던 것일 수도 있다. 사실상 이보다 더 통제된 상태로 이루어졌던 비교 문화적 연구에서는 그림을 처음 본 성인들이 거기에 묘사되어 있는 대상 을 인식할 수 있다는 사실이 증명되었다(Hudson, 1960; Hagen and Jones, 1978). 이들은 상세한 컬러 슬라이드 필름과 사진들을 보여주었을 때도 그 대상을 쉽게 인식하는 듯했다. 그림 없이 생활하는 문화에 속한 사람 들에게 흑백 사진과 흑백 실루엣 그림을 보여주었을 때도 인식은 여전히 잘 이루어졌지만 한 가지 조건하에서만 그랬다. 사람들은 자주 그림이 무엇인지를 '이해하려는' 과정을 거치는 듯하다. 어쩌면 그들은 종이 위 의 형태가 어떤 의미를 지니는지 처음에는 깨닫지 못할지도 모른다. 그 형태가 이미 잘 알려진 동물처럼 외부세계의 대상을 재현한 것이라는 사 실을 이해하게 될 때, 그들은 전체를 인식하기에 앞서('다리', '꼬리', '눈' 등) 묘사된 각 부분들에 이름을 붙이는 것처럼 직접적으로 해석할 필요가 있다(Deregowski, Muldrow, and Muldrow, 1972). 아니면 그들에게 묘사된 대상이 무엇인지를 말해 줄 필요가 있을지도 모른다. 일단 그들 이 이러한 정보를 얻고 나면 그것의 구성성분들을 식별할 수 있다 (Kennedy and Ross, 1975). 지각이 타고난 능력은 이 정도일 수 있지만, 약간의 자극만 주어져도 그 능력은 발현된다.

위와 같은 발달 연구와 비교문화적 연구 사이에는 모순이 존재한다. 어린 아이들은 분명한 그림을 즉각적으로 인식하는 반면, 다 자란 어른들은 그림을 처음 보면 혼란스러워한다. 이런 상충적인 결과를 설명하는 몇 가지 방식들이 있다. 첫째, 어린이들에게 제시된 그림은 그림이 없는 문화에서 성장한 어른들에게 제시된 그림보다 훨씬 단순했다는 것이다. 그런데 이 설명 자체로 모순을 야기할 수 있을지도 모르겠다. 무엇보다도 아이들은 빈약하거나 모호한 그림처럼 복잡한 유형의 그림을 인식하기 어렵기 때문이다. 심지어 서구문화에서 자란 성인들조차도 항공사진과 같은 전형적이지 않은 그림을 지각할 때는 어려움을 겪는다(Cockrell and Sadacca, 1971; Powers, Brainard, Abrams, and Sadacca, 1973). 모순을 설명하는 또 다른 방식이 있는데, 거기에 참여자로 참여했던 성인들은 그림 없이 생활하는 세계에서 다년간 지냈던 경험을 소유한 사람들이었다. 아마도 그들은 새로운 대상에 마주쳤을 때는 습관적으로 사용할 수 있는 일련의 전략을 발달시켰을 것이다. 그리고 이 전략은 대상을 그림으로 해석하게 하는 기제를 포함하지 않았을 것이다. 그래서 이러한 어른들이 난생 처음 그림을 보았을 때 하루하루 새로운 것을 익혀나가야 하는 아이들이 그것을 보았을 때보다 그림이 더 낯설게 보였을 것이다.

그림에서 깊이 지각하기

그림 속 대상을 인식하는 능력은 학습뿐만 아니라 발달 수준에도 영향을 받지 않는 듯하다. 그러나 그림에서 깊이를 인식하는 능력은 그렇게 단순하지 않다. 유아들이 정상적인 환경에서 깊이단서를 파악할 수 있다는 사실은 이미 실험을 통해 증명되었지만, 그림 속에서 깊이를 읽어낼 수 있는 능력은 태어나면서부터 주어지지 않는다.

유아들이 회화적 깊이지각 능력을 가지지 못했다는 사실은 6주 내지 8주된 아이들을 대상으로 한 실험에서 입증되었다(Bower, 1966). 아이들의 눈에서 1미터 떨어진 위치에 한 면의 길이가 12인치인 흰색 입방체를 놓았다. 이 입방체가 눈 앞에 나타나면 머리를 살짝 한 쪽으로 돌리도록

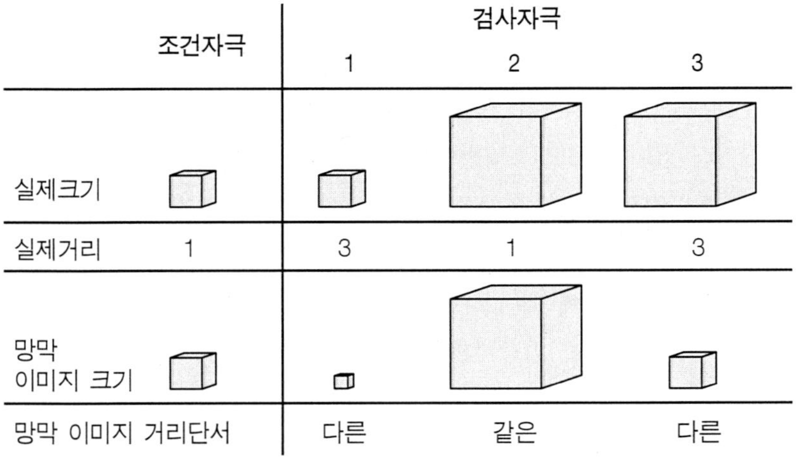

[그림 4-1] 유아들의 깊이 지각을 검사하기 위해 사용한 형태들. 유아들은 1미터 떨어진 12인치 크기의 입방체에 반응하도록 훈련받았다(이 자극이 조건자극이다). 그림에서 오른쪽은 검사자극들이다. 각각 3미터 떨어진 12인치 크기의 입방체, 1미터 떨어진 36인치 크기의 입방체, 그리고 3미터 떨어진 36인치 크기의 입방체 등이다. 실제 대상을 사용했을 때 유아들은 거리단서를 지각해 냈다. 하지만 사진 이미지를 사용했을 때는 회화적인 깊이단서를 무시한 채 망막에 비춰진 단서들의 크기에 반응했다.

그들을 훈련시켰다. 1미터 거리에서 제시된 이 입방체는 조건자극이 된 셈이다. 이 훈련은 연구자가 조건자극을 제시했을 때 그들이 머리를 돌리면 "까꿍!" 하고 말해 주는 식으로 보상을 줌으로써 완성되었다. 그러고나서 다시 그들에게 다음과 같은 네 개의 자극들 중 하나를 제시했다. 3미터 떨어진 12인치 입방체, 1미터 떨어진 36인치 입방체, 3미터 떨어진 36인치 입방체 또는 조건자극 자체. 아이들이 "까꿍!" 하는 소리를 들을 것이라고 기대하면서 각 자극에 대해 반응해서 머리를 돌렸던 그 횟수가 기록되었다. 이 검사가 이루어지는 동안 그들에게 아무런 보상도 주지 않았다.

우리는 조건자극이야말로 고개를 돌리는 반응을 가장 빈번하게 유발할 것이라고 기대할 수 있다. 그 다음으로 빈번한 반응을 유발하는 자극은 아이들이 조건자극과 가장 비슷한 것으로 지각한 자극일 것이다. 그 결과 조건자극 다음으로 3미터 떨어진 12인치 입방체가 가장 높은 빈도의 반응을 유발했다. 1미터 떨어진 36인치 입방체가 그 뒤를 이었다. 크기와 거리에서 조건자극과 가장 다르지만, 망막에서는 조건자극과 동일하게 3미터 떨어진 36인치 입방체가 가장 낮은 빈도의 반응을 유발했다. 이 같은 실험결과는 유아가 조건자극에 의해 생성된 망막상의 이미지 크기보다 조건자극의 실제 거리와 실제 크기에 반응하고 있다는 사실을 보여준다. 비록 망막상에 더 큰 이미지가 제시되더라도 유아들이 눈 앞에서 1미터 떨어진 더 큰 입방체를 향해 고개를 돌림으로써 조건자극의 실제 거리에 반응했다는 사실은 그들이 3차원 환경에서 깊이를 지각할 수 있음을 보여주었다. 그러나 그들에게 실제의 입방체 대신 입방체를 기록한 슬라이드 필름을 보여주었을 때는 아주 다른 방식으로 과정을 처리했다. 이 경우에는 3미터 떨어진 36인치 입방체가 조건자극과 동일한 빈도로 반응을 유발했다. 결국 회화적인 조건에 놓인 유아들은 조건자극과 동일한 망막 이미지를 만들어내는 입방체 그림을 향해 고개를 돌림으로써 망막의 크기단서에 반응했다. 선원근법이나 그림자 만들기처럼 슬라이드 필름 속의 회화적인 거리단서들은 분명 나타나지 않았다.

양안단서와 운동시차단서들은 그림이 평면이라는 사실을 명백히 해준다. 그림을 바라보는 사람이 그림에서 깊이를 인식하려면 이런 단서를 무시하는 대신 선원근법이나 결의 정도 변화 같은 다른 단서에 의존해야 한다. 그렇지만 역으로 그런 단서들은 엄청나게 많은 해석과 단순성 원리의 조작에 의해 보충되어야 한다. 그림 속의 깊이단서들은 일상환경에서 이용할 수 있는 단서들보다 훨씬 빈약하고 애매하기 때문에, 또 그것들이 제공한 정보가 양안단서와 운동착시에 의하여 제시된 단서와 서로 상충하기 때문에, 유아들이 그림에서 깊이를 지각할 수 없다는 사실은 그리 놀라운 것이 못 된다.

그림에서 깊이를 지각하는 일은 선천적으로 이루어지지 않을지는 몰라도, 최소한 3세의 어린 아이들에게서도 나타난다. 3세나 이보다 좀더 나이 먹은 아이들에게 집 두 채가 묘사된 그림을 보여주고, 그 집들 가운데 어떤 것이 더 멀리 떨어져 있는지 판단하게 했다(Olson, 1975). 거리 단서는 화면 안에서의 높이(집 한 채는 다른 채보다 대개 더 높은 곳에 자리 하고 있다), 중첩(흔히 더 가까이 있는 집이 멀리 있는 집을 가린다) 그리고 선원근법(묘사된 것들 중 어떤 것은 단계적으로 수렴해 가는 선을 보여준다) 등을 포함하였다. 3세의 아이들은 높이나 중첩의 깊이단서일 경우, 그것 들이 분리되어 제시되든 합쳐져서 제시되든 거의 완벽하게 반응했다. 하 지만 거기에 선원근법 단서가 부가되더라도 더 이상의 유의미한 반응 향 상은 나타나지 않았다(Olson, Pearl, Mayfield, and Millar, 1976; Wohlwill, 1965; Yonas, 1979; Yonas, Goldsmith, and Hallstrom, 1978).

수많은 연구들에서 입증되었듯이 아이들을 회화적 깊이 지각능력을 지니고 있다. 하지만, 특정 조건에서는 성인들에 비해 정확한 깊이지각 을 하지 못했다. 그림이 관객과의 사이에서 잘못된 위치나 지점에 걸려 있을 때 그 같은 특정 조건이 만들어진다. 그림을 잘못된 위치에서 보게 되면 대개 원근법적인 왜곡이 나타난다(그림 3-4). 성인들은 무의식적으 로 이런 왜곡을 교정하는 듯하다(Rosinski, Mulholland, Degelman, and Faber, 1980). 그러나 아이들이 그 그림에서 깊이를 판단할 때는 정확성에 서 유의미하게 뒤떨어짐이 나타났다(Cooper, 1977; Hagen, 1978).

그림에서 상대적인 깊이를 지각할 수 있는 능력은 이미 3세 정도의 어 린 나이 때부터 나타나는 것처럼 보인다. 하지만 그들은 묘사된 하나의 대상이 그림 속 다른 대상과 상대적으로 얼마나 멀리 떨어져 있는지를 정확히 판단하려 할 때 큰 어려움을 겪는다. 우리는 이런 능력을 절대적 깊이 판단이라고 이해한다. 예컨대 좁은 통로에 서 있는 3세 아이들에게 자기가 서 있는 위치로부터 다양한 거리로 떨어져 있는 실제 대상의 크 기를 판단하게 했을 때는 성인들처럼 정확히 해낸 반면, 이것을 그림에 그대로 적용했을 때는 7세의 아이조차도 성인들만큼 정확히 해내지 못 한다(Yonas and Hagen, 1973).

그렇지만 성인들조차도 그림 속 대상들 간의 정확한 거리를 산출해 내 지는 못한다(Hagen, 1978; Perkins, 1979). 묘사된 대상들 간에 원근을 준 그림을 보았을 때 그들은 읽어내야 할 거리보다 얕은 원근으로 그 그림을 해석하는 경향이 있다. 원근법적 단서가 만들어 놓는 것보다 얕게 깊이를 지각하려는 경향은 다음과 같은 사실에서 기인한다. 즉 양안단서와 운동시차단서는 우리에게 화면이 평평하다고 주장하므로 이것이 원근법적 단서가 제공하는 정보와 경쟁하기 때문이다.

회화적 깊이 지각이 과연 깊이단서를 가진 그림에 계속 노출됨으로써 이루어지는 것인지, 그러한 경험과는 독립적으로 발달하는 것인지를 밝히기 위해 연구자들은 그림이 없는 문화 속에서 살았던 성인을 대상으로 연구해 왔다. 그림 없는 문화에서 대상 인식이 어떻게 이루어지는지를 탐구했던 연구에서와 마찬가지로, 이런 문화에서 이루어지는 깊이 지각에 대한 연구는 그림을 광범위하게 보지 않고서는 결코 깊이단서를 읽어낼 수 없다는 점을 보여주었다. 그와 같은 주장을 했던 고전적 연구는 남아프리카에서 이루어졌다(Hudson, 1960). 그림에 익숙하지 않았던 반투 족 성인들과 아이들에게 깊이가 드러나는 다양한 그림들을 보여주었다. 그림 전면에 서 있는 사냥꾼은 영양을 향해 창으로 찌르려는 자세를 취하고 있다(그림 4-2). 저 멀리에는 코끼리가 언덕 위에 서 있다. 이 그림

[그림 4-2] 회화적인 깊이 지각을 검사하기 위해 사용한 그림. 예전에 한번도 그림을 본 적이 없는 성인은 이 그림에서 깊이를 지각해 내지 못했다. 그래서 그는 그림 속 남자가 창으로 코끼리를 겨눈다고 생각했다.

에서의 깊이단서는 중첩(관찰자에게 더 가까운 언덕은 뒤에 있는 언덕을 부분적으로 가리고 있다)과 익숙한 크기(코끼리가 실제로 영양보다 크지만 더 멀리 떨어졌다는 것을 나타내기 위해 더 작게 묘사되었다)였다. 그림에서 대상들을 알아보게 한 뒤 참여자들에게 사람과 두 동물의 관계를 물어보았다. "사람은 무엇을 하고 있는가, 어떤 동물이 사람과 가까이 있는가?" 위와 같은 깊이단서를 정확하게 읽어냈다면 사냥꾼이 영양을 찌르려 한다고 말해야 할 것이다. 그러나 이 그림에 깊이가 없다고 읽어낸다면 사냥꾼이 코끼리를 찌르려 한다고 말할 것이다. 빈번히 반투족 성인들과 아이들은 사냥꾼이 코끼리를 겨냥하고 있는 것으로 여겼다. 결국 그들은 이 그림을 2차원적으로 지각했던 것이다. 이러한 사례는 그림에 얼마나 자주 노출되었느냐가 회화적 깊이를 지각할 때 필요조건이라는 사실을 보여준다.

그러나 이 결론은 의문의 여지가 있다. 가장 큰 문제는 사용된 그림이 모호하다는 점이다. 말하자면 코끼리처럼 멀리 있는 대상이 너무 크다 (Hagen and Jones, 1978). 서양 사람들도 이런 그림을 보면 그 깊이를 그리 정확치 않게 지각한다. 예를 들어 스코틀랜드의 성인들 가운데 오직 69%만이 옳게 반응했다(Jahoda and McGu, 1974). 이 그림을 미국 대학생들에게 보여주었을 때도 다수의 학생들이 과연 사냥꾼이 코끼리를 공격하는 것인지, 영양을 공격하는 것인지 결정할 수 없었다(Kennedy, 1974; Winner, 1980).

비교적 모호하지 않은 다른 그림을 사용한 연구들은 그림에 노출된 적이 없었던 성인들도 깊이단서를 정확하게 읽어낸다는 사실을 제시했다 (Hagen and Jones, 1978). 수많은 연구들이 그림에 낯설었던 사람들이 서구 사람들보다 낮은 수준으로 반응했다는 사실을 보고해 왔지만, 이런 근소한 차이는 과제의 본질을 이해시키려 할 때 마주치는 어려움, 즉 비교문화적 연구에서 나타나는 문제에 기인하는 것으로 볼 수 있다(Cole and Scribner, 1974). 그림 없는 문화에서 자란 성인들도 그림을 3차원적 광경의 재현으로 읽어낼 수 있다는 사례는 그림에 대한 노출 정도가 회화적인 깊이지각에서 필요조건이 아니라는 결론을 이끈다. 그림에서 깊이를 지각할 수 있는 능력은 분명 성숙한 정도에 기인하는 것이며, 회화적인 세계가 아닌 3차원의 세계와 교류하는 가운데 이루어지는 지각 학습에 기인하는 것이기도 하다. 이런 결과들은 원근법이 시각적 정보에 대한 충실한 재현이기보다는 오히려 관습적인 단서임을 주장하는 극단적인 구성주의에 대해 이의를 제기한다(Goodman, 1968).

회화적 표현 이해하기

회화적인 재현을 읽을 수 있는 능력의 일부분은 타고난 것이고, 그렇지 않더라도 비전형적인 유형의 그림을 읽어내는 것을 제외하고는 그림을 이해하는 능력은 몇 년 이내에 완전히 형성된다. 그렇지만 그림의 다른 상징형식에 대해서는 어떨까? 그림 속의 선과 색상은 뜨거운 느낌이나 소란스러운 느낌 혹은 고요한 느낌 등처럼 시각적 특성뿐 아니라 감각특성까지도 표현할 수 있다. 또한 그것들은 슬픔, 명랑함 혹은 불안 등의 정서적 상태도 표현할 수 있다. 그림이 표현하고 있는 것을 지각하는 능력은 그림에 대한 노출경험을 통해 학습될 수 있는가, 그림에서의 대상 인식처럼 그 능력은 일부분 선천적으로 주어지는 것인가?

이러한 문제들을 다룬 이 연구들 중에서 몇몇은 색상이나 선과 같은 단순 추상 자극의 표현성을 평가할 수 있는 아이들의 능력을 탐구했다. 다른 연구들은 아이들이 실제 작품에서 드러나는 표현성을 지각할 수 있는지를 조사했다. 이 두 유형의 연구는 서로 상이한 결과를 보여주었다.

한 연구유형에서는 3세에서부터 성인 연령에 이르는 참여자들에게 색상견본과 선처럼 비언어적인 자극 쌍들을 보여주었다. 그리고 이들 각각의 쌍을 '행복한-슬픈', '소란스러운-조용한', '딱딱한-부드러운' 처럼 서로 반대되는 일련의 형용사에 대응시키게 했다(Gardner, 1974a). 11세 반 정도 나이의 아이들은 성인과 마찬가지로 다양한 감각영역에서 반대

형용사를 능숙히 배치한다는 사실이 입증되었다. 이렇게 해서 그들은 직선과 곡선에 대해서 각각 '단단하다', '부드럽다'에 대응시켰고, 굵은 선과 가는 선에 대해서 각각 '소란스럽다', '조용하다'에 대응시켰다. 노란색과 자주색에 대해서는 각각 '행복하다', '슬프다'에 대응시켰다. 7세 아이들도 거의 모두가 과제를 잘 수행했다. 그리고 미취학 아이들도 대응에 대한 이유를 설명하지는 못했지만 우연 이상의 수준으로 잘 수행했다. 그래서 행복한 선이나 색 혹은 슬픈 선이나 색을 선택하게 했을 때, 그리고 한 쌍에 포함된 요소 하나가 어떤 것과 잘 맞아떨어지면 나머지 다른 요소도 자동적으로 어떤 것과 잘 맞아떨어지게 되는 강압선택 과제(a forced choice task)가 주어졌을 때, 취학 전 아이들이 시각 자극의 표현적 속성에 대한 민감성(sensitivity)을 지니고 있다는 것을 입증하였다 (Lawler and Lawler, 1965; Walton, 1936).

시각패턴에서 표현적 특성을 지각하는 능력이 마치 어른들이 밝은 색은 '행복함'을 나타낸다고 하듯이 학습된 연합의 결과인지, 그런 능력이 신경계에 의해 결정되는 것인지는 이 연구만으로는 결정할 수 없다. 가장 어린 아이들이라 해도 이미 3세 정도였기 때문이다. 그러나 유아들을 대상으로 한 최근의 연구는 이런 능력이 선천적으로 주어질 수 있다는 것을 제시했다. 일련의 연구에서 6개월 된 유아들이 점선과 맥박 뛰는 소리나 혹은 연속적인 선과 연속적인 톤처럼 시각적 자극과 청각적 자극 사이의 유사성을 지각할 수 있다는 사실이 증명되었다(Wagner, Winner, Cicchetti, and Gardner, 1981). 예컨대 유아들은 박동소리를 들었을 때 점선을 바라보려 하고, 계속적인 톤에 귀를 기울일 때는 연속적인 선을 보려 한다. 또 다른 연구에서는 3주 된 유아가 밝은 색과 큰 소리 사이의 유사성을 지각할 수 있다는 것이 입증되었다(Lewkowicz, 1980). 그러므로 매우 초보적이며 비반사적 수준에서 시각적 특성과 청각적 특성 사이의 유사성을 지각하는 능력은 이미 선천적으로 주어진 것처럼 보인다. 이러한 유사성은 시각적 패턴과 심리적 상태 사이의 유사성처럼 추상적이기에 어쩌면 시각패턴이 표현하는 심리적 특성을 유아들이 지각할 수 있는 것처럼 보일지도 모른다. 이 문제는 연구하기가 매우 어려운 것이 사실이지만, 유아에 관한 연구분야는 급속히 발전하고 있으므로 이 문제에 대한 해답도 향후 10년 이내에 나타날 수 있을 것으로 본다.

실제 예술작품, 특히 표현된 것이 묘사된 것과 주의를 끌기 위해 경쟁해야만 할 경우 표현적 특성을 아이들이 지각할 수 있는지에 답하고자 한 연구는 아이들이 사춘기가 되어야 비로소 그림의 표현적 특성을 자발적으로 기술할 수 있다는 것을 보여주었다. 예를 들어 이 정도 나이에 이르지 못한 아이들은 그림을 '따뜻하다' 거나 '슬프다' 고 말하지 않는다(Machotka, 1966). 그럼에도 아이들은 그런 특성이 자연스럽게 진술되기 이전에 표현된 특성을 지각할 수는 있다. 이러한 사실은 표현된 분위기 외의 모든 면에서 동일한 그림 쌍들을 완성하도록 아이들에게 요구했을 때 입증되었다(Carothers and Gardner, 1979). 한 쌍의 그림 중 하나는 행복한 사람을 표현했고, 다른 하나는 슬픈 사람을 표현했다. 아이들이 각각의 그림에 나무와 꽃을 덧붙여 그려 넣게 하고(산출과제), 그런 다음 나무와 꽃을 그린 두 그림 중 최고의 완성도를 보이는 것 하나를 선택하게 했다. 행복한 그림을 표현적인 성격에 맞게 적절히 완성하는 일은 꽃이 만발한 나무를 그리는 것이었다. 그리고 슬픈 그림에 잘 어울리는 선택은 꽃이 시들어 가는 앙상한 나무를 그리는 것이었다(그림 4-3).

열 살 난 아이들은 묘사된 인물의 분위기를 표현하는 그림을 완성하는 데 아무런 곤란을 겪지 않았던 반면, 일곱 살 난 아이들은 그렇게 할 수 없다는 것이 입증되었다. 따라서 그림이 표현하고 있는 분위기에 대한 민감성은 오히려 나중에 발달할 수 있는 능력인 듯하다. 그러나 더 직접적인 연구방법들을 사용하고, 이에 더하여 아이들에게 어떤 나무가 행복하고 슬픈지를 말하게 하면, 더 이른 나이에도 그런 민감성을 가질 수 있음을 예측할 수 있을 것이다. 이와 반대로 분위기의 차이가 행복한 것과 슬픈 것 사이의 차이보다 모호하다면, 즉 슬픔과 화남이라는 부정적으로 물든 분위기들처럼 그 차이가 미묘하다면 수행은 제대로 이루어지지 못할 것이다.

[그림 4-3] 슬픈 그림과 행복한 그림. 왼쪽 그림들에 오른쪽 그림을 덧붙여 완성함으로써 그림의 표현에 대한 아이들의 민감성을 검사하기 위해 이 그림들을 사용했다. 오른쪽 그림에서는 각각 행복한 그림에 대해 꽃이 만발한 나무가, 슬픈 그림에 대해 퇴락해 가는 꽃과 나무가 대응되었다.

  아이들이 감각·정서적 표현을 지각할 수 있는 능력을 탐구했던 몇몇 연구들은 단순하고 비재현적인 청각 및 시각 패턴과 관련해서 태어날 때부터 신경계가 이 능력을 아주 초보적인 형태로 제공한다는 사실을 밝혔다. 이러한 능력의 좀더 일반적 형태는 이미 생후 몇 년 이내에 나타난다. 그럼에도 아이들 자신은 예술작품 속의 그러한 특성들을 어느 정도 나이가 든 후에야 비로소 알아차린다. 그리고 그들은 성인으로 이제 막 자라나서야 비로소 그림의 그런 특징에 대해 자발적으로 말한다. 그러므로 성인들에게는 흔히 그림의 표현적 측면이 가장 먼저 지각될뿐더러 가장 기억에 남는 측면이라는 사실에도 불구하고(Arnheim, 1949), 아이들은 회화작품에서 표현적인 것을 읽어내는 능력에 앞서 재현을 읽어낼 수 있는 능력을 지니게 되는 듯하다.

구성 및 양식에 대한 민감성

빈센트 반 고흐(Vincent Van Gogh, 1853-1890)의 작품 〈별이 빛나는 밤〉
(Starry Night)(그림 4-4)에서 형태들은 비대칭으로 배열되어 있고 화면의
왼쪽이 더 무겁게 표현되어 있다. 그럼에도 이 그림은 균형이 깨져 있다

[그림 4-4] 반 고흐, 〈별이 빛나는 밤〉. 이 작품은 그림이 어떻게 해서 균제에서 어긋나 있음에도 균형을
갖출 수 있는지를 보여준다.
Vincent Van Gogh, The Starry Night, 1889, Oil on canvas, 29×36 1/4in., The Museum of Modern Art,
New York.

는 느낌이 들지 않는다. 오른쪽 위로 치우친 달의 고립과 밝기는 이 조 그맣고 둥그런 형태에 무게를 실어주어 왼쪽 큰 나무의 무게를 줄여준 다. 성공적인 회화적 구성에서는 그 어떤 형태도 임의로 배열되지 않는 다. 그래서 형태들을 재배열하는 일은 이미 형성된 정교한 균형을 깨뜨 리고 만다.

그림의 구성에 대한 민감성에는 무엇보다도 전체 그림 표면을 탐색하 는 일이 필요하다. 관찰자들은 주제에 집착하지 말고 형태들 간의 관계 가 지닌 기하학적 측면에 주의를 기울일 수 있어야 한다. 예컨대 그들은 대칭으로 구성된 그림과 〈별이 빛나는 밤〉처럼 비대칭으로 구성된 그림 사이의 차이를 식별할 수 있어야 한다. 그리고 균형을 이루고 있는 〈별 이 빛나는 밤〉을 볼 경우, 관찰자는 달의 밝기와 고립이 자신의 작은 형 태에 무게를 부여하고 있는 것을 지각해야만 한다(Arnheim, 1974).

어른들에게서나 아이들에게서나 회화예술이 지닌 구성을 지각할 수 있는 능력에 대해서는 상대적으로 거의 알려진 바가 없다. 몇몇 연구들 만이 어린 아이들은 추상적 시각패턴 구성에 주의를 기울이지 않는다는 사실을 밝혀냈다. 유아의 지각에 관한 연구는 유아들이 패턴의 윤곽에는 매우 민감하게 반응하는 반면, 부분들의 구조와 조직에는 그다지 민감하 지 않았다는 것을 밝혀냈다(Bond, 1972). 패턴의 내부구조에 대한 민감성 은 초등학교 중간 정도의 나이가 되서야 비로소 완전하게 발달한다 (Chipman and Mendelson, 1975). 이런 사실은 아이들에게 두 패턴들 중에 더 단순한 것을 선택하게 했을 때 밝혀졌다(그림 4-5). 두 패턴들은 동일 한 정도의 외부 윤곽을 지녔지만 서로 다른 내부구조를 가지고 있었다. 낮은 수준의 윤곽을 지닌 패턴들에 대해 심지어 4세 반에서 5세 반 사이 의 아주 어린 참여자들도 그 내부구조를 탐지할 수 있었다. 복잡한 윤곽 을 지닌 패턴들에서 구성을 식별하는 능력은 4세부터 8세 사이의 나이에 점진적으로 증가했다. 이 연구는 구성에 대한 민감성의 발달이 적어도 초등학교 중간 정도 나이가 되어야 비로소 완성된다는 것을 보여주고 있 다(Boswell, 1974; Paraskevoulas, 1968).

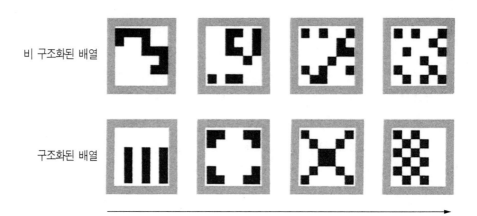

비 구조화된 배열

구조화된 배열

[그림 4-5] 구조에 대한 민감성을 검사하기 위해 사용된 패턴들. 취학 전 아이들은 오직 낮은 수준의 윤곽을 가진 패턴들 속 내부구조만을 탐색할 수 있었다.

실제 예술작품에서 구성을 지각할 수 있는 능력에 대한 연구가 거의 이루어지지 않았다는 것은 놀라운 일이다. 그럼에도 그것을 탐구한 어떤 연구의 결과는 추상적 패턴을 사용하는 연구결과와 동일했다(Gardner and Gardner, 1973). 아이들에게 네 개의 그림 세트를 제시하고 가장 비슷한 것을 함께 묶어 그림을 두 부류로 나누게 했다. 그 세트는 아이들이 주제를 기초하거나 '지배적인 형식', 즉 구성을 기초로 삼아 분류할 수 있게끔 고안되었다. 전형적인 세트에서(그림 4-6) 첫 번째 그림은 배 두 척을 묘사하고 있는데, 한 척은 오른쪽에 그리고 다른 한 척은 왼쪽에 놓여 있다. 두 번째 그림은 좌측상단으로부터 우측하단으로 뻗어나가는 배들로 구성되어 있다. 세 번째 그림은 좌측상단으로부터 우측하단으로 이어지는 한 무리의 사람들로 구성되어 있다. 그리고 마지막 그림은 한 명은 좌측에 다른 한 명은 우측에 자리한 두 사람을 묘사하고 있다. 따라서 이 그림들은 주제(배와 사람)에 의해 또는 구성(수평구도와 대각선구도)에 의해 분류될 수 있다.

이 연구에는 5세부터 19세까지의 참여자들이 참여했다. 주제에 근거한 분류는 나이가 증가함에 따라 감소했고, 그 감소 정도는 11세에서 14세

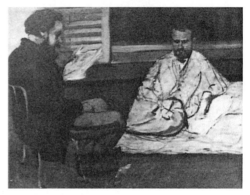

[그림 4-6] 구성에 대한 민감성을 검사하기 위해 사용된 그림들. 왼쪽 위 그림은 모네의 〈바다 위의 보트들〉이다. 오른쪽 위 그림은 브뢰겔의 〈장님을 이끄는 장님의 우화〉이다. 왼쪽 아래 그림은 호머의 〈키웨스트의 낚싯배들〉이다. 오른쪽 아래 그림은 세잔의 〈에밀 졸라에게 글을 읽어주고 있는 폴 알렉시스〉이다. 이 그림들은 주제(보트 대 사람)나 구성(두 가지 지배적인 요소 대 사선으로 비스듬히 멀어져가는 열)에 따라 분류될 수 있다.

- Claude Monet(1840-1926), Fishing Boats at Sea, 1868, Oil on Canvas, 38 1/2×51 1/8in. Hill-sted Museum, Farmington, Connecticut.
- Pieter Bruegel, the Elder(1525-1569), The Parable of the Blind Leading the Blind, 1568, Tempera on canvas, 86×154cm, Galleria Nazionale, Naples.
- Winslow Homer(1836-1910), Fishing Boats, Keywest.
- Paul Cezanne(1839-1906), Paul Alexis Reading to Emile Zola. c.1869-70. Oil on canvas. Museu de Arte de Sao Paolo Assis Chateaubriand, Sao Paolo, Brazil.

사이에서 가장 크게 나타났다. 그리고 구성에 근거한 분류는 나이가 증가함에 따라 증가했고, 7세에서 11세까지에서 가장 현저한 증가추세를 보였다. 19세 청소년들의 경우, 구성에 근거해서 일관되게 분류한 참여자들은 다른 방식으로도 분류할 수 있는 능력이 있다는 사실이 드러났다. 주제단서가 동시에 주어진 상태에서, 구성에 따라 분류한다는 것은 훨씬 어려운 일이다. 더 단순한 측정이 사용되었을 경우에는 아이들이 구성적 구조를 아주 잘 지각할 수 있다는 증거들도 제시되었다. 동일한 요소들을 지니고 있지만 다른 방식으로 균형이 잡혀 있는 몇 개의 그림들을 보여주고, 그것들 중 더 좋아하는 것을 고르라고 했을 때, 6세 아이들은 대칭적인 것을 더 선호한다는 사실이 입증되었다(Winner, Mendelsohn, Garfunkel, Arangio and Stevens, 1981). 3차원적 구조물에서도 동일한 결과들이 나타났다(Daniels, 1933-34).

어린 아이들이 구성을 지각할 수 있는 타고난 능력이 있다는 사실에도 불구하고, 그림이 묘사하고 있는 것을 지각하기 위해 처음부터 구성은 그림의 평이한 특성, 즉 그저 '쉽게 간과할 수 있는' 어떤 것으로 취급될 뿐이다(Gardner and Gardner, 1973). 어린 아이들은 전적으로 그림의 재현적 내용에 주의를 기울이게 된다. 그리고 오직 그림이 재현하는 것에 주의를 기울이게 됨으로써 아이들은 그림을 예술작품으로 보지 못하게 된다.

그림의 재현적 내용은 아이들이 그림의 구성과 양식을 보지 못하게 한다. 컨스터블의 〈와이벤호 공원〉(그림 3-1)과 반 고흐의 〈별이 빛나는 밤〉(그림 4-4)을 비교해 보자. 둘 다 풍경을 묘사하고 있지만, 지극히 서로 다른 양식의 측면에서 구별된다. 두 그림은 선의 특징, 물감이 칠해진 질감, 형태의 특성, 색의 사용 등에서 서로 다르다.

양식의 구별은 그림을 예술작품으로 이해하는 통합적인 측면이다. 작품이 보여주고 있는 양식을 인식하는 일은 우리가 그 작품을 어떻게 읽어야 하는지를 알게 해 줄뿐더러 드러나지 않을지도 모르는 미묘한 측면들도 지각할 수 있게 해 준다(Goodman, 1975; Wollheim, 1979). 일단 우리가 특정 그림이 컨스터블의 작품이라는 것을 알게 되면 더욱더 컨스터블의 고유한 작품특성들을 구별해 내기 쉽게 된다. 입체주의처럼 비사실주의적인 양식의 경우, 그 양식을 읽어낼 수 있는 능력이 없다면 우리가 그림이 재현하고 있는 것을 지각하려 할 때 곤란을 겪기조차 할 것이다. 그래서 입체주의를 따르는 그림을 대상에 상응하는 어떠한 대상의 재현으로 볼 수 있기 위해서는 입체주의의 양식규범을 이해해야 한다. 그렇다면 하나 이상의 방식으로 양식을 지각하는 일은 우리의 통찰력과 탐구욕을 자극하게 될 것이다.

　미학자들과 미술비평가들은 오랫동안 양식이라 일컬어진, 이해하기는 어렵지만 중요한 특징의 의미에 대해 고민해 왔다(Ackerman, 1962; Goodman, 1975; Meyer, 1979; Schapiro, 1962b; Wollheim, 1979). 양식을 구성하는 엄밀한 특징을 규명하는 일은 너무나도 어렵다. 그래서 최소한 확정되지 않은 일련의 양식특성들의 목록이 수집될 수 있다(Goodman, 1975; Gombrich, 1960). 어떤 경험적 연구는 양식을 인식할 때 작용하는 색상과 결의 역할을 보여주었다(Gardner, 1974b). 그러나 또 다른 수많은 특징들 역시 미술가 개인이 가진 양식의 일부분일 수 있을 뿐이다(Berlyne and Ogilvie, 1974; O' Hare and Gordon, 1976). 요컨대 양식특징들은 지극히 추상적 수준에 있다. 나아가 동일한 양식의 두 작품들조차도 극단적으로 다른 개성을 지닐 수 있을 것이고, 또 서로 아주 다른 양식을 지닌 두 작품들도 비슷한 요소들로 구성될 수 있는 것이다.

　동일한 요소들이 서로 다른 양식을 구성할 수 있기 때문에, 작품의 세밀한 부분들을 연구해서 특정 그림을 누가 그렸는지 찾아내려는 시도는 실패할 가능성이 높다. 이런 식의 접근을 이탈리아 물리학자인 지오반니 모렐리(Giovanni Morelli, 1816-1891)가 시도한 적이 있다(Gombrich, 1960). 그는 필체분석 원리를 회화양식 연구에 적용하려 했다. 그의 방법은 (손톱이나 귓볼이 어떻게 그려졌는지를 분석하듯) 그림의 상세한 부분을 관찰하는 것이다. 그러나 상세한 부분에만 집중할 경우 그림을 그린 화가를 잘못 밝혀낼 수도 있다. 왜냐하면 사실상 양식은 그 작품의 전반적인 특성이기 때문이다. 대개 전문가들은 수십 년간에 걸친 경험이 낳은 직관을 선호한 반면, 모렐리의 합리적이고도 과학적인 접근은 거부해 왔다.

　양식을 인식한다는 것에 대해 이야기할 때 이것은 두 가지 의미를 지닌다. 양식에 대한 가장 높은 수준의 민감성은 그림을 보았을 때 그것이 컨스터블이 그린 것인지 아니면 렘브란트가 그린 것인지를 이해하는 것을 뜻한다. 양식에 대한 이러한 유형의 민감성은 일반적인 관찰자들에게는 불가능하고, 미술에 대한 오랜 경험을 통해 보는 눈을 기른 사람들에게만 가능하다. 그렇지만 전형적인 개인들이 성취할 수 있는 민감성도 있다. 그것은 양식에 대한 비교적 낮은 수준의 민감성이다. 단지 이런 수준에서 이루어지는 양식 지각은 컨스터블이나 고흐의 이름조차 들어보지 못했어도, 고흐가 그린 두 개의 작품들 사이의 유사성이나 차이를 충분히 알아볼 수 있을 정도로 작품의 특성을 지각할 수 있는 능력을 뜻한다. 이런 능력은 고흐가 그린 두 개의 그림이 지배적인 색상이나 화면상의 배열 혹은 주제 등 다양한 측면에서 서로 다른 것들일지라도 가족유사성 같은 것을 충분히 알아볼 수 있게 해 줄 것이다.

그러한 유사성이 너무나 상이한 내용을 지닌 작품들에 걸쳐 나타난다 하더라도, 성인들은 양식상의 가족유사성을 알아차릴 수 있는 타고난 지각능력을 가지고 있다는 것이 입증된 반면 아이들은 이런 능력을 가지고 있지 못한 듯하다. 그림양식을 탐지할 수 있는 능력의 발달을 검증한 전형적 연구에서는 6세에서 14세까지의 아이들에게 여섯 개로 된 일련의 그림 사본들을 보여주었다(Gardner, 1970). 세잔의 풍경화 두 점을 전형적인 배열의 표준으로 삼아 왼쪽에 배치했다(그림 4-7). 그 그림 배열의 오른쪽에 네 개의 서로 다른 그림들을 두꺼운 선으로 그어 구분하고 검사 항목으로 제시했다. 이 네 개의 그림들 중 하나는 세잔의 그림이지만 다른 주제(정물화)를 묘사한 작품이다. 그리고 또 다른 하나는 두 개의 표준자극과 동일한 내용(풍경화)을 지닌 그림이다. 나머지 두 그림은 양식과 내용 측면에서 아무런 관련도 없었다.

참여자들에게는 왼쪽의 두 그림이 동일한 작가의 작품이라고 말했다. 그들이 이 그림들을 세심히 관찰하고 나서 네 개의 그림들 중 같은 화가가 그린 작품을 골라내도록 했다. 주제에 기대어 선택했다면 잘못된 선택을 할 것이다. 나아가 이 검사 배열은 지배적인 색상처럼 어떤 분명한 특성에 기대어 그림을 선택할 경우에는 실패하도록 구성되었다. 오직 왼쪽에 있는 두 작품의 양식을 지각할 수 있는 능력만이 올바른 선택을 가능하게 했다.

연구결과는 다음과 같았다. 즉 양식보다는 주제에 따라 그림을 분류할 때 14세 이하의 아이들은 양식에 따라 분류하지 못한다는 사실이 밝혀졌다. 그들은 재현하는 내용에 따라 그림들을 분류했지만 그 그림들이 재현한 양식은 알아보지 못했다.

그 연구는 또한 아이들이 실제로 그림에서 양식을 지각할 수 있는 능력이 없는 것인지, 아니면 그들이 단지 이런 특징을 주목하지 못한 것인지를 다루었다. 여섯 개의 그림이 모두 정물화일 때나 비재현적인 그림일 때처럼 그림의 주제가 동질적일 때는, 심지어 6세 아이들도 양식에 기초해서 분류할 수 있었다. 내용의 혼란이 제거되었을 때 아주 어린 아이들조차도 어른들처럼 이 과제를 잘 수행했다는 사실은 주제보다 양식이 눈에 더 잘 띄기 훨씬 전부터, 또 아이들이 단일한 내용보다 오히려 일관성 있는 양식이야말로 개별 화가의 작품을 특징짓는다는 점을 깨닫기 훨씬 전부터 양식을 지각할 수 있는 능력이 발달한다는 것을 보여준다.

내용의 경쟁적 단서에 직면했을 때 아이들이 보이는 어설픈 수행방식 및 오류를 만들어내는 이 단서들이 제거되었을 때 아이들이 보이는 성공적인 수행방식은 분량의 보존(Piaget, 1952)처럼 아주 다른 영역에서 이루어지는 수행과 너무도 흡사하다. 취학 전 아이들은 오류를 만들어내는 단서들이 제시될 때 양적 측면을 보존하지 못하고 만다. 예를 들어 얇고 넓은 잔의 물을 깊고 좁은 잔으로 옮겨 부어 물의 높이가 올라가면, 아이들은 물의 높이가 더 높기 때문에 좁은 잔의 물이 더 많다고 여긴다. 그러나 물의 높이를 시야에서 가려 오류를 만들어내는 단서들이 제거된다면 취학 전 아이들도 두 잔의 물의 양이 동일하다는 것을 인정하게 된다(Brunner, 1966).

아이들이 양식을 선택하고 내용을 무시하도록 훈련시킨 성공적인 두 가지 시도는 양식을 탐지하는 기본적 능력이 겉으로 명석하게 드러나기

[그림 4-7] 주제나 양식에 따라 분류될 수 있는 그림들. 이 그림들은 양식에 대한 아이들의 민감성을 검사하기 위해 사용되었다. (이 쪽의 위쪽 그림부터) 세잔의 〈성 빅트와르 산〉과 〈마을 풍경〉이 표준으로 사용되었다. (다음 쪽의 위 그림) 베르메어의 〈연주〉 그리고 세잔의 〈양파를 그린 정물〉은 표준 그림들과 같은 양식이지만 다른 내용을 가졌다. (다음 쪽의 아래 그림) 렘브란트의 〈오벨리스크〉는 표준 그림들과 같은 내용이지만 다른 양식으로 표현되었다. 그리고 고야의 〈아센시오 훌리아〉는 양식과 내용 모두 표준 그림과 무관하다.

훨씬 전부터 이미 존재했다는 더 많은 증거들을 보여준다. 이 연구에서는 10세 아이들을 7주 동안 7시간 30분씩 훈련시켰다. 이 기간 동안 아이들은 주제가 아니라 양식에 따라 그림을 분류하기 위해 지속적으로 강화를 받았다(Gardner, 1972). 아이들의 진술에 의하면 가장 성공적인 두 개의 전략은, 두 그림의 전반적인 유사성을 포괄적이고도 직관적으로 판단하는 일이거나 원래의 그림을 만져본다면 어떤 느낌인지를 상상하는 일이었다. 후자의 전략은 아이들이 그림들을 서로 관련시키게끔 해 주었는데, 이는 그들이 그림들을 '거칠거나' '부드럽거나' 또는 '물렁물렁한' 것으로 보았기 때문이다. 질감은 양식의 결정적 단서이기에(Gardner,

1874b) 이 전략은 매우 성공적인 것임이 입증되었다. 그 연구는 또한 피
아제의 검사가 보여주었듯이 양식에 따라 분류할 수 있는 능력은 인지발
달 수준에 의존하지 않는다는 것을 보여주었다. 양식에 대한 민감성은
오히려 반복되는 패턴과 질감을 탐지할 수 있는 능력을 반영한다. 이런
능력들은 점증적 지각 차별화 작용(즉 더욱 더 섬세한 부분을 탐지할 수 있

는 능력)으로서나(Gibson, 1969), 아니면 지각전략을 전개할 때의 점증적인 기술작용(지각 탐지에서 어떤 특징들이 중요하고, 또 어떤 특징들이 무시될 수 있는지를 아는 일)으로서 발달한다.

다른 훈련방법이 지닌 상대적 효율성을 알아보기 위해 10세 아이들을 대상으로 또 다른 연구가 수행되었다(Silverman, Winner, Rosenstiel, and Gardner, 1975). 이 연구는 단지 몇몇 회화양식만을 집중적으로 보는 것이 여러 다양한 유형의 양식을 보는 것보다 더 효과적으로 섬세한 식별을 촉진시킨다는 사실을 보여주었다. 그리고 과학영역에서 패턴을 인식하는 훈련은(이 경우 종에 따른 새와 물고기의 분류) 미술에서 양식을 식별할 때 긍정적인 효과를 보여주었다. 양식 훈련은 또한 더 다양한 질감과 더 점증적인 색의 혼합을 사용해서 그림을 그리게 됨으로써 아이들 자신의 그림 그리기 능력에 효과적임을 보여주었다. 이것은 작품의 산출에 영향을 미치는 지각의 직접적 효과를 보여줌으로써 두 영역 사이의 관련성을 보여주는 몇 가지 결과 중 하나이다.

양식 민감성에 관한 이러한 연구들은 아이들이 양식특징을 식별할 수 있음에도 그것을 찾아야 한다고 생각하지 않거나 그 방식을 알지 못한다는 것을 증명했다. 일단 그들이 그 과제를 파악하기만 한다면 긴밀하게 관련된 양식들 사이에 더욱더 섬세한 차이조차 구별해 낼 수 있었다. 지각심리학자들은 우리가 특정 영역에서 충분한 경험을 하게 될 경우 이전에는 식별할 수 없었던 특징들을 식별할 수 있게 된다고 했는데, 이 결과는 그들이 내놓은 이런 주장을 뒷받침할 증거들을 제시하고 있다.

심미적 판단의 발달

예술의 영역은 가치 지향적이다. 우리는 그 작품을 좋아하는지, 그 작품이 '좋은' 것인지를 고민하지 않은 채 예술작품을 볼 수 없다. 그러나 심미적 판단은 우리가 주목하는 것에 한정될 뿐이다. 어느 정도 미술에 익숙한 성인들은 양식이나 구성 같은 측면에 근거하거나 분위기가 표현하는 방식에 기초해서 심미적 판단을 내린다. 그림의 이런 측면들을 알지 못하는 아이들은 오직 재현된 내용과 지배적인 색처럼 더 명백한 특징들을 근거 삼아 판단을 내릴 수 있다. 아이들이 그림의 다른 측면들에 주목하기 시작할 때 그들이 의지하는 판단근거는 옮겨가기 시작한다.

아이들은 전문가들이 하는 것과는 다른 측면에서 작품에 주의를 기울이기 때문에, 그들은 흔히 전문가들이 가치 있다고 평가한 것과 다른 작품을 더 좋아한다. 이러한 사실은 심미적 선호도를 평가하기 위해 고안된 단순 검사에서 입증되었다(Child, 1964). 이 검사는 여러 쌍의 그림들로 구성되었다. 각 쌍의 요소들은 양식과 주제의 측면에서 유사했다. 그러나 각 쌍의 한 쪽 요소에 대해 열네 명의 미술전문가들 중 최소한 열두 명은 다른 요소보다 우월하다고 판단했다(그림 2-3). 6세에서부터 17, 18세까지의 참여자들을 몇 개의 집단으로 나누었고, 그 뒤 각 집단에 속한 어린이들에게 여러 쌍의 그림들을 보여주었다. 그리고 그들이 각각의 그림 중 더 좋아하는 것을 골라내게 했다.

6세에서 11세까지의 아이들 중 약 35% 정도가 전문가들이 더 좋은 것이라고 판단한 그림들을 선택했다. 전문가적 판단과의 일치는 약 12세 어린이들에게서부터 증가하기 시작했고 17, 18세의 청소년들에게서는 약 50%로 최고점에 달했다. 판단의 일치가 50% 이상으로 증가하지 않았다는 사실은 미술에 그다지 익숙하지 않은 성인들(18세)이 미술 전공 학생이나 미술가 등 미술에 대한 전문적인 지식을 갖고 있는 사람들처럼 반응하지 않는다는 것을 보여준다. 둘 중 하나를 택하는 문제에서 50%라는 수치는 우연적 수준에서 일어나는 반응을 반영하는 것처럼 보일 수도 있겠지만, 그래도 이 경우의 참여자들은 아무렇게나 선택하지는 않았을 것이다. 무엇보다도, 어린 아이들은 50% 이하의 수준으로 전문가들과 일치했다. 이것은 그들이 아무렇게나 무작위로 반응하지 않았다는 것을 보여준다. 그보다 나이가 많은 참여자들이 얻은 50%의 수치는 35%의 의도적인 수준에서부터 꾸준히 상승했다. 둘째, 문항 분석에 따르면 이 그림에 대해서는 전문가들의 견해와 꾸준한 일치를 보여주는 반면 저 그림에서는 반대의 결과가 나타났다. 그러므로 전문가들은 좋아하지만 아이들과 전형적인 어른들은 싫어하는 예술작품의 특징들이 있는 듯했다.

연구자들은 참여자들이 최고의 것이라고 여기는 그림을 고르게 했다. 그들이 자기 생각에 따라 더 나은 작품을 선택하라고 한 것은 아니었다. 분명 대답을 요구했던 질문은 12세 이하의 아이들에게서는 아무런 차이도 보이지 않았다. 이는 그들이 더 좋아하는 작품을 선택하게 할 때나, 어느 작품이 더 나은지를 선택하게 할 때에 상관없이 마찬가지로 동일하게 반응했기 때문이다(Child, 1965). 그러나 대학생들은 자기들이 좋아하는 것(40.5%의 일치)에 대해서가 아니라 더 나은 것이 어떤 것인지를 결정하는 판단(50.2%의 일치)에 대해서 물었을 때 전문가들의 견해와 더 큰 일치를 보이는 경향이 있었다. 이러한 사실은 아이들의 경우 취향이 판단을 결정하는 반면, 전문가의 경우에는 판단이 취향을 결정하리라는 점을 시사하고 있다.

이 연구들은 어린이들에게 의식적으로 신중한 선택을 하게 함으로써 선호의 정도를 직접적인 방식으로 측정했다. 우리가 그림 쌍들 중 어느 하나를 바라볼 때 걸린 시간의 양을 측정하는 방식처럼 더 간접적인 방식으로 선호의 정도를 측정한다면 선호와 주의 사이의 관계를 탐구할 수 있을 것이다. 어린이와 성인들은 자기들이 더 좋아한다고 말했던 그림을 더 오랫동안 바라볼 것이다. 아니면 자기들이 싫어한다고 했던 그림들에 더 많은 주의를 기울일 것이다. 발달의 측면에서 선호도가 주의에 미치는 효과를 실제 예술작품을 통해 수행해 본 적은 이제껏 없었다.

한편에서는 전문가의 선호, 다른 한편에서는 어린이와 전형적인 성인들의 선호, 이 양자 사이의 차이는 최소한 두 개의 가능한 방식으로 설명될 수 있을 것이다. 첫째, 전문가들은 예술에 대해 더 많은 경험과 훈련을 했고, 예술작품을 좋게 만드는 것이 무엇인지에 대해 생각하는 데 더 많은 시간을 할애해 왔다. 둘째, 예술작품에 더 잘 매료되는 사람들은 특별한 유형의 성격적 특징을 지니고 있을 수 있다. 일단 어린이와 전형적인 성인들에게 예술작품을 보여주고 나서 다시 그들을 심미적 특징에 대해 토론시킴으로써 첫 번째 요인의 역할을 결정했다. 우리는 전문가들과 더욱 일치된 선호를 보인 사람들의 성격과 그 반대의 사람들의 성격을 상호 비교함으로써 두 번째 요인인 성격의 역할을 밝혀냈다.

교육은 대학생들을 대상으로 한 연구에서 입증되었던 심미적 선호의 차이를 만들어낸다(Child, 1962). 학생들에게 심미적 정도에서 차이를 보이는 그림 쌍들을 보여주고, 전문가들은 어떤 그림을 더 나은 것으로 여기는지에 대해 피드백을 주었다. 그 경우 그들이 선호하는 그림들은 전문가들의 그것과 많은 부분 일치하기 시작했다. 초등학교 학생들과 고등학교 학생들에게 그림 쌍들을 보여주고 왜 어느 한 쪽이 다른 쪽보다 나은지 토론하게 했을 경우에도 역시 그들의 수행은 눈에 띄게 향상되었다(Child, 1964). 그들은 훈련을 받은 뒤 수많은 그림들에 대해 자기 견해를 전문가들의 견해와 같은 방향으로 바꿔갔다. 유사한 방식으로, 초등학교 학생들에게 다음과 같은 한 쌍의 그림을 보여주었다. 즉 한 쪽은 '잘' 구성된 그림으로 되어 있고 다른 한 쪽은 서로 상충하는 관심점을 가진 그림처럼 어색하게 구성된 그림으로 되어 있다. 그런데 이 경우 학생들은 '더 잘된' 작품을 일관되게 선호하지 않았다(Voss, 1936). 그러나 연구자들이 상충하는 구성원리들을 집어내고, 나아가 어째서 한 쪽 작품이 다른 쪽보다 더 뛰어난지를 토론하게 했을 때 참여자들은 전문가들이 더 났다고 여겼던 그림들을 선호하기 시작했다. 그렇지만 훈련받았던 학생들은 6개월이 지나자 심미적 판단에 관한 한 원래의 수준으로 되돌아가 있었다(Wilson, 1966).

심미적 선호에 영향을 미치는 것은 분명 예술과의 친밀성인 것임은 물론이고, 아마 그 사람의 성격 또한 그럴 것이다. 심미적 판단의 측면에서 전문가들과 커다란 일치를 보였던 성인들의 성격적 특징 그리고 그 반대의 경우처럼 전문가들과 큰 불일치를 보였던 사람들의 성격적 특징, 이 양자 사이의 비교는 분명하게 차이를 드러낼 수 있었다(Child, 1965). 낮은 점수를 얻은 사람들과 비교했을 때 높은 점수를 얻은 사람들은 더욱 독립적인 판단을 보여주었고, 더 복잡한 것을 받아들였고, 또 아이처럼 사고와 환상을 놀이로써 즐기는 경향, 즉 '자아에 도움이 되는 퇴행' (regression in the service of the ego)의 평가에서 더 높은 점수를 얻었다. 비록 이런 특징들이 심미적 판단과 인과적으로 연결된 것은 아니겠지만 그럼에도 어떠한 상관관계가 있음직하다.

이러한 연구를 높은 점수를 받은 고등학생 대 낮은 점수를 받은 학생들에게 확장 적용했을 때 '자아에 도움이 되는 퇴행' 척도를 제외하고는 유사한 결과가 나타났다(Child, 1964). 6세 내지 11세 아이들에게서는 아무런 상관관계도 나타나지 않았다. 나이가 더 어린 아이들의 경우에 이런 관계가 나타나지 않는다는 것은 성격특성을 더 간접적인 방식으로 측정했다는 점 때문일 수 있다. 말하자면 높은 연령의 참여자들은 직접 성격 검사를 수행했던 반면에, 낮은 연령의 아이들의 경우 교사들이 면접하는 방식으로 검사가 수행되었다. 그러나 어린 아이들에게서 아무런 상관관계도 나타나지 않는다는 사실에 대한 흥미로운 또 다른 설명이 가능할 수도 있을 것이다. 성격적 변인들은 어쩌면 유아기 때의 선호도와 다양한 측면에서 관계되어 있을지도 모른다. 만일 사정이 그렇다면, 10세 때 전문가들과 높은 일치를 보였던 아이들이 청소년이 되었을 때도 마찬가지로 높은 일치를 보일지는 미지수일 것이다. 오직 성장단계에 따른 종단적 연구(longitudinal study)만이 이런 가정의 정확성을 결정할 수 있을 것이다.

심미적 선호를 결정하는 준거

전문가와 얼마나 일치하느냐는 아이들의 심미적 선호가 어떤 준거에 근거한 것인지 거의 아무것도 말해 주지 않는다. 전문가들이 한 것과 동일한 작품을 선택하지만 전혀 다른 이유에서 선택했을 가능성도 있다 (Child and Iwao, 1977). 심미적 선호의 근거를 밝히는 일은 심미적 판단의 발달을 해명하려 할 때 가장 중요한 문제일 수 있다. 이러한 문제를 연구하기 위해 연구자들은 유아들로부터 성인들에 이르기까지 각 개인들이 선호하는 예술작품이 지닌 다양한 유형의 특성들을 조사했다. 그러한 연구에 의하면 서로 다른 연령의 아이들은 예측 가능한 일관된 심미적 선호를 보이고 있었다.

우리 모두는 일련의 동일한 시각 선호들을 가지고 태어난다. 말하자면 어떤 유형의 패턴들은 처음부터 우리의 주의를 끈다. 이것은 유아들에게 두 개의 그림을 동시에 제시했을 때 이들 중 어느 하나에 더 오랫동안 주의를 집중시킨다는 사실에서 증명될 수 있다. 이런 방법을 사용했던 연구들은 선천적인 신경학적 구조가 생후 2에서 3개월 동안 유아의 주의를 조절한다는 것을 보여주었다. 얼마나 친숙하느냐에 상관 없이 어떤 자극들은 항상 다른 자극들보다 더 주의를 끈다. 예컨대 유아들에게 붉은색과 같은 주조색(focal color) 또는 자홍색과 같은 주변색을 바라보게 하면, 그들은 주조색을 더 선호할 것이다(Bornstein, 1975). 일련의 색 배열을 보여주었을 때 유아들은 가장 대조적인 곳에 주의를 집중한다(Haith, 1966).

이러한 시각적 선호가 사라지는 것은 아니지만, 몇 개월이 지난 후에는 새로운 원리가 시각영역과 청각영역에서의 주의를 지배하기 시작한다. 신기함의 정도가 선호의 결정적인 요인이 된다(Kagan, 1970). 유아들이 적당히 새로운 것으로 지각하는 시각자극, 즉 너무 익숙하지도, 너무 낯설지도 않은 시각적 표시들이 주의를 붙잡아두는 자극들이다. 그래서 만일 사방 2인치 크기의 체크무늬 패턴에 익숙해진 유아들에게 기존의 패턴과 동일한 사방 2인치 크기 패턴, 낯선 사방 4인치 크기 패턴 그리고 사방 16인치 크기 패턴을 보여주고 선택하게 하면, 그들은 낯선 사방 4인치 크기 패턴을 선호할 것이다. 이 자극이 기존의 패턴과 적당히 다르기 때문이다. 선호의 결정인자로 신기함이 등장한다는 사실은 유아들이 패턴에 대한 정신적 표상을 만들어가기 시작한다는 사실과 밀접히 관련되어 있다. 그리고 이 정신적 표상이 다시 나타난 이 패턴들을 익숙한 것으로 인식하게 해 주는 것이다.

일단 신기함의 정도가 시각 자극에 대한 선호를 결정하기 시작하면, 유아들이 선호하는 자극의 물리적 특성에 대한 일반화는 더 이상 가능하지 않게 된다. 한 유아에게 적당히 새로운, 따라서 선호될 수 있는 자극은 다른 유아들의 경우에는 아주 익숙할 수도 있고, 또 선호되지 않을 수도 있다. 그러나 지극히 대조적인 것에 대한 매력이나 주조색처럼 원래 주의를 끄는 물리적 자극특성에 대한 매력은 쉽게 사라지지 않는다. 유아들에게 익숙하거나 새로운 두 개의 동일한 패턴을 보여주면 나이가 많건 적건 간에 대조가 낮은 것보다 대조가 큰 것을 더 선호한다. 그러나 높은 대조를 보이는 익숙한 자극과 낮은 대조를 보이는 새로운 자극을 동시에 보여줄 경우, 나이가 더 많은 유아들은 낮은 대조에도 불구하고 새로운 자극을 선호한다.

선천적으로 주어지는 시각 선호의 법칙과 성인들의 심미적 선호 사이에서는 어렵지 않게 유사성을 찾아낼 수 있다. 서구의 예술전통에서 참신함의 정도는 부인할 수 없으리만큼 중요하다. 이는 전통적 규범을 파괴하는 작품에 점점 더 많은 가치를 부여해 왔다는 사실에서도 알 수 있다. 그래서 미술가들은 주조색이나 강렬한 대조를 빈번히 사용해 왔다. 그럼에도 여전히 많은 미술가들이 또한 주변색이나 낮은 대조를 사용하고 있다. 그러므로 성인과 유아가 보이는 선호들 사이의 관계에 대해 한마디로 단정할 수는 없다. 요컨대 성인들이 보이는 선호에는 범위가 더 넓고 유아들에게는 주의를 끌지 못하는 자극특성도 있을지 모른다.

아직까지는 아무도 실제 예술작품에 대한 유아들의 선호를 연구하지 않았다. 아마도 이는 유아들이 보이는 시각 선호를 연구한 사람들이 예술보다는 지각에 더 많은 관심이 있었기 때문일 것이다. 더욱이 실제 작품보다 기하학적 패턴처럼 단순한 자극을 보여주었을 때는 유아들의 시각 선호가 토대로 삼고 있는 근거를 더 쉽게 연구할 수 있다. 또한 미술작품과 단순한 기하학적 도형들은 상당히 많은 점에서 서로 다르기도 하다. 그 결과 그림들은 각각의 구성요소들로 분해되었고 유아들에게는 단지 한 차원에 있는 서로 다른 배열들 중에서만 선택할 수 있었다.

(선호의 근거에 대한 확실성을 증가시키려는) 그 같은 이유 때문에 동일한 전략이 유아기 이후의 아이들의 심미적 선호 연구에도 적용되었다. 예를 들어 단순한 기하학적 도형에 관한 어린이들의 선호에 관심을 가졌던 연구는 아이들이 나이가 들어갈수록 불규칙한 원 대신에 규칙적인 원처럼 더욱 대칭적인 도형을(Brody, 1970) 그리고 더욱 단순한 도형을 (Brighouse, 1939) 선호한다는 사실을 보여주었다. 사람들이 낮은 수준의 복잡성보다는 적당한 수준의 복잡성을 더 선호한다고 예측했던 벌라인의 각성이론은 이러한 경향을 설명하기는 힘들 것이다. 따라서 이런 결과는 또 다른 측면에서 각성이론의 일반성이 문제시될 수 있음을 시사한다.

유아기 이후의 아이들이 내리는 심미적 판단에 대한 연구는 일반적으로 고립된 채 제시되는 색상에 대한 선호의 발달을 고찰했다. 색 선호에 대한 초기 연구는 일관되게 아이들이 성인들보다 더 따뜻한 색상을 선호한다는 사실을 보여주었다(Beebe-Center, 1932; Valentine, 1962). 그러나 이러한 연구에서는 색상이 채도나 명도와 뒤섞여 있었다. 채도와 명도를 일정하게 유지하고 오직 색상만 변화시켜 놓은 색들 중에서 선택하게 했을 때, 사람들은 나이를 불문하고 붉은색과 노란색처럼 따뜻한 색보다는 녹색과 청색처럼 시원한 색을 더 선호했다(Child, Hansen, and Hornbeck, 1968). 아이들이 성인과 달랐던 것은 채도에 대한 그들의 반응이었다. 색상에 상관 없이 9세 이하 아이들은 더 높은 채도를 지닌 색상을 더 선호했다. 높은 채도의 노란색(따뜻한 색상)과 낮은 채도의 녹색(시원한 색상)을 보여주고 그것들 중에 하나를 선택하게 하면, 어린 아이들은 노란색을, 나이가 더 많은 아이들은 녹색을 선택했다. 따라서 처음에는 색 선호를 결정하는 데 채도가 색상보다 중요하지만, 나중에는 색상이 채도보다 더 중요한 결정요인이 된다.

발달의 이러한 전이는 식별능력의 향상을 반영하는 것으로 생각된다. 색상은 더욱 분화된 특성인 반면, 채도의 정도는 색상을 지배하는 어떤 총체적 특성이다. 형태심리학자나 깁슨처럼 지각이론가들이 주장하듯, 만일 발달이 더욱 분화된 특성에 반응하는 능력을 포함하고 있다면, 선호는 처음에는 더 총체적인 특성에, 나중에는 더 분화된 특성에 근거할 것이다.

그림 속에서 사람들이 어떤 색상을 선호하는지, 이러한 결과들이 일반화될 수 있을지는 의문이다. 회화에서의 색상은 서로 연관을 맺고 있을 뿐더러, 그림의 내용도 색상을 지각할 때 영향을 미치는 것으로 알려져 있다(Albers, 1963). 예를 들어 녹색 바탕 위의 붉은색 사각형은 보색인 녹색의 대비 때문에 분홍색 바탕 위에 있을 때보다 더 밝게 보인다. 비슷하게, 노란색에 인접한 붉은색은 푸른빛을 띤 붉은색이 되고, 붉은색에 인접한 노란색은 녹색을 띤 노란색이 된다(Newhall, 1940). 더욱이 색상은 무게에도 영향을 준다(Arnheim, 1974). 예를 들어 밝은 색상은 어두운 색상보다 더 무겁게 보인다. 그래서 색상이 고립된 채 제시되면 어린이들은 어두운 색상보다 밝은 색상을 더 선호하게 되는 반면, 그림에서 특정 부분이 밝게 칠해지면 그들에게는 그 색상이 지나치게 무겁게 보일 것이다. 색상은 또한 의미와 상호작용한다. 나이가 더 많은 아이들은 노란색보다는 더 시원한 색상인 녹색을 선호할 것이다. 그렇지만 녹색이 그림에서 태양을 나타내는 색이 되었을 때는 녹색 태양을 보고 좋지 않은 기분으로 혼란스러워할 것이다. 특히 중간 정도의 아동기에 있는 어린이들에게 사실주의가 중요한 판단기준이 되었을 때 더 그렇다.

단순하고 고립된 채 제시된 자극들에 대한 선호를 가지고 실제 미술작품에 대한 어린이들의 반응을 일반화하는 것은 위험하다. 그 때문에 연구자들은 아주 복잡한 실제 작품에 대한 어린이들의 선호가 어떻게 발달하는지 궁금히 여겨왔다. 한 번에 하나의 그림을 제시하고 어린이들에게 각각의 그림들에 대해 토론하게 했을 때 그들은 4세에서 청소년기에 이르는 3단계의 심미적 판단양상을 밝혀냈다.

약 4세에서 8세에 이르는 시기에 어린이들은 두 가지 이유 때문에 그림을 좋아한다. 그들은 그림의 색상과 묘사된 내용 중 하나를 좋아하거나 둘 다를 좋아한다(Machotka, 1966). 이 두 가지의 기준 중에서 주제가 더 중요하다. 말을 재현한 그림이 제시되면 아이들은 말을 좋아하기 때문에 그 그림을 좋아한다고 말하는 경향이 있다. 만일 그들이 말을 좋아하지 않게 된다면 그 그림을 좋아하지 않을 것이다. 이 단계의 어린이들은 그림이 즐겁고 행복한 주제를 보여준다고 생각한다(Parsons, Johnston, and Durham, 1978). 그들은 그림이 표현하는 세계와 실제 세계 사이의 경계를 거의 깨닫지 못한다는 사실이 입증되었다(Francès, 1968). 어린 아이들에게 그림은 투명한 것으로 나타난다. 그것을 통해서 그들은 표현된 내용을 보게 된다. 그래서 결국 표현, 양식, 구성들은 주목받지 못한다.

두 개의 비재현적 작품들 중에서 하나를 선택하게 하면, 이 단계의 어린이들은 여전히 주제에 근거해서 자기들의 선호를 결정한다. 예컨대 이들은 어떤 대상을 생각나게 하는 부분에 초점을 맞추고, 그림에서 말을 볼 수 있고 또 말을 좋아하기 때문에 그 그림을 좋아한다고 진술했다(Francès, 1968; Gardner, Winner, and Kircher, 1975). 한 쌍의 그림 내용이 일정하게 유지되었을 때, 아니면 추상적인 그림들 중에서 선택하게 했을 때, 흔히 이 단계의 어린이들은 색상을 근거로 삼아 선호를 결정했다(Lewis, 1963). 실제로 어린 아이들이 나이 많은 아이들보다 추상적인 그림에 더 집중적으로 반응했다. 4세 아이들은 색상이나 상상했던 어떤 주제 때문에 이런 그림을 좋아할는지 모르지만, 10세 아이들은 재현된 것이 별로 없기 때문에 이 그림을 싫어할 것이다.

그들의 취향이 판단을 결정하기 때문에, 자신의 취향이 심미적 판단의 기준이 되는 이 단계의 어린이들은 높은 정도의 상대주의적 특성을 보인다. 어떤 방식으로 사람들이 작품을 '잘 되었다'고 하는지를 말하게 하면, 전형적으로 어린이들은 '내가 좋아하면' 그 작품은 잘된 작품일 것이라고 대답한다(Gardner et al., 1975; Parsons et al., 1978). 정말로 그들이 가장 좋아하는 그림을 선택하게 하든, 아니면 다른 사람들이 가장 좋아할 만한 그림을 선택하게 하든, 그도 아니면 가장 잘 그려진 그림을 선택하게 하든 이 단계의 어린이들에게서 나타나는 대답은 그리 다르지 않다(Rosenstiel, Morison, Silverman, and Gardner, 1978). 이 단계의 아이들은 심미적 판단에 대한 기준을 아직 깨닫지 못하고 있다. 또 그 아이들은 다른 사람의 관점에서 그들이 특정한 그림을 어떻게 보는지 '흉내내지'도 못할뿐더러 생각할 수도 없다. 심미적 판단의 영역에서 나타나는 이런 자기 중심성은 어린 아이들이 개인적 필요에 따라 도덕적 판단을 정당화한다는 도덕 판단의 영역에서 나타난 결과와 일치한다(Kohlberg, 1969).

대략 8세쯤 되었을 때 분명한 변화가 나타난다. 청소년기까지 이어지는 이 두 번째 단계에서는 사실주의 정도가 그림에 대한 선호를 결정하는 가장 중요한 요인이 된다(Child and Iwao, 1977; Francès and Voillaume, 1964; Gardner et al., 1975; Lark-Horowitz, 1939; Lewis, 1963; Machotka, 1966; Parsons et al., 1978; Todd, 1943). 취학 전 아동들에게는 훨씬 덜 중요할 수도 있겠지만, 재현된 내용 역시 여전히 선호를 결정하는 하나의 요인이다. 이 수준의 어린이들은 이제는 즐겁지도 않고 행복하지도 않은 주제를 받아들일 수 있는 반면, 폭력은 나쁘다는 도덕적 판단을 근거로 해서 폭력을 묘사한 그림만은 거부했다(Parsons et al., 1978).

심미적 평가의 지배적인 기준으로 사실주의가 사용됨으로써 마티스(Matisse Henri)의 초상화처럼 구상적이면서도 사실주의적이지 않은 작품뿐만 아니라 추상적인 작품에 대한 선호 역시 감소한다. 사실주의는 이 단계에서 매우 영향력 있는 기준이다. 사진은 그림보다 더 뛰어난 것으로 평가된다. 그리고 실제 대상들이 그것을 재현한 사진보다 선호된다. 왜냐하면 그림은 '평면이고 단지 모방적인 것'인 반면 실제 대상은 모든 면에서 만질 수 있는 것이기 때문이다(Gardner et al., 1975). 이는 사실주의에 대한 선호가 점차 증가한다는 것에 대한 증거인 듯하다. 이런 관점에서 유아들은 취학 전 어린이보다는 10세 어린이와 더 비슷하다. 왜냐하면 그들은 그림보다는 실제 대상을, 그리고 덜 정확한 그림보다는 더 사실적인 그림을 훨씬 더 선호하기 때문이다(DeLoache, Strauss, and Maynard, 1979).

사진적 사실주의라는 기준을 고수하는 현상은 초등학교 연령에서는 꾸준히 증가하다가 청소년기에는 어느 정도 감소한다. 청소년기 이전에 심미적 기준으로서 사실주의가 중요한 것은 아마 두 가지 요인이 조합된 결과인 듯하다. 그것은 그림이 얼마나 사실적인가를 판단할 수 있는 능력이 발달한 결과일지도 모른다. 나이가 더 많은 어린이들과 달리, 6세가 채 안된 아이들에게 사실주의의 정도에서 차이가 나는 그림을 두 장 보여주면 두 그림 모두를 동일하게 사실적이라고 말한다(Francès and Voillaume, 1964). 그러나 사실적 그림에 대해 넘치는 선호조차도 초등학교 시절에 점차 나타나기 시작하는 직접적인 사실주의와 관례주의(conventionalism)를 반영하는 듯하다. 그런데 이런 두 가지 양상은 다른 예술의 영역에서도 나타난다. 예컨대 추상적인 그림을 선호하다가 사실적인 그림으로 옮겨가는 변화는 그림을 좋아하다가 문자언어로 선회하는 변화와 병행해서 이루어진다(Geick, 1980).

초등학교 중간 정도의 어린이들이 바로 수년 전까지도 고수하던 상대주의를 포기하는 것은 아마 규칙과 관습에 대한 요구가 점차 증가하기 때문인 듯하다. 이제 사람들이 어떤 방식으로 그 작품이 잘 되었다고 하는지를 물으면, 어린이들은 이러한 문제에 대한 해답은 전문가들이 가장 잘 줄 수 있는 것이라고 응답한다. 이런 응답은 허락된 것이 옳은 것을 규정한다고 하는 도덕적 정당화 전략, 즉 법과 질서의 전략을 생각케 한다(Kohlberg, 1969).

초기 청소년기의 경우 사실주의의 요구는 그림이 그것을 요구하는 경우를 빼고는 감소했다. 이 세 번째 단계에서는 서로 다른 양식들과 모든 수준의 추상화도 받아들여졌고, 예술가의 의도를 참조하는 일도 정당화 되었다. 게다가 어떠한 주제도 용납될 수 있다. 즉 특정 내용에 대한 도덕적 거부 따위는 더 이상 보이지 않는다. 이는 청소년들이 도덕적 영역과 심미적 영역이 서로 다르다는 점을 깨닫고 있다는 사실을 보여준다(Parsons et al., 1978). 심미적 평가는 처음에는 그림의 양식이나 구성 혹은 밝기나 정서적 영향처럼 형식적 기준에 따라 이루어지기 시작한다(Machotka, 1966;

Parsons et al., 1978). 더 나이가 어린 아이들의 경우 그런 정교한 정당화는 오직 '재능이 있는' 아이들 사이에서만 나타난다(Lark-Horowitz, 1937, 1938, 1939).

청소년들은 심미적 평가에서 형식적 기준에 점점 더 의존함에도 불구하고, 심미적 기준은 상대적이라고 믿는다. 심미적 평가는 단지 개인적 견해의 문제이거나(Gardner et al., 1975) 아니면 예술가들이 가진 의도의 관점에서 상대적이다. 즉 그림은 예술가들이 표현하려는 방식대로 그려졌다면 잘된 작품이다(Parsons et al., 1978). 그래서 청소년들은 취학 전 상대주의로 회귀한다. 나이가 다른 두 집단에서의 상대적인 추론유형이 아주 다르다 하더라도 말이다. 상대주의로의 회귀는 다시 도덕적 정당화에서 찾을 수 있는 것들에 대한 반향이다. 대학생들은 가끔 도덕적으로 옳은 것이 전적으로 개인적 욕망의 문제라는 초기 상대주의로 회귀한다(Kohlberg, 1969). 심미적 영역과 도덕적 영역이 서로 평행하다는 것은 다음과 같은 점들을 시사한다. 즉 예술을 정당화하는 일은 그림의 심미적 측면이 지닌 점증하는 타당성을 반영하는 것이며, 또한 사고가 지닌 일반적 인지구조의 발달을 반영하는 것이다(Parsons et al., 1978).

그림을 읽어내는 기술은 다양한 유형의 능력에 의존한다. 관찰자는 화면에 무엇이 재현되어 있는지를 볼 수 있어야만 한다. 그러나 형태와 색의 2차원적 배열을 대상의 재현으로서 인지할 수 있는 능력은 단지 그런 일의 초보적 단계에 불과하다. 그림을 예술작품으로서 읽어내는 일은 관찰자가 재현된 것보다 훨씬 더 많은 것을 지각해야 함을 요구한다. 더 이상 묘사된 내용에 얽매이지 않을 때 관찰자는 양식과 구성, 그리고 더 나아가 표현을 지각할 수 있다. 이런 회화적 태도를 가진다는 것은 문학작품을 읽을 때 메타 언어적(metalinguistic) 태도를 가진다는 것과 같다. 즉, 단순히 자신이 읽은 내용에 주의를 기울이기보다는 단어의 소리특성에 주의를 기울일 수 있어야 한다. 그림과 글에 대한 이런 심미적 태도는 단순히 그것들의 지시적 의미를 부호화할 수 있는 능력이 발달한 한

참 뒤에야 나타나는 듯하다.

　기존 연구에서 윤곽을 잡을 수 있는 일반적 발달 유형이 회화예술의 영역에서 인간 발달의 본질적 과정 모두를 반드시 반영하고 있다고는 할 수 없다. 대부분의 연구들은 미국과 유럽에서 이루어졌다. 어쩌면 지금까지 밝혀진 발달경향은 다음과 같은 사실들을 반영하는 것일지도 모른다. 고도의 기술 사회에서 예술은 상대적으로 자신의 자리를 잃어가고 있으며, 그런 사회의 교육체계 안에서도 거의 영향력을 잃어가고 있다는 사실 말이다. 어린이들은 서구에서 수행된 연구가 제시했던 것보다 훨씬 더 어린 나이임에도 더 많은 것들을 그림에서 찾아낼 수 있는 능력을 지니고 있을 수도 있다. 예술이 강조되고, 교육에서 중심적인 위치를 지니고 있는 문화가 있다면, 그런 문화에서 태어난 세 살배기 아이들은 컨스터블의 〈와이벤호 공원〉이 지닌 고요한 분위기나 구성 또는 그 양식조차 어려움 없이 지각할 수 있을지도 모른다.

제5장

그림 그리기의 발달

난 한때 라파엘처럼 그렸다. 그렇지만 아이들처럼 그릴 수 있게 되기까지는 내 모든 생애가 걸렸다.

–파블로 피카소(Pablo Picasso)

내 작품들을 아이들의 그림으로 바꾸어 해석하지 않았으면 합니다… 내 작품과 아이들의 그림은 전혀 다릅니다…. 아이들은 예술에 관해 그 무엇도 알지 못한다는 사실을 잊지 말아주세요… 하지만 예술가는 자기 작품이 가진 의식적이고 형식적인 구성물에 관심이 있답니다. 더욱이 그 작품들이 재현하는 의미도 무의식과의 연관 속에서 의도적으로 이루어지는 것입니다.

–파울 클레(Paul Klee)

3, 4세의 아이들로 가득 찬 유치원 교실로 들어가 보자. 거기에서는 거의 모든 아이들이 그림 그리기에 열중하고 있을 것이다. 취학 전 아이들은 지치지 않고 그리고 또 그리는 매우 왕성한 꼬마 화가들이다. 어른들은 아이들이 그린 그림들을 보고 너무나 흥미로워한다(그림 5-1). 예컨대 처음에는 사람이 '올챙이' 형태로 표현된다. 그것은 얼굴형태를 가진 동그라미로 되어 있으며, 팔과 다리는 그 원에서 뻗어나온다. 또 거리 위에 그려진 집들은 무조건 길과 직각으로 이루고 있고, 접혔다가 펴지는 식

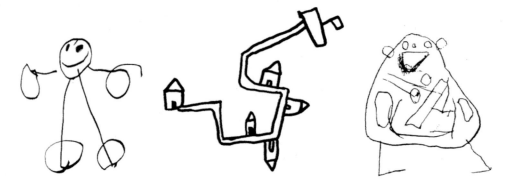

[그림 5-1] 취학 전 아이들의 전형적인 그림들. 왼쪽 그림은 올챙이 형태이다. 머리 아니면 머리와 몸통이 뒤섞인 것을 표현한 동그란 원에서 팔과 다리가 삐죽이 뻗어나와 있다. 가운데 것은 그림에서의 집들은 길과 직각을 이루고 있다. 이는 모순된 시점들이 혼합됨으로써 나타난다. 오른쪽은 투시 그림으로서 동물 내부의 내용물들을 보여준다.

으로 묘사된다. 그리고 흔히 대상들은 속이 빤히 보일 만큼 투시형태로 묘사된다. 이런 '엑스레이' 묘사방식은 우리가 대상 뒤나 대상 속까지 투과해서 볼 수 있게 해 준다. 그런데 취학 전 아이들이 왜 이런 이상야릇한 그림을 그리는지는 일종의 수수께끼이다.

취학 전 아이들과 초등학교 중간 시기 아이들의 그림을 비교해 보면 여전히 아리송하다(그림 5-2). 나름대로 균형 있는 공간이나 표현적인 색상을 독창적으로 사용한 취학 전 아이들의 그림은 흥미를 자아낸다. 우리는 흔히 이 시기를 유년기의 예술적 재능이 꽃피는 시기로 여겨왔다. 하지만 이 시기와 달리, 초등학교 아이들의 그림은 그다지 자연스럽지 못할뿐더러 매력적이지도 못하다. 그들의 그림은 기술적으로는 좀더 정교하고 복잡한 수준을 보일지 몰라도 지나치게 규범적이고, 엄밀히 말해 사실주의적이다. 나이가 들어가면서 예술적 재능이 이처럼 분명하게 사라지는 것에 대해선 설명이 필요하다.

시각예술에서 비범함을 발휘하는 아이들의 그림은 우리에게 또 다른 의문을 지니게 한다. 어떤 아이들은 숙련된 성인 수준으로 그릴 수 있는 능력을 보여준다. 예컨대 자폐증을 보이는 어린 천재가 그린 그림은 다

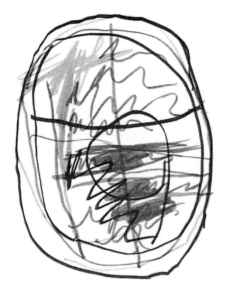

[그림 5-2]　5세 아이의 그림. 어린 시절의 자유분방하고 표현적인 예술성을 보여주고 있다. 오른쪽은 8세 아이의 그림. 초등학교 시기의 나이에 나타나는 전형적인 성격을 보여주고 있다.

빈치의 스케치와 너무나 흡사하다(그림 5-3). 이 같은 천재 아동들의 예술성은 일반적인 모든 발달단계들을 거친 후에 이 같이 비범한 수준에 도달했을 수도 있다. 또는 그림을 그리기 시작한 순간부터 정상적인 일련의 단계들을 거치지 않고 예술가들처럼 그리기 시작했을 수도 있다.

　이것은 아이들의 그림이 우리에게 보여주는 수수께끼들 중 일부에 불과하다. 하지만 그 수수께끼를 풀 수 있는 방법 역시 너무 모호하기 때문에, 우리는 이제까지 서로 대립한 설명들만 계속 제시해 왔을 뿐이다. 한편에서는 아이들 그림을 그들이 갖지 못한 기술적인 측면에서 설명하려 했다. 가령 몇몇 연구자들은 개념적인 혼동이 아이들 그림의 기저에 자리한다고 주장하기도 했다. 이런 설명에 기대서 이해하자면, '올챙이' 그림은 아이들이 인간의 신체구조 개념을 제대로 이해하지 못했음을 반영하는 것이다. 또 다른 한편에서는 그림으로 표현하는 것이 지닌 어려움에 주목함으로써 다음과 같은 점을 지적해 왔다. 즉 아이들은 아직 성인 스타일로 그림을 계획하고, 그릴 만한 충분한 전략을 가지고 있지 못

[그림 5-3] 자폐아인 나디아(Nadia)가 5세 반쯤 되었을 때 그린 그림. 다빈치의 〈스포르차 기념비를 위해 그린 스케치〉와 비슷하다.

하다는 점이다. 따라서, 그런 측면에서 아이들의 그림을 볼 때 어리둥절해지는 것은 아이들의 2차원 평면에 3차원 대상을 그려내는 어려움을 직접적으로 반영하는 결과라고 주장한다.

이런 주장과 극단적으로 대립한 쪽에서는 오히려 아이들 그림이 시각적인 문제들을 성공적으로 해결하고 있다고 주장한다. 흔히 사람들은 아이들 그림은 이상야릇하다고 한다. 그러나 이것은 한때 회화사에서 잠깐 나타났다가 사라진 자연주의적 표현방식을 기준으로 할 때만 그렇다. 아이들은 균형 잡힌 형태를 창조하는 데에만 관심이 있고, 이를 위해서 기꺼이 사실주의를 희생할 자세가 되어 있다고 한다. 그래서 다음과 같은 점을 보여주기 위해, 우리는 역사상 다양한 시기에 걸쳐 아이들 그림과 어른들 그림 사이에 평행선을 그어왔다. 즉, 아이들 그림이 사실주의적 재현에 실패했다고 판단해서는 안 되고, 그것은 오히려 분명하고도 강력한 시각적 주장을 펴려는 시도였다고 말이다.

아이들이 그림 그리는 것의 의미에 관한 주장들의 불일치에도 불구하고, 그림의 특징들이 각기 서로 다른 연령에 따라 다르게 나타난다는 데 대해서는 일반적으로 의견 일치를 보고 있다. 아이들이 그림을 그리는 과정은 대개 5단계로 구분될 수 있다. 첫째, 낙서단계. 이것은 1, 2세 정도에 나타나는데, 아이들의 반복된 낙서 속에서 초기의 낙서보다 다듬어진 형태의 최초의 그림이 생겨난다. 그렇지만 여전히 재현적이지는 않다. 약 3, 4세가 되면 자발적으로 재현한 그림이 처음 나타나는데 올챙이 그림은 여기에 포함된다. 취학 전 시기에 나타나는 재현은 중기 아동기를 거치면서 좀더 일관적인 재현에 자리를 양보한다. 그러나 중기 아동기에 나타나는 재현적 그림이 이전 시기에 나타났던 그림보다 더 다양하고 복잡한 것이라 할지라도, 훨씬 더 사실적이라고 할 수는 없다. 9세나 10세쯤 되어야 비로소 아이들은 그림에다 시각적 사실주의를 구현해보려 애쓰기 시작한다.

낙서하기

서구문화의 경우 2세 정도 되면 아이들이 벌써 종이 위에 뭔가를 끄적거리기 시작한다. 이 첫 번째 표식들은 낙서형태이다. 낙서하는 아이들은 아주 열정적으로 끄쩍거리기에 집중하고 대개 빠른 손놀림 가운데 어떤 그림 같은 형태를 만들어 낸다. 그들은 일반적으로 색상을 고려하지 않는다. 또 기타 유용한 도구들에는 아랑곳하지 않고 오직 하나의 도구만을 사용해서 낙서를 한다.

낙서하고 있는 아이들을 보면, 아이들의 팔은 종이 위에서 리듬을 타고 규칙적으로 움직인다. 그래서 우리는 흔히 아이들이 활동적인 움직임

그 자체를 재미있어 한다고 생각하곤 했다. 그렇지만 낙서도구 대신 흔적이 남지 않는 도구로 바꿔주면 아이들은 곧장 낙서하기에 흥미를 잃고 만다(Gibson and Yonas, 1968). 그렇다면 분명한 사실은 낙서란 움직임으로써 즐거움을 주는 활동일 뿐만 아니라, 아이들은 자신의 활동적인 움직임이 종이 위에 남겨 놓는 흔적조차도 즐긴다는 것이다.

아이들이 만들어 놓는 낙서패턴들은 자발적인 창조물이다. 어느 누구도 18개월 된 아이를 앉혀 놓고 낙서하기를 가르치지는 않기 때문이다. 초기의 낙서 패턴들을 상세히 분류하면 점, 수직선과 수평선, 곡선, 지그재그 선 등 20가지로 구별되는 구성요소들이 나타난다(Kellogg, 1969, 그림 5-4). 그러나 좀더 단순하게 분류하면 두 가지 유형으로만 구분된다. 그 하나는 고리, 나선, 원 등이고, 나머지 하나는 조밀하게 이루어진 평행선들이다(Golomb, 1981).

아이들의 초기 낙서가 매우 다양하다 하더라도, 이 최초의 표식들은 나중에 나타날 그림들을 위한 주춧돌이다. 아이들이 자기 낙서 속에서 찾아낸 둥근 고리는 나중에 올챙이 머리가 되고, 수직선은 다리가 되며, 또 수평선은 형태들이 세워질 바닥 선이 된다. 낙서하는 아이들은 그림을 그릴 수 있는 수단들에 대해 실험하고 있는 것이다. 나아가 그들 자신이 어떤 표식들을 사용해서 종이를 채워나갈 것인지를 찾기 시작하는 것이기도 하다.

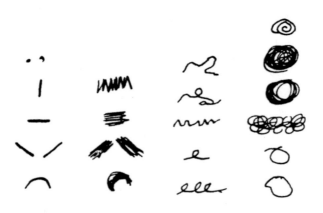

[그림 5-4] 아이들이 그린 기본적인 낙서패턴들.

재현적인 그림이 나타나기 이전의 단계

아이들은 낙서하기에서 곧장 재현적인 그림을 그리는 단계로 넘어가
지 않는다. 2, 3세쯤 되면 낙서는 더 다듬어지기는 하지만 재현적이지는
않다. 로다 켈로그(Rhoda Kellogg, 1969)에 따르면, 이러한 '도안'(designs)
이 나타나는 것은 낙서의 나중 단계에서 이루어질 수 있다. 이 단계에서
아이들은 자신들의 표식을 위치화시키기 시작함으로써 종이의 경계를
고려해서 제한된 공간을 채워나간다. 켈로그는 17가지의 위치배열 유형
들을 확인했다. 전형적인 공간배열 유형의 경우 선들은 종이 위에서 대
각선 방향으로 채워졌거나 직사각형의 형태로 그려졌다(그림 5-5). 종이
의 가장자리 안에 조심스레 그려놓은 낙서들은 결국 삼각형이나 직사각
형 같은 기본적인 기하학적 형태로 나타난다. 3세 정도 되면, 아이들은
끄적거린 선으로 이런 기하학적 형태의 안팎을 채워나가지 않고 오직 하
나의 선만으로 그리기 시작한다. 이런 흐름 가운데 구성된 다섯 개의 순
환적 '다이어그램들'이 눈에 띈다. 즉 원형과 타원형, 정사각형과 직사
각형, 삼각형, 십자형, X자형 등이 그것이다. 물론 아이들이 그린 모든
형태들이 규칙적인 것은 아니기에 '이상한' 형태를 또 다른 하나의 범주

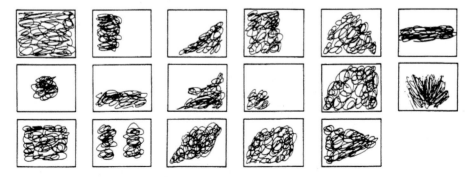

[그림 5-5] 낙서 단계의 거의 마지막 시기에 나타나는 낙서배치 유형들. 이것들이 삼각형이나
직사각형 같은 기본적인 기하학적 형태들로 변한다.

로 묶여졌다.

켈로그에 따르면, 다음 단계에서 아이들은 두 개의 다이어그램들을 섞기 시작한다. 그래서 '결합된 그림'(combines)이 나타난다. 십자형태를 원이나 직사각형 혹은 정사각형과 결합시켜 '만다라'(mandala)를 만들어 낸다(그림 5-6). 우리는 흔히 아이들 그림에서 만다라에 주목해 왔다. 또 만다라는 다양한 문화에 속한 성인들의 미술에서도 나타나곤 한다. 스위스 심리학자인 칼 융(Carl Gustav Jung, 1960)은 자신의 환자들이 꿈에서 자주 만다라의 모양을 보았다고 진술한 사실에 깊은 인상을 받았다. 융은 만다라를 인류가 지닌 집단 무의식의 원형적 이미지들 중 하나로 믿었다. 또 그것이 원과 직선처럼 대립적인 것들 사이의 완전히 균형을 이룬 통일체라는 이유로 조화를 상징하는 이미지로 여겼다. 융과 다를 바 없이 켈로그도 그런 완벽한 조화가 시각적인 즐거움을 주기 때문에 만다라 형태를 그리게 된다고 보았다. 그렇지만 융과 다르게, 그 만다라는 아이들이 그것을 어떻게 그릴지 알지도 못하는 상태에서 찾아낸 형태를 직접 그려낸 것이라고 주장했다.

아이들의 미술에서 다이어그램과 결합된 그림을 보편적인 형식으로 보거나 재현에 이르기 위한 필수적인 전략으로 여기는 것은 다른 연구 사례들과 상충되는 결과를 낳았다. 어떤 연구에서는 4%의 아이들만이

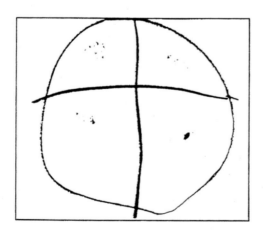

[그림 5-6] 3세 아이가 그린 만다라.

다이어그램들을 그려냈다(Golomb, 1981). 그 대신 다른 아이들은 알파벳 형태의 문자들을 그렸다. (가령 알파벳 'O'자처럼) 몇몇 문자들은 다이어그램과 거의 비슷하게 보였지만, 아이들은 분명히 이 형태들을 문자로서 그려냈다.

또한 알렉산더 앨런드(Alexander Alland) 같은 인류학자는 다이어그램과 도형이 결합된 그림을 그리는 단계의 필연성에 대해서 의심했다. 그는 그림 없는 문화에서 자란 아이들을 연구했던 인물이다(Gardner, 1980). 8, 9세 아이들에게 난생 처음 그림 그릴 기회를 주었을 때 그들은 이 두 단계의 어떤 증거도 보여주지 않았다. 그 대신 아이들은 거의 직접적으로 재현적인 그림을 그리기 시작했다(Millar, 1975). 이렇게 볼 때 비재현적인 도안이 나타나는 현상이 재현적인 그림을 그리기 위해 거쳐야 하는 필연적인 단계는 아닌 듯하다.

재현의 등장

아이들이 처음으로 그림을 그릴 때에는 재현에 별다른 관심을 보이지 않는다. 아이들의 그림에 주목하고 있는 대다수 연구자들은 초기 낙서나 도안이 재현을 성취하지 못한 것은 아니라는 점에 의견일치를 보이고 있다. 오히려 아이들이 처음 그리는 행위는 선이나 모양, 색상 등 시각적인 탐구활동이다.

아이들은 알아볼 만한 대상을 묘사할 수 있기에 앞서, 재현의 관념에 먼저 관심을 갖게 되는 듯하다. 자기들이 끄적거린 낙서와 도안이 마치 재현물이기라도 한 것처럼 아이들은 그것들에 이름을 붙이기 시작한다는 사실을 그 증거로 들 수 있다. 어쩌면 그 때문에 아이들은 낙서를 하고 나서 자기 엄마를 그린 것이라고 말하는 것인지도 모른다. 이처럼 아이들은 자기가 그린 도안이 재현물이기를 '희망하는' 듯 보인다는 점에서 이런 현상은 '이야기 꾸미기'(romancing)라 일컬어진다.

경우에 따라서 이야기 꾸미기는 아이들이 낙서를 시작하는 바로 그 단계에서 이루어지는 것처럼 보이지만, 3, 4세는 되어야 비로소 알아볼 수 있을 정도로 재현된 형태들을 자발적으로 만들어낸다. 이야기를 꾸미는 단계의 아이들과 달리, 나이가 좀더 많은 아이들은 그림을 그리기에 앞서 자신이 재현하는 의도를 밝힌다. 그들이 엄마를 그릴 것이라고 말한 후 그려놓은 그림은 인간을 사실적으로 묘사한 형태, 즉 재현과는 거리가 멀다 할지라도 알아볼 수는 있을 만하다.

3세 이전에 재현적인 그림을 자발적으로 그리는 사례는 드물지만, 아이들은 좀더 이른 시기부터 회화적으로 재현해 낼 수 있는 타고난 능력을 지닌다. 그 증거로, 사람의 윤곽선을 그려주고 그 안에 눈, 코, 입, 배꼽 같은 형태를 그려넣게 하면, 심지어 2세의 아이들조차도 이 형태들을 적절히 완성해 낸다(Freeman, 1980; Gardner, 1980; Fucigna & Wolf, 1981). 게다가 낙서단계의 아이들에게도 물고기처럼 특정 대상을 그리게 하면, 그들은 혼자서 요구된 대상을 알아볼 수 있게 그려낸다(Golomb, 1981). 더욱이 낙서단계에서 재현적으로 그리는 단계로 갑작스레 옮겨가는 것도 결코 아니다. 한동안 아이들은 낙서나 기하학적인 도안들을 계속 그리는가 하면, 동시에 재현적인 그림의 가능성도 탐구하기 시작한다 (Golomb, 1981). 아이들은 더욱 재현적인 그림만 그릴 때조차도 추상적인 도안을 계속 그려낼지도 모른다.

아이들이 자발적으로 처음 그린 재현적 그림은 사실주의와는 너무나 거리가 멀다. 일반적으로 최초의 재현형태는 일반적으로 올챙이처럼 그려진 사람의 모습이다(그림 5-1). 그 올챙이는 특정한 사람이 아닌 사람의 형식적 재현이다. 아이들은 두 개의 올챙이 그림을 자기의 아빠나 엄마로 알아볼 수 있겠지만, 이 두 올챙이들은 아무런 차이도 보이지 않는다.

이 단계에서는 사용하는 색상 또한 비현실적이다. 아이들은 그리려 하는 대상의 실제 색상과 자기가 그려놓은 대상의 색을 일치시키는 데 별 관심이 없다. 그래서 사람을 자주색으로, 초원을 빨간색으로, 그리고 태양을 초록색으로 그리곤 한다. 연구자들은 그림의 색상과 아이의 성격과의 관련성을 밝혀내려 애써왔다(Altshuler & Hattwick, 1969). 예를 들어 따뜻한 색상을 선호하는 아이들은 따뜻하고 애정적인 성향을 지녔으며, 차가운 색상을 선호했던 아이들은 절제된 감정을 가졌다고 일컬어진다. 그리고 검은색으로 그림을 그리는 아이들은 감정이 없다고 일컬어진다. 그러나 아이들은 색상과 무관하게 크레용이 배열된 순서에 따라 오른쪽에서 왼쪽으로 혹은 그 반대방향으로 색상을 골라 사용한다는 사실이 밝혀짐으로써 이 같은 해석은 설명력을 잃었다(Corcoran, 1954). 이런 사례는 아이들의 그림을 성격의 반영으로 보는 해석에 좀더 신중해야 할 것이라고 경고한다. 말하자면 의도적이기 때문에 어른들에게 의미 있는 것이 아이들에게는 전혀 의도적인 것이 아닐 수도 있다.

이 단계의 아이들은 사실적인 형태와 색상을 만들어내지도 않을뿐더러, 현실공간 속에 대상들이 배치되어 있는 방식대로 대상을 평면에 구조화하려 하지도 않는다. 그 대신 전형적으로 대상들을 종이에 한가득 그려놓는다(그림 5-7). 이 대상들의 배치들이 전혀 논리적으로 보이지 않는 반면, 아동들은 자신만의 배치규칙인 개인적 시각적 논리에 따라 서로 연관시킨 것이다. 그래서 종이 위의 형태들이 보여주는 배치는 질서정연하고 균형 있게 2차원적인 구성을 이룬다(Arnheim, 1974; Garfunkel, 1980; Winner, Mendelsohn, Garfunkel, Arangio, and Stevens, 1981).

아이들이 그려내는 최초의 재현은 너무나 이견의 여지가 많으며, 어쩌면 언제, 어느 곳에서나 모두 올챙이 형태일 수도 있다. 우리는 부정적이거나 긍정적인 용어로 이 형태에 대해 설명해 왔다. 부정적인 관점의 전형은 '결핍'이다. 이것은 올챙이 형태가 몸의 각 부분들의 구성방식에 관한 아이들의 무차별적 개념을 반영한다는 관점이다(Piaget & Inhelder, 1967).

이보다 긍정적인 설명은 다음처럼 말한다. 올챙이 형태는 아이들의 신체 구조화 개념들에 의해서는 규정되지 않는다. 또 그것은 가시적인 유사성을 창조해 내려는 시도가 실패한 것도 아니다. 그것은 오히려 아이들이 가지고 있는 그림기억 목록(graphic repertoire)에 포함된 초기 형태

[그림 5-7] 6세 아이의 그림. 지면에서 무관한 대상들이 화면 전체에 걸쳐 그려져 있다.

들에서 구조적으로 유도됨으로써 규정된다(Arnheim, 1974; Golomb, 1975; Kellogg, 1969). 처음 재현적인 그림을 그리려 하는 아이들은 재현하고자 하는 대상을 좀더 면밀히 살펴봄으로써 그렇게 그리는 것은 아니다. 그 대신 그들은 이미 자신의 그림기억 목록에 저장되어 있는 추상적인 형태를 살펴보고, 이 단순 형태들에서 현실 대상을 나타낼 수 있는 도식을 찾아낸다. 아이들은 대상들을 균형 있고, 질서 잡힌 형태로 재현해 내려고는 하지만, 사람형태를 실제 모습과 유사하게 그려내려는 생각까지는 하지 않는다. 이는 그것이 아마도 자기들이 할 수 있는 능력 훨씬 너머에 있는 것이라고 생각하기 때문일지도 모른다.

초기 형태들 중에서 올챙이 그림을 이끌어낸 것은 원이다. 그것은 아이들이 만들어내는 최초의 형태들 중 하나이자 모든 기하학적 형태들 중 가장 단순한 것이다(Arnheim, 1974). 원에서 올챙이 형태에 이르는 과정에는 수많은 단계들이 있다고 가정한다(Kellogg, 1969). 결합된 그림을 그리는 단계에서 아이들은 두 개의 다이어그램을 결합시킨다. 원과 십자형을 결합할 때 만다라가 만들어진다. 그러면 곧 어린이들은 그 원 안에 좀더 많은 십자형을 그려넣어 이 형태를 더 복잡하게 만들어 놓는다(그림 5-8, 왼쪽 그림). 아이들은 그저 어떤 도안을 그리려 한 것이겠지만, 열성적인 부모나 교사들은 흔히 이런 형태에 '햇님' 이라는 이름표를 달아버린다. 태양을 그리려는 의도가 전혀 없었던 아이들도 분명히 자기 그림과 현실의 태양이 서로 닮아 있음을 알아볼 수 있을 것이다. 이렇게 해서 그들은 자기 그림의 바깥쪽에다 선들을 덧붙여 넣기 시작하면서 더욱더 태양과 닮게 만들어간다(그림 5-8, 오른쪽 그림). 사람을 재현해 내려는 초기 시도들은 이런 태양도식에서 직접 유도된 것이다. 방사형태로 뻗어나가는 선들의 수를 제한하고, 두 눈을 덧붙임으로써, 아이들은 태양을 올챙이로 변형시킬 수 있다. 이전에 만들어 놓은 도식에서 그 구조적 기원을 찾아낸다면 (동물이나 집 같은) 다른 재현물들이 어떻게 발전하는지도 유사한 방식으로 설명할 수 있을 것이다(Kellogg, 1969).

　이와 같은 방식으로 올챙이 형태가 어떻게 구조적으로 유도된 것인지를 설명할 수는 있겠지만 의미 없는 일일지도 모른다. 즉 올챙이 형태가

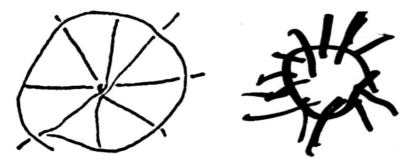

[그림 5-8] 6세 아이의 그림. 지면에서 무관한 대상들이 화면 전체에 걸쳐 그려져 있다. 왼쪽은 수많은 십자형태를 가진 만다라. 이것은 3, 4세 아이들의 전형적인 그림이다. 오른쪽은 태양을 닮은 만다라. 이것은 4세 아이가 그린 그림인데, 더 앞선 시기의 만다라 형태에서 변형된 것으로 여겨진다.

아이들이 습득한 초기 형태들과 닮았다는 단순한 이유 때문에 그것이 초기 형태에서 유도된 것이라고 규정하기에는 어려움이 있다. 만다라, 태양, 올챙이 형태 등은 모두 규칙성의 추구와 같은 동일한 원리에 따라 규정될 수 있기 때문에 비슷한 것처럼 보일 뿐인지도 모른다(Goodnow, 1977).

또한 원형의 올챙이 모양은 팔다리가 함께 있는 머리나 뒤섞인 몸통과 머리를 재현한 것처럼 보일지 모른다. 그런데 올챙이 형태를 설명할 때 흔히 범하게 되는 오류는 동그란 형태가 단순히 머리라고 착각하는 일이다. 그래서 아이들이 몸통을 빼버린 채 잘못해서 머리에서 팔다리가 뻗어나가게 그린 것이라고 여긴다(Lowenfeld & Brittain, 1970). 부정적 관점보다는 긍정적인 관점을 택한 연구자들은 올챙이 형태가 단순히 몸통 없는 머리가 아니라, 오히려 포괄적으로 뒤섞인 몸과 머리를 표현한 것이라고 주장한다(Arnheim, 1974). 이런 설명을 따르자면, 아이들은 실수로 머리에 팔들을 그려넣은 것이 아니라 몸통을 포함하는 형태 위에다가 팔을 꽤 정확히 배치한 것이다.

동그란 형태가 단지 머리만을 그린 것인지 아니면 뒤섞인 머리와 몸통을 그린 것인지 알아보기 위해, 취학 전 아이들에게 미리 그려놓았던 머리와 몸통 그림을 주고 거기에 팔을 덧붙여 그려보게 했다(Freeman, 1980). 아이들이 흔히 그리는 올챙이 형태가 단지 머리부분만을 재현한 것이라면, 이 과제에서 아이들은 머리에 팔을 그릴 것이다. 그러나 그것이 뒤섞인 머리와 몸을 그린 것이라면, 아이들은 몸통 부분에다가 팔을 그려넣을 것이다.

아이들은 미리 그려놓은 머리부분이 몸통보다 좀더 작거나 아니면 같은 크기로 그려져 있을 때조차 대개의 경우 팔을 정확히 몸통에서 뻗어나오도록 그렸다. 그러나 머리부분이 몸통보다 클 때에서는 머리에 팔을 그리는 경향이 좀더 많았다. 가장 큰 원에 팔을 붙이는 이런 경향은 '신체비례 효과'(body-proportion effect)라 일컬어지는데, 팔은 몸통에 붙어 있어야 한다는 아이들의 지식을 무시하고 나타난다. 그럼에도 불구하고 대부분의 아이들이 머리부분이 좀더 작거나 같은 크기일 때 몸통에 팔을 덧붙인 사실은 그들이 팔은 머리가 아니라 몸통에 붙어 있다는 것을 알고 있음을 보여준다. 또한 올챙이 형태는 몸통 없는 머리가 아니라 머리와 몸이 무차별적으로 서로 합쳐진 것임을 시사하는 것이기도 하다.

게다가 이러한 사실은 3세에서 11세 사이의 아이들을 대상으로 했던 한 연구에서 명확히 밝혀졌다. 그 연구는 인체 재현을 포함하는 다양한 과제들을 다음과 같이 참여자들에게 제시했다(Golomb, 1973). 첫째, 사람을 밑그림에서 완성된 그림까지 그리게 하는 과제. 둘째, 신체의 부분을 미리 주고 그것을 사람형태로 배열하게 하는 과제. 셋째, 실험자가 지시한 여러 신체부분들을 구조화하는 과제. 넷째, 실험자가 그리는 대로 똑같이 그 부분을 받아 그리게 하는 과제. 다섯째, 사람을 그대로 복사하듯이 그리게 하는 과제. 여섯째, 가장 잘 묘사된 사람그림을 선택하게 하는 과제.

모든 연령대의 아이들이 그려낸 인체 재현은 과제에 따라 아주 다양했다. 자발적인 그림 그리기 과제에서는 거의 다 올챙이를 그렸지만, 좀더 지시적인 방식으로 그림을 그리게 하는 과제가 주어졌을 경우에는 그보다 훨씬 더 상세하고 분화된 올챙이 형태를 만들어냈다. 예컨대 각 신체부분들을 지시한 대로 아이들이 그리게 하고 자기들이 그린 형태의 부분들에 대해 물었을 때, 그들은 자발적으로 그렸을 때보다 더 많은 부분들에 대해 언급했다. 또한 아이들이 하듯이 실험자가 올챙이 머리에서 팔을 쭉 뻗어나오게 그린 것을 보여주면 그들은 흔히 이것이 잘못된 것이라고 주장하기도 했다. 머리부분만 그려진 그림을 미리 주고 그것을 완성하게 하면 아이들은 다시금 자발적인 과제에서 보여주었던 수준보다도 높은 수준으로 과제를 수행했다. 이 과제에서 아이들은 올챙이 형태만이 아니라 거기에다 항상 몸통을 덧붙였다. 그리고 가장 잘 재현된 부분을 고르라는 과제를 주었을 때, 아이들은 가장 세밀히 재현된 인체그림을 선택했고, 올챙이 그림은 버렸다. 또 실험자가 인체의 각 부분들이 어디에 있어야 한다는 것을 말해 주지 않고 그리게 했을 경우, 거의 모든 아이들이 신체의 각 부분들을 정확한 자리에 그려넣을 수 있었다. 나아가 각 부분들을 말해 주었을 경우에는 4%만이 올챙이 형태의 그림을 그렸다.

위와 같은 연구는 능력과 수행을 서로 구별하여 다루는 방법을 우리에게 보여준다. 그리고 우리가 아이들에게서 두루 나타나는 올챙이 그림 현상에 대해 해석할 수 있는 기회를 준다. 아이들은 훨씬 더 높은 수준으로 사실적인 그림을 그릴 수 있는 능력을 가지고 있음에도 그렇게 하려 하지 않는다. 그런 만큼 올챙이 그림은 아이들의 인간에 대한 미숙하거나 혼란스런 개념을 반영한 것이라고는 볼 수 없을 것이다. 만일 그 그림이 이런 것이라면 과제내용의 변화는 아이들의 수행을 높이지 못했어야 했으며, 아이들의 인지수준은 모든 과제에서 일관되게 나타났어야 했다.

위의 모든 내용을 종합해 보면, 이 연구는 어째서 대다수 아이들이 사람을 올챙이 모양으로 묘사하는가에 대한 몇 가지 이유를 보여준다. 첫째, 아이들의 초기 그림들은 동그란 올챙이 형태처럼 단순하고 보편적인 형태들을 사용하게 만든다. 둘째, 아이들은 고르고 가지런한 형태에 흥미를 갖는데, 올챙이 그림은 방사형 대칭의 한 예가 된다는 것이다. 마지막으로, 아이들은 사람을 사실적으로 그리는 것에는 별 관심이 없다. 오히려 그들은 단순히 사람이라고 '대표될' 만한 재현물을 구성해 내려 애쓸 뿐이다.

아동기 중반 아이들의 그림

대략 6세에서 10세에 이르는 아동기 중반의 그림들은 꾸준히 도안의 형태를 보이지만 대개는 재현적이다. 이 시기의 그림들은 이전 그림들과 다른 새로운 특징들을 지니고 있다. 그 중 가장 주목할 만한 것은 형태가 좀더 분화되고 복합해졌다는 점이다. 예컨대 몸통과 머리가 하나의 원으로 표현되었던 올챙이 형태가 머리와 몸통이 완전히 분리된 형태로 나타나기 시작한다(그림 5-9).

주목할 만한 또 다른 특징은, 그림의 공간조직이 좀더 논리적으로 이루어진다는 것이다. 초기의 재현적 그림에서는 대개 공중에 둥둥 떠다니는 대상들이 종이를 가득 채우고 있었던 데 반해, 이 시기에 이르면 아이들은 대상을 바닥선(groundline)에 관련시켜 그리기 시작한다. 전형적인 그림에서 아이들은 대상들의 아래쪽, 즉 종이 밑부분에 좌우로 길게 선을 긋고, 그 윗부분에 하늘선(skyline)을 긋는다. 어떤 연구는 5천 여 편의 아동그림들을 대상으로 해서 수행되었는데, 3세 아이들이 그린 그림들 중 단 1%에만 바닥선이 있었던 반면, 8세 아이들이 그린 그림들에는 96%에 바닥선이 있었다고 보고되었다(Wall, 1959). 이런 선의 사용은 공간 묘사를 좀더 논리적으로 이끌기는 하지만, 그것이 곧 3차원을 재현하

[그림 5-9] 머리와 몸통이 분리된 채 표현된 인간 모습. 5세 아이가 그린 그림이다.

[그림 5-10] 바닥선과 하늘선을 가진 그림. 7세 아이가 그린 그림이다.

려는 시도라고 보기에는 좀 이르다.

이 시기의 그림들이 모두 기준선(baseline)을 토대로 조직적인 모습으로 나타나는 것은 아니다. 비록 높은 빈도로 나타나는 것은 아니지만, 전개 도식형태의 그림들도 종종 나타난다(그림 5-1). 이런 그림들은 단일한 관점이 결핍되어 있다. 따라서 그림에서 볼 수 있듯이 집들은 길들과 직각을 이룬 위치에 놓여 있다. 이것은 마치 걸어가는 길의 방향에 따라 관찰자가 다양한 위치에 서 있는 것과 같다.

이런 현상을 설명해 주는 몇 가지 논의들이 있다. 우선, 이 같은 공간 조직이 아이들의 일반적인 인지수준을 반영한다는 설명이다(Piaget & Inhelder, 1967). 무엇보다도 이 시기의 아동들은 다른 인지과제에서 일관된 시점을 설정할 수 없는 것처럼 그림의 각 부분들에 대해서도 하나의 전체적인 참조점(an overall point of reference)을 적용시킬 수 없다. 둘째,

아이들은 대상들이 겹쳐지지 않도록 하는 규칙을 따르려 하므로, 하나의 대상이 다른 대상과 서로 맞물리듯 그린다(Goodnow, 1977). 아이들은 대상들이 겹쳐지는 것을 피하기 위해 어쩔 수 없이 다른 시점에서 대상을 그리는 것인지도 모른다. 결국, 이런 논의들은 아이들이 각 대상의 가장 특징적인 면이 잘 드러나게끔 하기 위해 의도적으로 대상들을 따로따로 그리려 한다고 설명한다. 그들은 이렇게 하려고 단일 시점을 희생하는 것이 틀림없다. 따라서 아이들이 보여준 왜곡은 사실상 가장 명확하게 보여주려는 데서 나타난 것이다.

르네상스 시대에 중앙원근법(central perspective)이 생긴 후에야 비로소 화가들은 단일 시점에서 그리기 시작했다. 그 이전에 (그리고 심지어 그 후에도 가끔 선택적으로) 화가들은 혼합된 시점들로 그림을 구성했다. 예컨대 이집트 그림들을 보면 얼굴은 측면으로, 몸은 정면으로 그려져 있다(그림 5-11). 이 같은 현상은 미켈란젤로(Michelangelo)의 조각품과 A. 모딜리아니(Amedeo Modigliani, 1884-1920)의 초상화에도 나타난다. 따라서 아동그림에 단일 시점이 나타나지 않는 것을 무조건 그들이 그런 능력을 갖지 못한 것이기 때문이라고 단정지어서는 안 된다(Arnheim, 1980).

하지만 반대로 화가들과 아이들을 유약하게 보는 관점은 아이들의 능력을 너무 과대 평가하는 것인지도 모른다. 화가들은 강한 메시지를 시각적으로 창조해 내기 위해 의도적으로 혼합 시점으로 그림을 그릴 수 있지만, 아이들도 단순히 화가들처럼 동기화 되었다고 여기는 것은 너무 과장된 것이다. 좀더 전통적인 해석에서 보면, 어른들과 달리 아이들은 특정한 시각효과를 창조하려 하지 않는다. 그들은 단지 더 실재적인 방식으로 그릴 수 없을 뿐이다.

이 시기 그림이 보여주는 또 다른 특징은 투시방식의 기묘한 그림 그리기이다. 이 방식에 따라 대상의 형태는 속까지 훤히 들여다 보인다(Clark, 1896-97). 투시그림은 두 종류로 구분된다(Freeman, 1980). 동물의 뱃속에 그려진 음식처럼 '현실' 세계의 눈으로는 볼 수 없는 그림들이 한 부류 있다(그림 5-1). 다른 종류의 투시그림은 어떤 대상이 다른 대상

[그림 5-11] 늪 속의 하마 사냥. 제5왕조 이집트 무덤의 부조. 아이들 그림에서 보이
는 혼합 시점이 나타난다. 머리와 다리는 측면으로 늘어서 있고, 몸통은 정면을 향하고
있다.

을 부분적으로 가리고 있을 때 가려진 대상이 가린 대상을 투과해서 나
타나 보이도록 그린 것이다(그림 5-12).

이 두 유형은 모두 다 대상의 내면이 보이도록 묘사되었기 때문에 종
종 한 부류로 취급되기도 하지만, 이렇게 그려지는 원인은 서로 다르다.
아이들이 뱃속 구성물을 그리는 이유는 아마 그들이 그림을 사실적으로
그리려 했던 것이기보다는 뱃속에 든 구성물에 더 관심이 있기 때문일
것이다. 대상들이 겹칠 경우 뒤쪽 대상이 앞쪽 대상을 투과해 보이도록
그리는 것은 아이들이 어떻게 대상들을 겹치게 그리는지 알지 못하기 때
문일 것이다. 이에 대한 증거로, 아이들은 흔히 각각의 대상들을 그것이
차지하는 공간에 배열함으로써 겹치는 현상을 피하려 한다. 아마도 아이
들은 각 대상들의 형태를 나누는 것이 불가능할 때 겹쳐진 대상들을 일

[그림 5-12] 5세 아이가 그린 투시 그림. 대상들이 꿰뚫린 모습으로 나타난다.

부러 투시된 모습으로 그리는 듯하다. 대상들을 분리시키는 경향이 줄어들수록 투시된 형태로 그리려는 경향이 증가한다는 증거도 제시되었다(Freeman, 1980).

전개도식의 그림과 마찬가지로 엑스레이 그림도 꼭 아이들의 무능력에서 나온 것이라고 설명할 수는 없다(Arnheim, 1980). 아이들의 엑스레이 그림과 유사한 형식들은 원시미술이나 20세기 미술에서도 찾을 수 있다(그림 5-13). 아이들도 화가들처럼 강한 메시지를 시각적으로 표현하려 한 것일 수도 있다. 그 결과가 비록 현실적인 것은 못 되지만 그 나름의 시각적인 논리를 가지고 있다. 예컨대 아른하임은 목걸이의 둥근 형태가 완전히 목을 투과해서 나타나 보이도록 그린 그림은 '둥글음'이라는 개념과 상응하는 시각적인 이미지를 만들어내려는 아이들의 노력이라고 지적한다.

그러나 아이들과 화가는 서로 다른 식으로 동기화 되었을 것이다. 즉 겉으로 보기에는 양자가 서로 동등한 것처럼 보일지라도, 아이들은 투시 그림을 그리는 것밖에는 다른 대안이 없었을지도 모른다. 게다가 그들은

[그림 5-13] 샤갈(Marc Chagall, 1887-1985)이 그린 〈임신한 여인〉(Preghart Woman, 1973). 아이들이 그린 투시그림(그림 5-1)과 유사하다.

강한 시각적 효과를 창조해 내려 하지 않는지도 모른다.

사실주의의 등장

9, 10세 아이들의 그림은 그다지 자유롭지 못하기 때문에 어른들의 눈에는 두드러져 보이지 않는다. 아이들은 이제 재현에 관한 문화적인 관례를 받아들이기 시작한다. 관례주의의 등장은 이 시기의 아이들이 점차 만화에 도취되어 가는 현상에서 알 수 있다. 이 나이의 아이들은 대개 어

른이 그린 그림을 모방해서 코믹한 토막그림을 그려내기도 한다(Wilson & Wilson, 1977). 또 관례주의가 나타남으로써 좀더 현실적인 그림을 그리도록 한다. 단지 1, 2년 전에 그렸던 엑스레이식의 투시그림과 전개도식의 그림은 이제 비논리적이라는 이유로 거부된다. 아이들은 하늘과 땅 사이를 빈 공간으로 놓아두지 않고, 땅이 하늘과 만나게 한다. 그럼으로 더 큰 깊이감을 창조해 낸다(Lowenfeld & Brittain, 1970).

청소년기가 되면 아이들은 원근법을 사용하기 시작한다. 이들이 원근법을 발견하기까지의 과정과 방법은 매우 흥미롭다. 우리는 이것을 다음과 같은 연구에서 살펴볼 수 있다(Willats, 1977). 5세에서 17세까지 아이들과 청소년들을 여러 가지 대상이 놓인 테이블 앞에 앉혀놓고 그들이 본 것을 그리게 했다(그림 5-14a). 이때 그들은 그 대상들을 묘사하기 위해 여섯 가지 다른 전략을 사용했으며, 이 전략들은 일련의 발달과정을 형성했다.

참여자들 중 5, 6세의 가장 어린 아이들은 테이블 윗면을 직사각형으로 그렸고, 사물들을 테이블 위에 떠 있는 것으로 그렸다(그림 5-14b). 즉 이 단계에서는 깊이를 표현하려는 시도가 없었다. 7, 8세의 아이들은 테이블 바닥이 거의 보이지 않거나 아예 보이지 않도록 윗면을 지평선으로 표현했고, 그 선 위에 사물들을 배치했다(그림 5-14c). 따라서 그들은 이전 단계의 더 어린 아이들과 마찬가지로 바라본 광경을 오직 2차원적으로만 표현했다.

오직 세 번째 단계가 시작되는 9세가 되어서야만 아이들은 3차원을 묘사하려 했다. 그런 시도의 첫 번째 형태는 아이들이 테이블 윗면을 직사각형으로 묘사한 일이었다. 이로써 테이블의 선들은 평행하게 그려졌고 수렴되지 않았다(그림 5-14d). 이처럼 그렸던 것은 테이블 윗면이 직사각형임을 알고 있어서 그렇게 보이길 기대했기 때문이거나, 대상들을 아래와 위에 배치하는 것이 앞과 뒤의 관계를 묘사하는 유일한 방법이라고 여겨졌기 때문일 것이다. 이 두 번째 설명에 따르면, 아이들이 테이블을 재현해 내기 위해 택할 수 있는 유일한 방법은 테이블의 뒤쪽을 직사각형의 위쪽으로, 테이블의 앞쪽을 직사각형의 아래쪽으로 표현하는 것이다.

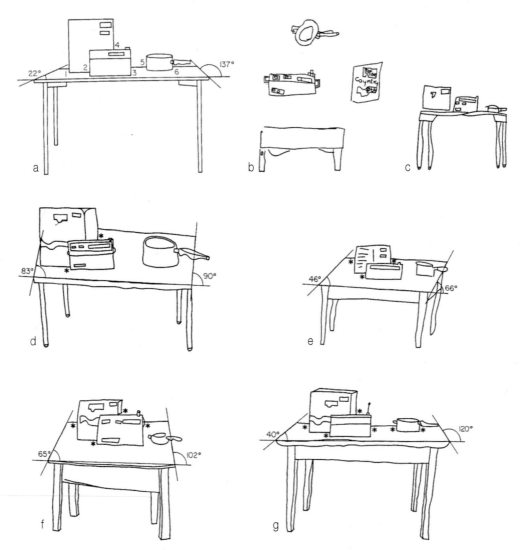

[그림 5-14] (a) 정확한 원근법에 따라 그린 그림. 그 각도들과 여섯 군데의 겹쳐진 부분들을 보여준다. (b) 첫 번째 단계의 그림. 깊이감이나 겹치는 곳이 없고, 대상들이 테이블 위에 떠다닌다. (c) 두 번째 단계의 그림. 깊이감이나 겹치는 곳이 없고, 테이블 윗면을 한 쪽에서 바라보아 오직 가장자리만이 나타난다. (d) 세 번째 단계의 그림. 앞뒤 관계가 위아래 관계로 나타났다(별표는 겹쳐지는 곳을 표시한다). (e) 네 번째 단계의 그림. 테이블 윗면을 평행사변형으로 그렸다. (f) 다섯 번째 단계의 그림. 약간만 수렴된 선들과 미숙한 원근법이 적용되었다. (g) 마지막 단계의 그림. 시각규칙에 따라 선들이 수렴하고 정확한 원근법으로 표현되었다.

3차원을 묘사하는 네 번째 단계는 약 14세쯤에서 정점에 이른다. 이를 위해 이들은 테이블 윗면을 평행사변형으로 그린다(그림 5-14e). 여기에서 선들은 이전 단계처럼 평행을 이루게 된다. 그렇지만 이젠 선을 위아래로 긋는 것이 아니라 비스듬하게 긋는다(그림 5-14e).

마지막 두 단계에서 청소년들은 테이블 윗면의 먼 쪽을 가까운 쪽보다 더 작게 그리는 원근법을 사용해서 그림을 그려낸다. 어떤 청소년들은 거의 수렴하는 선들로 테이블 윗면을 그렸다(그림 5-14f). 그들은 선들이 뒤로 물러남에 따라 폭이 좁아진다는 것을 구현하려는 듯 보였지만, 시각의 측면에서 대상들을 사실적으로 재현하기 위해서는 이런 규칙을 적용해야 한다는 것을 배웠던 것은 아니었다. 따라서 이들이 사용한 원근 묘사는 기하학적으로 정확치 못했을 뿐만 아니라 초보적인 수준에 불과했다(그림 5-14g). 이런 마지막 단계는 성인으로 성장한 이후에도 지속된다. 왜냐하면 특별한 훈련이 없는 한 성인들도 청소년들과 같은 방식으로 그림을 그리기 때문이다. 월래츠(Willats)에 따르면, 본 것을 그리고자 하는 욕구나 능력이 점차 증가한다는 점만으로는 연속된 이 단계들을 설명할 수 없다고 한다. 이에 대한 한 가지 이유가 있다. 그것은 좀더 사실적인 수준이 되기 전까지 아이들 그림은 그리 사실적이지 못하다는 점이다. 흔히 어렵지 않게 테이블 윗면이 (두 번째 단계에서처럼) 가장자리로 보이겠지만(그림 5-14c), 테이블 윗면을 눈높이에서 보면 (세 번째 단계에서처럼) 그것은 직사각형으로만 보일 것이다(그림 5-14d). 일반적인 시점으로는 어렵겠지만 조망할 경우 테이블 윗면은 결코 (네 번째 단계처럼) 평행사변형으로는 보이지 않을 것이다(그림 5-14e). 원근감의 발달은 원근법을 묘사하는 문화적인 방법의 확립만으로는 완전히 설명될 수 없다. 아이들은 결코 테이블 윗면이 직사각형으로 되어 있다고 여기지 않는다. 그래서 그들은 기계적인 태도로 이루어지는 미술시간을 경험해야만 우연히 그것이 평행사변형임을 알게 될 것이다. 그럼에도 평행사변형 해결 방법은 이미 학교의 기계적인 미술시간을 경험하기 이전에 나타난다.

이 단계들을 설명하기 위해 월래츠는 우리가 본 것을 그릴 수 있는 능력이나 그 문화가 깊이감을 묘사하는 방법을 습득할 수 있는 능력을 반영하는 대신, 거기에 문제를 풀 수 있는 아이들의 인지능력을 반영했다. 아이들이 마주친 문제는 2차원 평면 위에 3차원의 광경을 재현해 내는 일이다. 각 단계에서의 해결책은 이런 문제를 해결하기 위한 아이들의 최선의 노력을 반영한다. 또한 아이들은 나이가 들어감에 따라 공간 재현을 위해 나름대로 점점 더 복잡하고 추상적인 규칙체계를 고안해 낸다.

그러나 어떤 문화적인 영향들도 원근감이 표현된 그림의 등장을 설명할 때 배제될 수는 없을 것이다. 만일 아이들이 자연스레 그들 스스로 원근법을 고안해 냈다면, 아마 르네상스 아주 이전에 벌써 원근법이 등장했을 것이다. 비록 학교에서의 공식적인 교육이 없었을지라도, 언젠가 원근법을 적용해서 그린 어른들의 그림을 볼 수 있는 기회가 있었다면, 아이들이 원근법을 발견해 낼 때 분명히 하나의 요인이 되었을 것이다. 예컨대 아이들이 그린 평행사변형 그림은 예전에 보았던 정확한 원근법 그림들에 대한 단순한 해석을 반영한 것일지도 모른다.

적어도 서양문화권에서 청소년 시기는 자기 그림에 대해 지극히 비판적인 시기이다(Brittain, 1968; Lowenfeld and Brittain, 1970). 미취학 아이들 대부분의 생활에서 그림 그리기는 일상적인 것인 반면, 청소년들의 생활에서는 그리 중요한 부분을 차지하지 않는다. 그래서 수많은 청소년들이 그림 그리기를 그만두고 만다. 계속적인 훈련과 연습 없이는 그 이상의 발달은 불가능하다. 그렇지만 이 같은 감소추세는 현대의 산업화된 사회현상과 매우 흡사하다. 예술이 사회에서 중심적인 역할을 하고 있는 인도네시아의 발리 같은 문화에서 이런 감소는 결코 나타나지 않을 것이다.

그림 그리기의 형태주의 이론

아이들 그림의 독특한 특징들을 설명하기 위한 노력은 형태주의 학자들에 의해 정점에 이르렀다. 그들은 모든 것에 우선하는 원리를 가지고 그림의 진화과정을 설명하려 노력했다. 프로이트가 하나의 원리로써 예술가의 동기, 꿈꾸는 사람, 아이들의 놀이 모두를 설명하려 했던 것처럼, 형태주의 심리학자들은 유아기부터 성인기에 이르는 그림 발달의 기저에 있을 것으로 가정된 하나의 원리를 설정했다.

예들 들어 아른하임(1974)에 따르면, 그림들은 단순하고 전체적인 형태에서 복잡하고 다양한 형태들로 발달한다. 이런 하나의 원리가 그림의 발달과정 전체를 설명할 수 있다고 간주한다. 미분화된 아이들의 그림을 설명하기 위해 제시된 하나의 이유를 살펴보면, 모든 심리적인 발달과정이 전체적인 것에서 분화된 구조로 진행된다는 것이다. 또 다른 이유는 그림 그리기가 아이들에게 부여하는 여타의 기능과 관련된다. 어른들과는 달리 아이들은 실제 모양 그대로 그리는 것에 별 관심이 없다. 다시 말해 실제와 유사하게 그리려는 바로 그 생각이 그들에게는 일어나지 않는다는 것이다. 사실상 현실의 것과 똑같이 그리려는 욕구는 서양미술사에서뿐만 아니라 아동기에서도 후기에 발달한다(Gombrich, 1960). 결국 아이들에게는 올챙이 형태가 사람을 표현하기 위해 필요한 전부이기 때문에 올챙이를 그린다. 미루어 짐작해 보건대, 아이들은 사실상 자기 그림이 자기들이 묘사한 대상과 비슷하게 보인다고 믿지 않을 것이다.

그림의 발달과정이 전체적인 것에서 좀더 분화된 도식으로, 또는 단순한 형태에서 복잡한 형태로 진행된다는 이런 이론을 지지해 줄 만한 증거는 너무나 많다. 가령 모양의 영역을 예로 들어보자. 낙서에서 가장 먼저 나타나는 형태는 원형이다. 형태주의 이론에 따르면, 이렇게 원형이 가장 먼저 나타나게 된 원인은 그 형태가 모든 방향에서 대칭적일 뿐만 아니라 가장 단순한 시각패턴을 가지고 있기 때문이다. 다른 모양을 찾아내기에 앞서, 아이들은 원을 단순히 등금을 표현하기 위해서가 아니라 '사물'을 표현하기 위해 사용한다. 그 때문에 아이들은 톱날이 뾰족하다는 것을 알고 있음에도 불구하고 톱날을 동그랗게 그린다(그림 5-15). 원형은 처음에 아이들이 사용한 유일한 형태였지만, 결국에는 여러 가지

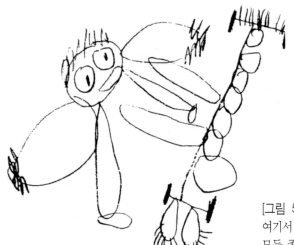

[그림 5-15] 원형의 이를 지닌 톱그림. 여기서 원의 형태는 각진 것들을 포함해서 모든 종류의 모양을 대신하고 있다.

다른 모양으로 분화되어 간다. 아이들이 둥근 모양에 대해 둥금을 재현한 것이라고 말할 수 있는 것은 다름 아니라 더욱 각진 형태들을 사용할 수 있게 될 때부터이다.

동일한 현상이 선, 각도, 크기의 영역에서도 발견된다(Arnheim, 1974). 아이들은 처음에 닫힌(enclosed) 도형보다 선을 그리려 할 때 대개 직선만을 그리는데, 이는 직선이 곡선보다 시각적으로 단순하기 때문이다. 처음에 직선은 그것이 굽은 것이든 곧은 것이든 모든 가늘고 긴 모양들을 대표한다. 아이들이 분화된 선들을 능숙히 사용할 수 있게 된 후에야 비로소 굽은 모양을 재현하기 위해 곡선을 사용할 기회를 가진다. 비슷한 식으로, 90도 각은 가장 단순한 각도인데, 그것은 수직과 수평선이 서로 결합되어 있기 때문이다. 그런 만큼 이 수직 수평선의 90도 교차선은 아이들 그림에서 최초로 등장하는 각도라 할 수 있다. 따라서 처음에는 직각이 가능한 모든 각도들을 대표한다. 그렇지만 그 시기가 조금 지나면 직각에서 사각으로 다양하게 분화된다. 또한 아이들은 처음에 모든 사물들을 현실의 상대적 크기에 상관 없이 동일한 크기로 그린다. 이렇게 보면 아이들이 부모를 나무크기와 동일하게 그린다고 해서 아이들이

억압당하고 있다고 해석하는 정신분석학적 입장은 그리 현명하지 못한
것이다. 오히려 단지 그 아이가 크기를 아직 다양하게 파악할 줄 모르기
때문에 다양한 크기의 대상을 다양한 크기로 표현하지 못한다고 봐야 할
것이다. 일단 크기가 분화되면 아이는 현존하는 여러 크기의 사물들을
그리기에 알맞은 크기들을 선택하게 된다.

(전체적인 형태에서 분화된 형태로, 극적인 대비에서 좀더 섬세하고 약한 대
비 상태로 진행되는) 예술능력 습득의 이러한 발달과정은 문화나 교육과
는 동떨어져 전개되는 '보편적 유형'이라고 일컬어진다. 형태주의 심리
학자인 헨리 쉐퍼-짐머른(Henry Schaefer-Simmern, 1948)은 이런 발달유형
은 어쩔 수 없는 것이어서 연령이나 지능과도 무관하게 그림 그리기의
모든 초기 상태에서 저절로 드러난다고 주장하기까지 했다. 그는 이런
견해를 증명하기 위해 정상적인 아이들과 지체상태의 아이들, 정상적인
성인들과 지체상태의 성인들 그리고 정신병리학적 이상상태에 놓인 성
인들, 10대의 비행청소년 등 광범위한 사람들에게 그림을 그리게 했다.
추측컨대 10대 청소년들과 성인들은 아마도 어린 시절에만 그림을 그렸
고 그 이후로는 오랫동안 그림을 그리지 않았을 것이다.

모든 참가자들은 아주 단순한 윤곽선만으로 형태를 그려나갔다. 얼마
후 부분들이 계속 덧붙여지고 명암이 더 세밀해짐에 따라 그 형태들은
점점 복잡해졌다(그림 5-16). 이런 사례들은 누구에게나 그림도구들을 주
고 혼자 있게 할 경우 동일한 그리기 절차를 거친다는 점을 보여준다.

발달의 이런 단계들은 다양한 문화에서 등장하는 여러 가지 미술사에
서도 찾아볼 수 있다. 개인에게서 드러나는 예술적인 발달단계, 그리고
역사상 다양한 시대에 나타난 회화, 조각, 장식품 등 이 양자 사이에는
수많은 평행관계가 존재한다(Schaefer-Simmern, 1948). 따라서 아이들의 작
품과 어른들의 '소박한' 작품은 빼어난 예술작품들이 수세기에 걸쳐 구
현해 왔던 것과 유사한 구조적 유형을 보여준다.

하나의 원리로써 광범위한 현상들을 설명하려는 이론은 여러 면에서
비판받기 쉽다. 쉐퍼-짐머른의 이론을 반박하는 증거들 또한 제시되었

[그림 5-16] 위쪽은 겹쳐짐이 없는 그림. 그리기 과정의 초기 단계에서 10대 청소년이 그린 것이다. 아래쪽은 그리기 과정에 들어간 지 5개월이 지난 뒤 그린 그림. 이 그림에서는 말의 위치도 덤불의 앞쪽으로 향하고 있고, 뒷다리는 서로 겹쳐져 있다.

다. 그것은 인류학자 알렉산더 앨런드(Alexander Alland)의 작업에서 이루
어졌다(Gardner, 1980). 전혀 그림을 그려본 적이 없는 아이들에게 그림도
구가 주어졌다. 그런데 몇몇의 아이들은 30분이라는 짧은 시간 동안 수
많은 '단계'를 훌쩍 뛰어넘어 곧장 분화된 그림들을 그려냈다. 네팔의
티벳 난민들의 8, 9, 10세 아이들 그림에서도 역시 이런 사실이 입증되
었다. 이 그림은 데이비드 브라운(David Brown)이 네팔의 작은 산골마을
학교에서 아이들을 가르치면서 수집한 것이다(그림 5-17). 이 마을 아이
들은 결코 그림을 그려본 적도 없었지만 그들에게 크레용과 종이가 주어

[그림 5-17] 12세 티벳 아이
가 그린 복잡한 그림. 그 아이
는 전에 한번도 그림을 그려본
적이 없었다.

졌을 때 그려냈던 최초의 그림들은 놀랍게도 아주 복잡하고 정교했다.

거대한 이론적 도식 안에서 허점을 찾아내기는 쉬운 일이다. 쉐퍼-짐 머른은 여러 작품들 가운데서 공통점들을 찾아냈지만, 이와 달리 우리는 차이를 지적해 낼 수도 있다. 그렇지만 그의 이론의 일면은 참이기도 하다. 말하자면 작품들 사이의 차이에도 불구하고 보이지 않는 저 밑바닥에는 유사성 역시 존재할 것이다. 아이들이 그린 그림, 또 그림에 문외한인 어른들의 그림 그리고 심지어 정신지체를 앓고 있는 사람들의 그림들조차도 유명 작가의 작품들 사이에 유사성이 있다는 사실은 부인할 수 없을뿐더러 흥미로운 일이기도 하다. 이것은 심미적으로 즐거움을 주는 그림을 그릴 수 있는 능력이 평균 이하의 지능을 지닌 사람까지 포함해서 문외한이든 전문가든 간에 모든 사람들이 지닌 일반적인 역량이라는 점을 보여준다.

예술로서의 아이들 그림

쉐퍼-짐머른과 아른하임은 아이들의 작품과 능숙한 작가들의 작품 사이에 많은 유사점이 있음을 입증했다. 우리가 보기에 가장 큰 유사점은 화가와 9, 10세 이하의 아이들 사이에 있다고 본다(Gardner, 1980; Lowenfeld & Brittain, 1970). 미취학 아동이나 초등학교 저학년 아이들의 그림은 비현실적이고 자유로우며 균형 잡혀 있고 아름답게 색칠되어 있다. 아직 학교에 다니지 않는 두 명의 아이들의 작품 속에서 현대 화가들의 작품과의 유사점을 어렵지 않게 찾아볼 수 있다(그림 5–18). 그러나 아이들이 좀더 자라났을 때 그린 그림들은 심미적으로 그다지 흥미롭지 못하다. 사실적으로 묘사해 내도록 요구하는 관례적 형태를 답습하려 애쓰는 10세 아이의 그림을 보면 답답하고 짓눌린 듯하다. 그들 그림의 선들은 가끔 자를 대고 그린 것 같이 조심스레 그려져 있다. 게다가 이 시기의 아이들은 집, 나무, 꽃 같은 대상을 그리기 위해 그 문화 속에 전승된 편협

[그림 5-18] 왼쪽 위의 그림은 P. 클레가 그린 〈소년의 동굴 속에서〉이다. 오른쪽 위의 그림은 취학 전에 있는 한 아이가 그린 것이다. 두 그림은 유사한 면이 있다. 왼쪽 아래 그림은 P. 피카소가 그린 〈게르니카〉를 위한 습작이다. 오른쪽 아래 그림은 5세 아이가 말을 그린 것이다. 이 두 그림에도 유사한 면이 있다.

한 형태들을 사용한다(그림 5-2, 오른쪽 그림). 즉 5세 아이의 그림들은 화가의 작품처럼 여겨질 수도 있을 법한 반면 8, 9세 아이의 그림들은 이처럼 받아들여지기 쉽지 않다.

  사실주의가 서양미술의 이상으로 받아들여졌던 몇 세기 전까지만 해도 아이들 그림과 화가의 예술작품 사이에 어떤 유사성이 있다는 점은 그다지 주목받지 못했다. 그러다가 원시문명의 예술이 발견되고, 20세기에 이르러 비자연주의와 비사실적인 작품들이 다시 등장하게 되면서 현대 미술관의 전시작품들과 아이들 그림 사이에 흥미로운 유사점이 있다는 사실이 지적되기 시작했다. 흔히 20세기의 미술가들조차 자기 작품과 아이들 그림 사이에 공통점이 있다고 언급한 적도 있었다. 아이들은 천재로 여겨졌고, 어린 시절은 곧 퇴색해 버리고 말 예술 발달의 절정기로 간주되었다. 또한 아동기의 자유로움과 독창성은 예술가로 성장하게될 몇몇 사람들만이 다시 얻을 수 있는 재능으로 여겨졌다.

반면 아이들이 보여주는 예술을 비교적 덜 낭만적으로 평가한 관점 역시 제시되었다. 아이들 그림은 의심의 여지 없는 매력을 가지고 있고 훌륭한 미술작품들과도 유사하기는 하지만 미술가들의 작품에는 아동의 그것과는 아주 다른 어떤 중요한 의미가 있다. 예컨대 아이는 종이 위에 무언가를 끄적거리는 것 자체만을 상당히 즐거워할 뿐 작품의 궁극적인 면에는 거의 무관심하다. 어른들을 그토록 즐겁게 한 아이들의 그림은 어쩌면 그들이 창조해 내려고 의도했던 것도 아닐뿐더러 그들에게 다시 그려보라고 했을 때 재창조해 낼 수도 없는 우연한 사건인지도 모른다. 최종 완성된 작품은 그것이 즐거운 것이든 아니든 간에 아이가 작품결과를 통제하고 있다는 증거를 제시하고 있지는 않다. 아이들이 자신의 그림에 통제력을 행사한다는 것이 입증될 수 있을 때라야만 그들의 그림 그리는 행위가 근원적이고도 성숙한 창조와 같은 것이라는 결론에 도달할 수 있을 것이다.

아이들이 과연 자신이 만들어낸 심미적 효과에 대해 통제력을 지니고 있는지 없는지를 알아보기 위한 연구들이 있다. 그 중 한 연구는 심미적인 '증후'(symptoms)로 간주되는 두 가지 양상, 즉 '충만함'(repleteness)과 '표현성'(expression)에 대한 통제력 발달을 탐구했다(Carothers and Gardner, 1979). '충만함'은 예술작품이 아닌 대상 속에서보다는 오히려 예술작품 속에서 상징이 지닌 비교적 더 많은 양상들을 '헤아릴'(count)

수 있다는 사실과 관련된다. 그리고 '표현성'은 예술작품이 감각적 특성
을 은유적으로 전달해 놓은 심리적 상태와 관련된다(Goodman, 1968). 아
이들 그림은 어른들을 충족시키고 표현적으로 보이는 반면, 아이들 자신
은 자기 작품이 가지고 있는 심미적 증후들에 대해서는 깨닫지 못하는
것일 수도 있다. 예를 들면 선이 지닌 성질은 어쩌면 너무도 우연히 아
이들의 팔동작에 즐거움을 가져다 주었을지도 모른다. 유사하게, 노란색
으로 밝게 채색된 그림처럼 어른들에게 즐거움을 선사하는 아이들 그림
도 어쩌면 무심결에 그와 같은 분위기로 표현된 것일 수도 있다. 문제의
그 아이는 모든 그림을 이런 방식으로 그린 것이거나, 색감 역시 그저
단순히 손에 잡히는 물감의 색을 아무거나 사용한 것일지도 모른다.

아이들 그림이 '충만함'과 '표현성'을 지니고 있는지 없는지는 그들이
자발적으로 그린 그림들만을 관찰해서는 결정할 수 없다. 만일 관찰자들
이 그림의 모든 물리적 측면에 주의를 기울일 수 있고 또 표현된 분위기
도 평가할 수 있다면, 아이들 그림과 심지어 침팬지의 그림이나 우연적
으로 그려진 그림조차도 이 두 가지 성질을 가지게 될 것이다. 문제는
이런 성질들이 의도적으로 만들어진 것인지, 유형의 우연하게 만들어진
것인지를 결정하는 일이다.

이 연구는 6, 9, 11세 아동들을 대상으로 두 가지 과제를 부여했다. 불
완전한 그림을 주고 그것을 완성케 하는 산출과제(production task) 그리
고 제시된 배열 가운데 완성도가 가장 높은 것을 선택케 하는 지각과제
(perception task)가 그것이다. 각각의 불완전한 한 쌍의 그림은 '충만함'
과 '표현성'의 차원에 따라 변화를 주었다. 먼저 '충만함에 대한 민감
성'(sensitivity to repleteness)을 알아보기 위해, 한 쌍의 그림을 오직 선의
특성만을 제외하고 모든 면에서 아주 똑같이 구성했다. 말하자면 한 쪽
그림은 단일한 굵기의 선들로 구성했고, 나머지 그림은 여러 가지 굵기
의 선들로 구성했다(그림 5-19). 실험자들은 아이들에게 그 그림의 여백
에다가 어떤 사람을 그려넣되, 마치 화가들이 했을 법한 방식으로 그려
넣게 했다. 만일 아이들이 '충만함에 대한 민감성'이 있다면(즉 그들이 선

[그림 5-19] 다른 성질을 갖고 있는 선들로 그린 그림들. 이것은 충만함에 대한 아이들의 민감성을 검사하기 위해 사용되었다.

의 굵기특성처럼 윤곽이 아니라 선의 성질이 그림 그리기에 더 적합하다는 점을 깨닫는다면) 이러한 성질에 주목해야만 할 것이고, 선의 동일한 성질을 사용해서 그림을 완성해야만 할 것이다. 그 같은 것은 그들이 완성하려 한 내용에도 적용되어야 할 것이다.

연구자들은 '표현성에 대한 민감성'(sensitivity to expression)을 알아보기 위해 또 다른 쌍의 미완성 그림을 만들었다. 이 그림들은 재현된 인물의 분위기(mood)와 그 인물 주위의 배경특징만을 제외하고 모든 면에서 동일하게 이루어졌다. 가령 한 쪽 그림에는 먹구름이 낀 하늘 아래 슬픈 표정을 하고 있는 사람이 서 있는 반면, 다른 쪽 그림에는 반짝이는 햇볕을 맞으며 행복해 하는 사람이 서 있다(그림 5-3). 아이들에게 그 그림에다 나무와 꽃을 그려넣어 완성토록 했다. 사람을 그려넣으라고는 하지 않았다. 이는 여기에 등장한 요소들이 의심할 것도 없이 슬픈 사람이나 행복한 사람을 이끌어낼 것이 뻔하고, 그럴 경우 '표현성' 능력보다는 재현능력을 보여주는 것이 될 것이기 때문이다. 만일 아이들이 '표현성에 대한 민감성'을 가지고 있어서 그림이 표현하는 분위기가 그림을 재현하는 것만큼 중요하다는 사실을 깨닫기만 한다면, 그들은 이런 성질에 주의를 기울여 '동일한 분위기'로 그림을 완성시킬 것임이 분명하다. 이 같은 가정은 또한 선다형 지각과제(the multiple-choice perception task)에서도 동일하게 적용된다.

6세 아이들은 충만함과 표현성을 검사하기 위한 과제 모두에 실패하고 말았다. 충만함을 검사하기 위한 과제에서 그들은 한 쌍의 그림을 모두 같은 굵기의 선으로 그렸고(그림 5-20, 왼쪽 그림), 완성도가 가장 높은 것을 고르는 과제에서는 아무거나 선택했다. 비슷하게 표현성을 검사하기 위한 과제에서도 그들은 행복한 분위기의 그림이나 슬픈 분위기의 그림을 같은 방식으로 완성했고(그림 5-21, 위쪽 그림), 완성도의 경우에는 아무것이나 선택했다. 그 두 과제가 선다형으로 주어졌을 때 9세 아이들은 두 과제 모두에 성공했지만, 산출과제는 제대로 수행하지 못했다. 10, 11세의 아이들은 두 가지 과제에 대한 두 가지 유형 모두를 잘 해냈다.

그들은 그림에 알맞게 적당한 유형의 선을 사용해서 그림을 완성했고, 완성도의 경우에도 알맞게 선택했다(그림 5-20, 오른쪽 그림). 또한 그 그림에 적합한 분위기로 그렸고, 그처럼 완성된 그림을 선택했다. 예를 들어 아이들은 행복한 분위기의 그림에는 대개 활짝 핀 꽃들과 열매가 풍성하게 열린 나무를 그려넣었던 반면, 슬픈 분위기의 그림에는 시들은 꽃들과 낙엽이 지고 비틀린 나무를 그려넣었다(그림 5-21, 아래쪽 그림).

이 실험은 모순된 결과를 드러냈다. 대다수 어른들의 눈에 흥미로운 예술작품을 생산해 냈던 기간 동안, 아이들은 회화의 심미적 특성들에 대해 민감성을 거의 보여주지 못했다. 그러나 다른 한편 그들의 그림이 지극히 관례적이어서 어른들이 보기에 그다지 즐거움을 주지 못했던 기간 동안, 아이들은 심미적 특성에 대해 매우 뛰어난 민감성을 보여주었다.

4세 아이의 그림은 미로(J. Miro)나 피카소의 작품만큼이나 어른들에게 만족을 주는 것 같다. 실제로 아이들 그림과 두 작가의 작품은 매우 유

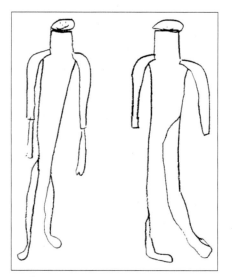

[그림 5-20] 충만함을 완성하기 위한 과제. 왼쪽 그림에서 6세 아이는 선의 성질 측면에서 차이를 구별하지 못했다. 오른쪽 그림에서 12세 아이는 각각의 그림에 다른 종류의 선들을 사용해서 그렸다.

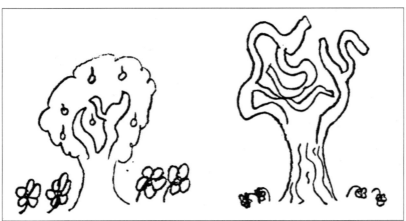

[그림 5-21] 그림 5-3에서 표현성을 완성하기 위한 과제. 위쪽 그림에서 7세 아이는 표현성 측면에서 차이를 만들어내지 못했다. 아래쪽 그림에서 12세 아이는 행복한 그림에는 열매가 주렁주렁 열린 나무와 건강한 꽃들을 그렸고, 슬픈 그림에는 낙엽진 나무와 시든 꽃들을 그렸다.

사한 것처럼 보인다. 그러나 캐러더스(Carothers)와 가드너(Gardner)가 밝혀낸 사실들은 이 4세 아이가 미로나 피카소가 지녔던 감각을 지닌 예술가라는 단정적인 주장에 의문을 던진다. 아이들 그림이 어른들 눈에 심미적인 즐거움을 줄는지는 모르겠지만, 이러한 사실이 다음과 같은 결론, 즉 아이들의 그림이 그들 자신에게도 동일한 방식으로 작용한다는 결론을 이끌지는 못한다. 성숙한 미술가는 정확한 재현을 위해 필요한 것들뿐만 아니라 물리적 측면에서의 모든 변화가 그림에 매우 중요하다는 것을 잘 알고 있지만, 아이들은 이러한 사실을 알지 못한다. 그리고 미술가들은 특정 분위기를 표현하기 위해 신중하게 생각해서 의도적으로 선과 색을 사용할 수 있지만, 아이들에게는 이런 능력 역시 부족하다.

이런 사실은 아이들을 예술적 천재들로 여기는 낭만적 관점을 누그러뜨려야 함을 시사한다. 아동과 성인 미술가의 완성작품이 아무리 서로 유사하게 보일지라도 그것들이 의미하는 바는 서로 아주 다르다. 아이들이 그리기 방법에 대한 어떤 대안도 갖고 있지 못하다면, 그리고 그들이 만들어 놓은 것들이 어느 정도 우연히 이루어진 것이라면, 어린 미술가는 어떤 방식으로 선을 사용해서 특정 분위기를 전할지 의도적으로 선택하는 어른 미술가와는 완전히 다른 존재일 것이다.

아동의 예술과정과 성인 예술가의 예술과정의 결정적인 차이에도 불구하고 이들 간에는 중요한 유사점들이 있다. 만약 아이들이 다른 대안적 방법을 전혀 염두에 두고 있지 않다면, 그리고 그들이 그린 그림들이 완전히 우연한 것이라면, 분명 그렇게 언제나 그들 그림이 어른들의 눈을 매혹시키지는 못할 것이다. 전혀 관례를 따르지 않고 강력하게 자기 감정을 그림으로 나타낸다는 점에서, 그리고 탐험하고 또 실험하려는 자발적 의지가 있다는 점에서, 취학 전 아이들은 어른 예술가와 닮았다고 할 만하다(Gardner, 1980).

그림그리기 기술의 발달과정은 'U자형 곡선'을 쫓아 나타난다(Gardner & Winner, 1982). 어린 아이들의 그림은 화가들의 작품과 매우 유사하고 어른들은 그것에 대해 높이 평가하는 반면, 아동기 중반쯤의 그림들은 이 같은 유사점들을 가지고 있지 못하므로 그다지 흥미롭지 않다. U자형 곡선은 많은 인지영역에서 나타난다(Strauss, 1982). U자 모양의 현상에서 보면 되살아난 능력은 피상적으로 대개 초기 형태와 유사한 듯 보이지만, 캐러더스와 가드너가 밝힌 것처럼 두드러진 특성은 서로 아주 다르다. 더욱이 U자형에서 움푹 들어간 부분은 그리기 능력의 손실을 나타내는 것이 아니라, 오히려 초기의 예술적 능력이 나중에 성숙된 모습으로 다시 나타나기 위해 필요한 재조직 상황을 보이는 시기인지도 모른다. 따라서 취학 이후 나타나는 독창성과 자유로움의 감소는 아마도 회화적인 상징체계를 관례적으로 사용할 수 있는 방법을 습득하기 위해 치러야 하는 대가인지도 모른다. 아이들은 관례적인 그림 그리기 규칙을 완전히 습득한 뒤에야 비로소 아주 효과적으로 관례적 규칙들을 깨나갈 수 있다.

아직 초등학교에 가지 않을 나이의 아이들 그림은 완숙한 화가들의 작품들과 매우 닮아 있는 반면, 관례화되기 이전 단계로 볼 수 있다. 아이들은 그리기 규칙을 어기는 것처럼 보이므로 창의적으로도 보일지 모르지만, 그들 자신은 어긴 그 규칙에 대해 깨닫지 못한다. 취학 이후의 시기는 관례적인 시기로 보는 것이 가장 적합하다. 아이들은 바로 이 시기에 규범들을 조심스레 습득해간다. 아이들이 이 시기에 규칙들을 완전히 습득하고, 동시에 습득한 규칙들을 어기지 않으려 한다는 증거는 조형언어의 영역에서처럼 심미적인 영역에서 잘 나타난다. 그리고 이 시기 이후에 완숙한 예술가의 탈관례주의(postconventionalism)가 뒤따른다. 이런 성향의 예술가들은 이전 시기에 습득한 규칙들을 깨나가고 다시 한번 창의성을 발휘한다. 그런 예술가의 작품들은 관례를 습득하기 이전의 아이들 그림과 닮아 있다. 이런 작품들은 완전히 다른 과정을 거쳐 탄생한다.

그림 그리기의 계통발생론

어린 아이들의 그림과 뛰어난 화가들의 작품 사이에서 나타나는 유사성으로 보아, 시각예술을 창조해 내는 능력은 단지 몇몇 천부적 재능을 지닌 사람들만의 영역이 아니라 모든 사람들이 보편적으로 소유하고 있는 능력임을 알 수 있다. 또한 단지 인간만이 아니라 침팬지, 오랑우탄, 고릴라 등의 영장류들도 이러한 능력을 가지고 있다는 근거도 있다.

그저 야생상태로 남은 원숭이들이 예술이라 불릴 만한 형태의 행위를 한다는 이야기는 들은 바 없다. 그러나 심리학자들은 실험실상에서 침팬지들에게 물감, 붓, 종이를 주었다. 그들은 자발적인 예술활동을 한 것은 아니지만 붓이나 손가락으로 그리는 방법 정도는 깨달았다.

그러나 종이 위의 그림을 그린다는 것이 예술작품이 되기 위한 필수조건은 아니다. 예술이라고 불리기 위해서는 어느 정도의 통제와 의도가 내포되어 있어야 하고, 또 이런 활동이 침팬지에게 즐거움을 주고 그들이 적극적으로 참여하고 있다는 증거들이 있어야 한다. 그 증거들은 이렇다. 즉 침팬지들은 창작활동에 열정적으로 참여하며 고도의 집중력을 보인다. 그리고 결코 작품에 대한 보상이 없을지라도 극도의 긴장감이 도는 오랜 시간 동안 끊임없이 그림 그리는 활동에 열중하고, 종종 먹는 것보다 그림 그리기를 더 좋아하거나 그림도구를 빼앗으면 화를 내기도 한다. 이러한 사실들은 그들의 활동이 아무런 의도 없이 이루어지는 것이 아님을 보여주며, 또한 그 최종 결과물 역시 굉장한 심미적 매력을 갖는다. 실제로 침팬지가 그린 그림을 보았던 미술연구가들은 흔히 그들이 인간의 조상일 것이라고 여겼으며 그들의 역동성·율동성·균형감각에 대해 높이 평가했다. 흥미있는 한 연구에 따르면, 그림들 중 어린 아이와 침팬지의 그림이 섞여 있다는 사실을 모르게 한 채 참여자들에게 어린이, 침팬지 그리고 화가 두 명의 그림들을 보여주고 어느 것이 더 마음에 드는지를 물었다(Hussain, 1965). 그들 대부분은 화가들의 것보다 침팬지의 그림을 더 좋아했다.

영장류들의 작품에 대한 폭넓은 연구를 통해, 침팬지와 마찬가지로 고릴라, 오랑우탄, 원숭이들도 예술행위를 한다는 증거들이 밝혀졌다(Morris, 1967). 런던 동물원에서 '콩고'라 불리는 침팬지는 18개월 무렵부터 그림을 그리기 시작해서 4세 때까지 394장이나 되는 그림을 그렸다. 그 그림들은 단 몇 분만에, 때로는 몇 초만에도 완성되었다. 의자에 앉아 그림을 그리고 있는 콩고에게는 한 번에 한 가지 색의 물감을 묻힌 붓을 손에 쥐어주었다. 임의적 순서로 색상을 선택했고, 결코 콩고가 색을 선택한 적은 없었다. 이런 조작들이 필요했던 것은 그렇게 하지 않을 경우 콩고가 물감을 죄다 섞어버리기 때문이다. 이는 어린 아이와의 명백한 차이점들 중 하나이다. 콩고와 어린 아이 사이에 드러나는 또 다른 차이점은 실험자가 직접 침팬지에게 새 도화지를 건네줘야 한다는 사실이다. 이는 콩고가 한 장을 다 채운 뒤에 바로 그 완성된 그림 위에다 또다시 새 그림을 그리려고 하기 때문이다. 이처럼 콩고는 그림 그리기 과정에 관심을 보이는 것에 비해, 완성된 작품에 대해서는 별다른 관심을 보이지 않는 것 같았다. 그렇지만 붓에 있던 물감이 다 떨어질 때면 그리기를 멈추는 것으로 보아서 단순히 팔을 움직이는 행위 자체에만 재미를 느끼는 것은 아닌 듯하다.

낙서단계에서 콩고가 그린 그림과 어린 아이가 그린 그림은 뚜렷한 유사성을 보인다. 양쪽 모두 점뿐만 아니라 세로, 가로, 곡선 등도 그렸다. 그러나 이러한 유사점은 콩고가 그림을 시작한 지 1년, 즉 여러 가지 선을 써서 낙서를 하기 시작했던 30개월 이후부터는 사라지는 양상을 보였다(그림 5-22). 다시 말해 단순 기하학적 모양이 윤곽선으로 그려지는 다이어그램 단계에 이르렀음에도, 바로 이 시기에 콩고의 그림과 어린 아이의 그림 사이에는 차이가 나타나기 시작했다. 예컨대 어린 아이는 이 단계에서 여섯 가지 다이어그램들을 그렸던 반면, 콩고는 이들 중 단지 원과 대각선 두 가지만을 그렸다. 콩고는 사각형을 그릴 줄 몰랐다. 가장 뚜렷한 차이는 콩고는 무언가를 묘사하여 그린 것이 없었다는 점이다. 그런 면에서 콩고 자신이 이 세상의 3차원 물체를 재현해 낼 수 있는 방법을 찾아내기는 불가능해 보였다.

그러나 그렇다고 해서 영장류들은 회화적 재현을 이해할 수 없다는 결론이 나오는 것은 아니다. 두 가지 보고서에 따르면 부호언어(sign lan-

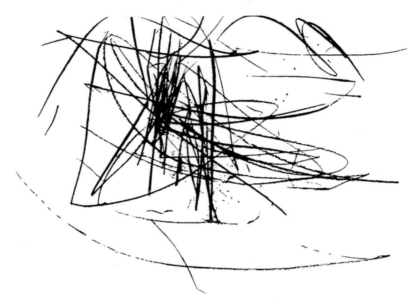

[그림 5-22] 부채꼴 모양으로 여러 선들이 겹쳐져 이루어진 낙서. 재현적인 그림을 그려내지 못한 콩고라는 이름의 침팬지가 만들어 놓은 것이다.

guage)를 훈련받았던 모자(Moja)라는 이름의 침팬지와 코코(Koko)라는 이름의 고릴라는 재현적인 그림을 그릴 수 있었다(Gardner and Gardner, 1978; Patterson, 1977). 예를 들어 침팬지 모자는 평소에 끄적이던 낙서와는 아주 다른 그림을 그렸다(그림 5-23). 조련사 톰 터니(Tom Turney)는 모자가 선 몇 개만 그려놓았던 것을 보고 손에 분필을 얹어주면서 '더 해봐' 라는 신호를 주었다. 그러나 모자는 분필을 던져놓으며 '끝났다' 는 신호를 보냈다. 이러한 반응은 아주 드문 일이었으며 모자의 평소 낙서들보다 훨씬 단순하고 특이한 그림이었다. 그래서 터니는 모자에게 "이게 뭐니?"라고 물었더니 모자는 '새' 라는 신호를 만들어냈다. 그 뒤 모자는 다른 그림들에다가도 이름을 붙였는데 이런 이름들은 그 그림에 나타난 형태를 이해할 수 있는 방식과 관련이 있는 듯하다. 예컨대 모자는 방사형태의 것을 '꽃' 이라 불렀고, 둥근 모양의 것을 '열매'라 이름 붙였다. 또 모자가 그 그림을 그렸는가에 대한 질문에 대해서도 바르게

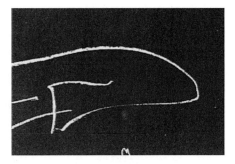

[그림 5-23] 침팬지 모자가 그린 비재현적인 그림. 모자는 자신이 그린 새에 대해 '새'라는 부호로 답했다.

대답했다. "이걸 누가 그렸니?"라고 물으면 "모자."라고 대답했다.

이러한 중요한 특징 때문에 두 영장류 모자와 코코는 다른 영장류 연구의 대상들과 구별되었다. 두 영장류들은 모두 부호언어의 원리를 배웠다. 그래서 그들은 몸짓을 통한 상징작용에 대한 폭넓은 경험을 가지고 있었다. 어쩌면 이 두 마리 동물들은 상징매체로 몸짓을 사용할 수 있도록 훈련받았기 때문에 재현이라는 개념을 파악했던 것인지도 모른다. 이 동물들은 하나가 전혀 다른 하나 대신에 사용될 수 있다는 (한낱 개념이 아닌) 생각을 깨달음으로써 그림을 매개로 해서 상징화를 성취했던 것인지도 모른다. 이 점에서 적어도 몸짓에 의한 상징을 이해하게 하는 훈련 없이는 인간 외의 그 어떤 영장류도 상징적인 그림을 그릴 수 없다는 결론에 이를 수 있다.

침팬지들이 회화적인 재현을 만들어내는 경향을 거의 보여주지는 않지만, 그들의 놀라운 시각적 균형감각은 어린 아이의 그것과 상당히 유사하다. 콩고가 그린 선이 종이 밖을 벗어난 적이 없었다는 사실은 그 동물이 종이 위의 공간에 대해 민감성을 가지고 있음을 보여준다. 콩고가 가장 즐겨 그렸던 주제는 부채모양이었는데, 그 모양의 크기는 종이의 크기에 따라 적절히 변화했다. 그 침팬지는 종이 중심에 사선을 모으고서 방사형태로 부채모양을 그리곤 했다. 부채모양은 언제나 한가운데에 놓여 있었다. 그런데 언젠가 그 모양이 오른쪽으로 치우치자, 왼쪽으

로 선을 연장시켜 그림을 균형 있게 만든 일도 있었다(그림 5-24). 이처
럼 침팬지의 그림은 무심코 만들어 놓은 낙서 같은 것이 결코 아니다.
오히려 그것은 공간 지각력과 균형감각을 보여준다. 2차원의 공간구조에
대해 그런 민감성을 보인다는 사실은 다음 연구에서 여실히 드러난다.
즉 원숭이들에게 대칭형과 비대칭형의 그림을 보여주고 그것들 중 하나
를 고르게 했던 연구가 있었는데, 연구결과 그 원숭이들은 대칭형 그림
을 더 선호했다.

유인원들의 균형감각을 더 정확하고 면밀히 파악하기 위해, 침팬지들
에게 중심에서 벗어나 치우친 지점에 조그만 무늬를 그려놓은 종이 한
장을 주고 그림을 그리게 했다. 대부분의 침팬지들은 그 무늬가 균형을
갖도록 하는 지점에 점을 찍었다. 그리고 세 모퉁이에 점을 찍은 종이를
주었더니, 그들은 네 번째 모퉁이에 점을 찍어 대칭적인 형태를 만들어
놓았다. 그런데 이 실험을 어린 아이들에게도 실시했는데, 그때 아이들
은 놀랍게도 그림을 균형 있게 만들기보다는 선긋기에 더 열광하는 것처
럼 보였다.

[그림 5-24] 침팬지 콩고가 그린 그림. 왼쪽으로 치우쳐 뻗어나가는 선들로 이루어진
부채꼴 모양을 하고 있다. 콩고는 아마도 불균형을 바로잡으려 한 듯하다.

누군가는 이런 결론을 맺을지도 모르겠다. "적절한 기회가 주어지면 영장류들도 놀라운 시각균형을 갖춘 그림을 그릴 수 있다."라고 말이다. 하지만 어린 아이들이 완벽한 대칭을 만드는 것보다 그림도구의 특성을 발견하는 데 더 많은 관심을 갖기는 하지만, 짧은 기간 안에 재현적 단계로 나아가는 반면, 침팬지의 경우 비재현적 단계에서 발달을 멈춘다. 침팬지들도 심미적인 행위를 할 수 있다는 사실은 다음과 같은 확신을 준다. 즉 후기 구석기 시대에 '폭발적으로' 증가한 동굴벽화들은 갑작스러운 사건이 아니라, 적어도 '호모 사피엔스' 시대 때부터 시작되어 점진적으로 발전해 간 것이다. 그럼에도 불구하고 재현능력이 없는 침팬지와 재현적인 그림을 그린 동굴벽화의 제작자 사이에는 엄청난 차이가 있다. 부호언어를 학습한 침팬지들을 제외하고는 인간만이 재현적인 작품을 창조해 낼 수 있다. 이는 회화적 재현이 수준 높은 기술이라는 사실을 뜻한다. 그만큼 어린 아이의 그림에서 재현이 등장하는 사건은 너무나도 의미 있는 표석이 아닐 수 없다.

자폐아의 그림 그리기 발달

정상적인 아이들의 그림에 관한 연구는 시대뿐만 아니라 문화를 넘어서 공통적인 결과들을 낳았다. 아이들이 처음으로 그림을 그리려는 시도는 낙서에서 출발한다. 그리고 이런 것들로부터 단순하고 기하학적인 형태의 도형이 만들어지며, 이러한 형태들이 결합되어 최초의 도식적인 재현이 이루어진다. 유치원 아이들의 그림은 단순하고 기하학적인 모양들로 이루어진다. 가령 사람의 머리와 몸통은 원으로, 팔과 다리는 4개의 직선으로 표현된다. 또 나무는 원모양의 머리부분과 직사각형의 몸통으로 이루어지고, 집은 정사각형에 삼각형을 더한 것으로 표현된다. 이러한 도식적인 그림은 초등학교에 들어가는 나이까지 계속되고 점점 더 굳어져 양식화된다.

이 같은 일련의 과정이 바로 그림 그리기 발달의 전형적인 과정이다. 그러나 이런 단계들 중 일부를 그대로 뛰어넘거나 지나칠 수도 있다. 사실에 대한 얼마간의 비교문화적 증거들이 있었지만, 그럼에도 아이들이 처음부터 이 과정에서 벗어나 지극히 자연주의적 방식으로 그림을 그릴 수 없다는 의견이 꾸준히 지지되어 왔다. 그러나 적어도 자폐증 진단을 받은 아이의 경우에는 전반적으로 다른 절차를 거쳐 비범한 예술수준에 이르는 듯하다. 3세 반쯤 되었을 무렵부터 그림을 그리기 시작했던 나디아(Nadia)라는 자폐아가 충격을 불러일으키며 이 세상에 알려졌을 때, 예술적인 발달의 필연적 단계에 관한 이전의 모든 일반화는 도전을 받기 시작했다(Selfe, 1977).

나디아는 우크라이나 출신 영국 이민자였던 부모에게서 1967년에 태어났다. 그녀의 두 자매는 모든 면에서 정상이었던 반면 나디아는 눈에 띌 만큼 비정상적이었다. 그녀는 9개월 때까지도 단지 단어 몇 개만을 습득할 수 있었고, 이것들마저도 쉽게 잊어버리곤 했다. 사실상 벙어리였던 이 아이는 언어를 이해하거나 만들어낼 수 없었다. 나디아의 부모는 그녀를 특수 학교에 보냈지만 거기서도 별다른 진전이 보이지 않았다. 그로 인해 어머니는 6세 반 된 그 아이를 병원에 데려갔고, 거기서 자폐증 진단을 받게 되었던 것이다.

대개 난 지 30개월 이전부터 드물게 나타나는 초기발병 장애인 자폐증은 심각한 증상들을 수없이 수반한다. 대다수의 경우 극단적인 언어장애가 나타나기 때문에 사회적으로 부적응 상태가 되고, 타인과 눈 마주치는 것을 피할 정도로 사람들을 기피하고 사물들에 더 많은 관심을 보인다. 또한 이 증상은 환자 자신들만의 세계에 타인이 들어올 수 없는 상태로 만들며, 흔히 강박적이고 의례적인 행동을 보인다. 이런 증상들의 원인은 확실히 밝혀지지 않았으며, 자폐증이 하나의 신경상의 장애인지(Rimland, 1964), 아니면 어떠한 가족 상호작용의 패턴에 대한 반응으로써 유발되는지(Bettelheim, 1967)는 여전히 논쟁거리로 남아 있다.

자폐아들은 대개 한두 가지의 아주 특별한 잠재능력을 가지고 있다

(Kanner, 1943; De Myer, 1976). 어떤 자폐아는 수학에서 놀라운 재능을 발휘할 수 있고, 어떤 자폐아가 아이스크림 가게를 한 번 다녀온 뒤 메뉴판에서 봤던 31가지 서로 다른 아이스크림 이름들을 모두 기억할 수 있던 것처럼 또 다른 자폐아들은 세밀하고 엄청난 기억력을 갖고 있다(de Villiers and de Villiers, 1978). 또 어떤 자폐아들은 오페라를 오직 한 번만 듣고서도 그 곡을 완벽히 다시 부를 수 있는가 하면, 2세의 어린 자폐아조차도 그 뜻을 이해 못할지라도 책을 소리내어 읽을 수 있는 경우도 있다.

나디아가 진찰을 받으러 간 병원에서 그녀를 관찰한 심리학자들은 그녀가 매우 내성적이고, 다루기 힘들 뿐만 아니라, 신체의 움직임도 아주 느리다고 판단했다. 그녀는 단지 몇 가지 단어로만 말했고, 보통 1세의 아이들에게서나 나타나는 언어습득 단계를 보였을 뿐이었다. 또 그림을 그릴 수 있도록 해 주기 위해 두꺼운 노란색 크레용을 주자 그것으로 종이 한구석에 낙서를 했다. 그런데 그것은 대개 2세 아이들이 끄적거리는 정도의 특별한 형태 없는 낙서였다.

그 병원에서의 첫 번째 검진기간 동안 나디아의 어머니는 심리학자들 중의 한 명이었던 로나 셀프(Lorna Selfe)에게 볼펜으로 그린 나디아의 그림 몇 장을 보여주었다. 그 그림들은 너무나 놀라운 것들이었다(그림 5-25). 나디아는 흘러다니는 윤곽선으로 말과 말 탄 사람, 순록, 펠리컨, 다리를 꼬고 앉은 모습 등 복잡한 사물을 지극히 사실주의적인 방식으로 그려냈다. 게다가 이 그림들은 르네상스 미술가들의 소묘를 떠올리게 했다(그림 5-3, Dennis, 1978; Gardner, 1979, 1980; Gregory, 1977; Pariser, 1979). 대개 청소년기에 들어설 때까지는 습득하기 어려운 원근법이나 단축법 등이 그녀의 그림에 나타난다는 점, 그리고 힘들이지 않고도 분명하게 표현한 윤곽선들을 보고, 처음에 연구자들은 이런 자폐아가 이처럼 그려내기는 불가능하다고 생각했었다.

심리학자들은 6세의 나디아가 실제로 그림을 그리는 것을 본 후에야 비로소 불가능하다 생각했던 사실들을 받아들였다. 나디아의 어머니는

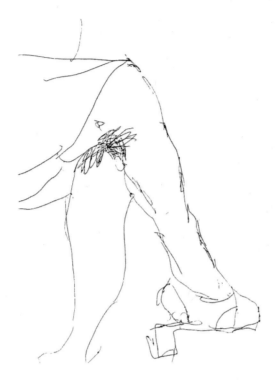

[그림 5-25] 자폐아인 나디아가 6세하고도 8개월이 되었을 때 그린 자연주의적 그림.

훨씬 더 확실한 믿음을 주기 위해 나디아가 3세 반 무렵부터 그림을 그리기 시작했다고 말했다. 그리고는 그때의 그림을 보여주었는데 놀랍게도 그 그림들은 6세가 된 지금의 그림만큼이나 정교했다.

또한 더욱 놀라운 사실은 나디아가 굉장히 빠른 속도로 그림을 그려낸다는 점이었다. 그러나 그런 빠른 속도에도 불구하고 하나의 선이 다른 선과 만나게끔 이어주고, 겹쳐지거나 조그만 실수도 없이 그 선을 정확한 지점에서 멈춰 다른 선과 만나게 할 수도 있었다. 이와 같이 나디아는 그림 그리기와 무관한 과제의 경우에는 많이 서툴렀지만 그림을 그리는 과정에서는 뛰어난 운동신경 반응을 보였다. 더욱이 꼬고 있는 다리처럼 이전에 결코 그려본 적 없는 것을 처음 그렸을 때조차도 그것을 정확하게 표현하기 위한 어떠한 연습도 필요 없었다. 요컨대 새로운 주제에 따라 처음 그렸던 그림들도 나중에 그렸던 동일한 주제의 그림만큼이나 정확하고 정교했다.

유용한 모든 증거들을 살펴보건대, 그림 그리기는 나디아의 고립된 생활 속에서 몇 안 되는 의미 있는 경험들 중 하나였다. 만약 그녀가 처음 병원을 찾았을 때 두꺼운 크레용 대신 볼펜을 받았더라면, 일그러진 형태의 낙서가 아니라 그녀의 아주 정교한 작품들 중 하나를 그렸을 것이다. 하지만 그 당시 나디아를 관찰했던 심리학자들은 그녀가 자폐아들의 전형적인 강박적인 태도에 사로잡혀서 오직 정해진 도구 하나로만 그림을 그린다는 사실을 몰랐다. 펜의 정교한 선은 나디아가 자신의 주제를 고도의 세밀성으로 담아낼 수 있게 한 수단이었다. 아마도 복잡하고 유동적인 윤곽선들을 포착하는 펜의 매력 때문에, 그녀는 페인트나 진흙과 같은 다른 매체에는 아무런 관심을 보이지 않았을 수 있다. 또한 그녀는 색의 사용에도 관심이 없었는데, 이런 점에서 볼 때 오직 한 가지, 윤곽선의 정확한 표현에만 관심을 갖는 것 같았다.

분명히 나디아의 그림들은 같은 또래의 다른 아이들 그림과는 닮은 점이 전혀 없고, 오히려 뛰어난 화가들의 작품들과 더 가까워 보인다. 그러나 그녀가 그림 그리는 과정을 살펴보면, 능숙한 화가의 창작과정과는 매우 특이하고 이상한 차이점이 있다.

그녀의 그림들은 항상 어떤 범례, 즉 대부분의 경우 다른 그림으로부터 영감을 받았던 것이지만, 그림을 그릴 땐 시작단계에서부터 결코 대상을 보지 않은 채 자기 그림만을 쳐다보며 그렸다. 나디아는 대개 그림 하나를 면밀하게 탐색하고 나서 며칠이나 몇 달, 심지어는 몇 년 뒤에도 그 그림을 다시금 똑같이 그려냈다. [이것은 자폐아들이 글의 한 구절이나 멜로디를 듣고 난 오랜 뒤에도 그것들을 정확히 생각해 내는 지연된 듣기 지각(the delayed audition)을 상기시킨다(Park, 1978; Rimland, 1964).]

또 다른 차이는 나디아가 대상의 부분들을 그리는 순서가 최종작품과 무관하다는 점이다. 나디아는 왼쪽에다가 세세한 부분을 그리고, 반대편 오른쪽에다가 또 다른 세세한 내용을 그린 다음, 나중에 중간형태를 지닌 한 지점에서 그것들을 결합시킨다. 그런데도 이 묘사들은 언제나 완벽히 맞아떨어진다. 가령 그녀가 한 마리의 말을 그릴 때도 먼저 목을 그리고 나서 귀를 그렸다. 그런 뒤라야만 머리의 윤곽선을 그렸는데, 이 머리는 완벽하고도 흐르는 듯 결합된 귀와 목에 잘 어울렸다.

나디아와 성인 예술가 사이에는 더 큰 차이점이 있다. 그것은 그녀가 작품의 완성보다는 그림을 그리는 과정 자체에 더 많은 관심을 가지고 흥미로워한다는 것이다. 그녀는 자주 종이 아닌 곳에다가도 그림을 그렸는데, 종이라는 공간에 특별한 의미를 두지 않았던 듯하다. 때론 완성된 그림 위에다가도 새 그림을 그리기조차 했다. 이런 그녀의 행동은 최종 결과물에 거의 관심을 두지 않았던 침팬지의 행동을 떠오르게 한다. 말하자면 나디아와 침팬지는 작품이 지닌 의사소통의 가치와 전시적 가치를 거의 인식하지 못한 것인지도 모른다.

마지막으로, 그녀의 그림 그리기 방식이 지닌 또 다른 독특한 특징이 있다. 그녀가 현실을 맹목적으로 모방한다는 점이었다. 물론 가끔은 묘사대상의 비율과 크기를 바꾸거나 방향을 변화시키는 일도 있었지만, 언제나 그녀는 강박적으로 세밀하고도 정확히 세세한 부분들을 그려냈다. 이런 점 역시 대상을 자유로이 변형시키고 새로운 것을 만들어내는 미술작품과는 전혀 달랐다. 나디아가 이처럼 독창성 없이 모사만을 행한다는 사실에 대한 명백한 증거가 있다. 서로 간격을 갖고 있는 여러 개의 정사각형들과 원을 보여주고, 그것들을 기억해 냄으로써만 묘사할 수 있도록 설정한 검사가 바로 그런 증거들을 보여주었다. 대부분의 경우 일반적인 사람들은 도형들 사이의 간격을 잊은 상태로 그리기 때문에 원래 제시되었던 도형들보다 좀더 나은 형태나 보편적인 형태를 만들어낸다. 그렇지만 나디아는 이 불완전한 형태들을 정확하게 다시 그려냈다. 이 사례는 완벽하게 재생하려는 나디아의 욕구가 좋은 형태를 만들어내려는 심미적 고려를 넘어섰다는 것을 시사한다. 아마도 이렇게 완벽하게 재생해 내는 능력 때문에, 세부사항을 더 많이 나타낼수록 점수가 높아지는 지능지수 검사에서 나디아는 지능지수 160에 해당하는 높은 점수를 얻을 수 있었을 것이다.

나디아는 자폐증 진단을 받은 후에 집중적인 치료를 받았고, 언어를 사용하는 방법을 배웠다. 일정 기간 동안 나디아의 언어능력은 향상되었고, 그에 따라 그녀의 그림은 반대로 질적·양적 측면 모두에서 떨어졌다. 그러나 사춘기가 시작될 무렵에는 다시금 사실적인 그림들을 아주 능숙하게 그리기 시작했다.

이 당시 나디아의 그림들은 정상적인 아이들의 그림들뿐만 아니라 정신이상 아동이나 지체아동 그리고 청각장애 아동 등과 같이 비정상적인 아이들의 그림들과도 완전히 달랐다. 정신장애 아동들의 그림은 너무나 기괴하고 비현실적이며, 청각장애 아동들은 다소 느린 속도로 발달함에도 불구하고 그 그림은 정상아동들의 그림과 비슷하다(Thiel, 1927). 지체아동의 그림도 마찬가지로 그림 그리기의 발달과정이 매우 느리게 진행되긴 하지만 정상적인 순서들을 따르는 것으로 나타났다(Lark-Horowitz et al., 1973; Selfe, 1977).

나디아의 그림들은 일반적인 단계들을 거쳐야만 사실적인 그림을 그릴 수 있게 된다는 주장에 의문을 제기한다. 청소년기를 지나면서 나디아는 사실주의적인 그림의 출현에 앞선 모든 단계들을 뛰어넘었음을 보여주었다. 게다가 그 그림들은 전형적인 청소년기 아이들의 것보다 훨씬 뛰어났다. 그녀는 단순하고 획일적인 형태부터 출발하지 않는 대신 처음부터 아주 복잡하고도 독특한 형태들을 그리기 시작했다. 물론 나디아가 며칠 사이에 초기의 모든 단계들을 거쳤고, 또 단지 그때 그녀가 그렸던 그림들이 보존되어 있지 않았던 것이라고 생각할 수도 있다. 하지만 그녀의 어머니는 그런 일은 없었다고 언급했고, 따라서 일련의 단계들을 뛰어넘었다고 추측하는 것이 더 옳을 것이다. 더욱이 그녀가 며칠 사이에 이런 단계들을 경험했다고 하더라도 능숙한 예술적 기교라는 측면에서 보면, 분명 이런 재능을 여전히 설명이 필요하다.

다른 인지과제에 대해 평균 이하 수준으로 수행하고, 언어를 제대로 사용하지 못하는 아이가 비범한 능력을 가지고 있다는 사실은 진정 이해하기 힘들다. 나디아의 그림들에 대해 여러 가지 설명들이 제시되었음에도 불구하고, 아직도 해명되지 못한 신비한 부분들이 많이 남아 있다. 어쩌면 과학이 특정 영역에서 나타나는 아이들의 비범한 능력을 설명할 수 있기 전까지는 자폐증과 천재성이 동시에 발현되는 현상에 대해 아무 할 말이 없을 것이며, 또 나디아에 대한 만족스러운 설명도 기대하기 어려울 것이다.

가능성 있는 설명이 하나 있다면, 그것은 나디아가 사회적으로 고립되었다는 사실에 기초한 것일 수 있다. 즉 세상과 단절되어 언어나 사회적 기술을 거의 습득하지 못했기 때문에, 의사소통의 수단으로써 그림을 그렸다는 것이다. 그러나 이런 설명에도 문제는 있다. 말하자면 지체아나 정신장애아처럼 동일하게 사회에서 단절된 아이들이 나디아처럼 그림을 그리지는 않는다는 것이다. 게다가 나디아는 종종 자기 그림들 위에다 곧장 그림을 그렸기 때문에, 그림을 의사소통의 수단으로 사용했다고 볼 수 없다.

그런데 또 다른 설명도 있다. 나디아의 뛰어난 그림솜씨는 그녀가 시각적으로 지각한 배열들의 모든 세부사항들을 기억하는 능력, 즉 직관적 심상(eidetic imagery)을 기억할 수 있는 능력을 지닌 데서 유래한 것이라는 설명이다. 그녀가 그렇게 세밀한 기억력을 가지고 있다는 증거가 있다. 예컨대 그녀는 직관적인 심상 검사(eidietic imagery test)를 통과할 수 있었다. 나디아는 한 번에 하나씩 두 개의 그림을 보고서, 마음속으로 그 그림들을 병렬시킨 뒤 앞선 두 그림의 형태들을 결합하는 세 번째 형태를 만들어낼 수 있었다. 아마도 그녀가 그렇게 사실적으로 그림을 그릴 수 있었던 것은 바로 선명하고 정확한 시각적인 배열에 대한 기억력 때문일 것이다. 그녀의 마음속에 남은 사진 같은 세밀한 형상 때문에, 마음의 눈으로 기억한 그 형태를 간단히 묘사할 수 있었던 것이다. 이것은 그녀가 결코 그려진 대상에 대해 언급할 필요가 없었던 이유를 설명해 준다.

그러나 이 설명 역시 설득력을 갖지 못한다. 무엇보다도, 만일 완전히 정확한 심상을 소유하는 일이 종이 위에 사실적으로 묘사된 그 이미지를 파악하기에 충분한 것이라면, 대상을 보고 그릴 때 보통 아이들도 마찬가지로 정확히 그릴 수 있어야 할 것이다. 결국 대상은 사진적 이미지의 모든 세세한 부분들을 다 가지고 있는 것이다. 더욱이 8%의 아이들이 직관적인 심상을 갖고 있음에도 불구하고, 아무도 나디아처럼 그리지는 못했다(Haber & Haber, 1964). 마지막으로 나디아는 종종 크기나 비례 혹은 방향도 조금씩 바꿔가면서 그렸는데, 이것 또한 그녀가 단순히 마음의 눈으로 보이는 직관적인 심상을 따른다는 주장을 점점 더 받아들이기 어렵게 만든다.

좀더 가능성 있는 설명은 나디아의 '일반화하기, 추상적 개념 형성하기, 사물을 범주별로 분류하기' 등의 극도로 제한된 능력에 초점을 맞춘 것이다(Selfe, 1997). 어떤 검사에서 나디아는 그림 속 대상과 실제 대상을 서로 연관시킬 수 있었던 반면, 동일한 대상이 서로 다른 방향으로 그려진 그림들의 경우에는 두 그림 속 대상들을 서로 연관시킬 수 없었다. 또한 같은 범주에 속해 있는 다른 대상들의 관계도 인식하지 못하는 것 같았다. 가령 나디아는 다른 모양의 의자를 그린 그림들에서도 의자들을 서로 연관시키지 못했다. 개념을 구성할 때의 이런 어려움은 자폐아들이 언어규칙을 습득하지 못한다는 사례와 다르지 않다. 이처럼 가끔 말을 하는 자폐아들도 기억해 놓았던 문장사례들을 사용해서 더듬더듬 말한다. 그들은 문장의 형성을 조절하는 일반적인 규칙들을 끌어 낼 수 없기 때문에 새로운 문장을 만들어 낼 수 없었다(Brown & Herrnstein, 1975).

풍부한 개념체계가 없다는 점은 지극히 사실적으로 그릴 수 있는 기술과 관련되어 있을지도 모른다(Pariser, 1979). 일반적인 아이들이 그려놓은 단순한 도식들은 일반화를 이루어내는 그들의 능력을 반영한다. 예를 들어 머리를 그리기 위해 사용한 동그라미는 그것이 어느 정도 머리모양과 비슷하고, 또 각각의 모든 사람들이 가진 머리 생김새의 다양성을 배제한다는 점에서 추상적인 작품이라 할 만하다. 나디아는 그런 단순화된 도식을 사용하지 않는 대신 대상의 모든 세부요소를 상세하게 묘사했다는 사실은, 그녀가 시각적인 개념을 형성할 수 없었음을 보여준다. 따라

서 그녀는 어떤 형상의 일반적인 형태를 파악할 수 없었기 때문에 그 형
상의 세세한 모든 부분들을 묘사할 수밖에 없었다. 요컨대 나디아는 주
어진 시각정보 너머로 나아갈 수 없었던 것이다.

아마도 나디아의 개념적인 발달이 너무 미흡했기 때문에 대상에 대한
지식이 그 대상을 묘사하려는 노력을 방해하지 못했을 것이다. 일반 아
동에 대한 연구들은 지식이 시각적인 사실성을 방해할 수도 있다고 주장
해 왔다. 예를 들어 어린 아이들은 대상이 놓인 상태와는 무관하게 관례
적이고도 전형적인 쪽으로 그림을 그린다는 사실이 나타난다(Freeman &
Janikoun, 1972). 그래서 아이들은 컵을 그릴 때 항상 손잡이가 보이도록
옆면을 그렸다. 또 그들이 육면체나 직사각형 모양처럼 재현적인 이미지
들은 모사할 때는 비재현적이고 평이한 기하학적인 도안들을 그릴 때보
다 훨씬 더 정확치 못하게 그렸다(Phillips, Hobbs, and Pratt, 1978). 아마도
그 육면체에 대한 친밀감이 아이들에게 그 대상이 무엇인지에 대한 지식
을 강화하도록 작용했을 것이다. 가령 대부분의 사람들은 망막 위에 맺
히는 육면체의 형태만이 아니라 원근법에서 벗어난 것임에도 불구하고
늘 육면체의 측면을 사각형으로 그린다. 그리고 어른들에게 그림을 복사
하라고 했을 때 대상이 거꾸로 되어 있다면, 그들에게 그 대상은 훨씬
더 정확하게 보였다(Edwards, 1979). 이런 상태에서 그들은 자기들이 무
엇을 복사하고 있는지 전혀 알지 못했다. 이처럼 그 대상에 대한 지식이
끼어 들지 않았고, 그래서 그들은 그 선의 윤곽에만 집중할 수 있다.

어쩌면 나디아가 가진 개념형성 능력의 결함이 순진 무구한 눈으로 대
상들을 자유롭게 볼 수 있고, 또 기록할 수 있게 해 주었던 것인지도 모
른다. 정확히 말해서 사람들의 시각적인 개념이 자신들의 사진적 모사에
끼어들기 때문에 아른하임(1974)이 불가능하다고 여겼던 그것을 나디아
는 그려냈다. "만일 우리가 이 세계를 구성하고 있는 물질적인 대상들에
대한 시각적인 투사로부터 직접 시각적인 재현의 본성을 이끌어내려 한
다면, 우리는 그것에 대해 이해할 수 있으리라는 희망을 버려야 한다…
시각적인 경험의 출발점을 우리 눈의 수정체가 이루어내는 시각적인 투

사라고 여긴다면, 이미지를 이루는 최초의 시도들이 이러한 투사에 가장 가까이 밀착된 것이라고 기대하고 말 것이다"(p.163).

나디아가 가장 유명하기는 했지만 그림 그리기의 특별한 능력을 보여준 것은 그녀만이 아니었다. 대부분의 자폐성 천재아들은 수학, 음악, 기억력 분야에서 특별한 능력을 보여주었다. 그러나 그런 아이들 중에서도 나디아처럼 시각예술에서 두각을 나타낸 아이들이 있었다(Park, 1978). 이 자폐아들도 역시 지각운동 검사과제에서 평균 이상의 점수를 기록했던 반면 언어수행과 지능지수 검사에서는 평균 이하를 얻었다. 그들도 나디아처럼 세밀하면서도 흐르는 듯 표현된 선을 가지고 복잡한 대상들을 포착함으로써 지극히 정확한 선묘화를 그려냈다. 그러나 이 아이들 중 아무도 나디아처럼 놀랄 만큼 잘 그리지는 못했다. 그 누구도 달리는 말처럼 복잡한 형상을 나디아처럼 박진감 있게 포착해 내지는 못했다. 더욱이 그들 중 아무도 나디아처럼 3세 반의 어린 나이에 자신의 그리기 기술을 증명하지는 못했다. 그들이 그런 능력을 보여준 것은 7, 8세쯤 되었을 때였다. 나디아의 그림이 보여준 빼어난 사진적 사실성과 그런 그림을 그려냈던 어린 나이에서 판단컨대, 그녀야말로 독보적인 존재이다.

따라서 나디아의 천재성이 자폐증으로 완전히 설명될 수는 없을 것 같다. 그녀는 어쩌면 시각예술의 영역과 관련해서 타고난, 즉 신경생리학적인 기질을 갖고 있었는지도 모른다. 개념적 지식의 간섭에서 벗어난 그런 재능을 소유했던 것이 그녀로 하여금 그토록 놀라운 미술작품들을 창조해 내게 했을 것이다. 언젠가 예술가로 성장할 천재아들이 그처럼 사실적으로 그릴 수 있기 위한 나이에 이르기 전부터 이미 그녀는 그런 일을 해내고 있었던 것이다.

천재아들의 그림 그리기 발달

자폐성 천재아들과 마찬가지로 천부적인 재능을 타고난 아이들은 대개 시각예술에서보다는 음악이나 수학적인 분야에서 좀더 자주 주목을 받아왔다. 반면 문학예술에서는 한 번도 이런 천재아들이 언급된 적이 없다. 피카소는 9세라는 나이에 벌써 고도로 정교한 기술을 보여주는 범상치 않은 그림들을 그려냈다(그림 5-26). 클레도 역시 6세 때 놀라운 그림을 그렸고, 9세 때에는 너무도 정확한 원근법과 단축법을 써서 그림을 그렸다(그림 5-27). 바사리(Giorgio Vasari, 1511-1574)는 1550년 자신의 책 〈최고의 저명한 화가, 조각가 그리고 건축가의 일생(일명 "미술가열전")〉(Lives of the Most Eminent Painters, Sculptors, and Architects, 1912-14)에서 많은 르네상스의 미술가들이 이미 7세 때부터 숙련된 미술공이었다고 언급했다. 그리고 마찬가지로 오늘날에도 적어도 8, 9세 정도로 어린 천재아들의 뛰어난 그림들을 찾아볼 수 있다.

[그림 5-26] 피카소, 〈투우광경과 비둘기〉. 이 그림은 그가 9세 되던 해에 그린 것인데, 이미 전문가다운 솜씨를 보여주고 있다.

　자폐적이지 않는 천재아들의 그림발달 과정을 이해하면, 우리는 일반
적인 발달과정과 자폐증을 앓고 있는 비정상적인 발달과정 사이에 커다
란 차이점이 있다는 교훈적 사실을 알게 된다. 불행히도 이런 문제을 이
해할 수 있게 해 줄 만한 체계적인 정보는 그리 많지 않다. 그럼에도 다
음과 같은 사례를 통해 이해해 볼 수 있을 듯하다. 1976년 예루살렘의
이스라엘 미술관에서는 아얄라 고든(Ayala Gordon)이 수집했던 이스라엘
화가들의 아동기 작품 전시회가 기획되었다. 그 당시 다양한 분야의 유
명 이스라엘 작가들도 자신의 아동기 작품들과 성인기 작품들을 내놓았
었는데, 때마침 전시를 보러 온 아이들의 그림 역시 전시될 기회를 가졌

[그림 5-27] 클레, 〈긴 오솔길을 따라 간 베를린 고향집〉. 이 그림은 그가 9세 때 그
린 것인데, 4단계의 투시법을 보여주고 있다. 이런 기법은 11세 이전 소수의 아이들만
이 가질 수 있고, 대부분의 경우 13, 14세가 되어야만 전형적으로 나타난다.

다. 결국 일반적인 아이들 그림과 천재아들의 그림을 한자리에서 바로 비교할 수 있게 된 것이다.

천재아들의 그림은 일반 아이들의 것과 흥미로운 유사점을 지니고 있었을 뿐만 아니라 교묘한 차이점 역시 가지고 있었다. 일반적인 취학 전 아이들 그림처럼, 천재적인 아이들의 그림도 자유롭고 표현적이며 조화롭게 구성되어 있는 관례 이전의 단계를 거쳤다. 그러나 일반적인 아이들과의 공통점은 이것이 전부였다. 천재아들의 그림은 일반적인 아이들의 것보다 좀더 사실적이었고, 벌써부터 도식적인 기하학적 도형보다는 유려한 선들을 사용했다.

초등학교 시기에 천재아들도 관례적 단계를 거친다. 이 시기 대상들은 딱딱하고 관례적인 도식들로 재현되고, 그림들은 그다지 '심미적인 방식'으로 구성되지 않는다. 그렇지만 일반 아이들보다는 그 정도가 덜하다. 또한 이전 시기의 균형적인 구성감각은 물론이고, 유려한 선들 역시 사라져 버린다. 유려한 선들이 자리했던 곳에는 더 딱딱하고 도식적인 묘사가 나타난다. 이전 시기에 전반적으로 나타났던 균형감각 대신에 특정 부분에 대한 강력한 집중이 나타난다. 결국 전반적인 구조를 상실하고 만다. 요컨대 평균적인 취학연령 시기의 이들 그림과 동일하게 화가들의 어린 시절 그림들도 심미적인 매력이 감소하는 관례적 단계를 거치는 듯 보인다.

그러나 천재적인 아이들은 이 관례적 단계를 일반적인 아이들보다도 더 빠르게 지나쳐버린다. 일반적인 아이들의 경우, 대개 이 단계에 머물고 만다. 10세 정도의 천재아들은 그들이 성인기 작품에서나 볼 수 있을 독창적인 방식을 창안해 냈고, 청소년기에 이르자마자 매우 높은 예술적 성숙도를 성취했다.

이처럼 천재아의 그림발달 과정도 일반적인 경우와 질적으로 다르지 않다. 비록 약간의 차이와 속도만 훨씬 다를 뿐이지만 말이다. 양쪽 모두 동일한 초기단계를 거친다. 그렇지만 천재아들과 일반적인 아이들의 결정적인 차이는 다름 아니라 천재아들만이 관례적 단계에서 벗어난다는

[그림 5-28] 〈검은 예수〉 9세 아이가 그린 세련된 그림이다.

것이다.

이와 같이 이런 천재아들은 자폐성 천재아들보다는 일반적인 아이들과 더 많은 공통점을 가지고 있다. 그들도 아주 어린 나이에는 그림을 고도의 자연주의적 수준으로 그리지 못했을뿐더러 그 그림들 역시 어쨌든 나디아의 그림이 지닌 높은 수준만큼은 보여주지 못했다. 나디아는 이 미술가들과 함께 천부의 재능을 나눠 가졌지만, 그녀가 앓았던 개념형성장애는 그녀로 하여금 일반 화가들이 여러 해 걸려야 습득할 수 있을 정도의 제작방법을 주저 없이 곧바로 행할 수 있게 했다(Gombrich, 1960).

우리는 그림 그리기 발달의 각기 다른 과정들을 일반적인 어린이, 침팬지 같은 영장류, 시각예술에서의 자폐성 천재아, 커서 화가가 된 천재아 등에게서 이해할 수 있었다. 침팬지들은 일반적인 아이들이 가진 시각적인 균형감각을 가지고 있지만, 그림이 재현하고 있는 것에 대해 아이들이 탐구해 나갈 때 뒤쳐지고 만다. 일반적인 아이들은 천재적인 아이들과 동일한 단계들을 거치지만, 천재아들은 그 과정들을 빠르게 통과할뿐더러 일반적인 아이들이 넘지 못하는 관례적 단계를 넘어선다. 자폐성 천재아들은 아주 다른 과정을 거치는 것처럼 보인다. 그럼에도 능숙한 예술적 기교의 본령에서 나타나는 몇 가지 특징들을 보인다. 윤곽에 대한 민감성, 예리한 시각적 기억력, 마음의 눈으로 이미지를 '읽어내기' 위해 이 기억력을 토대로 패턴들을 움직일 수 있는 능력 그리고 이 패턴들을 종이 위에 쉽고도 정확하게 시각적 패턴으로 옮겨 놓을 수 있는 능력 등이 그것이다. 그렇지만 능숙한 화가는 사실적으로 그릴 것인지 추상적으로 그릴 것인지를 자유롭게 선택할 수 있는 반면, 자폐성 천재아들은 시각적으로 사실적인 형태로 재현하는 것 말고는 대안이 없다. 사실적으로 그릴 것인지를 선택할 수 없기 때문에 그리고 결과로 나타나는 그림을 통제할 수 없기 때문에 자폐성 천재아동은 결코 예술적인 발달의 궁극적인 단계에 이르지 못한다.

제**3**부

음악

제6장

음악에서의 소리

내 교향곡의 주제는 인격을 확립시키는 일이다. 나는 악곡의 중심부에서 온갖 경험을 다 겪은 한 남자를 보았다. 악곡의 마지막 악장은 초반의 비극적 긴장감을 삶의 희열과 낙관주의로 해소한다.

– 드미트리 쇼스타코비치(Dmitri Shostakovich)

음악을 그 핵심에서 본다면 감성이나 자연현상과 같은 그 어떤 것도 표현해 낼 수 없는 무기력한 것이라고 생각한다.

– 이고르 스트라빈스키(Igor Stravinsky)

바그너(R. Wagner)의 오페라 〈트리스탄과 이졸데〉(Tristan und Isolde)는 약 10분 정도 되는 〈사랑의 파국〉(Der Liebestod)을 마지막으로 끝맺는다. 마지막 악장에서 그 음악의 세기는 점차 더해가며, 어떤 한 조(key)에 머물기를 거부한다. 격정적인 최고조에 오른 후 점점 진정되어 평온해지면서 침묵을 향해 간다. 결국 그 음악은 단일조(a single key)에서 안식을 찾을 때까지 휴지점(a point of repose)으로 나아간다.

일부 예외가 있기는 하지만 음악은 무언가를 말하지 않는다. 음악적 음고(pitch)만을 듣고서는 도대체 무엇을 의미하는지 알 수 없다. 그러나 음악은 일반적으로 의미를 담고 있다고 한다. 예컨대 〈사랑의 파국〉은

성적인 열정을 표현한다고 하며, 바그너는 이를 "하나의 긴 무아지경"이라 표현했다(1924, p.710). 이렇게 펼쳐진 음들이 대상에 대한 개념 없이도 어떻게 감동을 일으킬 수 있는지를 알아내는 것 또한 심리학의 문제가 된다.

일반적으로 음악은 의미를 담고 있을 뿐 아니라 감정적 반응을 불러올 수도 있다고들 한다. 대부분의 음악감상자들은 〈사랑의 파국〉을 들으면서 긴장의 점진적인 고조를 경험하며, 궁극적으로 긴장의 해소를 맛보는 등의 강렬한 느낌을 받았다고 한다. 즉 나열된 음들이 어떻게 인간의 감정을 자극할 수 있는 것인지 또한 심리학적으로 풀어야 할 문제이다.

음악에서의 의미와 정서적 효과는 소리의 종류나 사람들이 실제로 어떤 곡을 들을 때 갖게 되는 소리들의 관계에 달려 있다. 대부분의 심리학 연구에서 다루어졌던 음악요소는 조성(tonality), 음고(pitch), 선율(melody)이다. 리듬(rhythm)과 박자(meter) 또한 음악에서는 근본적인 요소이기는 하지만, 이에 대한 연구는 그리 많이 행해지지 않았다.

조성 지각하기

소리는 음악의 원재료이다. 소리에 대한 감각은 그 소리의 근원이 만드는 공기분자의 진동에서 발생한다. 모든 소리가 음악적인 것은 아니다. 음악적인 소리는 규칙적인 진동에 의해 생성된다. 빈 깡통이 떨어지는 소리나 심한 기침소리는 규칙적이지 않으며 혼란스런 진동이 만들어 놓은 것이다(Lowery, 1996).

음악적인 소리의 음고는 소리의 근원적인 진동수에 의해 결정된다. 초당 진동수가 크면 클수록 음고는 높아진다. 인간이 들을 수 있는 음고의 범위는 초당 20에서 20,000데시벨로 엄청나게 광대하다. 이 범위 내에서는 음 간의 구별이 가능하다. 그러나 음악은 이 모든 음고를 사용하지는 않는다. 이 광대한 음고 중 일부분만을 선별적으로 선택한다. 색상은 음

고와는 대조적이다. 화가들은 어느 한 색조의 부분만을 사용하도록 제한
받지 않으며 미묘한 명암의 차이로 구별된 다양한 색상을 사용한다. 그
러나 작곡가들은 각자 자신이 속한 문화에서 허락된 음고만을 선별적으
로 사용한다.

서양음악에서 사용되는 음고의 범위는 피아노 건반에서 보듯이 하나
의 반음에 따라 구별된 12음의 옥타브가 반복적으로 나누어져 이루어진
다. C[1]음에서 시작하여 다음 C음까지 각각의 흰건반과 검은건반을 치면
반음계의 전 범위를 연주한 것이 된다. 대부분의 문화는 반음계 대신 온
음계를 사용한다. 온음계의 범위는 반음 또는 온음으로 나뉜 옥타브의
12반음 중 단지 7개만으로 이루어져 있다.

로큰롤이나 재즈, 포크송처럼 서양인들에게 익숙한 음악들 대부분은
특정 조의 범위 내에서 작곡되었다. 이는 악곡이 항상 특정한 음계를
구성하는 음들로 이루어졌다는 것을 시사한다. 따라서 C장조의 곡은 주
로 C장음계로 구성되어 있다고 할 수 있다. 한 조성 내의 음들은 아주
가까운 가족구성원으로 비유할 수 있다. 이 음들은 아주 근접하게 연결
되어 있으며, 이 조 밖에 있는 음들은 먼 친척처럼 서로 아주 다른 소리
를 낸다.

한 조 내의 음들이 모두 같은 기능을 가지고 있는 것은 아니다. 가장
중요한 역할은 음계의 첫 번째 음인 으뜸음에 맡겨져 있다. C장조에서 으
뜸음은 C음이며 G장조의 으뜸음은 G음이다. 으뜸음은 선율에서 가장 안
정적인 소리를 내는 음으로, 모든 다른 음들을 중력처럼 이끄는 중심음
(tonal center)이다. 중심음은 선율에 안정감을 준다. 선율이 이 으뜸음에서
멀어지면 멀어질수록 긴장감이 더해지고, 으뜸음을 향해 돌아오게 되면
감상자들은 집에 돌아온 것 같은 느낌을 받으면서 긴장이 해소된다.

으뜸음이 가장 안정적인 소리를 내기 때문에, 선율은 항상 이 음으로

---

1) 음이름 : 우리말-다 라 마 바 사 가 나/영미권-C D E F G A B/이태리-도 레 미
파 솔 라 시(역자 주)

끝나게 되며 완결된 느낌을 가지게 된다. 선율이 이 으뜸음으로 끝나게 되면, 음악이 잘 마무리 되었다는 느낌을 받는다. 그러나 곡이 그 음계의 제2음으로 끝나게 되면, 선율이 더 이상 해결되지 않고 긴장감도 해소되지 않은 것처럼 느껴진다. 어린 시절 모차르트(Wolfgang Amadeus Mozart, 1756-1791)가 어떤 곡을 들었는데, 그것이 으뜸음으로 끝나지 않자 제대로 마무리되지 않은 음악이라고 했다는 일화도 있다. 모차르트는 긴장감을 해소하지 않은 채 곡을 끝내는 일에 흥분했고, 자신의 음악은 항상 으뜸화음으로 마무리 했다고 한다. 바흐(Johan Sebastian Bach, 1685-1750)에 관해서도 이 같은 이야기가 전해진다.

서양음악에서는 전적으로 단일 조만을 사용하는 음악은 거의 없고, 대부분은 한 조에서 다른 조로 전조를 한다. 곡이 전조될 때 으뜸음이나 중심음 또한 변하게 된다. 중심음의 이러한 변화는 역동성과 불안전성을 낳는다. 그렇지만 한 조에만 머물면서 같은 중심음을 유지하게 되면 잔잔함과 안정감이 생겨난다. 20세기 무조음악이 작곡될 때는 조와 중심음을 사용하지 않았다. 이러한 음악은 어떤 조에 의해 생겨나는 구성체계가 없기 때문에, 음악감상자들이 이 음악을 들을 때는 나름대로 정리를 하면서 들어야 한다. 클로드 레비-스트로스(Claude Lévi-Strauss, 1908-1991)는 무조성 음악을 "바다로 나간 돛 없는 배와 같다."고 말했다(1970, p.25).

심리학의 여러 연구들은 음악에 대한 감상자들의 지각을 알아보기 위해서 조성이 얼마나 중요한지를 밝혀왔다. 음악교육을 받은 감상자들은 조성 선율과 무조성 선율의 차이를 구분할 수 있으며(Dowling, in press), 선율이 조성적이지 않을 때보다는 조성적일 때 더 쉽게 기억한다는 사실이 드러났다(Francés, 1958). 조성은 선율을 회상시키는 역할을 할 뿐 아니라 단일 음고를 기억하는 데에도 도움을 준다. 음고는 무조음악보다는 조성음악에서 들었을 때 더욱 정확하게 기억된다(Dewar, Cuddy, Mewhort, 1977).

음조(tune) 구성에 관한 연구에서도 검증된 것처럼(Bamberger, Duckworth, Lampert, 1981), 음악 교육을 받지 않았던 감상자들도 조성을 인식하고 무조성 선율에서보다는 조성 선율이 더욱 응집성이 있다고 느낀다. 음악에 대한 특별한 지식을 갖고 있지 않은 성인들에게 각기 다른 음고, 즉 C, D, E♭, F#과 G(다, 라, 내림 마, 올림 바, 사)로 이루어진 다섯 개의 벨소리 장치를 주고 곡조를 만들어볼 것을 요구했다. 이 음고들은 어느 한 조에도 속하지 않기 때문에 중심음을 만들어낼 수도 없었다. 왜냐하면 어떤 음계도 이 다섯 개 음 모두를 갖고 있지는 않으며, 사실상 이 음들 중 한 음계에 속하는 것은 세 음 정도뿐이기 때문이다. 하나의 조성으로 한정되지 않는 음고를 가지고 응집성 있는 곡조를 만들어 내라고 했을 때, 실험 참가자들은 상당히 곤혹스러워했다. 결국 도출된 해결책은 같은 음계에 속하는 C, D, 그리고 G 등 세 가지 음고를 안정된 음고로 간주하고, 이 음들을 반복시킴으로써 강조하는 일 뿐이었다. C, D, 그리고 G로 결정되는 음계 밖의 다른 두 벨 소리는 좀더 안정된 음고를 만들 수 있는 꾸밈음으로 간주되었다. 그들은 이런 방식으로 중심음을 가진 선율을 만들어내는 데 성공했다. 이 연구는 조성구성 능력이 음악 교육을 받은 감상자들만이 아니라 교육받지 못한 감상자들에게도 있다는 사실을 보여준다. 그러나 대개의 경우 일정한 체계적 음악 교육을 받았던 사람들이 더 뛰어난 조성구성 능력이 있었다(Dowling, in press; Francés, 1954, 1958, 1968).

조성구성 능력에 관해서 학습과 경험의 역할을 판단하기는 어렵다. 정식 음악 교육을 받지 않은 사람들이 조성을 구성한다고 해서 조성 인식의 경험이 전혀 중요하지 않다는 것은 아니다. 음의 구성에 대한 연구에서 밝혀진 것처럼 음악 교육을 받지 않은 감상자들은 무조성 음악보다는 조성 음악을 확실히 더 많이 듣는다. 이는 조성 음악이 서양음악 문화의 대부분을 차지하고 있기 때문이다. 서양인들이 조성 '원리'를 받아들이게 된 것은 아마도 수없이 많은 조성 음악을 들은 결과였을 것이다. 만약 다른 음계체계를 가진 문화에서도 이런 유사 연구가 행해진다면 과연 조성 인식에서 경험이 어떤 역할을 하는지를 확인할 수 있을 것이다.

조성이 자연적으로 형성되는 것인지 반복적인 듣기나 정식 음악 교육을 통해 만들어진 것인지는 확실히 알 수 없다. 다만 서양 감상자들의 경우에 조성은 심리학적으로 실재하는 영역으로서 간주된다. 우리는 주변에서 듣는 음악을 처리할 때 조성을 하나의 구조체계로서 활용한다. 파란색과 회색이 주를 이루는 그림에서 주황색이 다소 어색하게 느껴지는 것처럼 C장조에서 작곡된 선율에 다른 조의 음이 사용된다면 낯선 끼어듦처럼 느껴질 것이다. 그렇다고 해서 이런 방해음을 잘못된 것으로 여길 필요는 없다. 사실 이러한 느낌은 감상자들의 흥미와 관심을 유발하는 중요한 역할을 하기 때문이다.

음고관계 지각하기

음악 교육을 받지 않은 이들이 조성의 구성체계를 지각할 수 있다면, 정식 음악 교육을 받은 감상자들은 이를 넘어 한 조성 내에 존재하는 다양한 음들의 관계를 지각할 수 있다. 음고는 다양한 방식으로 서로 연관되어 있다. 음고는 우선 진동거리에 따라 서로 관련되어 있다. 예컨대 C음은 E음보다 D음에 더 가까운데, 그것은 D음이 C음에서 한 개의 온음정만큼 떨어져 있고, E음은 두 개의 온음정만큼 떨어져 있기 때문이다. 게다가 음고는 조의 구조와도 관련이 있다. 가령 C장조에서 C음은 B♭음보다는 D음에 더 가깝게 들리는데, 이는 D음이 C장조에 있는 반면 B♭음은 그렇지 않기 때문이다.

마지막으로 음고는 배음(overtone)과도 관련된다. 대부분 악기의 음은 근음(fundamental sound)과 배음으로 결합되어 있다. 배음은 근음보다 약하게 들리지만, 배음이 없으면 음악이 따분해질 수 있다.

근음과 배음을 나열한 것을 배음렬이라고 한다. 배음의 진동수는 근음의 진동수와 규칙적인 비율로 연관되어 있다. 예컨대 근음 가온 C(가온다)음의 첫 번째 배음인 높은음 C음은 근음의 진동수보다 2배 정도 많이 진동한다. 첫 번째 배음은 일반적으로 가장 큰 소리를 낸다. 가온 C음의 다음 배음은 높은음 C음 위의 G음으로 C장음계의 다섯 번째 음이다.

대부분의 악기에서 G음은 대개 C음에서 두 번째로 큰 소리를 내는 배음이다. 어느 음계든지 다섯 번째 음은 딸림음이라 일컫는다. 으뜸음과 가까운 관계에 있기 때문에 '딸림음'은 으뜸음과 비슷한 역할을 한다.

얼마나 많은 배음이 있는지, 그리고 이 배음의 세기가 어떤지 등에 따라 음색이 정해진다. 이러한 점에서 악기는 각기 다르며, 각기 다른 악기의 소리를 분명히 구분할 수 있는 것은 다름 아니라 이 배음 때문이다.

진동거리와 배음으로 음고를 측정할 때 음고에 대한 인식은 서로 다르다. 예를 들어 진동수에서 볼 때, 가온 C는 한 옥타브 위인 C음보다는 가까운 음인 C#(올림 다)에 더 가까운 소리를 낸다. 그러나 배음 측면에서 볼 때, 가온 C와 높은음 C는 더 비슷한 소리를 내야 하는데, 이는 가온 C의 가장 큰 배음이 한 옥타브 위인 C이기 때문이다. 이와 비슷하게, 진동수에서 볼 때 C음과 D음은 C음과 G음보다 더 비슷한 소리를 내야 하는데, 이는 C음과 D음의 음정이 더 좁기 때문이다. 그러나 배음에서 보면 C음과 G음이 더 비슷한 소리를 내게 되는데, 이는 C음에서 두 번째로 큰 소리를 내는 배음이 G음이기 때문이다.

감상자들이 지각할 수 있는 조성관계는 이들이 어떤 음악 교육을 받았는가에 따라 다르다. 이는 2년에서 5년 정도의 음악 교육을 받았던 참가자들에게 C장조에서 제시된 두 음 간의 유사 정도를 판단해 보라는 실험에서 잘 나타난다(Krumhansl, 1979). 조성을 구성하기 위해, 참가자들은 우선 C장음계나 C장조의 으뜸화음(C-E-G-C)을 듣게 된다. 그러고나서 이들에게 두 음을 들려주고 첫 번째 음과 두 번째 음 사이의 유사성을 판단케 했다. 판단대상이 된 두 음은 세 가지 방식에서 서로 다르다. 즉 음고 간의 음정크기(A-B 대 A-D), C장음계에 있는지(D-E 대 D-D#), 그리고 C장조의 으뜸화음에 있는지(C-G 대 C-D) 등의 세 가지 측면에서 비교 가능하다. 그 밖에도 여러 가지 방식으로 음을 서로 비교할 수 있다. 이 실험에서 첫 번째 음은 으뜸화음에 있는 음이나 C장음계에 있는 다른 어떤 음을 들려주는 경우도 있었으며, 그런 음들은 두 번째 음으로 들려주기도 했다.

음악 교육을 받은 참가자들은 음고들 사이의 복잡한 관계를 인식했다. 참가자들에게 C장음계에 있는 음을 들려주었을 때, 그들은 이 음이 C장조 밖에 있는 음보다는 C장조 내에 있는 다른 음들과 더욱 가깝다고 판단했다. 예를 들어 진동수의 측면에서는 D음과 D#음이 서로 가깝지만, D음이 D#음보다는 E음에 더 가깝다고 느꼈다. 한 옥타브 떨어져 있는 음은 사실상 상당한 거리를 두고 있음에도 아주 유사한 것으로 인식되었다. 또 그들은 C장조에서 으뜸화음의 음이 특히 긴밀히 관련된 것으로 판단했다. 즉 C음과 D음이 진동수로는 더 가깝지만 C음과 D음보다는 C음과 G음이 더 비슷하게 들린다고 답했다. 음 간에 밝혀진 이러한 관계는 음악 교육을 받은 감상자들이 조성 안에서의 음고를 들을 때, 진동수의 미묘한 차이만을 고려하기보다는 조성 내에서의 관계 및 배음 관계 모두를 고려한다는 사실을 보여준다.

음들 간의 유사성 판단은 종종 두 음을 들려주는 순서에 따라 다르게 나타난다. 이전 방식대로 참가자들에게 한 음을 들려주고 이 음을 두 번째 연주되는 음과 비교해 그 유사성을 판단케 했다. 참가자들은 두 번째 연주되는 음이 그 조성구조에 가장 가까운 음일 때 더욱더 유사하다고 판단했다. 예컨대 참가자들에게 E음처럼 C장조의 으뜸화음 중 한 음과 B음을 비교해 달라고 했을 때, 반대순서인 E음을 먼저 들려주고 B음을 들려주었을 때보다 더 많은 유사성을 발견했다. 이와 유사하게 G#음처럼 C장조 밖에 있는 음을 들려주고 E음처럼 C장조 안에 있는 음을 들려주었을 때, E음을 먼저 들려주고 G#음을 들려주었을 때보다 더 많은 유사성이 있다고 응답했다. 따라서 조성구조에 관련 없는 음은 조성구조에 관련된 음을 들은 뒤에 듣는 것보다 오히려 반대로 들려주었을 때 더 가깝게 들린다고 볼 수 있다.

위의 실험은 특정 음이 다른 음보다 더 중심적이고 원형적이라는 것을 보여준다. C장조에서 C장음계의 실제 음은 C장음계 외부의 음보다 더 중심적이고 안정된 것으로 느껴지며, C장조의 으뜸화음을 구성하는 음은 C장음계에 있는 다른 음들보다 더 집중화되어 있는 것으로 느껴진다. 따라서 이 결과는 으뜸음이 어느 음계에서든 가장 안정적인 음이라는 사실에 부합한다.

음악뿐만 아니라 다른 영역에서의 연구들도 비교연구의 측면에서 정형화가 위와 유사한 현상을 일으킨다는 사실을 보여주었다(Rosch, 1977; Tversky, 1977). 예를 들어 대부분의 사람들은 북한보다는 중국이 좀더 아시아 공산주의의 원형적 예라고 생각한다. 그래서 중국이 북한을 닮았다기보다는 북한이 중국을 닮았다고 여기는 듯하다. 좀더 정형화된 모델, 즉 여기서는 중국과 비교해 그 주변의 것이 정형화에 얼마나 가까운가를 판단하는 것이다. 같은 방식으로, 주어진 곡에서 특정 음은 다른 주변 음과 비교해 볼 때 좀더 중심적이고 안정적이다. 비정형화된 음들은 덜 안정적이며 중심음을 향해 움직이려는 경향이 있다. 특정 음들이 다른 음들의 비교기준이 되는 원형적 음일 수 있다는 주장은 온음계 밖의 음보다는 해당 음계 밖의 음이 온음계 음들과 더 쉽게 혼동된다는 실험으로 입증되었다(Krumhansl, 1979). 일부 음들이 다른 음들보다 더 안정적으로 들린다는 사실은 음악에 대한 감정적 반응이라는 측면에서 중요하다.

일반 감상자들은 음악 교육을 받은 이들보다 다소 구조화되지 못한 방식으로 음고를 인식한다. 이를 증명하기 위해서, 평균 7년 내지 9년간 음악 교육을 받고 5년 내지 6년 동안 연주경험이 있는 사람들과 음악 교육을 전혀 받지 않은 사람들을 대상으로 비교실험을 수행했다(Krumhansl, Shepard, 1979). 참가자들에게 C장음계의 상향과 하향의 7개 음을 연주한 뒤 일반적으로 이 음렬을 마무리 짓는 여덟 번째 음을 생략한 채 해당 옥타브 내의 여러 음을 들려주었다. 일반적으로 마무리 음이라 할 수 있는 그 생략된 음을 포함해서, 이 음들은 그 음들에서 한 옥타브 떨어져 있는 음에 이르기까지 13개의 반음들 중에서 고른 것이다. 감상자들에게 이 음들이 바로 이전의 음렬과 얼마나 잘 어울리는지를 판단케 하고, 또 가장 적절한 음으로 완결시키게 했다.

이 과제를 수행할 때는 여러 요소들에 의해 영향을 받을 수 있다. 순전히 진동수 정도만을 중시할 경우 감상자들은 이 음렬의 첫 번째 음에서 한 옥타브 거리에 있는 음을 가장 선호할 것이고, 다음으로 이 음에서 진동거리상 가까운 음을 순서대로 꼽을 것이다. 그러나 진동거리가 아니라 음관계가 중요하다면 감상자들은 가장 적합한 종지로 옥타브 양끝에 있는 음 중 하나를 꼽을 것이고, 다음으로는 가장 안정적인 음, 즉 C장조의 으뜸화음을 선택할 것이다. 그 다음은 다른 C장음계의 다른 음, 그리고 마지막으로 C장조 밖에 있는 음으로 그 선호도를 결정할 것이다.

음악 교육의 여부는 어떤 요소를 판단기준으로 삼을지를 결정한다. 음악 교육을 받지 않은 이들은 음악 교육을 받은 이들에 비해 진동수의 정도를 더욱 중시하는 경향을 보였으며, 음악 교육을 받은 이들은 온음계 내에서의 체계관계를 중시하는 것으로 나타났다. 음악 교육을 받은 이들은 옥타브 양쪽 끝에 있는 으뜸음을 마지막 부분으로서 가장 선호했고, 다음으로 해당 음계의 제5음, 제3음, 또 C음계 내에 있는 그 밖의 음들, 그리고 마지막으로 C음계 외부 음들 순으로 선호했다. 이러한 연구는 음악 교육의 정도 및 기량의 정도에 따라 음렬에서부터 추출된 구조적 관계를 인식한다는 것을 보여준다.

음고의 범주적 지각

놀랍게도 정식 음악 교육은 음악감상자들이 음고를 정확하게 인식하는 데 방해가 될 수도 있다. 음악 교육을 받은 감상자들은 음을 범주화해서 지각하기 때문에 음조에서 약간 벗어난 음을 듣고서도 이 음이 음조에 맞는 것이라고 여긴다.

음의 범주적 지각은 이미 언어의 영역에서 수립되었다(Eimas, Siqueland, Jusczyk, Vigorito, 1971; Liberman, Cooper, Shankweiler, Studdert-Kennedy, 1967). 예를 들어 '파흐'나 '바흐' 같은 소리는 '소리가 시작되

는 시점'이 서로 다르면 입술의 개방 정도와 후두부의 떨림 정도가 서로 다르다. '파흐' 소리를 발음하기 위해서 입술을 후두부의 진동이 시작되기 전에 열어야 하는 데 반해, '바흐' 소리의 경우에는 입술이 후두부 진동과 거의 동시에 열린다. 음향소리를 합성하는 기기를 이용하여 연구자들은 소리 시작의 시점차를 줄임으로써 '파흐'라는 소리를 점차 '바흐'라는 소리로 전환할 수 있었다. 그러나 우리가 이러한 미묘한 소리의 변화를 모두 들을 수 있는 것은 아니다. 대신에 두 분리된 소리 '파흐'를 듣고 나서 소리시작 시점의 변화가 점차 진행되어 변환된 소리인 '바흐'를 듣게 된다.

음악 교육을 받은 이들은 발성소리를 범주별로 지각하는 반면, 한 연구에 따르면 정식 음악 교육을 받지 않은 이들은 음고를 연속적으로 듣는 경향이 있다(Burns and Ward, 1974; Vinegrad, 1972). 즉 교육을 받지 않은 감상자들은 진동의 미묘한 변화를 지각하는 것으로 나타났지만, 음악 교육을 받은 감상자들은 이러한 미묘한 진동 변화에 있어 교육을 받지 않은 일반인들에 비해 민감하지 못했다. 이들은 서양음악의 반음정에 너무나 익숙하기 때문에, 지속적으로 변하는 음고의 변화를 개별적으로 지각하지 않고 오히려 이를 해당 문화의 반음범주에 넣어 범주별로 인식하기 때문이다. 발음 지각에서와 마찬가지로 우리는 '빈'이라는 소리의 다양한 변화를 인식하지 못하고, 단지 의미의 변화를 가져오는 변화, 즉 '빈'에서 '핀'으로의 변화만을 인식하며, 음악가들은 그들의 문화에서 음의 변화를 나타내는 음정만을 인식한다.

범주적 지각은 뛰어난 비교음고 인식력을 소유한 음악가들에 대한 연구에서 입증되었다(Siegel and Siegel, 1977a). 비교음고 지각능력이란 판단기준, 즉 비교 가능한 음이 주어졌을 때 다른 음을 알아맞출 수 있는 능력을 의미한다. 예를 들어 C장조에서 음 하나를 골라 이 음을 알려주면, 이를 듣고 다른 음을 알아맞추는 것이다. 비교음고는 음을 구별할 때 아무런 판단기준 없이 이루어진 완전음고(perfect pitch) 인식능력에 비해 일반적으로 나타나는 능력이다.

실험 참가자들에게 다양한 음정의 크기를 판단케 했다. 우선 연속적인 두 음 C음과 F#음으로 구성된 증4도 또는 세온음이라 불리는 기준음정을 들려준 후 다시 그들에게 100개나 되는 음들을 들려주고 음 간 거리를 판단해 달라고 했다. 또 이 100개의 음을 모두 들려준 후 참가자들에게 두 개의 연속된 음으로 구성된 13개의 음정을 들려주었다. 이 음정의 대부분은 약간씩 음조에서 벗어난 것으로, 완전4도보다 1/5 반음 내린 4도에서 완전5도보다 1/5 반음 올린 5도에 이르기까지 다양하게 이루어졌다. 참가자들에게 각각의 음정에 대한 기준음정까지의 거리를 비교하고, 두 음 간의 거리를 판단케 했다. 만일 그들이 들은 음정이 기준음정보다 1/2 정도 크다고 생각하면 기준수치의 0.5를 매기고, 기준음정보다 1.5배 크다고 생각하면 기준수치에 1.5를 매겨달라고 했다. 가장 가까운 음정으로 범주화시키는 것을 방지하기 위해 참가자들에게 가능한 세밀하고 정확하게 판단케 했다.

위의 실험을 수행할 때 음악가들은 음고를 범주별로 지각하는 양상을 보였다. 13개 음정 모두 음향학적으로는 각기 다름에도 불구하고, 실험에 참가한 음악가들은 단지 몇몇 종류의 범주화된 수치만을 제시했다. 다시 말해서 실제 5도와 소수점 정도만의 차이를 보이는 음정은 다 같은 5도로 판단했다. 따라서 참가자들은 13쌍 음정의 미묘한 차이를 모두 듣는 것이 아니라, 이를 3개의 명확한 음정으로 범주화해서 들은 것으로 보인다.

실험 참가자들은 범주 안에 있는 음향의 미묘한 변주를 파악했다. 그렇지만 가장 근접하고 정확한 음정으로 응답했을 것이라는 가능성을 배제하기 위해, 그들에게 들려준 음정들 중 몇몇은 음조를 벗어난 것들이라고 말해 주고 이런 부분들을 찾아내게 했다. 참가자들은 평균적으로 들은 음정의 37% 가량이 곡조에서 벗어났다고 응답했다. 그러나 사실상 곡조를 벗어난 부분은 77%였다.

이 실험을 통해 일반인들은 음고를 범주화하여 인식할 수 없는 반면, 음악가들은 범주화하여 지각한다는 것을 확인할 수 있었다. 서양 음악가들은 반음보다 작은 변주를 지각하지 못한다. 이는 이러한 미묘한 차이가 서양음악에서는 큰 의미가 없기 때문일 것이다. 이러한 착각은 행운이라고도 할 수 있다. 음악이 어느 정도는 음을 벗어난 경우가 종종 있고, 또 이러한 범주적 지각은 귀가 사소한 부정확성을 그냥 무시해 버리게끔 해 주기 때문이다. 칼 시쇼어(Carl Seashore, 1967)의 음향 연구에 따르면 저명한 연주가들은 정확한 음고에서 벗어나는 경우가 많다. 그는 이렇게 결론지었다. "놀랍게도 음을 듣는 음악가들의 귀는 매우 관대하다고까지 표현할 수 있다. 그들은 분위기에 따라 음을 달리 듣는다. 음정 측면에서 보자면 음고를 듣는 일은 개념적으로 듣는 것이라 할 수 있다."(p.269). 그러므로 적어도 음악감상자들의 경우 음악에 대한 지각은 단순한 듣기라기보다는 여러 요소에 의해 영향을 받아 듣는 것이라고 할 수 있다.

일반적으로 감상자들의 지각과 구별, 양자는 두 가지 다른 문제라고 할 수 있다. 다시 말해서 수련을 쌓은 감상자들은 음을 자연스럽게 범주화시켜서 지각한다. 그럼에도 이들에게 음들 중 벗어난 부분을 잡아보라고 하고서 들려주면, 벗어난 부분을 찾아낼 수도 있을 것이다. 이는 (아무리 귀를 기울여 듣는다 해도 '파흐' 소리의 다양한 변음을 들을 수 없는 것처럼) 음성인식 부분에서는 불가능하지만 음악의 경우에는 이러한 구분이 논리적으로 가능해 보인다. 이를 보여주는 증거가 있다. 예컨대 우리가 음정을 범주화시켜서 지각하는지의 여부를 알아보는 일은 참가자를 대상으로 어떤 실험방법을 사용하는가에 달려 있다(Burns and Ward, 1978). 시즐(Siegel)이 범주적 지각 연구에서 사용했던 방법은 당초 감상자의 구별능력을 판단하기 위해 고안된 것은 아니었다. 음악가들에게 음조에 맞는 음정 한 쌍과 음조에서 벗어난 음정 한 쌍을 들려주고 음조를 벗어난 음을 구별해 보라고 하면, 음조를 약간 벗어난 것을 잘 인식할 수는 있을지 모르겠지만, 의식적으로 일탈된 음을 들으려 하지 않을 경우에 이들은 그저 음을 범주화시켜 듣고 만다.

다른 문화권에서 이 문제를 가지고 수행한 실험을 보면, 음악 교육을

받은 이들이 음을 범주화해서 듣는다는 사실을 더욱 확신케 해 준다
(Siegel, 1981). 모든 문화에서 기본음정을 반음으로 정의한 것은 아니다.
예를 들어 인도의 음악은 반음보다는 더 적은 음정인 미분음에 기초하고
있다. 서양의 음악가들이 자신들의 문화에서 음악적으로 중요성을 띠는
변주만을 인식한다고 할 때, 이들은 인도음악의 미분음을 인식하지 못
할 것이다. 다시 말해 서양 음악가들은 반음보다 작은 단위로 쪼개진 두
음을 같은 소리로 인식한다는 것을 뜻한다. 이를 보여주는 증거는 없지
만 이 반대 경우를 뒷받침하는 증거는 있다. 즉 인도의 음악가들은 서양
음악에서의 미묘한 차이를 인식한다는 것이다(Rao, 1923). 인도의 음악가
들은 종종 반음보다 작은 음고의 미소한 파동으로 이루어진 서양의 비브
라토(vibrato)를 듣고 이를 인지해 냈다. 서양의 음악감상자들은 비브라토
를 풍부한 소리의 연속적인 음고로 지각한 데 반해, 미분음(microtone)에
익숙한 인도 음악가들은 이를 연속적인 음고라기보다는 파동으로 인식
했다. 인도 음악가들은 또한 이러한 변주가 상당한 의미를 띠고 있으며,
흥분이나 불안정을 표현하는 것이라고까지 해석했다.

　호주 원주민의 음악을 연구하는 서양 민속 음악가들의 경우도 유사한
예라 할 수 있다. 이 원주민들의 음악은 옥타브 관계를 비교적 중요하게
여기지 않으며 서양의 표준음정을 사용하지 않는다. 이 원주민들의 음악
연구에 너무 골몰한 서양의 민속 음악가들은 결국 옥타브를 포함해 서양
의 표준음정을 인식할 수 있는 능력을 잃게 되었다. 이는 한 옥타브 내
의 음들의 유사성을 들을 수 있는 능력은 이 음정에서 충분히 노출되지
않는다면, 즉 많이 듣지 않으면 사라지게 된다는 것을 보여준다. 옥타브
관계를 들을 수 있는 능력이란 음악 교육을 받지 않은 이들에게서도 찾
아볼 수 있는 아주 기본적인 능력임을 고려해 볼 때, 이는 상당히 놀라
운 발견이라고 할 수 있다(Dowling, 1978a; Humphreys, 1939). 이는 특정한
음을 들었을 때 먹이를 먹으러 격자판으로 이동하도록 훈련받은 쥐들의
예에서도 찾아볼 수 있다. 한 옥타브 떨어져 있는 음을 들려주었을 때
이 쥐들은 마치 그 원래 소리를 들은 것처럼 먹이를 먹으러 이동했다

(Blackwell and Schlosberg, 1943). 요컨대 우리는 자연스럽게 옥타브 관계를 들을 수 있는 능력을 가지고 있지만, 이 관계를 사용하지 않는 환경에 오래 노출될 경우에는 이런 능력을 잃게 된다.

선율 지각하기

음고 간의 조성관계를 지각하는 것은 음악의 큰 단위인 선율(melody)을 지각하고 기억하는 방식에 영향을 준다. 우리는 익숙한 음조를 모두 인식할 수 있다. 이는 우리가 음을 기억 속에 담아두고 있어서, 이를 들었을 때 음을 인식하고 다음 음이 어떻게 될 것인가를 예상할 수 있게 해 준다. 그렇지만 우리가 기억 속에 저장하는 것이 무엇인지 명확하게 나타나지는 않는다. 요컨대 우리는 각각의 음들을 저장한다고 할 수 있다. 그러나 이렇게만 설명할 수도 없다. 사람들은 선율이 새로운 조로 조옮김 되었을 때, 즉 모든 음이 변형되었지만 음들 사이의 관계는 그대로 유지되었을 때도 그 선율을 인식할 수 있다. 선율이 다양하게 조옮김되었을 때 대개의 경우 우리가 이 변화를 듣지 못한다고 하는 사실은, 우리가 자극의 개별적인 요소를 듣는 것이 아니라 이 요소들 간의 관계를 듣는다고 주장한 형태 심리학자들의 생각을 뒷받침해 준다.

또 다른 설명방법은 우리가 일련의 전조법칙과 함께 개개의 음들을 저장한다는 것이다. 그러나 이 설명대로라면, 원래의 음이 전조된 음과 관련해서 특정 위치를 지속적으로 유지한다는 말이 된다. 그렇지만 사실상 그런 특정 위치는 없다(Dowling, 1981). 두 개의 연속적인 선율을 연주하고 참가자들에게 두 번째 선율이 처음 선율과 같은지 다른지를 물어보았다. 두 번째 선율이 전조된 것임에도 참가자들은 두 번째 선율이 앞선 것과 동일하다고 답했다.

그렇다면 우리는 우리가 듣는 음악의 옥타브와는 독립적으로 실제 음채도(chroma)를 저장하는지도 모르겠다. 즉 듣는 음악의 옥타브와는 상

관 없이 'A 같은 음'이나 'C 같은 음'을 듣고 이를 기억하는지도 모른
다. 이런 가정을 검증하기 위해 우리에게 친숙한 〈양키 두들〉(Yankee
Doodle)을 선택한 다음, 세 옥타브에서 각각 무작위로 음들을 골라 변형
시켰다(Deutsch, 1972). 선택한 모든 음은 음계에서 변형되기 전과 같은
위치에 있다. 다시 말해 이 음의 이름은 같지만 옥타브는 달라졌다. 음을
같게 유지한다 하더라도 이런 식의 변형은 선율의 음조곡선(선율의 윤곽
melodic contour)을 파괴한다. 음조곡선이란 음들의 오르고 내리는 모양
의 패턴으로, 상향음과 하향음의 음렬로 표현될 수 있다. 음악 교육을 받
지 않은 시험 참가자들은 이 음조곡선의 왜곡된 음을 인식하지 못했다.
그리고 놀랍게도 전문적인 음악가들조차도 이 변형된 음을 식별하지 못
했다. 그러므로 음채도에 대한 정보는 아주 익숙한 선율을 인식하는 데
에 충분치 못한 것으로 보인다. 그리고 여기서 음조곡선이 중요한 역할
을 하는 것으로 보인다.

어떤 연구에 따르자면 우리가 지각하고 기억하는 것은 음들 간의 정확
한 음정크기나 선율의 음조곡선이다. 그래서 친숙한 선율은 +4, −3, +2
와 같이 정확한 음정의 형태로 기억된다. 이러한 사실은 선율의 음조곡
선 대신 음정이 변형된 선율에서의 작은 변화를 찾아내게 한 실험에서
드러났다. 사용된 음이 잘 알려진 것일 경우 음악 교육을 받지 않은 이
들조차도 선율의 음조곡선이 그대로 유지된 작은 음정 변화를 파악할 수
있었다(Attneave and Olson, 1971; Dowling, 1978b).

익숙한 음의 경우 음정 변화를 인식할 수 있었고 더 심각한 음정의 변
화가 있을 경우에도 이를 인식하는 데에는 아무런 어려움도 없었다
(Dowling, 1972; Dowling and Hollombe, 1977). 그래서 우리가 선율의 음조
곡선은 그대로인 채 음정만 변형된 〈생일 축하합니다〉(Happy Birthday)를
들으면, 그것이 잘못 연주되었지만 〈생일 축하합니다〉라는 것을 금새 알
아차릴 수 있다. 이는 우리가 익숙한 음의 음정크기와 음조곡선 모두를
기억한다는 것을 의미한다. 또한 음을 인식할 때도 음조곡선은 음정크기
와는 독립적으로 활용될 수 있다는 것을 뜻한다.

선율의 기억에 관해서 음조곡선의 역할을 보여주는 또 다른 예가 도이치(Deutch, 1972)의 〈양키 두들〉 변주곡이다. 여기서는 서로 다른 옥타브에서 음채도를 무작위로 뽑아냈다. 이 실험은 음채도와 함께 선율의 음조곡선을 유지하는 것이 기억 수행력을 높인다는 사실을 보여주었다(Dowling and Hollombe, 1977). 또 다른 연구는 음채도 역시 기억력 수행에 중요하다는 것을 보여준다. 〈양키 두들〉을 가지고 수행한 또 다른 실험에서, 선율의 음조곡선을 그대로 유지한 채 음채도를 다른 옥타브에서 무작위로 선택하고, 이를 다시 1/2 음정이나 2와 1/2 음정 정도로 변화시켰다(Kallman and Massaro, 1979). 이 변형된 선율은 음조곡선을 변형시키고 음채도는 그대로 유지한 선율만큼이나 인식하기 어려웠다. 따라서 선율을 인식하는 데는 음조곡선뿐만 아니라 음채도에 대한 정보 역시 필요한 것으로 나타났다.

익숙한 음의 경우에는 음조곡선과 정확한 음정크기 양자를 모두 기억하는 반면, 새로운 선율의 경우에는 음정이 아닌 음조곡선만을 인식한다(Dowling, Fujitani, 1971). 새로운 음은 +5, +4, −3, +2, −4의 형태로 기억되기보다는 '+ + − + −'의 형태로 기억된다. 결과적으로 동일한 음조곡선을 가지고 있지만 다른 음정크기를 가진 선율은 쉽게 혼동된다.

새로운 선율을 들을 때 기억되는 것은 음조곡선만이 아니다. 조성의 선율을 들을 때 우리는 선율이 연주되는 조성에 관한 정보도 기억한다. 짧고 낯선 선율을 들려주고, 다시 음조곡선을 유지한 채 다른 변화를 가한 선율을 이어서 들려주었다. 그리고 실험 참가자들에게 두 번째 선율이 첫번째 것과 동일한지 물었다(Bartlett and Dowling, 1980). 동일한 조성 내에서 변화가 일어난 경우 참가자들은 처음 선율과 혼동하는 경향을 보였다. 그러나 다른 조성 사이에서 변화가 일어난 경우(즉 첫 번째 선율의 조성과 비교적 공유하는 음이 적은 경우)에는 별다른 혼란을 겪지 않고 그 차이를 구분해 냈다. 혼동하는 정도는 원래의 조와 새로운 조 사이에 있는 차이에 따라 다양하게 나타났다. 새로운 조가 원래 조보다 멀리 떨어져있으면 떨어져 있을수록 혼동의 정도는 줄어들었다. 선율이 무조성으로 바뀌게 되면 혼동을 그보다 덜 일으키기까지 했다. 우리는 이를 '조성 거리 효과'(key distance effect)라고 일컫는다. 즉 두 조성 사이의 거리가 멀면 멀수록 동일 두 음조곡선 선율 사이의 구별도 쉬워진다는 것이다. 그렇지만 감상자들은 귀에 익숙한 음이 전조될 경우 선율들 사이의 차이를 구별하지 못하기 때문에, 거기에서는 조성거리 효과가 나타나지 않는다. 이는 서로 다른 두 유형으로 조성이 변화된 〈생일 축하합니다〉를 듣고 이것들 사이의 차이를 인식하지 못하는 현상을 설명해 준다.

이런 현상은 음악 교육을 받은 이들 사이에서 더 명확하게 나타난다. 그렇지만 이것은 음악 교육을 받은 이들이나 일반인들에게서도 모두 발견된다. 정식 음악 교육의 효과는 어렵고 미묘한 것을 구분해야만 할 경우에 더 중요하게 나타난다. 그렇게 보면 사람들은 음악을 들을 때 이미 상당한 양의 정보를 머릿 속에 저장했던 것이다. 만일 그 음이 익숙한 것이라면 음정크기의 정확한 패턴을 인식하고 기억해 낼 수 있을 것이다. 또 그 음이 처음 듣는 것일 경우 사람들은 음조곡선을 지각하고 기억하며, 경우에 따라서는 연주된 조성을 인식하고 떠올리기도 할 것이다.

음악의 구체화된 의미

어떻게 음악의 각 요소들을 지각할 수 있는가에 답하는 일은 바그너의 〈사랑의 파국〉이 제기했던 문제들, 즉 음악의 의미, 음악에 대한 반응, 그리고 이 두 가지를 얻는 데 필요한 수단이 무엇인지를 보여준다. 작곡가들은 음악이 어떤 의미를 전달한다는 사실에 동의하지 않는다. 그러나 철학가와 음악 이론가들은 음악이 의미를 전달하는 두 가지 방법을 구분해 왔다. 일군의 학자들은 음악의 의미가 전적으로 음악 자체에 있다고 한다. 또 일군의 학자들은 그것이 음악 밖에 있고, 표현이나 감정상태, 자연풍경이나 인생의 무상함처럼 추상적인 것에 의해 결정된다고 한다.

음악 이론가 레너르 메이어(Leonard Meyer, 1956)는 첫 번째의 이론가 그룹을 '절대주의자'(absolutist)라고 불렀고, 두 번째 이론가 그룹을 '지시론자'(referentialist)라고 불렀다. 절대주의자들은 음악의 의미는 전적으로 음악 안에 존재한다고 믿는다. 또 지시론자들은 음악 밖에서 주어진 표현적인 의미에 주목한다. 물론 이 두 가지 범주들에서 하나를 선택해야 할 필요는 없다. 음악은 이 두 가지 방식 모두를 통해 그 의미를 전달한다. 어떤 음악감상자는 〈사랑의 파국〉을 감상할 때 음악이 일정한 조로 마무리되길 기다리면서 그 곡의 내부에서 의미를 찾을지도 모른다. 또 어떤 감상자는(아니면 동일한 감상자라도) 그 곡을 성적인 열정으로 이해하고 음악 외부에서 그 의미를 찾을 수도 있을 것이다.

　음악이 내적으로 어떤 의미를 가진다고 할 때, 이는 음악이 은연중에 어떤 관계를 함축하고 있기 때문이다(Meyer, 1956). 음악의 이런 의미는 음악 그 자체와 관련된다. 즉 음악 자체가 다음에 따라올 음악을 암시하기 때문에 듣는 이들의 기대를 높여준다. 우리의 기대는 형태심리학의, 지각조직화의 법칙에 기초하여 형성된다. 예컨대 '좋은 지속성의 법칙'(The Law of Good Continuation)은 음악의 처음 진행유형이 계속 전개될 것이라는 기대를 갖게끔 하고, '종결의 법칙'(The Law of Closure)은 음악이 완결성과 안정성을 가지고 끝맺으리라는 기대를 갖게 한다.

　작곡가들은 때때로 의도적으로 이러한 사람들의 기대를 저버리기도 한다. 유연한 지속성의 법칙이 잘 나타난 예는 쇼팽(Frederic Chopin, 1810-1849)의 〈전주곡 작품번호 28의 2〉이다. 거기서 보면 일정한 음이 지속적으로 나오다가 기대하지 않았던 음이 갑자기 나오면서 '좋은 지속성의 법칙'이 깨진다. 이 법칙은 계속 단음계에서 머물다가 장음계로 끝나는 바흐의 〈평균율 클라비어 곡집〉(Well-Tempered Clavier)에서도 깨진다. '종결의 법칙'의 파괴는 〈사랑의 파국〉에서 잘 나타나는데, 이 곡은 우리의 일반적인 기대와 다르게 단일한 조로 끝맺지 않는다. 음악이 전통적인 체계를 벗어날 때 음악 교육을 받은 감상자들의 기대는 꺾이고 이내 놀라게 된다. 이 감상자들은 의식적으로 그들이 무엇을 기대하고 있는지 알고 있고 이 기대가 빗나갔다는 것도 알게 된다.

음악의 내재된 의미는 '기대'라는 기능과 관련된 것이기에, 이러한 의미는 우리가 음악경험을 통해 쌓아온 지식에 의존한다. 예를 들어 음악교육을 받은 사람들은 '좋은 지속성의 법칙'에 따라 헨델(George Frederick Handel, 1685-1759)의 곡이 제한된 범위의 조성만을 사용할 것이라고 기대하게 하는 반면, 바그너나 리스트(Franz von Liszt, 1811-1886), 또는 드뷔시(Achille Claude Debussy, 1862-1918)의 곡에 대해서는 그런 기대를 하지 않는다. 대신 이들의 음악들에 대해서는 조성의 지속적인 변화를 기대한다. 물론 이것은 이 작곡자들이 다양한 전조를 사용하는 것으로 알려져 있기 때문이다. 작곡가의 양식이 많은 변화를 추구한 것으로 알려져 있을 경우 그 변화는 표준으로 인식된다. 그러나 작곡가들에 대한 이런 지식이 없다면, 감상자들은 음악에서 나타나는 여러 변화가 기대를 깨뜨린다고 여길 것이다.

그러므로 음악이 어떻게 끝맺음을 할 것인가에 대한 기대는 해당 음악에 대해 얼마만큼의 지식을 가지고 있는가에 달려 있다. 예컨대 르네상스 시대 음악에 사용되었던 음악을 마무리하는 방법, 즉 종지법은 18세기나 19세기의 음악에서라면 부적절할 것이다. 18세기나 19세기 음악에서 르네상스 식의 종지부가 사용되었다면 완전종지의 느낌을 주지 못할 것이다. 18세기와 19세기의 음악에는 익숙해 있지만 르네상스 시대의 음악에 익숙해 있지 않은 이들은 르네상스 음악이 완결성이 없다고 생각할 것이고, 그래서 무언가 계속 이어져 나오기를 기대할 것이다. 그러나 르네상스 양식에 익숙한 감상자들은 이 종지법이 완결성을 가진다고 생각할 것이다.

따라서 내재된 의미는 해당 음악양식에 대한 우리의 지식, 그리고 해당 작곡가의 양식에 대해 우리의 기대, 이 두 가지에 따라 결정된다. 해당 양식에 대한 지식이 중요하기 때문에 음악의 내재된 의미를 인식할 수 있는 것은 주로 음악 교육을 받은 감상자들뿐이다. 내재된 의미라는 것은 양식에 대한 이해를 토대로 한 기대의 기능이기 때문에, 감상자는 낮

선 음악에 대해서는 내재된 의미를 거의 가지고 있지 못하다. 낯선 음악
은 강한 기대를 불러일으키지 못한다. 인도음악을 처음 듣는 경우 인도
음악의 기본구조를 모르기 때문에 무엇을 기대하면서 들어야 할지 모른
다. 그러나 그렇다고 해서 이런 음악이 무의미하다는 것은 아니다. 적어
도 이런 음악들은 음악 외적인 표현의 의미를 가질 수 있을 것이다. 예컨
대 음악이 낮은 음으로 천천히 연주된다면 우리는 이 음악이 슬픔을 표
현했다고 느낄 수도 있을 것이고, 빠르게 스타카토로 진행된다면 '이것
은 활기찬 음악이구나.' 하고 느끼게 될 것이다. 처음 듣는 생소한 음악일
지라도 음악을 들으면서 감정적으로 무언가를 느낄 수도 있을 것이다.

음악의 표현적 의미

음악은 그 다른 어떤 예술형식들보다도 감정의 언어라고 말할 수 있
다. 이런 주장은 대부분 사실이다. 그렇지만 잘못된 해석이기도 하다. 음
악은 때때로 작곡가의 감정을 전달하는 수단이라고 간주된다. 그래서 작
가는 기쁨에 넘쳐 활기찬 교향곡을 쓰고, 슬픔과 절망 속에서 장례곡을
쓴다고들 한다. 하지만 곡의 중간에 순간적으로 빠르게 변화되는 감정을
표현할 수도 있다. 작곡가의 감정이 그토록 빠르게 변화되지는 않을 것
이다(Langer, 1953). 작곡가들은 즐거운 중에도 슬픔을 표현하는 작품을
쓸 수도 있다. 그러므로 음악이 감정을 표현하는 언어라는 말을 음악이
작곡가의 감정을 표현한다는 말로 직접 해석해서는 안 된다.

음악이 감정의 언어라는 말이 때로는 감정을 이끌어낸다는 말로 잘못
해석되기도 한다. 사실 음악이 다른 어떤 예술형식들보다 감정을 많이
이끌어내기는 하지만, 이는 감정을 표현한다는 말과는 아주 다르다. 음
악은 감상자들에게 슬픈 감정을 이끌어내지 않으면서도 슬픔을 표현할
수 있다.

철학자 수잔 랭거(Susanne Langer, 1953)는 어떻게 음악이 감정을 표현

하는가를 분석했다(Meyer, 1956; Pratt, 1931). 그녀에 따르면 음악이 감정을 이끌어 낼 수는 있지만 음악의 주요 기능은 단지 감정을 표현하는 것일 뿐이다. 이는 예술가들이 사용하는 기호 때문에 가능하다. 과학자들은 정해진 정의를 가지고 해석 가능한 언어나 숫자 등의 논리적 기호를 사용한다. 그 대신 예술가들은 해석은 어렵지만 작품의 전반적인 구조로써 이해 가능한 재현적 상징을 사용한다. 재현적인 상징은 일반적인 언어로는 표현 불가능한 우리의 감정이나 감각을 잘 잡아낸다. 우리는 우리 자신이 어째서 특정 방식으로 무언가를 느끼는가에 대해 말할 수는 있을 것이다. 그렇지만 적절한 언어를 찾아 이 감정을 충분히 전달하기는 너무나 어렵다. 이와 달리 음악은 우리 내면의 감정 상태를 잘 표현해 낼 수 있는 재현적인 기호로 되어 있다. 음악이 지닌 표현성의 근거는 음악의 구조가 감정의 구조를 반영한다는 사실에 있다. 음악은 감정의 변화를 소리로 표현해 낸다. 음악은 긴장과 완화, 역동과 휴식, 완결과 변화의 구조로 되어 있다. 미묘하지만 재빠른 이 변화는 우리 감정의 변화를 정확하게 반영한다. 따라서 크레셴도로 이어지다가 종국에 평정을 되찾는 바그너의 〈사랑의 파국〉은 열정에 이어진 평정이라는 감정 변화를 반영한다.

감정의 영역을 표현함으로써 음악은 감상자들에게 인지적인 체험을 맛보게 한다. 음악은 감정의 구조를 반영하므로 감정을 이해할 수 있게 도와준다. 요컨대 우리 안의 감정세계는 논리적인 기호로는 표현할 수 없고 오직 재현적 기호를 통해서만 표현할 수 있다.

심리학 연구는 음악이 표현하는 감정에 관해 어떤 합의가 이루어지고 있는지를 관찰함으로써 음악이 감정을 표현한다는 주장을 검증했다. 이에 관한 대부분의 연구들은 음악 교육을 받았는가의 여부에 상관 없이 이 주장에 대해 일정한 합의가 존재했다. 어떤 연구에서는 음악 교육을 받은 이들과 받지 않은 이들 모두를 대상으로 해서 짧은 음악의 일부분(8마디에서 12마디 정도)을 들려주거나 그 음악 전체를 들려주었다(Hevner, 1936, 1937). 그러고나서 그들에게 행복, 슬픔, 경쾌함 등의 여러 가지 형용사가 쓰인 체크 리스트를 나눠주면서 자신들이 들은 음악이 어떤 형용사에 가장 적합한지를 물어보았다. 실험결과 상당한 공통점이 발견되었다. 대개의 경우 감상자들은 장음계에서 행복감과 경쾌함을 느낀다고 응답했고, 단음계에서는 슬픔과 환상에 잠기는 듯한 감정을 느낀다고 응답했다. 강한 리듬은 활기참과 기품을 나타낸다고 응답했고, 유연한 리듬은 우아함과 부드러움을 나타낸다고 답했다. 거칠고 끽끽 소리를 내는 불협화음은 흥분과 동요 또는 슬픔을 느끼게 한다고 했던 반면, 음들이 연합한 듯한 협화음에 대해서는 행복감과 평온함을 느낀다고 답했다. 단음계, 낮은 음고, 느린 템포, 불협화음에 대해서는 극도의 슬픔을 표명했다(Francés, 1958; Pratt, 1931; Rigg, 1940).

위의 내용을 뒷받침해 주는 또 다른 실험연구가 있다(Brown, 1981). 이 실험에서는 장르와 작곡가는 모두 다르지만 비슷한 감정을 표현하고 있다고 여겨지는 총 12곡의 19세기 음악을 담은 음악 테이프가 사용되었다. 이런 음악을 접한 참여자들의 반응감정들은 다양했다. 어떤 사람은 애수와 애잔함, 그리고 슬픔을 표현했다고 했고, 또 어떤 이들은 부드러움과 소박한 유머를 표현했다고 했다. 그들 각자가 느낀 감정은 다양했다.

이 실험은 3개의 그룹으로 나뉜 참여자들을 대상으로 진행되었다. 첫 번째 그룹은 고전음악에 별 조예가 없는 비음악가들로 구성되었다. 두 번째 그룹은 상당한 음악 교육을 받았지만 19세기 음악에는 별 관심이 없는 연주자들로 구성되었다. 세 번째 그룹은 19세기 음악에 대해 조예가 깊은 이들로 이루어졌다. 그러므로 참가자들은 음악 교육과 음악 선호도에 있어서 서로 다르며 테이프가 들려주는 음악에 대해 느끼는 친숙함의 정도도 서로 달랐다.

참가자들에게 12곡을 들려주고 비슷한 감정을 표현하고 있는 음악들끼리 6쌍으로 묶어보게 했다. 그러자 음악 교육의 여부나 음악에 대한 친숙함과는 관계 없이 앞서 브라운(Brown)이 분위기에 따라 음악을 분류했던 것과 아주 흡사한 결론이 나왔다. 결론적으로 볼 때 음악은 상당히 다양한 표현적 의미를 담고 있으며, 그것이 가진 의미를 이해하기 위해서 우리가 반드시 해당 음악과 친숙해야 할 필요는 없다. 나아가 음악의 의미를 표현하기 위해서는 기술적이지 않은(nontechnical) 은유적 표현의 언어가 필수적이라는 데 의견을 같이하는 듯하다. 따라서 음악이 감정의 언어라는 주장은 상당한 지지를 얻는다. 그렇지만 이것이 음악과 감정 사이의 구조적 유사성 때문이라는 주장은 다시 검토되어야 할 것이다.

음악에 대한 정서적 반응

〈사랑의 파국〉은 감정을 표현할 뿐만 아니라, 감정을 불러일으키기도 한다. 음악은 어떤 생리학적 반응과 연관되어 있다. 그것은 맥박과 호흡, 혈압, 그리고 피부의 전기적 저항에도 영향을 주며 근육의 피로를 늦추어 주기도 한다(Mursell, 1937). 이런 변화는 정서적 체험에서 일어나는 것이기도 하다. 예컨대 피부의 전기저항 변화는 강렬한 자극에 반응할 때 나타나며, 거짓말 탐지기는 바로 이 원리를 이용한 것이다. 이러한 생리학적 변화는 음악가들에게서는 많이 일어나고, 비음악가인 경우에는 좀 더 우연히 일어난다고 할 수 있다(Francés, 1958).

소리와 감정 사이에는 특별한 연관성이 있다. 청력을 잃은 사람들 중에는 축 처지는 것 같은 느낌을 경험한다고 하는 이들도 있다(Heider and Heider, 1941). 신음소리를 내지 않아도 고통스러워하는 동물을 지켜볼 수 있지만, 그들의 고통스런 신음소리를 들으며 이를 지켜보면 더욱 강렬한 감정의 반응을 느끼게 된다(Brown, 1981). 그러므로 시각보다는 청각이 감정에 더 깊이 관련된 듯하다.

작곡가들이나 비평가들도 어떤 방식으로 형식적인 음악요소가 긴장 유발이나 긴장 해소와 같은 정서적 반응을 이끌어내는지를 설명한다. 이들에 따르면 내재된 의미를 일깨우는 것과 유사한 방식, 즉 기대를 자아내고 이를 무너뜨리는 방식으로 음악에 대한 정서적 반응도 일어난다. 작곡가들은 의도적으로 감상자들의 기대를 이끌어내고 다시 이를 무너뜨린다. 기대의 충족을 뒤로 미룸으로써 작곡가는 긴장감을 자아낸다. 긴장의 강도가 크면 클수록 흥분이 커지고 이내 긴장이 해소되면 안도감도 커진다.

음악에 대해 일정한 지식을 갖춘 감상자는 기대의 좌절이 일어났을 때 이 기대를 충족시켜 줄 수 있는 장치를 의식적으로 기다릴 것이다. 그렇지만 전혀 지식이 없는 이들은 단순히 긴장만을 경험할 뿐이다. 음악 교육을 받은 이들은 의도적으로 〈사랑의 파국〉이 단일조로 마무리되기를 기다리지만, 음악 교육을 받지 않은 이들은 단일조로 마무리되었을 때 안도감을 느낀 뒤 다시금 또 다른 긴장감을 느낀다.

그런 만큼 기대와 이에 대한 좌절은 음악에 대한 이성적이고도 정서적인 반응에 뿌리를 두고 있다. 음악 교육을 받지 않은 이들은 음악에 대한 기술적 지식이나 기호를 잘 모를뿐더러 음악 교육을 받은 이들에 비해 음악에 대한 반응도 덜 분화되어 있을 수 있다. 그렇지만 기대가 좌절될 때의 반응과정은 동일하다. 또한 음악 교육을 받은 이들은 이성적이고도 정서적인 두 반응 모두를 경험하는 반면, 음악 교육을 받지 않은 이들은 정서적 반응만을 경험하게 된다는 점에서 양자는 서로 다르다.

친숙한 것에 비해 완전히 낯선 음악양식은 그다지 강력한 기대를 이끌어내지 못하기 때문에, 낯선 음악의 경우 기대의 좌절이나 충족에서 오는 감정을 이끌어 낼 수 없다. 그렇지만 일부 감정적 반응은 공통적일 수 있다. 모든 문화에서, 예컨대 열광적이고도 빠른 음악과 느리면서도 규칙적인 음악은 일관되게 서로 다른 감정반응을 이끌어낸다. 긴장에서 해소로 이어지는 미묘한 감정은 적어도 막연하게나마 무엇을 기대해야 할지를 아는 감상자들에게나 가능하다.

음악에 대한 우리의 반응이 기대를 토대로 하고 있다는 주장은 여러 가지 현상들을 설명해 준다. 예컨대 이것은 어째서 모차르트가 항상 피아노곡의 마지막 음을 으뜸음으로 끝마치려 했는지를 설명해 줄 수 있다. 으뜸음이 아니라 다른 음으로 곡을 끝냈다면 감상자의 기대를 무너뜨리고 긴장을 자아낼 것이기 때문에 으뜸음으로 곡을 마무리지음으로써 긴장을 해소하려 했던 것이다. 이 주장은 또한 불협화음에 대한 정서적 반응도 설명해 줄 수 있다(Meyer, 1956). 협화음이 전형이며 불협화음은 일탈로 간주된다. 일탈에도 불구하고 불협화음은 모든 정서적 힘을 이끌어 낸다. 불협화음은 화음을 기대하게 하고 이 기대를 통해 긴장감을 자아낸다.

그렇지만 음악에 대한 정서적인 반응이 기대의 좌절을 토대로 한 것이라는 주장은 체계적으로 검증된 것이 아니다. 사실상 감상자들은 대개 사람들이 말해 왔던 것만큼 듣지 못할 수도 있다. 가령 음악 교육을 받지 않은 이들조차 〈평균율 클라비어 곡집〉 중 한 곡이 으뜸화음으로 끝난다 하더라도 아무런 긴장을 느끼지 않을 수도 있다. 이러한 감상자들은 무엇이 일어나고 있는지조차 모르고 있을 뿐만 아니라 음악을 들으면서 단조에서 장조로의 변화를 인식하지 못할 수도 있다. 음악 교육을 받은 이들과 그렇지 않은 이들 모두를 대상으로 감상자들의 기대를 실험해 보아야만 음악에 대한 정서적인 반응에서 기대가 수행하는 역할을 결정할 수 있을 것이다.

기대가 좌절되거나 충족되었을 때 나타나는 긴장과 해방의 연속된 감정은 음악 그 자체로 인해 생겨나지 않는다. 음악이 감정을 불러일으키는 또 다른 방법이 있다. 그것은 아주 흔하고도 강력한 방법으로서, 다름 아니라 연상(association)이다. 많은 경우 감상자들은 의식적으로든 무의식적으로든 연상을 행한다. 연상을 통해 음악은 과거에 있었던 고통스러운 기억을 되살릴 수도 있다. 또 이 작용은 음악을 들은 감상자들에게 슬픈감정을 느끼게 해 준다. 오르간 음악은 주로 교회에서 연주되는데, 이 오르간 음악은 종교와 관련된 감정을 이끌어 낸다. 이런 종류의 연상작용은 음악 외적인 것이고 음악의 구조와는 특별한 관계가 없다. 그런데도 이런 연상작용의 영향력은 너무나 강하며 음악을 들을 때 음악의 형식적 구조를 잊게 해 주기조차 한다. 따라서 음악 교육을 받지 않은 감상자들 사이에서 더욱 흔히 나타난다. 그들은 음악 외적인 연상에 더 민감하게 반응하게 하는 것이다.

음악은 감정을 표현하기도 하고 이끌어 내기도 한다. 그렇지만 이 두 가지 기능은 분명하게 구분되어야 한다. 어떤 음악은 슬픔을 표현할 수도 있고 감상자들을 슬프게 만들 수도 있다. 그렇지만 음악이 아주 큰 슬픔을 표현할 경우에도 감상자들은 전혀 슬픈 감정을 느끼지 않을 수도 있다.

감정을 표현하는 것과 이끌어 내는 것은 논리적으로 다른 과정임에도 불구하고 양자는 본질적으로 같은 원리에 따른다고 할 수 있다. 크레센도, 즉 음악에서 긴장과 그것의 해소는 감정의 표현이라고 파악된다. 감정을 이끌어 내는 요소 또한 이런 것이다. 슬픔을 표현한 음악을 들으면서 우리는 그 슬픔을 듣고 슬픈 감정을 느낄 수 있다. 마찬가지로 우리가 친숙한 얼굴을 볼 때 그 친숙함을 인지하고 친숙한 감정을 느끼게 된다. 그러므로 감정을 표현하는 것과 이끌어 내는 것은 논리적으로 서로 다르고 언제나 상응하는 것은 아니지만, 다른 측면에서 볼 때 음악에 대한 우리의 정서적 반응은 표현된 무언가를 인지하는 작용이라 할 수 있을 것이다.

음악은 잘 짜여진 소리로 구성되어 있다. 이러한 구조의 상당 부분은 배음에 뿌리를 둔 것이고 음고 간의 관계처럼 음악의 물리적, 즉 음향적 요소 위에서 성립한다. 그러나 음악 그 자체는 잘 짜여져 있음에도 불구하고 이 구조를 얼마나 잘 인식하느냐는 것은 감상자의 음악 교육 여부와 경험에 달려 있다. 특정 교육 없이도 그저 서양 조성음악을 들어왔던 감상자들은 서양문화가 사용하고 있는 조성관계 일부를 받아들일 수 있게 된다. 음악 교육을 정식으로 받은 감상자들은 더 많은 음악구조를 받아들인다. 이들은 음악이 도중에 일정한 조성에서 다른 조성으로 전조될 때, 이를 알아챌 수 있고 단지 몇몇의 음만 듣고도 그 음이 연주되는 조성을 추론할 수도 있다. 음악의 시작부분만을 듣고도 다음에 이어질 구조를 예측할 수 있으며, 음을 벗어난 음정을 듣고 음에 맞는 것을 찾아낼 수도 있다.

이제 〈사랑의 파국〉에 대한 감상자들의 반응을 이해할 수 있을 것이다. 〈사랑의 파국〉 마지막 부분은 단일한 조성으로 마무리되지 않는다. 결국 어떤 중심음도 만들어지지 않는다. 심리학 연구에 따르면 조성은 정식 음악 교육을 받지 않은 이들에게도 심리적 영향을 준다. 중심음을 가지고 있지 않은 선율은 이해하거나 기억하기가 쉽지 않다. 이런 선율은 불안정해 보이고 듣는 이들에게 긴장감을 자아낸다. 긴장은 또한 기대의 좌절에서 비롯되기도 한다. 감상자들은 음악이 단일한 조성으로 귀결되며 마무리될 것이라고 기대하지만 〈사랑의 파국〉의 맨 마지막을 제외하고는 이 음악은 감상자들의 기대를 무너뜨린다. 마지막에 음이 하나의 조로 마무리 되었을 때에야 긴장은 해소되고 안도감을 느끼게 된다. 감상자들이 〈사랑의 파국〉이 지닌 의미를 이해할 수 있고 또 정서적으로 반응할 수 있는 것은 다름 아니라 격렬함, 긴장과 불안으로부터 고요함과 해방이라는 정서상태의 이런 옮아감을 깨달을 수 있기 때문이다.

제7장

순수한 귀

듣는 것은 천부적 재능이다. 그렇지만 다른 재능들처럼 그 정도는 사람마다 다르다.

- 애런 커플런드(Aaron Copland)

그림을 본다는 것이 반드시 그림을 잘 안다는 것을 뜻하는 것은 아니다. 어떤 이는 그림을 보기는 하지만 그 그림의 가장 중요한 요소를 알아보지 못할 수도 있다. 음악도 이와 마찬가지이다. 듣는다는 것이 그 음악을 이해한다는 것을 뜻하지는 않는다.

어떤 측면에서 보면 음악을 이해한다는 것, 즉 재현(recapitulation)이나 종지(cadence) 같은 중요한 음악적 사건을 구분하고 푸가(fugue)나 소나타(sonata) 같은 음악적 형식을 구분하는 것은 정식 음악 교육을 받은 이들에게나 가능하다. 그러나 좀더 일상적인 의미에서 음악을 이해할 수도 있다. 음악의 전문용어를 전혀 모르는 감상자들도 중요한 음악적 사건에 대해 반응을 보일 수 있다. 예컨대 종지에 대해 전혀 모른다 하더라도 감상자는 음악적 종결이 잘 이루어졌는지 들어서 분별할 수 있다.

좋은 감상자가 되기 위한 몇 가지 조건이 있다. 작곡가 애런 커플런드(Aaron Copland, 1939)에 따르면, 가장 중요한 조건은 한번 들은 선율을 기억하고 이를 다시 들었을 때 인지할 수 있는 능력이라고 한다. 그에 따르면 "만일 '음치'가 있다면, 이는 음을 인지하지 못하는 사람을 일컫는다"(p.6).

대부분의 음악가들은 이 외에도 좋은 감상자가 되기 위한 여러 가지 요건들이 있다고 믿고 있다. 우선 감상자들은 으뜸음으로 끝맺지 않은 경우 발생하는 긴장감, 그리고 선율이 종국에는 으뜸음으로 돌아가 마무리되었을 때 그 긴장 해소를 경험하기 위해서 으뜸음의 상대적인 안정성을 인식할 수 있어야 한다. 감상자가 연주되고 있는 음악이 장조인지 단조인지를 식별할 수 있어야만 하는 것은 아니지만, 장단조의 전환이 이루어지고 있다는 것을 인식하는 일은 중요하다. 이런 맥락에서 감상자들은 악곡이 연주되는 조를 구별할 수 있어야 하는 것은 아니지만, 이 조성에서 저 조성으로 변환이 이루어지고 있음을, 그리고 가까운 조로의 변환이 이루어지는지 멀리 있는 조로 변환이 이루어지는지를 알아야 한다. 또 무조성 음악과 조성 음악 간의 차이도 인식할 수 있어야 한다. 그리고 음악의 표면적 리듬에 주목하는 동시에 마음이라는 귀를 통해 표면적인 리듬의 배경에 깔린 반복적인 울림이나 떨림을 들을 수 있어야 한다.

일부는 이런 능력을 선천적으로 가지고 태어나는 반면, 다른 이들은 음악을 듣거나 교육을 받으면서 터득한다. 그림이나 문학에 대한 재능은 선천적으로 타고난다는 주장은 맞지 않을 수도 있지만 음악에서는 어느 정도 사실인 듯하다. 부모는 유아가 리듬이나 선율에 자연스럽게 반응한다는 것을 알고 있다. 음식이나 장난감으로 달랠 수 없는 유아를 자장가로 달랠 수도 있다.

유아의 귀

어떤 면에서 보면, 유아는 뛰어난 음악감상자라고 할 수 있다. 유아는 커플런드가 말했던 좋은 감상자의 조건, 즉 선율을 인식하는 능력을 가지고 있다. 유아는 또한 단순한 리듬패턴을 인식할 수 있다. 그럼에도 조성과 같은 음악의 좀더 복잡한 측면에 대해 예민하게 반응할 수 있는 능력은 선천적으로 타고나지 않는다.

5개월 정도 된 유아는 선율의 음조곡선을 인식하는 것으로 드러났다(Chang and Trehub, 1977a). 이 연구에서는 유아에게 5분 30초 동안 여섯 음의 무조성 선율을 30회 정도 반복 연주로 들려주었다. 이 곡을 반복해서 듣는 동안 유아는 그 음에 싫증을 냈고, 유아의 심장박동은 이 음악이 주는 자극에 익숙해졌다. 결국 그 아기는 선율이 새로운 조로 정확하게 전조되거나 선율의 음조곡선이 변화하면서 선율의 변화가 있는 부분만을 듣게 되었다. 두 가지 경우에서, 두 번째 자극은 모두 새로운 음으로 구성되어 있지만 정확한 전환에서 선율의 음조곡선은 변하지 않는다. 만약 두 번째 자극이 첫 번째 것과 다른 것으로 인식된다면 유아의 심장박동은 변화를 보일 것이며, 단순히 첫 번째 자극의 연장으로 인식된다면 심장박동은 변하지 않을 것이다. 이 연구에서 유아는 곡의 음조곡선이 변하지 않고 조옮김된 것에 대해서는 별 반응을 보이지 않았다. 즉 심장박동이 변하지 않았다. 그러나 음의 음조곡선이 변한 경우 심장박동이 느려졌는데, 이는 유아가 변화를 인식하고 새로운 관심을 갖기 시작했다는 것을 뜻한다. 이 실험은 음조곡선이 일정한 채 이루어진 변환은 최초의 자극과 같은 것으로 인식된다는 사실을 보여준다. 최초의 음과 변환된 음 사이의 공통분모는 선율 음조곡선뿐이기 때문에, 이 실험은 유아가 이 선율의 변화를 인지했음을 보여주는 것이다. 이 연구는 유아가 원래의 음과 전조된 음 사이의 유사성을 인식할뿐더러 서로 다른 두 음 사이의 차이도 인식할 수 있음을 보여준다(Melson and McCall, 1970).

간단한 리듬패턴을 파악할 수 있는 능력은 선율을 인식하고 저장하는 단계만큼이나 어린 시기에 나타난다. 또 다른 연구에서 5개월 정도 된 유아는 2와 3으로 구성된 리듬(—— ———)과 4와 2(———— ——)로 구성된 리듬 간의 차이를 인식하는 것으로 나타났다(Chang and Trehub, 1977b).

이렇게 볼 때, 유아는 그것이 선율 음조곡선이든 리듬의 모임이든 단순한 음악적 형태를 파악할 수 있다. 선법이나 조성과 같은 음악의 미묘한 차이에 대한 인식, 그리고 표면적 리듬 저편에 있는 심오한 떨림을 들을 수 있는 능력은 유아기 중반쯤에 이르러야 나타난다.

듣기기술의 발달

아이들이 8, 9세쯤 되면 음악 교육을 받지 않은 성인들의 음악수준에 도달하게 된다. 이들은 선율을 인식하고, 선법이나 조성에 대한 감각을 가지게 되며, 표면적 리듬 아래에 깔린 반복적인 울림을 들을 수 있게 된다. 이들은 선율이나 조성, 그리고 리듬구조를 인식할 수 있는 능력을 키워가는 반면, 개개의 음고를 정확하게 기억하는 능력은 잃게 된다.

어린 아기도 단순한 선율을 인식하기는 하지만, 음악의 다른 요소가 변경되었을 때의 선율을 인식하는 능력은 5세에서 8세는 되어야 나타난다. 예를 들어 5세 아이들은 음악의 리듬이나 화성반주(harmonic accompaniment)가 바뀐 경우 이를 인식하지 못했지만, 8세 아이들은 이를 쉽게 인식했다(Pflederer, 1964). 아이들에게 다른 소리 요소를 변화시키고 나머지 변하지 않은 구조를 찾아내게 했던 실험은, 다른 지각요소를 변화시키고 나머지 변하지 않은 특정 요소들을 찾아내게 했던 음악 보존(conservation)에 관한 피아제의 연구와 관련이 있다(Piaget, 1952). 음악 보존에 관한 연구는 과연 리듬 변화가 있을 때 선율을 인식할 수 있는지를 고찰한 것이다. 또 다른 연구에서는 아이들에게 음길이를 변화시키고 박자를 인식할 수 있는지, 아니면 음고를 변화시키고 리듬을 인식할 수 있는지를 확인해 보았다(Pflederer, 1964). 이 모든 연구에서 5세 아이들과 8세 이전의 아이들은 음악인식 능력을 나타내지 못했다. 다양한 조성이나 악기가 변화하면서 주선율을 연주하는 음악에서, 표면적인 변화가 일어났을 때에도 음악의 저변구조를 파악할 수 있는 일은 무엇보다 중요하다

(Botvin, 1974; Serafine, 1979).

단일음을 기억하고 저장할 수 있는 능력은 유아에게 선천적으로 나타난다. 그리고 음악의 어떤 요소를 변화시켰을 때에도 선율을 인식할 수 있는 능력은 음악 교육을 받지 않은 경우에도 발현된다. 그렇지만 선율을 인식할 때 정규 음악 교육이 미치는 영향은 지대하다(Dowling, in press). 음을 인식할 수 있는 능력을 설명하기 위해 두 그룹의 아동을 대상으로 실험을 수행했다. 한 그룹은 약 6개월 동안 음악 교육을 받은 6세부터 8세까지의 아이들로 이루어졌다. 다른 그룹은 이 음악 프로그램을 듣기 위한 대기자 명단에 있는 동일 연령대의 아이들로 구성되었다. 이 두 그룹의 아이들에게 두 가지 과제를 주었다. 우선 첫 번째 실험에서 이들에게 짧고 생소한 조성의 선율을 들려주고, 이어서 같은 선율을 반복해서 다시 들려주거나 음조곡선과 음고를 변화시켜서 들려주었다. 두 번째 실험에서는 좀더 어려운 과제가 주어졌는데, 그 아이들에게 우선 하나의 선율을 들려주고 이어서 동일 선율을 다시 반복해서 들려주거나, 아니면 음조곡선을 변화시키고 동일 음고를 순서만 바꿔 연주한 선율을 들려주었다. 확률상의 정확도가 50% 정도로 기대되는 이 첫 실험에서 음악 교육을 받지 않은 6세 아이들은 75%의 정확도를 보였다. 음악 교육을 받은 6세 아이들은 이보다 훨씬 높은 90%의 정확도를 보였다. 따라서 6세 아동은 선율의 음조곡선이나 음고를 인식하는 능력을 가지고 있다고 할 수 있다. 8세 아이들은 이 첫 번째 실험을 쉽게 수행했다. 음악 교육을 받지 않은 아이들은 90%에 약간 못 미치는 정확도를 보였고, 음악 교육을 받은 아이들은 90%를 약간 상회하는 정확도를 보였다.

순서를 바꾸기는 했지만 동일한 음들을 사용한 채 음조곡선을 바꾼 선율을 과연 인식할 수 있을지를 살펴본 두 번째 실험에서, 어린 아이들에게 음악 교육이 미치는 영향은 그리 크지 않음이 나타났다. 음악 교육을 받지 않은 아이들은 65% 정도의 정확도를 보이고, 교육을 받은 아이들은 70% 정도의 정확도를 보였다. 한 가지 주목해 볼 만한 것이 있다. 다름 아니라 음악 교육을 받은 6세 아이들의 수행능력이 교육을 받지 않은

8세 아이들의 수행능력과 너무나 유사할 만큼 높다는 사실이다. 첫 번째 실험과는 달리 두 번째 실험에서 보건대, 단지 연령이 높다고 해서 수행능력도 함께 향상되는 것은 아니었다. 그러나 정식 음악 교육을 받은 8세 아이들은 두 번째 실험에서 80%라는 높은 정확도를 보였다. 정리를 해 보자면 이렇다. 좀더 어려운 실험과제의 경우에 교육이 미치는 영향은 나이 어린 아이들보다는 연령이 높은 아이들에게서 더 크다고 할 수 있다.

여기서 한 가지 주의할 것이 있다. 이 연구에서 수행능력을 판가름할 수 있는 결정요인이 음악 교육이 아닐 수도 있다는 점이다. 애초부터 음악에 더 큰 자질을 보였던 아이들이 이 음악 프로그램 교육을 받고 있었고, 자질 면에서는 이들보다 비교적 부족한 학생들이 대기자 명단에 있었을 수도 있다. 아동들을 무작위로 골라 교육 프로그램에 맞춰 실험을 했어야만 음악자질이라는 이 요소가 실험에 미치는 영향을 배제할 수 있을 것이다.

조성을 지각할 수 있는 능력은 5세쯤 된 아이들에게서 나타난다(Bartlett and Dowling, 1980). 이 실험에서 5세 아이들에게 C장조로 연주한 〈반짝 반짝 작은 별〉(Twinkle Twinkle Little Star)의 첫 소절을 들려주었다. 모방조(tonal imitation)에서는 선율의 음조곡선은 그대로 두고 음정간격을 변화시켰다. 즉 상승과 하향 패턴은 그대로 두고 두 음들 간의 거리를 좁히고 넓히는 등의 변화를 준 것이다. 전조(transposition)에서는 선율의 음조곡선과 음정을 그대로 유지하되 원래 선율에 가까운 조나 먼 조를 사용함으로써 음에 변화를 주었다.

아동이나 음악가가 아닌 성인들에게 이 첫 번째와 두 번째 선율을 들려주고 들은 선율이 서로 같은지를 물어보았다. 전조의 경우에는 동일한 선율이라는 답을 해야 하고 모방조의 경우에는 다른 선율이라는 대답해야 했다. 성인들은 별 어려움 없이 이 실험과제를 수행했다. 이들은 가까운 조나 먼 조를 사용한 전조는 원래 선율과 같다고 답했으며 모방조는 상이한 선율이라고 답했다. 모방에서 같은 조나 가까운 조가 사용된 경우는, 먼 조를 사용한 경우와 비교해 구별에 약간의 어려움을 보이기는 했지만 이 모방이 원래 선율과는 상이하다는 정확한 판단을 내렸다. 이 결과는 성인들이 원래 선율과 이를 모방한 선율 사이의 차이를 구별할 수 있기 때문에, 음정간격의 변화를 인식할 수 있다는 사실을 보여준다. 그리고 먼 조를 사용한 모방선율을 좀더 정확하게 구별한다는 점에서 조의 큰 변화를 인식할 수 있음도 보여준다.

이 실험에서 5세 아동들의 응답은 성인들과 너무나 달랐다. 이들은 원래 선율과 가까운 조로 모방된 경우 혹은 전조된 선율도 전혀 구분하지 못했다. 그러나 먼 조를 사용했을 경우, 원래 선율과 전조되거나 모방된 선율을 구분했다. 따라서 5세 아이들은 성인과 마찬가지로 조가 멀어졌다는 것을 구분할 수 있다. 그러나 원래 선율과 동일하거나 가까운 조로 연주한 모방선율을 구분하지 못하는 것을 볼 때, 이들은 음정간격의 변화를 구분하지 못하는 듯하다. 그렇지만 8세 정도가 되면 먼 조로 연주한 전조된 선율보다 가까운 조로 연주한 모방선율이 본래의 선율에 더 가깝다고 응답하는 경우가 더 많았다. 이는 8세 아이들이 성인과 같이 음정간격을 지각할 수 있다는 사실을 보여준다. 따라서 8세 아이들은 조에서의 큰 변화뿐만 아니라 음정간격의 변화 또한 지각할 수 있는 것이다.

또 다른 연구를 통해서도 6세나 7, 8세가 되면 조성을 인식하는 능력이 나타나기 시작함을 볼 수 있다. 예컨대 7세 정도가 되면 익숙한 음에서의 급격한 조 변화를 인식할 수 있게 된다(Imberty, 1969). 무조성 선율보다는 조성 선율에 대한 선호도는 나이가 들수록 더 강하게 나타난다. 6세짜리 아이들은 선율 안에 있는 개별 음들을 인식할 수 있는지를 보는 실험에서, 무조성의 선율보다 조성 선율을 사용하는 경우에 더 잘 수행할 수 있음을 보여주었다(Zenatti, 1969). 아이들이 조성을 인식하기 시작하는 나이는 연구들마다 각각 다르게 나타난다. 이는 각 연구가 수행한 실험의 차이에서 기인한다고 할 수 있다. 그러나 5세 이하의 아동이 음을 구분할 수 있다고 밝힌 연구는 아직까지 없었다.

안타깝게도 이상의 연구결과는 서양음악의 조성구조에 대한 지각능력이 어느 사회에서나 나이가 들면서 자연스럽게 발생하게 되는 것인지, 아니면 사회와 문화에 따라 각기 다르게 나타나는 것인지는 보여주지 못한다. 다른 조성체계를 가진 문화에서 성장한 아동 모두를 대상으로 실험해야만 이 문제에 답할 수 있을 것이다. 또 그런 연구를 수행한다 해도 서양음계에 무언가 특별히 다른 요소가 있다고 밝혀질 것 같지도 않다. 그러므로 동양권에서 성장한 아동들은 자기들 문화의 음계구조를 인식하는 능력을 계발할 수 있는 반면, 서양의 음계구조를 이해하지는 못할 것이다. 이것이 사실이라면 조성을 지각한다는 것은 제1언어를 습득하는 것과 같다고 할 수 있다. 특정 언어를 습득하는 것은 아이들이 그 언어에 얼마나 노출되었느냐에 달려 있는 반면, 언어를 습득하는 능력은 정식 교육에 의존하는 것이 아니라 나이가 들면서 자연스럽게 이루어지는 것이다. 이와 마찬가지로 어느 특정한 음계구조를 습득하는 것은 아이들이 노출되어 있는 조성체계가 무엇인지에 달려 있을 수 있는 반면, 조성구조를 습득하는 능력은 주변의 감각을 조직화하는 일반적인 능력에 달려 있을 수도 있다.

조성을 지각할 수 있는 능력이 발현된 후 1년이나 3년 이내에 아이들은 선율의 전형적인 구조를 인식할 수 있게 된다. 특히 이들은 어떤 선율이 으뜸음으로 끝났을 때, 마무리가 제대로 되었다는 것을 인식하기 시작한다. 예를 들어 8세 아이들은 완결된 선율이나 으뜸음처럼 안정된 마지막 음과 그렇지 않은 미해결된 선율 간의 차이를 구분할 수 있다(Teplov, 1966). 이로부터 1년이 지나면 아동은 가장 적절한 종지음으로 으뜸음을 골라낼 수 있게 된다(Reimers, 1927). 이는 7세에서 14세된 어린이들을 대상으로 선율을 들려주었던 실험에서 나타났다. 여기서 연주된 각각의 선율은 각기 다른 종지로 끝맺고, 단지 한 선율만이 으뜸음으로 끝난다. 이 선율을 들려주고 아이들에게 가장 적절하게 마무리된 것이 어떤 것인지를 물었다. 7세 아이들은 으뜸음으로 끝난 선율을 전혀 구별해 내지 못했고, 8세 아이들은 확률치인 25%보다 낮은 11%의 정확도를 나타냈다. 9세 아이들은 50%의 정확도를 보였다. 으뜸음으로 마무리된

선율을 골라낼 수 있는 능력은 13세가 될 때까지 나이가 올라갈수록 점
진적으로 증가했다. 그리고 14세 아이들의 경우는 96%가 으뜸음으로 마
무리된 선율을 구분해 냈다. 아동들이 조성구조에 대한 인식과 음계 내
의 음들이 차지하고 있는 위치를 지각할 수 있어야만 이 실험을 수행할
수 있었다.

6세 무렵의 어린 아이들이 음악적인 종지로서 으뜸음을 인식할 수 있
는지를 보여주는 또 다른 연구가 있다(Brehmer, 1925). 아주 안정된 종지
인 으뜸화음으로 끝나는 짧은 선율을 그들에게 들려주었다. 그 으뜸화음
은 으뜸음과 음계의 제5음인 딸림음을 포함한다. 그리고 한 부분만을 변
화시킨 동일 선율을 들려주었다. 때로는 으뜸화음을 변화시켜 종지의 안
정감에 영향을 미치게도 해 보았다. 이 연구에 따르면 6세 어린 아이들
을 포함해서 모든 연령대의 아이들이 으뜸화음에 영향을 미치는 변화를
쉽게 인식하는 것으로 나타났다.

여러 연구를 비교해 볼 때, 연령에 따라 차이가 나타난 이유는 결국 각
연구들이 수행한 실험과제의 난이도가 달랐기 때문이다. 9세 아이들을
대상으로 한 연구에서는, 그들에게 어떤 것이 가장 잘 된 종지를 구성하
고 있는지를 의식적으로 결정하게 했다. 그리고 6세 아이들을 대상으로
한 연구에서는, 종지를 조작하는 일이 변화에 대한 아이들의 인식에 미
치는 영향을 검사하기 위해서 종지를 조작하는 실험을 수행했다. 이 실
험과제를 성공적으로 수행하고 으뜸음에서 일어난 전이를 인식했던 아
이들조차도 어쩌면 으뜸음이 실제로 가장 적절한 종지를 구성한다는 사
실을 모른 채 이 과제를 수행했을 수도 있다.

선율인식 능력과 조성을 구조할 수 있는 능력은 모든 아이들에게 나타
나지만 단지 몇몇 아이들에게만 발현되는 능력도 있다. 이는 절대음고
(absolute pitch) 또는 완전음고(perfect pitch)라고 불리는 능력이다. 절대음
고는 좀더 일반적인 능력인 비교음고(relative pitch)와 비교해 보면 더 확
실하게 이해할 수 있다. 절대음감을 가진 이들은 한 음을 들었을 때 이
를 다른 알려진 음과 비교하지 않고서도 그 음을 구별해 낼 수 있다. 즉

절대음감은 음을 하나하나 듣고도 이를 정확하게 구별해 낼 수 있는 능력이다. 절대음고라는 능력은 대개는 음악에 대한 선천적 재능과 관계가 있다고 알려진 것이지만, 이 양자간의 상관관계는 없는 듯하다(Shuter, 1968).

절대음고가 유전에 의한 것인지 교육에 의해 개발된 것인지는 논란의 여지가 있다. 절대음고의 인식력은 모든 연령대에서 교육에 의해 더 강화될 수 있는 것으로 보인다(Crozier, 1980). 그러나 절대음고는 나이 많은 어린이들에게보다는 어린 아이들 사이에서 더 일반적으로 나타날 수 있다. 3세에서 6세 사이의 아동에게 음을 소리내 부르게 했던 연구가 이런 사실을 뒷받침해 준다(Sergeant and Roche, 1973). 이 실험에서 아이들은 3주에 걸쳐 여섯 번의 훈련을 받았다. 마지막 훈련이 끝난 뒤 일주일이 지난 후에 이들에게 이전에 배웠던 음을 소리내 불러보게 했다. 놀랍게도 나이가 많은 아이들은 선율의 음조곡선이나 음정 등 노래의 전반적인 패턴을 더 잘 기억해서 부른 반면, 음고를 더 정확하게 소리내 부른 쪽은 오히려 나이 어린 아이들이었다. 그러므로 음고를 정확하게 인식하고 기억하는 능력은 나이가 어릴수록 더 강하게 나타나는 것일 수도 있다. 나이가 들수록 음고를 정확하게 인식할 수 있는 능력은 약화되고, 전반적인 패턴이나 음의 형태를 파악할 수 있는 능력은 강화되는 것일 수도 있다. 이와 같은 발달과정은 어떤 이미지를 보았을 때 사진처럼 이를 정확하게 기억하는 능력인 '직관적 심상'(eidetic imagery)에서 찾아볼 수 있다. 단지 8% 정도의 아이들만이 이 직관적 심상능력을 가지고 있다. 그렇지만 이 능력도 나이가 들면서 점차 약화되고, 아이들은 정확히 세세한 부분보다는 어떤 물체나 풍경의 구조를 도식화하거나 일반화하여 기억하게 된다(Haber and Haber, 1964).

리듬패턴의 분명한 변화를 인식할 수 있는 능력은 유아기에 나타난다. 그리고 아주 어린 아이들도 손뼉치기나 드럼 등의 단순한 리듬을 정확하게 흉내낼 수 있다(Bamberger, 1982). 그러므로 이러한 음악의 기본적인 보편적 요소를 인식하는 기술은 개발이 필요 없는 것일 수도 있다. 그러나 연령대와 음악 교육 수준이 각기 다른 아이들에게 리듬패턴을 표시하기 위한 기보법(notation)을 만들어 써보게 했던 실험의 결과는 상당히 흥미롭다. 기보법으로 나타낸 기호가 리듬에 대한 아이들의 지성적 표현이라고 본다면, 이 실험의 결과는 리듬에 대한 이해가 연령과 음악 교육 수준이라는 두 가지 요소에 따라 다르게 결정된다는 것을 의미한다.

익숙한 동요의 손뼉치기 리듬인 "하나, 둘, 신발 신고, 셋, 넷, 문 닫아!"를 생각해 보자. 리듬을 기보하는(notate) 가장 일반적인 방법은 이 손뼉치기 패턴의 두 가지 요소, 즉 밑에 깔린 반복적인 울림 및 표면적 리듬 모두를 잡아내는 것이다(그림 7-1). 반복적인 울림은 박자 혹은 일

표준 기보법

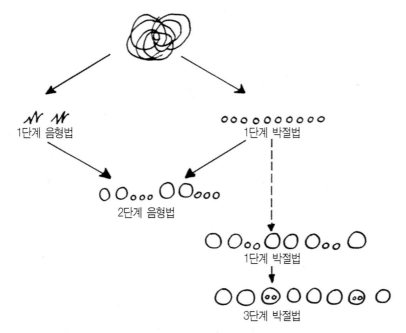

[그림 7-1] 이 그림은 "하나, 둘, 신발을 신고 셋, 넷 문 닫아"라는 동요에 대한 표준 기보법과 이 리듬을 익히기 위해 아이들이 만들어 낸 기보법이다.

정한 간격의 기본시간을 나타내며, 리듬은 일정한 시간간격 안에서의 다양한 실제 박자를 나타낸다. 열 번의 손뼉치기가 있음에도 불구하고 일반적인 기보법은 배경에 깔린 반복적인 울림들 여덟 개만을 표시하는데, 이는 3, 4, 8, 9번째 손뼉치기가 다른 손뼉치기에 비해 두 배나 빠르게 실행되었기 때문이다. 일반적인 기보법은 다음과 같은 두 가지 종류의 손뼉치기가 있음을 보여준다. 하나는 손뼉치기를 한 번 한 다음 아주 짧은 쉼이 있은 뒤 다시 손뼉치기가 이어지는 것이고(3, 4, 8, 9번째 손뼉치기), 다른 하나는 손뼉치기를 한 번 한 다음 긴 정적이 있은 뒤에 다시 손뼉치기가 오는 것이다(3, 4, 8, 9번째를 제외한 손뼉치기).

그러나 이 리듬을 체계화하는 또 다른 방법이 있다. 많은 이들은 두 개의 느린 박자를 들은 후 세 개의 빠른 박자를 들었고 이 패턴이 반복되었다고 주장한다. 정확한 분석을 통해 보면 5번째 손뼉치기 단위(즉 소리가 나고 이에 따라 오는 정적의 지속기간)가 3번째와 4번째 손뼉치기 단위보다 길기 때문에 이러한 주장은 의심스럽다. 5번째 손뼉치기의 배경에 깔린 반복된 울림을 무시하고 단지 표면적인 패턴만을 듣는다면 3, 4, 5번째 손뼉치기는 모두 같게 들릴 가능성도 있다. 음악을 듣는 이들이 5번째와 6번째 손뼉치기 사이의 간격이 아니라 5번째 손뼉치기 직전의 간격에 주의한다면, 그들은 5번째 손뼉치기가 3번째와 4번째 손뼉치기처럼 짧게 들을 수 있다. 리듬을 체계화하는 두 가지 방식을 박절법(metric), 그리고 음형법(figural)이라 한다. 박절법 형식에서는 음을 듣는 이들이 각각의 손뼉치기 후 다음 손뼉치기가 있을 때까지의 간격에 주의해서 듣고, 음형법 형식에서는 손뼉치기의 악절에 주의하면서 듣는다. 음형법에서는 박자의 전후요소가 실제로 박자가 어떻게 들리는지에 영향을 주는 반면, 박절법에서는 박자의 전후요소가 전혀 무의미하다.

아이들에게 들은 리듬을 기억하게 하고, 다른 사람이 그림에 따라 손뼉을 쳐볼 수 있도록 손뼉치기 패턴을 듣고 그 리듬을 그림으로 그려보게 했다(Bamberger, 1982). 이들은 여섯 가지 유형을 만들어냈다(그림 7-1, 아래쪽). 4, 5세의 가장 어린 아이들이 그린 그림에서는 리듬의 박절법 인식이나 음형법 인식 그 어느 것도 보이지 않았다. 이 연령대의 아이들은 손뼉 치는 모습을 담은 그림만 그려 놓고 낙서를 했다. 이들은 지속적인 손뼉치기 소리는 들으면서도 각각의 손뼉치기를 구분해 내지 못했다. 그 결과는 길게 진폭을 그리는 주기적인 선으로 나타났다.

6, 7세 아이들은 1단계의 음형법과 박절법 그림을 그렸다. 이들의 그림은 리듬의 정확한 수를 잡아냈다는 점에서 4, 5세 아이들의 그림보다 더 발전된 것이라고 할 수 있다. 그러나 어린 시절의 이러한 음형적이고 박절적인 그림은 서로 아주 다르다. 그리고 이 두 가지는 나이가 듦에 따라 발달된다. 1단계 음형법에서 아이들은 두 개의 분리된 지그재그 선을 그림으로써 리듬의 두 반복적인 음형을 잡아냈다. 이 지그재그 선을 그릴 때 아이들의 손은 실제 손뼉치기 리듬에 따라 움직였지만, 그려놓은 그림에서 보면 두 악절 사이의 경계를 제외하고는 어떤 리듬에 대한 기록도 남아 있지 않다. 그럼에도 아이들은 두 개의 반복적인 음형을 잡아내려는 노력을 보였기 때문에 이 그림을 음형법으로 분류할 수 있다.

1단계의 음형법이 두 개의 반복되는 리듬음형에 초점을 맞추었다면, 박절법은 각각 손뼉치기 횟수에 그 초점을 두고 있다. 1단계 박절법에서는 아이들이 연속적인 손뼉치기 동작에서 각각의 손뼉치기를 구분해 내려 했던 노력이 보인다. 손뼉치기는 모두 동그라미로 표시되어 서로의 차이가 구분되지는 않지만, 이들이 리듬의 정확한 단위의 수를 잡으려 노력했다는 점에서 박절법으로 분류할 수 있다.

8세에서 10세까지의 아이들은 2단계 음형법 그림을 그렸고, 11, 12세의 아이들은 2단계 음형법과 2단계의 박절법 그림을 그렸다. 2단계 박절법 그림은 일련의 손뼉치기 동작이 서로 분리된 채 나타난다는 점에서 이전의 그림보다 발전된 것이라고 할 수 있다. 이 단계의 음형법에는 각각의 손뼉치기가 하나하나의 분리된 동그라미로 나타나 있다. 반복된 두 개의 음형은 약간의 거리를 둠으로써 분리되어 나타났고 각각의 음형 내의 느림과 빠름을 나타내기 위해 동그라미로 구분했다. 큰 동그라미는 오래 지속됨을 나타내고 작은 동그라미는 짧은 움직임을 나타낸다. 어떤 아이는 "여기서 두 개, 그리고 다음에 세 개의 손뼉치기 동작이 있는 것을 볼 수 있어요. 세 개의 작은 동그라미는 빨리 움직이고 함께 붙어서 움직여요."라고 말하면서, '함께 움직인다'고 팔동작을 했는데 이것은 하나의 몸짓과 같다는 것을 의미한다(p.200).

2단계 음형법 그림에서, 각 그림의 크기와 손뼉치기의 실제 비율 사이의 관계는 일관된 것이 아니었다. 아이들이 듣는 리듬에서 5번째 손뼉치기는 1, 2, 6, 7번째 손뼉치기처럼 길게 지속되는 것으로 이루어졌다. 그러나 5번째 손뼉치기는 작은 그림으로 표현되었다. 이런 그림을 그렸던 아이들은 그들이 듣고 연주했던 리듬을 정확히 표현했다. 음악적으로 훈련된 성인들도 마찬가지였다(Bamberger and Hildebrandt, 1979). 이러한 그림은 리듬의 형태적 분석이 실제로는 일치되지 않더라도 직관적으로는 정확한 듯하다.

이는 3, 4, 5번째 손뼉치기가 같은 동작으로 인식되는 운동근육의 움직임 때문일 수도 있다. 이 패턴으로 손뼉을 칠 때, 세 가지 손뼉치기 동작은 마치 한 단위의 동작인 것처럼 느껴진다. 게다가 5번째 손뼉치기는 3, 4, 5번째 단위의 마무리 동작으로 인식되고, 6번째 손뼉치기는 6, 7번째 손뼉치기의 시작으로 인식된다. 그러므로 5, 6번째 손뼉치기 동작 다음에 같은 길이의 휴지(休止)가 있지만 음형법 면에서 이 둘의 기능은 서로 다르다. 이 선율을 음형법으로 인식한 아이들은 리듬 내 손뼉치기 동작 그 자체에만 관심을 두고 손뼉치기들 사이의 간격에 대해서는 별 관심을 기울이지 않았다. 2단계 음형법 그림이 첫 번째 음형법 그림보다 손뼉치기 동작 면에서 거리가 있기는 하지만, 이 단계의 아이들은 리듬을 칠 때의 느낌을 그대로 옮겨놓으려 했던 것처럼 보였다.

2단계의 박절법 그림은 음형법과는 근본적으로 다르다. 2단계의 음형법 그림이 음형 내 손뼉치기 기능에 초점을 맞추는 데 비해, 2단계의 박절법 그림은 음형 내에서 손뼉치기의 기능과는 독립적으로 각 손뼉치기의 상대적인 길이에 주목했다. 그들은 긴 길이의 손뼉치기는 큰 동그라미로, 짧은 길이는 작은 동그라미로 일관성 있게 그렸다. 따라서 이 형태의 기보법을 그려내는 아이들은 음정 내의 각 손뼉치기 동작에 얽매이지 않고 리듬을 길이로 분별할 수 있다는 것이다. 그러나 2단계 박절법 그림이 2단계 음형법이 나타내지 못한 것을 잡아냈다 하더라도, 이 박절법 그림은 두 개의 반복적 리듬들 간의 경계를 잡아내지는 못했다. 이런 이유에서 음형법으로 선율을 인식한 이들에게는 이 박절법이 '잘못된' 것으로 인식될 수도 있다.

3단계의 박절법 그림은 표준 리듬 기보법을 배운 아이들이나 성인이 그린 것이다. 2단계 박절법 그림이 손뼉치기의 상대적인 길이를 잡아낸 반면, 3단계 박절법 그림은 저변에 깔린 박자를 기준으로 각 손뼉치기의 정확한 길이를 잡아냈다. 3단계 박절법은 사실상 표준 리듬 기보법과 꽤 유사하다. 빈 동그라미는 저변에 깔린 박자를 나타낸다. 손뼉치기가 저변에 깔린 박자와 같을 때는 박자들만이 동그라미로 표시되었다. 손뼉치기가 저변에 깔린 박자보다 빠른 경우에는 동그라미 안에 작은 동그라미를 그려서 이를 표시했다. 이 단계의 박절법 그림은 3, 4번째 손뼉치기 동작이 저변에 깔린 박자보다 정확하게 두 배 빠르다는 것을 나타낸다. 손뼉을 칠 때의 동작에서 한 발 물러나서 들리는 표면리듬의 저변에 있는 박자를 정확하게 포착할 수 있어야만 이 그림을 그릴 수 있다.

박절법과 음형법 그림은 근본적으로 다르다. 음형법 그림이 음형 내 손뼉치기의 기능에 초점을 맞추고 있는 반면, 박절법 그림은 각기 다른 손뼉치기의 상대적인 길이나 정확한 길이를 잡아낸다. 박절법에서는 길이의 측정만을 주목하기 때문에 아이들은 두 개의 반복리듬의 경계를 잡아내지 못하고, 또한 5, 6번째 손뼉치기의 각기 다른 기능도 파악하지 못한다. 따라서 표준 기보법과 마찬가지로 박절법 그림은 연주자들에게 음형을 찾거나 해석해야 하는 문제를 남긴다. 음악가들은 이를 '악절법'이라 부른다. 예컨대 동요리듬의 악절법을 수행할 때, "하나, 둘, 신발 신어!'의 3, 4, 5번째 손뼉치기는 1, 2번째 손뼉치기보다 강하거나 약하게 침으로써 어떤 의미로든 이 세 번의 손뼉치기가 한 단위에 속한다는 것을 보여줄 수 있도록 한다. 악보에서 악절 표시는 음형그룹을 나타내지만, 이 표시가 악보에 자주 등장하지는 않는다. 대신 악절법은 일반적으로 연주자의 해석문제로 간주된다.

요약하자면, 박절법이나 음형법 어느 방식도 (각 요소의 분리성과 음형의 경계라고 하는) 리듬의 두 가지 요소를 완벽하게 잡아내지는 못한다. 음형법을 그린 아이들에게는 박절법이 잘못된 것처럼 보이는 반면, 박절법을 그린 아이들에게는 음형법이 또한 잘못된 것으로 인식된다. 음형법으로 리듬을 인식하는 능력은 표준 기보법을 학습한 후에는 사라지는 것으로 보인다. 이 연구에서는 많은 학생들이 음형법으로 리듬을 인식했다. 그러나 일단 이들이 음악을 기보하는 부호체계를 학습한 이후에는 음형인식 능력은 없어지는 것으로 보였다. 표준 리듬 기보법을 읽는 훈련을 받은 사람은 단순히 리듬의 음형적 측면을 보지 못했다. 많은 경우 박절법 기보가 올바른 것으로 인식되었고 음형법은 발달단계가 떨어지는 것으로 인식되었다. 이는 음형기법이 음악 표현에서 매우 중요한 요소, 즉 '음악적으로 연주'하고 음악의 응집력을 주는 요소를 잡아낸다는 점을 고려할 때 안타까운 현상이라고 할 만하다(Bamberger, 1982). 음형적 인식 없이 음악은 많은 느낌을 주지 못한다. 그럼에도 음형규칙은 직관적으로 받아들여지기 때문에 기보되지 못한다. 리듬에 대한 어린 아이들의 직관적 이해는 무엇인가 중요한 요소를 인식해 내는 것이라고 볼 수 있다. 그리고 이는 좀더 형식적인 체계를 이해한 후에도 계속 유지되어야 한다.

유아는 음악을 인식하는 몇 가지 기본 능력을 지니고 있지만, 8세아동의 인식능력과 비교해 볼 때는 역시 한계가 있다. 나이가 많은 아동과 유아의 음악인식 능력을 구분하는 것은 추상적 요소를 이해하는 능력이다. 선율이나 리듬을 기억하기 위해서 음악을 듣는 이들은 표면패턴의 조직에만 주목하면 된다. 그러나 선법(mode)과 조성, 배경에 깔린 반복적인 울림을 모두 듣기 위해서는 마음이라는 귀에게로 추론된 구조를 들어야 한다. 유아는 주어진 음악정보 이외의 것을 잡아내지는 못한다. 그러나 자장가로 신생아를 달래는 것에서 알 수 있듯이, 음악이 이들에게 상당한 영향을 주는 것은 확실하다.

유년기 중반기에 이르면 좀더 미묘한 음악요소에 대한 인식능력이 발달한다. 이제 아이들은 내면구조를 추론하기 위해 주어진 음악정보 이외의 것에도 주의를 기울이게 된다. 이들은 조성의 조직적 영향을 인식하게 되고, 어떻게 선율이 소리를 내게 되는지에 대한 인식도 발달시킨다. 또 경과음보다는 으뜸음으로 끝나는 음을 선호하게 되고, 표면리듬의 저 아래 깔린 반복적인 울림을 들을 수 있게 된다.

나이가 들수록, 그리고 음악 훈련을 받게 될수록 아이들은 두 가지 중요한 듣기능력들을 잃는 듯하다. 정확하게 음고를 기억하고 저장할 수 있는 능력은 단순히 나이가 들어가면서 점차 약화된다. 또 음악 기보법을 배우게 되면서 음악을 음형적으로 인식할 수 있는 능력 역시 사라진다. 이런 기술을 위해서, 그리고 나아가 음악적인 민감성을 위해 너무나 중요한 것은 아이들이 이런 능력을 유지할 수 있도록 조심스레 배려하는 일일 것이다.

제8장

노래의 탄생

곡을 쓰든지 그것을 즐기든지 간에 그런 것들은 삶의 일상적인 습관에 비춰봤을 때 인간이 사용할 수 있는 최소한의 능력이 아니기 때문에, 우리는 오히려 그것을 신이 준 가장 신비로운 능력으로 여겨야 한다.

– 찰스 다윈(Charles Darwin)

음악이 특별히 강한 생존가치를 지닌 것은 아니다. 그러나 최초의 인류가 존재한 이후로 음악은 계속 우리 곁에 있어 왔다. 아주 어린 아이들조차도 음악에 대해 반응을 보이며, 태어난 지 몇 해가 지나지 않아 박자와 몇몇 선율들을 부분적으로나마 흥얼거린다.

음악생산 능력에 관한 연구는 주로 세 가지 논쟁점과 관련되어 있다. 연구자들은 각 문화의 조성체계와 무관하게 아이들이 만들어낸 보편적인 노래가 있을 수 있는지를 밝혀내는 데 심혈을 기울여왔다. 이들은 아이들이 자기 문화의 조성체계를 습득하면서 습득케 되는 각 단계를 상세히 기록했고, 음악신동에 관해 제기된 흥미로운 문제들도 살펴보았다.

보편적인 노래

일본 아동이 그린 그림은 같은 나이의 프랑스 아동이 그린 그림과 크게 다르지 않다. 도식의 전통이 각 문화마다 다름에도 불구하고, 아동이 어린 시절에 그린 그림들은 보편적인 틀에 기반하고 있다(Kellogg, 1969). 문화 간의 도식체계보다는 조성체계의 차이가 더 확연하다는 것을 고려하면, 음악에서는 문화 간의 이러한 획일성이 나타나지 않을 것이라고 여길 만도 하다. 그러나 아동들의 최초 음악창조물이 문화마다 동일하다는 것을 보여주는 사례가 있다.

문화에 따른 동요의 차이와 유사성을 연구하고 있는 체계적인 기관은 없지만 이에 관한 많은 관찰이 행해져 왔다. 예컨대 작곡자 겸 지휘자인 레오나르드 번슈타인(Leonard Bernstein, 1976)은 음악의 보편성에 대한 연구에서, 각기 다른 문화에 있는 아이들이 서로를 놀릴 때 반복적인 단3도를 사용하는 경향이 있다고 주장한다(그림 8-1, 위쪽). 아이들은 서로를 부를 때도 단3도를 사용하며(그림 8-1, 가운데), 노래놀이에서는 단3도와 단4도를 사용한다(그림 8-1, 아래쪽).

[그림 8-1] 아이들의 찬가. 위쪽, 서로를 놀릴 때에는 단3도 음정에 기반해 있다. 가운데, 서로를 부를 때는 단3도 음정에 기반해 있다. 아래쪽 노래 부르는 놀이는 단3도와 4도에 기반해 있다.

  번슈타인은 세 음정으로만 구성된 보편적인 노래가 있다고 주장했으며, 이는 배음렬과 같은 음악의 보편적인 음향학적 측면에서 기인한다고 했다. 연주되는 음이 C일 때 첫 번째 배음은 한 옥타브 위인 C이다. 그 다음 세 개의 배음은 G, C, E순으로 나타난다(그림 8-2). 5번째 배음은 A와 B 사이에 위치하는데, 그는 이것을 두고 '일종의 A'(sort-of A)라고 불렀다. 그런데 이 배음들은 서양의 조성음악에서 사용되는 음고가 아니다.

  아동의 노래는 둘 또는 세 개의 서로 다른 배음으로 구성되어 있다. 근

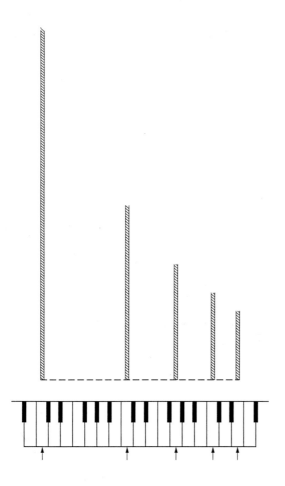

[그림 8-2] 근음 C가 지닌 처음 네 개의 배음들.

음과 첫 번째 배음은 항상 생략되며, 듣는 이들에게는 '추론된 것'으로 남고, 그 다음의 세 개의 배음들이 노래로 불린다. 따라서 근음이 C인 경우, 음 G, E, 그리고 때로는 '일종의 A'가 노래로 불려진다. 다시 말해서 보편적인 찬가는 서로 다른 세 개의 배음으로 구성된다.

모든 문화의 음악은 배음렬이라는 음향현상에 기초하고 있다. 그러므로 동요에서 보편적인 것(음정패턴이 노래 불려지는 것)은 이런 음향현상에 기반하고 있다고 해도 그리 놀라운 것이 아니다. 번슈타인은 "이런 세 개의 보편적 음들이 음반을 통해 저절로 우리에게 전해졌다."(p.27)고 썼다.

그는 자연스럽게 흥얼거리게 되는 노래 몇 가지를 예로 들고, 설득력에서뿐만 아니라 간결성에서도 호소할 수 있는 이야기를 엮어냈다. 하지만 이는 일화적인 증거에 기반하고 있기 때문에 가정으로만 받아들여질 수 있을 뿐이다. 체계적인 증거는 여타의 문화들이 갖고 있는 조성들에서 수집되어야 하며, 이렇게 해야만 아동이 처음 만들어내는 노래가 실제로 번슈타인이 주장하는 음정관계에 기초해 있는지를 확인할 수 있을 것이다.

조성체계 습득하기

어린 시절의 음악적인 발달에 관한 연구는 일부에 지나지 않는다. 그리고 이는 대부분 서양 아동들을 대상으로 이루어졌다. 이 연구를 통해 아이들이 서양의 조성체계를 습득하는 데 거치게 되는 단계를 도표로 그려볼 수 있다. 이런 연구는 아동의 음악발달 능력이 언어 습득과 마찬가지로 보편적인 단계를 거치는지를 알아보기 위해서 다른 문화에서도 수행되어야 한다.

언어와 마찬가지로 노래도 아주 어린 나이일 때부터 시작된다. 유아가 언어의 음소(phonemes)를 웅얼거리는 것과 마찬가지로 이들은 아주 기본적인 음악을 만들어낼 수 있는 능력 또한 가지고 있다. 유아는 광범위한 음고를 탐험할뿐더러(Otswald, 1973), 자기들이 들은 음고를 모방할 수도 있다(Révész, 1954).

이 연구에서 3개월된 유아는 정확한 음고로 어떤 악곡의 마지막 음을 반복했다(Platt, 1933). 이들은 또한 일반적으로 4분음 낮은 음을 이어 부르며, 일종의 종지를 만들어냈다. 7개월된 한 유아는 기쁠 때 그 옥타브를 낮은 소리로 웅얼거렸으며 높은 음은 들숨으로, 낮은 음은 날숨으로 표현했다. 4개월된 또 다른 유아는 개 짖는 소리를 C장조 음계의 딸림음과 으뜸음인 G-G-C음으로 흉내냈다.

좀더 통제된 실험에서 6개월 이하의 유아는 몇몇의 짧은 트레이닝 기간을 거친 후 음고를 흉내냈다(Kessen, Levine, and Wendrich, 1979). 유아는 단 3화음 D-F-A의 음고를 듣고 거의 정확한 음으로 이 음고를 약 두세 번 다시 흥얼거렸다. 유아는 음고를 구별하고 자신이 들은 소리와 만든 소리를 서로 맞춰볼 수 있을 뿐만 아니라 실제로 이런 일을 매우 즐기고 열중하는 듯했다.

유아가 음악을 만들어내는 데 필요한 기본적인 능력을 가지고 있다는 일화도 있으며 이에 대한 실험적인 증거도 있다. 이들은 목소리를 낼 수 있고 다양한 음고를 구분하며 이를 흉내내고 일반적으로 자신이 만들어내는 소리에 의해 매우 흥분되는 듯했다. 2세의 아이들은 서툴게 낙서를 끄적거리고 이 때의 근육 움직임과 자기가 한 낙서를 보고 즐거워한다. 6개월된 유아가 언어음소를 웅얼거리는 것과 마찬가지로 어린 유아들 또한 기본적인 노래를 만들어낸다. 그러나 선율이라 할 수 있는 것, 특히 하나의 조로 이루어진 선율을 만들어내는 능력은 음악적으로 아주 뛰어난 아이들을 제외하면 대부분 한참 자란 뒤의 단계에서나 발달한다.

아이들이 1세가 될 때면, 아주 기본적인 선율을 만들어내기 시작한다. 그리고 6세 무렵이면, 그들의 음악능력은 음악 교육을 받지 않은 성인수준에 달하게 된다. 이들은 1세에서 6세에 이르는 5년 동안 세 가지 측면에서 발달한다. 우선 음조를 분리할 수 있게 되고, 음정 레퍼토리가 확대

되고, 선율은 조성구조를 가지게 된다.

아이들이 이른 시기에 자연스레 음악을 만들어내려는 것은 악기의 영역이라기보다는 음성적인 영역이다. 따라서 연구의 초점은 아이들이 악기를 습득하는 것보다 그들이 부르는 노래의 음에 맞추어져 있다. 어린 시절에 이루어지는 음악적 발달에 대한 연구는 많은 경우 나이가 들어감에 따라 아이들의 음악수행 능력이 향상된다는 예측 가능한 결과를 보여 준다. 예컨대 아이들이 나이가 들어감에 따라 음을 기억하는 능력도 증가한다(Drexler, 1938). 그러나 일부 연구는 그들이 음악을 습득할 때 거치는 과정과 음악을 만들 때 사용하는 전략 등을 면밀히 살펴보았다. 한 연구는 중산층의 첫째 아이 아홉 명을 대상으로 삼아 이들이 18개월 되던 때부터 5년간 집중적인 관찰을 수행했다(Davidson, McKernon, and Gardner, 1981; McKernon, 1979). 이 연구는 아이들의 표준 음악습득 능력뿐만 아니라 자연스러운 노래개발 과정에 대한 충분한 정보를 제공하고 있다.

2세에 접어들 무렵, 아이들은 음고를 구분하기보다는 하나의 연속된 음고로 노래를 부른다. 이런 측면에서, 아이들의 발성은 항상 분리된 음고에 기초한 성인과는 확연히 구분된다. 그들이 분리된 음고를 들어 흉내낼 수 있다는 점이 아이들이 음고를 분리할 수 있는 능력이 전혀 없다는 것을 의미하지는 않는다. 그러나 아이들에게 그냥 노래를 부르게 했을 때 이들이 만들어내는 선율은 연속적인 음고로 되어 있다. 한 음에서 다른 음으로 미끄러지듯 단숨에 옮겨가기 때문에 그들에게서는 음고가 구분되지 않는다(그림 8-3).

음악 발달에 있어서 가장 중요한 사건은 아이들이 분리된 음고를 만들어낼 수 있게 되는 18개월 정도에 시작된다. 이 나이 때에 그들의 음악

ca.5 seconds

[그림 8-3] 음고가 분리되지 않은 노래. 이것은 15개월 된 유아가 만들어낸 것이다.

에서 나타나는 음정은 매우 협소하다. 한 연구에 따르면, 아이들이 만들어내는 가장 초기의 음정은 단3도이다(Werner, 1961). 그러나 또 다른 연구에 따르면, 3도가 어린 시절 가장 흔히 나타나는 음정임에도 불구하고 맨 처음에 이들이 만들어내는 음정은 이보다 더 작다고 한다(McKernon, 1979). 이 연구에 따르면, 17개월에서 23개월 사이의 아기들이 홍얼거린 음정의 43%가 2도였다. 그러므로 초기 음정의 음고는 C-G처럼 조성관계나 화성적 관계에 있는 것이 아니라, 오히려 C-B처럼 위치상 서로 가까이에 있는 것이다. 이는 좀더 나이든 아이들이 만들어낸 노래와는 상반된다.

1세 반이나 2세 반 사이의 연령대에서 가장 흔히 발견되는 음정은 장2도, 단3도, 그리고 단2도와 장3도에 따라오는 동음(同音)이다(McKernon, 1979). 모든 문화에서 가장 흔히 나타나는 음정은 2도와 단3도임을 생각해 볼 때(Nettl, 1956b), 아이들이 맨 처음 습득하게 되는 음정은 성인들이 가장 흔히 부르는 것들 가운데에 있다. 2세 반 정도가 되면 4도와 같이 좀더 큰 음정을 부르게 된다. 따라서 발달이라는 것은 음정간격의 점차적인 확장이라고도 말할 수 있을 것이다(Jersild and Bienstock, 1934; McKernon, 1979; Nettl, 1956b; Werner, 1961). 초기 어린 시절 아이들이 보여주는 선율의 음조곡선은 한 방향으로 올라가거나 내려간다기보다는 기복이 있다(McKernon, 1979). 기복 있는 선율이 성인들의 노래에서 가장 흔히 나타나는 유형이라는 사실을 고려해 보면, 아이들의 초기 노래는 성인의 노래와 많이 닮아 있다고 할 수 있다. 그러나 리듬이나 조성조직의 초기 노래는 성인의 노래와는 상당히 다르다.

초기 노래는 지속적인 리듬조직이 결여되어 있다(McKernon, 1979; Moorhead and Pond, 1941). 아이들은 배경에 깔린 박자가 전혀 없는 노래를 부르기도 하고 작은 단위의 음들이 배경박자를 가지고 있기도 하지만, 박자들의 패턴이 음표그룹마다 다양한 경우가 흔하다(그림 8-4).

아이들이 음고의 분리와 음정의 확장을 습득한 지 한참 뒤에도, 이들은 계속 무조성 선율을 부른다. 이들이 만들어낸 음은 온음계이기보다는

[그림 8-4] 불규칙적인 리듬의 노래. 이것은 19개월 유아가 만들어낸 것이다.

반음계인 경우가 많다. 즉 음들이 특정 음계에 기초해 있다기보다는 옥타브에 기초해 있다고 할 수 있다.

음에 대한 초기 인식력을 보여주는 최초의 징후는 악절의 처음과 끝을 최초로 구분하게 되는 3세 반 정도에 나타난다. 이들의 악절은 보통 비교적 높은 음으로 시작해서 점점 낮아졌다가 더 낮은 음으로 끝난다. 뿐만 아니라 그들에게 선율을 마무리지으라고 하면, 대개 으뜸음으로 마무리짓는다. 따라서 이들은 선율을 구성하는 일부 조성규칙을 습득하기 시작한다고 할 수 있다(Davidson, personal communication).

6세가 되기까지 아이들은 하나의 조로 이루어진 노래를 확실히 부르지는 못하지만 3세에서 5세 무렵에는 대부분의 아이들이 어느 정도 하나의 조로 이루어진 노래를 부르게 된다(McKernon, 1979). 아이들은 조성을 그리 중요시하는 것 같지 않다. 심지어는 성인들도 익숙한 음을 흥얼거릴 때 언제나 조성체계에 맞춰 노래를 부르는 것은 아니다. 전화를 할 때 성인들이 전혀 관련이 없는 낙서를 하듯, 음을 흥얼거릴 때도 무의식적으로 조성구조에 맞지 않는 선율을 만들어낸다.

최초로 아이들이 무의식적인 상태에서 만들어낸 노래는 배경에 깔린 반복적인 박자와 무관한 무조성 음고의 그룹이다. 그러므로 이 초기 노래는 조성조직도, 리듬조직도 갖추지 않고 있다. 따라서 이 노래는 예측이 불가능하며 기억하기도 쉽지 않다. 또한 조성과 리듬조직이 결여되어 있기 때문에 일반적인 서양문화의 노래와는 사뭇 다르다.

일반적인 노래를 습득할 때 아이들은 단지 선율의 가사만을 기억한다. 그리고나서 그들은 다음 단계로 리듬을 익히게 되고 음조곡선을 익힌다. 이 모든 단계를 거친 후에야 비로소 이들은 바른 음정을 익히고 하나의 조로 이루어진 선율을 부르게 된다(Davidson et al., 1981; Gesell and Ilg, 1946; McKernon, 1979; Révész, 1954; Teplov, 1966). 성인 또한 새로운 노래를 배울 때 이런 단계를 거치게 된다(Davidson et al., 1981).

알파벳 ABC 노래를 익히는 아이들에 대한 수개월의 연구를 보면, 아이들이 규칙적인 리듬을 점차 결합시킴으로써 하나의 노래를 만들어가는 것을 알 수 있다(그림 8-5, McKernon, 1979). 19개월된 유아가 처음 ABC 노래를 부를 때는 음정이 매우 좁고 선율의 음조곡선 기복이 심하다. 또 리듬구조 역시 느슨하며 숨을 쉬는 단위로 리듬구조가 끊기게 된다. 이 나이의 아이들에게 있어 일반적인 노래의 초기 유형은 무의식중에 부르는 노래와 별반 다르지 않다. 23개월 정도가 되면 노래를 리듬에 맞게 조직하는 능력이 점차 발전하게 된다. 이제 아이들은 A-B-C의 각 소절은 긴 음으로, L-M-N-O는 좀더 빨리 불러야 한다는 것을 알게 된다. 28개월이 되면 그들은 정확한 리듬구조를 만들어낼 수 있게 된다.

크게 보면, 자연스레 나오는 노래와 일반적인 노래의 발달은 서로 비

[그림 8-5]　(위로부터) 19개월, 23개월 그리고 28개월된 어린이가 부르는 ABC 노래의 구조 분석

숫하다. 아이들이 가진 표준적인 음에서 나타나는 구조는 일반적으로 자연스러운 음에서 나타나는 구조와 같다. 그러나 나이가 점점 들어감에 따라, 표준 음을 표현하는 능력이 자연스러운 음을 표현하는 능력을 앞지르게 된다(McKernon, 1979). 3, 4세의 아이들은 자연스럽게 조직화된 음을 만들어낼 수 있다 하더라도, 이 또래 아이들이 만드는 자연스러운 음에는 저변 배경 음 구조가 결여되어 있다. 아이들은 자기가 만든 노래를 반복하려 하지 않고 이를 다른 사람에게 가르쳐주려 하지도 않는다. 그러나 표준음을 통해, 취학 전 아이들은 노래를 반복하고 기억할 수 있게 해 주는 조성구조를 습득할 수 있게 된다.

따라서 해당 문화의 조성체계를 습득하는 능력은 점진적으로 진행된다고 할 수 있다. 아이들은 우선 음고를 구분하는 것을 배우고 나서, 좀 더 넓은 음정을 부를 수 있게 된다. 그리고 마지막에는 가장 어려운 단계로, 조성구조를 가진 음을 만들어내거나 흉내내게 된다.

음악신동

대다수의 아이들은 이 점진적 발달과정을 차례로 거친다. 그러나 일부 아동은 이와는 다른 경로를 따른다. 뛰어난 음악적 재능을 가진 아이들은 이 과정을 모두 건너뛰기도 한다.

문화인류학자인 레비-스트로스(Claude Lévi-Strauss)는 언젠가 음악을 작곡할 수 있는 뛰어난 몇몇 천재와 일반인을 구분하는 언급을 한 적이 있었다. "음악적으로 특별한 재능을 가진 소수의 사람들과 음악적 인식능력을 가지고 있기는 하지만 재능을 가지고 있지는 않은 다수의 사람들을 서로 구분해 내는 일은 너무나 어렵다… 사실상 그렇지는 않지만, 이론적으로 보면 어느 정도의 교육을 받은 성인은 그것이 좋든 나쁘든 시를 쓸 수 있다. 하지만 음악적인 창조력은 선천적으로 타고난 재능에 의해서만 가능하다."(1970, p.18). 일반적인 성인은 해야만 하는 상황이 닥치면 간단한 시나 이야기를 쓸 수 있고 웬만한 그림도 그려낸다. 그리고 아이들과 마찬가지로 간단한 선율을 만들어낼 수 있다. 그러나 레비-스트로스에 따르면, 일반인과 재능을 가진 이를 구분하는 차이는 그 어떤 예술영역보다는 음악에서 더 크게 나타난다.

일반 성인과 셰익스피어, 레오나르도 다 빈치를 구별할 수 있는 차이보다 모차르트를 구별해 낼 수 있는 차이가 더 크다는 주장은 논란의 대상이 될 만하다. 그 답이 무엇이든지 간에 음악적 천재는 일반인과는 확연히 구분된다. 어느 특정한 가르침 없이도 인간은 매우 복잡한 구조의 언어를 습득하고 무한한 수의 문법적인 문장을 만들어낸다. 그러나 단지 극소수의 사람들만이 다른 사람들에게 감동을 주는 선율을 만들 수 있는 음악구조를 습득할 능력을 가지고 있다.

일부는 이런 현상의 원천이 타고난 신경학적 차이라고 설명한다. 말하자면 교육과 연습이 음악가를 길러내는 데 아주 중요하기는 하지만 선천적인 능력이 부족하다면 큰 도움이 되지 못한다는 뜻이다. 음악적 재능이 천부적이라는 사실을 보여주는 많은 증거들이 있다. 대부분의 저명한 음악가들은 2, 3세의 아주 어린 나이 때부터, 그리고 늦어도 6세 때부터는 음악적인 재능을 보였다. 말을 하기도 전에 노래를 불렀고 어린 나이에도 음악 작곡과 연주에 뛰어난 기량을 보였다. 모차르트는 4세 때 즉흥곡을 연주를 했고 5세에 자기가 작곡한 음악을 연주했다. 멘델스존은 그보다도 더 어린 나이에 음악적인 재능을 보였다. 바이올리니스트인 예후디 메뉴인(Yehudi Menuhin)은 7세의 나이에 교향악단과 협연했다.

음악적인 재능이 선천적이라는 것을 보여주는 또 다른 증거가 있다. 어린 시절의 이런 음악적 재능이 음악과 전혀 무관한 가정의 아이들에게서 나타난다는 점이다(Gardner, 1973a). 음악능력의 측면에서 개인차는 상당히 크다. 그래서 음악 훈련을 받는다 해도 이 차이는 쉽게 좁혀지지 않는다. 아놀드 게젤(Arnold Gesell)과 프랜시스 일그(Frances Ilg)는 이렇게 말한다. "개인차는 우리의 그 어떤 행위에서보다도 예술표현 영역에서 현저히 나타난다. 음악능력상에는 엄청난 차이가 있다. 노래를 정확히 부를 수 있는 21개월된 아이가 있는가 하면, 아무리 노력해도 이 능력을 보이지 못하는 어른들도 있다. 이런 능력이 부족하다는 사실이 취학 전까지는 나타나지 않을 수도 있지만, 음악적인 재능은 매우 이른 시기부터 드러난다." (1946, p.258).

음악에서의 비범한 능력은 다른 영역에서 뛰어난 재능을 보이지 못했던 아이들에게서 종종 나타난다. 심한 발달장애를 안고 있는 아동이 때로는 뛰어난 음악적 재능을 보이기도 한다. 지능지수가 55인 아이가 일곱 개의 악기를 연주하기도 하고, 상당한 수준의 음악을 작곡하고, 1000개 정도의 노래를 기억하기도 한다(Gardner, 1973a). 어떤 경우에는 자폐증상을 보이는 어린이가 음악에서 재능을 보이기도 하고, 언어를 습득하지 못하고 감정상의 문제가 있거나 사회적인 접촉을 기피하는 이들이 음악적으로 특수한 능력을 보이기도 한다(Rimland, 1964). 어떤 아이는 3세가 될 때까지도 언어를 제대로 익히지 못하면서도 이미 18개월 때 오페라 아리아의 전 곡을 부르기도 한다.

음악에서의 비범한 능력이 뛰어난 인식능력이나 감정장애 등과 함께 나타난다는 사실은, 음악적인 능력이 그 발현을 위한 외부자극이 거의 필요하지 않은 선천적이고도 신경학적인 영역임을 여실히 보여준다. 이러한 관점에서 음악적 능력은 걷기능력이나 언어의 통사구조를 습득하는 능력 등과 같은 것일 수도 있다. 이 능력은 저절로 발현되며 다른 능력과는 독립적으로 나타나기 때문이다. 하지만 걷기와 말하기는 모든 일반인들에게 발현되는 반면, 음악을 만들어내는 능력은 단지 특정 소수에게서만 나타난다는 차이가 있다. 성장속도가 늦고 자폐증상을 보이는 아동이 음악재능을 이른 시기에 보이기도 하지만 이들이 뛰어난 작곡가나 연주가로 성장하는 것은 아니다. 이른 시기의 음악적 재능은 잘 구분되지 않기는 하지만, 1세 반 무렵부터 오페라 아리아를 기억해서 부른 어떤 자폐아는 음악신동이었던 모차르트보다 더 뛰어난 재능을 보이기도 했다.

음악신동에 대한 많은 일화가 있다. 음악신동을 둔 한 어머니는 그 아이가 10개월쯤 되었을 무렵 이미 한 조로 구성된 음악을 연주했다고 말한다. 피아니스트인 로린 홀랜더(Lorin Hollander)는 3세 반 때 하이든(Haydn)의 피아노 4중주곡을 듣고 그날 늦게 전 곡을 완벽히 연주했다고 한다. 또 다른 일화도 전해진다. 피아니스트인 아르투어 루빈스타인(Arthur Rubinstein)은 누나가 연습하는 피아노곡을 듣고는 다시 그 곡을 완벽하게 연주해 내 가족들을 놀라게 했다고 한다(Winn, 1979). 또 다른 3세의 아이는 교향곡을 단 한 번 듣고도 완벽하게 불러내 부모를 놀라게 했다고 한다(Marshall, 1981).

음악 신동의 유년기에 대한 많은 일화가 있지만, 이런 음악신동들에 대한 자세한 연구는 거의 수행된 적이 없다. 음악신동에 대한 이례적 연구로, 헝가리의 음악신동 어빈 니레후하치(Erwin Nyireguhàzi)의 예를 볼 수 있다(Révész, 1925). 니레후하치는 3세가 될 때까지 말을 못 했지만 1세가 되기도 전에 자기가 들은 음악을 그대로 연주해 냈다고 한다. 정식 음악 교육을 받기 전인 4세 무렵 자기가 들은 모든 선율을 연주해 냈다. 7세 때는 음악을 새로운 조로 전조시킬 수 있었으며, 어려운 악보를 읽어내고 베토벤 작곡의 복잡한 소나타들도 기억해 냈다. 6세 무렵에는 작곡을 시작했고, 청년기에 이르렀을 때는 지극히 천재적인 곡을 쓰기도 했다. 어린 시절의 이런 천재성은 빛 바래지 않고 계속해서 이어져 뒷날 유명한 피아니스트가 되었다.

음악의 천재성은 이른 나이에 나타나기는 하지만 엄격한 지도와 정식 훈련 없이는 이런 천재성이 꽃피지 못한다. 훌륭한 음악가로 성장한 거의 모든 음악신동은 부모나 교사로부터 훈련과 지도를 받았다. 신동이 보이는 음악적 재능은 하루하루의 꾸준한 훈련 없이는 성숙되지 못한다. 뛰어난 음악가로 성장한 이들은 모두 어렸을 때 자신들 옆에 같이 앉아 연주를 도와주고 훈련을 시키며 자신들의 음악재능을 키워준 부모나 선생님이 적어도 한 명은 있었다고 기록한다. 바이올리니스트인 이자크 스턴(Isaac Stern)은 이렇게 말한다. "부모님이든 선생님이든 옆에서 계속 지도해 줄 수 있는 사람이 필요하다. 내가 지도를 해 온 아이들 모두 이들의 인생에서 때로는 부드럽게, 때로는 엄격하게, 때로는 주변의 압력에 못 이겨 음악을 그만두고 싶어질 정도로 열심히 지도해 준 누군가가 있었다. 천재적인 아이들이 어떤 음악가로 성장하는가는 어떤 뒷받침과 지원을 받는가에 달려 있다"(Winn, 1979, p.40).

음악신동들은 부모나 선생님의 압력 못지 않게 스스로에게 매우 엄격한 이들이 많다(Marshall, 1981). 예컨대 어떤 신동은 자기가 목표한 악절을 완벽히 습득하기 전에는 잠을 이루지 못했다고 한다. 이런 아이들은 일반적으로 비범한 에너지를 가지고 있는 경우가 많다. 한 음악신동의 어머니는 자기 아들이 어렸을 때는 거의 낮잠도 자지 않았다고 회상한다.

따라서 어린 시절 이루어지는 집중적인 연습은 훌륭한 음악가로 성장하는 데 중요한 요소인 듯하다. 음악교사인 루이 베렌드(Louise Behrend)는 훌륭한 음악가 중에 동양인이 많고, 또 20세기 초 러시아 오데사(Odessa)의 유태인들 중에서 음악가가 많이 배출된 것은 이 두 문화의 사람들이 규율에 엄격하고 음악적인 능력을 키워주는 경향이 강했기 때문이라고 설명한다(Winn, 1979).

그러나 이런 음악 훈련이 아무 나이에서나 이루어진다고 해서 그 효과를 발휘하는 것은 아니다. 미래의 음악가를 키우기 위한 훈련은 이른 나이부터 시작되어야 한다. 대부분의 뛰어난 음악가들은 어렸을 때부터 음악 교육을 받기 시작했다. 바이올리니스트인 알렉산더 슈나이더(Alexander Schneider)는 "현악기에 대한 교육은 5세 무렵부터 시작되어야 하고, 그 이후에는 너무 늦다."고 말했다(Winn, 1979, p.40).

부모의 교육이 초기의 음악성을 키울 때 모든 요소가 되는 것은 아니다. 아이들의 특정한 성격구조 또한 큰 영향을 미친다(Winn, 1979). 독립적이고 부모의 강요에 부정적인 반응을 보여서 연습하기를 싫어하는 아이들은 훌륭한 음악가나 작곡가로 성장하지 못한다. 음악으로 성공한 아이들은 좀더 고분고분하고 부모 말을 잘 따르는 아이였을 가능성이 있다.

어린 나이의 뛰어난 재능, 이 음악성을 키워줄 수 있는 부모의 뒷받침, 그리고 하루하루의 고된 훈련을 이겨낼 수 있는 의지 등, 이런 요소들이 이후 훌륭한 작곡가나 음악가로 성장하는 데 있어 필수요소라 할 수 있다. 이에 더해 음악에 대한 깊은 감동을 느끼는 것 또한 필수적이다. 이자크 스턴은 이렇게 말한다. "음악가로 성장하기 위해서는 음악에 사로잡히는 일이 중요하다. 이런 현상은 10세부터 14세 무렵에 나타날 수 있다. 아이들은 이때 자신 내부의 무언가를 감지하게 되고 열심히 훈련하기 시작한다. 이때가 바로 천재성이 꽃피기 시작하는 때이다. 11세 되던해, 나는 이를 경험했다." 바이올리니스트인 나탄 밀스타인(Nathan Milstein)은 또 이렇게 말한다. "나는 어렸을 때 바이올린 연주를 그다지 좋아하지 않았고 음악도 좋아하지 않았다. 음악을 좋아하는 아이는 그다지 많지 않다. 하지만 언젠가 단순히 연주하는 것이 아니라 내가 연주하는 것을 사랑하게 되면서부터 난 변했다."(Winn, 1979, pp.40-41).

　음악에 대한 감정의 이런 결합은 청소년기가 되어서야 발현되는 듯하다. 이 나이에 이르면 음악신동들은 아주 중요한 변화의 시기를 거치게 된다. 말하자면, 조숙한 음악성을 보이는 단계에서 완숙된 음악성을 보이는 시기로 넘어가게 되는 것이다. 메뉴인(Menuhin)에 따르면, 이때가 바로 많은 음악신동들이 기술적인 기량과 자신의 개성적인 표현양식을 연결시키지 못하는 단계이며(Winn, 1979), '중년'의 위기를 경험하게 되는 시점이기도 하다(Bamberger, personal communication). 15세 정도가 되면 음악신동들은 내가 왜 음악을 하는지, 내가 단지 부모의 꿈을 실현시켜주고 있는 것은 아닌지, 이것이 내 평생동안 진정 하고 싶은 일인지 등등 여러 가지 질문들을 스스로에게 던지게 된다. 단지 일부만이 이 위기를 극복하게 되고, 대다수가 이 단계에서 음악을 포기하게 된다.

　왜 시각이나 언어 예술 등의 다른 예술영역에서보다 음악에서 신동이 더 많이 나타나는가는 심리학자들에게 혼란스러운 문제이다. 신동이 많이 나타나는 또 다른 분야인 수학이나 체스의 예를 통해서 이를 설명해보자. 음악과 수학, 체스는 어떤 엄격한 규칙이 고도로 복합된 체계를 토대로 해서 만들어졌다는 공통점을 가지고 있다. 이런 규칙은 인간관계나 경험에서 얻는 지식을 통해 습득되지 않는다. 중대한 경험 없이 좋은 시를 쓰거나 소설을 쓴다는 것은 상상하기 어려운 일이지만, 인생경험이 부족한 어린 나이에도 소나타를 쓴다는 것은 어느 정도 가능한 일이다.

그러나 아무리 신동이라 하더라도 위대한 음악을 만들어내는 것은 어려운 일일 것이다. 위대한 음악은 기술적으로도 복잡할 뿐만 아니라 인간의 경험을 크게 반영하기 때문이다. 감정 표현은 체스나 수학에서는 중요한 역할을 하지 않는다. 음악신동들에게 큰 어려움은 음악의 엄격한 규칙이나 기술은 습득했지만 감정의 깊이를 가지지 못하는 경우이다. 감정의 깊이는 시간과 경험을 통해서만 얻게 되는 것이기 때문에, 음악 신동이 감정의 이런 깊이를 가진다는 것은 거의 불가능하다. 아이책 펄맨(Itzak Perlman)과 도로시 딜레이(Dorothy Delay)를 가르쳤던 바이올린 교사는 "제아무리 신동이라 해도 아이들은 위대한 음악을 작곡하기에는 충분치 못하다. 그들은 45세 된 남성이 연주하는 음악을 결코 연주해 낼 수 없다."라고 말했다(Winn, 1979, p.41).

뛰어난 음악가로 성장하는 아이들의 음악적 기량은 지적으로나 정서적으로 능력 결핍인 아이들에게서 자연스레 나타나는 비범한 기술과는 다른 것이다. 성장 발달이 늦거나 자폐증세를 보이는 아이들의 음악적 천재성은 일반적인 지능이나 인격 개발, 교육, 그리고 다른 주위의 지원과는 무관하게 나타날 수 있는 것이다. 대부분의 경우, 빼어난 음악성을 보이는 아이들의 초기 재능은 고정된 것이 아니라 훈련으로 개발할 수 있는 능력이다. 그럼에도 불구하고 애초부터 그런 천재성이 없다면 제아무리 훈련을 시킨다 해도 천재로 길러질 가능성은 없다는 것이 일반적인 믿음이다.

단지 재능을 가진 일부만이 집중적인 훈련을 통해 위대한 음악가로 성장할 수 있다는 신념에 대해, 일본 바이올리니스트인 시니치 스즈키(Shinichi Suzuki, 1969)는 반론을 제기한다. 그는 면밀히 고안된 프로그램을 이용해, 일본의 평범한 수천 명의 아이들에게 빠르면 2세 때부터 바이올린 연주를 음악신동들이 하는 방법으로 훈련시켰다. 교육의 초기 단계에서는 아이들보다 이들의 어머니들을 대상으로 훈련을 시작했다. 모든 어머니들에게 바이올린을 주고 아이들 앞에서 연주하게 했다. 그리고 아이들이 바이올린을 쉽게 만질 수 없는 특별한 물체로 인식하게 했다. 그 결과 아이들은 자연스럽게 바이올린을 만져보고 싶은 욕망을 느끼기 시작했다.

아이들이 연주를 하고 싶은 내적 동기가 있다는 것을 확인한 다음, 이들에게 작은 바이올린을 주고 수업에 참가할 수 있게 했다. 그러나 이 음악 교육이라는 것은 악보를 보고 가르치는 것이 아니었다. 아동에게는 기보법에 관한 것을 가르치지 않는 대신 귀로 듣고 그 음을 연주하게 했다. 지속적으로 바이올린 음악에 노출되고 카세트로도 음악을 들었던 이 아이들은 바로 이 음을 바이올린으로 연주했다. 따라서 이들은 연주하고 싶다는 '조작된 욕망'을 느낀 후 이를 모사해 냄으로써 바이올린을 연주했던 것이다. 훈련의 결과는 상당히 놀라웠다. 스즈키식 훈련을 받은 미취학 아동들이 모차르트 곡을 연주하는 것을 들으면서 저명한 음악가들이 감동의 눈물을 흘렸다.

스즈키는 잘 짜여진 집중적 훈련을 어린 나이부터 시작함으로써 평범한 어린이들도 음악을 기술적으로 연주할 수 있다는 것을 보여주었다. 그러나 그 학생들 대부분은 위대한 음악가로는 성장하지 못했다. 그리고 저명한 음악가로 성장한 학생들은 애초부터 비범한 음악재능을 가지고 있었을 가능성도 있다. 스즈키는 원래 훈련의 목적을 규율의 주입과 인격의 형성에 두었기 때문에 모차르트 같은 연주자를 길러내지 못하는 것에 별 관심을 두지 않았다.

어떤 측면에서 보면, 스즈키의 학생들은 성장이 늦은 아동이나 자폐아들과 같은 음악적 천재성을 보이고 있다고도 할 수 있다. 이 두 그룹의 아이들 모두 뛰어난 음악성을 보인다는 점에서는 차이가 없지만, 스즈키의 학생들이 가진 음악성은 집중적인 훈련의 결과이고 자폐아동이나 성장 발달이 늦은 아이들이 보인 재능은 훈련과는 거리가 먼 선천적인 것이라는 점에 그 차이가 있다. 어떤 그룹도 미래의 모차르트를 배출하지는 않았다. 모차르트 같은 천재는 스즈키의 학생들처럼 이른 시기의 집중적인 훈련뿐만 아니라 자폐아동들이 보여주는 선천적인 재능, 두 가지 모두가 합쳐져야만 탄생하는 듯하다. 나아가 음악적 천재들은 이 두 요소의 결합뿐만 아니라 자신의 감정이 음악과 결합되는 때를 기다려야 한다. 그렇지만 이런 결합은 모두에게 나타나는 것이 아니며, 또 나타난다 해도 청소년기나 되어서야 등장하게 된다.

　자기 문화의 조성체계와는 무관한 채, 과연 아이들이 자발적인 형태의 음악을 만들어낼 수 있는지 없는지를 결정하기에는 자료가 그다지 충분치 못하다. 만일 보편적인 형태의 음악이 있다면, 이는 번슈타인의 주장처럼 배음렬에 기초해 있을 가능성이 있다. 배음렬은 듣는 이들의 마음에 의해 조직되는 것이 아니라 음악적인 음들과 관련된 물리적, 즉 음향학적 현상이다. 따라서 이 음향학적 현상은 각 문화의 조성체계와는 무관하게 아이들이 만들어내는 노래의 기반이 될 수도 있다. 그러나 이런 가능성은 다른 음계체계를 지닌 문화에서 자라난 아이들이 만든 음악에 관한 자료를 더 많이 수집한 뒤라야만 확증할 수 있다.

　아이들이 서양문화에 속한 음악을 습득해 가는 방법을 보여주는 정보가 오히려 더 많다. 이는 조성과 리듬에 맞는 음악을 일반적인 아이들이 과연 어떻게 부르게 되는지를 보여준다. 아이들은 처음에 연속적인 음고를 아주 좁은 범위 내에서 부르고 나서 음고를 분리하기 시작한다. 이때의 음정은 아주 제한적이지만, 점진적으로 음정을 확대시켜 나간다. 아이들은 조성과 리듬에 맞지 않는 노래를 부르다가, 이 시기가 지나면 음악구조를 익히게 된다.

　음악신동에 관해서, 그리고 이들을 일반적 아이들과 차별화시키는 요소가 무엇인지에 대해서는 거의 알려진 것이 없다. 이들의 음악적 발달이 집중적인 훈련과 선천적 재능의 결과라는 사실은 알려져 있지만, 이 선천적 재능이 어떤 것인지는 그다지 밝혀지지 않았다. 음악신동의 뇌신경이 보통 아이들과 다르다는 것이 하나의 설명이 될 수는 있겠지만, 그것이 과연 어떻게 다른지는 신경학자들도 아직 답하지 못하고 있다.

 음악신동에 관한 문제를 설명하는 가장 유익한 방법은 음악과 언어를 비교하는 것이다. 음악과 언어는 모두 복잡한 규칙체계에 기초해 있다. 언어의 규칙체계는 음악보다도 훨씬 더 복잡하다. 그러나 모든 문화의 모든 아이들은 태어난 지 몇 해 지나지 않아 모국어를 습득하게 된다. 이런 측면에서 보면, 모든 아이들은 언어신동이라고도 할 수 있을 것이다.

 음성이나 악기로 음악을 연주하는 능력과 음악을 만드는 능력은 부호체계를 인식하는 능력에 달려 있다. 이런 의미에서 음악은 언어와 같다. 그렇지만 모든 사람들이 언어의 부호체계를 빠른 시기에 습득할 수 있는 반면, 음악의 부호체계는 소수의 몇몇 사람들만이 습득할 수 있다. 언어 습득능력은 당연히 인식되는 반면, 음악을 습득하는 데 필요한 능력은 일부에게서만 나타난다. 바로 그런 이유 때문에 음악신동들은 뛰어난 능력을 가진 듯 보이는 것이다.

제**4**부

문학

제9장

문학적 경험

내 저술원칙은 독자들이 내 책에서 텍스트가 아니라 읽는 행위 자체에 대한 기술을 읽게 하는 것이다.

– 이탈로 칼비노(Italo Calvino)

사실상 독자는 이미 자신 속에 간직되어 있는 것만을 읽는다. 책은 일종의 시각적 장치일 뿐이다. 작가는 그 장치를 가지고서 독자가 그 자신 속에서 발견해 낼 수 있는 것, 그렇지만 책이라는 장치의 도움 없이는 도저히 찾지 못할 그것을 준다.

– 마르셀 프루스트(Marcel Proust)

셰익스피어(Shakespeare)의 비극 『맥베스』를 읽는 데 열중한 독자를 상상해 보자. 극의 막바지에 이르러 아내의 부고를 전해 들은 맥베스의 반응과 마주하게 될 것이다.

> 내일, 그리고 내일, 그리고 또 내일
> 나날이 조금씩 조금씩 기어들어간다,
> 기억된 시간의 마지막 한 마디에로,
> 그리고 우리의 모든 어제는 어리석게도 비추네

추한 죽음으로 이르는 길을. 꺼져라, 꺼져, 한낱 촛불이여!
그렇지만 삶은 애처로운 그림자, 가엾은 배우
그는 무대 위에서 자신의 절정을 과시하려 안달하네
그리고는 더 이상 아무런 소리도 들리지 않아. 그것은 허구라네
얼간이 녀석이 들려준, 떠들썩하고 격분한
아무런 의미도 없는 이야기라네.

Tomorrow, and tomorrow, and tomorrow
Creeps in this petty pace from day to day,
To the last syllable of recorded time;
And all our yesterdays have lighted fools
The way to dusty death. Out, out, brief candle!
Life's but a walking shadow, a poor player
That struts and frets his hour upon the stage
And then is heard no more. It is a tale
Told by an idiot, full of sound and fury
Signifying nothing.

독자들이 이 몇 줄 안 되는 대사를 이해하려면 적어도 세 가지 난관에 봉착하게 될 것이다. 독자들은 단어들이 각 단락에서 어떤 의미를 지니는지를 결정하기 위해 단어들의 음성적 특성에 주목해야만 한다. 또한 "syllable", "candle", "stage"처럼 은유적으로 사용된 단어들에 주목하고 그 의미를 이해하려 애써야 한다. 마지막으로 작품 전체의 대사를 일관되게 파악하고 이 희곡을 총체적인 것으로서 이해해야 한다. 이런 과정들은 상호의존적이다. 예를 들어 음성의 특성이 때로는 은유의 의미를 강조하기도 하고, 음성의 패턴이 텍스트에 통일성을 부여하는 데 도움을 주기도 한다. 독자는 텍스트를 이해하기 시작하면서부터 자신이 읽은 것에 대한 정서적 반응(가령, 긴장이나 슬픔, 불안, 그리고 흥분 등)을 경험한

다. 이러한 정서적 반응은 독자들이 대사를 이해해감에 따라 일어나고 또 역으로 독자들은 한층 더 깊은 이해로 빠져든다.

또한 독자는 이 외에도 다른 여러 가지 문학적 상황에 직면한다. 예컨대 능숙한 독자는 작가의 스타일, 표현된 분위기, 배경 설정, 인물의 전개상, 관점 등에 민감하다. 그럼에도 문학의 음성적 특성, 은유, 구성 등은 텍스트를 읽을 때 우리의 경험을 구성하는 세 가지 중요한 요소들이다.

문학에서의 음성

신문기사, 서평 혹은 정치 연설처럼 비문학적인 글보다 문학작품을 번역하기가 훨씬 더 어렵다. 게다가 시문학을 번역하는 일은 모든 문학의 형식들 중에서도 가장 어렵다. 문학작품을 번역할 때 무엇인가를 잃고 마는 이유들 중 하나는, 텍스트가 옮겨지면서 그것의 음성적 특성을 거의 보존할 수 없기 때문이다. 그렇지만 문학작품에서 음성적 특성이 제멋대로 드러나는 경우는 거의 없다. 말하자면 이런 특성은 텍스트가 표현하는 의미에 도움이 되도록 작가가 의도적으로 만들어 놓은 것이다. 포프(Alexander Pope, 1688-1744)는 자신의 『비평론』(An Essay on Criticism, 1711)에서 "음성은 의미에 대한 반향이어야 한다."(365행)고 했다.

『맥베스』의 대사는 음성이 어떻게 의미를 메아리칠 수 있게 하는지를 여실히 보여준다. "tomorrow, and tomorrow, and tomorrow"에서 모음들은 광대한 느낌을 표현함으로써 시간의 무한함을 보여준다. "struts"와 "frets" 간결함은 개인의 삶이 덧없음을 보여준다. 그리고 두운법을 사용함으로써 대사는 더욱더 강한 인상을 얻는다. 예컨대 "dusty death" 같은 구절은 ("d"와 "d"를 단어의 앞에 사용함으로써) "musty death"처럼 두운법을 사용하지 않은 경우에 비해 훨씬 강한 인상을 남긴다.

언어학자인 로만 야콥슨(Roman Jakobson, 1896-1982)은 문학작품에서 음성학적 특성의 효과에 관한 연구의 길을 열었다. 그는 애드가 앨런 포우(Edgar Allen Poe, 1809-1849)의 시 〈갈가마귀〉(The Raven)에서 음성이 어떻게 의미를 메아리치게 하는지를 보여주었다(1960).

> 그런데도 갈가마귀는, 날아가 버리지 않고, 아직도 앉아 있네, 그저 앉아 있네
> 내 방문 바로 위 팰러스의 창백한 가슴 위에.
> 그리고 그의 두 눈은 꿈에 젖은 악마의 온갖 모습을 담아두고,
> 그런데 램프불빛이 그를 타고 흘러 마룻바닥에 그림자를 드리우네,
> 그러면 내 영혼은 마룻바닥을 누워 떠다니는 저 그림자를 떠나서는
> 두 번 다시 떠올려지지 못하리라—이젠 끝장이야!

> And the Raven, never flitting, still is sitting, still is sitting
> On the pallid bust of Pallas just above my chamber door;
> And his eyes have all the seeming of a demon's that is dreaming,
> And the lamp-light o'er him streaming throws his shadow on the
> floor;
> And my soul from out that shadow that lies floating on the floor
> Shall be lifted-nevermore!

〈갈가마귀〉의 마지막 연에서 단어 일부가 음성으로써 연결되어 있다. 예컨대 "raven"과 "never"는 서로 마주한 이미지(mirror image)와 같다. "raven"의 자음구성은 r-v-n이고 "never"의 자음구성은 n-v-r이다. 그리고 "still is sitting, still is sitting" 같은 구에서는 "sti"를 바로 뒤이어 "sit"로 재구성된 음성이 따른다. 음성을 이용한 이런 형태의 구성은 음성영역을 넘어 의미에도 영향을 미친다. 이 시가 이루어내려는 것들 중 하나는 영원히 머무르려 하는 갈가마귀에 관한 것이다. 여기서 포는 음성으로 연결된 단어들을 사용함으로써 갈가마귀의 끊임없는 찾아듦을 써내고 있다. 이 새를 그 시인의 방에서 쫓아낼 수 없는 것과 마찬가지로 시어들

역시 서로에게 벗어날 수 없다. 이처럼 시인은 음성차원과 단어의 의미
차원이라는 두 측면에서 영속성을 표현한다. 음성의 특성을 각 시구의
의미와 병행해서 사용하는 일은 그 시구가 참조하는 의미를 강조하는 역
할을 한다.

  음성을 사용해서 의미를 강조하는 일은 단지 문학에만 있는 것은 아니
다. 전 미 대통령 아이젠하워가 대통령 선거에서 사용했던 "I like Ike(난
아이크가 좋아)"라는 정치슬로건은 문학의 영역 밖에서 이런 효과를 확인
할 수 있는 좋은 예들 중 하나이다(Jakobson, 1960). 이 정치슬로건이 인
상적이었던 이유는 세 번째 단어인 "Ike"의 소리가 두 번째 단어인
"like"의 음성에 완전히 포함되어 있기 때문이다. 이는 그 대상(Ike)을 완
전히 감싸고 있는 감정(liking)을 보여준다. 비슷한 맥락에서, 첫 번째 단
어인 "I"는 세 번째 단어인 "Ike"에 완전히 포함되며, 이는 좋아하는 대
상 "Ike"가 주체인 "I"를 감싸고 있는 것을 보여준다.

  야콥슨은 "I'd walk mile for a Camel"(카멜을 살 수 있다면 1마일이라도
걸겠어)이라는 담배 광고문구를 또 다른 예로 보여주었다. 이 문구는 지
금껏 고안된 광고문구들 중 가장 성공한 예이다. 자음인 k-m-l이 먼저
"Walk a mile"에서 이루어진 후 "camel"에서 반복된다. 바로 이런 이유
로 이 문구는 새로운 광고로 교체된 후에도 사람들의 마음속에 살아남을
수 있었다. 의심을 쫓아버리기 위해, "I'd go a mile for a Kent"(켄트를
살 수 있다면 1마일이라도 가겠어)라는 문구가 위의 문구에 비해 얼마나 형
편 없는 인상을 주는지 생각해 보자. 미국 광고업의 중심지인 메디슨가
(Madison Avenue)의 카피라이터들이 고안한 광고문구의 음성효과를 시의
음성효과와 비교한 다른 훌륭한 자료들도 있다(Keyser, in press). 성공적
이고도 인상적인 광고문구는 시인들이 사용하는 음성학적인 기교를 활
용하고 있다.

  음성들 간의 상호관계뿐만 아니라 음성의 고유한 특성조차도 문학에
서 의미를 고양시킨다. 어떤 소리는 크고 밝고 날카롭고 새되며 번뜩이
는 성질을 가지는 반면, 어떤 소리는 작고 단조롭고 칙칙하고 부드러운

성질을 지닌다. 사실상 이런 소리들이 밝고 날카롭고 예리한 사물을 참
조하는 단어들을 구성하게 되면, 단어와 그 단어가 지시하는 것 사이의
관계가 적절해진다. 한 예로, 스페인 말의 '비둘기'에 해당하는 'paloma'
생각해 보자. 이 단어는 공손하고도 조화롭고 노래부르는 듯한 소리를
지니고 있다. 이 단어의 영어 표현에 해당하는 'pigeon'이란 말은 훨씬
더 퉁명스럽고 무미건조하다. 푸에르토리코에 서식하는 비둘기는 아름답
고 부드러운 색을 띠지만, 보스턴에 서식하는 비둘기는 칙칙한 회색을
띤 것을 보면 두 단어 모두 지시대상과 어울린다고 할 수 있다.

이런 현상을 음성상징론(phonetic symbolism)이라고 한다. 이 현상은 실
제로 심리학적 실험결과로써 입증되었다(Brown, 1958). 가령 영어를 사용
하는 참여자들에게 'mal' – 'mil'처럼 소리의 측면에서 대조를 이루는 무
의미한 두 개 음절을 '큰 탁자' – '작은 탁자'처럼 일차원적으로 대조를
이루는 대상들과 어울리게끔 배치하도록 했다(Sapir, 1929). 이 과제는 어
떤 음절들이 각 탁자에 가장 적합한 이름으로 사용될 수 있는지를 결정
하기 위한 것이었다. 11세 아이에서부터 성인에 이르기까지 참여자들은
놀라운 의견일치를 보였다. 각 연령층의 참여자들 중 약 80%가 'mal'을
큰 탁자의 이름으로 선택했다.

어떤 음성은 큰 느낌이 나고 어떤 음성은 작은 느낌이 난다는 일치된
주장에 대한 하나의 설명이 있다. 그것은 물리학적인 것이다(Newman,
1933). 경험된 모음의 '크기'(size)는 모음의 음향효과 및 이런 모음을 만
들어내는 조음기관 모두와 관련된다. 우선 모음의 증가하는 크기는 다음
과 같은 순서로 나타난다. 즉 '이[i]'(ēē라는 말에서처럼), '에[e]'(프랑스어
été), '에[E]'(pet라는 말에서처럼), '애[ae]'(pat라는 말에서처럼), 그리고 '아
[a]'(독일어 Mann에서처럼)의 순서로 증가한다. 이는 '이[i]'가 비교적 작은
대상과 연관되는 경향이 있는 반면, '아[a]'는 큰 대상과 연결됨을 보여
준다. 이런 순서에서 모음들은 일정한 물리적 특성을 가진다. 모음들은
음향특성이라고도 하는 진동수의 측면에서 선형적으로 감소한다. 게다가
증가하는 크기의 순서대로 각 모음들을 발음해 보면, 혀는 점점 더 안쪽

으로 들어가고 이에 따라 입이 점점 더 벌어진다. 이 현상은 소리내는 사람이 지닌 조음기관의 물리적 특성에 기인한다. 이처럼 모음은 진동수가 낮을수록 큰 느낌을 표현하는 소리가 된다. 그리고 혀가 입 안쪽으로 깊숙이 들어가고 입을 크게 벌렸을 때 이런 소리가 나는 것이다. 이와 비슷한 물리적 근거들을 자음과 크기 사이의 관계, 모음과 밝기 사이의 관계에서도 찾아볼 수 있다.

　소리와 크기 혹은 소리와 밝기 사이의 관계는 어쩌면 물리적 특성 이상의 것인지도 모른다. 인간이 특정한 소리를 특정한 크기에 연관시키도록 학습받는 일도 이를 설명할 수 있는 예가 된다. 영어의 경우 작은 대상들을 지칭하는 대다수 단어들이 '이'(little에서의 [i]) 같은 모음을 포함하는가 하면, 큰 대상을 지칭하는 단어들은 '애'(grand에서의 [ae]) 같은 모음을 포함한다. 물론 이것은 단지 우연일 수도 있다. 영어를 모국어로 하는 사람들만을 참여자로 삼아 연구할 경우에는 이런 일이 우연인지 아닌지에 대한 답을 찾을 수 없다. 모음인 '애[ae]'는 큰 느낌으로 '이[i]'는 작은 느낌으로 나타나는 것이 자연적인 현상인지 임의적인 현상인지를 파악하기 위해서는 영어 이외의 언어들을 살펴볼 필요가 있다. 이러한 목적으로 설계된 연구에서는 'warm' - 'cool' 또 'heavy' - 'light' 같은 반의어 목록을 작성해서 사용했다(Brown, Black, Horowitz, 1955). 그런 후 그 목록은 중국어, 체코어, 그리고 힌디어 등처럼 서로 연관관계가 먼 언어들로 번역되었다. 영어를 모국어로 쓰는 85명의 성인들이 참여자로 참여했는데, 이들은 위의 세 가지 언어에 대해 전혀 알지 못하는 사람들이었다. 그들에게 'ch'ung' - 'ch'ing'과 같은 중국어와 여기에 상응하는 단어 'heavy' - 'light'를 제시했다. 이는 'ch'ung'과 'ch'ing'이라는 두 개 단어들 가운데서 어떤 것이 'heavy'로, 또 어떤 것이 'light'로 옮겨질 것인지를 알아보기 위한 실험이었다. 음성과 의미 사이에 자연적인 유사성이 없다고 전제할 경우, 사람들은 모든 것을 운에 맡기고 응답해야만 할 것이다. 그리고 결과적으로 이 단어들을 정확히 옮길 가능성은 50%가 되어야 할 것이다. 그러나 사실상 참여자들은 단어 쌍들 대부분을 번역할 때 우연이라고 여기기는 약간 어려운 수준으로 의견일치를 보였다. 말하자면 이들은 두 가지의 특정 의미가 어떤 음성에 가장 잘 맞아떨어진다는 점에 동의했던 것이다. 더구나 참여자들이 올바른 의미를 선택할 확률은 틀린 의미를 선택할 확률에 비해 2배에 달했다. 예컨대 이들은 대체로 'ch'ung'은 'heavy'에, 'ch'ing'은 'light'에 연결함으로써 바르게 짝지었다. 이처럼 역사적으로 무관한 언어들 사이를 가로지르는 음성-의미 일치(sound-meaning correspondences)가 있는 듯하다. 그리고 이런 일치는 어쩌면 인간의 두뇌에 자연적으로 존재하는 것인지도 모른다.

그러나 보편적인 음성상징론의 영향력을 과대평가해서는 안 된다. 참여자들은 단지 우연성의 한계를 조금 넘어섰을 뿐이다. 그리고 영어를 거의 못하는 중국계 미국인에게 체코어와 힌디어의 동의어 쌍들을 중국어의 동의어 쌍과 짝지어보라고 했을 때, 이들은 두 외국어 단어의 의미에 대해 우연한 수준 이상으로 일치를 보이지 못했다. 더욱이 연구에 참여한 참여자들의 숫자는 불과 19명에 지나지 않았다. 따라서 지나치게 강력한 결론을 이끌어내기 위해 이 연구를 이처럼 확대 해석해서는 안 될 것이다. 모든 증거를 고려했을 때, 그 사례는 음성과 의미 사이의 어떤 연상관계가 진정으로 보편적이라는 결론을 이끌어내는 듯하다. 그렇지만 그와 반대로 언어 공동체가 소리와 의미 사이의 또 다른 연상관계를 임의적으로 강제한다는 결론도 낼 수 있다(Brown, 1958).

이렇게 볼 때 적어도 인류의 모든 언어를 관통하는 음성-의미 유사성(resemblances)이 존재하는 듯하다. 또한 어떤 특정 언어에서는 음성과 그것이 표현하는 의미들 사이에 아주 강한 일치를 보이는 경우도 있다. 이러한 음성–의미 일치는 정규적인 언어에서는 보통 권장되지 않는다. 그런 언어에서 화자와 청자는 말의 일차적 기능이 지시적일 것이라고 기대한다. 그러나 문학에서는 의미가 울려나오도록 일부러 음성을 만들어낸다. 그리고 이런 사례는 독자가 작품에서의 음성-의미 유사성을 인지할 수 있는 능력이 있음을 보여준다.

음성-의미 일치를 지각할 수 있는 능력에 관한 모든 심리학적 연구는 글의 맥락이 제시하는 말들에 대해서 이루어져 왔다. 이러한 모든 연구들은 반응을 이끌어내기 위해 의도적 선택과제(forced-choice tasks)를 사용해 왔다. 그러나 이러한 연구방식으로는 독자가 스스로의 방식대로 언어를 사용할 경우에도 음성과 의미의 연결을 지각할 수 있는 능력을 사용하는지를 입증하지 못한다. 이러한 문제를 해결하기 위해서는 문학작품을 읽는 독자들을 살펴볼 필요가 있다. 예를 들어 〈맥베스〉를 읽는 데 열중해 있는 독자가 "tomorrow"에 사용된 모음들이 광대한 느낌을 표현하고 있고, 이것이 곧 시간의 영속성을 나타내는 것이라는 사실을 알아낼 수 있을까? 심리학 실험들은 줄곧 독자들이 이러한 연관관계를 알아낼 수 있는 능력을 가졌다는 쪽으로 이루어져 왔다. 그렇지만 독자들이 이러한 능력을 사용하는지 문학에 조예가 깊은 독자들만이 그렇게 할 수 있는지에 관해서는 여전히 알려진 것이 없다.

이러한 음성-의미 일치는 독자가 이런 관계를 깨닫지 못하는 경우에도 영향을 미친다. 특정 음성을 가진 말을 사용함으로써 독자들은 무언가 맞아떨어진다는 느낌을 받을 수 있을 것이다. 예컨대 "tomorrow"를 "the next day"로 대체해서 텍스트에서의 음성을 조심스럽게 바꾼 다음 원래의 텍스트와 바뀐 텍스트에 대한 독자의 반응을 탐구하면, 음성과 의미의 상응의 영향력과 호소력을 규정할 만한 단초를 마련할 수 있을 것이다.

은유의 본성

맥베스는 아내의 죽음을 전해 듣고 문자 그대로와는 다른 의미로 뭔가를 중얼거린다. 그는 촛불에게 꺼지라고 말하지만 그가 지시하고 있는 것은 촛불이 아니고 인간의 생명이다. 그리고 실제로는 세상을 지칭하면서도 무대를 말하기도 한다. 독자는 분명 이러한 용법을 '은유'라고 생각할 것이다. 만일 이러한 표현을 문자 그대로 받아들인다면 텍스트에 대한 오해가 생길 것이다.

은유적 표현이 문학과 관련이 있는 것이기는 하지만, 단지 여기에 국한 되지 않고 일상 언어에도 널리 사용된다(Lakoff and Johnson, 1980). 신문을 살펴보는 것만으로도 언어를 은유적으로 사용하는 사례를 쉽게 찾을 수 있다. 거기에서는 국가 간의 결속이 "시멘트질 되었다"(cemented)거나, 협상이 "끊어지고 말았다"(severed)거나, 긴장이 "끓는점"(boiling point)에 도달했다는 등의 은유를 접할 수 있다. 상원의원 암스트롱(William L. Amstrong)의 연설을 인용한 1981년 2월 7일자 뉴욕 타임즈의 한 기사를 생각해 보자. "환자들이 정신병수용소 담을 넘어버렸다. 국채를 늘리는 것이 당연히 옳다고 우리에게 말해 왔던 민주당원들이 이젠 반대표를 던지려 한다. 그리고 국채를 늘리는 것이 도의상 옳지 않다고 말해 왔던 공화당들은 찬성표를 던지려 한다."

은유는 심리적 특성을 나타내기 위해 일상 대화에서도 늘 사용된다. 사람들의 성격을 표현할 때, 차갑다거나 깨지기 쉽다거나 비뚤어졌다는 등의 말을 쓴다. 청각적 형용사를 사용해서, 색상이 요란하다거나 점잖다는 식으로 표현하기도 하고, 촉각적인 용어를 사용해서 소리가 부드럽다거나 긁어댄다는 식으로 표현하기도 한다. 때로 은유는 과학이론을 정립할 때도 큰 역할을 해낸다(Gruber, 1978; Kuhn, 1979; Turbayne, 1962). 예를 들어 현대의 인지심리학자들 사이에서는 마음을 은유적으로 '컴퓨터'라고 표현하고 있다. 마음을 컴퓨터라고 생각하는 일은 마음의 활동 방식을 더 깊이 이해하는 데 도움을 줄 수 있을 것이다(Boyd, 1979).

은유는 일상적인 대화에서 널리 쓰이지만 문학에서는 더 특별한 역할을 해낸다. 누구보다도, 문장가들이 은유적 표현을 쓰는 것은 그 정도에서 많은 개인차를 보이지만, 일상 언어보다는 문학작품, 그 중에서도 특히 시에서 은유를 빈번히 사용한다. 그러나 단순히 빈도상의 문제보다 더 중요한 사실이 있다. 일상 언어에서 사용하는 은유는 대부분 '굳어버린' 표현이라는 것이다. 요컨대 이러한 상투적인 표현을 너무 많이 사용해 왔기 때문에, 우리는 이것의 문자 그대로의 의미는 전혀 생각하지 않고 그저 그것의 은유적 의미만을 이해한다. 따라서 우리는 청각적인 요란함과 시각적인 밝음 사이의 관계를 반성하지 않고도 요란한 색을 밝은 색으로 이해할 수 있다. 그러나 문학에서의 은유는 '참신한' 것이 되려는 경향이 있다. 인생을 '한낱 촛불'이라고 일컫는 것은 일상적이지 않다. 그것은 낯선 표현이다. 이처럼 참신한 은유는 독자들에게 사전을 뒤져 간단히 얻을 수 있는 상투적 표현을 이해할 때 필요한 것보다 훨씬 더 많은 것을 요구한다.

또한 은유를 단순히 언어의 장식적 기능이라고 할 수 없다. 게다가 그것은 그야말로 단순히 문자 그대로 쉽게 표현할 수 있는 방법도 아니다. 대부분의 경우, 은유를 문자 그대로의 표현으로 바꾼다면 그 의미가 변하기 때문이다. 은유는 우리의 말과 생각에서 없어서는 안 될 중요한 기능을 수행한다. 만약 사람들이 문자 그대로의 언어만을 사용할 수 있도록 엄격히 제한당한다면 대화 자체가 사라지지는 않겠지만 의사소통에는 심각한 손상을 입을 것이다.

아리스토텔레스(Aristotle, BC.384-322)는 새로운 통찰을 표현하기 위해서는 은유가 필요하다고 했다. 그는 이렇게 말하고 있다. "낯선 말들은 우리를 쉽게 혼란에 빠뜨린다. 그리고 일상의 말들은 우리가 이미 알고 있는 것들만을 전해 준다. 무언가 참신한 것을 가장 잘 얻을 수 있는 일은 다름 아니라 은유로부터 이루어진다. 시인이 늙음을 '한 줄기 시든 꽃'이라 부를 때, 그는 양쪽에 모두에 속한 일반 개념, 즉 '한창 때가 저물어감'이라는 개념을 매개로 해서 새로운 생각과 새로운 사실을 우리에게 전해 주는 것이다."(『수사학』 1410b, 13-18). 문학평론가 필립 휠라이트(Phillip Wheelwright)는 다음과 같은 사실을 관찰했다. "세상에서 없어서는 안 되지만, 그럼에도 모호하고 유동적이고 개연적일뿐더러 종종 역설적이기까지 한 현상들을 가능한 한 정확히 말하기 위해서라면, 언어는 어느 정도는 그 스스로를 이런 특성들에 적합하도록 만들어야만 한다."(1954, p.43). 언어가 단지 고정되고 문자 그대로의 의미만을 가진다면 우리는 결코 새로운 생각이나 통찰을 얘기할 수 없을 것이다. 따라서 은유의 기능 중 하나는 문자 그대로 표현할 수 없는 것을 의사소통 가능하게 하는 일이다. 만일 "한낱 촛불"을 "무상한 인생"으로 바꿔서 표현한다면, 인생을 촛불에 비유함으로써 전해지는, 불안하지만 아름답고 강렬한 느낌은 사라지고 말 것이다.

은유는 또한 다른 기능들도 수행한다. 은유는 문자 그대로의 사실적 언어보다 더 생생하고도 인상적인 방식으로 의미를 파악한다. 은유가 깊은 인상을 남기는 것은 아마도 '의외의' 요소 때문일 것이다. 아리스토텔레스는 다음과 같은 사실에 주목했다. "은유가, 그리고 듣는 이들을 놀라게 할 만한 커다란 힘이 특별히 옮겨다 놓는 것이 있다면, 그것은 생생함이다. 말하자면 이렇다. 듣는 이는 낯선 것을 기대하고, 그렇기 때문에 그 사람이 새로운 생각을 얻게 되면 그것이 그를 더 큰 감동으로 이끈다. 그는 속으로 '그래, 맞아. 바로 그거야. 예전에는 이런 걸 생각해 본 적이 없지!' 라고 말하는 듯 하다"(『수사학』 1412a, 19-23).

은유는 간결할뿐더러 압축된 방식으로 생각을 표현하는 것이다(Ortony, 1975). 맥베스가 인생을 "한낱 촛불"과 연결시켰던 것을 문자 그대로 파악하려 한다면 훨씬 더 많은 단어들을 사용해야 할 것이다. 인생은 짧고 불안정하고 꺼질 듯하고 강렬하고 격하고 뜨겁고 아름답고 기타 등등 말이다. 이렇게 볼 때, 은유는 언어에서도 그렇거니와 사고에서도 없어서는 안 될 중요한 역할을 한다.

은유를 만들어내려면 단어를 새로운 방식으로 사용해야 한다. 은유에서의 경우, 단어 혹은 그보다 더 큰 언어단위는 문자 그대로 나타내지 못하는 것을 지시하기 위해 쓰인다. 이렇게 해서 두 가지 요소는 말의 지시대상 및 그 말이 은유적으로 변형된 지시대상으로 등치된다.

은유는 서로 판이하게 다르지만 어떤 면에서는 서로 비슷한 요소들을 연결시킨다. 인생을 "촛불"이라 불렀을 때 맥베스는 인생과 촛불이라는 서로 다른 것들을 연결시킨 것이다. 이 두 말은 서로 다른 범주에 속한다는 면에서 차이가 있지만 불안하고 덧없다는 면에서는 유사하다. 이런 차이와 유사성의 이중적 규준을 아리스토텔레스가 처음으로 설명해 냈

다. 그는 이렇게 말했다. "은유는 원래의 것과 관련된 것에서⋯ 이끌려
나와야만 한다. 그렇지만 이것은 철학과 달리 그다지 명료하지는 않다.
철학에서는 명민한 정신이 서로 판이하게 다른 것들 사이에서도 유사성
을 인식한다"(『수사학』 1412a, 9-12).

은유는 문자 그대로의 언어 사용과 규범에서 벗어난 언어 사용, 이 양
자 사이의 연속선 위 어딘가에 위치할 수 있다. 아리스토텔레스의 표현
에서처럼 "명백하게 연관된" 요소들을 서로 연결시켜 은유를 만들어내
려 한다면, 은유가 아니라 문자 그대로의 사실적인 유사성만을 낳을 것
이다. 분석에 사용된 두 가지 진술의 경우를 보자(Ortony, 1979a, 1979b).

① 종기는 사마귀 같다.
② 광고게시판은 사마귀 같다.

이 두 가지 진술이 서로 다르다는 것은 상식적으로도 알 수 있다. 종기
는 실제로 사마귀와 비슷하지만 광고게시판은 실제로 사마귀와는 다르
다. 첫 번째 진술은 문자 그대로의 유사성에 근간을 두고 있고, 두 번째
진술은 은유적인 유사성에 근거한 것이다.

이 두 진술 간의 차이는 두 단어들을 연결시키는 특징들의 상대적인
현저함과 관련된다. 진술 ①에서는 단어 "사마귀"의 아주 현저한 특징이
단어 "종기"에도 아주 현저하게 나타난다. 즉 참여자들에게 종기와 사마
귀의 특징들을 열거하라고 하면 그들은 공히 "흉하게 생긴 돌출부"라는
항목을 가장 많이 꼽았다. 진술 ②의 경우 "사마귀"의 아주 현저한 특징
들이 "광고게시판"에 대해서는 그리 현저한 것이 못 된다. 참여자들에게
광고게시판의 특징들을 손꼽아보라고 했을 때, 그들은 "광고에 쓰인다",
"길가에 있다", "크다" 등의 항목을 가장 빈번히 인용했다. 사마귀의 중
요한 특징으로, 우선적으로 꼽혔던 "흉하게 생긴 돌출부"라는 항목은
"광고게시판"에 대해서는 그보다 더 현저하지 않은 것으로 나타났다.

따라서 양자 모두에게 중요한 것으로 받아들여지는 특징들을 공히 소

유한 두 가지 요소들을 어떤 진술이 연결시킨다면, 이는 은유가 아니라 문자 그대로의 사실적인 유사성이 될 것이다. 그래서 만일 맥베스가 촛불을 횃불에 비유했더라면 이는 은유가 아니었을 것이다. 앞의 단어에 대한 비교적 현저하지 않은 특징들보다는 뒤의 단어에 대한 현저한 특징들을 공유한 요소들을 연결시키는 진술에서 은유가 생겨난다. 『맥베스』의 이야기로 돌아가보자. 촛불의 두 가지 현저한 특징들은 일시성과 불안전성이다. 이런 특징들이 인생을 표현하고 있기는 하지만 인생에 대해 생각할 때 먼저 떠오르는 단어들은 아니다.

이러한 은유에서 '현저함의 불균형의 규준'(salience imbalance criterion)이 모든 은유적 표현에 적용되는 것은 아니다. '구름은 솜뭉치다.' 라는 문장을 한번 생각해 보자. 하얗고 부드럽고 보풀보풀한 특징들이 어떤 단어에서는 현저한 것이고 어떤 단어에는 덜 중요한 것이 아니라, 두 단어 모두의 지시대상에 대해 아주 현저하게 나타남에도 불구하고 사람들은 대부분 이 문장을 은유라고 간주할 것이다. 그렇지만 그 규준은 다음과 같은 은유, 즉 문자 그대로의 유사성을 보이는 문장과 효과적으로 구별될 수 있는 방법으로써 기능하기 때문에 충분한 은유에 적용된다.

만약 현저함의 불균형이 역전된다면, 앞 단어의 아주 현저한 특징은 뒤 단어, 즉 이례적인 결과인 그다지 현저하지 않은 특징과 잘 어울릴 것이다. 광고게시판이 사마귀라고 말하는 것은 거의 무의미하다. 만일 그 단어들이 한 문장에 사용된 두 단어 모두에 그다지 현저하지 않은 특징을 공히 가진다면, (그다지 현저하지 않은 특징을 공유할 때에도) 역시 이례적인 결과가 나타날 것이다. 만약 맥베스가 인생을 의자라고 불렀다면 이상한 문장이 되고 말았을 것이다. 인생과 의자는 양쪽 모두 강인하다고 말할 수도 있겠지만, 이런 특징은 각 단어에 그다지 현저하지 못한 특징이다. 확신컨대 그 어떤 두 사물도 어떤 점에서는 서로 유사하기 때문에, 이례적인 것에 대해서도 언제나 의미를 부여할 수는 있다(Fraser, 1979; Goodman, 1972; Pollio and Burns, 1977). 그러나 이례적인 문장에 사용된 두 개의 단어가 공유하는 특징은 두 단어 모두에 그다지 두드러진

것이 아니기 때문에, 참여자들이 제시하는 해석은 대개 겨우겨우 이루어
진 것으로 나타난다. 또한 은유의 의미는 어느 정도의 해석상의 의견일
치를 기대할 수 있는 반면, 이례적인 진술이 주어질 경우에는 두 단어
모두가 사소한 특징들을 공유하기 때문에 해석상 상당한 이견이 나타날
것이다.

　직유와 은유는 근본적으로 동일한 것이라고 생각될 수 있는데, 그 이
유는 두 가지 모두 문자 그대로가 아닌 비사실적 유사성을 기반으로 하
고 있기 때문이다. 직유와 은유에서 단 하나의 형식상의 차이가 있다면,
그것은 '-처럼'(like)이라는 말을 사용하느냐 하지 않느냐이다. 은유는
'X는 Y이다.'라는 형태이다. 거기서 앞 단어와 뒤 단어는 각각 주제
(topic)와 전달수단(vehicle)이라고 일컬어진다. 두 단어가 공유하고 있는
특징들의 집합을 토대(ground)라고 한다(Richards, 1936). "인생이란 걷는
그림자에 불과한 것"(Life is but a walking shadow)이라고 말했을 때, 맥베
스는 바로 이 같은 형식으로 은유를 한 것이다. "꺼져라, 꺼져라, 짧은
촛불이여."(Out out, brief candle)라고 말했을 때, 그는 전달수단만을 언급
하고 나머지 주제는 추측에 맡겼다. 이러한 것을 '무주제 은유'(topicless
metaphor)라고 한다. 맥베스는 "그건 멍청이나 지껄이는 얘기야."(It is a
tale told by an idiot)라는 말을 하며 완전한 문장으로 이루어진 은유를 창
조해 낸다. 이 문장은 사실적으로도 은유적으로도 받아들여질 수 있는
것이다(Ortony, 1980). 이것은 주제(it)와 전달수단(tale told by an idiot)을
모두 가지고 있기는 하지만 "그건"(it)은 지시대상이 불분명한 말이다. 따
라서 만일 어떤 얘기에 관한 토론에서처럼 이 문장이 다른 맥락 속에 놓
여 있다면, 완전히 문자 그대로의 의미만을 가질 수도 있을 것이다. 완전
한 문장으로 이루어진 은유와는 달리, 꼼꼼히 명시된 주제와 전달수단을
가진 은유를 문자 그대로 받아들이면 분명 오해를 낳는다. "저 살인자는
틀림없이 짐승이다"(That murderer must be an animal)처럼 예외인 진술들
도 있다. 그래서 이 문장에는 분명 은유적인 의미(살인자는 광폭하고 위험
하다)와 문자 그대로의 의미(그는 생물학적으로 짐승이다)가 공존한다. 그

렇다 하더라도 명시된 주제와 전달수단을 가진 은유들은 대부분 문자 그대로 받아들여서는 안 된다.

은유의 의미전달 방식이라는 주제는 많은 논란거리로 받아들여져 왔다. 은유는 문장의 두 요소를 비교하는 것이므로 그 문장의 의미는 주제와 전달수단 사이의 비교에서 생겨난다. 이것이 전통적이고 일반적인 견해이다. 그러나 대부분의 현대 이론들은 은유를 상호작용론자의 관점(interactionist view)에서 받아들이고 있다(Black, 1962, 1979; Richards, 1936; Wheelwright, 1954). 인생을 그림자라고 말하는 것은 단순히 인생과 그림자를 비교하기 위한 것이 아니다. 그보다는 오히려 이 은유가 인생을 마치 그림자와 같은 것으로 보도록 우리를 초대한 것이다. 은유를 해석하는 데 비교는 우리가 은유를 해석할 때 거쳐야만 하는 절차들 중 한 부분일는지도 모른다. 반면 은유의 의미는 두 사물을 비교하는 일과는 사뭇 다른 것이다(Searl, 1979).

상호작용론의 관점에서 보면, 주제와 전달수단은 상호작용을 함으로써 두 단어를 합한 것보다 더 큰 의미를 만들어낸다. 즉 주제와 전달수단이 융합되어 새로운 전체를 구성한다. 이러한 상호작용은 불규칙적으로 발생한다고 여겨진다. 말하자면 전달수단이 주제에 대한 우리의 관점을 재조직화하는 것이 아니라, 오히려 그 반대로 이루어진다. 전달수단은 주제의 모습을 선택하고 강조하고 억압한다. 그것은 이런 일을 그 자신에게만 규범적으로 적용한다는 사실에 관한 진술들을 암암리에 내비침으로써 이루어진다.

은유가 단순한 비교가 아니라는 관점, 그리고 주제와 전달수단이 서로 다른 역할을 한다는 관점은 이미 수많은 연구들이 뒷받침해 왔다. 은유가 우리에게 주제를 전달수단으로 여기게끔 한다는 하나의 증거는 이런 것이다. 즉 주제와 전달수단의 자리가 뒤바뀌었을 때는 지극히 이례적인 진술(말하자면 규범에서 벗어나 있거나 완전히 색다른 은유)이 된다는 사실이다(Ortony, 1979a, 1979b). 다음 문장의 경우를 한번 생각해 보자.

① 예배는 수면제 같다.
② 수면제는 예배와도 같다.

진술 ①은 완전히 이해할 수 있는 은유이다. '졸리게 한다'는 수면제의 아주 중요한 요소가 예배에도 적용되어, 예배는 너무나 따분하기 때문에 사람을 잠들게 한다는 것을 나타내고 있다. 진술 ②는 이례적인 문장이다. 잠을 유도하는 특징이 전달수단인 예배의 가장 두드러진 특징이 아니기 때문에 공유된 특성이 전달수단에서는 현저함이 덜하고 주제에서는 높기 때문이다. 또 다른 예를 생각해 보자.

① 외과의사는 정육점 주인 같다.
② 정육점 주인은 외과의사 같다.

위의 진술들은 주제와 전달수단 사이에서 이루어진 자리 뒤바꿈이 반드시 이례적인 문장을 만들어내는 것이 아니라 오히려 새로운 은유를 만드는 결과를 야기할 수도 있다는 것을 보여주고 있다. 진술 ①에서 정육점 주인의 현저히 두드러진 특징은 외과의사에게도 적용되어, 외과의사들이 폭력적이고 서툴다는 의미를 주고 있다. 진술 ②에서 외과의사의 두드러진 특징은 정육점 주인에 적용되어, 정육점 주인이 정확하고 능숙하다는 의미를 만들어내고 있다. 만일 비교의 관점이 함축하는 것처럼 주제와 전달수단이 균형적인 역할을 해낸다고 한다면, 이러한 자리 뒤바꿈은 의미를 변화시키지 않아야만 할 것이다.

다른 연구들도 주제와 전달수단의 불균형적인 역할에 관한 증거를 보여주고 있다. 사람들이 문장을 회상할 때 두 단어의 위치를 뒤바꿔서 기억하는 경우는 거의 없다(Verbrugge and McCarrell, 1977). '고층빌딩은 기린이다'라는 진술과 같은 은유를 들은 뒤에, 사람들은 고층빌딩이 기린으로 변하는 것으로 상상하곤 한다. 반대로 '기린은 고층빌딩이다.'라는 진술을 들으면, 기린이 마천루로 변하는 상상을 한다(Verbrugge, 1980).

그리고 은유가 가지고 있는 두 요소(단어)들의 평가된 유사성(rated similarity)은 어느 것이 주제로서 앞에 위치하는지, 전달수단으로서 뒤에 위치하는지에 의해서 영향을 받는다. 예컨대 아이와 토끼 사이의 평가된 유사성은 참여자들이 '줄넘기하는 아이가 토끼 같다.'라는 진술을 들었는지, 아니면 '토끼가 줄넘기하는 아이 같다.'라는 진술을 들었는지에 따라 달라졌다(Verbrugge, 1980).

은유 문장의 불균형성은 비은유적인 비교에서도 마찬가지이다(Tversky, 1977). 정상적인 경우, 사람들은 더 중요하거나 원형적인 요소와 관련된 말을 첫 번째 자리에 놓는다. 그래서 '북한이 중국 같다.'고 말하는 것보다는 오히려 '중국이 북한 같다.'고 말하는 것이 일반적이다. 중국은 아시아에서 가장 중요한 공산국가이기 때문에 그보다 작은 공산국가들과의 비교기준이 된다.

어떤 단어가 첫 번째 자리에 오는지를 결정하는 것은 중요성만이 아니다. 어떤 경우에는 '인간'과 근접하게 관련되는 말이 어떤 것인지를 나타내는 정도 역시 결정인자가 된다(Connor and Kogan, 1980). 어떤 연구의 경우 참여자들에게 여러 대상들을 한 쌍으로 짝지어놓은 사진들을 보여주고, 거기 묘사된 두 가지 대상에 동등하게 나타난 은유를 만들어보라고 했다. 예컨대 노인과 나무가 있는 사진을 보여주었을 때, 참여자들은 "노인은 시든 나무이다"나 "시든 나무는 노인이다"라는 말로 반응을 나타냈다. 대부분의 참여자들은 첫 번째 문장과 같은 단어순서를 선호했다. 인간과 더욱 비슷한 대상을 전달수단이 아닌 주제로 만들려는 경향이 있는 듯하다. 움직이는 사물이 그렇지 않은 사물보다 더 인간과 닮아 있다. 또 타인들이 동물보다 나와 닮았다. 따라서 은유의 불균형성은 우리가 비교대상들을 보는 방식에서 기인하는 것 같다. 더 비중 있는 말들이나 우리와 많이 닮았다고 느껴지는 것들이 비교의 중심이 된다. 그다지 중요하지 않은 말은 중요한 말에 대한 우리의 관점을 미묘하게 재조정하는 역할을 한다. 그러나 주제가 관심의 초점이 되기는 하지만, 역설적이게도 대다수의 기능을 수행하는 것은 전달수단이다.

은유가 이루어지는 절차와 기억

은유적 언어가 과연 특정 절차를 필요로 하는지는 많은 논란을 야기해 왔다. 은유들이 특별한 절차를 필요로 한다는 주장은 우리가 문장을 들을 때 처음부터 문자 그대로 엄밀히 해석한다는 가정에 뿌리를 두고 있다. 그런데 우리는 과연 그 문장이 진술된 맥락 속에서 의미를 갖는지 알기 위해 이 해석을 검토한다. 만일 그것이 그 맥락에서 유의미하다면 우리는 이를 확정할 것이고, 그렇지 않다면 은유적인 해석을 계속해서 확대해갈 것이다. 이런 모형에 따르면, 은유는 세 단계로 이루어진다. 즉 문자 그대로의 사실적 해석단계, 맥락에 맞지 않는 것을 깨닫는 단계, 적절한 은유적 해석에서 이전 단계의 해석을 버리는 단계 등이다. 이런 단계들을 거치는 데 걸리는 시간은 불과 수 밀리 초에 지나지 않는다는 주장도 있다. 게다가 이런 단계들은 의식적으로 쉽게 깨달을 수 있는 성질의 것이 못 된다.

은유적 절차의 이러한 3단계 모형에 따르면, 셰익스피어의 독자들은 잠시나마 맥베스가 인생은 그림자라고 (문자 그대로) 말하고 있다고 여길 수 있다. 이런 해석은 금새 거부당한다. 앞뒤가 맞지 않기 때문이다. 말하자면 삶은 빛이 사물의 뒤에서 드리우는 그림자의 질서와는 너무나 다른 것이다. 이내 독자는 은유적 해결책을 내보고 뜻이 통하게끔 한다.

만약 이러한 모델이 타당하다면 은유를 해석하기 위해서는 비은유적 진술을 해석할 때보다 반드시 더 긴 처리시간이 필요하다. 동일한 문장으로 끝나는 짧은 이야기들의 쌍을 사용해서 이러한 주장을 검증해 보았다(Ortony, Schallert, Reynolds, Antos, 1978). 각 쌍의 마지막 문장들은 문자 그대로 읽어내느냐, 아니면 은유적으로 읽어내느냐에 따라 뜻이 맞게끔 구성되었다. 각 쌍을 구성하는 짧은 이야기들 가운데서 한 쪽은 마지막 문장을 문자 그대로 해석해야 뜻이 통했고, 다른 쪽은 은유적으로 읽어내야만 뜻이 통했다. 이야기들 중에서 반은 오직 하나의 문장만이 목표 문장(target sentence) 앞에 놓여 있었고, 남은 반은 몇 개의 문장들이 그 앞에 놓여 있었다.

만일 문자 그대로 먼저 해석한 뒤에 그 다음 단계로 은유적 해석에 이른다는 가정이 논리에 맞는다면, 그 맥락상 은유적으로 해석할 필요가 있는 문장들에는 더 많은 시간을 소요해야만 할 것이다. 사실상 목표문 장이 문맥에 뒤따를 때가 이 경우이다. 그렇지만 더 긴 맥락이 주어졌을 때는 이해의 속도 면에서 아무런 차이도 나타나지 않았다. 따라서 은유가 충분한 문맥 가운데서 주어진다면(물론 이것은 우리가 문학작품이나 일상 언어에서 은유를 흔히 접하는 방식이다), 은유는 직접적으로 해석되는 듯하다. 독자나 청자는 문자 그대로 해석해 보고 문맥에 맞지 않으면 이를 포기하는 과정을 거치지 않고서도 직접적으로 은유적 읽기를 할는지도 모른다. 이 연구는 우리가 은유적인 문장을 은유적으로 해석하기에 앞서 항상 문자 그대로 해석하는 과정을 거치게 된다는 3단계 모형에 대립하는 증거로 여겨진다.

또한 3단계 모형은 주장하길, 문자 그대로의 해석에 도달하는 일은 자동적으로 이루어지지만 문자 그대로의 읽기에서 벗어나는 일은 단지 선택의 문제이다. 그렇지만 은유적으로 해석하는 일도 문자 그대로 해석을 할 때와 마찬가지로 즉각적으로 이루어진다는 사실이 입증되었다(Glucksberg, Gildea, Bookin, in press). 여기에서는 참여자들에게 일련의 문장을 들려주고 각 문장이 문자 그대로의 의미로 맞는지 틀리는지를 판별하게 했다. 틀린 문장 중에는 "어떤 길들은 새들이다."(Some roads are birds)처럼 문자 그대로나 은유적으로나 모두 맞지 않는 경우가 있었다. 문자 그대로는 맞지만 은유적으로는 틀린 문장들도 있었다. 예를 들어 "어떤 직업은 감옥이다."(Some jobs are jails)라는 문장은 자기 일에 사로잡혀 있는 사람들이 있다는 점에서는 은유적으로 맞는 표현이 될 수도 있지만 문자 그대로는 잘못된 표현이다.

문제는 이런 문장들이 잘못되었다는 것을 판단하는 데 과연 얼마의 시간이 걸리느냐는 것이었다. 3단계 모형은 문자 그대로 볼 경우, 이 두 문장 모두가 틀린 문장이라는 것을 판단하는 데 걸리는 시간은 거의 차가 없다고 가정한다. 이 모형에 따르자면 참여자들은 문자 그대로 해석을 시도하고, 그 후 그것이 잘못되었다는 것을 깨달은 다음, "틀렸습니다." 라는 대답을 했어야 한다. 그들은 문장을 은유적으로 읽어내야 한다는 것을 염두에 둘 필요가 없었다. 왜냐하면 그들은 문장을 의미 있게 만들 필요 없이 다만 문자 그대로 이해할 때 '참'인지만을 결정하면 되었기 때문이다. 그러나 참여자들은 문자 그대로의 측면에서는 틀리지만 은유적으로는 맞는 문장을 들었을 경우에는 그 문장이 문자 그대로의 측면에서 맞지 않다고 결정하기까지 더 많은 시간을 썼다. 이는 분명 참여자들이 은유적인 해석을 시도했다는 사실을 보여준다. 은유적으로 해석하면 맞다는 사실은, 문자 그대로 해석하면 그 문장이 틀린다는 결론을 내릴 때 참여자들에게 장애요소가 되었던 것이다. 이처럼 참여자들은 은유적인 해석에서 벗어날 수 없다. 그런 해석이 부적절한 것이고, 또 직접적으로 방해가 되더라도 말이다.

이 연구 양쪽은 모두 은유가 이루어지는 3단계 절차 모형을 뒷받침하지 못했다. 그 대신 이런 의견을 제시했다. 즉 문자 그대로가 아닌 의미에 도달하는 일은 문자 그대로의 의미에 도달하는 일만큼의 노력이 든다는 것이다. "죽어라."(kick the bucket) 같은 관용적 표현이나, "언제 문을 닫을지 알려주시겠습니까?"(Can you tell me what time you close?) 같은 간접적 요구를 어떻게 처리하는지에 관한 연구들이 이러한 사실을 더 강하게 뒷받침하고 있다. 우리는 관용어를 간접적인 비관용어구만큼이나 빠르게 처리한다(Swinney, Cutler, 1979). 그리고 우리는 간접적 요구의 두 가지 의미, 즉 문자 그대로의 의미와 맥락 속에서의 이례적인 의미에 전혀 접근하지 못하는 경우도 있다(Clark, 1979).

어째서 은유적인 언어와 문자 그대로의 언어를 처리하는 속도에 별 차이가 없는지를 설명하는 가능한 하나의 이유가 있다. 말하자면 문자 그대로의 언어는 주어진 정보를 넘어설 것을 요구한다는 점이 그것이다

(Rumelhart, 1979; Saddock, 1979). 어떤 식의 읽기를 선택할지는 문장이 생겨나는 맥락에 의존한다. 은유적 언어와 일상 언어의 유사성을 보여주기 위해 다음 문장들을 고려해 보자.

① 여기가 그 강변이다(Here is the bank).
② 소금 좀 건네주시겠어요?(Would you mind passing the salt?)
③ 빨간 스웨터는 입지 마라(Don't wear your red sweater).
④ 그것이 저 아래로 갔다(It went under that one).
⑤ (개가 등장하는 흑백 만화를 가리키며) 이건 개다(This is a dog).

이들 문장 가운데 은유적인 것은 없다. 그럼에도 각 문장을 이해하기 위해서는 어느 정도의 능동적인 구성과 추론이 필요하다. 문장 ①의 경우, 지시하는 것이 강변인지 은행인지를 주어진 맥락에서 판단해야 한다. 문장 ②의 경우, 문자 그대로의 의미는 무시하고 우리가 무언가 부탁을 받고 있다는 것을 깨달아야 한다. 문장 ③의 경우, 듣는 사람은 행동을 멈춤으로써 요구를 문자 그대로 받아들일 수 있거나, 아니면 빨간 스웨터 말고 다른 것을 입으라는 의미로 받아들일 수도 있을 것이다(Eson and Shapiro, 1980). 문장 ④의 경우, 듣는 사람은 반드시 "그것"(it)과 "저 것"(that)이 지시하는 대상들을 판단해야 한다. 이 두 단어가 지시하는 대상의 범위는 무한할 수 있다. 오직 맥락만이 이 표현의 모호함을 없앨 수 있을 것이다. 문장 ⑤의 경우, 듣는 사람은 지시대상이 현실의 살아 있는 개가 아니라는 사실을 깨달아야 한다.

위의 예들 모두를 이해하기 위해서는 언어적 맥락과 언어 이외의 맥락에 주목함으로써 문자 그대로 진술하는 것 이상으로 나가야 할뿐더러 말하는 사람의 의미와 의도를 구성할 필요가 있다. 따라서 은유적 언어와 문자 그대로의 언어 사이에는 근본적인 차이가 없다고 결론지을 수도 있을 것이다. 그럼에도 지나치게 과격한 결론을 내리는 것은 적절치 못하다. 은유가 충분한 맥락 가운데서 주어진다면, 그리고 그것이 상당히 명쾌하다면, 은유 역시 문자 그대로의 진술만큼이나 빠르고 자동적으로 이해될 것이다. 그렇지만 은유가 맥락에서 벗어나 있고, 그래서 은유적으로 읽어야 할지 문자 그대로 읽어야 할지 즉시 판단이 서지 않는다면, 그때의 은유를 이해하기 위해서는 많은 노력이 필요할 것이다. 게다가 시의 경우에서처럼 복잡한 은유가 쓰였다면, 그것을 이해하는 데는 분명 훨씬 더 많은 노력이 필요할 것이다. 이는 전문 문학가들이 은유로 인해 자주 곤경에 빠지며, 있을 수 있을 법한 의미들에 대해 수 쪽의 글을 쓰고, 또한 다른 사람의 해석에 격하게 반론을 제기한다는 사실에 의해 증명된다 (Vayo, 1977). 고밀도의 철학적 문장들에서처럼 문자 그대로의 진술들은 불분명한 은유만큼이나 해석하기가 어려울 수 있다. 그렇지만 복잡한 은유적 언어를 이해하는 것이 문자 그대로의 진술을 이해하는 것보다 훨씬 더 많은 노력을 필요로 한다는 사실에는 거의 의문의 여지가 없다.

우리는 문자 그대로의 은유적 표현을 기억하지는 않는다. 또한 주제와 전달수단만을 기억하지도 않는다. 오히려 우리는 은유의 토대(ground)까지 함께 기억한다.

한 연구에서 이러한 사실이 입증되었다. 여기에서는 참여자들에게 "광고판은 풍경 속의 사마귀이다."(Billboards are warts on the landscape)와 같은 일련의 은유들을 기억해 내게끔 했다(Verbrugge and MaCarrell, 1977). 참여자들은 그 후 "광고판"(주제), "사마귀"(전달수단) 또는 "대지 위에 흉하게 튀어나온 것"(토대) 등의 세 가지 기억연상 단어(memory prompts)들 중 한 가지를 가졌다. 주제와 전달수단은 당연히 기억 연상에 효과적이었다. 하지만 그보다 흥미로운 사실은 토대 역시 기억을 촉진시켰다는 점이다. 게다가 토대는 원문에 나왔던 단어를 하나도 포함하지 않았음에도 그랬다. 토대는 광고게시판과 사마귀가 서로 연결되는 관계를 꼼꼼히 보여주고 있다. 말하자면 양쪽 단어 모두 표면 위에 흉하게 돌출해 있다. 이러한 관계의 제시가 회상을 촉진시킨다는 사실은 주제와 전달수단 사이의 추상적인 관계에 대한 추론과 기억이 은유의 이해와 관련 있다는 것을 보여준다.

은유가 추상적으로 기억된다는 점을 더욱 강력하게 뒷받침할 증거는 토대의 비언어적 표상이 기억력 향상에 효과적으로 기여한다는 것을 입증한 사례에서 밝혀졌다(Verbrugge, 1974). 참여자들은 큰 형태가 작은 형태 위에 올려진 추상적인 다이어그램을 보고서, 폭군이 희생자들을 억압하고 있다는 은유를 기억해 냈다. 심지어 토대를 음악적으로 재현했을 때조차도 효과적으로 나타났다. 따라서 고도로 추상적이고 양식에 구애를 받지 않는 언어 속에도 어떤 종류의 은유들이 들어 있다고 할 수 있다. 은유가 이런 식으로 기억된다는 사실은, 언어적인 은유가 의사소통 전반에 영향을 미치는 은유처리 과정의 한 형식에 불과하다는 점을 시사한다.

은유의 질적 측면

인생을 "한낱 촛불"에 불과하다고 말한 맥베스의 표현은 아주 적절하고 호소력 있는 은유이다. 맥베스가 인생을 촛불과 같은 것이라고 말하지 않고 그 대신 "짧은 이야기"(brief story)라고 했다고 가정해 보자. 이러한 언어 사용 역시 은유라고 할 수 있다. 더욱이 이 표현(인생은 덧없는 것)은 일면 동일한 의미를 살리고 있다. 하지만 이것은 호소력의 측면에서 보면 원문에 훨씬 못 미친다.

'적절한' 은유와 '어색한' 은유 사이에 규칙적인 차이가 있는지에 대해 답하는 일은 상당히 어려운 일이다. 대다수 연구자들은 은유나 여타 예술작품의 질적 측면을 판가름할 때 근거할 법칙을 찾아낼 수 없으리라고 느껴왔다. 은유는 상황에 따라 끝없이 달라지기 때문에 어떤 특정 은유가 사소한 이유로 좋아질 수도, 또 나빠질 수도 있는 것이다. 그런 한 모든 사례는 개별적으로 판단되어야 한다.

그러나 일부 연구자들은 이런 생각에 만족하지 않고 은유의 질적 측면을 결정하는 것이 무엇인지를 찾아내려 애써왔다. 주제와 전달수단 사이에는 일정한 차이가 있는지, 또 어떤 종류 차이가 적절한 은유를 만들어

놓는지를 조사해 보았다(Tourangeau and Sternberg, 1981). 이 연구는 주제와 전달수단이 차이를 보이는 두 가지 방식을 조사하는 식으로 수행되었다. 여기에는 무엇보다도 '하위부분들 사이의 거리'(between subspace distance)라 불리는 주제와 전달수단 사이의 차이가 있다. "들고양이는 포유류들 사이에서는 매이다."라는 은유에서 하위부분들 사이의 거리는 가깝다. 들고양이와 매는 모두 동물이라는 점에서 '가깝다'는 것이다. 그렇지만 "들고양이는 포유류들 사이에서는 대륙간탄도탄(ICBM)이다."라는 은유는 하나는 동물이고 다른 하나는 기계라는 판이하게 다른 두 가지의 대상이 나타나기 때문에 하위부분들 사이의 거리가 멀다. 둘째, 두 단어가 저마다의 영역에서 차지하고 있는 상대적인 위치들 사이에도 거리가 있다. 이것은 '하위부분들 속 거리'(within subspace distance)라 일컬어진다. 앞서 언급한 두 가지 은유에서 하위부분들 속 거리는 가깝다. 매는 조류 가운데서 공격적인 포식자이고, 들고양이는 포유류 가운데서 공격적인 포식자이다. 물론 대륙간탄도탄도 기계로서는 같은 자리를 차지한다. 그렇지만 "들고양이는 포유류들 사이에서는 개똥지빠귀이다."라는 은유적 표현에서는 하위부분들 속 거리가 멀다. 이는 들고양이가 포식자 포유류인 반면 개똥지빠귀는 포식자 조류가 아니기 때문이다.

이 연구의 가설들 중 하나는 적합한 은유의 경우 하위부분 사이의 거리는 멀지만, 하위부분 속 거리는 가깝다는 것이다. 다시 말해서 주제와 전달수단은 서로 판이하게 다른 영역에서 얻어져야만 하고, 그러면서도 각각의 영역 안에서 비슷한 역할을 해야 한다는 것이다. 또 다른 하나는 은유의 적절함과 호소력은 이해의 용이함과는 무관하다는 점이다. 말하자면 은유는 그 적절성과는 상관 없이 하위부분 속 거리와 하위부분 사이의 거리가 얼마나 가깝냐에 따라 이해될 수 있다는 것이다.

이러한 가설들을 검증하기 위해, 아래에서처럼 네 가지 은유를 거리의 두 가지 유형에 따라 변화하도록 구성했다.

① 들고양이는 포유류 사이에서는 매이다(하위부분 사이의 거리-가까움/

하위부분 속 거리-가까움).

② 들고양이는 포유류 사이에서는 개똥지빠귀이다(하위부분 사이의 거리-가까움/하위부분 속 거리-멂).

③ 들고양이는 포유류 사이에서는 대륙간탄도탄이다(하위부분 사이의 거리-멂/하위부분 속 거리-가까움).

④ 들고양이는 포유류 사이에서는 비행선이다(하위부분 사이의 거리-멂/하위부분 속 거리-멂).

참여자들에게 이해의 용이성과 적절성의 척도에 따라 이 은유들의 순위를 정하라고 했다. 실험결과는 가설을 뒷받침했다. 은유 ①이 이해하기가 가장 쉬운 것으로 평가되었다(두 가지 거리 모두 가깝다). 은유 ④가 이해하기 가장 어려운 것으로 평가되었다(두 가지 거리 모두 멀다). 가장 적절하거나 호소력 있는 것은 은유 ③으로 평가되었는데, 이는 들고양이와 대륙간탄도탄이 판이하게 다른 영역의 것들임에도, 각각의 영역에서 비슷한 역할을 하기 때문이다.

이 연구는 무엇이 은유를 호소력 있게 만드는가를 이해하려는 최초의 시도에 불과했다. 이 실험에서 사용한 은유들은 문학작품에 나오는 위대한 은유들과는 거리가 먼 것들이었다. 그리고 이 실험에 사용된 문장들은 은유라기보다는 비유에 더 가까워보인다. 이런 연구결과를 동사와 형용사를 은유적으로 사용한 여타의 은유들에 확대 적용할 수 있는지는 알 수 없다. 게다가 맥락의 다양한 형태들이 은유의 질적 측면을 판단하는 데 어떤 영향을 미치는지에 대해서도 알 길이 없다. 그럼에도 이 연구는 예술작품의 질적 측면에 대한 분석이라는 어려운 과제에 다가설 수 있는 좁은 통로를 보여주었다.

이 연구는 주제와 전달수단 사이의 거리에 변화를 주었던 반면 이 양자를 연결하는 토대는 일정하게 유지시켰다. 은유가 지닌 호소력에 관심을 가졌던 또 다른 연구는 다양한 유형의 토대들에 대한 선호도를 조사함으로써 이 요소에 변화를 주었다(Silberstein, Gardner, Phelps, Winner, in press). 여기에서는 참여자들에게 주제와 이것에 연결할 몇 가지 전달수단을 주었다. 각 주제와 전달수단의 연결은 서로 다른 형태의 토대를 기반으로 한 것이었다. 전달수단들은 (모양이나 색채 등의) 정적인 지각특징이나, (움직임이나 소리 등의) 동적인 지각특징, (거침, 폭발성, 비영구성 등의) 추상적인 비지각적 특징이나, 이들 중 두 가지 특성의 혼합형태를 기반으로 한 주제와 연결되었다. 예컨대 연구에 사용된 한 가지 항목을 뽑아보면, 주제인 화산은 밝은 소방차(색), 포효하는 사자(소리), 물을 내뿜는 고래(움직임), 격분한 남자(양쪽 모두 폭발적이고 통제 불가능한 것으로서 비지각적), 냄비에서 끓어 넘치는 토마토 소스(색과 비지각적 토대의 혼합) 등의 전달수단에 연결될 수 있었다. 비지각적인 결합은 본질상 지각적인 결합에 비해 즉각적으로 이해하기 어려웠다.

성인 참여자들은 혼합된 토대가 한 가지 특징에만 기반을 둔 토대보다 호소력이 더 강하다는 점을 깨달았다. 이러한 사실은 혼합형태의 토대에 적용 가능한 모든 형태의 토대가 포함되었을 경우 역시 마찬가지라는 사실이 입증되었다. 한 가지 토대 중에서는 비지각적인 결합형태가 지각적인 형태보다도 더 선호되었다. 그리고 지각적인 결합형태 중에서는 움직임과 소리 같은 동적인 것들이 색이나 모양 같은 정적인 것들보다 더 선호되었다. 이러한 연구결과는 적합한 은유가 주제와 전달수단 사이에 하나 이상의 연결고리를 기반으로 하고 있다는 것을 보여주고 있다. 또한 비지각적인 토대가 선호되었던 점으로 미루어볼 때 적합한 은유는 미묘하고도 즉각적으로 알 수 없는 연결고리들을 기반으로 삼고 있는 듯하다.

마지막으로, 적합한 은유는 모양이나 색처럼 두 요소가 가진 고착된 특징보다는 움직임이나 소리처럼 동적이고 가변적인 특징을 기반으로 하는 경향이 있다.

텍스트 해석하기

독자들이 작품에서 은유와 마주쳤을 때 겪는 가장 커다란 어려움은 주제와 전달수단 사이의 부조화가 만들어 놓는 긴장감을 어떻게 해소하는 가이다. 일단 은유의 뜻을 파악하면 이런 부조화와 긴장은 해결될 것이다. 독자들이 텍스트 전체를 읽을 때도 유사한 문제가 일어난다. 『맥베스』를 읽기 시작하는 시점의 독자들은 그 구성의 의미를 이해하지 못한다. 게다가 그들은 이 희곡에 대한 완전히 형식화된 해석도 가지고 있지 못한 상태이다. 따라서 『맥베스』를 마치 풀어야만 할 퍼즐처럼 여길 수도 있다. 독자들은 『맥베스』를 따라 움직이면서 텍스트의 의미를 총체적으로 파악하기 시작한다. 그들이 어떤 식으로든 일단 텍스트를 이해하기 시작하면 퍼즐로서의 긴장은 사라지게 된다.

독자들이 어떤 방식으로 텍스트의 해석에 접근하는지는 논란의 대상이다. 그러나 대다수 연구자들은 한 가지 점에서는 동의한다. 그것은 다름 아니라 독자들이 아주 능동적이라는 사실이다. 독자를 극단적으로 능동적으로 보는 관점은 서로 다른 종류의 연구들이 보고한 증거들에 의해 꾸준히 뒷받침되고 있다. 텍스트는 독자들에게 전할 의미를 담는 그릇이 아니다. 오히려 독자들이 텍스트를 구성한다(Iser, 1978; Rosenblatt, 1978). 이해 가능하고 단일한 텍스트를 경험하기 위해서, 독자들은 텍스트를 여러 가지 가정들에 적용시켜 보아야 한다. 텍스트를 읽기 시작할 때부터 이미 그들은 문장의 의미에 관해 가설을 세우고, 또 추론해야만 한다. 그리고 텍스트를 읽어가는 도중에는 앞서 세웠던 가설들을 버리고 새로운 것을 택해야만 한다.

문학평론가인 루이스 로즌블랫(Louise Rosenblatt, 1978)은 독자들이 어떤 방식으로 텍스트의 의미를 파악하는지 알기 위해 문학을 전공하는 자신의 대학원 학생들에게 많은 텍스트들을 제시하였다. 로즌블랫은 학생들에게 텍스트의 저자가 누구인지 알려주지 않았고, 그런 상태에서 그들이 그 텍스트들을 읽고 가능한 한 빨리 자신들의 답을 적어보라고 했다. 그 텍스트들 중 하나가 로버트 프로스트(Robert Frost, 1874-1963)의 4행시 〈애인에게 고하리〉(It Bids Pretty Fair)였다.

게임은 거의 무한 질주에서 벗어난 듯 해 보여.

하찮은 것을 고뇌하는 배우들로 생각하지 말지어다.

내가 두려운 유일한 것이 있다면 그건 태양이리.

모두 다 잘될 거야, 조명에 잘못된 것만 없다면 말야.

The play seems out for an almost infinite run.

Don't mind a little thing like the actors fighting.

The only thing I worry about is the sun.

We'll be all right if nothing goes wrong with the lighting.

 독자들은 처음에 이 시가 영화나 연극 제작에 관한 것이라고 가정했다. 그리고 이렇게 덧붙였다. "이건 영화 제작에 관심을 가지고 있는 사람들이 나누던 대화의 일부인 것 같다.", 아니면 "아마도 감독이 제작자에게 쓴 편지인 것 같다." 독자들 대부분은 태양을 언급하는 세 번째 행을 읽고 처음의 가설을 포기해 버렸다. 이 단어는 독자들로 하여금 '도대체 어떤 연극에서 태양을 조명으로 사용할까?' 하는 의혹을 자아냈고 다음과 같은 두 번째 생각으로 향하게 했다. "세 번째 행이 가장 혼란스럽다. 제작자가 후원자들과 얘기한다는 내 생각을 고수하자니, 정말로 상식 밖이다." 독자들이 새로운 가설의 필요성을 인식하게 되면서, 일부는 무대와 배우가 각각 세상과 인류에 대한 은유라는 사실을 간파하기 시작했다. 독자들은 그 후 "태양"의 은유적 의미를 찾기 위한 시도에 착수했다. 일부는 이 단어가 정신과 영혼의 지침을 가리킨다는 결론을 내렸다. 한 사람은 태양이 아마 원자폭탄을 나타내는 것일 거라고 여겼다.
 이러한 반응은 완성된 해석이라기보다는 독자가 완성된 해석을 구성하려는 시도중에 나온 초보적 단계의 형태라고 할 수 있다. 로즌블랫이 수집한 이런 수백 개의 해석규칙들은 독자가 능동적이라는 견해를 뒷받침한다. 독자는 이해 가능한 의미를 손쉽게 수동적으로 각인하는 것이 아니라, 자신이 능동적으로 텍스트의 내용을 구성한다. 독자는 이를 위해서 세상에 대한 일반적인 지식뿐만 아니라 문학에서 얻는 자신의 옛 경험을 활용해야 한다. 독자는 텍스트를 가설의 근거로서 사용하고, 나아가 나중에 그 가설을 검토하기 위해서도 사용한다. 텍스트의 의미를 구성하는 일이 곧 자기-수정 절차(self-corrective process)이다. 독자는 텍스트를 읽으면서 처음부터 끝까지 선형적인 방식을 채택하지 않는다. 도리어 텍스트의 앞과 뒤를 왔다갔다 하면서, 때로는 완전히 새로 시작하기도 하고, 또 읽고 있는 내용에 비추어 앞서 나왔던 내용에 대한 가설을 버리기도 한다.

독자가 구성적인 역할을 한다는 이런 관점은 독자의 텍스트 지각방식에 관심을 가져왔던 연구자들이 의견일치를 본 몇 안 되는 견해들 중 하나이다. 견해차는 두 가지 논점에서 일어나고 있다. 첫째 논점은 텍스트를 읽을 때 독자가 하는 일이 그 텍스트의 구조를 파악하는 것인가, 아니면 자신의 순간적인 느낌의 구조를 파악하는 것인가이다. 둘째 모든 독자들이 텍스트를 같은 식으로 경험하는 것인가, 아니면 다른 식으로 경험하는가에 관한 것이다.

텍스트 파악하기

독자의 글에 대한 이해에 관한 연구는 대개 문학평론가들의 관심거리였다. 그럼에도 한 가지 분야는 심리학자들이 주도하고 있다. 지난 십년 동안 인지심리학의 맥을 잇는 실험심리학자들은 독자가 단순한 이야기를 어떻게 처리하고 기억하는지에 관해 관심을 기울여왔다.

형식과 내용의 측면에서 이야기들은 큰 차이를 보이지만 대개 비슷한 종류의 내적 구조를 공유한다. 아리스토텔레스는 이렇게 주장했다. 서사적 구성은 그 주제의 측면에서 반드시 "단일한 행위, 즉 그 자체로 시작과 중간과 끝에서 완전한 전체를 이루는 것"이어야만 한다(『시학』, 23,

1459a, 18-20). 자콥슨(Jacobson, 1945)은 민담의 구조적 규칙성을 인간 언어법칙의 보편성과 비교함으로써, 문학도 언어처럼 보편적인 법칙에 따라 질서 지어지고 지배되는 체계라고 결론 내렸다.

결국 구조주의 언어학자로 알려진 문학비평가들은 다양한 종류의 이야기들이 공유하고 있는 공통적 구조를 분석해 왔다(Prince, 1973, Propp, 1968; Todorov, 1971). 전형적으로 이야기나 전통적 소설은 주인공이 어떤 문제나 도전에 직면해 있는 상황에서 출발한다. 가령 헨젤과 그레텔은 집에서 쫓겨나 숲에 버려지고 거기서 길을 잃는다. 맥베스는 그가 왕이 될 거라고 예언하는 세 명의 마녀를 만나게 된다. 이 사건의 결과로 주인공들은 목표를 설정하게 된다. 헨젤과 그레텔의 목표는 집으로 돌아가는 것이고, 맥베스의 목표는 왕이 되는 것이다. 이야기의 나머지는 주인공들이 이러한 목표를 달성하기 위한 노력들과 관련된다. 그 이야기는 사건들을 일으킨 문제가 어떻게든 해결되는 것으로 끝맺는다. 헨젤과 그레텔은 집으로 돌아가게 되고, 맥베스는 자기 목숨을 대가로 왕이 된다. 이러한 방식의 이야기 구성은 문학에만 국한된 것이 아니다. 이런 구성은 TV 드라마, 만화, 영화 등의 픽션에서만 나타나는 것이 아니라, 언론, 역사, 전기 등의 논픽션 영역에서도 전반적으로 나타난다. 픽션과 논픽션의 이야기를 구분짓는 것은 꼭 이런 구조라기보다 픽션형태의 이야기가 사용하는 다양한 장치인데, 픽션에서는 이것을 통해 독자에게 이야기가 허구라는 것을 알린다.

언어학자들이 문장구조를 형식화하려 해왔던 것처럼 심리학자들도 '이야기 문법'(story grammar)을 만들어냄으로써 전형적인 서사구조를 형식화하려 해왔다(Mandler and Johnson, 1977; Thorndyke, 1977). 이야기 문법은 이야기 전반에 영향을 미치는 구조의 규칙성을 파악하기 위한 것이다. 어떤 심리학자가 체계화했느냐에 따라 이야기 문법들도 약간씩 차이가 있기는 하지만 대부분 동일한 기본 구조를 가지고 있다. 이 문법을 만들기 시작할 무렵, 데이비드 러멀하트(David Rumelhart, 1977)가 고안했던 이야기 문법에서는 이야기가 다음처럼 세 부분으로 이루어진 내적 구조를 가진다. 첫째, 주인공이 목표를 체계화하게끔 유발하는 단초사건. 둘째, 목표를 성취하기 위한 주인공의 노력. 그리고 마지막으로, 이런 노력 끝에 나온 결과 등이다. 여기서 다시 이야기의 둘째 부분, 즉 주인공이 목표를 이루기 위해 애쓰는 부분은 다음 네 부분으로 세분화된다. 첫째, 주인공의 목표 달성을 위한 전략 수립. 둘째, 전략 수행을 위해 주인공이 충족시켜야 하는 전제조건. 셋째, 전략 수행. 넷째, 전략수행 결과 등이다. 이러한 구조는 한층 복잡해질 수 있다. 왜냐하면 주인공이 핵심 목표를 달성하기 위해서는 먼저 하나 이상의 전제조건들을 충족시켜야 할 필요가 있기 때문이다. 또한 이런 전제조건 자체에 다시금 전제조건이 있을 수도 있다. 예를 들어 맥베스는 왕이 되기 위해 먼저 살인을 해야만 한다. 하지만 그러기 위해서는 누군가를 설득시켜 살인을 저지르게 사주해야 한다는 다른 조건을 충족시켜야 한다. 그래서 그 이야기에는 주인공의 행동을 이끌어내는 여러 가지 확고한 목표들이 포함될 수 있다. 각각의 세부목표들 중에서 주인공이 목표를 이루기 위해 애쓰는 부분도 다시금 네 부분으로 나누어진다. 따라서 한 이야기의 구조는 수많은 단계를 가질 수 있다.

이런 구조를 표로 나타내 보면 이야기의 주요 부분은 상위부분에 나타나고 덜 중요한 부분은 하위부분에 자리한다. 이는 주인공의 핵심목표가 결국 핵심목표를 달성하기 위해 세워진 다른 어떤 세부목표들보다도 더 중요하다는 것을 보여준다. 러멀하트가 영국 민담을 바탕으로 쓴 〈늙은 농부와 고집 센 당나귀〉 이야기 원문을 한번 생각해 보자.

① 아주 고집 센 당나귀를 기르는 농부가 있었다.
② 어느 날 저녁 농부는 당나귀를 우리 안에 넣고 싶어졌다.
③ 농부는 먼저 당나귀를 끌어보았지만
④ 당나귀는 꿈쩍도 하지 않았다.
⑤ 이번에는 당나귀를 밀어보았지만
⑥ 여전히 당나귀는 움직이려 하지 않았다.

⑦ 그래서 농부는 당나귀를 놀라게 해서 우리 안으로 쫓을 심산으로 개에게 당나귀를 향해 크게 짖으라고 부탁했다.

⑧ 그러나 개는 이를 거절했다.

⑨ 그래서 농부는 이번에는 고양이에게 개를 할퀴라고 부탁을 했다. 그렇게 되면 개가 크게 짖을 것이고, 그러면 당나귀를 놀라게 해서 우리 안에 넣을 수 있을 것 같았다.

⑩ 그러나 고양이는 "우유를 좀 주시면 기꺼이 개를 할퀴겠어요."라고 했다.

⑪ 농부는 자기가 기르는 젖소한테 가서

⑫ 고양이에게 줄 우유를 좀 달라고 부탁했다.

⑬ 그러나 젖소는 "건초를 좀 주시면 우유를 드릴 수 있는데요."라고 말했다.

⑭ 이렇게 해서 농부는 건초더미가 있는 곳으로 가게 되었고

⑮ 거기서 건초를 좀 가져왔다.

⑯ 건초를 젖소에게 주자

⑰ 젖소는 곧 우유를 농부에게 주었다.

⑱ 그 후 농부는 고양이한테 가서

⑲ 우유를 건네주었다.

⑳ 고양이는 우유를 얻게 되자 곧바로 개를 할퀴었다.

㉑ 고양이가 개를 할퀴자 개는 곧바로 크게 짖기 시작했다.

㉒ 짖는 소리에 너무 놀란 당나귀는

㉓ 우리 안으로 곧장 뛰어들어갔다.

이 이야기는 농부가 당나귀를 우리 안에 집어넣는다는 목표를 체계화 하면서 시작된다. 이야기의 나머지 부분은 농부가 이러한 목표를 달성 하기 위해 애쓴 것을 그리고 있다. 농부가 목표를 달성하기 위해서는 개를 짖게 해야 한다는 세부목표를 성취해야만 한다. 또 개를 짖게 만들기 위해서는 고양이가 개를 할퀴게 만들어야 한다는 또 다른 목표를 반드

시 이뤄내야 한다는 식으로 이야기가 계속 전개된다. 이야기의 요소가 어떤 방식으로 서로 관련되는지, 그리고 이야기의 어떤 부분이 핵심적이고(도표의 상위부분), 어떤 부분이 부차적인지(도표의 하위부분, 그림 9-1)를 밝히기 위해 나무형태의 구조도표를 작성할 수 있다. 이러한 나무형태의 구조는 이야기의 논리적인 부분을 하나하나 상술해 준다. 이 구조도표는 이야기 속에서는 제시되지 않았어도 추론할 수 있는 부분도 포함하고 있다.

이야기 문법론자들은 이러한 골간이 심리학적으로 현실성이 있는지를 검토하면서 다음과 같은 점들에 의문을 제기한다. 즉 우리는 이런 골간에 부합하는 이야기가 잘 짜인 것이고, 이런 구조를 벗어난 이야기는 일탈적인 것이라고 느끼는가? 만일 이야기에 이루어야 할 목표에 대해 말하는 내용이 없다면, 이런 것도 역시 이야기라고 할 수 있는가? 그리고 만약 우리가 잘 짜인 이야기란 어떤 것인지를 어느 정도 간파하고 있다면, 이런 구조를 이용해서 이야기를 환기시키고, 또 그것을 유의미하게 만드는 것인가?

이러한 의문에 답하기 위해 사용된 방법들 중 하나는 참여자들에게 이야기를 들려주고, 이를 요약하게 하거나 다시 얘기해 보게 하는 일이었다. 만일 나무형 구조의 이야기 문법이 심리학적으로 현실성이 있다면, 그들은 나무형 구조의 상단 가지에 나타난 내용보다는 하단에 있는 내용을 빠뜨릴 가능성이 더 클 것이다. 예컨대 참여자들은 당나귀를 우리 안에 넣으려는 농부의 핵심목표를 잊어버릴 가능성보다 고양이에게 우유를 가져다주는 것 같은 세부목표를 잊을 가능성이 더 커야 한다.

이야기 문법의 심리학적 위상을 결정하는 또 다른 길은 문장문법의 심리학적 현실성에 관해 검증해 보는 것이다. 이 실험에서 연구자들은 문장요소들을 뒤섞어놓고 이야기 문법에 들어맞지 않게 한, 말하자면 '문법에 맞지 않는' 이야기를 참여자들에게 들려준다. 만일 이야기 문법이 심리학적으로 현실성을 갖는다면, 이야기를 듣는 사람들은 이런 불완전하거나 뒤죽박죽인 이야기에 무언가 잘못이 있다고 느껴야만 할 것

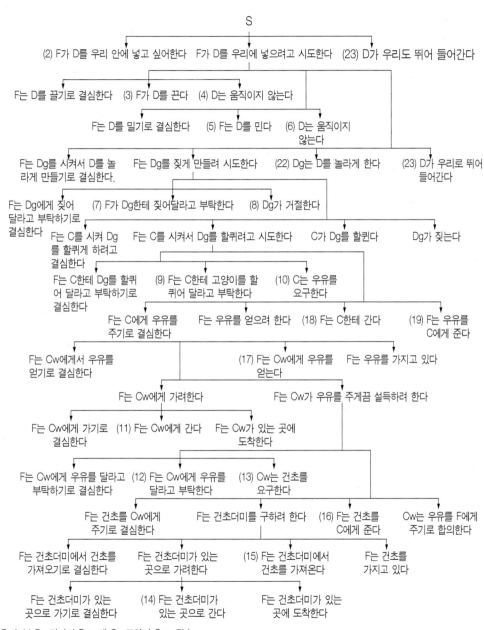

S

(2) F가 D를 우리 안에 넣고 싶어한다   F가 D를 우리에 넣으려고 시도한다   (23) D가 우리도 뛰어 들어간다

F는 D를 끌기로 결심한다   (3) F가 D를 끈다   (4) D는 움직이지 않는다

F는 D를 밀기로 결심한다   (5) F는 D를 민다   (6) D는 움직이지 않는다

F는 Dg를 시켜서 D를 놀 라게 만들기로 결심한다.   F는 Dg를 짖게 만들려 시도한다   (22) Dg는 D를 놀라게 한다   (23) D가 우리로 뛰어 들어간다

F는 Dg에게 짖어 달라고 부탁하기로 결심한다   (7) F가 Dg한테 짖어달라고 부탁한다   (8) Dg가 거절한다

F는 C를 시켜 Dg 를 할퀴게 하려고 결심한다   F는 C를 시켜서 Dg를 할퀴려고 시도한다   C가 Dg를 할퀸다   Dg가 짖는다

F는 C한테 Dg를 할퀴 어 달라고 부탁하기로 결심한다   (9) F는 C한테 고양이를 할 퀴어 달라고 부탁한다   (10) C는 우유를 요구한다

F는 C에게 우유를 주기로 결심한다   F는 우유를 얻으려 한다   (18) F는 C한테 간다   (19) F는 우유를 C에게 준다

F는 Cw에게서 우유를 얻기로 결심한다   (17) F는 Cw에게 우유를 얻는다   F는 우유를 가지고 있다

F는 Cw에게 가려한다   F는 Cw가 우유를 주게끔 설득하려 한다

F는 Cw에게 가기로 결심한다   (11) F는 Cw에게 간다   F는 Cw가 있는 곳에 도착한다

F는 Cw에게 우유를 달라고 부탁하기로 결심한다   (12) F는 Cw에게 우유를 달라고 부탁한다   (13) Cw는 건초를 요구한다

F는 건초를 Cw에게 주기로 결심한다   F는 건초더미를 구하려 한다   (16) F는 건초를 C에게 준다   Cw는 우유를 F에게 주기로 합의한다

F는 건초더미에서 건초를 가져오기로 결심한다   F는 건초더미가 있는 곳으로 가려한다   (15) F는 건초더미에서 건초를 가져온다   F는 건초를 가지고 있다

F는 건초더미가 있는 곳으로 가기로 결심한다   (14) F는 건초더미가 있는 곳으로 간다   F는 건초더미가 있는 곳에 도착한다

F=농부 D=당나귀 Dg=개 C=고양이 Cw=젖소

[그림 9-1] 〈늙은 농부와 고집센 당나귀〉의 나무형태의 구조. 이것은 이야기의 각 부분들이 서로 어떻게 연관되는지를 보여준다. 여기서 숫자는 이야기 속 문장들을 나타낸다. 숫자가 매겨지지 않은 구절들은 논리적으로 추론된 이야기의 측면을 나타낸다.

이다. 또한 듣는 이들은 이야기를 고쳐 말하면서 은연 중에 이야기의 순서를 다시금 올바르게 배치해야 할 것이다. 따라서 사람들은 '소년이 치다 공'(The boy ball the hits)처럼 말 그대로 문법에 맞지 않을뿐더러 회상해 내기도 어려운 문장을 대했을 때는 곧바로 그 뒤죽박죽된 이야기가 '잘못되었고', 또 정확히 회상해 내기도 힘들다는 것을 알아차려야만 할 것이다.

러멀하트의 이야기 문법을 사용해서 이러한 예측의 타당성을 시험했던 연구가 있었다. 그 연구는 사람들에게 잘 짜인 이야기를 들려준 뒤 요약하고 회상해 내라고 했을 때, 그들은 하위정보들에 대해서는 잊거나 생략했지만 상위정보에 대해서는 그렇지 않았다고 보고했다. 한 예로 "늙은 농부와 고집 센 당나귀" 이야기를 회상해 보라고 하자, 참여자들은 [그림 9-1]에서 최상위의 문장 2와 23은 항상 기억해 낸 반면 표 중간의 문장 14와 15를 기억해 낸 사람들은 참여자들의 반수 정도에 불과했다. 나무형태의 구조에서 3단계 이상에 위치한 문장들은 85% 이상이 회상된 반면 그 단계 이하에 위치한 문장들은 불과 57%만이 회상되었다. 기억을 통제했을 때는 하위정보가 누락되는 상황이 나타났다(Bower, 1976). 두 가지 진술이 이야기를 회상할 때와 동일 빈도로 기억되었을 때, 상단의 진술은 이야기를 요약할 경우 더 용이하게 나타났다.

뒤섞인 순서로 이야기를 들려줬을 때 사람들은 이를 즉각적으로 요약하거나 나중에 회상하거나 모두 '정확히' 재구성해 냈다. 말하자면 요약하거나 회상해 낸 이야기가 들은 이야기보다 '문법적으로 더 맞다'는 것이다. 〈늙은 농부와 고집 센 당나귀〉 이야기를 문법에 어긋나는 형태로 참여자들에게 들려주는 실험을 해 보았다. "고양이가 개를 할퀴자, 개는 곧바로 크게 짖기 시작했다."는 문장 21을 "개는 크게 짖기 시작했다."로 바꿔 들려줬다. 그런 다음 이 행을 농부가 건초를 가지러 간 것을 설명한 문장 15와 16 사이에 끼워넣었다. 결국 결정적 요소는 이야기의 절정을 구성하던 자리에서 그 앞자리로 옮겨졌다. 이런 형태로 읽은 이야기를 회상해 보게 하자 아홉 명 중 여덟 명이 문장 21을 원래의 위치로 교정했다. 참여자들은 아마도 정확히 회상하려는 동기를 부여받았을 것이기 때문에 이야기를 재구성하는 일은 거의 은연중에 이루어졌을 것이다.

문법에 어긋나는 문장들을 가진 이야기에서 그런 문장들은 대개 회상되지 않았다는 유사한 연구결과도 있다(Bransford and Johnson). 참여자들은 이야기가 뜻밖의 결말을 맺을 경우 그 결말이 좀더 그럴싸하게 되게끔 첨삭해서 이야기를 왜곡시켰다(Spiro, 1977). 그리고 "늙은 농부"에서 가장 중요한 목표를 제외시킴으로써 이야기의 주제를 지워버리자 그 이야기는 거의 이해될 수 없었고 회상되기도 훨씬 어려워졌다. 구체적으로 말하자면 원래 상태의 이야기일 경우 80%가 회상되었지만 주제가 없는 이야기일 경우 불과 58%만 회상되었다(Bower, 1976). 원래의 이야기에서는 각 행동들이 여타의 행동들과 유의미하게 연결되었을 뿐더러 주인공의 핵심목표인 당나귀를 우리 안에 넣는 일과도 연결되었다. 그러나 주제를 지워버린 이야기의 경우, 독자들은 여러 가지의 임의적인 행동에 직면하게 된다. 열 개의 단어가 제대로 연결되어 있는 문장을 이해하는 일이 앞뒤가 맞지 않게 연결되어 있는 문장을 이해하는 것보다 훨씬 쉽듯이, 하나의 주제로 일관된 일련의 명제들을 회상해 내는 일이 앞뒤가 맞지 않는 일련의 명제들을 회상해 내는 것보다 쉽다.

이야기 이해에 관한 이러한 연구는 사람들이 이야기의 전형적인 구조를 내재화하고 있다는 사실을 보여준다. 이러한 내재화 문법(internalized grammar)은 이야기를 이해하고 기억하는 데 사용된다. 이야기들은 이해와 회상 단계에서 내재화된 이야기 문법에 어울리도록 변형된다. 이야기의 내용 중 이런 내재화 문법에 어울리지 않는 부분들은 그 문법에 어울리도록 수정되거나 삭제된다. 그럼으로써 아주 적절한 이야기가 이루어진다.

이런 내재적 재현은 아마도 많은 이야기를 읽고 이것들의 공통점을 추론한 결과인 듯하다. 인간의 두뇌가 전형적인 이야기에 특징적으로 나타나는 갈등-해소 구조를 선천적으로 추론하는 경향이 있는지, 아니면 완전히 다른 종류의 구조 역시 쉽게 추론할 수 있는지에 관해서는 여전히 알려진 것이 없다. 그럼에도 언제나 우리가 (성공하든 실패하든) 언젠가는 해결되고 말 문제에서 출발하고 있는 이야기를 만들어왔다는 사실은 이런 구조에 어딘가 자연스러운 무엇이 있다는 것을 시사한다.

이야기를 이해하기 위해 우리가 내재화된 이야기 문법을 사용한다는 사실은, 우리가 이야기의 의미를 통하게 하기 위해 이른바 '하향식'(top-down) 절차를 활용한다는 것을 뜻한다. 부연컨대 우리는 내재화된 이야기 문법을 사용함으로써 특정 이야기 속에서 연이어 일어날 상황을 미리 추측할 수 있다는 것이다. 따라서 우리가 이야기의 도입부에서 문제의 사건에 관해 듣는다면, 이내 주인공이 문제 해결을 위해 애쓸 것이라고 기대하게 될 것이다. 그리고 만일 이야기 속 주인공이 문제 해결을 위해 시도한 내용이 그다지 명확치 않더라도, 우리는 주인공의 행동이 해결방안을 찾기 위한 노력이라고 추측한다. 물론 이야기를 이해하기 위해서는 역시 다른 종류의 지식도 사용한다. 한 예로 우리가 현실적인 지식을 사용할 때, 특히 인간특성에 대한 지식을 많이 활용한다. 그래서 누군가가 이야기 속 등장인물에게 공격적인 행동을 한다면, 우리는 이 등장인물이 화를 내며 반응할 것이라는 예측을 한다.

이야기 문법은 그 본질적인 가치에 대해서만 평가되어야 한다. 그 이상도 이하도 아니다. 이야기 문법은 이야기의 서사구조를 잘 포착하기는 하지만 그 밖의 것을 구체화하지는 못한다. 예컨대 이야기 문법은 이야기를 구성한 관점에 대해서 아무 것도 보여줄 수 없다. 아쉽게도 이야기들마다 다른 관점들이 있다. 이야기는 해박한 작가의 관점에서 표현될 수도 있고, 이야기에 등장하는 한 인물의 치우쳐 있고 제한된 시야에서 표현될 수도 있기 때문이다. 이야기 문법은 이러한 차이를 잘 포착할 수 없다. 마찬가지로 이야기 문법은 배경과 분위기의 차이를 제대로 포착하지 못할뿐더러 등장인물의 성격 또한 전개에 대해서도 극히 일부분만을 설명할 수 있을 뿐이다. 이야기를 이해하기 위해서는 이러한 상황들 또한 중요하기 때문에, 이것이 독자들의 반응에 미치는 영향을 평가하기 위해서는 다른 방법을 사용해야 할 것이다.

지금까지 수행되었던 연구들이 대상으로 삼았던 것은 단순하고도 짧은 이야기들이었을 뿐이다. 이런 이야기들은 인물의 전개가 상대적으로 부족하고, 또 문제를 해결하기 위한 단서 위에 구성되어 있다. 따라서 특정 연구결과를 다른 문학형식이나 다른 구조 위에 구성된 텍스트, 그리고 심지어는 전통적인 문제해결 구조를 거부하고 있는 현대적인 이야기 형식에조차도 일반화시킬 수 없을 것이다. 이런 연구결과는 전통적 희극과 소설 또는 단편과 관련될 수는 있겠지만 시의 이해에 대해서는 아무것도 설명하지 못한다.

그러나 이야기 문법의 접근방식은 일반적 구조를 공유한 어떠한 종류의 텍스트에도 적용될 수 있다. 그래서 이 방식은 14행시(소네트)에 조차도 적용될 수 있다. 이를 위해서는 텍스트의 구조를 분석한 뒤 그것의 구조가 심리학적으로 현실성이 있는지를 파악하거나, 독자가 이런 구조를 이용해서 연이어 일어날 상황을 가정하고, 또 텍스트를 통일시킬지 파악하는 일이 필요하다.

이야기 문법 패러다임이 가진 근본적인 문제는, 우리가 전혀 문법의 도움 없이도 이야기를 회상해 내는 일에 관한 다양한 연구결과를 예상하고 설명할 수 있으리라는 점이다. 결국 모든 연구결과는 우리가 많은 이야기를 들음으로써 이야기의 전형적인 구조를 추론할 수 있다는 주장으로 요약된다. 우리는 새로운 이야기를 접할 때 이러한 구조를 사용한다. 그리고 이런 구조를 사용해 새로운 이야기를 걸러낸다. 우리가 대부분 이야기의 세부사항은 잊어버린 채 커다란 윤곽만을 기억하는 것처럼, 이야기의 전형적인 구조에 맞지 않는 새로운 부분들은 잊혀질 가능성이 높다. 여기까지는 사실인 듯하다. 그러나 애써 나무형태의 구조를 만들지 않더라도 우리가 (문제가 목표로 이어지고, 또 세부목표로 이어지고, 다시 세부목표는 문제 해결로 이어지는 식의) 아주 일반적인 이야기 문법을 구성하기만 한다면 이런 결론에 도달할 수도 있을 것이다.

읽기경험 파악하기

텍스트 이해에서 이야기 문법 이론은 독자들의 가장 중요한 과제가 텍스트의 포괄적인 문법이나 구조를 파악하는 일이라고 가정하고 있다. 구조는 텍스트 속에 있다. 독자들은 이야기들을 수없이 듣거나 읽은 결과, 이런 구조를 내재화한다. 또 새로이 접한 이야기를 구성하고 통일시킬 때도 계속 이런 구조를 사용한다. 형식주의 문학평론가들 사이에서는 텍스트 속에는 독자가 꼭 찾아내야만 할 구조가 포함되어 있다는 견해가 일반적이다. 이런 생각에서는 현명한 독자들이라면 발견할 수 있도록 그 의미가 텍스트 속에 간직되어 있다고 여긴다.

이러한 견해와는 달리 텍스트의 의미가 텍스트 속에 있지 않다고 주장하는 견해도 있다. 이들에 따르면, 그 의미는 독자들이 텍스트를 접할 때마다 순간순간의 경험에 있다. 텍스트는 읽혀질 때에야 비로소 의미를 가지게 된다는 것이다. 따라서 독자는 텍스트의 의미를 구성할 때 더욱 중요한 역할을 부여받는다.

문학평론가인 스탠리 피시(Stanley Fish, 1980)가 이러한 진보적 견해를 밝혀왔다. 그는 자신의 독서경험을 바탕으로 이렇게 주장했다. 이런 생각에 따르면, 그 자신의 경험은 특유의 것이 아니며, '지식을 갖춘 독자' (informed reader)가 읽는 방식을 대표한 것일 뿐이다. 피시는(p.25) 밀턴 (John Milton, 1608-1674)의 『실낙원』(Paradise Lost) 한 구절을 인용한다. "그들은 악의 맹세를 결코 모르는 것이 아니었다(Nor did they not perceived the evil plight)." 이 같이 이중부정으로 된 문장을 이해하는 것은 쉽지 않다. 그것을 읽으며 우리는 멈칫한다. "과연 그들은 악의 맹세를 알아챘을까 몰랐을까?" 하고. 확신을 가지고 판단할 수 없기 때문에 우리는 이해에 자신이 없는 것이다. 그 시를 거의 다 읽어가면서 우리는 그들이 악의 맹세를 알아챘다는 것과 다른 한편으로는 그렇지 않았다는 것을 깨닫게 된다. 말하자면 그들은 물리적으로는 영향을 받았지만, 그와 달리 자신들이 알아챘던 것의 도덕적 의미에는 어두웠다.

피시의 말대로 우리가 이 문장의 의미를 즉시 알아챌 수 없었던 것은 이 시행이 담고 있는 의미의 일부일 뿐이다. 『실낙원』은 인간의 힘이 얼마나 미약한가를 얘기한 난해한 책이다. 밀턴은 독자들에게 해석하는 힘의 한계를 일깨워줌으로써 자기 시가 담고 있는 의미의 한 부분을 보여주고 있다. 밀턴은 이 시행을 "그들은 악의 맹세를 알았다."(They did perceive the evil plight)라고 바꿔 씀으로써 이중부정어의 효과가 상쇄되도록 원문을 알기 쉽게 쓸 수도 있었을 것이다. 그러나 이 행을 정확한 구문이라고 가정하더라도 그것은 다른 의미를 가지고 만다. 그것을 읽는 경험은 의문의 여지가 없기 때문이다. 텍스트가 지닌 의미는 읽는 이의 주관적인 경험에 가로놓여 있기 때문에, 이 두 시행은 동일한 것을 의미할 수 없다.

읽기경험에 대한 또 다른 예를 밀턴이 지은 한 쌍의 시, 〈쾌활함〉(L'Allegro)과 〈사색〉(Il Penseroso)에서 찾을 수 있다. 〈쾌활함〉은 자유분방한 삶에 관한 것이고, 〈사색〉은 사려 깊은 삶에 관한 것이다. 피시의 언급에 따르면 이 시 두 편 각각을 읽는 경험은 서로 다른 것이고, 그래서 서로 다른 경험이 사실상 각각의 시에 대한 의미를 만들어낸다. 〈쾌활함〉에서의 어떤 시행들은 짐짓 모호하다. 밀턴은 읽는 이들이 확정적인 해석에 이를 수 없도록 이 행들을 구성했다. 그럼으로써 독자들은 확정적인 해석을 내려야만 하는 부담에서 자유로워진다. 그 대신 그들은 다른 식으로 읽는 것이 효과적이라는 것을 느끼게 된다. 그 시가 해석의 노고에서 벗어나게 해 줌으로 독자들은 번거롭지 않게 자유를 만끽한다. 게다가 이 시가 보여주려는 것이 다름 아니라 수고롭지 않은 삶이다. 그러나 〈쾌활함〉에 이어지는 〈사색〉은 진지하고 시름에 젖은 삶을 다룬다. 이 시를 읽는다는 것은 정신의 격한 노고를 불러온다. 그렇지만 궁극적으로 이 시는 모호하지 않기 때문에, 독자는 일관된 해석을 성취할 수 있으리라고 느끼게 된다.

피시는 독자들이 성취한 처음의 해석은 텍스트의 결말에서는 반드시 수정될 수밖에 없으며, 그것이 가진 잔존효과가 중요하다는 점에 주목한다. 이처럼 가설을 잘못 설정했던 경험마저도 그 자체로 텍스트가 지닌 의미의 부분이다. 『실낙원』에 나오는 다음의 시행들을 생각해 보자(IV, 9-12).

> 사탄, 이제야 비로소 성나 날뛰는 불길이 멸하였으니,
> 인간을 비난하는 자, 악마. 머지않아,
> 순결하고 나약한 자에게서 침몰하여 쫓겨나
> 저 최초의 전투로, 그리하여 지옥에로 추락하고 만다.

> Satan, now first inflam'd with rage came down,
> The Tempter ere th'Accuser of man-kind,
> To wreck on innocent frail man his loss
> Of that first battle, and his flight to Hell

처음 "그가 쫓겨남"(his loss)이라는 말을 접하게 되면 대개는 인간이 에덴동산에서 순결을 상실한 것에 대해 말한 것이라고 생각한다. 이런 식으로 해석하면 화가 난 사탄이 우리의 무구하고도 유약한 조상들로 하여금 에덴을 잃게끔 타격을 가한 것이라는 의미로 여겨질 것이다. 그러나 다음 시행을 읽게 되면 이런 해석을 곧 버려야만 하는 처지에 놓인다. 마지막 시행은 "쫓겨남"(loss)이 지시하는 것이 사탄의 천국으로부터의 추방임을 그들에게 말해 준다. 독자는 이제 그 시행이 우리의 순결한 천성과는 무관하다는 것을 깨닫는다. 말하자면 그 행들은 인간을 단순히 사탄이 천국에서 쫓겨날 때의 순결한 자로서 표현하고 있을 뿐이다.

설령 독자들이 작가가 에덴의 상실을 언급한 것이라는 가정을 버린다 하더라도 이 폐기된 가설의 효과가 완전히 사라지지는 않는다. 못내 독자들은 지극히 매력적인 가설을 포기해야만 할 처지에 있다. 이런 가설

은 독자들로 하여금 최초의 조상은 순결했기 때문에 자신들도 순결함을 주장할 수 있기 때문이다. 밀턴은 처음에 이런 식으로 해석하게끔 유도한 다음 다시 수정하게 함으로써, 읽는 이들이 자기 중심적으로 해석하려는 경향이 있음을 깨닫게 한다. 게다가 이러한 인간의 유약함이야말로 『실낙원』이 피력하려는 주제의 한 부분이기도 하다.

이처럼 독자의 텍스트 경험 자체가 텍스트가 지닌 의미의 일부가 된다. 독자가 문학작품을 이해하려 한다면 "이것은 무슨 의미일까?" 같은 전통적인 물음을 결코 던져서는 안 된다. 오히려 그는 현상학적인 물음, 즉 "무언가를 읽을 때 도대체 이것이 내게 무슨 말을 걸어오는 것인가?" 하고 물어야만 한다. 텍스트라는 것은 대상이 아니라 그것은 읽는 이들이 거기에 뛰어들 때 일어나는 사건이다.

일부 학생들을 대상으로 해서 이런 독자반응 이론(reader response theory)을 성공적으로 교육시켜 왔지만, 아직도 이론에 대한 체계적인 검증은 이루어지지 못한 상태로 있다. 특정 텍스트를 읽을 때 과연 순간순간의 반응이 얼마나 일관성 있게 나타나는가에 관한 자료는 없다. 누군가 텍스트를 읽다가 막힌 곳에서 다른 이들은 그렇지 않을 수도 있다. 만일 독자들이 체험하는 경험의 구조가 각양각색이고, 또 그들이 자신의 그런 반응구조가 텍스트가 지닌 의미의 일부라는 것을 인식한다면, 그들은 결국 서로 다른 해석에 도달할 것이다. 더욱이 이러한 방법론이 모든 문학작품에 공히 적합한 것인지, 제한된 몇몇 문학 텍스트들, 즉 작가가 독자의 경험과 텍스트의 의미 양자 사이에 평행을 만들어 놓으려 했던 작품들에만 적합한 것인지는 알 수 없다.

서로 다른 텍스트들 구성하기

전통적인 문학평론은 독자들이 특정 문학작품을 상당히 유사한 방식으로 경험한다고 가정해 왔다. 그런 만큼 그들은 독자들이 보여주는 반응들의 중요한 개인차를 찾아내려 하지도 않았다. 아리스토텔레스(Aristotle, BC.384-322)는 비극이 '청중'에게 미치는 카타르시스 효과에 대해 썼다. 플라톤(Plato, BC.429?-347)은 '독자들'을 나약하게 만드는 시의 효과에 대해 썼다. 그리고 프로이트는 인간이 공유하는 공통적 심리구조로 미루어보아, 대부분의 독자들이 특정 문학작품에 대해 비슷한 경험을 할 것이라고 가정했다. 그는 예술작품이 우리에게 강한 힘을 행사할 수 있는 것은 우리가 마음속 깊이 묻어둔 최고로 억압된 소망을 예술작품 속에서 이룰 수 있기 때문이라고 믿었다. 이러한 무의식적인 희망은 단지 인간이라는 이유만으로 소유하게 되는 보편적인 것이다. 따라서 소포클레스(Sophocles, BC.496-406)의 『오이디푸스 왕』(Oedipus Rex)을 보는 모든 청중들은 (적어도 무의식적으로는) 이 연극을 오이디푸스 콤플렉스라는 근원적인 딜레마로 해석할 것이다. 프로이트는 이렇게 술회했다. "나 자신이 직접 어머니에 대한 사랑과 아버지에 대한 질투를 경험했으며 지금은 이러한 것이 일반적으로 유년기에 나타나는 현상이라고 믿는다… 만일 그렇다면, 『오이디푸스 왕』의 매력적인 힘은 이야기의 전제인 가혹한 운명에 대한 합당한 거부에도 불구하고 상당히 이성적인 것이 될 것이다… 모든 청중들은 한때 어린 시절의 환상 속에서 오이디푸스였다. 그리고 이처럼 현실에서 이루어진 꿈의 실현은 과거 유년기와 현재를 갈라놓는 엄청난 억압으로써 그들을 공포로 진저리치게 한다."(Bonaparte, Freud, Kris, 1954).

피시도 자신의 주장을 지식을 갖춘 독자에 한정시키고는 있지만 독자들 사이의 단일성을 가정함으로써 자신을 이러한 전통 속에 자리매김한다. 이야기 이해에 관한 심리학 연구도 이런 전통에 입각해서 이루어지고 있으며 이야기 문법론자들도 사실상 단일성을 주장했다. 그러나 이들이 내세웠던 단일성이란 지극히 단순한 과제, 즉 심리학자들이 실험실용으로 만든 간결하고도 요약적인 이야기를 회상해 내는 과제에 대한 반응에서 얻은 것일 뿐이었다. 복잡한 문학작품에 대한 독자들의 반응을 조사하면 단일성에 대한 가정은 곧 무너지고 말 것이다.

문학평론가인 리처드(I. A. Richards, 1929)는 처음으로 독자들 간의 개인 차에 대한 체계적 증거를 제시했다. 그는 제자들에게 저자의 이름을 삭제한 여러 편의 시들을 나누어주었다. 그들에게 일주일 동안 그 시들을 원하는 만큼 읽고 해석한 것을 적어보라고 했다. 학생들의 해석에는 상당한 개인차가 나타났다. 주목할 만한 사실은 참여자들이 명문대학에서 고등교육을 받는 학생들이었음에도 불구하고 잘못 이해한 채 제대로 해석하지 못한 경우가 자주 있었다는 점이다.

학생들의 가장 큰 문제는 시의 '일반적인 의미'(the plain sense)를 파악하는 일이었다(Richards, 1960). 셰익스피어가 쓴 소네트 66번에 나오는 다음의 시행을 생각해 보자.

이 모든 것에 지쳐버렸다네, 난 통한의 죽음을 위해 눈물 흘렸지.
공훈(功勳)을 바라보자 불쌍한 이 태어났네.

Tir' d with all these, for restful death I cry:
As to behold desert a beggar born.

한 학생은 아래와 같이 의미를 옮겼다.

이 광경에 진저리가 나, 고요한 죽음을 간절히 바란다네.
나 처량한 자임을 알자, 걸인으로 태어났네.

Weary of these sights, for reposeful death I implore:
As I see desolate one born a beggar.

이 독자는 "공훈"(desert)이라는 말을 "적막한"(desolate)으로 옮겼는데, 아마도 "사막"(desert)에서 "황폐한"(deserted)으로, 그리고 "고독한"(desolate)으로 이어지는 연결고리를 사용한 듯하다. 이 시에 쓰여진 "desert"

란 단어는 형용사가 아닌 명사로 쓰여져서 "공과"(merit)를 의미하는 것이다. 리처드에 따르면 두 번째 시행은 공훈을 가지고 태어난 사람도 거지보다 별반 나을 것이 없으리라는 생각을 옮기고 있다. 그가 이 시를 해석할 때 유일하게 올바른 방법이 있다고 했던 것은 아니나 이 독자의 해석이 틀렸음은 분명히 밝혔다.

학생들이 특정 시의 어조를 파악하지 못하는 경우도 자주 나타났다. 이들은 특유한 연상과 생각을 통해서 반응을 나타냈는데, 이것이 의미를 놓치게 되는 원인이 되었다. 그리고 그들은 이설들을 취함으로써 이해가 방해되는 경향이 있었다. 말하자면 학생들은 시의 의미에 반응을 보이지 않고, 그 대신 시인의 진술이 얼마나 참된 것인지에 관해 방어하거나 공격하는 일에 신경을 썼다.

이 연구는 읽는 이들이 문학의 내용을 잘못 이해하게 되는 다양한 경로를 밝혀냄으로써, 모든 독자가 동일한 방식으로 텍스트를 읽는다는 주장의 입지를 약화시켰다. 하지만 이러한 연구결과가 피시의 이론에 이의를 제기할 수 있는 것은 아니다. 이유는 이렇다. 그 연구에 참여한 독자들은 대학생들이었으며, 그로 인해 문학을 정독할 수 있도록 수련할 기회가 없었을 것이다. 따라서 지식을 갖춘 독자로서의 자격에 부합하지 못했을 것이다. 그러나 심지어 잘 수련되어 있었던 문학 전공 독자들 사이에서도 텍스트 해석방식이 제각각이라는 사실은 이미 여러 연구들이 입증해 왔다. 일례로, 시를 해석할 때 사용하는 전략들의 차이를 밝혀낸 연구가 있었다(Kintgen, 1980). 실험참가자들은 영문학 전공의 대학원생들 및 영문학 교수들이었다. 이들에게 시를 읽으면서 떠오르는 생각들을 소리내어 녹음하게 했다. 그리고 이를 토대로 그들의 해석전략을 분석했다. 동일한 시에 대한 독자들의 분석전략에는 서로 많은 차이가 있었다. 한 참가자는 시의 통사구조(syntactic structure)를 분석해 내는 식으로 시작해서 각 동사들의 주어를 파악하려 했다. 이 참가자의 경우 시의 통사구조를 파악하는 것이 통일된 해석을 이루기 위한 선결조건이었다. 그렇지만 다른 사람은 시에 나타난 이미지들과 이것들의 상호연결에 초점을 맞춰 해석해 갔다. 이 두 가지 접근방식이 근본적으로 동일한 최종해석에 이를 수는 있지만 그 과정에서 독자들이 겪었던 경험들은 서로 달랐다.

　이 연구에서는 독자들의 해석전략상의 차이를 발견했던 반면, 또 다른 연구는 핵심단어에 대한 독자의 개인적 연상에서 비롯된 시 해석과 경험에서의 차이들을 밝혀냈다(Rosenblatt, 1978). 여기에서는 에밀리 디킨슨(Emily Dickinson, 1830-1886)의 시를 읽은 다수의 학생들에 대한 관찰이 수행되었다. 물론 그 참여자들 속에서는 영문학 전공 대학원생들도 포함되어 있었다.

　　　한 마리 파리가 잉잉대는 소릴 들었네–내 죽을 때–
　　　방 안에는 침묵이 흐르고
　　　허공 속 고요와도 같이–
　　　들끓는 폭풍 틈에서

　　　주위의 눈동자–메마르게 비틀어 짜대며–
　　　호흡은 굳게 몰아 쉬어
　　　최후의 습격을 위해–왕의
　　　눈앞에서 펼쳐진–방 안에서–

　　　난 내 소중한 물건들을 나눠주었어–서명하네
　　　양도할 내 몫에
　　　–그런데 거기
　　　끼어 날아드는 파리 한 마리가 있었어–

　　　우수에 잠겨–아련히 비틀거리는 잉잉거림–
　　　빛–그리고 나 사이에서–
　　　그런데 창은 고장났고–그리고는
　　　난 아무것도 볼 수 없었네–

I heard a Fly buzz—when I died—
The Stillness in the Room
Was like the Stillness in the Air—
Between the Heaves of Storm—

The Eyes around—had wrung them dry—
And Breaths were gathering firm
For the last Onset—when the King
Be witnessed—in the Room—

I willed my Keepsakes—Signed away
What portion of me be
Assignable—and then it was
There interpose a Fly—

With Blue—uncertain stumbling Buzz—
Between th light—and me—
And then the Windows failed—and then
I could not see to see—

이 시를 읽는 독자들은 첫 행에서 죽음과 파리라는 두 가지 심상의 병치와 마주하게 된다. 학생들은 "파리"가 떠올리는 것을 다양하게 연상했고 이것이 시를 읽는 데 영향을 미쳤다. 일부 독자들은 병약함과 무상함을 파리와 연상시켰다. 이렇게 해서 첫 번째 연은 단지 파리가 잉잉거리는 소리 이외에는 아무것도 들리지 않는 적막감을 표현하는 것으로 해석되었다. 그래서 독자들은 곧 천둥 같은 사건이 일어나리라고 기대했지만 아무 일도 없었다. 시행에 나타난 단 하나의 사건은 "거기 끼어 날아드는 파리"이다. 따라서 이 미미한 사건에서 독자들은 이야기의 반전을 경험하게 되었다. 다른 독자들은 "파리"라는 시어를 오물, 세균, 부패와 연상시켰다. 이 경우 독자들은 주검 주위를 잉잉거리며 맴도는 역겨운 생물이라는 심상을 가지고 이 시에 대해 접근하기 시작했기 때문에, 마지막 연에서는 반전이 아니라 불안한 심상의 궁극적인 극대화(crescendo)를 경험했다. 이처럼 상이한 연상관계들로 말미암아 독자들은 하나의 시에 대해 서로 다른 두 가지 경험을 하게 되었다. 디킨슨이 시를 썼을 때 이미 이 두 가지 의미들 중 하나를 염두에 두었을는지도 모른다. 하지만 이는 읽기의 경험을 이해하려 할 때는 그다지 중요치 않다.

로즌블랫(Rosenblatt)은 서로 다른 두 명의 독자가 하나의 텍스트를 동등하게 타당한 두 가지 방식으로 경험할 수 있다는 것을 보여주었다. 하지만 그녀는 시에 대한 모든 종류의 경험이 똑같이 유효하다는 것을 증명하지는 못했다. 만약 어떤 해석이 텍스트와 모순되거나 문자 그대로의 근거(verbal basis)가 없다면 그것은 유효하지 못할 것이다. 이런 기준은 모호하다. 게다가 독자들 또한 어떤 특정 해석이 텍스트와 모순되는지에 대해 일치를 보이지 않을 수도 있을 것이다. 그렇지만 텍스트는 근본적으로 독자의 해석에 어느 정도의 제약을 가한다. 로즌블랫의 연구는 또한 동일 텍스트에 대한 여러 사람들의 해석이 서로 완전히 다른 것인지에 대해서도 입증하지 못했다. 사실상 텍스트의 특정 문장에 대한 서로 다른 독자들의 반응을 통합시키는 핵심적인 유사성이 존재한다(Fairley, 1977). 그럼에도 불구하고 개인차는 이러한 핵심적인 것을 넘어 오히려 예외적인 것이기보다는 하나의 규칙인 듯하다.

이런 개인차는 어느 수준으로 수련했느냐에 기인한다. 수련이 없었던 독자는 해석이라는 작업을 어디서 출발해야 할지 몰랐는데, 그 때문에 독특한 반응을 보였다(Richards, 1929). 그 차이는 단어들에 대한, 읽는 이 자신의 연상작용 및 문학 텍스트 속의 그 단어들이 지시하는 대상에서 생겨난다(Rosenblatt, 1978). 그러나 이것이 텍스트에 대한 개인적 반응을 포괄적으로 설명하는 이론은 못 된다. 포괄적 이론을 적용하면 독자들이 어떤 방식으로 텍스트를 읽을 것인지 예상할 수 있을 것이다. 정신분석학적 경향을 띤 문학평론가인 노먼 홀랜드(Norman Holland, 1986)가 유일하게 이런 포괄적 이론을 내세웠다. 그의 이론은 독자 개개인의 성격이라는 측면에서 개인차를 설명한다.

문학적 반응(literary response)에 관한 정신분석학적 연구는 전통적으로 텍스트에 초점을 맞춰 그 반응을 추정했다(Freud, 1913; Jones, 1976). 그 반면 홀랜드는 텍스트에 대한 개인차에 주목하여 정신분석학 이론을 시험하고 발전시켰다. 그의 접근방식은 많은 점에서 파벨 마초트카(Pavel Machotka)가 시각예술에 대해 수행했던 연구와 비슷하다. 그는 거기서 누드에 대한 반응의 개인차를 살폈다(1979).

그의 이론은 우리의 모든 경험은 주관적으로 파악된다는 전제에서 비롯된다. 우리는 우리 자신이 세상을 대하는 특정 방식으로, 즉 우리의 자아동일성으로써 경험을 해석한다. 문학작품을 경험하는 방식도 예외는 아니다. 문학은 여러 면에서 세상에 대한 우리 자신의 주관적 관점을 투사하는 로샤 검사인 것이다.

독자라는 자아동일성과 검사 사이의 관계를 설명해 주는 네 가지 원칙이 있다. 첫째, 우리는 문학작품 속 등장인물들 가운데서 우리 자신, 즉 우리의 자아동일성 양식을 찾으려 한다. 등장인물이 자신과 비슷하다고 느끼는 한에서 우리는 텍스트를 즐길 수 있게 된다. 등장인물과의 유사성을 찾으려고 노력하는 동안, 우리는 가능한 한 자신을 등장인물로 해석한다.

둘째, 우리는 자신의 방어기제(defense mechanism)를 통해 이야기를 걸러낸다. 우리는 등장인물의 방어기제가 우리 자신의 그것과 일치하도록 재창조해 낸다. 이렇게 해서 우리는 자신의 근심에 대처하는 방식을 공유하는 등장인물만 수용하게 되는 것이다. 등장인물의 방어기제가 자신과 다르다고 깨달으면 우리는 이내 위협을 느낀다.

셋째, 우리가 일단 스스로 수용할 수 있는 방식으로 이야기를 거르고 재창조해 낸 뒤에는 텍스트에 자신의 독특한 환타지를 투사한다. 이런 환타지는 현실에서는 이룰 수 없는 무의식적인 바람일 경우가 많다. 등장인물이 가지고 있다고 알고 있는 바람과 욕망은 다름 아니라 우리 자신의 주관적 투사일 따름이다. 환타지의 내용은 텍스트에 고정되어 있는 것이 아니다.

넷째, 무의식적인 환타지를 통해서 문학작품을 인식한 뒤에 환타지의 내용을 문자 그대로의 해석으로 전환시킨다. 이는 곧 우리가 텍스트의 추상적인 의미를 생각해 낼 수 있다는 것을 의미한다. 그러나 이러한 이성적인 최종해석마저도 우리의 독특한 자아동일성을 반영한다.

윌리엄 포크너(William Faukner)의 단편소설 『에밀리를 위한 장미』(A Rose for Emily)를 독자들이 서로 다르게 보았다는 사실은 이 설명모형을 입증하는 증거라 할 수 있다(Holland, 1975). 이 이야기는 주인공인 에밀리의 죽음에서 출발한다. 그러고나서 그녀의 일생을 서서히 전개시킨다. 에밀리의 아버지는 한창 때의 그녀에게 구혼하려는 사람들을 채찍으로 쫓아냈고, 그런 그녀는 외로울 수밖에 없었다. 아버지가 죽자 에밀리는 사흘 동안 그의 죽음을 받아들이지 않았고 시체를 집 밖으로 내보내려 하지도 않았다. 그 후 에밀리는 호머 배런이라는 남자와 교제하기 시작한다. 그녀는 그와 결혼할 예정이었지만, 이 남자는 어느 날 갑자기 사라지고 만다. 그 후 에밀리는 다시는 집 밖에 나서지 않는 은둔자의 생활을 시작한다. 동네 사람들은 그녀의 집에서 이상한 냄새가 흘러나오는 것을 눈치챘지만 누구도 감히 이런 것을 에밀리에게 물어볼 엄두도 내지 못한다. 모두들 그녀와 마주치는 것을 두려워했다. 에밀리는 세금 내는 일뿐만 아니라 모든 법규도 따르지 않았다. 그렇지만 아무도 감히 그녀에게 법을 따르라고 강요하지 못했다. 그녀가 죽자, 엄청난 사실이 백일하에 드러났다. 그녀의 침실은 마치 신혼 첫날 밤을 위해 준비한 것처럼 꾸며져 있었고, 침대에는 썩어버린 호머 배런의 주검이 가지런히 뉘어져 있었다. 에밀리가 그를 독살했던 사실이 나중에서야 밝혀졌다. 그의 옆에 놓여 있었던 베개에는 에밀리의 회색 머리카락이 놓여 있었다.

독자들은 단순한 사건으로 이루어진 이 텍스트를 읽으면서 이 이야기

이상으로 훨씬 많은 것을 다룬다. 읽는 이들은 무엇이 각 등장인물에게 동기를 부여하는지에 대한 인상들을 정리하고, 등장인물들 각각을 직접 만난 것처럼 빨려들듯 반응을 한다. 홀랜드는 자신의 해석을 포함해서 다섯 명의 독자들이 행한 해석을 연구한 다음 여섯 가지의 서로 다른 해석을 제시했다.

홀랜드의 경우, 에밀리는 통제와 깊이 관련된 인물이었다. 그녀는 마음속에 뭔가 끔찍한 걸 숨기고 자신의 어두운 비밀이 새어나가지 않게 금기시했다. 이 이야기는 은밀히 숨겨진 혼란의 매력과 두려움을 이끌어냈다. 그리고 학생들이 자신의 환타지와 방어를 토대로 행한 서로 다른 해석들을 살펴보았다. 이를 위해 샘과 솔이라는 학생들이 읽어낸 사례들을 비교했다. 긴 인터뷰와 투사성격 검사(projective personality tests)가 이를 설명해 보였다. 샘의 지배적인 환타지는 사랑이나 동경과 마찬가지로 힘에 대한 욕망과 관련되어 있었다. 그는 부정이라는 방어기제를 사용해서 남성적인 힘에 대한 위협으로부터 자신을 보호했다. 솔의 경우는 이와는 아주 달랐다. 지배하고 싶은 욕망이 그의 주된 관심사였다. 그는 사람들이 자신을 압도하고 자신의 의지와 상관 없이 지배하려 하는 걸 두려워했다.

두 학생에게 작가 포크너가 소녀 시절의 에밀리를 묘사한 특정한 부분을 어떻게 받아들였는지 물었다. "우리는 줄곧 그 부분을 회화적으로 (tableau) 생각했었다. 배경 저편에 희미하게 가냘픈 에밀리가 있고, 전면에는 그녀에게 등을 돌리고 선 아버지가 다리를 벌린 채 말채찍을 들고 있는 모습이 검은 실루엣으로 나타나 있다. 그 부녀는 열려 젖혀진 앞문에 의해서 구도가 잡혀 있다." 샘은 이것을 이 텍스트에서 가장 끔찍한 장면이라고 했다. "여기서 마을사람들은 에밀리의 아버지가 다리를 벌린 채 말채찍을 들고 있고 그 다리 사이 저편으로 그녀가 서 있는 광경을 문틈으로 보게 되는데, 이러한 장면은 이들 부녀간의 관계를 그대로 보여주는 것이다"(p.1). 샘은 에밀리 아버지의 지배력을 강조했고 마을사람들이 그의 다리 사이로 에밀리를 본 것으로 잘못 회상한 반면, 솔은 이 묘사에 나오는 에밀리 아버지를 무력하게 보았다. 그는 "벌린"(spraddled) 이라는 단어에 주목해서 에밀리 아버지가 무력하게 문을 가로막고 서 있는 모습으로 판단했는데, 이런 그의 모습에서 더 이상 엄중하고 꼿꼿한 면을 찾을 수 없음을 보았다. 압도된다는 것에 대한 두려움 때문에 솔은 그를 나약하고 무기력한 인물로 보았던 것이다.

이 이야기에 대한 샘의 반응은 정신분석학적 원칙에 따라 설명될 수 있다. 먼저 그는 등장인물들 속에서 자신의 방어기제를 발견할 수 있었다. 그의 방어기제들 중 하나는 자신에 대한 위협을 부정하는 것이었다. 그에게 흥미를 끈 것들 중 하나는 이야기에서 남부의 백인들이 흑인들에게 행사한 새디스트적 위력이었다. 샘은 일단 자신에 대한 위협을 거부하는 방어형식을 등장인물들과 공유했다는 것, 그렇지만 타인을 위협하는 경우에 대해서는 그렇지 않았다는 것을 깨달았다. 그러자 그는 자신의 환타지를 그 이야기에 투사할 수 있었다. 샘의 환타지는 전능해지고 싶다는 것이었다. 그는 이런 소망을 에밀리 아버지와 에밀리에게 투사하였고, 그래서 에밀리 아버지는 위압적이고 에밀리는 잔인하고도 강하다고 생각했다. 에밀리에 대한 그의 시각은 그녀를 과거지향적이라고 생각한 홀랜드의 해석과는 너무도 달랐다.

샘은 결국 그 이야기를 이성적으로 해석해 냈다. 그는 이 이야기가 과거에 집착하지 않으면서도 과거의 소중한 것들을 지킨다는 교훈에 관한 것이라고 결론 내렸다. 그러나 이처럼 이성적으로 이루어진 최종해석도 샘이 가진 성격의 산물이었다. 이는 그가 과거 어린 시절, 자신을 보살펴주던 어머니, 즉 현재 남성다울 수 있는 힘을 이끌어낼 수 있었던 어머니를 갈망했었기 때문이다.

솔의 반응 역시 정신분석학적 원칙에 따라 설명할 수 있다. 솔의 주된 관심은 통제에 대한 욕망이었다. 그래서 그는 에밀리처럼 이런 욕망을 함께 공유한 등장인물들에게는 긍정적인 반응을 보였다. 그는 에밀리를 억눌려지고 억압된 인물로 여겼다. 그는 에밀리 아버지처럼 억압되지 않고 압도적인 힘을 가진 듯 보이는 등장인물들에게는 부정적인 반응을 나타냈다. 샘의 경우처럼 솔의 이성적인 최종해석도 자신의 지배적인 욕망과 방어기제들을 잘 반영하고 있다. 말하자면 그는 이야기의 주제가 전통을 고수하려는 시도라 여겼다. 그래서 그는 포크너의 주제를 일종의 통제(해소하지 않고 유지시키는 일)로 받아들였다. 샘과 솔의 서로 다른 해석은 문학에 대한 읽는 이의 반응이 일정부분 그들의 성격에 의해서 형성된다는 사실을 보여준다. 독자들의 무의식적인 욕망과 방어기제야말로 자기들이 무엇을 좋아하는지, 그리고 무엇에 반응하려 하고, 무엇과 동일시되려 하는지를 결정한다. 그들의 욕망과 방어기제는 심지어 문학작품의 주제에 대한 이성적인 최종개념까지도 결정한다.

독자들이 텍스트 전체를 어떤 방식으로 파악하는지에 대해서는 다양한 관점들이 있다. 그렇지만 이 관점들이 서로 배타적인 것은 아니다. 모든 이론들은 독자들이 텍스트를 읽을 때 적극적인 역할을 한다는 사실에 동의한다. 읽는 이들은 무슨 일이 일어나고 있는지를 지속적으로 예측하고 추론하며 자신의 가설들을 수정해 나가는 것이 분명하다. 만일 그들이 이렇게 하지 못한다면 텍스트를 제대로 이해하지 못할 것이다.

또한 이야기 문법이론은 독자들이 텍스트의 구조를 파악하는 일이 중요하다고 주장한다. 예컨대 독자들이 특정 이야기의 구조를 내면화시켰다면, 이러한 구조를 사용함으로써 새로이 접하는 이야기에 대한 경험을 체계화시킬 수 있을 것이다. 텍스트를 읽는 경험에 핵심역할을 부여한 이야기 문법이론과 대조적인 이론도 있다. 이 이론에 따르면 텍스트의 구조는 인쇄된 종이 위, '바깥에' 존재하지 않는다. 도리어 그것은 독자들이 텍스트 속 단어들과 상호작용할 때 순간순간 이루어지는 자신들의 경험 속에 존재한다. 독자는 이러한 경험에 주의를 기울여야만 텍스트를 완전히 이해할 수 있다.

텍스트 구조를 토대로 한 이론과 읽기경험의 구조를 토대로 한 이론 양자는 한 가지 문제의 양면성을 드러낸다. 그런 만큼 이들은 상호 배타적이지 않을는지도 모른다. 어쩌면 독자들이 텍스트 구조를 파악해야만 하고 동시에 자신들의 텍스트 경험의 패턴에 주목해야 한다는 사실이 타당할 법도 하다. 텍스트의 구조는 독자들의 경험구조에 영향을 미친다. 따라서 텍스트의 구조에 대한 설명 없이는 독자들의 경험 구조 또한 말할 수 없다.

이론들 사이의 불일치가 일어나고 있는 또 다른 영역은 두 가지 문제에서 비롯된다. 즉 독자들 사이에는 어느 정도의 단일성이 있는가, 그리고 독자들은 어느 정도로 자신의 고유한 텍스트를 구성하는가이다. 이런 논쟁거리들에 대한 대부분의 경험적 연구들은 독자들 간에 상당한 개인차가 있음을 보여주었다. 그렇지만 이처럼 저마다 다른 반응들이 독자들에게나 텍스트에 전혀 무관하게 나타나는 것은 아니다. 이런 개인차는 부분적으로 독자들이 서로 다른 해석전략의 사용 때문에 생기는 것이고, 또 부분적으로 텍스트 속 단어들에 대한 개인적이고 독특한 연상 때문에 생기는 것이다. 그뿐 아니라 부분적으로는 독자들의 무의식적인 환타지와 두려움의 투사와도 관련된다.

잠시 『맥베스』의 이야기로 돌아가보자. 독자들은 『맥베스』를 읽기 시작하면서 세 가지의 어려움을 겪게 된다. 이 희곡작품을 이해하기 위해서 그들은 음성의 속성과 은유라는 문학의 두 가지 핵심요소들에 주의를 기울여야 한다. 무엇보다도, 독자들은 먼저 소리특성이 『맥베스』에 나오는 대사들의 의미를 고양시키는 방식에 민감해져야 한다. 둘째, 은유와 비은유를 구별해야만 하고, 또한 언어의 형상적 사용을 분별력 있게 처리해야 한다. 마지막으로 독자들은 텍스트 구조와 그들 자신의 읽기경험 구조를 파악함으로써 희곡 전체를 포괄적으로 이해해야만 한다.

이 세 가지 일은 서로 독립적으로 이루어질 수 없다. 텍스트가 지닌 음성의 속성은 행 간의 은유적 의미를 강조할 수 있다. 한 예로 맥베스가 인생을 한낱 촛불에 비유하자마자("struts and frets" 처럼) 극도로 축약된 어휘들을 사용한다. 만약 음성의 특성이나 은유와 같은 텍스트 요소에 대한 이해가 이루어지지 않는다면 텍스트 전체를 파악하는 일은 불가능할 것이다. 『모비 딕』(Moby Dick)에서의 고래처럼 은유가 텍스트 전체에 걸처 활용될 수도 있다. 이러한 확장된 은유(extended metaphor)를 파악함에 힘입어 독자들은 텍스트의 의미를 일관되게 유지할 수 있다. 마지막으로, 텍스트에 대한 이해를 심화시킴으로써 독자들이 정서적 반응을 구체화하듯, 독자들의 정서적 반응 또한 텍스트를 이해하기 위한 자극역할을 할 수도 있다. 더욱이 독자들의 정서적 반응은 작품에 관한 정보의 일부가 되어 텍스트의 의미를 파악하는 데 도움을 준다. 이런 일은 예술의 영역에서 감정이 인지적으로 작용할 때 일어나는 현상이다.

만일 독자들이 이 세 가지 난관을 극복할 수 있다면『맥베스』도 그에 상응하게 이해할 수 있을 것이다. 그렇지만 독자들은 자신들의 성격만큼이나 문학 텍스트를 읽는 경험에 따라 서로 다른 해석에 이를 수도 있을 것이다. 아마 문학은 그 어떤 예술형식보다도 투사(projection)의 여지가 많은 분야인 듯하다. 문학이 인간의 체험을 다룬다는 이유에서, 독자들은 인간 본성에 대한 자기들의 개념이나 환타지, 그리고 두려움을 묘사된 인물들에 투사하지 않을 수 없는 것이다. 이러한 점에서 문학은 특정한 묘사대상이 없는 음악이나 인간을 묘사하나, 그 체험에 대해 폭넓은 이야기를 할 수 없는 조각이나 회화와는 다른 입장에 서 있다.

『맥베스』를 읽는다고 하는 체험을 대신할 수 있는 것은 그 어디에도 없다. 읽는 이의 궁극적인 목적은 이 희곡에 대한 어떤 추상적인 해석에 이르려는 것이 아니다. 만일 그런 것이 문학작품을 읽음으로써 얻을 수 있는 최종결과라면, 작품을 추상적으로 해석한 간단한 문장을 읽는 것만으로도 충분할 것이다. 누군가 톨스토이(lev Nikolaevich Tolstoy, 1828-1910)에게 그의 작품『안나 카레니나』(Anna Karenina)가 '의미하는 것'이 무엇인지를 묻자, 그는 첫 단어에서 마지막 단어까지 그 소설을 다시 써야 한다고 대답했다.

제10장
옛날 옛적에

모든 위대한 예술처럼 동화도 즐거움과 교훈을 준다. 동화는 특히 아이들이 알아들을 수 있는 말로 직접 이야기한다는 점에서 뛰어나다.

— 브루노 베텔하임(Bruno Bettelheim)

"옛날 옛적에 자그마한 아름다운 꽃들과 황금색 깃털의 사랑스러운 새들로 가득한 나라가 있었습니다. 그 나라에는 왕과 왕비가 살고 있었습니다. 그들 사이에는 아름답고 총명한 공주가 한 명 있었어요. 공주님의 볼은 장밋빛 사과이고 머릿결은 비단이었습니다.

어느 날, 왕비님이 돌아가셨어요. 왕과 공주는 슬픔에 잠기고 말았습니다. 슬픈 나날이 계속되면서 아름다운 새들은 그 땅을 떠나기 시작했고 꽃은 사라졌습니다. 사랑스러운 황금새 대신에 날카롭고 무시무시한 부리를 가진 크고 검은 새들이 날아왔습니다. 그 나라는 전과는 전혀 다른 땅으로 변해가기 시작했습니다.

공주가 열여섯 살이 되었을 때, 왕은 재혼했습니다. 새엄마인 왕비는 왕이 딸을 사랑하는 것을 시기했습니다. 새 왕비는 얼음처럼 차가운 눈빛과 돌로 된 심장을 가지고 있었습니다. 그러던 어느 날이었습니다…"

독자들도 알다시피 동화는 보통 이렇게 시작한다. 어린이들은 동화책

과 만화책, 그리고 텔레비전에서 이런 이야기들을 접한다. 적어도 서구
문화권의 어린이들은 다른 예술장르보다 문학에 훨씬 더 많이 접한다.
음악이나 시각예술과는 달리 문학에는 어린이를 위한 작품들이 매우 많
다. 그림이나 음악을 거의 접하지 못한 어린이라도 이야기나 자장가는
매일 듣는다. 일반적으로 어린이들은 만족할 줄을 모른다. 어린이들은
잠자리 동화에 매혹되어 매일 밤 똑같은 이야기를 계속해서 들려달라고
한다.

　　문학작품이 어린이에게 미치는 명백한 영향과 문학 자체가 언어의 익
숙한 상징체계를 사용한다는 점을 생각할 때, 우리는 이야기와 노래가
어린이들에게 쉽게 이해될 것이라 생각하기 쉽다. 그러나 이런 가정은
근거가 없을지도 모른다. 어린이들의 조금 전의 이야기를 이해하려면,
"공주의 뺨은 장밋빛 사과였다."와 같은 지각적인 은유와 "돌로 된 심
장"이라는 비지각적인 은유를 이해해야만 한다. 또한 어린이들은 아버
지와 딸 사이의 사랑이라는 감정과, 딸과 계모 사이에 존재하는 경쟁심
리와 질투와 같은 감정을 파악해야 한다. 이 동화의 시작부분을 읽으면
서, 어린이들은 동화라는 장르에 대한 지식에 따라 앞으로 펼쳐질 사건
들을 예상해야 한다. 그리고 이런 갈등이 공주에게 유리하게 해결될 때
까지 지속될 것이라는 사실을 예상해야 한다. 또한 어린 독자들은 꽃이
사라지고 사나운 검은 새가 나타남으로써 조성된 불길한 분위기를 파악
하면서 언어의 스타일을 느껴야만 한다. 마지막으로 어린이들은 이야기
를 접하게 될 책이나 텔레비전과 같은 매체의 특성까지도 잘 알고 있어
야 한다.

　　어린이들이 이야기에 매료되는 이유는 비유적인 언어나 정서적인 주
제, 인물 전개, 스타일, 분위기 및 장르와 같은 문학적 요소와 아무런 관
계가 없을지도 모른다. 문학에 재능이 있어서 아이들이 이야기에 관심을
갖는다고 믿는 부모들은 처음부터 오해하고 있는 것이다. 어린이들은 어
른들이 빠져드는 문학요소들과는 사뭇 다른 특성에 매료된다.

은유 이해하기

비유적인 언어를 이해하는 능력이 없다면, 우리는 대부분의 문학작품을 기껏해야 부분적으로만 이해할 수 있을 것이다. 성인을 대상으로 하는 문학작품과 마찬가지로, 아동을 위한 문학작품도 은유로 가득 차 있다. 동화에서 왕은 강철 같은 의지를, 계모는 돌 같은 심장을, 공주는 사과 같은 볼을 갖고 있다. 또한 아동 문학작품에서도 과장(hyperbole), 과소(understatement), 풍자(sarcasm), 심지어 아이러니(irony) 같은 비유법이 쓰인다.

비단 문학작품에서만 아동들이 비유법을 경험하는 것은 아니다. 어른들은 흔히 아이들에게 "네 눈은 접시구나!"(은유)라든가 "조금 엉망이 되었네."(과소법), "넌 이 세상에서 가장 귀여운 아이란다."(과장법)와 같은 말을 한다. 비유적인 표현, 특히 은유는 초등학교 교과서에서도 자주 사용된다(Arter, 1976). 너무나 흔히 사용되기 때문에, 우리는 아이들이 비유적 표현을 이해한다고 믿기 쉽다. 그러나 6세 어린이라면 누구나 어떤 사람의 심장이 단단하다는 말에 십중팔구는 그 사람의 심장이 돌로 되어 있다고 말할 것이다.

'비유적인 언어를 어린이들이 얼마나 이해하는가.' 하는 연구는 주로 은유법을 중심으로 이루어져 왔다. 은유를 이해하는 어린이들의 능력에 대해 섣부르게 결론 내리는 것은 금물이다. 아이들의 은유 이해능력은 그 이해가 문제가 되는 은유 표현의 종류뿐만 아니라 이 능력을 측정하는 방법에 따라 다르게 나타났다.

몇몇 연구에 따르면 은유의 이해는 비교적 늦게 나타난다. 초기의 연구들 중 하나에서 이중-기능(double-function) 형용사, 예를 들면 '달콤한', '단단한', '차가운', 그리고 '뒤틀린' 따위의 말을 아이들이 이해하는지의 여부가 조사되었다. 이런 형용사들은 물리적인 의미와 심리적인 의미를 갖는다. 즉 돌은 문자 그대로 단단하지만, 무정한 사람은 은유적으로 단단한 것이다. 3세에서 12세에 이르는 아동들을 대상으로 해서 그들이 이런 용어들의 의미를 알고 있는지, 또 두 가지 용법 사이의 관계를 설명할 수 있는지 알아보았다.

어린이들은 처음에는 물리적인 의미만 이해했다. 7, 8세의 어린이들은 심리적인 의미를 이해하기는 했지만, 전적으로 물리적인 의미와는 별개로 이해했으며 둘 사이의 관계를 파악하지도 못했다. 가장 나이 많은 아이들만이 그 연관관계를 지적했는데, 예를 들어 "단단한 것(hard things)과 거친 마음(hard person)을 가진 사람은 둘 다 다루기 힘들다."라는 식의 설명을 할 수 있었다(p.53). 이런 연구결과는 이후의 연구에서도 확인되었다(Lesser and Drouin, 1975).

이 연구에서는 독립된 단어의 은유적인 사용에 대한 어린이의 이해력을 살펴본 반면, 또 다른 연구에서는 어린이가 이런 단어들이 포함된 은유적인 문장을 잘 이해하는가의 여부를 살펴보았다(Winner, Rosenstiel, and Gardner, 1976). 6세에서 14세 사이의 어린이들에게 다음과 같은 문장을 설명해 보라고 요구했다. "수년간 감옥에서 근무한 후 간수들은 움직일 수 없는 단단한 바위가 되었다." 이 연구결과, 은유를 설명할 수 있는 능력은 나중에서야 개발됨이 확인되었다. 더구나 다른 연령층의 아동들은 이 표현을 제각기 다르게 설명했다.

6, 7, 8세의 어린이들은 대체로 두 가지로 해석했다. 그들은 간수에 관한 문장의 의미를 다음과 같이 설명했다. "간수는 바위로 된 감옥에서 근무했다." 또는 "간수는 바위 같이 단단한 근육을 가졌다." 따라서 이들은 주제와 표현을 동등하게 놓지 않고, 연관이 있도록 고쳐 말하거나 사람과 바위가 유사할 수 있는 물리적인 방법에 주목했다. 6세에서 8세까지의 어린이들은 이처럼 관련성을 생각하거나 물리적 의미의 해석을 선호했지만, 때때로 문자 그대로의 응답을 하기도 했다. 특정 연령층의 아이들이 문자 그대로의 해석을 하지는 않았지만, 8세 이하의 아이들이 그이상 연령의 아이들보다도 두드러지게 문자 그대로 응답했다.

10세쯤 된 대부분의 아이들은 문장의 심리적인 의미를 파악할 수 있었으며, 간수가 잔인하다거나 불친절하다고 설명할 수 있었다. 그러나 아이들이 정확한 문장의 의미에서 '벗어나기' 시작하면서, 완벽하지는 않더라도 대체로 비슷하게 해석했다. 예를 들어 가끔씩 아이들은 "간수가 까다롭다."라고 해석했다. 그러나 아이들이 비록 부정확한 해석을 할 때라도 이중-기능 단어의 긍정적이거나 부정적인 특성을 늘 존중했다. 아이들은 '단단하다'는 형용사가 사람에게 쓰일 경우 부정적인 함축을 가진다는 사실을 파악했다. 비록 간수가 까다롭다고 해석할지언정 친절하다고 결론 내리지는 않았다. 따라서 이중-기능 단어가 지칭하는 어떤 특정한 연속개념(예를 들면 친절과 불친절)은 그것과 관련 맺고 있는 양극적인 특성(긍정과 부정)에 따라 전개된다(Winner, Wapner, Cicone, and Gardner, 1979).

이러한 일련의 연구는, 아이들이 물리적인 용어를 사용하여 심리적 특성을 묘사하는 심리적-물리적 은유를 사용하는 데 상당한 어려움을 겪고 있다는 것을 보여준다. 아이들이 은유법을 잘 이해하지 못한 이유는 심리적 현상에 대한 이해가 부족해서가 아니다. 이는 사람의 성격을 바위 같은 물체에 비유한 은유를 잘 이해하지 못한 아이들조차 비열하다든지 두목 행세를 좋아한다든지 완고하다든지 따위의 직설적 표현은 잘 이해하고 있기 때문이다(Cicone, Gardner, and Winner, 1981). 한 가지 가능성은, 아이들이 심리적-물리적 은유를 잘 이해하지 못하는 이유는 부분적으로 주제와 표현 간의 추상적 관계를 잘 파악하지 못한다는 점에 있다. 즉 단단한 바위와 거친 사람 사이에는 구체적인 공통점이 없는 것이다. 공통점은 다루기 힘든 추상적 특징이다. 다른 종류의 은유도 비지각적인 유사관계에 기초하고 있으므로 아이들에게 어렵기는 마찬가지이다(Mendelsohn, Winner, and Gardner, 1980). 그러나 지각적인 연관성에 기초한 은유법은 훨씬 쉽다. 눈을 면도크림으로 묘사하는 경우처럼, 지각적인 은유 표현을 접하면 3, 4세의 어린이들도 완전히 이해했다(Winner, McCarthy, and Gardner, 1980).

비지각적인 은유에 대한 이해가 나중에서야 발달한다고 하는 결론은,

은유에 대한 오해가 추상적인 유사성을 지각할 수 없는 경우에서와 같은 인지적 한계에서 유래되었다는 사실을 가정한다. 또 다른 가능성은, 이런 어려움이 아이들 능력의 한계보다 좀더 피상적 이유에서 파생될 수 있다는 점이다. 은유에 대한 오해를 설명할 수 있는 세 가지 요소는 언어반응 방식, 맥락의 결여 및 은유의 표면적 형태 등이다.

심리적-물리적 은유 표현에 관한 연구에서, 어린이들에게 은유적 표현을 부연 설명하게 함으로써 과제를 통해 이해의 정도를 측정했다. 그러나 언어를 설명하기 위해 언어를 사용하는 메타언어 능력은 단순히 언어를 이해하는 능력보다 훨씬 나중에서야 발달한다. 예를 들어 어린이들은 문법적 문장과 비문법적 문장의 차이를 분별할 수 있고 난 훨씬 후에야 비로소 왜 이 말이 맞고 다른 말이 틀린지를 설명할 수 있었다(de Villiers and de Villiers, 1978). 따라서 부연 설명에 대한 연구는 은유에 대한 이해 능력보다는 설명능력에 대해 더 많은 것을 알려주는지도 모른다.

언어를 사용하지 않고 이해력을 측정했을 때는 미취학 아동들도 비지각적인 은유 표현을 어느 정도 이해했다. 앞에 언급한 한 연구에서 간단한 매칭과제를 제시했다(Gardner, 1974a). 3세 반에서 19세까지의 학생들에게 '단단한-부드러운' 또는 '추운-따뜻한' 같은 반대 의미의 형용사 쌍을 들려주고, 그 쌍의 각 단어와 시각적 자극 쌍의 한 단어와 짝짓게 했다. 예를 들어 '단단한-부드러운'을 (갈색과 청회색의) 두 가지 색상과 (찡그리다와 웃다의) 두 가지 얼굴표정, (트라이앵글과 피리의) 두 가지 소리와 짝짓게 했다. 성인들은 이 실험에서 '단단한'이라는 형용사를 갈색, 찡그린 얼굴 그리고 트라이앵글 소리와 짝지었고, '부드러운'이라는 단어는 나머지 단어와 매칭을 시키는 경향을 보였다.

취학 전 아동들은 청소년들이나 성인처럼 일관적이지는 않았지만 각 형용사를 나름대로 짝지었다. 어린이들이 '단단한'이라는 말과 찡그린 얼굴을 짝짓고 '부드러운'이라는 말과 웃는 얼굴을 짝지었다는 사실은 어린이들이 은유 표현을 설명할 수 있기 훨씬 전에 이미 물리적 특성과 심리적 특성 사이의 추상적 관계를 파악할 수 있다는 것을 보여준다.

  비언어적 반응방식을 사용함으로써 취학 전 아동들이 추상적인 은유
표현을 인지할 수 있을 뿐 아니라 아직 말이 트이지 않은 유아들도 은유
적인 유사성을 조금이나마 파악할 수 있다는 사실이 밝혀졌다. 예를 들면
시각적 자극과 청각적 자극 사이의 추상적 연관관계를 인지하는 능력이
9개월에서의 12개월된 유아들에게도 나타났다(Wagner, Winner, Cicchetti,
and Gardner, 1981). 이런 능력을 검증하기 위해 유아들에게 10초간 간헐
적인 소리를 들려주었다. 소리를 들려주기 시작한 지 3초 후에 유아들에
게 두 장의 슬라이드를 동시에 보여주었는데, 하나는 점선이었고 다른
것은 실선이었다. 그리고 나중에 이 아이들에게 같은 슬라이드를 다시
보여주었다. 그런데 이번에는 지속되는 소리를 들려주었다. 몇 번의 실
험에서 유아들은 동시에 들려오는 소리에 더 잘 어울리는 그림을 쳐다보
았다. 유아들은 간헐적인 소리를 들으며 점선을 보았고, 지속적인 소리
를 들을 때는 실선 쪽으로 시선을 바꿨다. 다른 방법을 이용한 실험에서
도 비슷한 결과가 나타났다(Lewkowicz and Turkewitz, 1980).

  유아들이 인지한 소리와 패턴 사이의 관련성은 교차-감각 은유의 시각
요소와 청각요소 사이의 관련성과 원리상 다르지 않다. 우리는 색을 보
고 '소란스럽다' 또는 '조용하다'라고 하며 음을 '높다' 또는 '낮다'라
고 하는데, 아마도 소리와 시각 자극 간의 관련성을 인식하기 때문일 것
이다. 유아들조차도 그런 관련성을 인식할 수 있음을 밝힌 연구를 통해
알 수 있는 사실은, 수많은 일상적인 은유가 언어와 무관하게 인지되는
일정한 관련성에 의해 결정된다는 점이다. 이러한 결론은 다른 연구결과
에서도 찾아볼 수 있다. 예를 들어 '뜨거운' 또는 '뒤틀린'이라는 역사
상 무관한 이중-기능의 용어가 긴밀하게 연관된 심리적 의미를 담고 있
다(Asch, 1955).

  비메타언어적 반응방식의 사용이 아주 어린 나이 때부터 이미 은유를
이해하고 있다는 것을 밝혀주는 유일한 방법은 아니다. 은유적 표현이
이야기나 그림처럼 어떤 맥락이 있는 상황에서 제시되면, 어린이들은 더
어린 나이에도 추상적인 은유를 설명할 수 있다(Winner, et al., 1979). 따

라서 다른 연구에서 비교적 은유에 대한 이해력이 늦게 발달한다는 결과는 연구에 사용된 반응방식에 따른 것일 수도 있고 은유법이 문맥과 상관 없이 제시되었기 때문일 수도 있다.

성숙한 나이가 되어야 은유를 이해할 수 있다는 연구결과는 어린이들이 가진 또 따른 잠재적 어려움에서 비롯된 것인지 모른다. 즉 어린이들이 의역해서 언어를 사용해도 된다는 사실을 모르기 때문일 수도 있는 것이다. 다시 말하면 은유적 표현을 어떻게 다루어야 하는지를 알지 못했기 때문일 수 있다. 은유는 두 요소 간의 유사점을 간접적으로 지적하는 방식이다. 은유는 "X는 Y이다"라고 말하지만, 독자는 "X는 어떤 면에서 Y와 같다"라는 의미로 이해해야 한다. 우리가 은유적 표현을 문자 그대로 받아들이면 의미를 잘못 이해하게 된다. 그러나 직유법에서는 그런 문제가 드러나지 않는데, 이는 직유법이 은유법과 달리 직접적으로 말하기 때문이다. 은유의 간접성이 문제가 된다면, 은유를 이해하지 못하는 어린이들일지라도 그에 상응하는 직유법은 이해할 수 있을 것이다.

이런 가정은 7세에서 11세의 아이들에게 짧은 이야기를 읽도록 한 다음, 네 개의 문장에서 가장 알맞은 문장을 마지막 문장으로 고르게 하는 방식을 통해 입증되었다(Reynolds and Ortony, 1980). 주어진 네 개의 문장은 전부 은유든지, 전부 직유든지, 아니면 전부 직설적 표현으로 되어 있었다. 이제 간단한 이야기와 선택지들을 살펴보자. 정답은 별표가 있는 문장이다.

늙은 경주마

잭 플래시는 왕년에는 아주 훌륭한 경주마였지만 지금은 너무 나이가 들었다. 주인은 잭이 더 이상 아무런 쓸모도 없다고 생각했다. 그 녀석이 있던 목장에서는 이제 아무도 잭에게 관심을 보이지 않았다. 아무도 이 늙은 말을 타려고 하지도 않았다. 그래서 주인은 잭을 사람들에게 안 보이는 곳에 두기로 결심했다.

직설적 표현

* 잭은 농가 뒤편의 한 들판으로 보내졌다.
  목장 주인은 매일 잭과 놀았다.
  잭은 목장에서 최고의 마구간에 살게 되었다.
  잭은 조식으로 귀리를 먹고 싶지 않았다.

은유적 표현

* 낡은 신발은 쓰레기통에 던져지고 말았다.
  안장은 반지르르 광택이 돌았다.
  경주가 막 시작되려 했다.
  비옷은 새것이었다.

직유적 표현

* 쓰레기통에 버려진 낡은 신발 같았다.
  광택이 도는 안장 같았다.
  곧 시작될 경주와도 같았다.
  새 비옷 같았다.

응답한 모든 어린이들은 나이에 상관 없이 정확한 직설적 표현을 골랐다. 그렇지만 어린이들이 정확한 은유와 직유를 고르는 데는 어려움을 겪었다. 또 9세의 아이들은 정확한 직유 표현을 선택했고, 10세의 아이들부터는 정확한 은유도 선택할 수 있었다. 따라서 아이들이 "낡은 신발은 쓰레기통에 던져지고 말았다."라는 늙고 무가치한 경주마를 뜻하는 은유를 이해하기 전에 늙은 말과 낡은 신발이라는 전혀 무관한 영역을 연결시킬 수 있는 능력을 가지고 있음을 보여주었다.

또한 은유의 표층형식 조작을 통해 더 쉽게 이해할 수 있다. 은유의 주제를 구체적으로 만드는 것은 쉽게 이해하는 데 도움이 된다(Reynolds and Ortony, 1980). 따라서 "낡은 신발은 쓰레기통에 던져지고 말았다."는 진술처럼 주제가 언급되지 않은 형태의 은유를 이해하는 것보다는 "낡은 경주마는 쓰레기통에 버려진 낡은 신발 꼴이 되어 버렸다."라는 표현을 이해하는 것이 더 쉽다. 아마도 주제가 없는 형식에서 적절한 주제를 파악하는 것이 어렵기 때문일 것이다. 은유를 수수께끼나 다른 비유로 고치면 문장을 훨씬 쉽게 이해할 수 있다(Winner, Engel, and Gardner, 1980). 이렇게 볼 때 은유를 이해하는 일은 은유가 사용된 형태 때문에 더 어려울 수 있다. 그리고 어쩌면 아이들이 언어법칙에 익숙하지 않았기 때문에 이해할 수 없었던 것일 수도 있다. 아이들은 은유법을 접했을 때 어떤 식으로 처리해야 할지를 모르는 것이다.

종합해 보면, 어린이들이 은유를 이해하는 능력에 관한 측정은 다음과 같은 두 가지 요인들 사이에서 혼란을 겪고 있다. 즉 이해한 것을 언어로 표현하는 능력, 그리고 은유법을 문자 그대로 받아들여서는 안 된다는 지식. 가장 순수한 의미에서, 은유를 이해할 수 있는 능력을 측정하는 일은 비메타언어적 방식을 사용함으로써 가능하다. 또한 은유를 시각적이거나 언어적인 맥락의 형태로 제시하고 은유적 관계를 주제와 표현이 나타나 있는 직유법의 형태로 바꿀 때도 가능하다. 그러나 이렇게 단순화시키는 일에서, 연구자들은 비교적 초보적인 수준의 은유 이해를 다루고 있음을 알게 될 것이다. 맥락과 동떨어진 은유를 설명할 수 있는 아이의 경우, 짝짓기 과제는 수행할 수 있지만 그에 대해 설명할 수 없었던 4세 아이보다 반드시 더 나은 메타언어적 능력을 가지고 있다고는 말할 수 없다. 물론 이들이 은유를 더 잘 이해하고 있을 가능성은 크다. 그런 만큼 유아기의 은유파악 능력을 확인할 수 있는 단서들은 있다. 그럼에도 이런 암시적 단서들이 사춘기 이전의 성숙한 이해와 혼동된다고 볼 수는 없다.

은유에 대한 이해에는 논리적 추론능력이 필요할 수도 있다. 은유를 이해할 수 있는 능력과 피아제(J. Piaget, 1896-1980)가 말했던 논리적 사고 간의 상관관계를 비교함으로써 이 가설을 검증해 본 일련의 연구가 있었다. 이들은 "머리카락은 스파게티이다."라는 은유를 이해하려면, 그에 앞서 머리카락과 스파게티가 모두 '길고, 줄 같고 얽혀 있는 것'이라는 더 큰 유개념(class) 속에서 서로 유사하다는 것을 인식해야만 한다고 주장했다(Billow, 1975). 따라서 공유하는 특성에 기초하여 두 단어를 연결하는 은유법을 이해하기 위해서는, 먼저 유개념 포함(class inclusion)의 논리를 이해해야 한다. 즉 서로 다른 것들이 동일한 상위범주에 속할 수 있다는 사실 말이다.

이 가설에 대한 검증은 아이들에게 은유를 다른 말로 바꾸게 하고, 또 피아제의 유개념 포함을 확인할 수 있게 한 실험에서 이루어졌다. 이 실험은 어린이들의 인식능력, 가령 이 장미는 장미의 하위범주의 구성원일 뿐 아니라 꽃이라는 상위범주의 부분이라는 것을 인식하고 있는 능력을 평가하는 것이었다. 나이가 들어감에 따라 아이들은 은유도 이해하고 유개념 포함도 이해할 수 있음이 증명되었다. 그러나 은유의 이해를 위해서는 유개념 포함 논리가 필수적이라는 가설은 입증되지 않았다. 많은 아이들이 유개념 포함을 이해하지 못했음에도 은유는 이해할 수 있었기 때문이다.

은유에 대한 이해와 논리적 능력을 서로 관련시키려는 또 다른 시도가 있었다. 여기서는 은유이해 능력이 다른 논리능력을 필요로 한다는 점이 제시되었다. 다른 논리능력이란 처음에는 서로 전혀 상관 없는 것 같은 두 유개념 사이의 교차점을 찾는 능력이다(Eson and Cometa, 1978). 예컨대 "간수는 단단한 바위이다."라는 말을 이해하기 위해서는, 사람과 바위 간의 교차점을 발견해야 한다. 이 교차점이 '완강함' 이라는 유개념인 것이다.

피아제의 유개념 공통성에 대한 실험은 은유 부연실험과 함께 다양한 나이의 어린이들을 대상으로 실시되었다. 어린이들에게 우산, 물고기, 책 및 나비와 같은 녹색 물체가 그려진 그림카드를 다양한 색깔의 나뭇잎이 그려진 그림카드와 직각이 되도록 배열해 보여주었다. 두 줄이 교차하는 곳은 빈 칸으로 남겨놓고 그에게 채우게 했다. 이 실험에서 정답은 녹색 나뭇잎이었다. 녹색 물체와 나뭇잎의 유개념 교차점을 형성하기 때문이다(그림 10-1).

그 실험은 정답을 맞힌 어린이들만이 아주 간단한 은유를 이해하고,

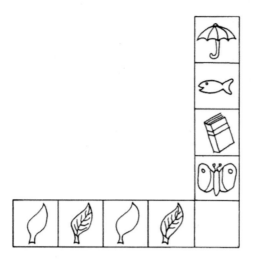

[그림 10-1] 분류 교차 매트릭스. 이것은 녹색 나뭇잎을 녹색으로 분류된 대상들과 교차시켜 완성할 수 있다. 이 과제를 수행하기 위해서는 은유를 이해하기 위해 사용했던 동일한 논리가 필요할는지도 모른다.

또 다른 말로 바꿀 수 있다는 결과를 얻었다. 유개념 공통성 실험에서 필요했던 논리능력이 은유를 이해하는 데 필요한 논리능력과 동일하다는 결론이 도출되었다.

은유를 이해하는 능력이 전적으로 논리적 사고능력의 문제인 것은 아니다. 은유를 이해할 수 있는 능력은 부분적으로 인식방식, 즉 세상을 이해하는 방법이라고 볼 수 있다. 그런데 이는 사람마다 제각각이다. 한 연구에 따르면 은유적 민감성에는 개인차가 존재한다(Kogan, Connor, Gross, and Fava, 1980). 어린이들에게 세 장의 그림을 보여주고 관련 있는 것끼리 짝을 짓게 한 실험을 했다. 그 그림에는 휠체어의 노인과 꺼져가는 촛불, 담뱃대가 각각 그려져 있었다. 노인과 촛불은 둘 다 '꺼져간다'는 공통점 때문에 은유적인 응답이 되고, 촛불과 담뱃대는 둘 다 불을 붙인다는 관례적 범주에 속하기 때문에 전통적인 응답이 된다. 마지막으로 노인과 담뱃대는 사람이 담배를 피우므로 기능적인 쌍이 된다. 이처럼 은유적 유사성에 대한 민감성을 비언어적인 방식으로 측정하는 것은 어린이들 간에 발달차이뿐 아니라 개인차도 있음을 보여준다. 즉 특정 나이의 어린이들은 다른 나이의 어린이들보다 은유적 감각이 더 발달되어 있다.

은유에 대한 선호

은유를 이해할 수 있는 능력에 대한 연구는 광범위하게 진행된 반면, 은유의 심미적 선호 발달에 대해서는 그다지 알려진 것이 없다. 어린 아이들이 직설적 표현보다 은유법을 선호하는지, 또 그들이 어떤 종류의 은유를 다른 종류에 비해 더 선호하는지 등의 문제에 대해서는 거의 연구가 이루어지지 않고 있다. 각기 다른 연령층에서 선호하는 은유에 대한 근거를 밝히고, 은유 및 직설적 표현의 선호를 상호 비교했던 연구가 있다(Silberstein, Gardner, Phelps, and Winner, in press). 어린이와 성인들에게 객관식 문제를 제시하고 직설적 표현과 은유적 표현, 그리고 다른 종류의 은유에 대한 선호도를 물었다. 이 연구에서 6세에서 8세까지의 아이들은 은유적 표현보다는 직설적 표현을 선호했다. 연령이 높아지면서 직설적 표현에 대한 선호도는 점차 줄어들었지만, 예외적으로 13세에서 15세까지의 어린이들은 직설적 표현을 선호했다. 그러나 여기서 직설적 표현을 선호한 어린 아이들과는 달리 청소년들은 직설적 표현이 아닌 경우에 대해 자신들이 싫어하는 점을 분명히 밝혔다. 가령 15세의 한 청소년은 이렇게 응답했다. "나는 사물에 대해 더 정확하고 솔직하고 싶다." 17세 정도의 청소년들은 직설적 표현보다는 다시금 은유적 표현을 선호했다.

연령에 상관 없이 은유를 선호했을 때에는, 하나의 연관에 근거한 것보다 두 가지 연관에 따른 것을 더 선호했다. 예컨대 어린이들은 "터진 빨간 풍선은 사과껍질이다."처럼 색깔과 모양에 따른 표현을 단지 모양에 따른 표현, 즉 "터진 빨간 풍선은 쭈글쭈글한 수건이다."라는 표현보다 더 선호했다. 그리고 한 가지에 근거한 은유 표현에서도, 물체의 지속적 특징인 모양과 색깔 등 정적인 지각근거보다는 물체의 일시적 특징인 동작과 소리 등 동적인 지각근거에로, 그리고 그보다는 비영속성, 가변성 또는 폭발성 등 비지각적 특성에로 선호도가 옮겨갔다.

이 사례를 이해능력 연구결과와 비교한 결과, 어린이들은 은유를 좋아하기에 앞서 이미 꽤 오래 전부터 은유 표현의 기초를 이해할 수 있다는 사실이 드러났다. 5학년 정도 나이의 학생들은 대체로 비지각적인 은유 표현을 이해했으며, 이 선호도 실험에서 자기의 선택을 설명함으로써 비지각적 은유 표현을 이해하고 있다는 사실을 보여주었다. 그렇지만 사실상 고등학교 1학년은 되어야 이런 은유를 선호했다. 부연 설명 없이도 이해할 수 있는 농담(Zigler, Levine, and Gould, 1966, 1967) 이해하기 시작하면서 즐거운 농담(McGhee, 1973)과는 다르게, 은유는 이해한 후에만 즐거움을 얻을 수 있는 것처럼 보인다. 그러나 이러한 초기 연구 결과를 확인하기 위해서는, 선호도 실험에 나타난 모든 은유 표현에 대한 이해능력과 더불어, 선택된 은유 및 선택되지 못한 은유에 대한 이해를 측정하기 위한 선호도 실험이 동시에 평가되어야만 한다.

비유법과 비교해봤을 때 은유는 비교적 연구여건이 성숙된 분야이다. 어린이들은 문학작품 속에서 과장, 풍자, 아이러니와 같은 직설적이지 않은 표현을 자주 접한다. 은유와는 달리 이런 비유들을 이해하기 위해서는 직설적이지 않은 표현에 대한 이해뿐만 아니라 그런 표현의 배후동기도 파악해야 한다. 예를 들어보자. 어떤 이야기의 인물이 칠칠맞다고 묘사되어 있다. 그가 경주에서 넘어지고 땅에 얼굴을 처박고 나자 친구들이 이렇게 말한다. "정말 대단한 운동선수야." 이 말을 이해하려면 읽는 이는 말한 이의 의도가 넘어진 선수를 칭찬하기보다는 놀리는 것이라는 사실을 깨달아야 한다. 따라서 이러한 비유를 이해하기 위해서는 어느 정도 인간심리에 대한 이해가 필수적이다.

과장, 과소, 풍자, 아이러니 등에 대한 이해능력을 조사한 연구에 참여했던 6세의 아이들은 이것들 모두를 문자 그대로 해석했다(Demorest, Silberstein, Gardner, and Winner, 1981). 8세의 아이들은 이런 표현이 직설적인 표현이 아님을 알았지만 그 의도를 파악하기는 어려웠다. 아이들은 대체로 말하는 이가 듣는 이를 속이려 했다고(즉 아첨해서 거짓말하려 했던 것이라고) 생각했던 반면, 말하는 이와 듣는 이 모두 이 말의 비직설적 표현이 갖는 속뜻을 알고 있었을 것이라는 사실은 파악하지 못했다. 11세의 아이들만 말하는 이와 듣는 이 사이의 공유된 관점을 인식했고 놀리려는 화자의 의도나 수사법을 사용한 진술의 의도를 알 수 있었다.

이야기 내용 이해하기

비유적 언어에 대한 연구에서 보면, 흔히 아이들은 비직설적 표현을 잘못 이해하고 있었다. 은유에서의 어려움을 이야기의 이해에 있어서 겪는 어려움과 비교할 수 있을는지도 모르겠다. 물론 이야기를 이미 알고 있거나 이야기가 흥미있는 경우는 은유를 이해하는 것보다 더 이해하기 쉬울 수 있다. 아이들이 이야기를 이해하는 방법을 파악하기 위해 두 가지 방식으로 접근했다. 즉 정신분석학 연구에서는 과연 이야기를 이해하는가에만 모든 관심을 두었다. 인지심리학자들은 어린이들이 이야기 구조를 어떻게 이해하는가에 큰 비중을 두었다.

정신분석학은 아이들을 강렬한 정서와 환타지에 사로잡힌 존재로 간주한다. 아이들은 부모의 사랑을 공유해야 하기 때문에 새로운 형제나 자매 사이에서 심한 질투심과 증오심을 느낀다. 오이디푸스 콤플렉스 시기(Oedipal period)에 이르면 아이들은 이성 부모에게 성적 갈망을 느끼고, 자신들이 두려워하는 동성 부모를 살해하고픈 충동을 느낀다. 그들은 이런 강력하고 두려운 감정을 이해할 수 없기 때문에, 그리고 한편으로는 그런 사악한 감정이 노출될지도 모른다는 극심한 두려움 때문에 이 감정들을 억누른다.

심리학자인 브루노 베텔하임(Bruno Bettelheim, 1976)은 이 시기에 동화가 매우 중요한 역할을 한다고 주장했다. 동화는 어린이들의 상상력을 자극한다. 동화는 형제나 자매 간의 경쟁심이라든지 오이디푸스적 욕망이나 전능한 것처럼 보이는 부모에 대한 상대적 무력감처럼 아이들이 품게 되는 모든 감정을 다룬다. 동화는 아이들이 일상에서 마주치고, 또 억제하는 성적이고도 공격적인 주제들을 상징적으로 다룬다. 예컨대 백설공주와 사악한 계모 사이에는 모녀 간의 오이디푸스적 갈등이 주제화된다. 『잭과 콩나무』(Jack and the Beanstalk)에는 전능하고 두려운 존재로서의 어른에 대한 무력감이 저변에 깔려 있다. 그리고 『빨간 두건』(Little Red Riding Hood)은 (할머니가 늑대와 함께 잠을 잔다는) 성적인 주제, (늑대가 할머니와 빨간 두건을 쓴 소녀까지 잡아먹는다는) 결합에 대한 두려움, (늑대의 유혹에 빠진다는) 쾌락원칙, 그리고 (자기 파괴적인 유혹을 저항하기 위해 만족을 자제한다는) 현실원칙 사이의 갈등을 담고 있다.

베텔하임은 취학 전의 아이들일지라도 무의식 속에서나마 이런 주제들을 이해한다고 주장했다. 동화는 아주 어린 아이들도 이해할 수 있는데, 이는 그것이 아이들도 이해할 수 있는 언어로 말하기 때문이다. 가령 거기 등장하는 인물들은 모두 착하거나 악하다. 이것은 적절한 설정이다. 이는 아이들이 일의 동기가 지닌 미묘한 특성들을 제대로 분별할 수 없기 때문이다. 동화는 인과응보의 결말로 끝난다. 악인은 벌을 받는데, 대부분 끔찍한 죽음인 경우가 많다. 이것도 매우 적절하다고 볼 수 있다. 아이들은 인과응보의 귀결을 믿으며, 선을 행하지 않은 인물에게 동정을 베푸는 따위의 복잡한 관용의 미덕을 이해하지 못하기 때문이다.

이렇게 선과 악, 폭력과 복수, 힘과 무력감이 드러난 이야기에 접함으로써 아이들은 자신만이 무기력감과 금지된 욕망을 가진 것이 아니라는 사실을 알게 된다. 더욱이 동화는 어린이들에게 선의 세력이 존재하며, 이 세력은 결국 파괴적인 세력을 억누르고 승리한다는 것을 깨닫게 해준다. 또한 동화는 대개 재회나 결혼으로 끝맺기 때문에 그들에게 힘과 행복은 두 사람 간의 성숙된 상호관계를 통해 성취된다고 하는 건강한 메시지를 전달한다.

동화는 어린이를 위해 쓰인 전형적인 동시대 이야기들과는 대조적이다. 요즘의 이야기들은 비교적 사소한 줄거리로 구성되어 있고 심각한 위험이 존재하지 않는다. 베텔하임이 예로 든 『기차소리』(Tootle the Engine)라는 동화는 기차가 탈선하게 되지만 읍내 사람들의 협력으로 다시 철로 위를 달린다는 내용이다. 이런 이야기는 아이들의 의식 깊숙이 자리하고 있는 관심사를 다루지 못한다. 말하자면 고전동화는 요즘 이야기책이 꺼리는 주제들을 다루는 것이다.

동화는 아이들이 직면해 있는 엄청난 무의식적 갈등을 상징적으로 다룸으로써, 그들의 심리를 안정시키는 중요한 역할을 할 뿐만 아니라 그들 스스로 내면의 두려움을 이겨낼 수 있도록 도움을 준다. 베텔하임에 따르면 동화는 아동은 물론 성인의 정신건강에도 유익하다. "동화만큼 어린이나 성인 모두에게 유익하고 만족을 주는 것은 없다… 그 어떤 종류의 이야기보다도 인간 내면의 문제를 폭넓게 말해 주며 그 사회의 문제점에 대한 바른 해결책을 제시한다."(p.5)

아동에게는 동화가 중요하다는 이런 견해는 의심해 볼 만한 두 가지 가정에 근거하고 있다. 첫째, 이것은 아이들을 성적이고도 공격적인 감정을 다스리기 위해 무의식적으로 투쟁하는 존재로 간주한다. 그런데 이 같은 가정은 풍부한 임상실험에 기초한 것임에도 쉽게 입증하거나 반박할 수 없다. 둘째, 이 이론에서 그보다 더 심각한 문제점은 아동이 동화의 상징적인 의미를 이해하고 그 숨겨진 의미를 인식한다는 가정이다.

『빨간 두건』에 대한 베텔하임의 분석을 살펴보자. 빨간 모자 소녀는 쾌락원칙에 지배받는 인물로 그려진다. 그래서 스스로 늑대의 유혹에 넘어간다. 늑대의 뱃 속에서 나온 후에는 성인으로 다시 태어나 현실원칙의 지배를 받기 때문에 그 소녀는 만족을 자제할 수 있다. 베텔하임은 아이들이 비록 무의식적으로나마 이 모든 것을 이해할 수 있다고 생각했다. 그는 이렇게 말한다. "아이들은 직관적으로 늑대가 빨간 두건의 소녀를 삼킨 것이… 이야기의 끝이 아니며, 다만 줄거리에 필수적인 부분이라는 사실을 안다. 게다가 그들은 빨간 두건을 쓴 소녀가 늑대의 유혹을 받아 잡아먹혀 사실상 '죽었다'고 이해한다. 꼬마 소녀가 늑대 뱃속에서 나왔을 때 다른 사람이 되었다는 것도 이해한다."(p.179) 그러나 아동의 인지 발달에 관한 연구자료로부터 얻은 모든 증거에 따르면, 취학전 아동은 사실상 하나의 인물이 두 사람이라는 복잡하고 모호한 사실을 이해할 수 없다(Gardner, 1977). 결국 어린이들이 동화에 매료되는 이유들 중 유력한 것은 이런 이야기들이 흑백논리처럼 분명한 특성을 지닌 등장인물로 구성되었기 때문이다. 일반적으로 인지심리학 연구에 따르면, 어린이들은 이야기의 잠재적이고 상징적인 의미를 이해할 수 없다. 취학전 아동들은 무형의, 비물리적 은유보다는 지각적 은유를 더 쉽게 이해한다. 이렇듯 아이들은 이야기의 근저에 흐르는 심리적 주제보다는 지각 가능한 표면적 사항들, 그리고 겉으로 드러난 주인공의 활동을 더 쉽게 파악한다. 그리고 그들은 심리적 은유를 문자 그대로 받아들이기 때문에 아이들이 동화 또한 문자 그대로 받아들인다고 해서 특별히 놀랄 일은 아니다.

어린이들이 얼마나 이야기의 정서적인 내용을 잘 파악하는지 알기 위해 한 가지 실험을 실시했다(Damon, 1967). 이 실험은 그들이 이야기의 표면적인 양상들만을 보고, 소위 '눈이 멀게' 되는지, 아니면 표층을 뚫고 들어가 등장인물의 내면적인 감정과 동기를 볼 수 있는지를 알아보려는 것이었다. 어린이들에게 『일리아드』(Iliad)를 각색한 짧은 이야기를 들려주었는데, 그 이야기에서는 등장인물의 감정을 나타내는 모든 용어들이 삭제되었다. 그런 다음 그들에게 『일리아드』에서 따온 비슷한 짧은 이야기를 들려주었다. 그것은 옷차림과 고유명사와 같은 표면적 내용에서뿐만 아니라 등장인물의 유사한 행위가 보여주는 동기와 감정과 같은 정서적 내용에서 유사한 내용을 가진 이야기였다. 그런 다음 어린이들에게 어느 이야기가 『일리아드』를 각색한 이야기와 가장 흡사한지를 판단케 했다.

7세 이하의 아이들은 표면적 특징을 근거로 삼아 이야기들을 하나로 묶었다. 오직 7세 이상의 어린이들만이 피상적인 유사성을 무시하고 마음속의 정서적 주제를 근거로 해서 이야기들을 묶어낼 수 있었다. 이 연구는 정신분석학적 주장이 근거가 없을 수도 있음을 시사한다. 즉 아이들은 이야기로부터 깊은 정서적 교훈을 얻기보다는 그저 표면적 내용만을 취한다는 사실을 보여주고 있다.

또 다른 연구결과는 정신분석학적 접근방법이 어린이의 능력을 지나치게 과대 평가하고 있다는 사실을 보여준다(Rubin and Gardner, 1977). 6세, 8세, 그리고 11세의 아이들에게 부인이 죽은 후 재혼한 어느 왕에 대한 이야기를 들려주되 끝은 생략했다. 그 왕에게는 아주 영리한 딸이 있었는데 왕은 딸을 끔찍이 사랑했으며 새 왕비는 공주를 질투했다. 질투심에 사로잡힌 왕비는 공주에게 해낼 수 없는 어려운 일을 시켰다. 이이야기를 두 종류로 만들고 어린이들에게 이들 중 한 가지만 들려줬다. 한 이야기에서는 그 동기와 성격에 관한 모든 언급을 생략했다. 따라서 왕비가 질투심에 사로잡혔다는 사실은 전혀 드러나지 않았다. 결과적으로 왕비의 행동은 아무런 동기도, 흐름도 없었다. 나머지 이야기에서는 원래의 이야기처럼 동기를 분명히 밝혔다. 그 아이들에게 이야기를 완성시키게 한 다음, 즉시 그리고 3일 후에 다시 한번 기억해 내게 했다.

어린이들은 각 연령별로 이 두 가지 종류의 이야기에 다르게 반응했다. 6세에서 8세 어린이들은 동기부분을 삭제한 이야기를 더 잘 기억했다. 동기부분이 삭제되지 않은 이야기에서는 왕비만 너무 강력하게 느껴졌는지, 악이 처벌받는 동화의 통상적인 결말규칙을 지키지 못했다. 11세의 아이들만이 동기가 설명된 이야기를 그렇지 않은 이야기보다 더 잘 기억했다. 이들은 동화라는 장르에 익숙했기 때문에 왕비의 힘에도 위축되지 않을 수 있었던 것이다.

특히 관심을 끈 사실은 동기 설명이 생략된 이야기를 기억해 내는 방식이었다. 즉각 기억하라는 요청에, 6세의 아이들은 이야기에 약간의 동기를 첨가했다. 그러나 시간이 지난 뒤 기억해 냈을 때는 어떤 동기도 덧붙이지 않았다. 이것은 이 연령의 아이에게는 동화의 심리적 주제가 상대적으로 덜 중요하다는 사실을 보여준다. 11세의 아이들은 정반대의 현상을 보였다. 즉시 기억해 보라고 했을 때는 동기부분에 대한 언급 없이 정확히 기억했지만, 시간이 지난 뒤 기억해 냈을 때는 이야기에 동기 설명을 추가했다. 이것은 이 아이들이 인간의 동기에 대해 알고 있고 겉으로 드러난 행위 밑에 깔린 동기를 추측할 수 있다는 것을 암시한다.

종합해 보건대, 이러한 연구는 어린 아동들이 이야기의 저변에 깔린 심리적, 정서적, 동기적 주제를 제대로 파악하고 있지 못함을 보여주는 것이다. 어린이들은 정서적 의미를 추출하는 대신 이야기의 문자 그대로의 의미와 피상적인 의미만을 인식하는 듯하다. 이러한 주장에 대해, 정신분석학을 지지하는 사람들은 어린이들이 이야기에 대해 무의식적인 상태에서 반응하는 것이므로, 그들이 이야기를 얼마나 이해하고 있는지는 실험을 통해서는 알 수 없다고 반론한다(Winner and Gardner, 1979). 설령 이런 주장이 사실일지라도 증명하기는 곤란하다. 다만 심증으로만 받아들일 수 있을 뿐이다.

이야기 구조 이해하기

인지발달 분야의 많은 연구자들은 이야기 문법(story grammar)의 틀 안에서 어린이가 이야기를 얼마나 잘 이해하는지 연구해 왔다(Mandler, 1978; Mandler and Johnson, 1977; McConaghy, 1980; Stein and Glenn, 1977). 이 분야의 연구에 따르면, 성인과 마찬가지로 6세 정도의 아이들 역시 전형적인 이야기 구조에 대한 내적 표상이 잘 형성되어 있음을 알 수 있다. 이처럼 내면화된 문법은 들은 이야기를 어린이들이 나름대로 정리해서 기억하고 회상해 내는 데 도움을 준다. 아이들도 성인처럼 이야기 문법이 결정한 이야기 요소들을 그다지 중요하지 않다거나 임의적일 것이라 생각한 요소들보다 더욱 잘 기억한다. 잘 짜여진 이야기는 그렇지 못한 이야기보다 더 잘 기억되며, 문법에서 벗어난 이야기는 머릿속에서 변형된 채 좀더 체계적으로 기억된다. 이러한 현상은 정규 교육제도가 없는 문화권에서도 확인되었다(Mandler, Scribner, Cole, and DeForest, 1980).

이야기 문법에 대한 어린이의 내적 표상이 성인의 내적 표상과 매우 유사하기는 하지만 한 가지 면에서 구별된다. 성인들도 표면적 행위와 같은 다른 여타의 이야기 단위보다도 등장인물의 내적 반응과 심리상태를 그다지 잘 기억하지 못한다. 어린이들의 경우에는 내적 심리상태를 전혀 기억하지 못한다. 이런 사실이 어린이들이 심리적 상태를 이해하지 못하기 때문은 아닐 것이다(Berndt and Berndt, 1975; Cicone, Gardner, and Winner, 1981). 만약 등장인물의 의도를 어린이들에게 설명함으로써 더 이상 추측할 필요가 없게 되면, 그들은 이런 의도를 이해하고 이야기에 대한 토의에서 그 의도들을 다룰 것이다. 이는 내적 상태에 대한 이해능력이라기보다는 추측할 수 있느냐 없느냐의 문제인 듯하다. 아이들이 내적 상태를 묘사할 때 사용할 수 있는 어휘 수 역시 외적 행위를 묘사하기 위해 필요한 어휘 수보다 훨씬 적다.

결론적으로, 이야기 이해에서 아이들이 어른들과 구별되는 점은 그들이 이야기를 이해하는 데 중요한 등장인물들의 심리상태를 알지 못한다는 점이다. 어린이들은 결론에 이르는 내적 심리상태에 관심을 갖기보다는 결과 자체만을 강조한다. 심리상태를 간과한다는 사실로 인해 아이들이 동화에서 얻는 것들에 대한 정신분석학적 설명은 설득력을 잃는다.

이야기 문법을 이용한 설명에 반대하는 견해는 이 방법이 이야기의 심미적 측면을 고려하지 못했다고 지적한다(Gardner, 1978). 그 연구에서 사용된 이야기는 너무 짧고 재미 없는 간단한 줄거리로 구성되었으며 '실제' 동화와 전혀 비슷하지 않다. 〈늙은 농부와 고집 센 당나귀〉 이야기는 아이들이 흔히 읽는 동화와는 사뭇 다르다. 대부분의 경우에 사용되었던 이야기들은 기복이 없고, 갈등이나 감정 및 대화가 결여되어 있다. 게다가 대부분 베텔하임이 어린이에게는 들려줄 수 없는 이야기들이라고 말했던 그런 것들이다. 더욱이 아이들은 동화를 여러 번에 걸쳐 반복해서 듣는데, 이야기 줄거리 연구에서는 단 한 번만 들려준다. 이는 아이들의 실제 경험과는 너무나 동떨어진 것이다.

이 연구에서는 회상이라는 방법을 사용했는데, 이것 또한 동화를 경험할 때 중요한 여러 가지 것들을 놓쳐버리는 결과를 낳았다. 동화를 접하는 아이들의 경험은 단순히 줄거리만 기억하는 것이 아니라 분위기와 문체, 리듬, 소리 및 책이나 라디오, TV 등 이야기 전달매체에 대한 반응까지 포함한다. 한 연구에서는 이야기에 여러 번 리드미컬한 후렴을 끼워 넣었다(Rubin and Gardner, 1977). 이 후렴이 이야기의 문법과는 크게 관련이 없는데도 아이들은 후렴을 잘 기억했다. 간단히 말하면, 이야기 문법이 동화의 구성을 어떤 방식으로 이해하는지를 말해 주기는 하지만 동화의 감동에 대해서는 아무것도 알려주지 못한다. 확실한 것은 아이들이 여러 번 같은 이야기를 듣고 싶어하는 것은 다름 아니라 동화가 주는 감동 때문이다.

그럼에도 이야기 문법에 따른 설명방법은 전에 없던 어떤 체계성을 도입했다. 이 실험은 다양하게 이루어졌다. 즉 이것은 빼고, 저것은 바꾸고, 이것은 순서를 바꾸고, 저것은 집어넣고 하는 식으로 아이들이 어떻게 반응하는가를 살펴본다. 이야기 문법에 따른 방법은 한 문장의 문법이 그 문장구조에 대해 말해 줄 수 있는 것과 같이 이야기의 구조에 관해 말해 줄 수 있다. 그러나 구조라는 특성을 고려해 볼 때, 이 방법은 한 이야기에서 플롯의 구성만큼이나 중요한 분위기나 문체 등을 포착할 수는 없을 것이다.

분위기, 문체 및 매체 이해하기

예술작품은 보통 분위기를 표현한다. 회화는 재현적인 내용을, 그리고 색, 선과 같은 형식적 특성을 사용함으로써 정서를 표현한다. 음악은 음계, 속도 및 음높이를 가지고 감정을 표현한다. 그리고 문학은 내용으로써, 또 언어가 갖는 함축성 및 음성의 특성으로써 분위기를 자아낸다. 대체로 아이들이 그림에 나타난 분위기에 무감각하듯 이야기에 나타난 분위기에 대해서도 그렇다.

드니 울프(Dennie Wolf)와 그녀의 동료들은 미취학 아이들이 이야기의 분위기에 무감각하다는 사실을 밝혔다(Rubin and Gardner, 1977). 3세에서 4세 사이의 아이들에게 비슷한 주제를 갖지만 서로 반대되는 분위기를 나타내는 두 이야기를 들려주고 그 이야기의 결론을 맺어보게 했다. 그 중 하나는 무서운 태풍이 부는 날 배를 타고 가다가 갑판에서 바다로 떨어진 소년의 이야기였다. 다른 것은 화창한 날 배를 타고 가다가 수영하기 위해 바다로 뛰어든 소녀에 관한 이야기였다. 취학 전 어린이들은 이야기의 미묘한 어조에 대해 어느 정도 감지했지만 그것의 결말에 가서는 그런 인식을 전혀 반영하지 않았다. 두 이야기는 동일하게 완성되었다. 소년과 소녀는 다시 보트에 올라와 집에 가서 잠자리에 들었다. 그래서 이야기의 분위기는 그 결말에 전혀 영향을 미치지 못했다. 좀더 큰 어린이들을 대상으로 해서는 이와 유사한 연구가 수행되지 않았기 때문에, 아이들이 몇 살 즈음에 이야기의 분위기를 인식하고 반영할 수 있는지는 알려지지 않고 있다.

어린이들은 이야기와 시를 처음 접할 때 그 문체에 대해서는 거의 무감각하다. 어린이들에게 이야기나 시의 짧은 일부를 들려주고, 추가로 두 구절의 일부를 들려준 연구가 있었다(Gardner and Lohman, 1975). 그리고 연구자들은 어린이들에게 동일한 작가가 쓴 원래의 동화 구절 일부를 찾아보라는 과제를 주었다.

세 가지 서로 다른 종류의 쌍이 사용되었다. 첫째, 처음구절과 동일한 문체로 쓰인 구절과 문체 면에서 전혀 공통점이 없지만 내용 면에서는 유사한 구절로 짝지어진 유형. 둘째, 동일한 양식의 구절을 원래의 구절과 문체 및 내용 면에서 전혀 유사하지 않은 중립적 구절과 짝을 맞춰놓은 유형. 셋째, 원래의 구절과 내용 및 문체 면에서 모두 유사한 방식으로 쓰인 올바른 구절을 내용만 같은 구절과 짝지어 놓은 유형. 다음은 에드워드 리어(Edward Lear)의 시를 응용한 전형적인 시작구절과 가능한 네 가지 유형의 구절들이다.

시작구절

피어 씨를 알게 된 게 얼마나 기쁜지!
그는 많은 책을 썼거든!

그가 성질이 고약하고 이상하다는 사람도 있지,

그러나 그가 괜찮은 사람이라고 하는 사람도 좀 있거든.

Opening passage

How pleasant to know Mr. Peer!

Who has written such volumes of stuff!

Some think him ill-tempered and queer,

But a few think him pleasant enough.

문체가 유사한 구절

그녀는 훌륭한 현관에 앉아 있는데,

벽은 수백 개의 타일로 이루어져 있지.

그녀는 마르살라를 엄청나게 마시는데,

전혀 취하지 않지.

Style ending

She sits in a beautiful parlour,

With hundreds of tiles on the wall;

She drinks a great deal of Marsala,

But never gets tipsy at all.

문체와 내용이 유사한 구절

그는 스페인어를 읽지만 말하지 못해.

그는 진저 비어를 좋아하지.

그의 순례날이 가기 전에

피어 씨를 알게 된 것이 얼마나 기쁜지.

Style-and-figure ending

He reads but he cannot speak Spanish

He cannot abide ginger beer;

Ere the days of his pilgrimage vanish

How pleasant to know Mr. Peer!

내용만 같은 구절

여기 정말 좋은 친구가 있어.

나는 그의 책을 읽고 싶어하지.

가끔은 화를 내곤 하지만

11월이면 피어 씨는 유쾌해진다.

Figure ending

Here's a man who's very nice indeed,

I'd like to have a book of his to read.

Sometimes, it's true, he starts to lose his temper.

Yet Mr. Peer is pleasant each November.

문체와 내용이 모두 같지 않은 구절

여기 정말 좋은 여자애가 있어.

나는 그녀의 개에게 먹이를 주고 싶어.

가끔 그녀는 잠이 들지만

깊은 잠이 아니라 쉬 깨지.

Neutral ending

Here's a girl who's very nice indeed,

I'd like to have that dog of hers to feed.

Sometimes, it's true, she starts to fall asleep,

Yet she wakes, for her sleep is never deep.

각기 다른 수준의 난이도를 제시하기 위하여 세 가지 결합을 고안했다. 문체가 유사한 구절은 다른 구절이 중립적일 때 비교적 쉽게 선택할 수 있을 거라고 생각했다. 그러나 내용이 유사할 경우는 내용을 무시하고 문체가 유사한 것만 골라야 하므로 더 어려우리라 여겨졌다. 또한 내용은 같고 스타일만 서로 다른 경우는 중간 정도의 난이도일 거라고 생각했다.

이러한 예측은 곧 입증되었다. 7세 아이들은 내용에 착오가 없더라도 문체에 둔감했으며 문체가 유사한 구절이나 중립적 구절을 무작위로 골라냈다. 11세 어린이들은 어느 정도 문체에 민감했지만, 올바른 구절이 중립적 구절과 짝이 될 때만 그랬다. 문체와 내용이 짝이 될 경우 어린이들은 내용만을 고려하여 짝을 골랐다. 내용과 문체가 유사한 구절이, 내용이 같은 구절과 짝이 될 때는 무작위로 골랐다.

사춘기 및 대학생들만 내용이 일치하지 않을 때 문체에 근거해서 짝을 맞췄다. 대학생들은 문체를 분명히 의식했고 내용보다는 문체를 더욱 중요한 것으로 생각했다. 그렇지만 정답을 제시한 사춘기 어린이들은 대학생들보다 시간도 더 걸렸고 확신도 덜했다. 따라서 사춘기 이전에는 문체에 대한 명확한 인식이 거의 없는 것으로 보인다. 또한 간단한 문장을 대할 때는 문체를 더 잘 인식할 수 있는 것 같다.

모든 예술형식들을 대상으로 한 실험에서 참여자들은 음악에서 양식에 대해 두드러진 반응을 나타냈고(Gardner, 1973b), 다음으로 회화(Gardner, 1970)였다. 그리고 문학은 맨 마지막이었다. 이는 내용이나 주제가 상대적으로 어떤 형태의 예술에서 더 중요한지, 그리고 또 얼마나 그런지와 관계가 있는 듯하다. 대체로 음악은 사실상 줄거리나 주제가 없다고 할 수 있다. 그래서 양식에 더 주목하게 된다. 음악에서의 양식에 대한 반응 실험에서는 취학 전 아동들도 사춘기 청소년 못지 않게 잘 반응한다(Gardner, 1973b). 추상화의 경우에는 내용이 필수적 요소는 아니지만 회화에서는 대체로 주제가 아주 중요하다. 문학에서는 그림에서보다도 주제가 훨씬 더 중요하다. 내용 없는 문학은 상상하기 어렵다. 따라서 문학작품에서는 주제로 인해 어린이들이 처음부터 문체를 간과하고 관심을 갖지 않는 것일 수 있다.

이러한 비교를 통해서 다음을 알 수 있다. 즉 여러 예술형식들이 재현적이거나 명시적인 내용을 갖는지의 정도가 양식에 대하여 민감성을 보이는 시점과 관련이 있다. 또한 어떤 예술작품을 단순히 접한다는 것만으로는 양식에 대한 반응이 나타나지 않는다는 것을 알 수 있다. 어린이들은 다른 형태의 예술보다 문학작품을 더 많이 접하지만 이야기나 시의 양식보다 음악이나 그림의 양식을 훨씬 더 빨리 이해했다.

이야기는 여러 가지 다른 방법으로 경험될 수 있다. 어린이들에게 낭독해 줄 수도 있고, 스스로 읽을 수도 있으며, 삽화가 들어 있을 수도 있고, 그림 없이 글만 있을 수도 있다. 우리 할아버지 세대는 라디오에서 이야기를 들었는데 요즘 어린이들은 TV로 이야기를 보는 경우가 많다. 이야기를 접하는 매체에 따라 이야기 이해의 방식이 달라질 것이다.

이야기 전달매체가 이해하는 정도에 영향을 미치는지 알아보기 위해 두 가지 매체를 통해 이야기를 전달해 보았다(Meringoff, 1980). 한 무리의 아이들에게는 TV에서 만화를 보게 했고, 다른 무리의 아이들에게는 책에서 그림을 보며 이야기를 들려주었다. 두 경우 모두 동일한 양식의 그림을 사용했으며, TV에서 들려준 내용은 책에 쓰인 글과 똑같았다.

'책을 읽은 어린이들'도 그림을 보기는 했지만 'TV를 시청한 어린이들'이 시각적인 세부사항에 더욱 민감했다. TV를 시청한 어린이들은 주인공의 행동에 중점을 두고 이야기했으며 스크린에서 본 행동에 근거해서 추측했다. 반면에 이야기를 들려준 어린이들은 들은 것을 기억하는 경향이 있었고, 주인공의 행위보다는 성격에 더 관심을 보였으며, 책에 직접 나타난 정보보다 주변지식에 근거해서 추측했다. 따라서 이야기를 들려주는 매체는 이야기를 접하고 기억하는 방법에 영향을 미쳤다. 그러므로 다른 매체로 접하는 이야기는 사실상 전혀 다른 또 하나의 이야기가 되고 마는 것이다. 이 점 또한 이야기 문법을 강조하는 연구가 간과했던 점이다.

이 장의 처음에 소개된 왕과 딸, 그리고 계모에 관한 동화를 다시 생각해 보자. 아이들은 이 이야기의 몇 가지 요소를 이해한다. 연구를 통해 어린이들은 이 이야기의 구성에 대해 꽤 자세히 파악할 수 있다는 사실이 밝혀졌다. 이 이야기의 첫 부분을 처음 듣는 경우에도 어린이들은 갈등이 있을 것을 예측했고, 이야기가 끝나기 전에 갈등이 해결될 거라는 것도 파악했다. 그러나 어린이들이 이것이 실제 사건에 대한 이야기가 아니라 단지 이야기이기 때문에 어떤 이야기 구조를 지니고 있어야 한다는 것을 잘 알고는 있었다. 그렇지만 그들은 이야기의 다른 측면들은 무시하거나 이해하지 못했다.

우선 아이들은 은유를 잘못 이해하기도 했다. 지각적 은유 표현은 이해할 수 있어도 심리적 은유 표현은 이해하지 못하는 경향을 보였다. 따라서 공주의 머리카락이 실제로 비단이 아니라 비단처럼 보이고 느낌도 그렇다는 것을 깨달을 수는 있어도, 왕비가 돌로 된 심장을 가졌다는 말의 뜻은 잘 이해하지 못했다. 그 표현을 이해하기 위해서 어린이들은 왕비가 돌로 된 궁전에 산다든가 돌처럼 강한 근육을 가졌다고 생각할 것이다. 어린이들은 크고 검은 새의 등장으로 생긴 불길한 분위기를 무시하고 겉으로 드러난 사건에만 관심을 두는 등 이야기의 스타일은 무시하고 곧바로 줄거리로 나아갔다. 끝으로 어린이들은 오이디푸스적 경쟁관계라는(공주와 아버지의 일대일 관계는 왕비의 등장으로 위협을 받는다) 심리적 주제와 질투심은 파악하지 못했을는지도 모른다.

이야기에 대한 어린이들의 이해는 역설적인 면을 지니고 있다. 이들은 이야기의 수많은 중요 부분을 무시하거나 놓치면서도 어떤 점에서는 너무 흥미를 느낀 나머지 계속 듣고 또 듣고 싶어한다. 이 점은 좀처럼 이해되지 않는다. 이것을 설명해 줄 수 있는 한 가지 가능성은, 어린이들은 자신들이 이해하는 이야기 구조라는 측면에 사로잡힐 수 있다는 점이다. 어린이들은 선한 사람과 악한 사람 간의 갈등이 존재하며, 결국 선이 승리하는 것으로 이야기가 종결될 거라는 사실 때문에 끝까지 흥미를 잃지 않는다.

어린이들은 이야기 구조에 관심이 있는 한편, 그들이 완전히 이해하지 못하는 어떤 요소 때문에 매력을 느끼는지도 모른다. 어쩌면 어린이들에게 이야기의 스타일과 분위기, 심리적 은유 및 근저에 흐르는 심리적 주제 따위를 이해할 수 있는 능력은 완성되지 않았을 법도 하다. 게다가 아이들의 이런 능력은 너무 모호하기 때문에 심리학자들이 고안한 실험으로 파악하기 어려운 것인지도 모른다. 그럼에도 이런 점들이야말로 어린이의 흥미를 유발하는 것이 아닌가 여겨진다. 말하자면 완전히 알 수 없는 그 무엇 때문에 아이들이 이야기를 이해하고 싶어한다는 것이다.

바로 이런 이유 때문에 어린이들은 똑같은 이야기를 여러 번 듣고 싶어하는 것인지도 모른다. 여러 번 반복해서 들음으로써 결국 그 이야기를 완전히 이해하려고 말이다. 정말 이것이 사실이라면 어린이들은 이해할 수 있기 때문에 흥미를 갖는 것이기보다는 이해할 수 없기 때문에 흥미를 가진다고 볼 수도 있을 것이다. 요컨대 모호하게 느껴지는 것을 이해하려는 노력이야말로 어린이들이 끝없이 이야기에 매료되는 이유인지도 모른다.

제11장
문학적 재능의 발달

2세 무렵부터 모든 아이들은 짧은 동안이지만 언어의 천재가 되는 듯하다. 그리고는 5, 6세가 되면 이 재능은 사라지기 시작하고 만다… 이 즈음의 단어 만들기나 문장 구성의 재능이 사라지지 않은 채 10세가 되었다면 우리들 중 그 누구도 그 아이의 유연하고 뛰어난 언어구사력을 따라갈 수 없을 것이다.

– 코르네이 추코프스키(Kornei Chukovsky)

평균 5세가 된 아이라면 현대 화가의 작품들과 아주 닮은 그림을 그릴 수 있다. 클레, 피카소, 그리고 고흐의 유년 시절 그림들은 그들이 나이 들었을 때 그렸던 그림만큼이나 훌륭한 경우가 많다. 또 자폐증을 앓고 있는 나디아(Nadia)는 섬뜩할 정도로 손쉽게 르네상스의 거장들이 그렸던 소묘와 유사한 그림을 그렸다.

음악에서도 어린 천재들은 발견된다. 멘델스존(Jacob Ludwig Felix Mendelssohn-Bartholdy, 1809-1847)은 이미 10대였을 때 자신의 위대한 작품 중의 하나인 〈한여름 밤의 꿈〉(A Midsummer Night's Dream)의 서곡과 반주곡을 썼다. 슈베르트(Schubert)와 모차르트(Mozart)는 모두 30대에 죽었지만 600개 이상의 곡을 남겼다. 이들은 이미 청소년기에 많은 곡을 썼다. 바이올리니스트인 예후디 메뉴인(Yehudi Menuhin)은 10세도 되기 전에 세계적인 명성을 얻었다.

그러나 문학에서는 초년기의 그러한 천재적 성취를 좀처럼 보기 힘들다. 화가, 작곡가, 음악가와는 달리 시인과 소설가는 삶이 끝나갈 무렵에야 최고의 작품을 쓴다. 취학 전 아동의 그림을 클레의 그림으로 오해할 수는 있어도 6세짜리가 쓴 글과 톨스토이가 쓴 글을 구별 못한다는 것은 있을 수 없는 일이다.

아마도 이는 문학작품의 내용이 직접적으로 인간의 심리상태를 다루기 때문일 것이다. 그래서 작가는 오랜 세월을 살면서 유심히 보고, 또 성찰할 만한 여러 중요한 경험을 한 뒤에라야 비로소 좋은 소설이나 시를 쓸 수 있는 것이다. 15세의 톨스토이가 〈안나 카레니나〉(Anna Karenina)를 썼다고 생각하기 어려운 이유는 그렇게 어릴 때는 인생에 대한 통찰력을 얻을 수 없기 때문이다.

문학에 정통하는 일은 여타의 예술, 즉 시각예술이나 음악보다 나중에 이루어지지만, 그럼에도 모든 미취학 아동들은 문학의 상징체계인 언어 자체의 습득에는 이미 조숙하다. 5세 무렵의 대다수 아이들은 이미 모국어의 아주 복잡한 구조를 파악하고 수천 개의 단어를 배운다. 이 모든 것들은 어른들이 직접 가르치지 않았다 하더라도 가능하다. 만일 어른들이 아이들에게 직접 언어를 가르치려 한다면 아이들은 절대로 배울 수 없을 것이다. 아무도 어떻게 가르쳐야 할지를 모를 것이기 때문이다. 더욱이 몇 년이라는 짧은 기간에 필요한 모든 언어 교육을 전부 시킬 수도 없는 노릇이다.

아이들은 모국어의 언어규칙을 습득하는 데 뛰어난 재주가 있다. 그렇지만 그런 만큼 너무나 창의적인 실수도 한다. 예컨대 러시아의 아동문학가인 코르네이 추코프스키(Kornei Chukovsky, 1968)는 한 아이가 자기 아빠의 전화 목소리를 처음 듣고 이렇게 물었다고 말한 적이 있다. "아빠 오늘은 목소리가 왜 울적해?"(p.2) 그리고 다른 아이는 오래된 케이크 조각을 보고 "늙었네!"라고 했다. 또 다른 아이는 자기의 알몸을 "전체가 맨발이다."라고 했다. 이런 실수는 어린이들이 단어의 의미를 확대해서

구문의 틈새를 메우려 했음을 보여주는 예이다. 그러면서도 아이들은 명확하게 그 의미를 전달한다.

문학에서는 조숙한 어린이란 거의 없지만, 최초로 모국어를 습득할 때는 모든 어린이가 천재라고 해도 과언이 아니다. 더구나 문학적 재능의 씨앗은 언어습득 초기에 발견된다. 어린이는 옹알이를 할 때부터 단어의 소리를 가지고 리드미컬하게 연결하며 논다(Chukovsky, 1968; Schwartz, 1980; Weir, 1962). 실제로 아이들이 단어의 소리를 가지고 장난하는 것을 소위 어린 아이의 첫 멜로디와 구별하기 힘들다. 리듬, 운, 두음법칙과 같은 단어놀이는 어린 시절에 다양한 형태로 계속된다.

어린이들이 처음으로 말을 시작하고 나면 곧 새롭고도 의도적인 은유를 만들어내기 시작한다(Carlson and Anisfeld, 1969; Chukovsky, 1968). 물론 2살 짜리가 쓰는 은유는 성인이 시에서 쓴 은유보다 훨씬 단순하다. 그렇지만 이 최초의 은유는 다른 기성 작가의 은유와 동일선상에서 구성된다. 말하자면 둘 다 단어를 창의적으로 사용한다는 면에서 동일하다.

따라서 시적 소질은 아주 어린 아이에게서도 나타난다. 취학 전 아동들도 시인처럼 단어의 소리와 리듬을 가지고 놀이를 하며 말의 새로운 형태를 만들어낸다. 또한 허구를 구성하는 소질도 어린 시절에 발견될 수 있다. 2, 3세의 아이들이 흉내내기를 시작할 때, 그들이 하는 것은 상징놀이이다. 그래서 나무조각은 사람이 되고 막대기는 말이 되며 줄은 뱀이 된다. 또 아이들은 흉내내면서 상상과 허구의 세계를 만들어낸다. 이 상상의 세계는 점차 전형적인 허구적 이야기의 플롯구조를 갖춘다.

문학적 재능의 이러한 초기 조짐들은 주목할 만하다. 은유의 경우, 사실상 취학 전 아이의 능력이 10세 아이의 능력보다 더 뛰어나다. 어린 시절 행해지는 말소리 놀이와 은유 표현은 성인과 어린이 사이에 특별한 유사성이 있음을 보여준다(Chukovsky, 1968). 그러나 이런 놀이나 은유 및 허구세계에 대한 유아기 예들은 문학적 재능의 밑그림일 뿐이며 문학의 본질이라기보다는 부속물일 뿐이다. 그것들은 문학의 필요조건이지만 충분조건은 아닌 것이다. 어린이들에게는 문학작품에서 볼 수 있는 사

랑, 질투, 우정 등의 심리적 주제들이 눈에 띄게 부족하다. 그러나 문학
적 재능의 발전은 문학작품 창작에 필요한 다양한 요소와 능력에 대해
많은 것을 시사한다. 특히 중요한 것은 문학적 능력의 세 가지 요소인
말소리 놀이와 은유를 창조하는 능력, 허구 세계를 구성하는 능력을 발
전시키는 것이다.

아기침대 속에서의 시

어린이들은 언어의 소리특성에 이끌린다. 리듬과 운, 그리고 두음일치
등은 시인과 마찬가지로 어린이들에게도 흔히 나타난다(Cazden, 1974;
Chukovsky, 1968; Schwartz, 1980). 어린이들이 문학적이지 않은 평범한 성
인들보다도 더욱 말소리 놀이에 몰두하는 이유는 이런 놀이가 단어의 의
미보다 소리에 더 집중하게끔 해 주기 때문이다. 단어의 의미에 더 익숙
한 어른들이 단어의 뜻을 무시하고 소리특성에 몰두하기는 쉽지 않기 때
문일 것이다(Cazden, 1974).

이 연구분야의 선구자격인 언어학자인 루스 바이어(Ruth Weir, 1962)는
2세 반이 된 아들 안토니가 아기침대속 잠자리에서 중얼거린 독백을 녹
음한 적이 있었다. 잠들기 전에 아들은 계속 언어놀이를 했다. 타인과 의
사소통을 위해 낮에 사용한 말과 달리 밤 시간에 이루어진 독백은 자신
만을 위한 것이었다. 타인을 이해시킬 필요가 없었으므로 아들의 말은
대개 의미가 없었다. 그의 중얼거림은 의사소통보다는 메타언어적 기능
의 측면에서 음운이나 구문 등의 의미를 파악하는 훈련, 그리고 시적 기
능의 측면에서 혼자 단어의 소리를 가지고 노는 일 등의 두 가지 기능을
수행했다(Jakobson, 1960).

안토니가 사용한 말 중 공통적으로 존재하는 시적 특성들 가운데에는
(Daddy dance/blue blanket/Like a piggy bank/Like a piggy bank/Had a pink
sheet on/The grey pig out 등) 두음법칙과 운 맞추기(You take off all the

monkeys/And kitties/And Phyllis and Humpty *Dumpty* 등)가 있었다. 안토니의 중얼거림은 리듬을 갖춘 일정한 패턴이 있었고, 처음에 나타난 소리 패턴이 나중에 반복됨으로써 대칭구조를 이루는 론도형식으로 된 경우가 많았다. 다음의 말을 살펴보기 바란다(p.130).

① 파인애플을 봐요(Look at those pineapple).
② 예쁜 상자 속에(In a pretty box)
③ 그리고 케이크(And cakes)
④ 케이크에 정말 좋은 막대기군(What a sticks for cakes)
⑤ 딸깍이를 위해(For the click)

이 구절들에는 지시적인 기능은 없다. 예를 들면 안토니가 자주 파인애플을 먹기는 했지만 그 파인애플은 깡통에 들어 있었지, 예쁜 상자에 들어있지는 않았다. 더욱이 마지막 두 줄은 전혀 의미가 통하지 않는다. 이 어린 아이에게는 구절의 의미보다 더 중요한 것이 소리의 특성, 특히 대칭과 리듬이었다. 각 구절의 대칭구조는 각 구절의 음절 수를 계산해보면 알 수 있다. ①번 구절은 음절이 다섯 개이다("pineapple"은 마지막 "l"자가 약하기 때문에 두 음절로 간주한다). 다른 구절들도 모두 5음절로 되어 있는데, ③번과 ⑤번만이 각각 2음절, 3음절로 되어 있다. 그러나 이 두 구절을 합한 음절 수가 다섯 개라는 사실은 우연이 아니다. 왜냐하면 그런 예가 무수히 많기 때문이다.

이 구절들의 자음 구성 또한 대칭적이다. ①번 구절은 "l" 소리로 시작하고 "l" 소리로 끝난다. 이 소리는 마지막 단어 "click"에서 다시 반복될 때까지 나타나지 않는다. 더구나 이 구절의 처음과 마지막 단어 ("look"과 "click")들은 "k"자가 뒤따르는 "l"자로 되어 있다. 바이어는 안토니가 'click'이라는 단어의 의미를 몰랐으리라고 생각했다. 그렇다면 그 단어를 선택한 이유는 아마도 단어의 발음 때문이었을 것이다.

또한 이 구절의 리듬에는 질서가 있다. 각 구절에는 한 개 또는 그 이

상의 강세를 갖는 음절이 있다. 그러나 한 구절이 강세가 하나일 경우는
②, ③, ⑤에서처럼 항상 마지막 음절에 강세가 온다.

단어의 소리가 또 다른 단어에 포함되는 소리의 연쇄에 있어서 안토니
가 즐겨 사용한 단어들은 포우(Edgar Allan Poe)의 〈갈가마귀〉를 연상시
킨다. 안토니는 자기가 덮는 담요의 귀퉁이가 립스틱처럼 생겼다고 생각
한 것 같다. 혼자 중얼거리며 "립스틱 같은 담요"(blanket like a lipstick)라
는 말을 즐겨 썼다. 이 말의 지시적인 기능은 사라진 지 오래이다. 안토
니는 이 말을 단어의 소리만 가지고 놀기 위해 주로 사용했다.

단어의 소리를 연결하는 이 놀이는 여기 단어들의 자음부분을 연결하
는 것이다.

① bl　　n　　kt
② l　　　　k
③ l　　pst　k

각 단어는 "l"과 "k" 발음으로 이루어졌다. 첫 단어 "blanket"은 "b"
다음에 "l"이 오고 "k" 다음에 "t"가 오는 규칙을 보인다. 마지막 단어
"lipstick"은 이와 반대의 규칙을 보이고 있다. 왜냐하면 "b"와 "p"가 둘
다 양순음으로서 비슷하고 "l" 다음에 "p"가 오고 "t" 다음에 "k"가 오기
때문이다. 이러한 뒤바뀜은 발화시 내적 통일성을 유지한다. 자음의 경
우 "lipstick"의 음절은 "blanket" 음절의 정반대가 된다. 각 단어에 같은
발음을 사용함으로써 포우의 〈갈가마귀〉처럼 능숙하게 이런 단어들을
연결한 것이다. 언어학자인 로만 야콥슨(Roman Jacobson, 1896-1982)은 안
토니의 독백에 대해 이렇게 말한 바 있다. "언어적이든 회화적이든 유아
예술의 걸작에 손꼽힐 만한 진실하면서도 아름다운 시적 구성을 보여준
다."(Weir, 1962, p.20).

언어를 배우기 시작하는 초기 몇 년 동안 말장난에 사로잡히는 일은
흔하다(Garvey, 1977). 심지어 유아들이 리듬에 맞춰 재잘거리는 경우도

발견되었다. 가령 6개월 된 아이가 "우오/우오/우오/우오"(Uh ooh/Uh ooh/Uh ooh/Uh ooh)라는 음악에 가까운 리드미컬한 발성을 한 경우도 있었다(Schwartz, 1980, p.10).

어린 아이들이 혼자 있을 때 주로 하는 발음놀이는 자라면서 사교적 행위가 된다. 안토니는 혼자 말을 할 때만 단어를 가지고 놀았다. 좀더 자란 아이들은 일상 대화에서도 그런 현상을 보였다. 다음은 8세의 두 아이들이 나눈 대화인데 운과 리듬이 엿보인다(Schwartz, 1980, p.15).

어린이 1 : 내 상자를 열어, 감자 얼굴을 꺼내(Off my case, potato face).
어린이 2 : 네 입술 속, 감자칩(In your lip, potato chip).
　　　　　고무호스로 네 코를 들어올려(Up your nose with a rubber hose).
어린이 1 : 저건 흥얼거리지 않아, 프랑켄슈타인(That don't rhyme, Frankenstein).
　　　　　사과소스야 내가 두목이다(I'm the boss, applesauce).

자라면서 말장난은 사교적일 뿐 아니라 규칙적이 된다. 말장난은 이제 단어를 조직적으로 왜곡시키는 피그 라틴(pig Latin: 단어 머리의 자음을 뒤로 돌리고 거기에 [ei]를 덧붙이는 아이들 말놀이, 가령 boy-oybay)과 운율이 일정한 박자를 취하는 손뼉치기 놀이 형태를 띠기도 한다. 이러한 말장난을 한 아이가 다른 아이에게 가르쳐주기도 한다(Opie and Opie, 1960).

최초의 은유

18개월 된 아기가 자기의 엄지발가락이 양말에서 튀어나온 것을 보았다. 그는 움직이는 발가락을 손으로 가리키며 "거북이!"라고 외쳤다(de Villiers and de Villiers, personal communication). 이것을 본 어른들은 흡족해 했다. 양말에서 삐죽 나온 발가락과 거북이 껍질에서 튀어나온 거북이 머리와의 유사성을 본 것이다. 더욱이 아무도 그 아기에게 양자가 닮았다는 것을 지적해 준 적이 없었다. 이런 '이름 다시 붙이기'는 아이 혼자 만들어낸 것이다.

언어발달 초기의 아이들은 이처럼 흔히 틀에 박히지 않는 표현을 쓴다. 예컨대 2세의 어린이가 빨간 공을 들고 먹는 시늉을 하면서 "사과!"라고 하는 따위가 그렇다. 또 3세의 아이가 빨간 바탕에 하얀 글씨로 된 정지표지판을 가리키며 "막대 사탕!"이라고 하는 경우도 그런 예이다. 4세짜리 아이가 하늘을 쳐다보며 비행기의 엔진 연소가 만들어 놓은 공중문자 쓰기를 보고 "야! 하늘에 흉터가 생겼어!"라고 하는 것도 마찬가지이다.

이런 표현은 아이들의 언어에서 종종 나타난다(Bowerman, 1976; Carlson and Anisfeld, 1969; Chukovsky, 1968; Clark, 1973; Guillaume, 1927; Nelson, 1974). 그들이 이러한 단어들을 사용하는 것은 대개 아이들의 어휘가 아직 발달되지 않았음을 보여주는 증거이다. 공을 사과라고 말한 아이는 사과의 의미를 매우 크게 생각했을 것이다. 즉 그 아이는 빨간 색의 둥근 것을 모두 다 사과라고 생각했을 것이다(Clark, 1973; Gombrich, 1963). 따라서 공을 '사과'라고 부르는 것은 단어를 확대 적용한 예라고 볼 수 있다.

공을 사과라고 부른 어린이는 문자 그대로의 의미에서는 잘못 말한 것이다. 그렇지만 반대되는 해석도 있을 수 있다. 관습적인 측면에서 보면, 사용하지 않는 단어와 연결해서 적용한 것이지만, 사실상 어린이가 은유를 사용한 것인지도 모른다. 공을 사과라고 부른 아이는 실제로는 그것이 사과가 아니라는 것을 잘 알고 있다. 하지만 공을 보고 사과가 생각났을 수도 있다. 그래서 공을 사과라고 한 것은 언어가 완전히 숙달되지 못한 상태에서 공을 사과 같다고 말할 줄 몰랐던 이 어린이의 유일한 표현수단일 수도 있다.

은유라고 주장하는 사람과 확대 적용이라고 주장하는 사람들 사이에서 벌어진 논쟁을 끝내기는 어렵다. 확실히 은유의 예라고 생각되는 경우라도 반대편 사람의 눈에는 확대 적용의 한 예에 불과할 수 있다. 만약 어린이의 어휘 발달이나, 발화가 만들어진 문맥, 정서적 요소 등을 고려하지 않는다면, 이때 나온 모순된 해석들은 연구자 각자의 입맛에 따라 자료를 맞추는 일밖에 안 될 것이다.

그러므로 이러한 사례를 더 발견하는 것보다 은유 표현과 확대 적용을 확실히 구별할 수 있는 기준을 만드는 일이 필요하다. 18개월에서 5세 사이의 두 소년과 한 소녀의 발화패턴을 분석한 연구가 있었다. 연구자들은 틀에 박히지 않은 단어 사용의 예들에 주목하였고, 은유 표현과 말의 실수를 구별해 주는 가이드라인을 만들었다(Winner, 1979; Winner, McCarthy, Kleinman, and Gardner, 1979). 예를 들어 공을 사과라고 한 아이가 그 이전에 공을 공이라고 말한 적이 있다면 이것은 의도적인 말장난이라고 생각할 수 있다. 또 공을 다른 말로 부르면서 웃는다거나 실제로 공을 먹으려고 하지 않고 먹는 시늉만 했다면 그 어린이는 말장난을 하고 있는 것이다.

이러한 연구는 은유가 수행하는 중요한 역할의 측면에서 초기 언어능력 발달의 윤곽을 보여준다. 대체로 어린이들은 관습에 따라 언어를 사용했다. 그러나 세 어린이 모두 관례에서 벗어나 단어를 사용할 경우에는 자기들이 사용한 단어의 대부분을 순전히 은유적인 의미로 사용했는데, 그 수치가 무려 72%에서 91%에 달했다.

위의 세 어린이의 경우에서 두 종류의 은유가 발견되었다. 한 가지는 상징놀이였다. 어린이들은 몸짓을 통해서 마치 사과인 것처럼 공을 먹는 시늉을 했다. 어린이들은 흉내내기 행위를 함으로써 해당 물건에 다른 이름을 붙였다. 이 경우는 사과였다. 이런 은유 표현은 활동적 은유라고 할 수 있다. 이런 예는 너무나 많다. 18개월 된 아기가 자기 엄마의 팔 위로 뱀이 지나가는 것처럼 장난감 자동차를 미끄러뜨리고, "뱀!"이라고 말했다. 2세짜리는 쓰레기통에 발을 넣고 "부츠!"라고 했다. 3세 반 정도 된 어린이는 턱에 요요(yo-yo)를 갖다 대고 "수염!"이라고 했다.

두 번째 종류의 초기 은유는 상징놀이와 무관하다. 자기 발가락을 보고 "거북이!"라고 한 18개월 된 어린이나 빨간 바탕에 흰 글씨의 정지 표지판를 보고 "막대사탕!"이라고 한 어린이, 공중에 연기로 그려진 글씨를 보고 "흉터!"라고 한 4세 어린이 모두 순수한 지각적 은유를 보여주었다. 행위 없이 순전히 지각적 은유만을 사용한 것이다.

연구대상이었던 세 어린이의 발화는 일정한 패턴이 있었다. 즉 나이가 들면서 활동적 은유 표현이 줄어드는 반면, 지각적 은유 표현은 늘어났다. 이 두 가지 은유 표현이 세 어린이들에게서 공통적으로 나타났다. 한 어린이의 경우 은유 표현이 전적으로 활동적이다가 점차 지각적으로 바뀌었던 반면, 다른 두 아이는 두 가지 은유 표현을 처음부터 사용하다가 나중에 지각적 은유 표현을 집중적으로 사용했다. 이런 결과는 사물에 대해 은유적으로 다시 이름을 붙이는 행위를 의도적으로 유발케 한 다른 실험에서도 검증되었다(Winner, McCarthy, and Gardner, 1980; Winner, McCarthy, Kleinman, and Gardner, 1978). 이 경우 어떤 아이들은 사물을 만질 수 있게 했을 때 은유를 더 즐겨 사용했던 반면, 다른 아이들은 사물을 보게만 했을 때 은유 표현을 더 잘 썼다.

어린이가 초기에 즐겨 쓰는 은유 표현은 어른의 경우와는 아주 다르다. 취학 전 아동의 은유는 단순히 사물에 새로운 이름을 부여하는 행위이다. 이러한 새로운 이름은 (그 물건이 어떻게 되어 있으며, 또 그것으로 무엇을 할 수 있는지 하는) 사물의 물리적 특징과 관계가 있으며 정서적 · 심리적인 경험과는 거리가 있다. 화난 얼굴을 "춥다."고 하는 따위의 심리적-물리적 은유 표현은 어린이들에게는 보이지 않는다. 그리고 어린이들은 은유를 유도하는 물리적 사물이 바로 옆에 있을 때에만 은유를 사용한다. 이와 대조적으로 성인은 상상만으로도 은유가 가능하다. 은유를 유도하는 사물이 옆에 있을 필요가 없다. 이렇게 어린이의 은유 표현이 성인의 경우보다 더 제한적이기는 하지만, 이러한 언어의 유희가 성인으로서 나중에 은유를 잘 사용할 수 있는 토대가 될 수도 있을 것이다.

어린이의 은유는 성인과 동일선상에서 구성된다. 즉 두 가지 서로 무관하게 존재하는 것들 사이의 유사성을 이용하며, 또 특정한 단어의 확대 적용에 관한 전통적 규칙을 무시한다.

취학 전 아동은 친밀한 물체에 새로운 이름을 붙이는 것을 즐기는 반면 더 나이든 어린이들은 관례에서 벗어난 언어 사용을 꺼린다. 따라서 다른 사람이 은유 표현을 쓰면 도리어 화를 내는 것이다. 예컨대 10세 어린이는 '시끄러운 끈'(a loud tie)이라는 표현을 듣자 잘못된 말이라고 했다. 그는 옷가지는 소리를 낼 수 없다고 했다. 몇몇 연구결과에 따르면 어린이의 자발적인 은유 사용은 나이가 들면서 점차 줄어든다(Billow, 1981; Marti, 1979; Snyder, 1979).

은유 표현이 이렇게 감소하는 것은 단지 자발적인 은유 사용에만 국한된 것이 아니고 은유 표현을 유도하는 실험에서도 나타난다. 예컨대 참신한 직유 표현은 취학 전 아동기가 지나고 초등학생, 고등학생이 되면 점점 줄어든다(Gardner, Kircher, Winner, and Perkins, 1975). "방이 ~처럼 조용했다."라는 문장을 완성하라고 했을 때 4세의 아이는 "방이 펜처럼 조용했다."고 말했다. 아마도 펜이 종이 위를 소리 없이 움직이기 때문에 그랬을 것이다. "쥐 죽은 듯 조용하다."라든지, 또는 "속삭이듯 조용하다."라는 10세 어린이들의 전형적인 응답은 진부하게 들렸다. 직유의 사용은 대학생들 사이에서 다시 증가했다. 훌륭한 직유를 사용한 두 부류는 4세 어린이들과 성인들이었다(Pollio and Pickens, 1980; Schonberg, 1974). 따라서 어린 시절의 단어 바꾸기 현상에서 성인의 은유 사용에 이르기까지의 모습은 연속된 직선이 아니고 U자형으로 나타난다. 즉 취학 전 아동의 은유 표현 사용빈도는 점차 줄어들다가 성인이 되면서 다시 찾아지는 것이다.

유년기의 중간 몇 년 동안 은유 사용이 취학 전 아동의 수준으로 급격히 줄어드는데, 이 시기가 제도에 순응하는 기간이기 때문이다. 언어 사용의 측면에서 어린이는 단어를 관례적으로 사용하는 방법을 배우고 싶어하는 듯하다. 그것은 마치 그림을 그릴 때 전통적 기법을 습득하고자 하는 성향과 유사하다. 규범에 대한 이러한 순응은 도덕적·사회적 영역에서도 볼 수 있다(Kohlberg, 1969; Piaget, 1965). 이러한 순응양태가 학생들이 규칙을 따르고 정답을 맞추는 훈련을 하는 제도권 교육 때문인지 자연 발생적인 현상인지는 분명치 않다. 그러나 과학적 추론능력에 관한 연구결과를 보면, 이러한 규칙 순응적인 행위가 반드시 학교 교육으로 인한 것이 아님을 알 수 있다(Strauss, 1982). 여기서는 어린이들에게 물의 당도처럼 집약적인 물리적 특성에 대해 질문했다. 학교 교육 여부와 상관 없이 어린이들은 직관적 형태의 추론으로부터 좀더 분석적이고도 규범 지향적인 추론으로 옮겨갔다. 따라서 학교 교육과 제도 순응 사이의 관계는 보통 우리가 예측하는 것과는 정반대일지도 모른다. 아이들이 규칙을 발견하게 되는 나이가 대략 6, 7세 무렵이기 때문에 우리는 그때에 맞추어 아이들을 학교에 보내는 것인지도 모른다.

초등학생들은 일상 대화에서 은유를 잘 사용하지는 않지만 여전히 잠재적으로는 은유사용 능력을 가지고 있다. 문제는 동기 유발이 있느냐는 점이다. 은유를 쓰는 것이 바람직하다고 판단하는 상황이 되면 문자를 사용할 연령대의 아이들은 어려움 없이 창의적인 비유법을 사용한다(Koch, 1970; Winner et al., 1975; Winner, McCarthy, and Gardner, 1980). 게다가 10세 어린이는 4세 어린이처럼 자발적으로는 비유 표현을 쓰지는 않지만 확대된 비유를 만들어내기도 한다. 가령 약물 치료의 부작용이라는 개념을 이해한다고 할 때, 10세 어린이는 엄마에게 약물 치료의 부작용이 가위로 깡통을 따려고 할 때 가위가 휘는 것과 같으냐고 물었다(Wolf, personal communication). 이러한 비유 표현은 취학 전 아동의 비유법과 적어도 두 가지 측면에서 구별된다. 첫째, 그런 비유 표현은 위험성이 적다. 왜냐하면 그 어린이는 관례적이지 않은 방식으로 말을 사용하는 것이 아니라 단지 두 가지 사실을 비교하는 것일 뿐이기 때문이다. 둘째, 4세 어린이는 사물의 이름을 다시 붙이는 데 반해 10살 어린이는 부작용과 같은 더 추상적인 개념을 비유해 표현할 줄 안다.

그러나 이 두 행위 사이에는 중요한 유사성도 존재한다. 취학 전 아동은 물리적 유사성에 따라 사물에 이름을 다시 붙임으로써 현상을 이해한다. 사물 간의 공통점을 발견함으로써 아이들은 자신들의 환경을 비교적 혼란스럽지 않게 정돈하는 것이다. 나이든 어린이들의 비유법은 이와 비슷하게 그 아이들이 새로운 개념을 이해하려고 할 때 나타난다. 새롭고 추상적인 개념을 친숙한 구체적 사물과 연관지음으로써 4세 아이보다도 이 세상을 더 잘 이해할 수 있게 되는 것이다.

어린 시절 허구세계

다음은 어느 미취학 아동이 들려준 이야기이다. "옛날 옛적에, 어느 기린이 있었는데 나무 위에 앉은 새 한 마리를 보았어요. 그게 끝이에요." (Rubin and Gardner, 1977). 이 이야기를 여러 가지로 분석해 볼 수 있다. 예를 들어 여기 등장하는 동물의 종류와 사용된 문장의 수를 세어보고 이야기의 형태와 내용을 묘사할 수 있다. 이러한 순수한 기술적 접근방법을 써서 2세에서 5세 어린이의 이야기를 분석한 연구가 있었다. 거기에서는 이야기의 주제와 등장인물, 배경 등을 자세히 다뤘다(Ames, 1966). 아주 어린 아이들의 이야기에는 폭력적인 것들이 등장하는데, 주로 주인공들이 넘어지거나 죽거나 괴물이 그들을 잡아먹는다. 그렇지만 아이들은 이러한 재난으로부터 자신들을 보호한다. 즉 나쁜 일은 이야기의 다른 사람에게만 일어나고 이야기를 하는 당사자에게는 일어나지 않거나, 이야기하는 아이는 이야기 끝에 가서 그 재난을 없던 일로 만들어 버리기도 한다.

기린 이야기는 정신분석학적 측면에서도 연구할 수 있다. 이런 이론적 배경을 가진 연구에서는 기린과 나무라는 성기의 발기한 이미지를 이용해서, 이야기하는 어린이의 상상 세계를 엿볼 수 있는 단서로 성적·공격적 주제를 찾아낸다. 정신분석학자들은 놀이치료에 나오는 이야기를 이용해서 정서적으로 문제가 있는 어린이를 치료하고 진단한다. 이야기는 전달하는 사람의 잠재의식을 엿볼 수 있는 창문역할을 하기 때문에 그것을 진단에 사용할 수 있다. 또한 치료에도 사용할 수 있다. 이야기를 통해 잠재의식 속에 묻힌 공포와 희망을 밖으로 표출함으로써 그것들을 통제할 수 있을 것이기 때문이다(Erikson, 1963; Freud, 1955; Gould, 1972; Singer, 1973).

이야기에 대한 연구결과, 정신분석학은 어린이들의 이야기 창조에 관한 매우 중요한 심리학적 접근을 제시하고 있다. 가장 광범위한 정신분석학 연구 중 하나는 2세에서 5세 어린이들에게서 수백 가지 이야기들을 수집했던 적이 있다(Pitcher and Prelinger, 1963). 이 연구에서는 말하는 이의 잠재의식에 묻힌 소망, 그리고 그것을 사회적으로 용인될 수 있게끔 숨기려는 힘, 이 양자 사이의 상호작용이라는 가정하에 이야기를 분석했다. 그것은 어린이의 잠재의식과 방어기제를 발견하기 위한 수단이었다. 어떤 이야기는 순수하게 소망 그 자체로서 가감 없이 표현되었다. 예컨대 2세 11개월 된 아이는 이런 이야기를 했다. "옛날에 개 한 마리가 있었는데 막 짖었어요. 엄마가 보고 싶었어요. 엄마개가 왔어요. 그래서 우유병을 빨았어요."(p.39)

이 이야기는 소망의 직접적인 성취로 해석할 수 있겠지만, 다른 이야기들은 좀더 은폐되고 상징적이다. 예를 들어 3세 4개월 된 어린이는 이렇게 말했다. "옛날에 고양이가 있었는데 암소 등에 올라탔어. 농부는 고양이 엉덩이를 때렸구, 고양이는 슬퍼서 집으로 갔어. 암소는 고양이 집으로 가서 집을 부숴버렸어. 다음 날이 되었어. 고양이는 암소의 엉덩이를 때렸어. 그리고 고양이와 암소는 암소의 집으로 가서 행복하게 살았대. 알았지?"(p.221) 농부와 암소, 고양이의 삼각관계 뒤에는 오이디푸스적 소망의 성취가 발견된다. 벌을 주는 농부와 거만한 고양이는 꼬마와 아빠 간의 긴장관계를 나타낸다. 고양이와 암소의 행복한 재결합은 아이와 엄마의 재결합을 상징한다. 연구자들은 이야기하는 어린이가 동물을 이용함으로써 그 이야기가 '실제로' 말하려는 것으로부터 자신을 보호하려 했다고 주장했다.

이 두 이야기가 금지된 욕망이나 소망의 성취를 나타낸 것들이라면, 다른 이야기들은 매우 현실적이며 사실적이다. 다른 이야기들은 철저히 검열되고 위장된 나머지 조그만 소망도 파고들 여지가 없다. 예컨대 5세의 어떤 아이는 가상 우주여행을 이야기했는데, 우주여행의 모든 요건을 사실적으로만 묘사했다. 이런 이야기는 방어적 검열이 너무 강해서 소망의 표현이 전혀 나타나지 않은 사례로 간주되었다.

다른 유형의 방어양식도 어린이들의 이야기 속에서 발견되었다. 어떤 이야기는 부정의 방어양식을 사용했다. 예를 들면 한 어린이는 "새끼 고양이가 있었는데, 나쁜 애는 아니었어요."라고 시작한 다음 고양이의 나쁜 행위를 묘사하기 시작했다. 또 다른 어린이는 호랑이 한 마리가 모든 등장인물과 우정의 협약을 맺음으로써 끝나는 이야기를 진술했다. 그 아이는 이렇게 함으로써 위협적인 호랑이가 상징하는 공포감을 부정했던 것이다. 억압 혹은 공격자와의 동일시 또는 억압하는 방어양식이 발견되기도 했다. 이런 후자의 사례는 일인칭으로 전개되는데 이야기하는 어린이가 건방진 동물을 훈계하는 이야기들이다.

이런 이야기들은 에릭 에릭슨(Erik Erikson, 1963)이 주장한 새로운 정신분석학 이론에 대한 확신을 더해 준다. 에릭슨의 이론에 의하면 우리의 삶은 여러 단계로 이루어져 있다. 각 단계에는 잘 해결되거나 그렇지 못한 위기들이 존재한다. 유아기에 가장 중요한 것은 신뢰감을 형성하는 일이다. 아이들은 자신이 사랑 받고 있다고 느끼고, 또 부족한 것이 만족되면 평생 신뢰감을 갖고 살아갈 수 있다. 그러나 사랑 받지 못하고 버림을 받았다고 느끼면 평생 동안 불신감으로 살아간다. 아이들이 화장실 사용법을 익힐 때 즈음엔 늘 만족하지 못함을 느끼는 경우가 많은데, 이때 중요한 것은 자율성을 심어주는 일이다. 아이가 만일 이런 능력을 개발하지 못한다면, 수치심을 느끼고 불신감을 갖게 될 것이다. 5세 무렵의 아이들에게는 독립성이 자라나는 동시에 항상 주도권을 갖고 싶어한다. 그들에게 세상은 탐험하고 정복해야 할 대상이다. 만일 아이들이 이런 탐험심과 호기심이 지나친 것이라고 여기게 되면 그들에게는 자신감보다는 죄의식이 싹트게 될 것이다.

또한 이 이야기들은 연령대에 따른 차이만이 아니라 성별에 따른 차이

도 존재함을 보여준다. 여자아이들에게는 신뢰감과 관련된 문제가 더 잘
나타난다. 한편 남자아이들의 이야기에서는 주도권이나 탐험 이야기가
더 자주 다뤄진다. 여자아이들은 애를 키우거나 먹이고 보호하는 주제를
더 자주 언급한다. 이와 달리 남자아이들은 탐험과 발견에 대해 이야기
하는 것을 훨씬 더 즐긴다. 더구나 탐험이라는 이 주제는 남자아이들이
5세가 되면서부터는 더 자주 등장한다. 3세, 5세의 아이들은 성별에 상
관 없이 자율성과 관계된 이야기를 더 자주 했다. 비록 화장실 사용이나
대변과 관계된 이야기를 직접적으로 하지는 않았지만, 그들의 이야기는
이런 주제들을 상징적으로 다루고 있었다. 에릭슨은 3세 아이들에게서
그런 이야기가 자주 등장한다는 것을 예측했지만 5세 아이들에게 다시
자주 등장한다는 사실에 대해서는 예측하지 못했다.

어린 아이들의 이야기를 다루었던 정신분석학의 접근방법은 사실상
허점이 있다. 주된 문제점은 이야기 해석을 근거짓는 증거들이 충분치
못하다는 것이다. 그런 만큼 이야기에 대한 해석은 억지로 짜맞춰진 경
우가 많다. 예컨대 고양이와 암소 및 농부 이야기의 오이디푸스적 해석
은 인위적인 느낌이 짙다. 이 이야기는 부모와 아이 사이의 역학관계를
다루었다고 보는 것이 더 타당할 듯싶다.

근거 없는 해석의 또 다른 예는 이야기를 사실적으로 묘사한 것을 두
고 검열이 있다고 여기는 정신분석학적 해석이다. 상상력이 부족한 이야
기라고 해서 반드시 무의식적 검열이 강제로 그런 상상적 내용을 이야기
에서 삭제한 것이라고 볼 수는 없는 노릇이다. 말하자면 이야기가 사실
그대로일 가능성이 더 클 수도 있다. 즉 우주여행에 관해 얘기한 어린이
가 실제로 우주여행에 관심이 있었던 것일 수도 있는 것이다. 겉으로 드
러난 모든 내용을 보고 이것이 깊은 곳에 자리한 사실을 은폐시킨다고
여겨서는 안 된다. 이야기의 표면적 내용이 저 깊은 곳의 내용을 숨긴다
는 주장은 적어도 표면 아래 어떤 내용이 들어 있다는 모종의 증거를 전
제로 해야 한다. 그렇지 않다면 그런 해석은 검증 불가능하다.

이야기를 다루는 또 다른 방법은 인지-구조 조망(cognitive-structural per-

spective)이다. 인지심리학자들은 기린 이야기를 어린이들이 가진 감정문
제를 이해하기 위한 주된 방법으로 간주하는 대신, 이야기가 갖는 구성
이라든지 등장인물이나 성격 형성, 해설자의 목소리, 스타일 또는 표현력
등과 같은 이야기의 구조적 요인을 살핀다(Rubin and Wolf, 1979; Scarlett
and Wolf, 1979; Sutton-Smith, 1975). 이야기하는 어린이는 자신이 완성해
야 할 이야기의 구성요소들 가운데서 두 가지를 먼저 해결해야만 한다.
가장 중요한 것은 이야기의 허구세계와 현실세계의 경계를 정하는 것이
다. 이야기를 하고 있는 어린이는 그저 이야기만을 하는 것이지 이야기
속에 자신을 그 일부로 포함시켜서는 안 된다. 말하자면 기린 이야기를
한 어린이가 자신이 이야기 속으로 들어가 기린이나 새들과 이야기할 수
는 없는 것이다. 이야기 주인공들은 단지 상상 속 세계에 존재하는 것이
다. 이 두 경계선을 넘나들면 허구세계의 구성은 불가능하다.

　다음으로 중요한 것은 이야기하는 어린이가 기본적인 서술규칙에 따
라 줄거리를 만드는 일이다. 이야기의 이론적 틀에 따라 줄거리는 명료
한 도입부와 중간부 및 결말부가 있어야 하며, 결국 주인공이 해결할 문
제를 중심으로 이야기를 전개해야 한다(Aristotle, 『시학』 1459a; Prince,
1973; Propp, 1968; Todorov, 1969). 따라서 기린 이야기가 기존의 이야기
틀에 맞는 '줄거리'를 갖추기 위해, 어린이는 모종의 갈등을 설정하고
줄거리 내에서 이 갈등을 풀어가야 한다. 가령 새가 거미줄에 걸려 갈등
상황이 전개될 수도 있다. 그러면 기린은 긴 목을 이용하여 새를 구조할
수도 있는 것이다.

　허구세계를 구분하는 경계선이 없이는, 또 당면한 문제상황을 풀어 가
는 줄거리 없이는 어떤 이야기도 성립하지 않는다. 이 두 가지 이야기
요소가 갖추어질 때 어린이는 비로소 기본적인 이야기 능력을 갖추게 되
는 것이다. 그러나 좀더 복잡한 이야기 전달 기술을 습득해야 한다. 예를
들어 줄거리를 복잡하게 할 수 있다. 즉 문제를 해결하는 과정에서 여러
가지 작은 문제들을 끼워넣는 것이다. 따라서 기린 이야기에서도 주된
문제상황은 기린이 거미줄에 걸린 새를 구하는 것이지만, 기린이 새를

구하러 가려면 우선 강을 건너야 하고 강을 건너기 전에 배를 찾아야 한다. 이런 이야기 속에서는 여러 가지 사건들이 야기될 수 있다. 그런데 이런 복잡한 구성이야말로 동화라기보다는 성인소설의 특징이라 할 만하다.

습득해야 할 또 다른 기술들 가운데에는 문학장르를 이해하는 능력도 포함된다. 동화는 현재의 모험담과 구별되고 알레고리는 우화와 구별되어야 한다. 작가는 문학장르의 규범을 알고 있다. 그는 장르를 패러디하지 않는 이상 장르들을 서로 혼합하지 않는다.

더구나 성인들의 이야기에서는 등장인물의 성격이 복합적이다. 즉 모두 악한 것이 아니라 악당도 나쁜 점과 좋은 점을 공유한다. 그리고 다양한 목소리가 있다. 즉 이야기를 들려주는 이의 목소리는 등장인물의 목소리와 구별되기 때문에, 들려주는 사람이 아니라 독립된 등장인물들이 이야기를 전개하고 있다는 착각을 만들어낸다.

이야기의 경계 정하기

2세의 어린이도 이야기와 현실을 구별할 줄 안다(Leondar, 1977; Pitcher and Prelinger, 1963). 믿지 못하겠다면 2세 아이의 잠자리에서 동화 대신 신문을 읽어주기만 하면 알게 된다. 그들은 심지어 사건을 나열해서 이야기처럼 들리게끔 꾸밀 줄도 안다. 아이들은 상징놀이에 몰두하는 시기에조차도 하나의 사건처럼 이야기를 꾸밀 줄 아는 것이다(Rubin and Wolf, 1979). 아이들에게 개와 고양이 장난감을 주면 그들은 사건을 만들어서 이 장난감들을 살아 있는 듯 걸어다니게 한다. 가령 개와 고양이가 길을 걷다가 개가 고양이를 물고, 이때 고양이는 짐짓 개에게 반항한다는 식으로 말이다. 상징놀이에서 서술되는 이 에피소드는 이야기의 줄거리가 된다. 따라서 상징놀이에서는 은유보다는 이야기가 이용된다.

2세 아이들은 이야기를 만들 수 있는 능력이 있기는 하지만, 이야기하는 기술은 크게 제한적이다. 이처럼 어린 나이의 아이들은 자신들이 이야기하는 허구세계와 현실의 경계를 잘 모르고, 또 필요한 플롯이 구성된 이야기도 지어낼 줄 모른다.

어린이가 허구와 현실을 구분할 수 있는지를 판가름하기 위한 실험이 있었다(Scarlett and Wolf, 1979, 1981). 거기에서는 실험에 참가한 어린이들에게 이야기를 들려주고, 중간 무렵에 등장하는 위기상황에서 이야기를 갑자기 중단시켰다. 그리고는 그들에게 끝부분을 완성하게 했다. 위기상황은 두 가지였다. 하나는 한 인물이 다른 등장인물의 안전을 위협하는 것이었고, 다른 하나는 등장인물들이 어려운 상황에 처하는 것이었다. 두 가지 경우 모두 주요 등장인물이 위험에 빠졌을 때 이야기를 중단했다.

한 이야기는 어린 소녀가 집을 떠나 숲속으로 들어간다는 이야기였다. 실험자는 이야기를 하면서 그 소녀를 본딴 인형과 집, 그리고 나무 장난감 등을 이용해서 이야기를 행동으로 묘사했다. 그 소녀는 숲에서 꽃을 따며 동물들과 얘기하며 놀았다. 그러다가 소녀는 갑자기 주위가 어두워진 것을 알게 되고 이내 길을 잃는다. 이 때 실험자는 이야기를 멈추고 아이들에게 이야기를 계속 이어가게 한다.

어린이들은 나이에 따라 일정하게 반응했다. 18개월 된 아이들은 들은 체도 않고 장난감을 잡아들고 놀기에 바빴다. 이야기가 아직 끝나지 않았다는 사실을 전혀 눈치 채지 못한 것 같았다. 2, 3세의 아이들은 이야기가 미완으로 끝났다는 사실을 인식했다. 또 그 아이들은 이야기의 소녀를 집으로 데려옴으로써 이야기를 끝내야 한다는 것도 알고 있었다. 그러나 어린이들은 말보다는 행동으로 그렇게 했는데, 즉 장난감을 집어들고 다시 집에 갖다 놓는 식이었다. 어린이들은 이구동성 이렇게 말했다. "자, 이제 집에 다 왔다."

다시 말해 어린이들은 이야기의 세계로 들어간 다음 주요 등장인물을 직접 구출해 낸 것이다. 그들이 이야기 안에서 등장인물을 통하지 않고 직접 구출해 냈다는 것은 그들이 아직 이야기와 현실의 경계를 구별하지 못한다는 사실을 보여준다. 이런 식의 직접적인 개입의 예는 많다. 어떤 경우에는 실험자가 큰 양탄자를 '바다'라고 하고 다른 모든 물고기를 잡아먹는 나쁜 물고기를 풀어놓았다. 그리고는 어린이에게 이야기를 계속하라고 했다. 한 아이는 이 나쁜 물고기를 집어서는 다른 양탄자 위에 올려놓고 이제 물고기가 '다른 바다'에 있다고 말하며 사건을 해결했다(Rubin and Gardner, 1977). 또 한번은 실험자가 숲속의 동물에 대한 이야기를 했다. 햇빛이 내리쬐고 있으므로 숲속은 너무나 더웠다. 단추를 놓고 '태양'이라고 했다. 이 태양이 너무 뜨거워 동물들이 어쩔 줄 몰라 했다. 이 때 어린이에게 이야기를 마무리해 보라고 했다. 한 어린이는 단추를 빙빙 돌려서 그것을 '식혀버렸다'(Rubin and Gardner, 1977).

3세에서 5세까지의 어린이들은 좀더 허구적인 세계를 만들어내기 시작했다. 5세가 되면 이야기 속에 등장하는 문제를 이야기 자체로 해결했다. 어린이들은 이야기 속에 더 이상 개입하지 않았고 직접 행동을 취하지도 않았다. 물론 문제가 이야기 세계 안에서 직접 해결이 되긴 했지만, 그 해결이란 것이 지극히 초보적인 것이었다. 예컨대 직접 개입함으로써 길 잃은 소녀를 집에 데려다놓는 대신에 다른 주인공을 이용해서 그 일을 대신하게 했다. 말하자면 숲 속 원숭이가 어린 소녀를 나무 위로 들어올려 집에 떨어뜨리는 식이다. 아직 이 아이들은 동물들이 어떤 식으로 이런 일을 해낼 수 있는가는 깊이 생각하지 않았다. 좀더 복잡한 해결방식, 가령 원숭이가 새에게 부탁해서 하늘을 날아 어린 소녀를 집에 데려다주게 하는 따위의 상상력은 나중에야 나타난다.

줄거리 구조 이해하기

2세에서 4세 어린이가 꾸며내는 이야기들은 아직 기본적인 플롯구조가 없다. 3세의 아이가 꾸며낸 다음 이야기를 한번 들어보라. "새끼 오리가 수영을 하는데 배가 다가왔어요. 배에는 큰 경적이 있었는데, '뚜-뚜-' 보세요. 난 배랍니다. 배는 이리저리 돌아다녔어요. 새끼 오리는 배

주위를 수영했어요. 아빠 오리가 와서 죽은 벌레를 새끼 오리에게 주었
어요."(Leondar, 1977, p.187) 다음은 3살 짜리 어린 아이가 꾸며낸 또 다
른 이야기이다(Sutton-Smith, 1981, p.90).

> 흰 꼬마 오리가 수영을 갔는데
> 게가 나타났고
> 새우도 나타났고
> 그리고 아이스크림도 나타났고
> 이어서 아이스캔디가 놀고 있었어.

이런 유치한 이야기는 (문제가 생겨나는) 분명한 도입부가 없고, (주요
등장인물이 문제를 풀어가는) 전개부도 없으며, 문제가 해결되거나 미결되
는 결말부도 없다. 이런 이야기들은 일련의 무관한 사건들이 연속되고
있을 뿐이다(Applebee, 1978). 분명히 이런 이야기들은 필요한 구성요소
들이 빠져 있다. 가끔은 보통 이야기처럼 '옛날 옛적에'나 '끝' 등과 같
은 이야기의 구성이 보이는 경우도 있다. 또한 사건이 허구적이며, 불특
정 과거를 무대로 하고, 모든 것을 보고 있는 전지적 시각의 이야기꾼에
의해 사건이 구술되기도 한다. 그러나 이 단계의 이야기를 구술하는 어
린이들은 한 곳에 자리하고 앉아 돌아다니지 않는다. 그래서 이들은 자
신들의 눈앞에서 전개되고 있는 사건들만을 말할 뿐이다. 행동의 이런
제약은 말하는 아이의 발목을 묶어 분명한 갈등 해결을 가지는 이야기를
들려줄 수 없게 만든다. 따라서 이야기다운 구조를 갖춘 이야기를 구성
하는 중요한 요체는 말하는 이의 행동을 자유롭게 하는 것이다(Leondar,
1977).

이 경우 어린이들의 이야기는 이야기다운 구조도 없을뿐더러 소설이
라기보다는 시에 가깝다(Sutton-Smith, 1981). 예컨대 2세의 아이가 이렇게
이야기를 만들었다(p.48).

고양이가 케이크 위에 앉아 있고
고양이가 차를 타고
쿠키는 내 코 위에 있고
쿠키는 소방수 모자 위에서 떨어졌고
소방수 모자는 물통 위에서 떨어졌고
쿠키는 파티에 많고
쿠키는 퍼즐 위에 있고
쿠키는 강아지 위로 갔다.

The cat went on the cakies
the cat went on the car
the cookie was in my nose
the cookie went on the fireman's hat
the fireman's hat went on the bucket
the cookie went on the carousel
the cookie was on the puzzle
the cookie went on the doggie.

이 이야기는 많은 시적 요소를 담고 있다. 리듬도 있고 두음법칙도 있다("cat", "cakies", "cookie", "carousel"). 어린이들이 이야기 줄거리보다는 문장의 리듬과 소리장난에 더 관심이 있음을 보여주는 이런 예는 많다. 이런 유치한 이야기 겸 동시는 안토니의 잠들기 전 독백(Weir, 1962)을 연상시킨다. 이런 실례가 보여주는 것은 어린이들에게는 시가 동화보다 더 자연스럽다는 사실이다. 어린이들은 침대 속에서도 시를 읊조린다. 그렇지만 이야기의 두 축, 즉 (허구와 현실 사이의) 경계선과 줄거리를 갖춘 동화는 좀더 나이가 든 취학 전 아이들에게나 친숙하다. 이것은 이야기 구성이 언어의 소리특성을 가지고 노는 것보다 훨씬 더 복잡한 기능임을 보여준다. 일관성 있는 이야기 구성은 인과관계에 대한 이해를 필요로 한다. 그래야 줄거리가 있고 현실과 허구라는 두 세계를 함께 생각할 수 있는 능력을 갖게 된다. 5세가 되면 어린이들은 도입부분과 중간 및 종결부분을 갖춘 일관성 있는 이야기를 구성할 수 있다. 이야기의 사건은 인과관계가 있고 중심 등장인물들이 마주치는 주된 갈등을 중심으로 전개된다. 이런 이야기들은 현실로부터 확연히 구별되며 현실과 허구 세계 사이의 경계는 더 이상 깨지지 않는다.

5세가 되면 아이들은 이야기의 기본골격을 이해하게 되지만 나이가 들어갈수록 이야기는 점점 더 복잡한 형태를 취하게 된다. 말하자면 내용이 더 복잡해진다거나 구성이 더 복잡해지는 것이다. 민속학자들은 다양한 문화에 존재하는 이야기들을 분류했는데, 이것들은 모두 일정한 발전 형태를 보여주었다.

다양한 문화들이 갖고 있는 영웅담은 내용의 측면에서 네 가지 형태로 구별된다(Maranda and Maranda, 1971). 첫째 형태는 한 세력이 다른 세력을 위협하지만 약한 세력은 전혀 반응을 하지 않는다. 둘째, 한 세력이 다른 세력을 위협하고 약한 세력은 반격을 시도하나 실패한다. 셋째, 한 세력이 다른 세력을 위협하지만 위협은 사라진다. 넷째, 한 세력이 다른 세력을 위협하지만 위협은 사라지고 원래의 상황은 크게 변한다. 비록 운명을 개척할 수 있다는 신념을 거의 갖고 있지 않는 문화권에서도 네 가지 형태의 영웅담이 모두 존재한다. 하지만 넷째 형태는 좀처럼 발견되지 않는다.

이런 분류법을 5세에서 10세 된 어린이가 말하는 이야기에 적용시키면 1단계에서 4단계로의 진행을 볼 수 있다(Sutton-Smith, 1975). 1단계 이야기에서는 엄청난 힘을 가진 악당이 주인공을 억압하지만 주인공은 이에 반격하지 못한다. 2단계에서는 주인공이 위협에 반응하지만 그 위협을 무력화시키지는 못한다. 주인공이 도망가는 경우도 있지만 또다시 그런 위험에 노출될 수 있다. 여기서 악당은 죽지 않는다. 3단계에서는 악당이 죽고 위협이 사라진다. 4단계에서는 주인공이 악당을 죽이고 공주와 결혼할 뿐만 아니라 평화를 되찾은 왕국을 다스리게 된다.

아이들의 이야기에는 성별상의 흥미있는 차이가 존재한다. 소년들은 강자가 약자를 지배하는 이야기가 주축을 이루고, 소녀들은 주인공들이 굶주림이나 가난과 같은 어려움을 겪는 이야기를 주로 했다. 또 소녀들은 제2의 인물이 등장해서 주인공을 도와주어 사건을 해결하는 식의 이야기를 했다.

어린이가 들려주는 이야기의 줄거리에서도 복잡함의 측면에서 정도의 차이가 있다. 북미의 인디언 이야기는 초보적 이분법적 구성이 중심이 된다. 따라서 어떤 것이 부족하면 나중에 그것이 해결되고 악한 행위가 자행되면 나중에 이 행위가 보복을 받는다(Dundes, 1975). 두 개 이상의 이분법적 이야기를 서로 연결해서 더 복잡한 이야기가 전개되기도 한다. 가장 복잡한 이야기는 하나의 이분법적 이야기 안에 다른 이분법적 이야기를 끼워넣는 것이다. 이런 구조에서는 주인공들이 문제를 해결하려고 할 때 먼저 작은 문제부터 해결해야 한다.

이와 같은 분석을 4세에서 5세 어린이의 이야기에 적용시키면, 이들의 이야기에는 단 한 개의 이분법적 구조가 있음을 알 수 있다(Botvin and Sutton-Smith, 1977). 예컨대, "우주비행사가 우주로 날아갔다. 우주에서 괴물의 공격을 받았다. 우주비행사는 우주선을 타고 도망쳤다."는 식의 이야기이다. 그런데 7세 정도의 어린이들은 그런 이분법적 구조를 갖는 이야기를 서로 연결해서 들려주기 시작했다. 그러나 11세가 될 때까지는 표층구조에 종속구조를 삽입하지는 않았다. 어린이들이 창작한 이야기 양식들은 어른들의 이야기에도 있다. 그러나 어린이들의 이야기는 매우 단순한 구성을 갖추고 있다.

장르 습득하기

이야기를 들려주는 기술에는 줄거리뿐만 아니라 장르에 대한 이해도 필요하다. 예를 들면 이야기하는 사람은 그 이야기가 동화인지 우화인지

풍자인지 현대의 모험 이야기인지 분류해야 한다. 이야기를 할 때는 처음부터 특정한 장르를 먼저 설정해야 한다. 그리고 그 장르에서 벗어나지 않아야 한다. "옛날 옛날에" 멀리 떨어진 왕국에 왕과 왕비가 있었다고 시작하는 동화를 이야기하다가 갑자기 왕과 왕비가 영화관에 가는 이야기를 하는 어린이는 동화의 구성요건을 깨뜨린 것이다. 어떤 장르에는 특정한 종류의 인물과 행위만이 어울린다. 어린이가 이야기를 구성하고 이해하는 과정을 연구할 때 장르 파악에 대한 연구는 완전히 무시되어 왔다.

장르에 대한 이해는 어린이가 이야기를 할 때의 일반적인 감각을 체득한 후에 생긴다(Rubin and Gardner, 1977). 이 연구로부터 다음과 같은 이론이 전개되었다. 어린이들이 처음으로 이야기를 할 때는 장르에 대한 개념이 없다. 모든 이야기가 그저 단순한 괴물을 중심으로 전개된다. 이런 종류의 이야기에서는 주인공들이 대체로 좋은 주인공과 나쁜 주인공으로만 구분된다. 사자나 악어 같은 나쁜 역으로 나오는 주인공들은 위협적이다. 나머지는 좋은 주인공들이다. 괴물 이야기에서는 나쁜 주인공은 대개 좋은 주인공을 위협하고 쫓아다닌다. 보통 어린이들은 그 나쁜 주인공들을 쫓아내고 이야기를 끝맺는다. 3세의 아이는 이런 구성에 집착하기 때문에 나쁜 주인공이 착해질 수도 있다는 생각을 전혀 하지 않는다.

괴물 이야기는 아이들이 자연스레 만들어내는 듯 보인다. 반면에 동화 장르는 어른들이 만들어낸 것이다. 3세의 어린이들은 많은 동화를 듣지만 스스로 동화를 만드는 경우는 거의 없다. 실제로 왕과 왕비, 궁전과 같은 동화의 요소를 제시하면 어린이들은 처음에 이들을 평범한 인물로 다루고 '이 사람' 또는 '저 사람'과 같은 말로 호칭하며 가게에 가는 등의 일상행위를 시킨다.

3세가 끝나갈 무렵쯤 되면 어린이들은 동화를 구성할 줄 알기 시작한다. 왕과 왕비와 궁전을 배경으로 제시하자, 어떤 어린이는 성곽 주위에 '물을 건너기 위한 다리,' 즉 외곽호가 있다고 말했다. 실험자가 소개한 어두운 숲에는 '괴팍한 동물들'이 있다고 했다. 그러나 용이 나타났다고 하자 어린이는 곧바로 괴물 이야기로 바꾸고 추격장면을 이야기하기 시작했다.

4세 어린이는 왕과 여왕, 궁, 숲 등처럼 동화에 나오는 요소들과 '옛날에 살았다', '마음씨 나쁜' 등과 같은 익숙한 말에 대한 개념을 가지고 있기는 했으나 이런 요소를 하나의 총체적인 틀로 구성하지는 못했다. 더구나 그들은 심리 묘사를 제대로 해내지 못했다. 따라서 등장인물들의 행위는 모두 우연한 행위이다.

좀더 나이가 들어가면서 어린이들은 많은 동화를 듣게 되기 때문에 동화라는 장르에 속한 이야기는 어떠해야 하는지에 대해 잘 이해하게 된다. 그러나 11세의 어린이도 이 동화장르를 끝까지 유지하지 못하는 경우가 있다. 마치 3세의 어린 아이들이 왕과 왕비가 패스트푸드점에 간다고 하듯, 가끔 장르를 파괴하지는 않으나 동화와 현대의 모험담을 뒤섞는 경우가 있다. 예컨대 어떤 11세짜리 어린이는 이런 이야기를 했다. "왕비가 나무꾼에게 나무를 베어오라고 했다. 그리고 딸이 달리다가 숲에 숨었다… 그런데 그와 늑대가 같이 있었다. 그때 늑대가 왕비를 공격하였다. 늑대가 왕비를 물었고 왕비는 한 시간밖에 살지 못하거나 죽고만다. 그러나 유일한 치료주사약은 수마일 떨어진 다른 왕국에 있었다. 딸은 야생마를 타고 주사약을 구했다. 그리고는 치타의 등에 타고 60마일이나 달려왔다. 돌아와서는 왕비의 목숨을 구하고 친구가 되었다." (Rubin and Gardner, 1977, p.49) 또 다른 11세 어린이는 다음처럼 시대에 어울리지 않는 이야기도 했다. "왕이 이혼을 요구했고 공주는 동물원에 갔다." 그렇지만 이 또래의 어린이는 고의적으로 장르를 파괴했을 수도 있다.

이처럼 장르 자체를 패러디할 수 있다는 것은 어린이가 해당 장르 자체를 완전히 습득하고 이해했다는 증거이다. 어린이들이 아주 어릴 때도 장르를 패러디할 수 있는 능력이 있다는 증거가 있다. 한 도서관 사서의 4세 아이는 이런 이야기를 했다(Sutton-Smith, 1979, p.114).

옛날 옛날에가 옛날 옛날에를 잡아먹고

그 옛날 옛날에를 또 옛날 옛날에가 잡아먹고

그 옛날 옛날에를 또 옛날 옛날에가 잡아먹고

그 옛날 옛날에가 공주를 잡아먹고 옛날에 왕이 있었는데

그 옛날 옛날에는 죽었고

끝이 끝을 잡아먹고

끝

끝

그리고 끝은 죽고

그리고 끝은 죽고

그리고 끝은 죽고

그리고 끝은 죽고

그리하여 끝 끝 끝은 죽고

끝을 가진 끝

끝

끝

　위의 이야기는 분명히 전통적인 이야기에서 보이는 요소(옛날에, 끝, 왕과 공주, 그리고)와 같은 말을 패러디한 것이다. 이 패러디는 4세 아이가 이야기의 기본요소를 완전히 이해했음을 보여주고 있기는 하다. 그러나 동화와 같은 특정 장르를 패러디하는 능력은 상당히 뒤늦게 나타난다 (McQuillian, 1975).

　문학에서 조숙한 경우가 음악이나 미술보다는 드물다고 해도, 문학적 재능은 아기의 침대 속에서부터 이미 찾아낼 수 있다. 유아는 단어의 소리와 리듬을 가지고 논다. 2세의 어린 아이는 비유법을 사용할 줄 알고 허구세계를 꾸밀 줄도 안다. 허구적인 요소보다 시적인 요소가 소리의 형식이라는 측면에서 좀더 일찍 등장한다는 사실은 시가 허구보다 먼저

터득된다는 사실을 말해 준다. 어린이가 최초로 시도하는 문학적 행위는 소설보다는 시적인 요소를 갖는다. 그리고 어린이들이 이야기를 처음으로 하기 시작할 때에도 이야기의 시적 요소 때문에 이야기라기보다는 시에 가까운 형태가 된다.

어른들이 시를 짓기보다 이야기를 더 잘 한다는 점을 생각할 때 어린이들이 이야기보다는 시에 먼저 익숙해진다는 사실은 역설적이다. 이야기의 구전적인 전통이 강한 문화에서는 대부분의 성인들이 이야기를 능숙히 해낼 수 있었다(Lord, 1965). 그러나 시의 경우는 상황이 다르다. 아이들이 시인처럼 소리를 이용할 수 있는 데 반해 실제로 시를 쓰는 성인은 얼마 되지 않는다.

문학적 재능은 이처럼 일찍 나타난다. 그러나 이 재능이 계발되는 경우는 드물며 그나마 그것도 성인이 되어서야 꽃핀다. 취학 전 아동의 문학적 능력은 톨스토이의 경우와는 사뭇 다르다. 어린이들은 문학의 요소, 즉 소리놀이, 은유, 줄거리 등을 잘 만들어내지만 여러 요소가 빠져 있는 경우가 많다. 유아들이 단어의 음성을 가지고 놀기는 하지만 의미를 분명히 하기 위해 이것을 이용하지는 않는다. 그들이 사용하는 은유 역시 대부분 지각적 특징에 기초를 두고 있으며 여러 가지 수준의 추상적인 은유법을 구사하는 것은 아니다. 그리고 등장인물의 성격이 단순하며 의미도 모호하고 분명한 주제도 없다. 4세 어린이는 소설과 유사한 주제를 이야기하지만 이 주제를 더욱 복잡한 형태로 발전시키지는 못한다. 따라서 그 무렵의 어린이가 들려주는 사랑과 이별 이야기는 톨스토이의 〈안나 카레니나〉와는 사뭇 다른 것이다. 음악가나 화가와는 달리 문학작가는 작품을 쓰기 위해서 자신의 일생을 모델로 삼아야 한다. 아마 이런 이유 때문에 어린이나 사춘기 청소년이 불후의 명작을 쓸 수 없는 것이다. 아무리 어린이가 언어의 뉘앙스에 민감하다고 해도 그들은 문학작품이 요구하는 경험을 풍성하게 갖고 있지는 못하기 때문이다.

제5부

예술과
심리장애

제12장

손상된 뇌

나는 어렸을 때부터 한 쪽은 행위자, 다른 한 쪽은 몽상가를 의미하는 왼손과 오른손의 상징성에 매료되었다. 오른손은 질서와 규칙을 상징하고, 기하학적인 엄격함을 함축하고 있다. 그리고 오른손이 추구하는 지식은 과학이다. 그러나 이는 과학의 중요한 한 부분을 간과하는 것이다. 왜냐하면 과학에서 중요한 기본적 가정은 왼손이 가져다준 선물이기 때문이다… 그러면 왼손이 추구하는 지식은 예술이라고 할 수 있을까? 이 역시 충분하지 않다. 왜냐하면 단순히 백일몽을 기술하는 것은 잘 짜여진 이야기와는 아주 다르기 때문이다. 잘 다듬어지지 않은 환타지와 예술 사이에는 커다란 간격이 존재한다. 이 간격을 극복하기 위해서는 오른손이 제공하는 숙련된 기술과 솜씨가 필요하다.

– 제롬 브루너(Jerome Bruner)

몇 년 전 뉴욕 타임즈지에 뇌에 관한 기사가 실렸다. 잡지의 커버에는 사람의 뇌에 관한 그림이 실려 있었다. 뇌의 그림은 중앙에서 분리되어 있고, 뇌의 왼쪽 부분에는 사전에 나와 있는 단어들로 빼곡히 채워져 있었다. 이는 뇌의 좌측이 언어의 정보 처리에서 중심적 역할을 하고 있다는 것을 보여준다. 반면 뇌의 우측 부분에는 드가(Dega)의 회화에서 나오는 춤을 추는 무희들의 형상이 담겨 있었다. 이것은 뇌의 오른쪽 반구는 창의적인 예술적 활동에 관련되어 있다는 견해를 보여준다.

이 잡지의 그림은 우리의 머릿속에 두 개의 마음이 존재한다는 것을 암시하고 있다. 프로이트 이론은 마음의 이원성인 의식과 무의식에 기초하고 있다. 실험에 기초한 마음의 이원성에 대한 새로운 이론이 신경생리학자인 로저 스페리(Roger Sperry)의 실험으로부터 생겨났다. 그는 간질적 발작을 통제하기 위한 목적으로 외과적으로 분리된 두 반구를 갖고 있는 '분리된 뇌'(split-brain) 환자를 연구했다. 두 개의 분리된 뇌반구는 서로 상호작용할 수 없다. 따라서 연구자는 과제를 어느 한 반구에 제시하고, 환자가 제시된 문제를 풀 수 있는가를 관찰할 수 있게 되었다. 그런 연구는 뇌의 양쪽 반구가 비록 해부학적으로는 거의 동일할지라도 두 개의 서로 다른 의식을 지니고 있음을 보여주었다(Gazzaniga, 1979; Sperry, Gazzaniga, and Bogen, 1969).

그 결과 마음의 이원성에 대한 새로운 견해가 과학자들과 대중매체에 의해 신봉되기 시작했다. 좌측 뇌는 정보를 논리적이고 계열적으로 처리하고, 언어적 사고와 수학적 사고를 통제하는 합리적 마음으로 여겨지게 되었다. 우측 뇌는 정보를 시간적인 방식보다는 공간적인 방식으로 처리하고, 우리의 창의적이고 예술적인 재능을 통제하는 직관적 마음으로 여겨지게 되었다. 이 설명에 따르면 좌측 뇌는 언어적, 분석적, 과학적인데 반해, 우측 뇌는 비언어적, 직관적, 그리고 예술적이다. 그러므로 뉴욕 타임즈지의 표지에 그와 같은 분리된 뇌의 그림이 실리게 되었다.

좌측 뇌가 언어와 과학적 사고의 중추이고, 우측 뇌가 모든 예술적 재능의 중추라는 것은 아마도 극단적인 견해일 수 있다. 무엇보다 이러한 엄격한 구별은 예술이 언어와 관계 없고 논리와 무관하다는 것을 시사한다. 그러나 마음과 뇌에 관한 매우 극단적인 이원론적 구분과 예술과 언어 그리고 논리 간의 엄격한 구분은 의문의 여지가 있다.

하나의 사례를 살펴보자. 뇌졸중에 의해 좌측 뇌에 손상을 입은 러시아의 작곡가인 셰발린(V. G. Shebalin)은 뇌손상에 의한 언어장애인 심각한 실어증을 겪었다. 심각한 좌반구의 손상에도 불구하고 셰발린의 음악적 재능은 영향을 받지 않았다. 그는 계속해서 작곡을 하고, 학생들을 가르치고, 학생들의 음악적 수행을 비평해 줄 수 있었다. 그리고 그는 계속해서 뛰어난 작곡가로 활동할 수 있었다(Luria, Tsvetkova, and Futer, 1965).

다른 사례를 살펴보자. 독일의 표현주의 화가인 코린트(Lovis Corinth)는 뇌졸중으로 우반구에 손상을 입었다. 셰발린과는 다르게 코린트의 언어적 능력은 아무런 영향을 받지 않았다. 그러나 그의 예술적 능력은 뇌졸중 이후에 크게 변화되었다. 비록 그는 어느 정도 회복된 후에 그림을 그리기 시작하였으나, 더 이상 이전의 방식으로 그림을 그리지 않았다. 그의 필법은 대담하고 거칠게 변했고, 그림의 분위기는 더욱 감정적이고 표현적이 되었다(Gardner, 1975; Kuhn, 1925).

셰발린의 경우에 좌반구의 손상은 실어증이라 불리는 언어적 장애를 유발한 반면, 예술적 능력에는 아무런 영향을 주지 않았다는 것을 보여주고 있다. 코린트의 경우에는 뇌의 우반구 손상은 예술적 능력을 근본적으로 변화시킬 수 있다는 것을 입증해 주고 있다. 이 두 경우의 사례는 뉴욕 타임즈지의 표지그림과 일치하고, 뇌의 우반구는 예술적 행위를 통제한다는 견해와 전적으로 일치하고 있다.

그러나 이번에는 뇌손상 환자보다는 건강한 사람에 관한 세 번째 사례를 살펴보자. 음악적 교육을 받은 집단과 교육을 받지 않은 두 집단이 음악적 요소를 재인해야 하는 과제에 참여하였을 때 두 참여자 집단 간에 놀라운 차이가 발견되었다(Bever and Chiarello, 1974). 공식적인 음악 교육을 받지 않은 사람들은 우반구로 과제를 수행했다. 그러나 공식적 음악 교육을 받은 사람들은 대체로 음을 처리하고 재인하는 데 양쪽 반구 모두를 사용하는 경향을 보였다. 이 결과는 음악적 교육을 받은 사람들은 좌측 뇌를 사용하여 더 분석적인 방식으로 음악을 듣는다는 것을 보여준다. 반면에 음악적 교육을 받지 않은 사람들은 우측 뇌를 사용하여 전체적인 방식으로 음악을 듣는다. 이 연구결과는 우측 뇌를 예술, 그리고 창의성과 동일시하는 매우 단순화된 견해에 주의하도록 하고 있다.

예술과 뇌의 양 반구에 대한 현재의 연구결과들은 언어 대 무용, 이성 대 예술 대신, 더 복잡한 그림이 잡지의 표지그림에 묘사되어야 한다는 것을 보여주고 있다.

뇌의 우반구가 예술에 관여하는 부위인지를 연구하기보다는 특별한 예술적 기능들을 분리해서 연구하는 것이 더욱 효과적이다. 모든 예술적 기능에 뇌의 우반구가 동등하게 관여한다고 가정하는 것은 아무런 근거가 없다. 그러므로 연구자들은 우반구가 예술에 더 관여하는지를 연구하기보다는 우반구가 어느 특별한 예술의 형태에 우세하게 나타나는지를 논의해야 한다. 또한 그 물음은 더욱 세분화하여 논의될 수 있다. 왜냐하면 뇌의 우반구는 특별한 예술형태의 모든 능력에 있어서 우세한 것이 아니라 그 중의 하나를 통제할 수 있기 때문이다. 예를 들면 음악을 지각하고 재인하는 능력은 뇌의 우반구가 우세한 데 반해, 음악을 작곡하는 능력은 그렇지 않다. 이를 결정하기 위해서는 한 예술형태 내에서 동기, 창조, 수행, 지각, 비평, 그리고 평가와 같은 예술적 기능의 다양한 요소들이 분리되어 연구되어야 한다.

이와 더불어 연구자들은 우반구가 예술을 지배하는 것이 아니라, 우반구의 정보처리 방식이 예술과 관련되어 있는 것이 아닌가의 의문을 제기했다. 우측 뇌는 정보를 종합적으로 처리하고, 좌측 뇌는 분석적으로 정보를 처리하기 때문에 뇌의 두 반구는 예술에 각기 다른 방식으로 기여할 수 있다. 이를 연구하기 위해서는, 분석적 정보 처리를 요구하는 멜로디의 개별 음고를 인식하는 예술적 기능은 통합적 처리에 의존하는 멜로디의 전체적인 윤곽을 인식하는 음악적 기능과 비교 연구되어야 한다.

마음을 연구하는 방법

뇌와 인간행동 간의 관계에 대한 연구는 신경심리학의 한 분야를 구성하고, 뇌의 양 반구의 기능차이를 연구하는 것은 이 분야의 중요한 연구

주제의 하나이다. 인간의 행동들이 뇌에서 어떻게 표상되고 조직화되는지를 알아보기 위해서 신경심리학자들은 정상인과 뇌손상을 입은 환자를 대상으로 연구하였다. 정상인을 대상으로 한 연구에서는 뇌의 각 반구의 기능에 접근할 수 있는 특별한 기법들이 사용되어야 한다.

그러한 기법 중의 하나가 양분청취(dichotic listening) 방법이다. 한 전형적인 양분청취 실험에서 두 개의 서로 다른 단어들이 이어폰을 통해 동시에 양쪽 귀에 제시된다. 한 단어는 왼쪽 이어폰에, 다른 단어는 오른쪽 이어폰에 제시된다. 참여자는 어떤 단어를 들었는지 보고하도록 요구되었다. 사람들은 보통 두 개의 단어를 들었다고 보고하지 않는다. 그보다는 일반적으로 오른쪽 귀에 제시된 단어를 들었다고 말하는 경향이 있다 (Kimura, 1961). 이는 오른쪽 귀로부터의 주 신경경로는 뇌의 좌반구로 통하고, 왼쪽 귀로부터의 경로는 우반구로 통하기 때문에 나타나는 현상이다. 오른쪽 귀에 제시된 단어들이 인식된다는 사실은 좌반구가 언어의 중추라는 것을 입증해 주고 있다. 그러나 음악적 자극이 제시되었을 때는 왼쪽 귀, 즉 우반구에 제시된 것들이 보고되었다. 이는 음악이 우반구에서 처리된다는 것을 입증하고 있다.

뇌의 양 반구가 서로 다른 기능을 하고 있다는 것을 보여주는 다른 기법은 순간노출 검사(tachistoscopic test)를 사용하는 것이다. 어느 한순간노출검사 실험에서 참여자들은 스크린의 어느 한 점을 응시하도록 요구되었다. 그 점의 양측으로 두 개의 단어들이 순간적으로 스크린에 제시되었다. 참여자의 오른쪽 시야에 제시된 단어는 양쪽 눈의 좌측 망막부위에 의해 탐지되어서 뇌의 좌반구로 전달된다. 반면 시야의 좌측에 제시된 단어는 눈의 우측 망막에 의해 탐지되어 뇌의 우반구로 전달된다. 그러므로 좌반구는 우측 시야의 정보를 받아들이고 우반구는 역으로 좌측 시야의 정보를 받아들인다. 참여자들은 그들이 본 것을 보고하도록 요구되었을 때 우측 시야에 제시된 단어를 보고했다. 이는 언어가 좌반구에서 지배적으로 처리됨을 보여주는 다른 증거이다.

뇌의 양 반구의 기능차이에 대한 많은 자료는 뇌의 특정부위에 손상을 입은 환자를 대상으로 한 연구에서 밝혀졌다. 가장 일반적인 뇌손상의 원인은 뇌혈관 장애인 뇌졸중이다. 뇌졸중이 발생하면 뇌의 한 부위에 혈액 공급이 차단되고, 산소와 양분이 제공되지 않는다. 단지 몇 분 이상만 산소와 양분이 제공되지 않아도 뇌의 조직은 치명적인 손상을 입게 된다.

만약 뇌졸중이 뇌의 전반적 기능을 동등하게 손상시킨다면 뇌에 대하여 더 이상 논의할 필요가 없을 것이다. 그러나 뇌졸중은 매우 선택적으로 뇌의 부위에 손상을 주기 때문에 뇌의 조직과 기능을 들여다볼 수 있는 독특한 방법을 제공해 준다. 어떤 기능들은 전적으로 손상되는 반면, 어떤 다른 기능은 전혀 영향을 받지 않을 수도 있다. 연구자는 함께 나타나는 증상들을 관찰하고, 다른 기능들이 손상되었을 때에도 영향을 받지 않는 다른 기능들을 관찰함으로써 어느 기능들이 서로 관련되어 있고, 어느 것이 관련이 없는지 탐구할 수 있다. 예를 들어 뇌손상이 악보를 읽는 기능에는 영향을 주지만 작곡하는 기능에는 아무런 영향을 주지 않는다면, 음악을 감상하는 것과 창조하는 것은 뇌에서 독립적으로 작용하고 있다는 것을 시사해 준다. 이러한 선택적 뇌손상의 연구를 통해서 다양한 기능들이 정상적인 뇌에서 어떻게 작용하는지를 연구하는 것이 가능하게 되었다.

언어의 연구에 초점을 맞추었던 신경심리학의 연구가 이제는 예술의 연구에 관심을 기울이기 시작했다. 뇌에서 예술적 기능이 어떻게 조직되는지를 알아보기 위해서 두 유형의 뇌손상 집단이 분석되었다. 뇌손상을 겪은 예술가들이 한 집단을 구성했다. 이 예술가 집단은 공식적인 예술 교육을 받지 않은 다른 두 번째 비예술가 집단과 함께 연구되었다. 예술적 교육을 받지 않았고, 이전에 예술적 활동을 하지 않은 좌반구와 우반구에 손상을 입은 사람들에게 그림을 그리고, 멜로디를 인식하고, 은유를 해석하는 단순한 예술적 과제를 수행하도록 요구되었다. 이를 통해 보통 사람들이 예술적 과제를 수행할 때 양 반구가 어떤 역할을 하는지 알아볼 수 있었다. 예술 교육을 받은 사람과 그렇지 않은 사람 간의 비

교는 예술적 기능이 예술가와 비예술가 사이에서 뇌에서 조직되는 방식
이 서로 다르다는 것을 보여주었다.

회화

그림 그리기 능력에서의 뚜렷한 차이는 좌반구와 우반구에서 뇌손상
을 입은 예술 교육을 받지 못한 평범한 사람들에게서 발견되었다(그림
12-1, Warrington, James, and Kinsbourne, 1966). 좌반구에 손상을 입은 환
자들은 집을 그리도록 했을 때 단순한 형태로 집을 그렸다. 집의 전체적
인 윤곽은 포착되었음에도 불구하고 상세한 부분들은 생략되었다. 우반
구에 손상을 입은 환자들에게 동일한 과제가 주어졌을 때, 그들은 창틀
과 굴뚝과 같은 그림의 상세한 부분들은 잘 묘사했지만 전체적인 형태는
왜곡되고 다소 혼란스럽게 그렸다. 우반구에 손상을 입은 환자의 그림은
다른 독특한 특징을 보여주고 있다. 그림에서 집의 왼쪽 부분은 오른쪽
부분보다 덜 상세하게 묘사되거나 생략되어 있다. 이렇게 왼쪽 부분이

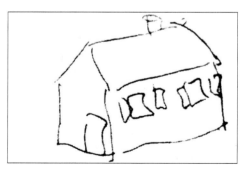

[그림 12-1] 좌반구에 손상을 입은 오른손잡이의 집에 관한 그림으로, 상세한 부분들은
생략되어 있지만 전체적인 형태는 보존되어 있다. 그리고 우반구에 손상을 입은 오른손
잡이의 그림으로, 창문틀과 굴뚝의 벽돌과 같은 상세한 부분들은 묘사되어 있지만 대상
의 전체적인 행태들은 결여되어 있고, 그림의 왼쪽 부분은 빈 공간으로 남겨져 있다.

생략되는 것은 좌측 시야로부터 들어온 정보가 우반구에 의해 처리되기 때문이다. 우반구는 시각적-공간적 기능에 관여하기 때문에 우반구에 손상을 입은 사람들은 좌측 시야의 그림정보를 인식하지 못하게 된다. 우반구 손상 환자들은 대상이 망막의 우측 부분에 들어오도록 눈을 움직임으로써 시야에 있는 대상을 볼 수 있었을 것이다. 그러나 그들은 그렇게 하지 않았다. 왜냐하면 그들은 좌측 시야의 대상을 보지 못한다는 사실을 완전히 망각하고 있었기 때문이다. 그들에게는 마치 전체의 장면이 모두 보이는 것처럼 생각되었다. 그 반대의 결과는 나타나지 않는다. 즉 좌반구에 손상을 입은 환자는 우측 시야를 생략하지 않는다. 왜냐하면 이는 아마도 공간 지각에 우세한 우측 반구가 손상을 입지 않았기 때문이다.

뇌의 우반구와 좌반구에 손상을 입은 사람들이 보여주는 그림 그리기 능력에서의 차이는 양측 반구 모두가 그림 그리기에서 어떤 역할을 하고 있다는 것을 시사하고 있다. 그리고 각 반구는 각기 다른 역할을 수행하고 있다는 것을 보여주고 있다. 좌반구는 전체적인 패턴을 부분들로 분석하고 우반구는 전반적인 형태 또는 배열을 파악한다.

예술 지각에 대한 신경심리학적 연구는 거의 수행되지 않았다. 그러나 한 연구에서 우반구는 양식의 지각에서 중요한 역할을 한다는 것을 입증했다(Gardner and Winner, 1981). 한 쪽에만 뇌손상을 입은 환자들에게 양식-매칭 과제(style-matching task)가 주어졌다. 예를 들어 세잔느의 풍경화와 세잔느의 정물화 쌍을 만드는 것은 양식에 기초해 쌍을 구성하는 것인 반면, 세잔느의 풍경화와 렘브란트의 풍경화를 묶는 것은 양식이라기보다는 내용에 의해 쌍을 구성하는 것이다(그림 4-7). 우반구에 손상을 입고 좌반구가 온전한 사람들은 주제에 초점을 맞추는 경향을 보였다. 따라서 그들은 두 개의 풍경화를 묶어 내용에 따라 쌍을 구성했다. 반면에 좌반구에 손상을 입고 우측이 온전한 사람들은 양식에 대한 민감성을 보였고, 따라서 주제를 무시하고 두 개의 세잔느 작품을 한데 묶었다.

그와 같은 결과는 화화양식의 지각에 우반구가 중요한 역할을 한다는 것은 물론 양식 지각 그 자체의 본질에 대해 시사하는 바가 크다. 우반구의 양식을 지각하는 기능이 회화의 결에, 또는 손톱과 귀뿔 등과 같은 세세한 부분을 묘사하는 방법에 주의를 기울이는 상세한 분석을 포함하는지, 또는 그것이 일종의 종합적인 형태패턴 인식을 포함하는지에 대한 격렬한 논쟁이 있어 왔다. 일반적으로 양식의 지각은 종합적 패턴 인식의 하나로 받아들여지고 있다. 왜냐하면 그것은 분석적 기능이라기보다는 우반구에서 우세한 것처럼 보이는 기능의 일종이기 때문이다.

뇌손상을 입고 예술적으로 교육을 받은 사람들에 대한 연구는 교육받지 않은 보통 사람들을 대상으로 한 연구와 어느 정도 서로 다른 연구결과를 보여주었다. 좌반구에 손상을 입은 화가에 대한 연구는 전문가의 좌반구가 비전문가에게서보다 덜 결정적인 역할을 함이 밝혀졌다. 예를 들어 어느 한 유명한 불란서 화가는 좌반구에서 발생한 뇌졸중에 의해 심각한 실어증을 겪었다(Alajouanine, 1948). 뇌졸중 이후에 그의 예술적 활동은 감소하지 않았고 기법과 분위기에도 아무런 변화가 없는 것처럼 보였지만 그의 언어는 심각하게 손상을 입었다. 그는 그의 예술적 자아와 다른 자아 사이의 분열을 날카롭게 기술했다. "내 안에는 두 사람이 있다. 한 사람은 그림을 그리며, 그림을 그리는 동안은 정상이다. 다른 한 사람은 내 안에서 길을 잃어 삶에 충실하지 못하다… 나는 내가 생각한 것을 잘 표현하지 못한다… 내 안에 있는 한 사람은 세상과 삶을 이해한다. 다른 한 사람은 전혀 추상적 사고를 하지 못한다… 두 사람 중 하나는 그림을 그림으로써 세상을 이해한다. 다른 한 사람은 바보로 더 이상 말을 하지 못한다."(Sarno, 1972, pp.235-236)

한 불가리아 화가의 사례는 그림을 그리는 능력은 언어적 기능의 손실에 의하여 영향을 받지 않는다는 것을 확인해 주었다(Zaimov, Kitov, and Kolev, 1969). 그 화가는 좌반구에서 발생한 뇌졸중으로 심각한 언어장애는 물론, 신체의 우측 부위에 마비증세를 겪었다. 신체 마비 때문에 그는 왼손으로 그림을 그리는 것을 배우기 시작했다. 그는 점점 이전의 능력을 회복했다. 그러나 그는 불란서 화가와는 다르게 전혀 다른 양식의 그림을 발달시켰다. 뇌졸중 이전의 작품에서 그는 과거, 현재, 미래의 시간적 연속에서 나타나는 사건들을 묘사했다. 뇌졸중 후에는 더 이상 이와 같은 나레이티브한 양식을 사용하지 않았고, 대신에 환상적이고 꿈과 같은 이미지들, 선명한 색상, 대칭적 패턴과 같은 특징을 지니게 되었다. 뇌졸중 이후의 양식은 매우 새로운 반면, 이전의 작품에 비해 질적으로 전혀 떨어지지 않았다.

이 두 가지 사례는 숙련된 화가의 회화적 기술은 언어와 다른 좌반구 관련 기술들과 독립적으로 작용할 수 있다는 것을 보여준다. 이러한 결과는 좌반구의 손상에 의해 회화의 상세한 부분이 사라지는 결과를 초래하는 평범한 사람들의 경우에는 적용되지 않는다. 좌반구가 손상된 예술가들에게는 상세한 부분에 대한 시각적 분석이 유지되는데, 이는 충분히 학습되었거나(overlearn) 이것이 뇌에 더욱 광범위하게 표상되었기 때문일 수 있다. 그러나 정상인과 예술가들에서 좌반구 역할의 차이에 관한 최종적인 결론은 도출될 수 없다. 왜냐하면 이들 두 집단의 환자들은 손상된 위치에 따라 분류되지 않았기 때문이다.

좌반구 손상의 사례에서와 같이, 우반구 손상은 일반인과는 다르게 화가에게 영향을 준다. 화가들은 우반구 손상 후에 일반인들과는 다르게 대상의 전체적인 윤곽을 포착하는 능력을 그대로 유지한다. 그러므로 숙련된 예술가들은 일반 사람들과는 매우 다른 임상적 결과를 보여준다.

우반구 손상을 겪은 네 명의 20세기 예술가에 대한 연구가 독일의 신경학자인 리처드 융(Richard Jung)에 의해 수행되었다(Gardner, 1975). 이 화가들 모두는 뇌손상 후에 그림 그리기를 그만두지 않았다. 일반적인 우반구 손상 환자들의 그림에서와 같이, 뇌손상 직후에 그린 그림에서는 대상의 왼쪽 부분이 생략된 특징을 보였다. 즉 얼굴, 집, 풍경의 왼쪽 부분은 단순히 생략되었고, 오른쪽 부위보다 덜 상세하게 묘사되었다(그림 12-2). 이런 생략은 몇 달 이내에 모든 예술가들의 그림에서 사라졌으나 얼마간의 흔적은 계속 남아 있었다. 회화는 오른쪽 부분이 어느 정도 더 무겁게 묘사되었거나, 왼쪽 부분이 덜 세심하게 그려졌다.

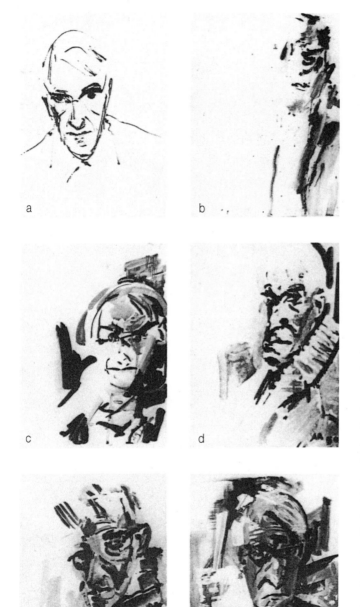

[그림 12-2] 뇌졸중에 의한 우반구 손상 이전과 이후에 그려진 래더샤이트(Räderscheid)의 자화상, 1967. (a) 뇌졸중 2년 전. (b) 뇌손상 이후 2개월 경과, 그림의 선(brush stroke)이 빈약하고 그림의 왼쪽 부분이 완전히 생략되었다. (c) 3개월 반 경과, 그림의 왼쪽 부분이 약간 덜 생략되었다. (d) 5개월 경과, 아직도 그림의 왼쪽 부분이 생략되어 있음을 보여준다. (e) 6개월 경과, 그림의 왼쪽 부분의 생략이 눈에 띄게 좋아졌으나 그림의 선이 아직도 약간 형태가 없고, 이마 위에 있는 네 개의 선들은 이상한 각도로 묘사되어 있다. (f) 9개월 경과, 왼쪽 부분의 생략은 완전하게 사라졌으나 그림의 좌측에 있는 거친 흰색의 선들은 부적절해 보인다.

가장 호기심을 자아내는 결과는 한 사례 이상에서 예술가의 양식은 우반구 손상 후에 상당히 큰 변화를 보였다는 것이다. 화가인 코린트는 이전보다 더욱 대담한 스타일로 그리기 시작했는데, 더욱 강하고 혼란스럽게 정서적으로 표현적인 자화상을 그리기 시작했다(그림 12-3). 한 비평가가 코린트의 새로운 양식을 기술한 것과 같이, "인물은 과장되게 묘사되었고 어느 경우에는 심지어 만화로 변화되었다."(Kuhn, 1925, p.107). 예를 들어 피카소의 작품은 말년에 더욱 대담하고 원시적이며 기이하게 변화되었다. 그러나 피카소의 경우에 양식의 변화는 서서히 나타났으나, 코린트의 경우에는 변화가 급격하게 이루어졌다.

이런 변화에서 예술비평가들은 뇌손상 이후 예술가들의 양식에서 정

[그림 12-3] 코린트의 자화상, 좌반구에 뇌손상을 겪기 1년 전 그림(왼쪽), 뇌손상 이후 12년이 경과한 후의 그림(오른쪽)으로 더욱 심한 정서적 표현성을 보여주고 있다.

서성과 표현성이 증가된다는 것을 지적하고 있다. 비록 이런 특징들은 일반적으로 심각한 손상에 대한 정서적 반응으로 간주될 수도 있지만, 이것은 사실이 아니다. 왜냐하면 이런 표현성의 증가는 좌반구 손상 예술가들에게는 나타나지 않기 때문이다. 다른 대안적 설명은 우반구는 정서적 행위를 통제하는 중추라는 증거에 기초하고 있다(Geschwind, 1976; Heilman, 1976). 만약 우반구가 정서를 통제하는 데 중추적인 역할을 한다면, 우반구 손상은 성격과 정서적 반응의 변화를 수반할 수 있을 것이다. 이것이 예술가들의 양식을 더욱 정서적으로 표현하도록 했을 수도 있다(Gardner, 1975).

요약하면 예술가들은 정상인들과는 다르게 뇌손상에 반응하는 것처럼 보인다. 정상인의 경우 우측 반구의 손상은 형태를 묘사하는 능력의 손상을 가져오는 반면, 예술가들의 경우에는 이런 능력이 그대로 유지된다. 일단 그림에서 대상의 좌측 부분을 생략하는 것이 사라지면 형태에 관련된 문제는 거의 없다. 이러한 차이가 이 연구에서 조사된 정상인과 예술가들의 뇌손상 부위의 차이에 기인한 것인지, 예술가들이 충분히 학습했기 때문에 나타나는 것인지, 또는 예술가들의 뇌에서 이러한 공간능력이 더욱 넓게 표상되었기 때문에 나타나는 것인지는 아직 알려지지 않고 있다.

문학

최소한 회화의 경우에는 좌반구나 우반구의 손상에도 불구하고 그림 그리기 능력은 어느 정도 유지되는 것처럼 보인다. 이는 시각예술에서 요구되는 시각적-공간적 능력이 뇌의 양측에서 표상된다는 것을 시사한다. 그러나 언어와 같이 극단적으로 한 쪽 반구에 편재하고 있는 능력에 의존하는 예술의 형태에서는 이와는 다른 예술적 능력의 손상이 나타날 것이다.

언어의 구성요소인 음운론, 의미론, 구성론에 대한 연구에 따르면 언어는 가장 강하게 편재된 기능 중 하나라고 한다. 언어에서 좌반구의 중심적 역할은 논쟁의 여지가 없고, 뇌의 좌반구 손상이 오른손잡이의 경우에 언어장애를 유발한다는 것은 매우 잘 알려져 있다. 그리고 오랫동안 일반적으로 오직 좌반구만이 언어의 처리에 관여한다고 믿고 있었다. 그러나 이제 우반구 역시 언어의 사용에서 어떤 역할을 하고 있다는 매우 많은 증거들이 제시되었다. 우반구는 '안녕하세요'와 같은 매우 잘 학습된 문장을 처리할 수 있다(Jackson, 1932). 우반구는 모음과 한 진술이 표현되는 억양패턴, 그리고 욕설과 같은 정서적 색채를 띤 단어를 처리할 수 있다(Blumstein and Cooper, 1974; Cicone, Wapner, and Gardner, 1980; Heilman, 1976; Kimura, 1973). 그리고 우반구는 약간의 어휘와 문법을 처리할 수 있다(Gazzaniga, 1970; Sperry, 1974; Zaidel, 1977).

기본적 언어기능의 조직이 잘 알려져 있음에도 불구하고, 뇌손상 이후에 문학적 기능에 어떤 변화가 나타나는지를 정확히 예측하는 것은 불가능하다. 문학을 다루는 것은 구성론, 의미론, 음운론보다 훨씬 많은 것을 요구한다. 사실, 문학적 능력에서 가장 중요한 것은 다른 영역에 있다. 예를 들어 문학작품을 쓰고 이해하기 위해서는 글자 그대로의 의미를 뛰어넘어 은유, 아이러니, 유머와 같은 언어의 비유적 형식을 이해할 수 있어야 한다. 그리고 허구적 작품(fictional work)을 쓰고 이해하기 위해서는 이야기 구조의 법칙에 대한 민감성을 지니고 있어야 하고, 사실과 허구 사이의 경계를 인식할 수 있어야 한다. 그러므로 뇌손상이 문학적 능력에 미치는 영향을 이해하기 위해서 표준 언어적 과제에 대한 수행은 중요한 문제가 아니다. 더욱 중요한 것은 뇌손상이 은유를 이해하는 능력에 영향을 주는지, 또는 어떤 주제가 이야기 속에 기술되어 있는지, 그리고 이야기가 실제 사건에 대한 기사와 어떻게 다른지를 밝혀내는 것이다.

오른손잡이 성인이 좌반구에 손상을 입었을 경우 언어적 능력이 손상된다. 실어증 환자들은 발음하고, 문법적으로나 의미론적으로 올바른 문장을 말하고 이해하는 데 어려움을 겪는다. 손상된 언어의 측면은 손상된 언어의 중추영역에 따라 다르게 나타난다. 그러나 우반구에 아무런 손상을 입지 않은 이들은 문학에서 중요한 언어적 능력을 시험하는 과제에서 더욱 뛰어난 수행을 보여줄 수 있었다. 이들은 손상되지 않은 우반구를 사용하여 비유적 언어를 파악하고, 또는 이야기를 이해할 수 있었다.

실어증 환자에게 "무거운 마음"(heavy heart)과 같은 단순한 은유적 표현을 포함하는 문장을 제시했을 때 그들은 이것의 의미를 이해하는 데 어려움을 겪었다(Winner and Gardner, 1977). 그러나 이러한 어려움은 그들이 이해한 것을 말로 표현하지 못하기 때문이다. 그들이 은유적 의미와 일치하는 그림을 선택하도록 하는 비언어적 반응방식이 제시되었을 때, 좌반구의 손상을 입은 환자들은 거의 정상인과 같이 잘 수행할 수 있었다(그림 12-4).

그러므로 좌반구에 손상을 입은 사람들은 어느 정도 문학적 능력을 유지할 수 있다. 이것은 우반구가 비유적 언어의 이해에 어떤 역할을 하고

[그림 12-4] 뇌손상 환자가 "마음이 무거운 것은 다른 사람들에게 영향을 줄 수 있다."(A heavy heart can really make a difference)라는 은유적 문장을 얼마나 잘 이해하는지를 알아보기 위해 사용된 그림. 좌반구에 손상을 입은 환자와 정상인은 대개 은유적 표현의 그림을 선택했다(울고 있는 사람). 우반구에 손상을 입은 환자는 은유적인 것보다는 글자 그대로의 의미를 나타내는 그림을 선택하는 것처럼 보였다(하트모양의 대상을 들고 있는 사람).

있다는 것을 시사한다. 그럼에도 불구하고 좌반구의 손상은 작가들에게 치명적이다. 프랑스 시인 보들레르(Charles Baudelaire)는 좌반구에서 발생한 뇌졸중으로 다시는 글을 쓸 수가 없었다. 그리고 그가 말할 수 있는 유일한 단어들은 욕설과 같은 것이었다(Gardner, 1975). 그러나 언어장애가 사라지면 작가들은 다시 계속해서 글을 쓸 수 있다. 시인 윌리엄스(William Carlos Williams)는 실어증에서 부분적으로 회복이 된 후에 어느 정도 글을 쓸 수 있었다. 그리고 실어증을 겪고 난 후에 회복된 많은 의사들은 그들의 경험에 대해서 글을 쓸 수가 있었다. 그러나 정상적인 언어능력이 상실된 경우에는 어느 실어증 작가들도 글을 쓸 수 있는 능력을 보여주지 못했다.

우반구에 손상을 입은 환자들은 매우 다른 결과를 보여주었다. 겉으로 보기에 우반구에 손상을 입은 환자들은 온전한 언어적 능력을 지니고 있는 것처럼 보였다. 그러나 자세히 조사해 보면 약간의 언어적 장애를 보인다. 예를 들어 이들은 종종 어느 한 진술을 문맥에 연결시키지 못한다. 그러므로 화자가 의도하는 의미를 잘못 이해하는 경향이 있다. 어떤 사람이 "요리사가 너무 많으면 스프를 망친다"(Too many cooks spoil the broth) 문장을 사용하여 그림을 벽에 걸어달라는 도움을 거부한 것을 듣고, 우측 뇌에 손상을 입은 환자는 이 진술의 맥락이 요리가 아니라 벽에 그림을 거는 것과 관련이 있다는 것을 인식하지 못했다(Gardner, 1975). 이들은 이런 문장을 문맥에 연결시키는 능력이 결여되어 있어, 이 문장을 글자 그대로 해석해 이해하고자 한다.

문맥과 화자의 의도에 주의를 기울이게 하는 우반구의 역할은 우반구가 문학예술의 영역에서 상당히 중요한 역할을 하고 있다는 것을 시사한다. 문장을 문맥에 연결시키는 능력의 결여는 "아픈 마음"(heavy-hearted)을 물리적으로 무거움과 같은 의미로 글자 그대로 이해하게 하는 것과 같이 비유적 언어를 문자 그대로 해석하게 만드는 경향을 나타내게 하고, 한 이야기는 오로지 현실 속에서 일어나는 사건만을 기술할 수 있다고 믿는 것처럼 허구적인 이야기와 실제 사건에 대한 사실적인 기술 사이의 경계를 혼돈하게 한다.

좌반구에 손상을 입은 환자들과는 다르게, 우반구에 손상을 입은 환자들은 은유적인 의미로 말하는 경향이 있다. 예를 들어 어느 환자는 자신의 마비된 팔을 보고 "노쇠한 팔"이라고 부르며 농담을 하곤 한다. 속담을 설명해 보라고 하면 이 환자들은 이를 문학적으로 해석 한다. 그리고 한 연구에서 "그는 마음이 너무 무겁다.(He had a very heavy heart)"와 같은 은유적 문장을 다른 말로 설명하도록 요구했을 때, 그와 같은 문장은 영어가 아니라고 주장하면서 말하기를 거부했다. 여러 번 부탁을 하자, 그들은 그것은 어떤 사람이 슬프다는 것을 의미한다고 설명하면서 그 문장을 다른 말로 설명하는 데 아무런 어려움을 보이지 않았다. 그러나 그 문장과 일치하는 그림을 선택하도록 했을 때, 우반구 손상의 환자들은 울고 있는 사람과 같은 문장의 은유적 의미를 나타내는 그림보다는 그 문장의 글자 그대로의 의미를 보여주는 커다란 하트모양의 물건을 옮기는 그림을 선택하곤 했다(그림 12-4). 더욱이 좌반구 손상의 환자와 뇌손상이 없는 보통 사람들과는 다르게, 그들은 글자 그대로의 의미를 나타내는 그림이 재미있다는 것을 알아채지 못했다. 또한 그들은 그 문장의 의미를 말로 설명한 것과 문자 그대로의 의미를 나타내는 그림을 선택한 것과의 불일치를 알아채지 못했다(Winner, and Gardner, 1977).

이러한 당혹스러운 결과를 설명하는 한 방법은 좌반구를 주어진 문장과 단어의 의미를 제공하는 '언어기계'(language machine)로 간주하는 것이다. 그러므로 좌반구에 손상을 입고 우반구는 정상인 환자는 은유적 표현을 이해하는 데 아무런 어려움을 보이지 않는다. 우반구는 어느 문장이 이해되는 상황을 인식하여 화자로 하여금 맥락에 주의를 기울이게 하는 매우 중요한 역할을 한다. 그러므로 우반구 손상 환자는 어느 한 사람이 "그는 마음이 너무 무겁다."(He had a very heavy heart)라고 말하게 될 상황을 묘사하는 그림을 선택하지 못한다.

문맥에 대한 민감성은 비유적 언어를 이해하는 데 중요할 뿐만 아니라 가상적인 이야기 형식을 이해하는 데에도 매우 중요하다. 한 이야기를 이해하기 위해서는 의심을 잠시 접어두고 기꺼이 이야기 속으로 들어와 이야기의 환상과 현실 사이의 경계를 분명하게 인식할 수 있어야 한다. 이러한 능력은 우반구가 손상을 입은 후에 사라지는 것처럼 보인다.

우반구 환자들이 보이는 이야기 민감성의 다양한 측면에 관한 한 연구에서 환자들은 일련의 짧은 이야기를 들었다(Wapner, Hamby, and Gardner, 1981). 각각의 이야기를 들려준 후에 환자들에게 그 이야기를 다시 말해 보도록 했다. 그리고 그들에게 그 이야기의 중요한 포인트에 대해 일련의 질문을 했다. 전체적으로 이 환자들의 반응은 이야기의 이해에 우반구가 매우 중요하다는 것을 보여주었다. 첫째, 이야기를 다시 말할 때 우반구 손상 환자들은 적절한 음운법과 구문법을 사용하는 데 아무 어려움이 없었다. 그러나 그들은 이야기의 요소를 통합하고 이야기 구조를 파악하는 데 상당한 어려움을 보였다. 예를 들어 주어진 이야기 구성요소를 논리적인 순서로 구성하도록 요구했을 때 상당한 어려움을 겪었다. 그러므로 음운법과 구문법의 기본적인 언어적 정보 처리에서는 아무런 장애를 보이지 않은 반면 우반구 환자들은 언어적 정보를 더 높은 수준의 이야기로 통합할 수 없었다.

이 우반구 손상 환자들이 이야기 형식에 대한 민감성이 부족하다는 것은 이야기를 다시 설명하는 과제에서 불필요하게 많은 부가적 설명을 한다는 데서 입증되었다. 상당히 많은 수식어들을 사용한다는 것은 이야기를 있는 그대로 받아들이고자 하지 않음을 보여주고, 허구와 사실 사이의 경계를 인정하지 않으려 함을 나타내고 있다. 예를 들어 한 소방수에 관한 이야기를 듣고, 한 환자는 그 이야기가 틀렸다고 주장했다. 그 이유는 이 이야기는 골목길을 언급하고 있는데 골목길은 소방서 가까이에 있을 수 없다고 주장했다. 유사하게 소방차에 몰래 올라간 한 작은 소녀를 기술하는 이야기의 한 부분을 설명하면서 우반구 손상 환자는 이 일은 불가능한 사건이라고 주장했다. 다른 환자들은 화재가 발생하지 않았다고 이야기를 변경하여 설명했고, 또한 그들은 실험자를 이야기 속의 한 인물로 그 속에 포함시켜 설명했다. 이러한 이야기 속으로의 침범은 이야기를 분리된 통합체로 받아들이지 못한다는 것을 보여주고 있다. 그리고 계속해서 허구와 실재 간의 경계를 벗어나는데, 이들이 허구적인 이야기와 관련된 사건과 실재 삶 속에서 발생하는 사건들 간의 차이를 확실하게 인식하지 못하는 것처럼 보였다.

다른 극적인 결과는 이야기의 이상한 요소들에 대해서 우반구 손상 환자들이 보여주는 반응에 관한 것이었다. 예를 들어 어느 한 이야기에서 주인은 게으른 고용자에게 임금을 올려주기로 결정했다. 정상인과 좌반구 손상 환자들은 이 이야기가 이상하고 게으른 고용자에 관한 기술과 일치하지 않는다는 것을 인식한 반면, 우반구 손상 환자들은 이와 같은 방식으로 반응하지 않았다. 더욱이 그 이야기를 다시 설명할 때 그들은 이야기의 핵심요소들을 관련시키는 것과 같이 충실하게 이상한 요소들을 관련시켜 이야기했다.

그러므로 우반구 손상 환자들은 환상과 현실 사이의 경계를 거의 인식하지 못하면서 정상인들이 받아들이기에 아무런 어려움이 없는 이야기의 어떤 측면들을 받아들이기를 거부했다. 그러나 이들은 이야기에서 어떻게 등장인물의 동기가 묘사되어야 하는지에 대하여 알지 못했고, 이야기의 매우 이상한 요소의 의미를 이해하려 하지도 않았다. 전반적으로 우반구 손상 환자들은 이야기의 기본구조를 파악하고 그 이야기를 허구적 실체로 인식하는 데 어려움을 보였다.

문학적 기능에 대한 신경생리학적 연구는 문학적 창의성이 뇌의 양 반구를 필요로 한다는 것을 보여주고 있다. 좌반구는 언어를 처리하는 데 중요하다. 그러나 좌반구는 한 문장이 문법적으로 올바른지를 결정하는 것("Grass the is green"; The boy ate the cake")과 일련의 단어목록에서 각각의 항목들이 단어인지("bat", "plek")를 판단하는 것과 같이 문맥에서 독립적인 언어과제만을 수행하는 데 적절하다. 문맥이 문자의 해석에 영향을 주는 경우에는 우반구의 역할이 매우 중요하다. 그리고 이는 특히 문맥이 중요한 역할을 하는 문학예술에서 더욱 그렇다.

음악

음악은 시각예술이나 문학예술보다도 더욱 복잡한 양태를 보여준다. 무엇보다도 음악에는 더 광범위한 음악적 행위들이 존재한다. 어느 한 음악가는 작곡가인 동시에 연주가일 수 있다. 그는 악기를 연주하면서 작곡할 수도 있고 악보를 쓰면서 작곡을 할 수 있다. 그리고 어떤 사람은 악보를 보면서 연주하고, 또는 악보 없이 즉흥적으로 연주하기도 한다. 어떤 사람은 악보를 보고 노래를 부르고 또는 악보 없이 노래한다. 이들 각각의 음악적 행위는 독특한 유형의 기술을 요구한다. 악보를 쓰고 읽는 것과 같은 음악적 행위들을 수행하기 위해서는 공식적 음악 교육을 받아야 한다. 이런 각각의 음악적 기능들은 좌반구와 우반구 역할에 대한 논의에서 서로 분리되어 다루어져야 한다. 그리고 다른 유형의 예술에 대한 연구에서와 마찬가지로 평범한 사람들과 음악적 재능이 있는 음악가들이 서로 비교 연구되어야 한다. 왜냐하면 음악가들의 뇌는 보통 사람들과는 다르게 조직되어 있을 수 있기 때문이다.

음악의 구성요소를 지각하는 능력은 우반구에 의해 수행된다(Milner, 1962). '시쇼어 음악 검사'(Seashore Music Battery)라 불리는 검사를 좌반구 또는 우반구의 한 부위가 외과적으로 제거된 환자들에게 실시함으로써 입증되었다. 우반구의 한 부위가 제거된 경우, 음색(timbre)과 강도(intensity)를 탐지하는 능력은 유의미하게 감소되었다. 음악이 우반구에서 처리된다는 결과는 유아들에 관한 연구를 포함해 많은 연구들에서 입증되었다(Bogen and Gordon, 1971; Entus, 1975; Gates and Bradshaw, 1977). 그러나 리듬은 좌반구에 의해 처리되는 음악의 한 측면이다(Gordon, 1978). 이런 결과는 좌반구가 시간적 차이를 보이는 연속적인 과제를 처리하는 데 관여한다는 주장과 일치한다.

우반구는 또한 음악적 기억을 유지하는 데 결정적 역할을 하는 것처럼 보인다. 한 연구에서 음(tone)을 기억하는 능력은 우반구의 한 부위가 제거된 환자에게서 장애를 보인다는 것이 입증되었다(Milner, 1962). 다른 연구들에서도 우반구에 손상은 입은 환자들은 익숙한 음악적 톤에서 이상한 부분을 탐지하는 능력에 장애를 보인다는 것이 밝혀졌다(Shapiro, Grossman, and Gardner, 1981). 참여자들은 정확하게 또는 부정확하게 연주된 잘 알려진 익숙한 멜로디를 들었다. 그리고 이 멜로디들이 정확하게 또는 부정확하게 연주되었는지를 판단하도록 요구했다. 우반구 손상을 입은 환자들은 좌반구 손상을 입은 환자들에 비해 과제 수행에서 유의미하게 낮은 수행을 보였다. 우반구 손상 환자들은 리듬에 대한 민감성을 요구하는 것들을 포함하여 모든 과제에서 낮은 수행을 보였다. 이는 리듬이 좌반구에서 처리되는가 우반구에서 처리되는가에 관계 없이 우반구는 멜로디의 리듬을 기억하는 데 중요한 역할을 한다는 것을 보여준다.

우반구가 멜로디의 내적 표상을 통제한다는 주장에 대한 더 많은 증거들이 우반구에 손상을 입은 아마추어 음악가에 대한 연구에서 제시되었다. 아마추어 음악가들은 한 곡의 초기 악보가 두 번째 악보보다 더 높았는지 낮았는지 구별할 수 없었다. 이는 내적인 음악적 심상 능력이 감소했음을 보여준다(Gardner, in press).

잘 알려진 곡을 자주 연주되는 문맥에 결부시키는 능력은 우반구에 의해 수행된다(Gardner, Silverman, Denes, Semenza, and Rosenstiel, 1977). 우반구에 손상을 입은 환자들에게 한 멜로디를 네 개의 그림 중 하나에 매치시키도록 요구했다. 이 멜로디들은 가사가 생략된 잘 알려진 곡들이었다. 이 곡들 중의 절반은 올바른 답을 하기 위해서 가사를 알아야 했다. 예를 들면 멜로디 "Row Row Row Your Boat"를 배의 그림에 매치시키기 위해서는 가사가 배에 관한 것이라는 것을 알아야 한다. 다른 절반의 경우에는 올바른 답을 하기 위해서는 그 곡이 일반적으로 연주되는 상황을 회상할 수 있어야 했다. 예를 들면 "Hail to the Chief"를 대통령의 그림에 매치시키기 위해서는 가사나 제목을 회상할 필요가 없고, 그 노래가 자주 연주되는 상황을 회상해야 한다.

우반구 손상 환자들은 좌반구 손상 환자들보다 가사를 회상해야 하는 과제에서 더 좋은 수행을 보였다. 그러나 상황을 회상해야 하는 과제에서는 우반구 손상 환자들이 더 저조한 수행을 보였다. 가사를 알아야 하는 과제에서 좌반구에 손상을 입지 않은 사람들의 뛰어난 수행은 좌반구가 언어를 지배하는 중추라는 상당히 많은 증거들과 일치한다. 반면 상황을 알아야 하는 과제에서 우반구에 손상을 입지 않은 사람들이 보이는 뛰어난 수행은, 우반구는 특히 맥락에 관련되어 있다는 사실을 확인시켜 준다. 이러한 능력은 은유와 이야기의 영역에서 입증되었고, 음악의 영역에서도 사실인 것처럼 보인다.

우반구는 음의 지각은 물론 음의 창조에서도 중요하다. 우반구에 손상을 입은 환자들은 오로지 단조롭게 노래를 부르는 반면, 좌반구 손상 환자들은 이미 알고 있는 노래를 부르는 데 곤란을 덜 겪는다(Bogen and Gordon, 1971). 이런 결과는 심각한 실어증 환자들도 노래를 부를 수 있다는 임상적 증거와 일치한다(Goodglass and Kaplan, 1972). 사실 멜로디-발성 요법(melodic intonation therapy)이라고 불리는 요법은 실어증 환자들이 보유하고 있는 노래를 부를 수 있는 능력으로 언어능력을 회복시키는 하나의 방법으로서 최근에 개발되었다(Sparks, Helm, and Albert, 1973). 다른 모든 언어요법을 적용해 보았지만 전혀 한 문장도 말하지 못하고 실패한 환자들은 문장을 말하기보다는 이 문장을 노래로 부를 경우 때때로 한 문장을 완벽하게 말할 수 있었다.

뇌손상을 입은 음악가들에 대한 몇몇의 연구는 우반구가 음악을 생산하는 과정에서 중요한 역할을 하고 있다는 것을 보여주었다. 그리고 음악을 창조하는 능력은 음악을 지각하는 능력과 독립적으로 기능할 수 있다는 것을 보여주었다. 어느 한 사례에서 우측 뇌손상을 입은 아코디언 연주자는 지각능력은 정상이었으나 음악을 연주하는 능력에 장애를 보였다(Botez and Wertheim, 1959). 이 연주자는 곡을 인식할 수 있었고, 작은 잘못도 알아챌 수 있었으며, 자신의 수행을 비평할 수도 있었다. 그러나 그의 연주능력은 심각하게 손상을 입었다. 그는 개별적인 음률은 연주할 수 있었으나 그들을 하나의 곡으로 통합시킬 수는 없었다. 그리고 방금 들은 곡을 다시 연주해 달라고 요청했을 때도 그 곡을 아코디언으로 연주할 수 없었다.

우반구는 음악을 만들고 지각하는 능력에 관여함은 물론, 창조적인 과정에서 예술가의 정서적 참여를 통제할 수 있다. 우반구에 손상을 입은 한 음악가의 사례에서, 음악을 만들고 지각하는 능력은 유지되었음에도 뇌손상 후에 그는 더 이상 작곡을 하고자 하는 의욕을 느끼지 못했다 (Judd, Arslenian, Davidson, and Locke, 1980). 그는 과거에 했던 만큼 음악 감상을 좋아하지 않았다. 그리고 그가 음악을 들으면서 하곤 했던 것과 같은 일련의 많은 연상을 더 이상 경험하지 못했다. 그는 자신의 뇌손상 이후의 작품에 대해 정확하기는 하나 영감이 없는 것으로 평가하곤 했다. 그는 우반구 손상으로 인해 더 이상 창조하는 일에 흥미를 느끼지 못했고, 음악에 정서적 반향을 부여하지 못하는 것처럼 보였다(Popper and Eccles, 1977). 이런 결과는 우반구가 정서를 지배하는 중추라는 주장과 일치한다.

좌반구의 손상이 음악에 미치는 효과는 아무런 영향을 주지 못하는 것에서부터, 악보를 읽는 능력의 손상과 작곡하는 능력의 손상에 이르기까지 다양하다. 러시아의 작곡가인 셰발린(Shebalin)은 뇌손상에 의해 실어증을 겪은 후에도 작곡을 하고 음악을 가르치는 능력이 어느 정도 유지되었다(Luria, Tsvetkova, and Futer, 1965). 미국인 작곡가 역시 좌반구의 손상 이후에 작곡을 하고 비평을 하는 능력은 유지되었다(Judd, Gardner, and Geschwind, 1980). 글로 쓰여진 문자를 읽지 못하는 이 작곡가는 비록 완전하지는 못하지만 어느 정도 악보를 읽을 수 있었다. 언어와 비교해 악보를 읽는 뛰어난 수행은 언어적 상징을 처리하는 능력과 서로 독립되어 있다는 것을 입증해 보이고 있다.

악보를 읽는 능력과 글을 읽는 능력은 서로 독립되어 있다는 것이 다른 연구에서도 입증되었다. 한 좌반구 손상 환자는 글을 읽지 못했으나 악보는 읽을 수 있었다(Souques and Baruk, 1930). 또 다른 연구에서는 언어는 읽을 수 있었으나 악보를 읽지 못하는 사례가 발견되었다 (Dorgueille, 1966). 그러나 이 두 가지 기능은 서로 일치하지는 않지만 그들 사이에는 어느 정도 겹치는 부분이 있다. 왜냐하면 악보를 읽는 능력이 손상되지 않은 심각한 실어증을 겪고 있는 환자를 발견하는 것은 드문 일이기 때문이다.

좌반구의 손상이 악보를 다루는 능력 이외에 더 많은 영향을 끼칠 수 있다는 사례들이 보고되었다(Alajouanine, 1948). 좌반구의 손상 이후에 불란서 작곡가인 라벨(Maurice Ravel)은 음악을 인식하고 비평하고 평가하는 능력이 유지되었다. 그러나 음악에 대한 사랑은 예전 못지않게 강하였지만 그는 더 이상 작곡하고 피아노를 연주할 수 없었다. 그러므로 이는 음악을 만드는 데 좌반구가 관여할 수 있다는 것을 입증하는 하나의 사례를 제공해 준다.

좌반구가 악보를 읽는 능력에 관여하고 더욱이 작곡을 하는 능력에 관여한다는 것을 보여주는 이 모든 연구들은 숙련된 음악가들을 대상으로 수행되었다. 그러므로 그와 같은 좌반구의 관여는 공식적인 음악적 교육의 결과일 수 있다. 이러한 공식적 교육의 결과로 음악은 더욱 분석적인 방식으로 처리되고, 결과적으로 좌반구에서 처리될 수 있다. 이러한 문제를 연구하기 위해 두 개의 집단 간에 음악지각 수행능력이 비교되었다. 음악적 지식이 없는 집단은 실험 이전에 3년 또는 5년 이하의 음악 교육을 받은 사람들로 구성되었고, 그들은 이후에 더 이상 악기를 연주하지 않았으며 노래도 부르지 않았다. 음악적으로 경험이 있는 집단은 최소한 4년 이상의 음악 교육을 받았고, 현재 악기를 연주하거나 노래를 부르고 있는 사람들로 구성되었다(Bever and Chiarello, 1974). 연구에 참여한 참여자들에게 12음표에서 18음표(note)로 구성된 일련의 멜로디를 한 번에 한 곡씩 좌측 또는 우측 귀에 제시했다. 각각의 멜로디는 2초 간격으로 제시되었다. 그 후 한 쪽 귀에 두 개의 연속적인 음표가 제시되었다. 첫 번째 과제는 이 두 개의 연속적인 음표가 이전에 들은 멜로디의 한 단락인지를 결정하는 것이었다. 그 후 또 다른 멜로디가 한 쪽 귀에 연주되었다. 가끔은 이전의 실험에서 들려준 멜로디를 제시했고 가끔은 새로운 멜로디를 들려주었다. 두 번째 과제는 이 멜로디가 새로운 것인지 이미 들은 멜로디인지를 판단하는 것이었다.

첫 번째 과제에서 경험이 있는 집단은 어느 귀를 사용하든 관계 없이 쉽게 과제를 수행할 수 있었다. 역으로, 음악적 지식이 없는 집단은 양쪽 귀에서 모두 실패했다. 두 번째 과제에서 모호한 유형의 결과들이 획득되었다. 음악지식이 없는 집단은 좌측 귀를, 즉 우반구를 사용할 때 더 좋은 수행을 보였다. 경험이 있는 참여자들은 우측 귀, 즉 좌반구를 사용할 때 더 좋은 수행을 보였다. 두 집단 간의 가장 커다란 차이는 우측 귀의 차이였다. 즉 좌측 귀를 사용할 경우에 두 집단 간의 수행은 유사하게 나타났으나 경험이 있는 집단의 참여자들은 우측 귀를 사용했을 때 경험이 없는 집단보다 훨씬 뛰어난 수행을 보였다. 그러므로 음악에 경험이 없는 사람들은 이 멜로디를 처리할 때 우반구를 사용했고, 경험이 있는 사람들은 양쪽 반구 모두를 사용했다.

이런 결과는 두 집단이 음악을 서로 다르게 처리한다는 것을 시사한다. 경험이 없는 집단의 사람들은 아마도 음악의 전체적인 패턴이나 형태에 의해서 음악을 인식하는 것처럼 보인다. 이런 유형의 전체적인 지각은 우반구의 기능이다. 음악에서 공식적인 교육을 받은 사람들은 음악의 구성요소들에 주의를 기울임으로써 음악을 인식할 수 있다. 이런 유형의 분석적 인식은 좌반구에 의해 통제된다. 경험이 있는 참여자들이 음악을 더 분석적이고 좌반구 방식으로 처리한다는 주장은 오직 경험이 있는 사람들만이 처음의 분석적 과제를 수행할 수 있었다는 결과로부터 더욱 지지된다.

이러한 유형의 결과는 좌반구가 분석적 기술을 요구하는 과제에 관련되어 있다는 견해를 지지해 준다. 공식적 교육을 받으면 사람들은 점점 더 음악을 분석적 방식으로 듣기 시작한다. 그것이 음악이든 아니든 과제가 더 분석적인 것이 되면서 좌반구가 더 중요한 역할을 하게 된다.

복잡한 음악적 결정이 요구하는 과제는 좌반구가 더 밀접하게 관여하고 있다는 것이 다른 연구에서 입증되었다(Shannon, 1980). 그러나 몇몇의 연구는 서로 일치하지 않는 결과를 보여주었다. 양쪽 귀로 제시된 화음을 인식하도록 요구했을 때 음악가들은 우반구의 우세를 보여주었으나 비음악가들은 양 반구 간에 아무런 차이를 보여주지 못했다(Gordon, 1980). 그리고 음정(interval)을 인식하도록 요구했을 때 가족 중에서 왼손잡이가 없는 오른손잡이 음악가는 우반구의 우세를 보여주었고, 반면에 비음악가들은 좌반구의 우세를 보여주었다(Kellar and Bever, 1980). 이런 결과에 대한 가능한 설명으로, 음악가는 화음과 음정을 분석적인 방식보다는 전체적인 방식으로 재인한다는 것이다. 5도 음정과 같은 내재화된 형판(template)을 가지고 있지 못한 비음악가는 음정을 구성요소들로 분리하면서 더 분석적 방식을 사용하도록 강요될 수 있다.

요약하면, 우반구의 손상은 좌반구의 손상보다도 음악가들에게는 훨씬 치명적이다. 불란서의 작곡가인 라벨의 경우를 제외하면, 음악가들은 좌반구에 손상을 입어 실어증을 보여도 음악을 지각하는 능력과 창조하는 능력과 동기는 유지된다. 좌반구 손상의 중요한 영향은 악보를 읽는 능력의 손상인 것처럼 보인다. 우반구의 손상은 손상된 부위에 따라 음악을 지각하고 생산하는 기능에 장애를 보인다. 이는 또한 음악에 대한 정서적 반응을 변화시킬 수 있다. 이들의 음악적 기술은 손상되지 않은 채 유지되는 반면 그들은 더 이상 음악에 영감을 불어넣지 못한다. 이런 결과는 음의 높낮이를 변별하고 악보를 읽는 것과 같은 기술적 기능을 수행하는 능력과, 이런 활동으로부터 희열을 유지하는 능력 사이에 중요한 차이가 있음을 지적하고 있다.

지금까지 밝혀진 여러 증거들에 의하면 뉴욕 타임즈지의 표지에 나타난 뇌에 관한 그림은 상당 부분 수정될 필요가 있다. 좌반구를 언어적 행위와 과학적 행위를 지배하는, 그리고 우반구를 예술적 행위와 창의적 행위를 통제하는 중추로 간주하는 것은 설득력이 부족하고 현상을 너무나 단순화하는 것이다. 무엇보다도 창의성은 예술에서만큼 과학에서도 중요하다. 둘째, 예술은 통합된 전체로 간주될 수 없다. 각각의 서로 다른 형태의 예술은 분리되어 고찰되어야 하고, 또한 이들 각각에서 포함된 구성요소들의 기능도 분리되어 연구되어야 한다. 특히 공식적 예술교육을 받은, 높은 수준의 예술적 능력을 소유한 사람과 그렇지 않은 사람들도 구분해서 연구되어야 한다.

지금까지 밝혀진 중요한 연구결과들에 의하면, 뇌반구의 기능에 대한 현재의 견해가 수정되어야 함을 지적하고 있다. 회화의 경우에 양 반구 모두 비예술가들에게는 매우 중요하다. 우반구는 전체적 형태를 포착하는 반면, 좌반구는 표상된 그림의 구체적인 부분들을 파악한다. 그러나 예술가의 경우에는 우반구는 결정적인 데 반해 좌반구는 덜 중요한 것처럼 보인다.

문학의 경우 양반구 모두 중요한 역할을 한다. 좌반구에 손상을 입어 실어증을 겪는 예술가는 문학작품을 창조하기 위해 더 이상 언어를 사용할 수 없다. 그러나 작가들에게 있어 우반구도 중요하다. 이 우반구의 도움 없이는 비유적 언어의 의미를 포착하고, 이야기의 구조를 이해하고, 사실과 허구를 구별하는 것과 같은 문자 그대로의 의미를 뛰어넘어 글을 이해하는 것이 불가능하다.

음악의 경우 다시 양쪽 반구 모두 중요한 공헌을 한다. 음악을 지각하고 생산하는 요소들의 대부분은 뇌의 우측에 치우쳐 있는 반면, 좌반구는 언어와 다르지 않은 상징체계인 악보를 사용하는 데 중요한 역할을 한다. 좌반구는 또한 숙련된 음악가의 경우에 음악을 지각하는 데 관여한다. 왜냐하면 전문적 교육을 통해서 음악을 더욱 분석적으로 듣게 되기 때문이다. 그러므로 어느 예술의 형태에서도 좌반구를 배제하는 것은 불가능하다. 어떠한 예술의 형태에서도 전적으로 우반구에 의존하는 경우는 존재하지 않는다.

아마도 예술의 이해에 대한 뇌손상 연구의 가장 중요한 공헌은 예술에 포함되어 있는 세부적인 기능들에 대해 구별하여 살펴볼 수 있도록 도움을 주었다는 것이다. 예술심리학을 이해하기 위해서는 예술을 통합된 전체로 보는 견해를 극복하는 것이 매우 중요하다. 상당히 다양한 예술적 기능들이 존재하고, 그들은 다양한 수준의 예술을 만들어내기 위해 설명 가능한 방식으로 작용한다. 이런 기능들에 대해 정상인을 대상으로 연구하는 것은 매우 어렵다. 그러나 뇌손상에 대한 연구는 예를 들어, 작곡하는 능력은 음악에 정서적으로 반응하는 능력과 독립적이라는 것, 은유를 해석하는 능력은 그 은유가 적절히 적용될 수 있는 문맥을 평가한다는 것과는 서로 다르다는 것을 보여주었다. 그러므로 뇌손상은 보이지는 않지만, 예술가들에게 위대한 예술적 행위를 가능하게 하는 세부적 요소기능들을 분리해 연구할 수 있도록 하는 실험을 제공해 준다.

제13장

정신장애

위대한 천재들은 확실히 광기와 관련이 있다. 그리고 이들의 경계는 분명하지 않다.

– 존 드라이든(John Dryden)

예술적으로 재능이 많이 있는 사람, 현대적 의미의 천재는 반드시 정신이상과 관련이 있는 것은 아니다. 그 반대로 이 위대한 천재들은 매우 사려깊은 예술가임이 틀림없다. 미친 셰익스피어를 상상하는 것은 있을 수 없는 일이다.

– 찰스 램(Charles Lamb)

천재가 정신이상(insanity)과 관련이 있다는 믿음은 최소한 고대 그리스 시대 이후 계속되어 왔다(Anastasi and Foley, 1941). 플라톤에 의하면 시인은 공통의 끈(common thread)에 의해 미친 사람과 연결되어 있고, 미래를 예언할 수 있는 힘을 가진 예언자와 연관되어 있다. 이 세 사람 모두는 그들이 통제하지 못하는 초자연적인 힘에 의해 지배된다. 그러나 이런 유사성에도 불구하고 플라톤은 예술적 재능과 광기 간에는 차이가 있음을 다음과 같이 지적했다: 미친 사람의 광기는 '병적'인 것이지만, 예술가의 광기는 '생산적'인 것이다(『파이드로스』 244a-b, 265b).

아리스토텔레스 역시 가끔 이 문제에 대해 기술하곤 했다. "위대한 천

재는 정신이상과 연관되어 있지 않을 수 없다." 그리고 고대 로마의 수
사학자 세네카(Seneca)는 "인간의 정신은 미치지 않고는 높은 상태에 도
달할 수 없다."(Rothenberg, 1979, p.7)고 주장하면서 아리스토텔레스의 견
해를 되풀이했다.

예술가들 스스로도 자주 정신이상과 광기는 서로 관련되어 있다는 믿
음을 제기하곤 했다. 셰익스피어의 『한여름 밤의 꿈』(A Midsummer
Night's Dream)에서 정신이상자, 연인, 시인은 상상의 세계에서 서로 유
사한 것으로 기술되고 있다(V, 1, 7-8). 낭만주의와 초현실주의 작가들은
창의성을 촉진하는 데 약물, 술 또는 신체적 질병에 의한 의식 변경의
역할을 강조했다. 그리고 극작가인 스트린드베리(August Strindberg)는 환
각의 상태에서 글을 가장 잘 쓸 수 있었다고 믿었다(Jaspers, 1977).

예술적 천재와 정신장애가 서로 밀접한 연관이 있다고 믿었던 사람들
은 일반적으로 정신장애(mental illness)라는 용어를 매우 심각한 장애인
정신병(psychosis)을 언급하는 것으로 사용했다. 이 정신병은 신경증
(neurosis)이라 불리는 비교적 가벼운 증상과 구별된다. 대부분의 사람들
은 어느 정도 신경증적 증상을 보이고 있으며, 정신병은 훨씬 드문 장애
이다. 비록 다양한 유형의 정신병이 있을지라도, 가장 일반적이고 가장
심각한 유형의 하나가 정신분열증(schizophrenia)이다. 그리고 이 정신분
열증은 특히 예술적 재능과 관련이 있다.

아주 짧은 시간 동안 정신분열증 환자와 이야기해 보면 그들이 단순한
신경증 환자들과 얼마나 많이 다른지 쉽게 알 수 있다. 아주 심각한 경
우에 신경증 환자들은 불안과 경직된 방어기제로 고통을 받고 있을지라
도, 현실과 접촉을 유지하고 있다. 그러나 정신분열증 환자는 실제 세계
와 접촉을 상실해 단절되어 있다. 전형적으로 이들은 다른 사람들과 관
계를 맺지 못하고, 부적절한 정서적 반응을 보인다. 즉 그들의 정서적 반
응은 상황에 부적절하다. 그들의 사고패턴은 비정상적이고 비논리적이고
미신적이다. 정신분열증 환자의 폐쇄된 세계는 환각과 환청은 물론 그들
이 악마에 의해 지배되고 있다는, 또는 그들은 미래를 예언할 수 있다는

믿음과 같은 망상(delusion)으로 가득 차 있다. 정신분열증 환자들은 전형
적으로 아무런 의미가 없는, 경직되고 판에 박힌 반복적인 행동을 수행
한다. 언어능력도 장애를 보인다(Maher, 1963, 1971; Maher, McKean, and
McLaughlin, 1966). 그리고 주의(attention)의 기제들도 장애를 보이는 것으
로 보고되었다(Callaway, 1970; Kraepelin, 1919; Maher, 1974; McGhie and
Chapman, 1961; Mednick, 1958; Mirsky, 1969; Payne, Mattussek, and George,
1959; Shakow, 1962; Venables, 1964). 정신분열증 환자들은 아마도 높은
각성수준 때문에 환경에 선택적으로 주의를 기울이지 못한다. 따라서 그
들은 중요하지 않은 부분을 차단해 하나의 사건에 주의를 집중할 수 없
는 것처럼 보인다(Tecce and Cole, 1976). 대신에 모든 주변 자극들이 동
등하게 주의를 받고자 경쟁한다. 정신분열증 환자들은 종종 다음과 같이
말했다. "나는 집중을 할 수 없다. 나를 괴롭히는 것은 주의가 확산되는
것이다. 마치 송신장치와 같이 나는 다른 사람들의 대화내용을 듣고 있
다."(McGhie and Chapman, 1961, p.105). 이런 주의결핍은 정신분열증 환
자의 망상을 설명할 수 있다(Maher, 1974). 정상적인 사람들에게 중요하
지 않은 사건들이 정신분열증 환자에게는 설명을 요하는 매우 중요한 사
건으로 느껴진다. 정상인들에게는 무시되는 낯선 사람들의 얼굴에 나타
난 찌푸린 얼굴의 표정은 정신분열증 환자에게는 그 이유가 설명되어야
하는 중요한 사건으로 간주된다. 예를 들어 정신분열증 환자는 이 낯선
사람들이 자신에게 어떤 음모를 꾸미고 있다고 추론할 수 있다.

　정신분열증 환자는 이런 증상의 한 부분, 또는 모두를 경험할 수 있다.
정신분열증의 원인에 대해서는 상당히 많은 가설이 존재하는 반면, 아직
까지 분명히 밝혀진 것은 없다. 한 견해에 따르면, 정신분열증은 참을 수
없는 부적절한 가족구성원들 간의 상호작용에 대한 반응으로 생겨난다
고 한다(Laing, 1964; Lidz, 1958; Sullivan, 1953). 또 다른 견해에 의하면, 유
전적 요인이 중요한 역할을 한다고 한다(Rosenthal, 1970). 유전적 요인을
가정하는 사람들 중에서 많은 사람들이 정신분열증은 실제로 뇌에서의
생화학적 불균형과 관련이 있다고 믿고 있다(Carlsson, 1978; Kety, 1959,

1960, 1969; Maher, 1966; Matthysse, 1977; Meltzer and Stahl, 1976; Snyder, 1976). 아직도 원인에 대한 논쟁이 계속되고 있지만, 유전적 요소와 생화학적 요소가 중요한 원인이 되고 있다는 증거들이 분명해지고 있다.

예술과 정신분열증 간의 관계는 정신분열증 환자들의 행동적 증후들이 덜 극단적인 형태로 예술가들 사이에서 발견된다는 사실에 근거하여 제안되었다. 예를 들어 정신분열증 환자들이 거의 현실과 접촉하지 않는 것과 같이 예술가들은 자주 사회로부터 벗어나 고립되어 있다. 정신분열증 환자들이 거의 전적으로 그들 자신의 내부세계에서 살고 있는 것과 같이, 예술가들도 그들 자신의 꿈의 세계에 머물러 있다. 정신분열증 환자들이 환각증세를 보이는 것과 같이, 예술가들은 문제를 생소한 방식으로 사고하고 바라본다. 그리고 정신분열증 환자들은 그들의 시야에서 중요하지 않은 부분들을 차단하지 못한다. 이와 유사하게 예술가들은 다른 사람들이 사소한 것으로 무시하는 중요한 부분들을 인식한다. 그러나 이런 유사성은 예술이 정신이상과 관련되어 있다는 것을 입증하는 것은 아니다.

예술적 재능과 정신분열증이 서로 관련되어 있을 수 있는 다양한 방식이 있다. 하나의 가설은 예술가들이 비예술가들보다 정신분열증과 같은 정신장애에 걸리기 쉽다는 것이다. 아마도 예술가들이 사물을 비전형적인 방식으로 바라보고, 일반 사람들로부터 격리되어 있다는 사실이 예술가들로 하여금 정신병에 걸리기 쉽게 한다. 예술가와 비예술가에서 정신장애의 정도를 비교해 보면, 예술가들이 정신분열증 환자가 되는 경향이 있는지를 쉽게 알 수 있다.

예술적 재능이 정신분열증으로 나아가기보다는 정신분열증이 예술적 재능을 향상시키고 발현시키는 것처럼 보인다. 정신병이 예술적 재능을 향상시킨다는 주장은 정신분열증이 발병하기 이전과 이후 예술가의 작품을 비교함으로써 검증될 수 있다. 그리고 정신병이 예술적 재능을 발현시킨다는 주장은 이전에 예술가가 아니었던 정신분열증 환자들에게서 예술적 활동의 징후를 찾아냄으로써 입증될 수 있을 것이다.

정신이상과 예술의 관련성

　천재와 정신이상이 관련되어 있다는 보편적인 가설은 19세기 정신과 의사이자 범죄학자인 롬브로소(Cesare Lombroso, 1895)에 의해 최초로 연구되기 시작했다. 롬브로소는 그의 연구에서 예술분야의 천재들만 국한시키지 않고, 많은 분야의 천재들을 대상으로 조사했다. 롬브로소는 정신이상은 뇌의 퇴화에서 기인한다는 당시 사회의 통념을 기초로, 역사상 뛰어난 업적을 남긴 사람들 가운데서 심리적인 퇴화와 신체적 퇴화의 흔적들을 찾아보았다. 신체적 퇴화는 심리적 퇴화의 직접적인 반영으로 간주되었기 때문에 신체적 퇴화는 정신이상의 경향성을 나타내는 지표로 간주되었다.

　역사상 큰 업적을 남긴 사람들에 대한 기록을 살펴보면, 천재들은 보통 사람들보다 더 많은 신체적·심리적 '증후'를 지니고 있었다. 즉 천재들은 짧은 수명(모차르트, 베토벤, 플라톤, 아리스토텔레스), 구루병(바이런), 쇠약함(밀턴, 뉴턴, 로크), 말더듬(다윈), 왼손잡이(미켈란젤로)와 같은 특성들을 지니고 있었다. 더욱이 천재들은 자신이 창의적인 활동에 깊이 몰입되어 있을 때의 상태를 표현할 때 과다한 흥분, 열정과 같은 비정상적인 증상들을 언급했다.

　위 연구결과에 의하면 정신이상은 보통 사람들에게서보다 천재성을 지닌 사람들에게서 더 빈번하게 나타난다. 하지만 천재들 중에 비정상성을 지닌 비율은 정확히 계산된 것도 아니며, 보통 사람들이 이런 증상을 보이는 빈도와 비교한 것도 아니기 때문에 확실히 단정지을 수는 없다. 일반 사람들과 비교했을 때 천재들이 이상증세를 보인 비율이 더 높은 경우에만 정신이상과 천재성과의 관련성이 존재한다고 결론 지을 수 있을 것이다. 더욱이 정신이상을 보이는 것으로 간주되었던 왼손잡이, 짧은 수명, 구루병과 같은 많은 증상들은 사실상 정신병과 관련이 없다.

　롬브로소는 천재에 대한 자신의 연구에서 신체장애까지 포함시킨 반면, 다른 학자들은 오직 정신장애에만 초점을 맞추었다(Rothenberg, 1979). 많은 예술가들이 정신적 장애를 보였는데, 화가들 중에는 히에로니무스 보슈(Hieronymus Bosch), 알브레히트 뒤러(Albrecht Dürer), 빈센트 반 고흐(Vincent van Gogh), 바실리 칸딘스키(Wassily Kandinsky) 등이 있으며, 작곡가들 중에는 휴고 볼프(Hugo Wolf), 카뮈 생상(Camille Saint-Saëns), 로베르트 슈만(Robert Schumann) 등을 대표적으로 들 수 있다. 특히 슈만은 조울증과 제3기 매독증을 지니고 있었던 것으로 알려졌다. 심리적 장애를 겪었던 것으로 알려진 작가들은 매우 많다. 프리드리히 휠덜린(Friedrich Hölderlin), 오거스트 스트린드베리(August Strindberg), 아르튀르 랭보(Arthur Rimbaud), 에드가 앨런 포우(Edgar Allan Poe), 찰스 램(Charles Lamb), 조나단 스위프트(Jonathan Swift), 루이스 캐럴(Lewis Carroll), 윌리엄 블레이크(William Blake), 테오도어 레트키(Theodore Roethke), 어니스트 헤밍웨이(Ernest Hemingway), 에즈라 파운드(Ezra Pound), 하트 크레인(Hart Crane), 실비어 플래스(Sylvia Plath), 버지니아 울프(Virginia Woolf) 등.

도스토예프스키는 평생동안 따라다닌 간질병으로 고생했다. 비록 간질은 정신장애의 형태는 아니지만, 정신이상의 출현과 관련 있는 신경학상의 장애이다. 예를 들면 간질의 어떤 형태는 깊은 감정상태로 이끌며, 종교와 철학적인 문제에 강렬한 관심을 갖도록 만들고, '과대기술증'(hypergraphia) 또는 과도한 양의 글을 쓰도록 하는 데 영향을 미친다(Waxman and Geschwind, 1974). 따라서 도스토예프스키의 장애가 그의 열정적인 글에 공헌했다고 볼 수 있다.

위에 열거한 대부분의 사람들은 정신병이 올바르게 이해되기 오래 전에 사망했다. 그 당시 부족한 의학지식 때문에, 그들의 의학기록들은 다양한 신경학적인 장애를 정신이상과 혼동하여 잘못 진단한 것으로 보인다(Macalpine and Hunter, 1969). 그러므로 위의 리스트들은 정확한 자료이기보다는 시사적인 것이다.

비록 위에 나열한 예술가들 모두가 실제로 정신적 장애를 겪었다고 할지라도, 이것이 천재와 정신이상이 관련되어 있다고 확신할 수 있는 증거로는 충분치 않다. 왜냐하면 많은 천재들이 정신적으로 건강했고, 천재가 아닌 많은 사람들 역시 정신장애로 고통을 겪었기 때문이다. 그러므로 연관성을 검증하기 위해서는, 천재들 중에서 실제로 정신이상을 보이는 빈도와 천재가 아닌 사람들의 정신장애 발생빈도가 비교되어져야 한다. 천재들의 정신이상 발생빈도를 알아보기 위해 실시된 비교적 체계적인 첫 번째 연구는, Dictionary of National Biography에서 무작위로 1030명의 이름을 추출하여, 이들 중 얼마나 많은 사람들이 정신장애를 보였는지를 조사한 것이다(Ellis, 1904). 추출된 목록 중 단지 44명(4.2%)만이 정신장애를 겪었다. 이 비율은 일반 사람들에게서 발견되는 비율보다는 약간 높지만 예상보다 낮은 빈도였다.

위와 동일한 결과를 보여준 한 연구를 살펴보면 다음과 같다. 이 연구에서는 각 분야의 전문가들에 의해 선택된 예술가 113명과 과학자 182명의 일생과 의학기록이 조사되었다(Juda, 1953). 예술가 중에 2.8%가 정신분열증이 있었고, 2%는 불명확한 정신이상을 보였으며, 27.3%가 정신병적 기질을 지닌 사람들로 기술되었다. 과학자들에게서 예술가들의 집단과 다소 다른 특징들이 발견되었다. 정신분열증을 보인 사람은 없었으며 단지 4%만이 조울증을 가지고 있었고, 19.4%가 예술가들과 마찬가지로 정신병적 기질을 지닌 사람들로 나타났다. 정신병적 기질을 지닌 사람의 카테고리를 제외하고는 위의 모든 비율들이 정상적인 분포를 보였다. 하지만 '정신병적'이라는 명칭은 괴벽스럽고 반사회적인 행동을 묘사하기 위해 다소 부정확하고 단순하게 사용된 것일지 모른다. 이 연구는 천재와 정신이상이 서로 관련되어 있다는 대중적 인식에 의문을 제기한다.

요약하면, 천재들이 정신병적 경향이 있다는 가설은 정신장애를 겪은 것으로 알려진 예술가와 과학자에 대한 조사로부터 입증되지 않았다. 즉 특별히 천재들에게서 정신장애 증상이 높은 비율로 나타나지는 않았다. 위의 가설을 좀더 약하게 표현하면 천재들은 정신장애를 보일 잠재적 소인을 지니고 있다는 것이다. 이 견해는 정신병적 성향을 평가하는 지필

인성검사를 통해 분석되었다. 이 검사에서 예술가를 포함한 창의적인 사람들은 보통 사람들보다 높은 점수를 받았다(Barron, 1953, 1972; Cross, Cattell, and Butcher, 1967; Hartmann et al., 1981; Mackinnon, 1961). 이 연구 결과에 의하면 예술가들은 정신장애를 보일 잠재적 요인을 더 많이 지니고 있는 경향이 있다.

그러나 적어도 한 집단의 예술가들은 자율성과 자기확신감과 같은 자아강도를 측정하는 검사에서 매우 높은 점수를 얻었다(Barron, 1953). 이런 점에서 예술가들은 정신병자와는 분명하게 구별될 수 있다. 게다가 기이한 상상, 은유적 도약, 지나친 공상, 충동의 자유로운 표현과 같은 비정상적인 여러 형태의 사고과정들은 정신장애를 측정하는 검사에서 높은 점수를 받게 되는 원인이 되기 때문에, 그 검사결과는 예술가들이 더 높은 정신장애의 경향성을 소유하고 있다는 결론을 확실히 보장하지 못한다. 단지 예술가들은 심리적 장애를 겪는 사람들과 같이 비정상적인 사고처리 과정을 보여준다. 예술가들의 수행에 대한 두 가지 대립되는 해석은 둘 다 그럴듯하지만, 이 검사결과에 기초해 결론을 내린다는 것은 적절하지 못하다.

예술에서 정신분열증의 영향

예술가들이 보통 사람들보다 정신장애를 겪기 쉬운지에 대한 물음은 "정신장애가 발병했을 때, 이 장애가 예술적 활동을 증가시킬 것인가?"라는 질문으로 바꾸어 생각해 볼 수 있다. 정신분열증을 보였던 예술가 중 잘 알려진 인물은 네덜란드 화가인 빈센트 반 고흐(Vincent van Gogh)였다. 1885년, 그가 32세가 되던 때에 정신장애의 첫 번째 징후가 나타났다. 이때 반 고흐는 이미 자신만의 독특한 화법을 확립했다. 그의 병은 1888년에 만성적이 되었고, 2년 반 후 고흐는 자살했다. 삶의 마지막 2년 동안에 그는 심각한 환각과 망상으로 고통을 겪었다고 한다.

반 고흐는 자신의 병이 예술에 매우 중요한 영향을 끼쳤다고 다음과 같이 기술했다. "내가 점점 혼란스러워지고, 병들고 허약해짐에 따라, 나의 예술적 재능은 점점 성장하는 것 같다."(Jaspers, 1977, p.164). 그의 병이 작업의 속도와 색의 강렬함에 영향을 끼친 것은 부정할 수 없다. 반 고흐가 매년 그려낸 작품의 수에 대한 정확한 자료는 없지만, 1884년에서 1886년 동안 그가 1년에 그린 작품은 평균적으로 4점 정도였다(Jaspers, 1977). 그러나 1887년 일 년 동안에 그는 12점이나 그렸다. 그리고 그의 병이 만성적으로 나타난 1888년에는 무려 46점의 그림을 그려냈다. 그 다음 해에는 약간 줄어 30점의 그림을 그렸다. 그러나 생애 마지막 반년 동안에는 오직 7점의 작품만을 그렸다. 반 고흐는 만성적인 정신장애를 겪기 시작하면서 점점 더 많은 그림을 그렸다.

반 고흐 자신도 빨라진 작업속도에 대해서 알고 있었고, 이것을 매우 긍정적으로 생각했다. 그가 막 마무리한 초상화에 대해서 이렇게 말했다. "이것은 나의 장점이다. 말하자면 이것은 한 사람을 캔버스 안에 내뱉어버리는 것과 같다." 또한 그는 자신의 풍부한 아이디어에 놀라워했다. "나는 너무나 많은 계획을 갖고 있어서 그 모티프를 셀 수가 없다."(p.164)

반 고흐의 병은 작품의 양(量)적인 측면뿐만 아니라 질(質)적인 측면에도 영향을 주었다. 반 고흐는 자신의 양식의 새로운 표현들에 대해 이렇게 말했다. "내 눈앞에 있는 것을 그대로 재현하기보다는 나 자신을 좀더 강렬하게 표현하기 위해서 다소 마음에 내키는 대로 색을 사용했다. 나는 황금색을 지나치게 강조하고, 오렌지 빛깔과 크롬색, 엷은 황색의 음영을 좋아한다. 눈을 가진 모든 사람들이 절대적으로 선명한 인상을 가질 수 있는 방식으로 강렬한 색을 칠하고 싶다. 나는 오직 붓놀림을 통해서 정교한 세부묘사 없이 무언가를 그려내기 위해서 대단한 노력을 한다."(pp.167-168)

전반적으로 정신장애가 나타난 이후에 반 고흐의 그림은 덜 현실적이 되었다. 발병 이전에 그렸던 비교적 사실적으로 묘사한 초상화는 1889년까지 점점 더 양식화되었다. 나무들은 소용돌이치는 불꽃으로 변했고, 색들은 점점 더 밝고 덜 사실적으로 되어 갔다. 그의 붓놀림은 너무 돌출되어 있어 그들이 묘사했던 형태들은 그들 밑에 거의 사라졌다. 그 붓놀림은 반원형, 코일형, 나선형과 같은 기하학적인 형태이며, 이는 강렬한 색채와 함께 병이 나타나기 전에는 없었던 역동성을 보여주는 데 기여하게 되었다(그림 13-1).

반 고흐의 병이 그의 예술적 능력을 향상시켰는지 아닌지는 대답하기 어려운 질문이다. 예술의 질적 수준에 대한 객관적인 판단이 어렵다는 것은 주지의 사실이다. 그림의 어떤 양식이 다른 양식보다 더 낫다는 것을 증명하기는 쉽지 않다. 따라서 반 고흐의 병에 대해 알고 있는 사람은 그의 그림을 판단할 때 그 병이 창의성을 향상시켰다는 것, 혹은 그 반대라는 것을 증명하려는 식으로 편파적으로 보기 쉽다. 위의 질문을 객관적으로 살펴볼 수 있는 가장 좋은 방법은 병이 생기기 전과 후의 작품 평가를 그의 병에 대해 잘 모르는 사람에게 판단하도록 하는 것이다. 이 경우에 사후의 작품들이 초기의 작품들보다 좀더 흥미롭고 창의적으로 보일 수 있으며, 이는 정신분열증이 예술성을 향상시킨다는 증거가 될 수 있다. 하지만 그의 작품의 변화가 실제로 병에 의해 야기된 것인지에 대해서는 정확히 입증할 수는 없다. 단지 확실히 알려진 바에 의하면, 병과 스타일의 변화가 동시에 발생되었다는 것이다. 아마도 반 고흐는 생애의 말기에 질병의 고통에도 불구하고 인상적인 그림들을 그려낼 수 있었을 것이다.

정신분열증은 종종 언어손상과 관련되어 있기 때문에, 작가들은 화가들과는 다르게 영향을 받는다. 정신분열증을 겪은 작가들을 대상으로 한 연구들을 살펴보면, 병이 그들 모두에게 동일한 방식으로 영향을 끼친 것은 아니었다. 극작가인 스트린드베리(Strindberg)와 같은 몇몇 작가들의 경우, 그들의 병은 문체에는 영향을 주지 않았고(Jaspers, 1977), 단지 글의 내용에만 영향을 주었다. 그러나 다른 작가의 경우에는 문체 역시 영향을 받았다.

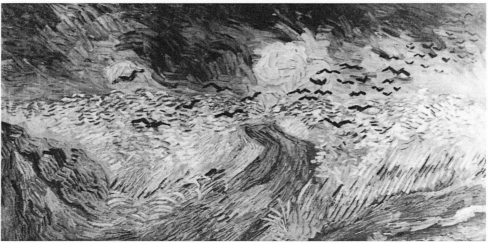

[그림 13-1] 반 고흐, 〈밭을 갈고 있는 두 여인〉, 정신질환이 발병하기 이전에 그린 그림. 그리고 아래 〈까마귀 떼가 있는 밀밭〉. 정신질환이 발병했을 때 그린 그림.

19세기 러시아 소설가인 글레프 이바노비치 유스펜스키(Gleb Ivanovic Uspenskij)의 사례를 살펴보도록 하자. 그는 '언어장애를 동반한 정신장애'로 고통을 겪은 것으로 알려져 있다(Jakobson and Halle, 1956). 유스펜스키에게 나타난 증상은 정신분열증과 매우 유사해 보였다. 그의 언어는 손상되었고, 그는 그의 이름 '글렙'(Gleb)과 성(姓) '이바노비치'(Ivanovic)를 다른 사람으로 분리시켜 생각했다. 글렙은 착한 자아였고, 이바노비치는 악한 자아였다. 이런 성격 분열은 정신분열증 환자에게서 발견되는 분열의 패턴을 상기시킨다. 그러므로 그가 정신분열증을 겪었다는 분명한 증거는 없지만 그럴 가능성은 매우 높다.

다음은 발병한 후에 유스펜스키가 쓴 자신의 인물에 대한 묘사이다. "얼룩져 있는 오래된 밀짚모자 아래 야생 돼지의 뻐드렁니와 닮은 두 개의 땋은 머리가 살짝 드러나 있다. 살이 쪄 늘어진 턱은 단추가 목에 꽉 채워져 있는 범포코트의 기름에 찌들어 더러워진 목덜미 깃 위에 놓여져 있었다. 이 코트 밑에서부터 관찰자의 눈에 불쑥 들어오는 것은, 살찐 손가락에 파묻힌 반지를 낀 거대한 손과 구리로 된 손잡이가 달린 지팡이, 불룩 나온 배, 그리고 매우 넓어서 그 끝단이 그의 부츠의 끝을 가려버린 모슬린 재질의 바지였다."(Jakobson and Halle, 1956, p.80) 여기에 제시된 풍부하고 상세한 표현들은 우리를 매우 놀라게 한다. 유스펜스키 작문을 공부하는 한 러시아 학생은 다음과 같이 표현했다. "독자들은 제한된 언어공간에서 지나치게 많은 상세함에 놀라움을 금치 못한다. 그리고 물리적으로 전체를 정확하게 파악할 수 없기 때문에 그 인물에 대한 묘사는 자주 실패하곤 한다."(Jakobson and Halle, 1956, p.80)

이와 유사한 현상은 정신분열증 환자로 알려진 독일 시인인 프리드리히 휠덜린(Friedrich Hölderlin)에게서 찾아볼 수 있다. 정신착란증이 생기기 전에, 휠덜린은 매우 이해하기 쉽게 시를 지었으나, 정신분열증이 나타나면서 그의 문체는 두 가지 잇따른 변화를 겪었다. 첫 번째 변화는 명사 대신 사용된 형용사가 많다는 것과 '그러나', '즉', '여느때 처럼'과 같은 메우기 말(empty filler words)를 과도하게 사용하는 것이다. 이와 같은 그의 문체 특징들은 유스펜스키의 문체에서 과도하게 나타났던 상세한 묘사를 상기시킨다. 횔덜린의 두 번째 문체의 변화는 몇 년 후에 나타났다. 그의 시들은 점점 더 난해해졌고, 출판된 적이 없는 몇몇의 작품은 매우 이해하기 힘들 정도였다. 횔덜린은 점차 자제력을 잃었고, 더 이상 이해 가능한 시를 쓸 수가 없었다(Jaspers, 1977).

지금까지 제시된 증거를 가지고 보면, 정신분열증이 예술가들의 예술적 능력을 향상시킨다는 가설을 지지하는 것은 충분하지 않다. 반 고흐의 경우, 그의 병이 향상된 창의성과 관련되어 있다고 보이지만 증거는 확실하지 않으며, 유스펜스키와 횔덜린의 경우에는 그들의 병이 효과적인 작문을 방해한 것처럼 보이기 때문이다.

정신장애를 겪고 있는 일반 사람의 사례는 예술적 능력과 정신분열증 간의 관계를 더 명확하게 보여줄 수 있다. 정신병원에서 정신분열증 환자들은 공통적으로 극도로 이상한 행동을 보인다. 병원에 입원한 무기력하고 수동적인 환자들은 때때로 시각예술과 문학예술에 자발적으로 강한 관심을 보이기 시작한다. 이전에 그림을 그리거나 글을 쓰지 않았던 사람들이 갑자기 예술적 작품을 만들어내고자 하는 강한 욕구를 표현한다(Kris, 1952; Prinzhorn, 1972). 여백이 있는 어떤 종이에다가도 그림을 그리거나 글을 쓰곤 했으며, 쓸 종이가 없을 때에는 벽을 캔버스로 사용했다. 환자들은 조각할 수 있는 나무가 없을 때에는 다른 다양한 도구로 조각품을 만들어냈으며, 조각된 형태로 빵을 반죽했다. 미술치료를 받은 경험이 없음에도 환자들은 실제로 어느 한 형태로 예술적 활동에 몰두하게 되었다.

19세기 후반이 되어서야 비로소 정신질환자들의 자발적인 예술작품, 특히 그들의 그림과 회화가 관심을 받게 되었다. 정신병원, 보호시설의 출현과 정신병에 대한 의학적인 관심으로, 이전에는 단순한 낙서나 무의미한 글로 간주되었던 환자들의 작품이 신비한 정신이상 상태를 드러내는 것으로 높이 평가되기 시작했다.

정신병원 입원 환자의 약 2% 미만의 사람들만이 연필로 그림을 그리거나 조각을 하기 시작했다(Kris, 1952). 이 집단에는 심각한 언어장애를 겪는 환자들과 전혀 언어능력이 손상되지 않은 환자들 모두가 포함되어 있었다. 또한 이와 유사하게 아주 적은 환자들만이 글을 쓰기 시작한 것으로 추정되었다(Arieti, 1974; Kris, 1952). 그러나 이런 추정은 정확한 증거에 기초해 평가된 것이 아니다. 예를 들어 실제로 얼마나 많은 입원환자가 예술적 창조활동을 할 수 있는 기회가 주어졌으며, 그림을 그리고, 글을 쓴 환자 중에 얼마나 많은 환자들이 예술적 활동을 한 것으로 관찰되었는지가 명확하지 않다는 것이다. 더욱이 자발적으로 예술에 관심을 둔 환자들의 비율은 다음의 두 가지 이유에서 더 낮을지도 모른다. 환자들은 더욱 바쁘게 생활해야 했기 때문에 예술적 활동을 할 자유시간이 거의 없었으며, 대부분의 정신분열증 환자들은 정신이상 증상들을 완화시키기 위해 정기적으로 약을 복용해야 했기 때문이다.

2%라는 수치는 정신분열증 환자의 대다수가 예술활동에 관심이 없다는 것을 시사한다. 그렇지만 창조활동을 시작했던 환자들이 이전에 예술적 성향이 없었다는(그들은 예술적 훈련을 받지도 않았고, 연습도 한 적이 없었다는) 사실을 감안하면, 이 수치는 높은 비율로 해석될 수 있다. 물론 정신질환을 겪지 않는 정상적인 사람들이 거의 비슷한 비율로 예술적 활동에 참여할 수도 있지만, 이들이 갑자기 매우 열성적으로 그림을 그린다거나 글을 쓰기 시작하는 경우는 찾아볼 수 없을 것이다.

정신분열증 환자들의 예술에 나타나는 특징

정신분열증 환자들이 자발적으로 그린 그림들은 다른 사람들이 그린 그림과 구별되는 독특한 특징을 지니고 있다. 정신분열증 환자의 그림에서 즉각적으로 눈에 띄는 특징은 빈틈 없이 빼곡하게 장식되어 있다는 것이다(그림 13-2). 캔버스 안은 형식적인 통일성이 거의 없는 세부적인 것들로 가득 채워져 있다. 이들은 마치 부분들에 너무 몰두해서 전체적인 통합이나 통일성에 대해서는 잊고 있는 것처럼 보인다. 보이는 것은

[그림 13-2] 정신분열증 환자의 그림, 〈정신병원〉. 이 그림은 매우 장식적이고, 매우 상세한 부분들을 묘사하고, 글자, 숫자, 음악악보를 포함하고 있으며, 전체적으로 통합이 결여되어 있음을 보여주고 있다.

분리된 개개의 부분들이고, 각각의 것은 경쟁적으로 주의를 끌고 있어 어느 한 부분에 주의를 기울이는 것이 쉽지 않다. 이런 과다한 상세함과 통합성의 부족은 아마도 정신분열증에서 나타나는 주의력 결핍과 관련되어 있는 것처럼 보인다. 정신분열증 환자들은 중요하지 않은 부분은 제외하고 어느 한 사건에 주의를 기울이는 능력이 결여되어 있어, 이들에게 환경의 모든 측면들은 동등하게 주의를 끌게 된다.

매우 세부적으로 복잡한 그림의 특징은 두 가지 다른 형태의 그림형식을 상기시킨다. 즉 일반 사람들이 전화를 받거나 다른 일을 할 때 한 낙서들과, 환각제 LSD 또는 암페타민과 같은 약물을 복용한 사람들이 그

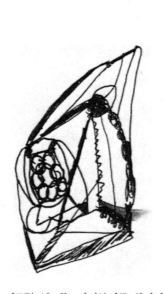

[그림 13-3] 정신분열증 환자가 그린 그림들과 유사한 작품들로 일반 성인이 주의가 분산되어 있을 때 그린 낙서와 환각제 LSD를 복용한 사람이 그린 그림. 두 그림 모두 소용돌이치거나 구불거리는 선들로 표현되어 있고, 구성의 통합이 부족하다는 점에서 특징적이다.

린 그림들이다(그림 13-3, Arieti, 1974; Kris, 1952; Prinzhorn, 1972). 그러나 정신분열증 환자들의 작품은 강한 집중력의 산물인 데 반해, 일반 사람들은 오로지 주의가 분산되어 있을 때나 마약을 복용했을 때 그러한 모습을 만들어내는 것처럼 보인다.

정신분열증 환자들의 그림은 모든 부분들이 질서 정연하게 세부적인 것들로 가득 차 있을 뿐만 아니라, 그것들이 여러 번 반복된다는 특징을 보인다. [그림 13-2]에 드러나 있는 십자모양들, 머리들, 조각들의 반복을 주목하라. 이런 반복적인 특징들 때문에, 이런 예술작품들은 판에 박아놓은 듯 딱딱하게 보인다. 강박적이고, 판에 박힌 듯 상투적이고, 반복적인 행위들은 다른 영역에서도 드러나는 정신분열증 환자들의 대표적인 특징이다. 정신분열증 환자들의 그림에서, 구성방식은 때때로 혼란스

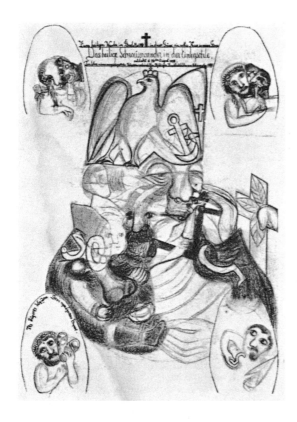

[그림 13-4] 정신분열증 환자의 그림, 〈구두 속의 신성한 땀의 기적〉. 이 그림은 각각의 형태들이 서로 뒤섞여 있어 혼란스러운 구성을 보여주고 있다.

럽고 질서가 없다(그림 13-4). 혹은 반대로, 완벽한 대칭형태에서 보이는 극단적인 질서정연함이 나타난다(Arnheim, 1974, 그림 13-5). 이와 같은 엄격한 대칭은 정신분열증 환자의 강압적이고 상투적인 행동적 특징들과 관련되어 있다.

정신분열증 환자의 작품에서는 사실적 묘사에 대한 관심은 거의 찾아볼 수 없다. 예를 들어 물건들은 경계선이 없이 그려져 있어서 마치 공간 속에 녹아 있는 것처럼 보인다(Pickford, 1982). 신체의 각 부분은 서로 분리되어 묘사되어져 있고, 팔은 공간의 한 쪽에 묘사되어 있으며, 손은 다른 한 쪽에 그려져 있다. 또한 원근법은 무시되어, 가까이 있는 물체들이 더 작으며 멀리 있는 물체가 더 크게 묘사되어 있다(Pickford, 1982). 공간적 관계는 때때로 통합되어 있지 못했다(Billig, 1966, 그림 13-6). 색

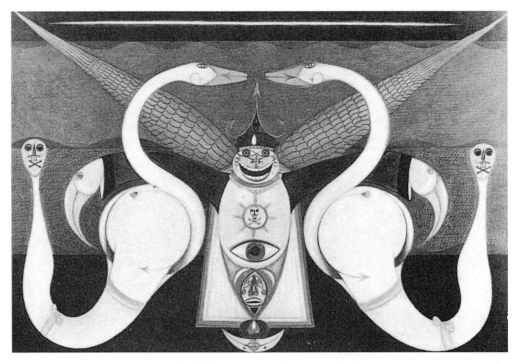

[그림 13-5] 정신분열증 환자의 그림, 〈백조인형의 죽음의 춤〉. 이 그림은 엄격한 대칭을 보여주고 있다.

조차 실제 사물의 색상과는 거의 같지 않은 색상을 사용하며, 현실의 풍경과 동식물들, 자연세계의 형태를 전달하는 그림은 거의 나타나지 않는다. 그 대신, 정신분열증 환자들은 그들의 '내부경험'을 끌어내는 데 여념이 없는 것 같다. 대상은 단지 그림에서 상징적 의미를 표현하기 위해서만 사용된다. 그렇기 때문에 그들의 작품은 심리적으로 실재하는 것이지, 사실적인 것은 아니라고 볼 수 있다.

몇몇 정신분열증 환자의 작품들은 이런 규칙에 예외적으로 꽤 현실적이다. 18세기 조각가인 프란츠 사버 메서슈미트(Franz Xaver Messersch-midt)는 정신분열증을 겪었음에도 불구하고 사실적인 흉상을 조각했다(Kris, 1952, 그림 13-7). 작품 제목에서 볼 수 있듯이, 그가 조각한 흉상들은 특히 감정을 표현하고자 했다. 하지만 그의 조각품들은 감정을 분명

[그림 13-6] 정신분열증 환자의 그림. 공간적 관계의 분열을 보여주고 있다.

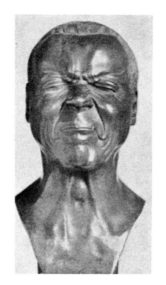

[그림 13-7] 정신분열증 예술가인 메서슈미트의 흉상, 〈기분이 언짢은 사람〉과 〈해학적인 사람〉. 이 그림은 감정보다는 근육을 연구하고자 한 것처럼 보인다.

하게 표현하고자 만들어진 것이지, 분노나 경멸감의 특징을 묘사하는 데는 성공하지 못했다. 감정보다는 오히려 근육을 연구하고자 한 것처럼 보인다. 이와 같은 표현력의 부족은 정신분열증 환자들이 마주보기에 너무 위협적으로 여겨져서 감정을 억누르기 때문에 나타난 것이다(Kris, 1952).

정신분열증 환자들의 예술은 '매혹적인 이상함'을 느끼게 하기 때문에 매우 인상적이다(Prinzhorn, 1972). 정신분열증 환자들이 실제로 그들의 환상을 묘사하는지 그렇지 않은지에 대해서는 알려진 바가 없지만, 그들 작품의 내용은 무시무시하고, 보통 사람들에게 낯선 경험들을 불러일으키는 것처럼 보인다(Arnheim, 1977). 이런 난해함에 대한 이유 중 하나는 사용된 상징들의 개인적인 특이한 특징 때문이다. 전형적으로 그들의 작품들은 [그림 13-2]에서 볼 수 있는 머리, 십자가, 접시들과 같이 신비롭고 이해하기 힘든 상징적 의미를 지닌 대상들로 가득 채워져 있다. 이와 같은 특성은 일반적으로 환자들이 대상에게 부여하고 있는 상징적 의미와 관련 있을지 모른다. 아마 사소한 대상에게 상징적 의미를 부여하는 이런 경향은 정신분열 환자의 분산된 주의력에서 기인했을 수 있다. 만약 모든 것들이 동등하게 주의를 받는다면, 일반 사람들에게 덜 중요하게 여겨지는 사물이나 사건들은 정신분열 환자들에게는 더 중요한 의미를 지니게 되기 때문이다.

또 다른 두 가지의 요소들이 정신분열증 환자들의 작품을 이해하기 어렵게 만든다. 그 중 하나는 [그림 13-2]와 같이 그림, 글자, 숫자, 음악기호들이 특이한 방식으로 혼합된 것이다. 이런 기호들은 그 자체의 의미를 뜻하기도 하지만 개인적인 의미도 가진다. 작품의 이해를 어렵게 하는 또 다른 요소로는, 어떤 환자들은 우주의 작용원리를 설명하는 자신만의 체계를 창조해 낸다는 데 있다. 그들이 창조해 낸 완전한 체계에 숙달되지 않는 한 그들의 작품을 올바르게 이해하기란 거의 불가능하다.

마지막으로, 정신분열증 환자들은 특이한 방식으로 그림을 그린다. 첫째, 이들은 종종 페이지의 아무 곳에나 그림을 그리기 시작하고, 그림을 단숨에 그려버리기도 한다. 둘째, 이 환자들은 종종 그들이 선택의 여지가 없는 상태에서 작품을 만든 것은 아니지만, 그렇게 그리도록 이끌려졌다고 말하곤 한다. 예를 들어 나무조각 작품을 만든 한 환자는 다음과 같이 말했다. "나무토막이 내 앞에 있으면, 최면이 걸린다. 마치 그것이 시키는 것을 내가 따르는 것처럼 말이다. 만약 그렇지 않으면 싸움이 날 것이다." (Prinzhorn, 1972, p.130)

정신분열증 예술의 보편성에 대한 증거는 발병 이전에는 예술가가 아니었던 정신분열증 환자들에 대한 비교문화적 연구에서 비롯되었다 (Billig and Burton-Bradley, 1975, 1978). 뉴기니와 미국에 사는 정신분열증 환자들의 미술작품들을 비교해 보면, 정신병 초기 단계 때 그린 그림에는 그 작품이 그려졌을 때 작가가 살고 있는 문화의 흔적들이 나타난다는 점을 발견할 수 있다. 하지만 정신병이 진행되어 갈수록 그림은 그들 고유의 문화적 특성을 잃어간다. 정신병이 심각한 뉴기니 작가의 그림은 뉴기니의 정상적인 작가들의 그림보다 서구 정신분열증 환자의 그림에 더욱 흡사하다. 문화적 특성은 보편적인 정신분열증 환자의 스타일로 대체된다. 예를 들어 뉴기니에 입원한 환자는 피해망상을 갖기 시작했다. 죽은 아내가 꿈에 나타나 그녀를 생각하지 말라고 경고한다. 또는 그는 미칠거라 생각이 들곤 한다. 그는 아내의 망령을 쫓아내기 위해 뉴기니에서 전형적인 고대의 장식판을 그리기 시작한다(그림 13-8). 이 장식판은 환자들에 의해 변형되면서 전통적인 장식들은 과장되어 간다. 색깔은 점점 거칠어지고, 전통적인 약한 빨간색, 황토색, 검은색, 흰색, 그리고 종종 분홍색을 쓰는 대신 밝은 녹색, 파란색, 보라색, 빨간색, 그리고 노란색을 사용한다. 어떤 경우에는, 몸 형체의 경계를 모두 없앰으로써 부분들의 결합이 사라지고 눈이 공중에 떠 있는 것처럼 표현된다. 이런 그림의 결과들에 의하면 자아가 분열됨에 따라 문화적 요소를 잃는 경향이 뚜렷해지며, 점차 보편적인 요소들의 모습이 나타나기 시작한다(1975, p.38). 환자들이 회복해 감에 따라 이런 이상한 특징들은 사라지고, 그림들은 조리 있고 사실적인 면이 많아진다.

정신분열증 환자 그림의 특징들은 정신적 장애 그 자체, 격리수용 또는 정규 교육의 부족과 같은 요소가 아닌 정신분열증 그 자체의 장애에서 기인되었다고 볼 수 있다. 정신분열증이 아닌 다른 정신병이 있는 환자들의 그림은 정신분열증 환자의 그림과는 매우 다르다. 정신분열증 환자들이 보이는 내용 또는 공간관계에 대한 이상한 왜곡은 우울증, 히스테리, 신경증 환자의 그림에서는 찾아볼 수 없다(Hardi, 1872; Pickford, 1970, 1982). 이런 왜곡은 알코올 중독자, 결핵 환자, 그리고 죄수들과 같이 수용시설에 있는 사람들의 작품에서도 나타나지 않는다(Hardi, 1962, 1969; Laing, 1964; Schaefer-Simmern, 1948). 또한 교육받지 못한 성인들의 그림에서는 정신분열증 환자의 그림에서는 찾아볼 수 없는 간결한 스타일이 나타난다(Jones, 1980; Schaefer-Simmern, 1948).

정신분열증 환자의 예술작품들에 관한 많은 의문은 실험적 조사를 필요로 한다. 예를 들어 예술활동을 시작한 환자들이 특별하고 비전형적인 정신분열증 환자 집단을 구성하는지 알려져 있지 않다. 만일 그림을 그

[그림 13-8] 뉴기니아 파푸아 만 지역의 전형적인 Hohao 전통 장식물(왼쪽): 이 장식은 단순하고 대칭적인 디자인을 보이고 있고, 밝은 색상과 복잡한 디자인 요소를 지니고 있지 않다. 정신분열증 환자가 그린 전통적인 장식판(오른쪽 위로부터): 기본적 구조는 보전되어 있으나 어느 정도의 왜곡이 존재한다; 장식이 증가하고, 색상이 전통적인 방식과는 다르게 밝다; 관습적인 경계가 사라지고 밝은 색상이 사용되었다. 그리고 그림은 전통적인 장식판과 거의 비슷하지 않다.

리거나 글을 쓰지 않는 정신분열증 환자에게 그러한 것들을 해 보라고 요구한다면, 아마도 그들의 작품들은 자발적으로 그림을 그리고 글을 쓰는 정신분열증 환자의 작품들과는 다를 것이다. 자발적으로 그림을 그리고 시를 쓰는 정신분열증 환자에게 그것을 하라고 요구한다면 어떻게 될지 알려져 있지 않다. 아마도 그들은 명령에 따라 작품을 만들 수 없고, 작품을 만들고자 하는 강한 충동이 일어날 때까지 기다려야 할 것이다. 정신분열증 예술분야에 관한 실험적 조사가 많이 이루어지지 않았기 때문에 이와 같은 물음은 아직 대답될 수 없다. 또한 정신분열증에 걸린 예술가들의 작품이 왜 발병한 후 그림을 그리기 시작한 사람들의 그림과 비슷하지 않은지도 알 수 없다. 예를 들어 반 고흐가 발병 후에 그린 그림에는 통합성이 남아 있으며, 그의 양식은 죽음에 이르기까지 계속해서 서서히 발전해 갔다. 발병 후의 작품은 그림 그리는 것을 배우지 않은 정신분열증 환자들이 그린 작품보다는 그가 건강했을 때 그린 작품들과 훨씬 더 비슷했다.

　숙련된 예술가들에게서와 같이 발병 후 처음으로 예술활동을 시작한 정신분열증 환자들의 경우에도, 정신장애는 시각예술에 비해 언어적 예술에서 더 부정적 효과를 나타냈다. 정신분열증 언어에서는 비유가 많이 쓰인다(Arieti, 1974). 그러나 환자들이 그들 자신이 언어를 비유적으로 사용하고 있다는 것을 깨닫고 있는지는 확실하지 않다. 그들이 의식적으로 비유적 언어를 사용하는 것이 아니라는 하나의 증거로서, 그들이 자주 은유와 격언을 글자 그대로 해석하고 있다는 것을 들 수 있다(Arieti, 1974).

　다음 시는 정신분열증 환자가 지은 것이다(Arieti, 1974).

> I think a little
> Even a chittle
> If don't mittle
> On the tittle
> In the middle
> Of a diddle
> Of a kiddle
> In my middle

Don't you taddle
Or I'll saddle
Then goodbye goodbye.

이 시에서 눈에 띄는 중요한 점은 아주 어린 아이들이 사용하는 소리를 상기시키는 단어들의 음성적 효과이다. 작가는 의미를 배제하기 위해 유음(assonance)과 리듬의 특성을 가진 단어들의 소리에 초점을 맞추고 있다. 신조어나 만들어낸 말(invented words)이 많이 등장한다. 물론 시는 음성에 의해 읊어진다. 하지만 정신분열증 환자가 짓지 않은 시에서는 그러한 단어들이 많이 쓰인다 할지라도 보통 이해할 수 있는 의미를 지닌 단어로 사용된다.

이 정신분열증 환자의 시는 의미를 넘어 음성과 새로 만들어진 신조어에 초점을 맞추고 있기 때문에 의미의 전달이 전적으로 불가능하다. 전반적인 통일성의 결여, 경직성, 난해함의 측면에서, 이 시는 정신분열의 그림을 상기시킨다. 정신분열증 환자들의 시들은 논리에 맞지 않고 비통합적인 특징을 지니고 있다. 그리고 이런 시들과 정신분열증에 걸리지 않은 작가들의 시 사이에는 어떠한 관련성도 찾아볼 수 없다. 정신분열증 환자들의 글은 오로지 시의 원재료의 하나인 음성적 효과만을 지니고 있는 것으로 볼 수 있다. 전체적인 통일성, 그리고 어떤 의미에 대한 음성효과의 종속관계가 없다면 제대로 된 시가 될 수 없기 때문이다.

정신분열증 환자의 예술에 대한 정신분석학적 접근

정신분열증 환자의 예술은 다양한 방식으로 해석되어 왔다. 정신분석학적 견해에 의하면, 정신분열증 환자의 예술은 일차과정적 또는 비합리적 사고로 퇴행한 결과로 간주된다. 이런 해석은 예술사를 전공한 정신분석학자인 에른스트 크리스(Ernst Kris, 1952)의 글에서 제시되었다. 크리스에 따르면, 건강한 개인은 꿈을 꾸는 동안 일시적으로 일차과정적 사고의 수준으로 퇴행한다. 이 일차과정적 사고에 의해 꿈에서 보이는 이상한 특징들이 나타난다. 두 개의 반대되는 상들이 결합된 것(여자의 머리를 지닌 남자의 신체), 전혀 다른 어떤 것을 상징하는 꿈의 이미지(한 사람의 남편을 상징하는 한 사람의 아버지) 또는 의미의 복합성으로 다양한 것을 상징하는 한 이미지(한 사람의 신체와 자궁을 상징하는 말)와 같은 특징들이 나타난다. 일차과정적 사고의 동일한 측면들이 농담하고 익살떨고 예술작품을 창작하는 것을 가능하게 한다. 그러나 이 모든 경우에서 일차과정적 수준으로의 퇴행은 일시적이다. 그리고 이는 항상 자아의 통제하에서 이루어진다. 자아는 완전하게 통제되어 있고, 개인들은 내적 세계와 외적 세계 간의 경계를 착각하지 않는다.

이 견해에 따르면 정신분열증 환자들 역시 일차과정적 사고로 퇴행한다. 그러나 이런 퇴행은 일시적이지도 않고 자아의 통제하에서 이루어지지도 않는다. 정신분열증 환자들의 자아는 손상되었기 때문에 상상의 세계와 현실 간의 분별을 상실한다. 그리고 일차과정적 사고에서의 이미지를 실제 세계로 해석한다. 이런 이유 때문에 정신분열증 환자들의 예술은 아주 이상하게 보인다.

정신분석학적 이론에 따르면, 정신분열증 환자들은 오로지 정신건강을 회복하기 위한 시도로 예술을 창조하기 시작한다. 한 예로 어느 한 정신분열증 환자는 발병한 후에 조각작품을 만들기 시작했고, 증상이 호전되었을 때 그 일을 멈추었다(Kris, 1952). 정신분열증 환자들은 예술의 치유적인 힘 때문에 예술에 이끌리게 된다고 말하곤 한다.

정신분열증 예술에 대한 심미적 접근

정신분석학적 견해와는 다르게, 심미적 접근은 정신분열증 예술을 일차과정적 사고로의 퇴행의 산물이 아니라, 통제를 벗어난 보편적인 심미적 충동의 산물이라고 간주한다. 이 견해에 따르면, 정신분열증 예술에 대한 연구는 사람들에게서 나타나는 상상적이고 창의적 행위의 기본적인 기제를 밝혀줄 수 있을 것이다. 이런 믿음은 정상적인 예술과 비정상적인 예술의 근거에는 동일한 심리학적 기제가 작용한다는 가정에 기초하고 있다.

이와 같은 심미적 접근은 한스 프린츠호른(Hans Prinzhorn, 1972)에 의해서 제안되었다. 프린츠호른은 정신과 의사가 되기 전에 예술사와 철학을 전공했고 1918년에 독일의 하이델베르크 정신병원에서 근무하게 되었다. 그 후 프린츠호른은 전 유럽에 걸쳐 정신병원에 입원해 있는 환자들이 만든 회화, 스케치, 조각작품을 수집하기 시작했다. 그가 수집한 작품을 만든 환자들의 대부분은 정신분열증적 증상을 보이는 사람들이었다. 그리고 그들 대부분은 이전에 어떠한 예술적 훈련과 교육을 받지도 않았다. 프린츠호른은 또한 어린이들의 예술, 원시예술과 민속예술, 20세기 표현주의 예술과 초현실주의 예술을 연구했다.

이와 같이 서로 다른 형태의 예술 사이에서 놀라운 유사성들이 발견되었다. 이런 유사성에 근거해 프린츠호른은 다음과 같은 결론을 이끌어냈다. 모든 예술작품은 그것이 정신병자의 작품이든 정상인의 작품이든 관계 없이 놀이를 하고자 하는 욕구, 장식하고자 하는 욕구, 질서를 창조하고자 하는 욕구, 상징을 창조하고자 하는 욕구를 포함하는 건강한 충동의 표명이다. 이런 충동들은 자발적인 놀이와 어린이들의 예술에서 처음으로 나타나고 학령기 동안에는 감소한다. 그러나 그것이 완전히 사라지는 것이 아니다. 그것들은 잠복해 있고, 언제든지 다시 활성화될 수 있다. 그리고 다시 활성화되는 하나의 방법이 정신분열증의 출현에 의해서이다.

이런 설명에 의하면, 정신분열증은 사람들을 외부 세계로부터 분리시킴으로써 심미적 충동을 활성화시킨다. 이와 같은 분리에 의해서 정신분열증 환자들은 실제 세계보다 감각적으로 더욱 풍부한 그들 자신의 세계를 예술을 통해 창조하도록 강요된다. 정신분열증 환자들에게서 이런 보편적 심미적 충동들이 나타나기 시작하면, 그것은 정상적인 과정으로 진행되지 않고 통제 불가능한 방식으로 분출한다. 이는 정신분열증 예술에서 공간의 모든 부분을 고집스럽게 채우려는 것과 특이하고 풍부한 상징들을 많이 사용하는 것들을 설명한다. 그러므로 정신병 환자의 예술은 왜곡된 건강한 충동의 표명이다.

정신분열증 환자의 그림이 보편적인 심미적 충동의 산물이라는 견해는 정신분열증 환자들의 그림에 예술작품으로서의 지위를 부여한다. 사실 정신분열증 환자들의 작품들은 점차적으로 진정한 예술작품으로 평가되어져 왔다. 클레(Paul Klee, 1968)와 같은 예술가들은 정신장애자의 그림을 영감의 출처로 생각했다. 그리고 미국과 유럽의 박물관과 미술관에서는 정신장애자의 그림들이 전시되었다(Anastasi and Foley, 1941).

많은 정신분열증 환자들의 예술작품은 확실히 아름답다. 그러나 아름다움과 같은 평가적 특성은 어떤 것이 예술작품으로 받아들여질 수 있는지를 결정하지는 못한다. 더욱 유용한 기준은 작품들이 충만함과 표현성과 같은 전형적인 예술작품에서 나타나는 특성들을 지니고 있는가이다. 그러나 이런 기준을 정신분열증 예술에 적용하는 것은 쉽지 않다. 원숭이와 어린이들의 그림과 같이 정신분열증 환자의 작품들은 관람자들에게 충만하게, 그리고 풍부한 표현을 지니고 있는 것으로 보일 수 있다. 그러나 이런 특성은 아주 우연히 만들어질 수 있다. 정신분열증 환자들이 충만함과 표현성과 같은 특성에 민감하고 이들 특성을 그들의 작품 속에 정교하게 끌어들일 수 있다면, 그들의 작품은 심미적으로 기능하고 있다고 말할 수 있다. 불행히도 그와 같은 연구는 수행되지 않았다.

정신분열증 환자들의 작품이 예술로 분류될 수 있는지는 여러 가지 문제 중 하나이다. 다른 문제는 과연 정신분열증 환자의 작품이 정상인의 위대한 작품들과 같이 강력하게 흥미를 끄는가이다. 이는 가치판단을 요구한다. 정신분열증 환자의 그림은 표현주의와 초현실주의 예술과 외견상 비슷하다. 이들 세 유형은 외부 세계보다는 예술가의 내부 세계를 묘사하고 있다. 그리고 초현실주의와 정신분열증 환자의 예술은 개인적이고 이상한 상징을 많이 사용하고 있다. 그러나 정신분열증 환자의 예술은 이들 학파의 예술과는 많은 면에서 차이를 보이고 있다.

첫째, 정신분열증 화가들은 오로지 개인적이고 자폐적인 방식으로 그림을 그리는 것처럼 보인다. 그러나 표현주의 화가와 초현실주의 화가들은 심사숙고하여 그림 그리기를 선택한다. 둘째, 정신분열증 환자의 그림은 통합되어 있지 않은 느낌을 주기 때문에, 이 그림이 시간을 초월해 놓여 있는 것으로 보이지 않는다. 초현실주의 회화작품에서 각각의 부분들은 전반적인 구조에 잘 조직되어 있지만, 정신분열증 환자의 그림에서는 그렇지 않다. 그러므로 감상자의 시선은 계속해서 표류하게 되고 어디에 초점을 맞추어야 할지 알 수 없다.

마지막으로, 극단적인 난해함 때문에 정신분열증 환자의 그림은 사람들 간에 소통이 되지 않는다. 이런 소통의 문제는 표현주의 예술과 초현실주의 예술에서는 훨씬 덜하다. 표현주의와 초현실주의 작품은 불안의 시대에 사람들이 지니는 존재의 심리적 측면에 대해 소통하고자 하는 시도로써 만들어졌다. 그러나 정신분열증 환자들의 그림은 타인에게 향해 있지 않은 것처럼 보인다. 그 그림은 오직 자신에게만 이해될 수 있고, 심지어 자신에게도 이해가 되지 않는다.

예술은 인류의 보편적 경험을 다룬다. 그러나 정신분열증은 사람을 인류로부터 단절시키고 사람을 예술적 영역 속으로 고립시킨다.

예술의 치유적 효과

회화에서 정신분열증은 비예술가들에게서 예술적 창의성을 일깨우기도 하고, 때때로 이전의 건강할 때 그린 그림보다 더 흥미있는 그림을 만들도록 함으로써 숙련된 예술가의 창의적 능력을 향상시켜 준다. 정신분열증 환자들이 예술적 활동에 전념하는 것이 가능한 이유 중 하나는 예술적 활동이 치유에 도움이 되기 때문이다. 예술은 정신장애를 치유하는 데 도움이 될 수 있다. 예전에 예술적 활동을 하지 않았던 환자들은 자연스럽게 예술에 이끌리게 되고, 숙련된 예술가들은 더 많은 작품을 만들어내기도 한다. 물론 이런 치료법이 항상 성공적인 것은 아니다. 반 고흐의 경우, 정신질환이 발병한 후에 그의 작품 활동은 급격히 증가하였지만 병의 증세는 호전되지 않았다. 그럼에도 불구하고 어떤 종류의 예술적 활동에 종사하는 것은 위안을 제공함으로 정신장애에서 오는 고통을 완화시켜 준다.

예술이 치유적 효과가 있다는 믿음은 천재와 정신이상이 서로 관련되어 있다는 믿음만큼 상당히 오랜 역사를 지니고 있다. 이 치유의 가능성은 정신장애를 앓고 있는 예술가들의 증언으로 지지된다. 예술가들은 그들의 예술작품이 가장 힘든 시기를 극복하는 데 도움이 된다고 말하고 있다. 거의 죽음에 임박했을 때 병원에서 쓴 편지에서 반 고흐는 다음과 같이 쓰고 있다. "예술작품은 의지를 강화시킨다. 그 결과 작품은 나의 정신적 취약함을 극복하도록 한다. 그리고 작품은 어느 것보다도 나를 잊게 하는 데 효과적이다. 내가 오로지 예술작품에만 전념할 수있었다면 그것은 가장 훌륭한 치료가 될 수 있을 것이다"(Stone and Stone, 1960, p.524). 반 고흐의 이런 말은 작가인 그레이엄 그린(Graham Greene)의 생각과 유사하다. "글을 쓰는 것은 치료의 한 형태이다. 때때로 나는 글을 쓰지 않고, 작곡하지 않고, 그림을 그리지 않는 사람들이 어떻게 인간의 실존에 고유한 광기, 우울증, 공포에서 벗어날 수 있는지를 곰곰이 생각한다"(1980, p.285).

예술은 정신장애를 진단하고 치료하는 데 사용되어 왔다. 정신장애자들이 만든 작품에 대한 최초의 연구는 환자의 예술작품을 진단도구로 사용하고자 하는 시도에서 출발했다(Lombroso, 1895; Simon, 1888). 20세기의 정신의학에서 예술작품은 점점 더 이와 같은 방식으로 사용되었다. 진단에 사용하기 위해 그림 검사가 개발되었고(Anastasi and Foley, 1941; Naumburg, 1950; Pickford, 1963, 1970), 예술치료는 정신장애를 치료하는 한 부분으로 정착되었다(Wadeson, 1980). 환자들은 스케치하도록, 그림을

그리도록, 조각작품을 만들도록, 글을 쓰도록, 노래를 부르도록, 춤을 추
도록 격려되었다. 그리고 만들어진 작품들은 그 환자들이 겪는 장애의
특별한 형태를 진단하는 데 사용되었다. 예를 들어 정신분열증 환자가
그린 그림에는 질병의 고유한 특징들이 나타나고 있는 반면, 우울증 환
자의 그림은 아주 다른 특징을 지니고 있다. 아주 전형적인 우울증 환자
의 그림은 애써 그림을 그리려는 노력의 모습이 보이지 않고, 색상을 거
의 사용하지 않으며, 빈 공간이 지나치게 많고, 세부적인 부분들이 결여
되어 있다. 그리고 많은 예외들이 존재하기는 하지만 그림들은 불완전해
보인다(그림 13-9, Dax, 1953; Plokker, 1965; Wadeson, 1980). 이런 특징들
은 우울증적 성격의 다른 특징인 감정의 억제, 낮은 수준의 에너지와 생

[그림 13-9] 우울증 환자의 그림.
색상이 거의 사용되지 않고, 빈 공간
이 많다.

산성과 유사하다. 조울증 환자(manic depressive patients)는 우울증적 단계 (depressive phase)에서는 유사한 그림을 그린다. 그러나 조울증적 단계 (manic phase)가 나타나면 다양한 색상이 사용되고, 화폭은 빼곡하게 채워지며, 정서적으로 활달하게 나타난다(Wadeson, 1980).

정신장애자들이 그리는 그림은 그들의 장애를 반영하기 때문에, 환자의 예술작품은 질환의 유형을 정확하게 진단하는 데 유용하게 사용될 수 있다. 더욱이 정신분열증, 우울증, 조울증과 같이 넓은 의미에서의 진단이 이루어지고 나면, 심리치료사는 그 그림의 특성을 분석함으로써 개별 환자들의 독특한 갈등에 대한 통찰을 얻을 수 있다. 그들의 감정을 표현하려고 하지 않는, 또는 표현할 수 없는 환자들은 그들의 감정을 예술작품 속에 나타낸다. 오랫동안 억압된 분노는 부지불식간에 환자의 그림 속에 나타난다. 그러므로 심리치료사는 그 환자가 분노를 지니고 있다는 것을 알게 된다. 예술치료에 사용된 예술작품들은 꿈과 동일한 방식으로 전통적 심리치료에서 사용되었다. 이 둘은 무의식에 나 있는 창으로 간주된다. 이런 의미에서 예술은 심리치료사에게 환자와 의사소통하는 하나의 형태로 작용한다.

환자들이 자신들의 무의식적 감정을 그림 속에 부지불식간에 표출할 수 있다는 사실은 예술이 진단은 물론 치료의 수단으로 사용될 수 있다는 것을 의미한다. 무엇보다도, 예술작품은 치료사들에게 환자의 세계를 통찰할 수 있도록 한다. 그러므로 치료사는 환자들에게 그들의 무의식적 갈등을 적절히 대처해 나가도록 도움을 줄 수 있다. 둘째, 그들의 무의식적 갈등을 그림에서 외적으로 표현함으로써 환자들은 스스로 이런 감정을 인식할 수 있게 된다. 어느 한 사례에서 성난 얼굴의 모습을 그린 한 환자는 그 그림을 바라보고 그가 왜 그러한 성난 얼굴의 모습을 그렸는지 알 수 없다고 말했다. 왜냐하면 그는 스스로 전혀 화가 나 있지 않았기 때문이다(Wadeson, 1980). 그러나 그는 결국 화가 나 있었다는 것을 알게 되었다. 그가 화가 나 있다는 것을 의식적으로 알게 됨으로써 그의 감정을 부인하고 스스로 차단하기보다는 이를 스스로 받아들이고 자신의 내부로 통합할 수 있었다.

예술치료는 억압된 우울한 감정을 표출하는 한 방법을 제공해 줄 수 있기 때문에 치료에 효과가 있는 것으로 간주된다. 프로이트가 꿈은 어느 정도 긴장을 감소시키는 데 도움이 된다고 믿었던 것과 같이, 예술을 통해 그들의 감정을 표출함으로써 환자들은 억압된 감정을 발산하므로 더욱 안정된 상태를 유지할 수 있다고 예술치료사들은 주장하고 있다.

이런 모든 이유 때문에 정상적인 예술가들의 예술활동 역시 치유적이 될 수 있다. 그러므로 예술은 자신의 문제를 통찰하는 방법을 제공함은 물론 이들을 해소하는 수단을 제공함으로써 잠재적인 정신병을 방어하는 기능을 할 수도 있다. 지필 성격검사가 보여주는 것과 같이 예술가들은 잠재적 정신병적 경향을 지니고 있다. 그리고 예술활동을 하는 것은 이런 잠재적 질환이 발현되지 않도록 하는 데 도움이 된다.

예술치료는 다양한 유형의 사람들에게 사용될 수 있다(Wadeson, 1980). 예술치료는 정신분열증, 우울증, 조울증과 같은 질환을 지니고 있는 입원환자들에게 사용될 수 있고 신경증의 치료에도 사용될 수 있다. 또한 가족구성원이 가족 간의 역동성을 탐구하고자 하는 목적으로 그림을 결합하는 가족요법에도 사용될 수 있다. 그리고 정신적 장애를 지니지 않은 많은 유형의 공공시설에 수용되어 있는 사람들, 즉 양로원의 노인들, 약물중독과 알코올중독 환자, 저능아와 지체부자유자들을 대상으로 사용될 수 있다. 심지어 예술치료는 자기 표현을 통해서 성장하는 것을 돕기 위한 수단으로 정상적인 어린이들을 대상으로 사용되고 있다.

예술에서의 참여활동은 정신건강을 증진시키는 데 도움이 된다는 것이 많은 사례연구를 통하여 입증되었다(Anastasi and Foley, 1941; Gaston, 1968; Naumburg, 1950; Plokker, 1965; Schaefer-Simmern, 1948; Wadeson, 1980). 이 연구들은 환자들의 증세가 점점 호전되기 시작할 때 그들의 예술작품은 증상이 호전되고 있음을 극적으로 반영한다는 것을 보여주고 있다. 정신분열증 환자는, 처음에는 그림에 묘사된 내용들이 서로 무관했는데, 병적 증세가 호전되면서 덜 이상하고 더욱 정상적인 방식으로 그림을 그리기 시작했다. 그리고 색을 거의 사용하지 않으며 여백을 많이 남겨놓고 그림을 그렸던 우울증 환자도 점점 화려한 색상을 사용하였고, 더 디테일하게 대상을 묘사하였고, 더 많은 노력을 들여 그림을 그리기 시작했다(그림 13-10).

이런 상관은 예술치료가 효과가 있다는 증거는 되지 못한다. 그리고 이들 상관은 환자들의 예술활동이 그들의 치유에 인과적으로 관련되어 있다는 것을 입증하지는 않는다. 단지 예술작품은 질병의 변화과정을 유도하기보다는 반영한다는 것이다. 예술치료의 프로그램이 질환의 호전과 관련 있다는 것을 보여주는 연구의 문제점은 예술 이외의 다른 활동을 하고 있는 유사한 환자들로 구성된 통제집단이 결여되어 있다는 것이다. 그러므로 증상의 호전이 모든 경우에 나타나는지 알 수 없다(Anastasi, 1941). 그리고 통제집단이 사용되었을 때 통제집단의 환자들은 어떠한 다른 유형의 요법을 적용하지 않고 홀로 남겨두었다(Gardner, 1973a). 그

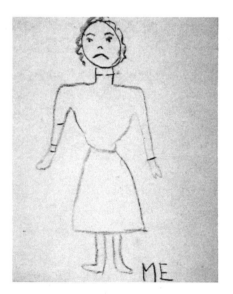

[그림 13-10] 우울증 환자의 그림. 심각한 우울증을 겪는 동안에 그려진 자화상(왼쪽), 이 그림은 이전에 자살을 시도할 때 입은 목과 손목의 상처를 보여주고 있다. 그리고 우울증이 사라진 후에 그려진 색상이 화려한 그림(오른쪽).

러므로 예술치료를 받은 집단에서 보인 증상의 호전은 단순히 치료사와 함께 어떤 활동을 한 것의 결과일 수도 있다.

그러나 예술치료의 잠재적 가치는 사사로운 것으로 무시될 수는 없다. 다른 유형의 심리요법에 대한 연구들도 치료가 효과가 있는지를 결정적으로 입증하지는 못했다(Eysenck, 1960). 더욱이 증상의 회복은 대부분 다양한 유형의 요인에 의해 나타난다. 그리고 예술활동은 건강의 회복에 도움이 될 수 있다. 만약 예술이 자기를 표현하는 자연스러운 수단이 된다면, 정신장애자는 언어와 같은 다른 형태의 의사소통보다 예술을 통해서 의사소통하는 것이 훨씬 용이하다고 생각할 것이다. 그리고 어떤 환자들은 자연스럽게 예술에 매료된다. 이것은 예술이 그들에게 의미를 지니고 있고, 그들의 삶에 어떤 역할을 하고 있다는 것을 보여주는 것이다.

예술과 정신분열증 간의 생화학적 관련성

예술의 치유적 효과 이외에, 예술이 왜 정신분열증과 관련이 있는지에 대한 다른 가능한 설명이 있다. 정신분열증은 아마도 잠재되어 있는 예술적 창의성을 촉발하는 것처럼 보인다. 정신분열증의 중요한 증상은 예술적 능력을 촉진시킬 수 있는 것처럼 보인다. 예를 들어 망상, 높은 각성수준, 대부분의 사람들이 중요하지 않은 것으로 간주하는 것을 무시하지 못하는 특성들이 독창적인 통찰과 예술적 비전을 이끌도록 할 수 있다.

한 예비연구에 의해 정신분열증은 예술적 창의성을 촉발시킬 수 있는 생화학적 기제가 존재한다는 것이 제시되었다(Hartmann et al., 1981). 이 연구에서 수면장애가 분석되었고 여기에서 악몽, 정신분열증, 예술 사이에서 흥미있는 관계가 제안되었다. 여러 신문광고를 통해, 자주 악몽을 경험하는 18세 이상의 성인 남녀들이 모집되었다. 일주일에 한 번 이상의 악몽을 경험했다고 보고한 38명의 참여자들이 연구를 위해 선택되었다. 각각의 참여자들은 한 번 또는 두 번의 집중적인 정신과적 인터뷰를 받았고 신경증적 정신병 증상을 측정하는 성격 검사를 실시했다.

이 참여자들은 성격 검사에서와 같이 상당한 정신병리학적 증상을 보여주었다. 더욱이 이들에 대한 생애사(life history) 분석은 상당히 많은 정신적 장애를 보여주었다. 이들 중 4명은 정신질환으로 병원에 입원했었고 29명은 심리치료를 받았다. 많은 사람들이 자주 우울증적 증상을 보였다. 이들 중 15명은 심각하게 자살을 생각했었고, 9명은 경계에 놓여 있는 것으로 진단되었다. 그리고 6명은 정신분열증적 성격유형으로 평가되었다. 많은 참여자들은 정신분열증으로 진단되는 관련 특징을 지니고 있었다. 놀랍게도 이들 중에 아무도 전형적인 신경증 환자로 분류되지는 않았다.

이런 결과는 놀라운 것이 아니다. 심각한 악몽을 경험하는 사람들은 정신적 문제를 보이고 있을 것이라고 예상할 수 있었기 때문이다. 놀라운 것은 거의 이들 모두가 예술에 관련된 직종에 종사하고 있고, 또는 이와 관련된 일을 계획하고 있다는 것이었다. 그들은 화가, 시인, 음악가, 예술치료사들이었다. 그리고 비예술적 직업을 갖고 있는 사람들은 예술에 직접 관여하지는 않더라도 그들 스스로를 예술가로 생각했다. 그러므로 이런 집단은 특이한 방식으로 예술에 관련되어 있었다.

하르트만(Hartmann, 1980)은 이들 참여자의 정신분열증적 경향성, 악몽, 그리고 그들의 예술적 성향들이 서로 관련되어 있을 가능성에 대해 고찰했다. 그는 이들의 뇌에서 나타나는 생화학적 불균형이 정신분열증, 과도한 악몽, 예술적 관심을 향한 경향성을 유발한다고 제안했다. 신경들 간의 전기적 충동을 전달하는 화학물질인 도파민을 투과하는 세포들이 정신분열증 환자의 뇌에서 과도하게 활성화되어 있다는 것을 시사하는 간접적 증거들이 제시되었다(Carlsson, 1978; Matthysse, 1977; Meltzer and Stahl, 1976; Snyder, 1976). 그리고 과도한 도파민 수준은 생생한 꿈과 악몽을 유발하는 것으로 밝혀졌다. 예를 들어 뇌에서 도파민의 수준을 증가시키는 엘도파(L-Dopa)라고 불리는 약물이 주어질 경우, 위약효과를 보이도록 처방된 통제집단에서 보다 더 많은 악몽을 경험했다(Hartmann, Russ, and Skoff, 1978).

그러므로 높은 도파민 수준은 정신분열증과 생생한 악몽의 경험과 관련되어 있다. 비록 입증된 것은 아니지만 아마도 높은 도파민 수준이 예술적 경향을 나타내도록 하는 것처럼 보인다. 이것을 입증하는 하나의 방법은 정신분열증 환자가 아닌 사람들에게 암페타민(amphetamine)의 효과를 검증하는 것이다. 암페타민을 처방함으로써 과학자들은 정상인의 뇌에서 높은 도파민 수준과 유사한 조건을 만들어 낼 수 있다(Alpert and Friedhoff, 1980). 그 결과 정상적인 사람들에게서 정신병적 증상을 유발시킬 수 있을 것이다. 그리고 암페타민이 처방되었을 때 사람들이 더욱 예술적 성향을 보이게 되는지를 결정할 수 있을 것이다. 도파민 수준에 대한 가설을 검증하는 더욱 간접적인 방법은 예술가들이 평생 과도하게 많은 악몽을 경험했는지를 결정하는 것이다.

비록 높은 도파민 수준이 예술적 능력과 정신분열증에 관련되어 있다는 것이 제시되었어도, 이는 단지 예술활동과 정신분열증이 공통의 원인을 가지고 있다는 것을 입증할 뿐이다. 그러한 증거는 정신분열증 그 자체가 예술적 능력을 촉진시킨다는 것을 입증하지는 못한다. 왜냐하면 정신분열증은 예술가와는 관련이 없지만 예술과는 상관을 보일 수 있기 때문이다. 즉 위대한 예술가들은 높은 도파민 수준을 지니고 있지만 다른 어떤 이유로 정신분열증을 보이는 전형적인 사람과는 다르다는 것이 입증될 수 있다. 그리고 정신분열증에서 도파민의 역할이 그 자체로서 논란이 될 수 있고, 이 문제가 확실하게 밝혀진 것이 아니라는 사실이 문제를 더욱 어렵게 만든다(Alpert and Friedhoff, 1980). 그럼에도 불구하고 도파민 수준에 대한 가설은 정신장애와 예술 간의 생화학적 관련성을 제시하는 몇 개의 시도 중 하나이다.

이와 같은 증거들에 기초하여 잠정적인 결론을 도출할 수 있다. 첫째, 예술가들이 평균 이상으로 정신병적 경향이 있다는 확실한 증거는 없다. 그러나 일반적으로 예술가들은 비예술가들과 비교해 볼 때 잠재적인 정신병적 경향을 지니고 있다는 결정적이지는 않지만 암시적인 증거들이 있다.

둘째, 정신분열증은 예술에 영향을 준다. 언어적 예술 이외에 시각예술의 경우에서, 정신분열증은 환자들의 예술적 능력을 높일 수 있다는 얼마간의 증거들이 존재한다. 그러나 숙련된 예술가의 경우와 정신분열증이 발병된 후 처음으로 그림을 그리기 시작한 사람의 경우에서 정신분열증은 서로 다르게 예술에 영향을 준다. 숙련된 예술가의 스타일은 변화할 수 있다. 그러나 예술가들의 발병 이후 작품은 발병 이후 처음으로 그림을 그리기 시작한 다른 사람들의 작품과 유사하기보다는 발병 이전의 작품에 더욱 유사하다.

셋째, 예술은 정신장애에 영향을 줄 수 있다. 진단을 하기 위한 도구로서 예술을 사용하는 것은 논쟁의 여지가 없고, 예술활동에 참여하는 것은 치유에 도움이 되고, 심각한 형태의 정신장애를 완화시키는 데 효과가 있다.

마지막으로, 최소한 정신분열증과 예술 사이에 생화학적 관련성이 있다는 것이 제시되었다. 정신분열증은 높은 도파민 수준과 관련되어 있을 수 있다. 그리고 이것은 아마도 예술적 창의성을 향상시킬 수 있다. 그러나 예술적 창의성과 정신분열증 사이에 생화학적 관련성이 입증되었을지라도 중요한 심리학적 문제는 여전히 풀리지 않고 있다. 어디에서 생화학과 예술 간의 관련성이 존재하는가? 즉 뇌에서의 화학물질이 예술적 충동을 일으키는 기제는 어떻게 이루어지는가? 그리고 이런 활동의 심미적 중요성은 무엇인가?

정신분열증 환자를 분석하는 것은 매우 어렵기 때문에 이런 문제를 연구하는 것은 쉽지 않다. 지금까지 수행된 연구들은 대부분 결정적인 증거를 제공해 주지 못하고 있다. 그러나 이제 이 문제들이 분명히 규정되었고, 이들을 연구할 수 있는 연구방법들이 제안되었다. 따라서 많은 수의 정신분열증 환자와 적절한 통제집단을 사용함으로써 평범한 사람과 불행히도 정신분열증에 걸린 숙련된 예술가들의 창의적 충동을 이해하는 것이 원칙적으로는 가능하게 되었다.

예술의 수수께끼 풀기

예술심리학은 상당히 폭넓은 문제를 지니고 있다. 예술의 창조에 관해 다음과 같은 물음이 제기된다. 예술가들은 어떻게 창조하는가, 왜 창조하는가, 예술가들은 어떤 능력을 지니고 있는가, 무엇이 한 사람을 예술가가 되도록 하는가? 또한 예술의 지각과 관련해 다음과 같은 유사한 물음이 제기된다. 사람들은 예술작품에 어떻게 반응하는가, 왜 예술작품에 반응하는가, 예술작품을 이해하기 위해서 어떤 능력이 필요한가, 예술작품은 사람들에게 어떤 영향을 끼치는가? 그리고 이들 전체를 포괄하는 물음으로 다음과 같은 것들이 제기된다. 모든 예술형태의 창조와 지각에 공통적인 과정이 존재하는가, 아니면 각각의 예술형태는 각기 다른 설명을 필요로 하는가?

비록 이런 물음이 예술심리학이 다뤄야 할 중요한 테마일지라도, 직접적으로 이 물음에 대한 해답을 추구하지는 않는다. 대신에 다른 과학영역에서와 같이 더욱 구체적인 질문들이 제시되었다. 왜냐하면 물음이 구체적으로 제기되어야 물음에 대한 경험적 분석이 더욱 용이하기 때문이다. 예를 들어 사람들이 어떻게 예술작품의 의미를 이해하는가를 보여주도록 고안된 연구 프로그램을 수행하기보다는 심리학자들은 어떤 유형의 사람(어린이, 성인남녀, 전문가, 뇌손상환자와 같은)들이 어떤 형태의 예술(간단한 이야기, 은유, 구상적 회화, 누드 또는 무조의 멜로디와 같은)에 어떻게 반응하는지를 이해하고자 노력했다. 사람들은 왜 창조하는가에 관한 물음을 직접 연구하기보다는 특별한 유형의 예술가(매우 창의적인 작가 대 평범한 작가, 시각예술에서 문제해결자 대 문제발견자)들 사이의 성격적 차이를 분석하고자 시도했다. 이와 같이 문제를 구체적으로 분석해서 그 결과를 다시 통합하는 것이 결국 더 큰 문제를 조명하는 데 도움이 될 수 있다. 그러나 이런 접근방법에는 궁극적 문제에 대한 해답을 얻지 못할 위험이 존재한다. 만약 심리학자들이 경험적 연구를 수행할 목적으로 문제를 너무 미시적으로 협소하게 규정할 경우, 그들이 발견한 연구의 결과는 전체적인 문제에 대한 이해에 결코 도움이 되지 못한다.

예술심리학을 하는 것은 집을 짓는 것과 같다. 하나의 집은 통째로 한번에 지을 수 없다. 집은 시멘트, 벽돌, 유리, 석고, 창문과 같은 더 작은 요소들로 구성되어야 한다. 그러나 벽돌, 창문과 시멘트 대신에 원자들과 같은 너무 작은 단위로 집을 짓기 시작한다면 집을 짓는 과제는 결코 성취되지 못할 것이다. 그러므로 건축가는 적당한 구성요소를 선택해야 한다. 이와 유사하게 예술에 대한 중요한 심리학적 물음은 직접적으로는 다룰 수가 없다. 더욱 다루기 적절한 주제들을 가지고 시작해야 한다. 그러나 이 주제들은 원자보다는 벽돌과 같이 더욱 의미 있는 단위여야 한다. 그리고 제기된 물음과 수집된 데이터 사이에는 적합성이 존재해야 한다. 만약 데이터가 너무 미시적이면, 그것들은 문제에 대한 이해에 아무런 도움이 되지 않는다.

그동안 예술심리학에 많은 발전이 있었다. 그러나 이런 노력의 과정에서 집을 단번에 완성하고자 하는 사람들과 원자들로 집을 짓고자 하는 사람들 간에 계속적인 논쟁이 있었다. 일반적으로 원자론자들은 엄격한 실험적 방법을 고수하고자 한 반면, 한번에 집을 완성하고자 하는 사람들은 비실험적 방법을 사용하고자 했다. 예술에 대한 심리학적 물음을 제기한 최초의 사람들로 고대 그리스 철학자들이 있다. 플라톤은 예술가들이 어떻게 창조하는가에 관한 이론을 제안했다. 그리고 아리스토텔레스는 예술이 사람들에게 끼치는 영향에 관해 기술했다. 그와 같은 물음은 예술심리학의 핵심주제이다. 그러나 이 철학자들은 가장 광범위한 유형의 물음을 제기함으로써 한번에 집을 짓고자 시도했다. 더욱이 이들은 그 이론의 타당성을 검증할 수 있는 어떠한 객관적 수단도 제시하지 않았다. 대신에 논리와 직관에 의존했다.

　그 이후 몇 세기 동안 철학자와 예술가들은 그리스 철학자들의 방법에 따라, 경험적 증거를 제시하지 않고 예술에 대한 근본적인 물음을 제안했다. 프로이트는 이런 물음에 경험적으로 접근하기 시작한 최초의 학자였다. 그는 예술가의 행동을 포함해 모든 인간행동을 설명하고자 시도한 성격이론을 세웠다. 예술을 성격이론 내에 위치시키고자 한 대담한 시도는 다른 어떤 이론보다도 예술 이해에 대한 사람들의 상식적 기대에 일치했다. 그러나 프로이트 이론의 문제는 너무 광범위하게 규정되어 있어서 이론의 발전이 어렵다는 것이었다. 비록 프로이트는 그의 이론을 신경증 환자에 대한 임상적 관찰에 기초해 세웠을지라도 경험적으로 검증하지는 않았다. 그러므로 이 이론의 설명은 그리스 철학자들의 설명보다 더욱 믿을 만하지는 못했다.

　프로이트가 예술의 궁극적 문제를 탐구하고 있을 때, 다른 심리학자들은 매우 다른 과제를 수행하고 있었다. 19세기 말에 심리학은 실험과학이 되었다. 처음으로 예술적 행위에 대해 경험적 검증이 가능한 가설들이 제안되었다. 구스타브 페히너(Gustav Fechner)와 같은 실험심리학자들은 사람들이 흥미를 느끼는 예술적 특성을 다루면서 양적으로 측정 가능한 문제에 연구를 제한했다. 이들 연구의 포커스는 다소 협소했고, 또한 색상, 기하학적 형태, 분리된 음과 같이 그들이 연구한 단위는 너무 작아서 연구의 결과는 더욱 포괄적인 심리학적 물음을 이해하는 데 도움이 될 수 없었다. 그러므로 이와 같은 초기의 실험심리학자들은 예술의 중요한 문제를 다루지 못했다. 프로이트와 같이 집을 한번에 통째로 세우고자 시도하는 대신, 원자들로부터 집을 짓고자 했다.

　정신분석학자들이 너무 큰 단위를 선택했고, 실험심리학자들은 너무

작은 단위를 선택했다고 비난하기는 쉽다. 그러나 무엇보다도 어떤 것이 적절한 단위인가를 아는 것은 쉽지 않다. 적절한 단위는 상당히 많은 연구가 수행된 후에야 발견될 수 있다. 벌라인과 아른하임, 그리고 많은 인지심리학자들의 노력에 의해 그와 같은 발견의 단계는 이미 성취되었다. 그리고 인지심리학자들은 예술행위에서 요구되는 지적 기능을 밝히고자 노력했다. 이 연구자들은 프로이트의 가설보다는 경험적 검증이 더욱 가능한, 그러나 페히너에서의 문제처럼 협소하지 않은 가설들을 제안했다. 그러므로 그들은 예술에 대한 근본적인 물음을 밝힐 수 있는 가능성을 제시해 주었다고 볼 수 있다.

전체적으로 하나의 예술작품을 창조하고, 감상하는 과정에 내포된 정신적 과정을 이해하는 것은 매우 어렵다. 그러므로 인지심리학자들은 예술작품을 구성요소들로 분석하고, 사람들이 이 구성요소들을 어떻게 창조하고 이해하는지를 연구한다. 예를 들어 심리학자들은 사람들이 시를 어떻게 이해하는지를 묻기보다는 사람들이 시의 소리특성에 어떻게 반응하는지, 그리고 시의 은유적 표현을 어떻게 이해하는지를 연구한다. 문학작품을 이해하는 데 작용하는 요소기능들이 밝혀지면, 이 요소기능들은 문학작품을 이해하는 전체 과정에 대한 모습을 형성하기 위해 통합된다. 연구에 사용된 요소들은 예술작품을 구성하는 작은 단위라기보다는 예술의 실제적인 단면을 나타내고 있기에 이 접근은 매우 유용할 수 있다. 왜냐하면 분석된 단위들은 각각의 예술을 전공하는 학생들에 의해 규정되어 있기 때문이다. 그러므로 인지심리학의 연구결과는 실제 예술작품을 이해하는 데 일반화될 수 있다.

인지심리학자들은 예술에 관한 중요한 문제들 중 한 부분에 대해 특별히 많은 연구를 수행했다. 그들은 '예술적 창조'의 문제보다는 '감상'에, 그리고 '왜'보다는 '어떻게'의 문제에 연구의 초점을 맞췄다. 대부분의 인지심리학적 연구는 예술작품이 어떻게 지각되는가에 초점을 맞췄기 때문에 이 주제에 대해서는 상당히 많은 것들이 밝혀졌다. 그러나 어떻게 예술작품이 창조되는지, 왜 예술가들이 창조하는지, 그리고 왜 사람들이 예술작품에 이끌리는지에 대한 물음을 밝히려는 노력은 거의 이루어지지 않았다. 이런 선택적 집중을 하게 된 이유는, 첫째로 예술가에 대한 심리학적 물음보다는 감상자에 대한 심리학적 물음이 경험적으로 연구하기가 쉽기 때문이다. 무엇보다도 모든 사람은 예술을 감상한다. 그러나 예술가들은 예외적인 인물이다. 그래서 예술가들의 특별한 능력보다는 보통 사람들의 평범한 지각의 과정을 연구하는 것이 더 쉽다. 둘째, '어떻게'에 대한 물음은 인지적 용어로 설명하기 쉽다. '왜'에 대한 물음은 동기와 성격의 주제와 관련되어 있고, 이 분야에 대한 심리학적 연구는 인지적인 영역에서보다 덜 발전했기 때문이다.

예술 지각에 관한 연구는 예술작품의 의미를 파악하고자 할 때 감상자가 채택하는 매우 능동적이고 문제 해결적인 자세를 보여주었다. 재현적 그림을 지각하는 사람은 묘사된 대상과 깊이를 지각하기 위해 감각에 도달하는 정보를 보완해서 능동적으로 처리해야 한다. 음악청취자는 멜로디가 소화되고 이해되는 음의 내적 원리를 구성해야 한다. 그리고 독자들은 새로운 이야기를 소화하고 기억하기 위해 이야기 문법을 생성 해내고 이를 내면화해야 한다. 이런 것들이 감상자가 해야 하는 것들이다. 그들은 의식적 노력을 필요로 하지 않는다. 그럼에도 불구하고 수집된 정보를 능동적으로 조직하지 않고 그들에게 구조를 부여하지 않는다면, 예술작품들은 무의미하게 보일 수밖에 없다.

예술이 사람들에게 주는 강력한 영향에 대한 이유와 예술이 창조되는 방법들은 거의 밝혀지지 않았지만, 이에 대한 얼마간의 통찰은 이루어졌다. 관찰자에게 요구되는 능동적 행위는 예술작품에서 얻는 즐거움과 관련되어 있을 수 있다. 예술작품의 의미를 이해하고자 도전하는 것은 그 자체로 즐거움을 줄 수 있다. 아마도 이것은 다음과 같은 사실에서 잘 나타나 있다. 수동적인 사람들은 전문가들에 의해 진부한 것으로 평가되는 작품을 선호하는 반면, 독립적이고 능동적이며 탐구적인 사람과 복잡성에 대한 높은 톨러런스를 지니고 있는 사람들은 전문가들에 의해 수준 높은 작품으로 평가된 것들을 더 선호한다.

예술 창조에 관해서, 창조과정은 주로 의식적 수준에서 처리된다는 증거들이 제시되었다. 작품활동을 하고 있는 예술가들에 대한 연구는 예술가들이 문제를 풀기 위해 논리적이고 합리적인 사고과정을 한다는 것을 보여줌으로써 창의성에 대한 신비주의적 사고를 극복하는 데 도움을 주었다. 그러나 논리적인 문제해결 과정 이외의 더 많은 것들이 예술작품의 창조에 작용한다. 예술가들은 뛰어난 문제해결 능력을 지니고 있고, 또한 그들은 계속해서 해결할 문제를 발견하고자 노력한다. 사실, 문제발견은 진정한 창의적인 예술가를 평범한 사람들과 구별짓는 특징이 될 수 있다. 더욱이 창의적인 예술가들은 다양한 일을 동시에 깊이 있게 수행한다. 이것은 이전에 관련이 없던 것으로 여겨졌던 것들 간의 관계를 파악할 수 있도록 한다. 그러한 관련성을 만들어내는 것이 독창적이고 영원한 예술작품을 창조하는 데 가장 핵심적인 부분이 될 수 있다.

쾌활하고 대담한 태도 역시 예술가들을 특징짓는다. 그리고 예술가들은 실험하고 관습을 타파하고자 하는 욕구를 지니고 있다. 기꺼이 실험을 하고자 하는 의지는 매우 높은 동기수준과 관련되어 있다. 높은 수준의 자아강도, 자율성, 강한 욕구 없이는, 그리고 실패했을 때와 대중들로부터 조롱받았을 때 이를 지탱해 낼 수 있는 능력 없이는 창조에 필수적인 고통과 훈련의 시간을 견뎌 낼 수 없다.

예술가들에 대한 앞으로의 많은 연구는, 창의성은 오로지 하나의 과정이 아니라 많은 창의적인 과정이 있을 수 있다는 것을 보여줄 것이다. 예술작품은 독특하기 때문에, 작품이 창조되는 과정의 측면들은 문제의 예술가들에게 독특할 수 있다. 비록 예술작품의 창조과정에 대한 일반적인 특징이 존재할지라도 예술가들 사이의 개별적 차이는 지각, 언어, 기억과 같은 보통의 영역들보다 더 많이 예술적 창의성에 영향을 줄 수 있다.

왜 예술가들은 예술작품을 창조하는가는 아마도 가장 이해하기 힘든 문제일 것이다. 그러나 창조하고자 하는 욕구는 지식 탐구와 관련 있다는 증거가 있다. 왜 창조하는지 물어보면 예술가들은 지식을 얻기 위해서, 그리고 발견하기 위해서, 창조한다고 대답한다. 이런 내성적 보고는, 가장 창의적인 예술가들은 해결하기 어려운 문제를 설정하는 경향이 있다는 사실들로부터 지지된다. 반면에 덜 창의적인 예술가들은 문제를 주어진 것으로 받아들이고 제한된 범위 내에서 해결하는 것처럼 보인다.

왜 예술가들이 창조하는가는 의심할 여지없이 아직 밝혀지지 않은 천재의 신경심리학적 문제와 관련되어 있다. 만약 예술적 천재의 뇌가 어떤 방식으로 특별하다면, 모국어를 배우는 것을 모든 사람들이 아무런 노력 없이 할 수 있는 것과 같이, 예술작품을 창조하는 것 또한 천재 예술가들만이 할 수 있는 것이다. 그리고 아마도 모국어를 배우고 걸음마를 배우는 데 특별한 동기를 가정할 필요가 없듯이, 창조하고자 하는 예술가의 동기를 설명할 특별한 에너지원을 가정할 필요가 없을 것이다. 이런 주장은 작곡가 샤를르 카뮈 생상(Camille Saint-Saëns)의 다음과 같은 말 속에 잘 나타나 있다. "나는 사과나무가 사과를 생산하듯이 그렇게 자연스럽게 음악을 만든다."

이런 모든 주장의 보편성을 검증하기 위해서는 비교문화적 연구가 필요하다. 이 비교문화적 연구는 특히 왜 사람들은 예술작품을 좋아하는지, 그리고 왜 예술가들은 예술작품을 창조하는지에 대한 설명의 보편성을 검증하기 위해 필요하다. 왜냐하면 이와 같은 동기적 주제는 문화적 영향에 종속되어 있을 수 있기 때문이다. 예를 들어 비산업화된 사회에서의 연구는 아마도 한 특별한 피조물로서 예술가가 파우스트적 탐구(Faustian exploration)를 중시하는 서양문명에 의해 창조된 것이라는 점을 보여줄 것이다. 비록 숙련된 기술자들은 어느 곳에서든 존재할지라도 그와 같은 예술가들은 오로지 산업화된 사회에서만 발견된다.

예술에 대해 제기된 가장 광범위한 문제는, 모든 유형의 예술작품에서 작품을 지각하고 창조하는 데 공통적인 심리적 과정이 존재하는가이다. 모든 형태의 예술에서 요구되는 '범 예술적'(pan-artistic) 능력이 존재하는가, 그러한 것이 예술적 지능으로 존재하는가, 또는 대신에 음악적·문학적·시각적 지능과 같이 서로 상이한 유형의 예술적 지능이 존재하는가? 이런 문제들이 먼저 해결되어야 한다. 그래야 미술심리학, 음악심리학, 문학심리학과는 구별되는 것으로 하나의 예술심리학이 가능한가에 대해 결정할 수 있다.

얼마간의 범예술적 능력은 아마도 모든 예술작품에 나타나는 세 가지 중요한 특성인 충만함, 표현, 구성의 영역에서 존재할 수 있다. 아마도 이런 세 가지 질적 특성에 대한 민감성은 모든 형태의 예술 지각과 창조에 요구될 수 있으나, 비예술적 대상의 지각과 창조에서는 상대적으로 덜 중요할 수 있다. 다행히도 이런 특성에 대한 민감성은 인지심리학의 연구방법을 사용함으로서 연구될 수 있다. 예를 들어 멜로디의 구성을 지각하는 것이 한 이야기의 구성을 파악하는 것과 동일한 능력을 요구하는지, 또는 회화에서 충만함에 대한 민감성이 음악에서의 충만함에 대한 민감성과 동일한 능력인지가 연구될 수 있다. 그러므로 모든 예술을 포괄하는 어떤 심리적 과정이 존재하는지를 결정하는 것은 가능하다.

예술심리학의 발전은 크게 보면 심리학의 다른 영역에서의 발전에 달려 있다. 과거 수십 년 동안 인지심리학은 커다란 발전을 이루어왔고, 이로부터 예술심리학은 상당히 많은 도움을 얻을 수 있었다. 그러나 성격, 동기, 정서의 분야는 상대적으로 덜 발전했다. 앞으로 이와 같은 비인지적인 분야에서의 발전이 촉진될 수 있다면, 예술과 관련 있는 주제들을 탐구할 수 있는 더 좋은 도구와 이론을 갖출 수 있을 것이다. 그러나 예술심리학자들은 심리학의 다른 영역의 발전에 의한 도움을 기다리며 한가하게 지내지는 않는다. 예술심리학자들은 그들 자신의 영역에서 앞으로 나아가고 있다. 경우에 따라서는 심리학의 전통적인 영역이 예술심리학의 발전에서 도움을 얻을 수 있을 것이다.

▦ 그림출처 ▦

1.1 Musée du Louvre.

1.2 Copyright © Museo del Prado, Madrid, and SPADEM, Paris/VAGA, New York, 1982.

2.1 D. E. Berlyne, "The Influence of Complexity and Novelty in Visual Figures on Orienting Responses," *Journal of Experimental Psychology* 55(1958): 289-296, copyright 1958 by the American Psychological Association, reprinted vy permission of publisher.

2.2 K. O. Götz, A. R. Borisy, R. Lynn, and H. J. Eysenck, "*A New visual Aesthetic Sensitivity test: I. Construction and Psychometric Properties,*" Perceptual and Motor Skills 49(1979): 795-802, Fig. 1. Reprinted by Permission of authors and publisher.

2.3 The Toledo Museum of Art, Gift of Edward Drummond Libbey; Photograph Collection, Art and Architecture Library, Yale University.

2.4 Fogg Art Museum, Harvard University, bequest of Grenville L. Winthrop; Skulpturengalerie, Staatliche Museen Preussischer Kulturbesitz, Berlin (West), photograph from Reinhard Friedrich, Berlin.

2.5 Copyright © Museo del Prado, Madrid.

3.1 Widener Collection, National Gallery of Art, Washington.

3.2 Oil on canvas, with sequins, $63\% \times 61\frac{1}{2}$". Collection, The Museum of Modern Art, New York, acquired through the Lillie P. Bliss Bequest.

3.3 Staatliche Museen Preussischer Kulturbesitz Kupferstichkabinett, Berlin.

3.4 Beverlee Seronick.

3.7 E. H. Gombrich, *Art and Illusion: A Study in the Psychology of Pictorial Representation* (Princeton, N.J.: Princeton University Press, and Oxford: Phaidon Press Limited, 1960), reprinted by permission of Princeton University Press.

3.8 Beverlee Seronick.

3.14 E. H. Gombrich, Art and Illusion: A Study in the Psychology of Pictorial Representation (Princeton, N.J.: Princeton University Press, and Oxford: Phaidon Press Limited, 1960), adapted by permission.

3.15 D. N. Perkins, "The Perceiver as Organizer and Geometer," in J. Beck, ed., Representation and Organization in Perception (Hillsdale, N.J.: Lawrence Erlbaum Associates, 1982).

3.17 Oil on canvas, 50×50″. Collection, The Museum of Modern Art, New York; collection, Mr. and Mrs. armand Bartos.

4.1 T. G. R. Bower, "The Visual World of Infants," copyright © 1966 by Scientific American, Inc., alll rights reserved.

4.2 Research conducted by Dr. W. Hudson in conjunction with The National Institute for Personnel Reearch, cited in J. B. Deregowski, "Pictorial Perception and Culture," copyright © 1972 by Scientific american, Inc., all rights reserved.

4.3 T. Carothers and H. Gardner, "When Childred's Drawings Become Art: The Emergence of Aesthetic Production and Preferences," *Developmental Psychology* 15(1975): 570-580, copyright 1975 by the American Psychological Association, reprinted by permission of publisher and authors.

4.4 Oil on canvas, $29 \times 36\frac{1}{4}$″. Collection, The Museum of Modern Art, New York, acquired through the Lillie P. Bliss Bequest.

4.5 S. Chipman and M. J. mendelson, *"Sensitivity to Visual Structure,"* Journal of Experimental Child Psychology 20(1975): 411-429.

4.6 Hill-Stead Museum, Farmington, Connecticut; Worcester Art Museum, Worcester, Massachusetts; The National Museu, Naples, and Alinari/Editorial Photocolor Archives; Museu de Arte de São Paulo.

4.7 The Phillips Collection, Washington; Collection of the Art Institute of Chicago; Isabella Stewart Gardner Museum, Boston; Musée du Louvre; Isabeella Stewart Gardner Museum, Boston; Sterling and Francine Clark Institute, Williamstown, Massachusetts.

5.1 (Fold-out drawing) J. Goodnow, Children Drawing (Cambridge: Harvard University Press, and London: william Collins Sons, Ltd., 1977), reprinted by permission; (X-ray drawing) R. Arnheim, Art and Visual Perception: A

Psychology of the Creative Eye (Berkeley: University of California Press, 1974).

5.3　L. Selfe, *Nadia: A Case of Extraordinary Drawing Ability in an Autistic child* (1977), copyright by Academic Press Inc. (London) Ltd., reprinted by permission; The Royal Library, windsor Castle, reproduced by gracious permission of Her majesty Queen Elizabeth II.

5.4-5.6　R. Kellogg, *Analyzing children's Art*, reproduced by permission of Mayfield Publishing Company, copyright © 1969, 1970, by Rhoda Kellogg.

5.8　(Mandala with multiple crosses) B. Lark-Horovitz, H. Lewis, and M. Luca, *Understanding Children's Art for Better Teaching*, 2nd ed. (Columbus: Charles E. Merrill, 1973).

5.11　Photographie Giraudon, Paris.

5.12　N. H. Freeman, *Strategies of Representation in Young children: analysis of Spatial Skills and drawing processes* (1980), copyright Academic Press Inc. (London) Ltd., reprinted by permission.

5.13　Collection, Stedelijk Museum, Amsterdam.

5.14　J. Willats, "How Children Learn to Draw Realistic Pictures," *Quarterly Journal of Experimental Psychology* 29(1977): 367-382.

5.15　R. Arnheim, Art and Visual Perception (Berkeley: University of california Press, 1974).

5.16　H. Schaeffer-Simmern, The Unfolding of Artistic Activity (Berkeley: University of California Press, 1970).

5.17　David Brown.

5.18　Copyright © 1982 by COSMOPRESS, Geneva, and ADAGP, Paris; H. Gardner, The Arts and Human Development (New York: John Wiley and Sons, 1973); copyright © Museo del Prado, Madid, and SPADEM, Paris/VAGA, New York, 1982; Sylvia Fein, Heidi's Horse (Pleasant Hill, Cal.: Exelrod Press, 1976).

5.19　T. Carothers and H. Gardner, "When Children's Drawings Become Art: The emergence of Aesthetic Production and Preferences," Developmental Psychology 15(1975): 570-580; copyright 1975 by the american Psychological Association, reprinted vy permission of publisher and authors.

5.20-

5.21　Thomas carothers and Howard Gardner.

5.22　D. Morris, The Bilolgy of Art (New York: Knopf, 1962).

5.23　Beatrice Gardner.

5.24　D. Morris, The Biology of Art (New York: Knopf, 1962).

5.25   L. Selfe, Nadia: A Case of Extraordinary Drawing Ability in an Autistic child, 1977; copyright by Academic Press Inc. (London) Ltd., reprinted vy permission.

5.26   Copyright © SPADEM, Paris/VAGA, New York, 1981.

5.27   Paul Klee Foundation Museum of Fine Arts, Bern, copyrigth © 1982 by COSMOPRESS, Geneva, and ADAGP, Paris.

5.28   Charles clemons.

7.1   J. Bamberger, "Revisiting Children's Drawings of simple Rhythms," in S. Strauss, ed., U-shaped Behavioral Growth (in press), copyright Academic Press Inc. (London) Ltd., reprinted by permission.

8.1-8.2 L. Bernstein, The Unanswered Qusetion (Cambridge: Harvard University Press, 1976), reprinted vy permission.

8.3-8.5 P. McKernon, "The Development of First Songs in young Children," Early Symbolization, New Directions for child development, no. 3 (1979): 43-58.

Ch. 9   "It Bids Pretty Fair," The Poetry of Robert Frost, ed. Edward Connery Lathem, copyright 1947, © 1969 by Holt, Rinehart and winston, copyright © 1975 by Lesley Frost Ballantine, reprinted by permission of Holt, Rinehart and Winston, Publishers.

9.1   D. E. Rumelhart, "Understanding and Summarizing Brief Storries," in D. LaBerge and J. Samuels, eds., Basic Processes in reading: Perception and Comprehension (Hillsdale, N.J.: Lawrence Erlbaum and Associates, 1982), reprinted and adapted vy permission of author and oybkusger,

Ch. 9   "I Heard a Fly Buzz," The poems of emily Dickinson, ed. Thomas H. Johnson (Cambridge: harvard university Press), copyright 1951 © 1955, 1979 by the President and Fellows of harvard College, reprinted vy permissionof the publishers and the trustees of Amherst College.

10.1   Michael Cometa.

12.1   H. gardner, The Shattered Mind (New York: Knopf, 1975).

12.2   R. Jung, Psychiatrie der gegenwart, 2nd ed. (Berlin-Heidelberg-New York: springer, 1980).

12.3   Thomas Corinth.

13.1   Collection, National Museum Vincent van Gogh, amsterdam.

13.2   Copyright Adolf-Wölfli-Stiftung Kunstmuseum, Bern, photograph from Adolf-Wölfli-Foundation, Museum of Fine Arts, Bern.

13.3   (Doodle) Michael Moore. (Drawing produced under influence of a drug) Stanislav Grof, M.D., and Joan Halifax-Grof, realms of the Human Unconscious, copyright by stanislav Grof and Joan Halifax-Grof, reprinted vy permission of Viking Penguin, Inc., New York, and souvenir Press Limited, Londo.

13.4   H. Prinzhorn, Artistry of the Mentally Ill, trans. Eric von Brockdorff (New York: Springer-Verlag, 1972).

13.5   Private collection.

13.6   O. Billig, "Spatial Structure in Schizophrenic Art," Psychiatry and Art 1966, pp. 1-66.

13.7   E. Kris, Psychoanalytic Explorations in Art (New York: International Universities Press, 1952).

13.8   Field Museum of natural History, Chicago, Illinois. O. Billig, and B. G. Burton-Bradley, "Cross-cultural Studies of Psychotic Graphics from New Guinea," Psychiatry and Art 4(1975): 18-47.

13.9-

13.10   H. Wadeson, Art Psychotherapy (New York: John Wiley and sons, 1980).

▓ 참고문헌 ▓

Ackerman, J. 1962. A theory of style. *The Journal of Aesthetics and Art Criticism* 20(3): 227-237.

Alajouanine, T. 1948. Aphasia and artistic realization. Brain 71: 229-241. Reprinted in M. T. Sarno, ed. *Aphasia: selected readings*. New York: Appleton Century Croft, 1972, pp. 231-239.

Albers, J. 1963. *Interaction of color*. New Haven: Yale University Press.

Alpert, M., and Friedhoff, A. 1980. An un-dopamine hypothesis of schizophrenia. *Schizophrenia Bulletin* 6(3): 387-390.

Altshuler, R., and Hattwick, L. 1969. *Painting and personality: a study of young children*. Chicago: University of Chicago Press.

Ames, A. 1955. *An interpretive manual for the demonstrations in the Psychology Research Center, Princeton University*. Princeton: Princeton University Press.

Ames, L. 1966. *Children's stories*. Genetic Psychology Monographs 73: 337-396.

Anastasi, A., and Foley, J., Jr. 1941. A survey of the literature on artistic behavior in the abnormal: I. Historical and theoretical background. *The Journal of General Psychology* 25: 111-142.

Anwar, M., and Child, I. 1972. Personality and esthetic sensitivity in an Islamic culture. *Journal of Social Psychology* 87: 21-28.

Apel, W. 1969. *Harvard Dictionary of Music*. 2nd ed. Cambridge: Harvard University Press.

Applebee, A. 1978. *The child's concept of story: ages two to seventeen*. Chicago: University of Chicago Press.

Arieti, S. 1974. *Interpretation of schizophrenia*. New York: Basic Books.

Arnheim, R. 1949. The Gestalt theory of expression. *Psychological Review* 56: 156-171.

_____. 1962. *The genesis of a painting: Picasso's Guernica*. Berkeley: University of California Press.

_____. 1969. *Visual thinking*. Berkeley: University of California Press.

_____. 1972. *Toward a psychology of art*. Berkeley: University of California Press.

_____. 1974. *Art and visual perception*. Berkeley:

University of California Press.

_____. 1977. The art of psychotics. *Art Psychotherapy 4*: 113-120.

_____. 1980. Problems of space in early forms of art. Paper presented at National Symposium for Research in Art, University of Illinois, Urbana-Champaign, October.

Arter, J. 1976. The effects of metaphor on reading comprehension. Ph.D dissertation, University of Illinois, Urbana-Champaign.

Asch, S. 1955. On the use of metaphor in the description of persons. In H. Werner, ed. *On expressive language.* Worcester: Clark University Press.

_____. 1956. Studies of independence and conformity: a minority of one against a unanimous majority. *Psychological Monographs 70*(9), no. 416.

Asch, S., and Nerlove, H. 1960. The development of double-function terms in children: an exploratory investigation. In B. Kaplan and S. Wapner, eds. *Perspectives in psychological theory: essays in honor of Heinz Werner.* New York: International Universities Press.

Attneave, F. 1954. Some informational aspects of visual perception. *Psychological Review 61*: 183-193.

_____. 1972. Representation of physical space. In A. W. Melton and E. Martin, eds. *Coding processes in human memory.* New York: Wiley.

Attneave, F., and Olson, R. K. 1971. Pitch as medium: a new approach to psychophysical scaling. *American Journal of Psychology 84*: 147-166.

Bader, A. 1958. Psychotics and their paintings: the human soul laid bare. *CIBA Symposium 6*: 152-155.

Bader, A., and Navratil, L. 1976. *Zwischen Wahn und Wirklichkeit.* Lucerne: Bucher.

Bamberger, J. 1982. Revisiting children's drawings of simple rhythms: a function for reflection-in-action. In S. Strauss, ed. *U-shaped behavioral growth.* New York: Academic Press.

Bamberger, J., and Brofsky, H. 1979. *The art of listening: developing musical perception.* 4th ed. New York: Harper and Row.

Bamberger, J., Duckworth, E., and Lampert, M. 1981. Final report: an experiment in teacher development. NIE Grant G-78-0219, M.I.T., March.

Bamberger, J., and Hildebrandt, C. 1979. Claps and gaps. Unpublished paper, M.I.T., Cambridge.

Barron, F. 1952. Personality style and perceptual choice. *Journal of Personality 20*(4): 385-401.

_____. 1953. Complexity-simplicity as a personality dimension. *Journal of Abnormal and Social Psychology 48*: 162-172.

_____. 1958. The psychology of imagination. *Scientific American 199*(3): 151-166.

_____. 1963a. *Creativity and psychological health: origins of personality and creative freedom.* Princeton: Van Nostrand.

_____. 1963b. The needs for order and for disorder as motivation in creative activity. In C. W. Taylor and F. Barron, eds. *Scientific Creativity: its recognition and development.* New York: Wiley

_____. 1969. *Creative person and creative process.* New York: Holt, Rinehart, and Winston.

_____. 1972. The creative personality: akin to madness? *Psychology Today,* July, pp. 42-44, 84-85.

Barron, F., and Welsh, G. 1952. Artistic perception as a possible factor in personality style: its measurement by a figure preference test. *Journal of Psychology 33:* 199-203.

Bartlett, J., and Dowling, W. 1980. Recognition of transposed melodies: a key-distance effect in developmental perspective. *Journal of Experimental Psychology: Human Perception and Performance 6*(3): 501-515.

Beebe-Center, J. 1932. *The psychology of pleasantness and unpleasantness.* Princeton: Van Nostrand.

Beebe-Center, J., and Pratt, C. C. 1937. A test of Birkhoff's aesthetic measure. *Journal of General Psychology 17:* 335-350.

Bell, C. 1913. *Art.* New York: F. A. Stokes.

Berlyne, D. 1960. *Conflict, arousal, and curiosity.* New York: McGraw-Hill.

_____. 1970. Novelty, complexity, and hedonic value. *Perception and Psychophysics 8:* 279-286.

_____. 1971. *Aesthetics and psychobiology.* New York: Appleton-Century-Crofts.

_____, ed. 1974. *Studies in the new experimental aesthetics: steps toward an objective psychology of aesthetic appreciation.* New York: Wiley.

Berlyne, D. and Lawrence, G. 1964. Effects of complexity and uncongruity variables on GSR, investigatory behavior and verbally expressed preference. *Journal of General Psychology 71:* 21-45.

Berlyne, D., and Ogilvie, J. 1975. Dimensions of perception of paintings. In D. E. Berlyne, ed. *Studies in the new experimental aesthetics: steps toward an objective psychology of aesthetic appreciation.* New York: Wiley.

Berndt, T., and Berndt, E. 1975. Children's use of motives and intentionality in person perception and moral judgment. *Child Development 46:* 904-912.

Bernstein, L. 1976. *The unanswered question: six talks at Harvard.* Cambridge: Harvard University Press.

Bettelheim, B. 1967. *The empty fortress: infantile autism and the birth of self.* New York: The Free Press.

_____. 1976. *The uses of enchantment: the meaning and importance of fairy tales.* New York: Knopf.

Bever, T., and Chiarello, R. 1974. Cerebral dominance in musicians and nonmusicians. *Science 185:* 137-139.

Billig, O. 1966. Spatial structure in schizophrenic art. In I. Jakab, ed. *Psychiatry and art: proceedings of the IVth International Congress of Psychopathology of Expression.* Basel: S. Karger.

Billig, O., and Burton-Bradley, B. 1975. Cross-cultural studies of psychotic graphics from New Guinea. In I. Jakab, ed. *Transcultural aspects of psychiatric art. vol. 4: Psychiatry and Art.* New York: S. Karger.

_____. 1978. *The painted message.* Cambridge: Schenkman.

Billow, R. 1975. A cognitive-developmental study of metaphor comprehension. *Developmental Psychology 11:* 415-423.

Billow, R. 1981. Observing spontaneous metaphor in children. *Journal of Experimental Child*

Psychology 31(3): 430-445.

Birkhoff, G. 1933. *Aesthetic measure.* Cambridge: Harvard University Press.

Black, J., and Wilensky, R. 1979. An evaluation of story grammars. *Cognitive Science 3*: 213-230.

Black, M. 1962. *Models and Metaphors.* Ithaca: Cornell University Press.

Blackwell, H., and Schlosberg, H. 1943. Octave generalization, pitch discrimination, and loudness thresholds in the white rat. *Journal of Experimental Psychology 33*: 407-419.

Blumstein, S., and Cooper, W. 1974. Hemishpheric processing of intonation contours. *Cortex 10*: 146-158.

Bogen, J., and Gordon, H. 1971. Musical tests for functional lateralization with intra-carotid amabarbital. *Nature 230*: 524-525.

Bonaparte, M., Freud, A., and Kris, E., eds. 1954. *The origins of psychoanalysis.* Trans. Eric Mosbacher and James Strachey. New York: Basic Books.

Bond, E. 1972. Perception of form by the human infant. *Psychological Bulletin 77*: 225-245.

Bornstein, M. 1975. Qualities of color vision in infancy. *Journal of Experimental Child Psychology 19*: 401-419.

Boswell, S. 1974. The development of verbal and spatial organization for material presented tachistoscopically. Ph.D. dissertation, University of Colorado, Boulder.

Boetz, M., and Wertheim, N. 1959. Expressive aphasia and amusia following right frontal lesion in right-handed man. *Brain 82*: 186-201.

Botvin, G. 1974. Acquiring conservation of melody and cross-model transfer through successive approximation. *Journal of Research in Music Education 22*(3): 226-233.

Botvin, G., and Sutton-Smith, B. 1977. The development of structural complexity in children's fantasy narratives. *Developmental Psychology 13*: 377-388.

Bower, G. 1976. Comprehending and recalling stories. Division 3 Presidential Address, American Psychological Association, September.

Bower, T. 1964. Discrimination of depth in premotor infants. *Psychonomic Science 1*: 368.

_____. 1966. The visual world of infants. *Scientific American 215*: 80-92.

_____. 1972. Object perception in infants. *Perception 1*(1): 15-30.

Bowerman, M. 1976. The acquisition of word meaning: an investigation of some current conflicts. In N. Waterson and C. Snow, eds. *Proceedings of the Third International Language Symposium.* New York: Wiley.

Boyd, R. 1979. Metaphor and theory change: what is "metaphor" a metaphor for? In A. Ortony, ed. *Metaphor and Thought.* Cambridge, Eng.: Cambridge University Press.

Braine, L. 1972. A developmental analysis of the effect of stimulus orientation on recognition. *American Journal of Psychology 85*: 157-188.

Bransford, J., and Johnson, M. 1973. Considerations of some problems of comprehension. In W. Chase, ed. *Visual information processing.* New York: Academic Press.

Brehmer, F. 1925. *Melodie Auffassung un melodis-*

che Begabung des Kinders. Leipzig: J. A. Barth. Cited in R. Francès. *La Perception de la musique*. Paris: Vrin, 1958.

Brighouse, G. 1939. Variability in preferences for simple forms. *Psychological Monographs* 51(5): 68-74.

Brittain, W. 1968. An exploratory investigation of early adolescent expression in art. *Studies in Art Education* 9(2): 5-12.

Brody, G. 1970. The development of visual aesthetic preferences in young children. *Sciences de l'Art: Scientific Aesthetics* 7(1-2): 27-31.

Brown, R. 1958. *Words and things*. New York: The Free Press.

_____. 1981. Music and language. In *Documentary report of the Ann Arbor Symposium: applications of psychology to the teaching and learning of music*. Reston, Va.: Music Educators National Conference.

Brown, R., Black, A., and Horowitz, A. 1955. Phonetic symbolism in natural languages. *Journal of Abnormal and Social Psychology* 50: 388-393.

Brown, R., and Herrnstein, R. 1975. *Psychology*. Boston: Little, Brown.

Bruner, J. 1962. *On knowing: essays for the left hand*. Cambridge: Harvard University Press.

_____. 1966. The conservation of liquids. In J. Bruner, R. Olver, and P. Greenfield, eds. *Studies in cognitive growth*. New York: Wiley.

Burns, E., and Ward, W. 1974. Categorical perception of musical intervals. *Journal of the Acoustical Society of America* 55(2): 456(A).

Burt, C. 1939. The factorial analysis of emotional traits. *Character and Personality* 7: 285-300.

Bush, M. 1967. The problem of form in the psychoanalytic theory of art. *The Psychoanalytic Review* 54(1): 5-35.

Cabe, P. 1976. Transfer of discrimination from solid objects to pictures by pigeons: a test of theoretical models of picture perception. *Perception and Psychophysics* 19: 545-550.

Callaway, E., III. 1970. Schizophrenia and interference. *Archives of General Psychiatry* 22: 193-208.

Carlson, P., and Anisfeld, M. 1969. Some observations on the linguistic competence of a two-year-old child. *Child Development* 40: 565-575.

Carlsson, A. 1978. Does dopamine have a role in schizophrenia? *Biological Psychiatry* 13(1): 3-21.

Carothers, T., and Gardner, H. 1979. When children's drawings become art: the emergence of aesthetic production and perception. *Developmental Psychology* 15(5): 570-580.

Cassirer, E. 1957. *Philosophy of symbolic forms*. New Haven: Yale University Press.

Cazden, C. 1973. Problems for education: language as curriculum content and learning environment. *Daedalus* 102(3): 135-148.

_____. 1974. Play with language and metalinguistic awareness: one dimension of language experience. *International Journal of Early Childhood* 6: 12-24.

Change, H., and Trehub, S. 1977a. Auditory processing of relational information by young infants. *Journal of Experimental*

Child Psychology 24: 324-331.

_____. 1977b. infants' perception of temporal grouping in auditory patterns. *Child Development 48*: 1666-1670.

Child, I. 1962. Personal preferences as an expression of aesthetic sensitivity. *Journal of Personality 30*: 496-512.

_____. 1964. Development of sensitivity to aesthetic values. Cooperative Research Project No. 1748, Yale University.

_____. 1965. Personality correlates of esthetic judgment in college students. *Journal of Personality 33*: 476-511.

_____. 1968-1969. Esthetics. In G. Lindzey and E. Aronson, eds. *Handbook of social psychology,* vol. 3 2nd ed. Reading, Mass.: Addison-Wesley.

_____. 1978. Aesthetic Theories. In E. Carterette, ed. *Handbook of Perception,* vol. 10. New York: Academic Press.

Child, I., Hansen, J., and Hornbeck, F. 1968. Age and sex differences in children's color preferences. *Child Development 39*(1): 237-247.

Child, I., and Iwoa, S. 1968. Personality and esthetic sensitivity: extension of findings to younger age and to different culture. *Journal of Personality and Social Psychology 8*: 308-312.

_____. 1977. Young children's preferential responses to visual art. *Scientific Aesthetics/Sciences de l'Art 1*(4): 291-307.

Child, I., and Schwartz, R. 1966. Exploring the teaching of art values. *Journal of Aesthetic Education 1*(2): 41-54.

Child, I., and Siroto, L. 1965. Bakwele and American esthetic evaluations compared.

Ethnology 4: 349-360.

Chipman, S., and Mendelson, M. 1975. The development of sensitivity to visual structure. *Journal of Experimental Child Psychology 20*: 411-429.

Chomsky, N. 1957. *Syntactic structures.* The Hauge: Mouton.

_____. 1965. *Aspects of the theory of syntax.* Cambridge: MIT Press.

Chukovsky, K. 1968. *From two to five.* Berkeley: University of California Press.

Cicone, M., Gardner, H., and Winner E. 1981. Understanding the psychology in psychological metaphors. *Journal of Child Language 8*: 213-216.

Cicone, M., Wapner, W., and Gardner, H. 1980. Sensitivity to emotional expressions and situations in organic patients. *Cortex 16*: 145-158.

Clark, A. 1896-1897. The child's attitude toward perspective problems. *Studies in education.* Stanford: Stanford University Press.

Clark, E. 1973. What's in a word? In T. E. Moore, ed. *Cognitive development and the acquisition of language.* New York: Academic Press.

Clark, H. 1979. Responding to indirect speech acts. *Cognitive Psychology 11*: 430-477.

Cockrell, J., and Sadacca, R. 1971. *Training individual image interpreters using team consensus feedback.* Technical Research Report 1171, U.S. Army Behavior and Systems Research Laboratory.

Cole, M., and Scirbner, S. 1974. *Culture and thought: a psychological introduction.* New York: Wiley.

Collingwood, R. 1938. *The principles of art.*

Oxford: Clarendon Press.

Connor, K., and Kogan, N. 1980. Topic-vehicle relations in metaphor: the issue of asymmetry. In R. P. Honeck and R. R. Hoffman, eds. *Cognition and figurative language*. Hillsdale, N.J.: Lawrence Erlbaum Associates.

Cooper, B. 1977. Development of sensitivity to geometric information for viewing shapes and sizes in pictures. In R. N. Haber, ed. *Proceedings of the tenth symposium of the Center for Visual Sciences*. Rochester: University of Rochester.

Copland, A. 1939. *What to listen for in music*. New York: McGraw Hill.

_____. 1977. *Music and imagination*. Cambridge: Harvard University Press.

Corcoran, A. 1954. Color usage in nursery school painting. *Child Development* 25(2): 107-113.

Cross, P., Cattell, R., and Butcher, H. 1967. The personality patterns of creative artists. *British Journal of Educational Psychology* 37: 292-299.

Crozier, J. 1980. Absolute pitch. Paper presented at International Society for Empirical Aesthetics, Montreal, Canada, August.

Daehler, M., Perlmutter, M., and Myers, N. 1976. Equivalence of pictures and objects for very young children. *Child Development* 47: 96-102.

Damon, W. 1967. The Child's conception of literary emotion. Honors thesis, Harvard College.

Daniels, P. 1933-34. Discrimination of compositional balance at the preschool level. *Studies in the Psychology of Art, Psycho-logical Monographs 18*: 45.

Davenport, R., and Rogers, C. 1971. Perception of photographs by apes. *Behavior 39*: 318-320.

Davidson, L., McKernon, P., and Gardner, H. 1981. The acquisition of song: a developmental approach. In *Documentary report of the Ann Arbor symposium: applications of psychology to the teaching and learning of music*. Reston, Va.: Music Educators National Conference.

Davis, R. 1936. An evaluation and test of Birkhoff's aesthetic measure formula. *Journal of General Psychology* 15: 231-240.

Dax, E. 1953. *Experimental studies in psychiatric art*. London: Faber and Faber.

Day. H. 1965. Exploratory behavior as a function of individual differences and level of arousal. Ph.D. thesis, University of Toronto.

_____. 1966. Looking time as a function of stimulus variables and individual differences. *Perceptual and Motor Skills 22*: 423-428.

DeLoache, J., Strauss, M., and Maynard, J. 1979. Picture perception in infancy. *Infant Behavior and Development 2*: 77-89.

Demorest, A., Silberstein, L., Gardner, H., and Winner, E. 1981. From understatement to hyperbole: recognizing nonliteral language and its intent. Paper presented at Biennial Meetings of the Society for Research in Child Development, Boston.

De Myer, K. 1976. The nature of neuropsychological disability in autistic children. In E. Schopler and R. Reichler, eds. *Psychopathology and child development: research and treatment*. New York: Plenum Press.

Dennis, N. 1978. Portrait of the artist. *New York Review of Books 25*(May 4): 8-15.

Deregowski, J., Muldrow, E., and Muldrow, W. 1972. Pictorial recognition in a remote Ethiopian population. *Perception 1*: 417-425.

Deutch, D. 1972. Octave generalization and tune recognition. *Perception and Psychophysics 11*: 411-412.

De Villiers, J., and de Villiers, P. 1978. *Language acquisition*. Cambridge: Harvard University Press.

Dewar, K., Cuddy, L., and Mewhort, D. 1977. Recognition memory for single tones with and without context. *Journal of Experimental Psychology: Human Learning and Memory 3*: s60-67.

Dewey, J. 1934. *Art as experience*. New York: Minton, Balch.

Dirks, J., and Gibson, E. 1977. Infants' perception of similarity between live people and their photographs. *Child Development 48*: 124-130.

Dissanayake, E. 1974. A hypothesis of the evolution of art from play. *Leonardo 7*: 211-217.

Dorgueille, C. 1966. Introduction a l'ètude des amusies. Ph.D. dissertation, Paris. Cited in M. Critchley and R. Henson, eds. *Music and the brain*. London: William Heinemann Medical Books, 1977.

Dowling, W. 1972. Recognitionof melodic transformations: inversion, retrograde, and retrograde inversion. *Perception and Psychophysics 12*: 417-421.

_____. 1978a. Musical scales and psychophysical

scales. *Ethnomusicology 22*: 229-244.

_____. 1978b. Scale and contour: two components of a theory of memory for melodies. *Psychological Review 85*(4): 341-354.

_____. 1979. The cognitive psychology of music. *Humanities Association Review 30*(1-2): 58-67.

_____. 1981. Mental structures through which music is perceived. In *Documentary report of the Ann Arbor symposium: Applications of psychology to the teaching and learning of music*. Reston, Va.: Music Educators National Conference, pp. 144-151.

_____. In press. Melodic information processing and its development. In D. Deutsch, ed. *The psychology of music*. New York: Academic Press.

Dowling, W., and Fujitani, D. 1971. Contour, interval, and pitch recognition in memory for melodies. *Journal of the Acoustical Society of America 49*(2): 524-531.

Dowling, W., and Hollombe, A. 1977. The perception of melodies distorted by splitting into several octaves: effects of increasing proximity and melodic contour. *Perception and Psychophysics 21*: 60-64.

Dreistadt, R. 1969. The use of analogies and incubation in obtaining insights in creative problem solving. *Journal of Psychology 71*: 159-175.

Drevdahl, J., and Cattell, R. 1958. Personality and creativity in artists and writers. *Journal of Clinical Psychology 14*: 107-111.

Drexler, E. 1938. A study of the development of the ability to carry a melody at the preschool level. *Child Development 9*: 319-332.

Dundes, A. 1975. *Analytic essays in folklore.* The Hague: Mouton.

Ecker, D. 1963. The artistic process as qualitative problem solving. *The Journal of Aesthetics and Art Criticism 21*: 283-290.

Edwards, B. 1979. *Drawing on the right side of the brain.* Los Angeles: J. P. Tarcher.

Ehrenzweig, A. 1953. *The psychoanalysis of artistic vision and hearing.* London: Routledge and Kegan Paul.

Eimas, P., Siqueland, E., Jusczyk, P., and Vigorito, J. 1971. *Speech perception in infants. Science 171*: 303-306.

Elkind, D. 1970. Developmental studies of figurative perception. In L. Lipsitt and H. Reese, eds. *Advances in child development and behavior,* vol. 4. New York: Academic Press.

Elkind, D., Anagnostopoulou, K., and Malone, S. 1970. Determinants of part-whole perception in children. *Child Development 41*: 391-397.

Ellis, H. 1904. *A study in British genius.* London: Hurst and Blackett.

Entus, A. 1975. Hemispheric asymmetry in processing of dichotically presented speech and nonspeech stimuli by infants. Paper presented at Society for Research in Child Development, Denver.

Erikson, E. 1963. *Childhood and society.* New York: Norton.

Eson, M., and Cometa, M. 1978. Logical operations and metaphor interpretation: a Piagetian model. *Child Development 49*(3): 649-659.

Eson, M., and Shapiro, A. 1980. When 'don't' means 'do' : pragmatic and cognitive development in understanding an indirect imperative. Unpublished paper, State University of New York, Albany.

Eysenck, H. 1940. The general factor in aesthetic judgments. *British Journal of psychology 31*: 94-102.

_____. 1940-1941. Some factors in the appreciation of poetry and their relation to temperamental qualities. *Character and Personality 9*: 160-167.

_____. 1941a. "Type" factors in aesthetic judgments. *British Journal of Psychology 31*: 262-270.

_____. 1941b. The empirical determination of an aesthetic formula. *Psychological Review 48*: 83-92.

_____. 1942. The experimental study of the "good gestalt" -a new approach. *Psychological Review 49*: 344-364.

_____. 1960. *Uses and abuses of psychology.* Harmondsworth, Eng.: Penguin books.

Eysenck, H., and Castle, M. 1970. Training in art as a factor in the determination of preference judgments for polygons. *British Journal of Psychology 61*: 65-81.

Eysenck, H., and Eysenck, S. 1976. *Psychoticism as a dimension of personality.* London: Hodder and Stoughton.

Eysenck, H., and Iwawaki, S. 1971. Cultural relativity in aesthetic judgments: an empirical study. *Perceptual and Motor Skills 32*: 817-818.

Fagan, J. 1970. Memory in the infant. *Journal of Experimental Child Psychology 9*: 218-226.

Fairley, I. 1977. Experimental approaches to language in literature: reader responses to poems. Paper presented at XII International

Congress of Linguists, Vienna, Austria.

Fantz, R., Fagan, J., and Miranda, S. 1975. Early visual selectivity. In L. Cohen and P. Salapatek, eds. *Infant Perception,* vol. 1. New York: Academic Press.

Fantz, R., and Miranda, S. 1975. Newborn infant attention to form of contour. *Child Development 46*: 224-228.

Fechner, G. 1876. *Vorschule der Ästhetik.* Leipzig: Breitkopf & Hartel.

Feshbach, S., and Singer, R. 1971. *Television and Aggression.* San Francisco: Jossey-Bass.

Festinger, L., Burnham, C., Ono, H., and Bamber, D. 1967. Inference and the conscious experiences of perception. *Journal of Experimental Psychology Monograph 74*: 1-36.

Field, J. 1976. Relation of young infants' reaching behavior to stimulus distance and solidity. *Developmental Psychology 12*: 444-448.

Fish, S. 1980. *Is there a text in this class?* Cambridge: Harvard University Press.

Fitzhenry-Coor, I. 1977. Children's comprehension and inference in stories of intentionality. Paper presented at Society for Research in Child Development, New Orleans, April.

Ford, C., Prothro, E., and Child, I. 1966. Some transcultural comparisons of aesthetic judgment. *Journal of Social Psychology 68*: 19-26.

Foucault, M. 1973. *Madness and civilization: a history of insanity in the age of reason.* New York: Random.

Francès, R. 1954. Recherches expérimentales sur la perception de la mèlodie. *Journal de Psychologie 3*: 439-457.

_____. 1958. *La perception de la musique.* Paris:

Vrin.

_____. 1968. *Psychologie de l'esthétique.* Paris: Presses Universitaires de France.

Francès, R., and Voillaume, H. 1964. Une composante du jugement pictural: la fidelité de la representation. *Psychologie Française 9*: 241-256.

Fraser, B. 1979. The interpretation of novel metaphors. In A. Ortony, ed. *Metaphor and thought.* Cambridge, Eng.: Cambridge University Press.

Freeman, N. 1980. *Strategies of representation in young children.* London: Academic Press.

Freeman, N., and Janikoun, R. 1972. Intellectual realism in children's drawings of a familiar object with distinct features. *Child Development 43*: 1116-1121.

Freimuth, M., and Wapner, S. 1979. The influence of lateral organization on the evaluation of paintings. *British Journal of Psychology 70*: 211-218.

Freud, A. 1955. *The psychoanalytical treatment of children.* New York: International Universities Press.

Freud, S. 1905. Three essays on the theory of sexuality. In J. Strachey, ed. *The standard edition of the complete psychological works of Sigmund Freud,* vol. 7. London: Hogarth Press, 1953.

_____. 1908. Creative writers and day-dreaming. In J. Strachey, ed. *The standard edition,* vol. 9. 1959.

_____. 1910. Leonardo da Vinci and a memory of his childhood. In J. Strachey, ed. *The standard edition,* vol. 11. 1957.

_____. 1911. Formulations of the two principles of mental functioning. In J. Strachey, ed.

The standard edition, vol. 12. 1958.

_____. 1913a. The claims of psychoanalysis to scientific interest. In J. Strachey, ed. *The standard edition*, vol. 13. 1955.

_____. 1913b. The theme of the three caskets. In J. Strachey, ed. *The standard edition*, vol. 12. 1958.

_____. 1913c. Totem and taboo. In J. Strachey, ed. *The standard edition*, vol. 13. 1955.

_____. 1914. The Moses of Michelangelo. In J. Strachey, ed. *The standard edition*, vol. 13. 1953.

_____. 1925. An autobiographical study. In J. Strachey, ed. *The standard edition*, vol. 20. 1959.

_____. 1928. Dostoevsky and parricide. In J. Strachey, ed. *The standard edition*, vol. 21. 1961.

Friedman, S., and Stevenson, M. 1980. Perception of movement in pictures. In M. Hagen, ed. *The perception of pictures*, vol. 1: Alberti's window: the projective model of pictorial information. New York: Academic Press.

Fucigna, C., and Wolf, D. 1981. The earliest two-dimensional symbols: the onset of graphic representation. Paper presented at Eleventh Annual Conference of the Jean Piaget Society, Philadelphia, May.

Gablick, S. 1976. *Progress in art*. New York: Rizzoli.

Gardner, H. 1970. Children's sensitivity to painting styles. *Child Development 41*: 813-821.

_____. 1971. The development of sensitivity to artistic styles. *The Journal of Aesthetics and Art Criticism 29*(4): 515-527.

_____. 1972. The development of sensitivity to figural and stylistic aspects of paintings. *British Journal of Psychology 63*: 605-615.

_____. 1973a. *The arts and human development*. New York: Wiley.

_____. 1973b. *Children's sensitivity to musical styles*. Merrill-Palmer Quarterly 19: 67-77.

_____. 1974a. Metaphors and modalities: how children project polar adjectives onto diverse domains. *Child Development 45*: 84-91.

_____. 1974b. The contributions of color and texture to the detection of painting styles. *Studies in Art Education 15*: 57-62.

_____. 1975. *The shattered mind*. New York: Knopf.

_____. 1977. Review of B. Bettelheim, The uses of enchantment: the meaning and importance of fairy tales. *Semiotica, 21*: 363-380.

_____. 1978. From Melvin to Melville: on the relevance to aesthetics of recent research on story comprehension. In S. Madeja, ed. *The arts, cognition, and basic skills*. St. Louis: Cemrel.

_____. 1979. Children's art: Nadia's challenge. *Psychology Today 13*(4): 18-23.

_____. 1980. *Artful scribbles: the significance of children's drawings*. New York: Basic Books.

_____. 1981. Breakaway minds: an interview with Howard Gruber. *Psychology Today 15*(7): 64-71.

_____. In press. Artistry following damage to the human brain. In A. Ellis, ed. *Normality and pathology in cognitive functions*. London: Academic.

Gardner, H., and Gardner, J. 1973. Developmental trends in sensitivity to form and subject matter in paintings. *Studies in Art Education 14*: 52-56.

Gardner, H., Kircher, M., Winner, E., and Perkins, D. 1975. Children's metaphoric productions and preferences. *Journal of Child Language 2*: 125-141.

Gardner, H., and Lohman, W. 1975. Children's sensitivity to literary styles. *Merrill-Palmer Quarterly 21*(2): 113-126.

Gardner, H., Silverman, J., Denes, G., Semenza, C., and Rosestiel, A. 1977. Sensitivity to musical denotation and connotation in organic patients. *Cortex 13*: 243-256.

Gardner, H., and Winner, E. 1981. Artistry and aphasia. In M. Sarno, ed. *Acquired aphasia*. New York: Academic Press.

Gardner, H., and Winner, E. 1982. First intimations of artistry. In. S. Strauss, ed. *U-shaped behavioral growth*. New York: Academic Press.

Gardner, H., Winner, E., and Kircher, M. 1975. Children's conceptions of the arts. *Journal of Aesthetic Education 9*(3): 60-77.

Gardner, H., and Wolf, D. 1979. First drawings: notes on the relationships between perception and production. In C. F. Nodine and D. F. Fisher, eds. *Perception and pictorial representation*. New York: Praeger.

Gardner, R., and Gardner, B. 1969. Teaching sign language to a chimpanzee. *Science 165*: 664-672.

Gardner, R., and Gardner, B. 1978. Comparative psychology and language acquisition. *Annals of the New York Academy of Sciences, 309*: 37-76.

Garfunkel, G. 1980. The development of compositional balance in children's drawings. Paper presented at Annual Meeting of American Educational Research Association, Boston, April.

Garvey, C. 1977. Play with language and speech. In S. Ervin-Tripp and C. Mitchell-Kernan, eds. *Child discourse*. New York: Academic Press.

Gaston, T., ed. 1968. *Music therapy*. New York: Macmillan.

Gates, A., and Bradshaw, J. 1977. The role of the cerebral hemispheres in music. *Brain and Language 4*: 403-431.

Gazzaniga, M. 1970. *The bisected brain*. New York: Appleton-Century-Crofts.

Geick, K. 1980. Unpublished research. Boston College, Chestnut Hill, Mass.

Geschwind, N. 1976. Approach to a theory of localization of emotion in the human brain. Paper presented at International Neuropsychological Symposium, Roc-Amadour, France.

Gesell, A., and Ilg, F. 1946. *The child fro five to ten*. New York: Harper.

Getzels, J., and Csikszentmihalyi, M. 1976. *The creative vision: a longitudinal study of problem finding in art*. New York: Wiley.

Getzels, J., and Jackson, P. 1962. *Creativity and intelligence: explorations with gifted students*. New York: Wiley.

Ghent, L. 1956. Perception of overlapping and embedded figures by children of different ages. *American Journal of Psychology 69*: 575-587.

Ghiselin, B., ed. 1952. *The creative process*. New York: Mentor.

Gibson, E. 1969. *Principles of perceptual learning and development*. New York: Appleton-

Century-Crofts.

Gibson, J. 1950. *The perception of the visual world*. Boston: Houghton Mifflin.

_____. 1954. A theory of pictorial perception. *Audio-visual Communication Review 1*: 3-23.

_____. 1960. Pictures, perspective, and perception. *Daedalus 89*: 216-227.

_____. 1966. *The senses considered as perceptual systems*. Boston: Houghton Mifflin.

_____. 1971. The information available in pictures. *Leonardo 4*: 27-35.

_____. 1979. *The ecological approach to visual perception*. Boston: Houghton Mifflin.

Gibson, J., and Yonas, P. 1968. A new theory of scribbling and drawing in children. In H. Levin, E. J. Gibson, and J. J. Gibson, eds. *The analysis of reading skill*. Washington, D.C.: U.S. Dept. of Health, Education, and Welfare, Office of Education (Final Report).

Glucksberg, S., Gildea, P., and Bookin, H. In Press. On understanding nonliteral speech: can people ignore metaphors? *Journal of Verbal Learning and Verbal Behavior*.

Gollin, E. 1960. Developmental studies of visual recognition of incomplete objects. *Perceptual and Motor Skills 11*: 289-298.

_____. 1961. Further studies of visual recognition of incomplete objects. *Perceptual and Motor Skills 13*: 307-314.

Golomb, C. 1973. Children's representation of the human figure: the effects of models, media, and instruction. *Genetic Psychology Monographs 87*: 197-251.

_____. 1974. *Young children's sculpture and drawing*. Cambridge: Harvard University Press.

_____. 1981. Representation and reality: the origins and determinants of young children's drawings. In *Review of Research Visual Arts Education 14*: 36-48.

Gombrich, E. 1960. *Art and illusion: a study in the psychology of pictorial representation*. Princeton: Princeton University Press.

_____. 1963. *Meditations on a hobby horse and other essays on the theory of art*. London: Phaidon Press.

Goodglass, H., and Kaplan, E. 1972. *The assessment of aphasia and related disorders*. Philadelphia: Lea and Febiger.

Goodman, N. 1968. *Languages of art*. Indianapolis: Bobbs-Merrill. 2nd ed. Indianapolis: Hackett, 1976.

_____. 1972. *Problem and projects*. Indianapolis: Bobbs-Merrill. Repub. Indianapolis: Hackett, 1976.

_____. 1975. The status of style. *Critical Inquiry 1*(3-4): 799-811.

_____. 1977. When is art? In D. Perkins and B. Leondar, eds. *The arts and cognition*. Baltimore: Johns Hopkins University Press. Rpt. in Ways of worldmaking. Indianapolis: Hackett, 1978.

Goodnow, J. 1971. Auditory-visual matching: modality problem or translation problem? *Child Development 42*: 1187-1201.

_____. 1977. *Children drawing*. Cambridge: Harvard University Press.

Gordon, H. 1978. Left-hemisphere dominance for rhythmic elements in dichotically presented melodies. *Cortex 14*: 58-70.

_____. 1980. Degree of ear asymmetries for perception of dichotic chords and for illusory chord localization in musicians of different levels of competence. *Journal of Experimental psychology: Human Perception and Performance 6*: 516-527.

Gordon, I. 1982. Left and right in art. In D. O'Hare, ed. *Psychology and the arts*. Atlantic Highlands, N.J.: Humanities Press.

Götz, K., Borisy, A., Lynn, R., and Eysenck, H. 1979. A new visual aesthetic sensitivity test: I. Construction and psychometric properties. *Perceptual and Motor Skills 49*: 795-802.

Gough, H. 1961. Techniques for identifying the creative research scientist. In *Proceedings of the Conference on "the creative person."* University of California Extension.

Gould, R. 1972. *Child studies through fantasy*. New York: Quadrangle Books.

Granger, G. 1955a. An experimental study of colour harmony. *Journal of General Psychology 52*: 21-35.

————. 1955b. The prediction of preference for color combinations. *Journal of General Psychology 52*: 213-222.

————. 1955c. An experimental study of colour preferences. *Journal of General Psychology 52*: 3-20.

Graves, M. 1946. *Design judgment test*. New York: Psychological Corporation.

Greene, G. 1980. *Ways of escape*. New York: Simon and Schuster.

Gregory, R. 1977. Review of *Nadia*. New Statesman, Dec. 1, p. 57.

Gruber, H. 1974. *Darwin on man: a psychological study of scientific creativity*. New York: E. P. Dutton. 2nd ed. Chicago: University of Chicago Press, 1981.

————. 1978. Darwin's "tree of nature" and other images of wide scope. In J. Wechsler, ed. *On aesthetics in science*. Cambridge: MIT Press.

Guilford, J. 1934. The affective value of color as a function of hue, tint, and chroma. *Journal of Experimental Psychology 17*: 342-370.

————. 1940. There is a system in color preferences. *Journal of the Optical Society of America 30*: 455-459.

————. 1967. *The nature of human intelligence*. New York: McGraw Hill.

Guillaume, P. 1927. The development of formal elements in the child's speech. In C. Ferguson and D. Slobin, eds. *Studies of child language development*. New York: Holt, Rinehart, and Winston, 1973.

Haber, R., and Haber, R. 1964. Eidetik imagery: I. frequency. *Perceptual Motor Skills 19*: 131-138.

Hagen, M. 1978. An outline of an investigation into the special character of pictures. In H. Pick and E. Saltsman, eds. *Modes of perceiving and processing information*. Hillsdale, N.J.: Lawrence Erlbaum Associates.

Hagen, M., and Jones, R. 1978. Cultural effects on pictorial perception: how many words is one picture really worth? In R. Walk and H. Pick, Jr., eds. *Perception and experience*. New York: Plenum.

Haith, M. 1966. Response of the human newborn to visual movement. *Journal of Experimental Child Psychology 3*: 235-243.

Hardi, I. 1962. The effect of psychotropic drugs on drawing. In G. Macagnani, ed. *Psicopatologia dell expressione*. Imola: Galeati.

————. 1966. Dynamic drawing tests applied in

psychotropic medication. *Third conferentia Hungarica pro therapia et investigatione in pharmacologia.* Budapest: Kultura.

_____. 1972. Reflection of manic-depressive psychoses in dynamic drawing tests. *Confinia Psychiatrica 15:* 64-70.

Haritos-Fatouros, M., and Child, I. 1977. Transcultural similarity in personal significance of aesthetic interests. *Journal of Cross-Cultural Psychology 8:* 285-298.

Harlow, H. 1953. Mice, monkeys, men, and motives. *Psychological Review 60:* 23-32.

Harris, D. 1963. *Children's drawings as measures of intellectual maturity.* New York: Harcourt Brace & World.

Hartmann, E. 1980. Quoted in *Harvard Gazette,* Jan. 18, p.3.

Hartmann, E., Russ, D., van der Kolk, B., Falke, R., and Oldfield, M. 1981. A preliminary study of the personality of the nightmare sufferer: relationship to schizophrenia and creativity? *American Journal of Psychiatry 138*(6): 794-797.

Hartmann, E., Russ, D., and Skoff, B. 1978. The biochemistry of the nightmare: possible involvement of dopamine. *Sleep Research 7:* 1078.

Hayes, C. 1951. *The ape in our house.* New York: Harper.

Hayes, K., and Hayes, C. 1953. Picture perception in home-raised chimpanzee. *Journal of Comparative and Physiological Psychology 46:* 470-474.

Heider, F., and Heider, G. 1941. Studies in the psychology of the deaf, No. 2. *Psychological Monographs 53:* 1-158.

Heilman, K. 1976. Affective disorders associated with right hemisphere disease. Address to Aphasia Academy, Florida, October.

Helmholtz, H. von. 1863. *On the sensations of tone as a physiological basis for the theory of music.* Ed. and trans. A. Ellis. New York: Dover, 1954.

_____. 1867. *Handbook of physiological optics.* Ed. and trans. J. Southall. New York: Optical Society of America.

Helson, H. 1948. Adaptation level as a basis for a quantitative theory of frames of reference. *Psychological Review 55:* 297-313.

Helson, R., and Crutchfield, R. 1970. Creative types in mathematics. *Journal of Personality 38:* 177-197.

Hevner, K. 1936. Experimental studies of the elements of expressions in music. *American Journal of Psychology 48:* 246-268.

_____. 1937. The affective value of pitch and tempo in music. *American Journal of Psychology 49:* 621-630.

Hochberg, J. 1978. Art and perception. In E. Carterette and M. Friedman, eds. *Perceptual ecology.* New York: Academic Press.

Hochberg, J., and Brooks, V. 1960. The psychophysics of form: reversible-perspective drawings of spatial objects. *American Journal of Psychology 73:* 337-354.

_____. 1962. Pictorial recognition as an unlearned ability: a study of one child's performance. *American Journal of Psychology 75:* 624-628.

Hochberg, J. and McAlister, E. 1953. A quantitative approach to figural goodness. *Journal of Experimental Psychology 46:* 361-364.

Holland, N. 1968. *The dynamics of literary response.* New York: Oxford University

Press.

_____. 1975. *Five readers reading*. New Haven: Yale University Press.

Hudson, W. 1960. Pictorial depth perception in subcultural groups in Africa. *Journal of Social Psychology 52*: 183-208.

Hulsker, J., ed. 1970. *Van Gogh's "Diary."* Amsterdam: Meulenhoff International.

Humphreys, L. 1939. Generalization as a function of method of reinforcement. *Journal of Experimental Psychology 25*: 361-372.

Hussain, F. 1965. Quelques problemes d'esthéique experimentale. *Sciences de l'art 2:* 103-114.

Imberty, M. 1969. *L'acquisition des structures tonales chez l'enfant.* Paris: Klincksieck.

Inhelder, B., and Piaget, J. 1964. *The early growth of logic in the child.* New York: Norton.

Iser, W. 1978. *The act of reading.* Baltimore: Johns Hopkins University Press.

Ittelson, W. 1952. *The Ames demonstrations in perception: a guide to their construction and use.* Princeton: Princeton University Press.

Iwao, S. and Child, I. 1966. Comparison of esthetic judgments by American experts and by Japanese potters. *Journal of Social Psychology 68:* 27-33.

Iwao, S., Child, I., and Garcia, M. 1969. Further evidence of agreement between Japanese and American esthetic evaluation. *Journal of Social Psychology 78:* 11-15.

Iwawaki, S., Eysenck, H., and Götz, K. 1979. A new visual aesthetic sensitivity test (VAST): II. Cross-cultural comparison between England and Japan. *Perceptual and Motor Skills 49:* 859-862.

Jackson, J. 1932. *Selected writings.* London:
Hodder and Stoughton.

Jahoda, G., Deregowski, J., Ampene, E., and Williams, N. 1977. Pictorial recognition as an unlearned ability: a replication with children from pictorially deprived environments. In G. Buterworth, ed. *The child's representation of the world.* New York: Plenum.

Jahoda, G., and McGurk, H. 1974. Pictorial depth perception in Scottish and Ghanaian children: a critique of some findings with the Hudson test. *International Journal of Psychology 9*(4): 225-267.

Jakobits, L. 1969. The affect of symbols: towards the development of a cross-cultural graphic differential. *International Journal of Symbology 1*: 28-52.

Jakobson, R. 1945. Commentary. Afanas'ev, pp.629-651.

_____. 1960. Closing statement: linguistics and poetics. In. T. A. Sebeok, ed. *Style in language.* Cambridge: M.I.T. Press.

Jakobson, R., and Halle, M. 1956. *Fundamentals of language.* The Hague: Mouton.

Jaspers, K. 1977. *Strindberg and Van Gogh.* Trans. O. Grunow and D. Woloshin. Tucson: University of Arizona Press.

Jeannerod, M., Gerin, J., and Pennier, J. 1968. Déplacements et fixations du regard dans l'exploration libre d'une scène visuelle. *Vision Research 8:* 81-97.

Jersild, A., and Bienstock, S. 1934. A study of the development of children's ability to sing. *Journal of Educational Psychology 25:* 481-503.

Johnson, M. 1967. Syntactic position and rated meaning. *Journal of Verbal Learning and*

Verbal Behavior 6: 240-246.

Johnson, N., and Mandler, J. 1980. A tale of two structures: underlying and surface forms in stories. Technical Report 80. Center for Human Information Processing, University of California, San Diego.

Jones, E. 1976. *Hamlet and Oedipus.* New York: Norton.

Jones, J. 1980. *Teaching art to older adults: guidelines and lessons.* Atlantic: Georgia Department of Administrative Services.

Juda, A. 1953. *Höchstbegabung: Ihre Erbverhältnisse sowie ihre Beziehungen zu psychischen Anomalien.* Munich: Urban and Schwarzenberg.

Judd, T., Arslenian, A., Davidson, L., and Locke, S. 1980. Unpublished research, Boston Veterans Administration Hospital.

Judd, T., Gardner, H., and Geschwind, N. 1980. Alexia without agraphia in a composer. Project Zero Technical Report No. 15., Harvard Graduate School of Education, Cambridge.

Julesz, B., and Spivack, C. J. 1967. Stereopsis based on vernier acuity cues alone. *Science 157*: 563-565.

Jung, C. G. 1960. *Psychology and religion.* New Haven: Yale University Press.

Kagan, J. 1970. The determinants of attention in the infant. *American Scientist 58*(3): 298-306.

Kallman, H. J., and Massaro, D. W. 1979. Tone chroma is functional in melody recognition. *Perception and Psychophysics 26*(1): 32-36.

Kamman, R. 1966. Verbal complexity and preferences in poetry. *Journal of Verbal Learning and Verbal Behavior 5*: 536-540.

Kanner, L. 1943. Autistic disturbances of affective contact. *Nerv. Child 2*: 217-250.

Kant, I. 1892. *Critique of judgment.* New York: London, Macmillan & Co.

Kellar, L. A., and Bever, T. G. 1980. Hemisphere asymmetries in the perception of musical intervals as a function of musical experience and family handedness background. *Brain and Language 10*: 24-38.

Kellogg, R. 1969. *Analyzing children's art.* Palo Alto: National Press Books.

Kennedy, J. E. 1961. The paired-comparison method and central tendency effect in esthetic judgments. *Journal of Applied Psychology 45*(2): 128-129.

Kennedy, J. M. 1974. *A psychology of picture perception.* San Francisco: Jossey-Bass.

Kennedy, J. M., and Ross, A. 1975. Outline picture perception by the Songe of Papua. *Perception 4*: 391-406.

Kessen, W., Levine, J., and Wendrich, K. 1979. The imitation of pitch in infants. *Infant Behavior and Development 2*: 93-99.

Kety, S. 1959. Biochemical theories of schizophrenia. *Science 129*: 1528-1532, 1590-1596.

_____. 1960. Recent biochemical theories of schizophrenia. In D. D. Jackson, ed. *The etiology of schizophrenia.* New York: Basic Books.

_____. 1969. Biochemical hypotheses and studies. In L. Bellak and L. Loeb, eds. *The schizophrenic syndrome.* New York: Grune.

Keyser, S. In press. There is method in their adness: the form of advertisement. *New Literary History.*

Kilpatrick, R. 1954. Two processes in perceptual learning. *Journal of Experimental Psychology 47*: 362-370.

Kimura, D. 1961. Cerebral dominance and the perception of verbal stimuli. *Canadian Journal of Psychology 15*: 166-171.

_____. 1973. The asymmetry of the human brain. *Scientific American 228*: 70-78.

Kinney, D., and Kagan, J. 1976. Infant attention to auditory discrepancy. *Child Development 47*: 155-164.

Kintgen, E. 1980. The perception of poetry. *Style 14*(1): 22-40.

Klee, F., ed. 1968. *The diaries of Paul Klee, 1898-1918.* Berkeley and Los Angeles: University of California Press.

Knapp, R. 1957. Achievement and aesthetic preference. In J. Atkinson, ed. *The assessment of human motives.* Princeton: Van Nostrand.

Knapp, R., McElroy, L., and Vaughn, J. 1962. On blithe and melancholic aestheticism. *Journal of General Psychology 67*: 3-10.

Koch, K. 1970. *Wishes, lies and dreams.* New York: Chelsea House.

Koffka, K. 1935. *Principles of Gestalt psychology.* New York: Harcourt Brace.

Kogan, N., Connor, K., Gross, A., and Fava, D. 1980. Understanding visual metaphor: developmental and individual differences. *Monographs of the Society for Research in Child Development 45*: 1.

Kohlberg, L. 1969. Stage and sequence: the cognitive-developmental approach to socialization. In D. A. Goslin, ed. *Handbook of socialization theory and research.* New York: Rand McNally.

Köhler, W. 1929. *Gestalt psychology.* New York: Liveright.

_____. 1937. Psychological remarks on some questions of anthropology. *American Journal of Psychology 50*: 271-288.

Kosslyn, S. 1980. *Image and mind.* Cambridge: Harvard University Press.

Kraepelin, E. 1919. *Dementia praecox and paraphrenia.* Trans. R. M. Barclay. Edinburgh: E. and S. Livingstone.

Kreitler, H., and Kreitler, S. 1972. *Psychology of the arts.* Durham: Duke University Press.

Kris, E. 1952. *Psychoanalytic explorations in art.* New York: International Universities Press.

Krumhansl, C. 1979. The psychological representation of musical pitch in a tonal context. *Cognitive Psychology 11*: 346-374.

Krumhansl, C., and Shepard, R. 1979. Quantification of the hierarchy of tonal functions within a diatonic context. *Journal of Experimental Psychology Human Perception and Performance 5*: 579-594.

Kubie, L. 1958. *Neurotic distortion of the creative process.* Lawrence: University of Kansas Press.

Kuhn, A. 1925. *Lovis Corinth.* Berlin: Im Propyläen-Verlag.

Kuhn, R. 1979. *Metaphor in science.* In A. Ortony, ed. Metaphor and thought. Cambridge, Eng.: Cambridge University Press.

Laing, J. 1964. Tuberculous paintings. *CIBA Symposium 12*: 135-143.

Laing, R. 1964. *Sanity, madness, and the family.* New York: Basic Books.

Lakoff, G., and Johnson, M, 1980. *Metaphors we live by.* Chicago: University of Chicago

Press.

Lamb, C, 1951. Sanity of genius. In *The last essays of Elia*. London: Oxford Clarendon Press.

Langer, S. 1942. *Philosophy in a new key*. Cambridge: Harvard University Press.

_____. 1953. *Feeling and form*. New York: Scribner.

Lark-Horowitz, B. 1937. On art appreciation of children: I, Preference of picture subjects in general. *Journal of Educational Research* 31(2): 118-137.

_____. 1938. On art appreciation of children: II. Portrait preference study. *Journal of Educational Research* 31(8): 572-598.

_____. 1939. On art appreciation of children: III. Textile pattern preference study. *Journal of Educational Research* 38(1): 7-35.

Lark-Horowitz, B., Lewis, H., and Luca, M. 1973. *Understanding children's art for better teaching*. 2nd ed. Columbus: Merrill.

Lawler, C., and Lawler, E. 1965. Color-mood associations in young children. *Journal of Genetic Psychology* 107: 29-32.

Leondar, B. 1977. Hatching plots: the genesis of storymaking. In D. Perkins and B. Leondar, eds. *The arts and cognition*. Baltimore: Johns Hopkins University Press.

Lesser, H., and Drouin, C. 1975. Training in the use of double-function terms. *Journal of Psycholinguistic Research* 4: 285-302.

Lévi-Strauss, C. 1970. *The raw and the cooked: introduction to a science of mythology*, vol. 1. Trans, J. and D. Weightman. New York: Harper and Row.

Lewis, H. 1963. The relationship of picture preference to developmental status in drawing. *Journal of Educational Research* 57: 43-46.

Lewkowicz, D. J., and Turkewitz, G, 1980. Cross-modal equivalence in early infancy: auditory-visual intensity matching. *Developmental Psychology* 16(6): 597-607.

Liberman, A. 1960. *The artist in his studio*. New York: Viking Press.

Liberman, A. M., Cooper, F., Shankweiler, D., and Studdert-Kennedy, M. 1967. Perception of the speech code. *Psychological Review* 74: 431-461.

Lidz, T, 1958. Schizophrenia and the family. *Psychiatry* 21: 21-27.

Lombroso, C. 1895. *The man of genius*. London: Scott.

Lord, A. 1965. *Singer of tales*. New York: Atheneum.

Lowenfeld, V., and Beittel, K. 1959. Interdisciplinary criteria of creativity in the arts and sciences: a progress report. *Research Yearbook, National Art Education Association*, pp. 35-44.

Lowenfeld, V., and Brittain, W. 1970. *Creative and mental growth*. 5th ed. New York: Macmillan.

Lowery, H. 1966. *A guide to musical acoustics*. New York: Dover.

Lundholm, H. 1921. The affective tone of lines. *Psychological Review* 28: 43-60.

Luria, A., Tsvetkova, L., and Futer, D. 1965. Aphasia in a composer. *Journal of Neurological Science* 2: 288-292.

Macalpine, I., and Hunter, R. 1969. Porphyria and King George III. *Scientific American* 221(1): 38-46.

Machotka, P. 1966. Aesthetic criteria in childhood: justifications of preference. *Child Develop-

ment 37: 877-885.

_____. 1979. *The nude: perception and personality.* New York: Irvington.

MacKinnon, D. 1961. The study of creativity and creativity in architects. In *Proceedings of the Conference on "the creative person."* Berkeley: University of California Extension.

_____. 1962. The nature and nurture of creative talent. *American Psychologist 17:* 484-495.

_____. 1965. Personality and the realization of creative potential. *American Psychologists 20:* 273-281.

Majer, B. 1963. The shattered language of schizophrenia. *Psychology Today 2*(6): 30-33, 60.

_____. 1966. *Principles of psychopathology: an experimental approach.* New York: McGraw.

_____. 1971. The language of schizophrenia: a review and interpretation. *British Journal of Psychiatry 120:* 3-17.

_____. 1974. Delusional thinking and perceptual disorder. *Journal of Individual Psychology 30:* 98-113.

Maher, B., McKean, K., and McLaughlin, B. 1966. Studies in psychotic language. In P. Stone, D. Dunphy, M. Smith, and D. Ogilvie, eds. *The general inquirer: a complete approach to content analysis.* Cambridge: M.I.T. Press.

Mandler, J. 1978. A code in the node: the use of a story schema in retrieval. *Discourse Processes 1:* 14-35.

Mandler, J., and Johnson, N. 1977. Remembrance of things parsed: story structure and recall. *Cognitive Psychology 9:* 111-151.

Mandler, J., Scribner, S., Cole, M., and DeForest, M. 1980. Cross-cultural invariance in story recall. *Child Development 51*(1): 19-26.

Maranda, E., and Maranda, P. 1971. *Structural models in folklore and transformational essays.* The Hague: Mouton.

Marshall, M. 1981. Musical wunderkinds. *Boston Globe Magazine,* July 26, pp. 8-9, 28-33, 41.

Marti, E. 1979. La pensée analogique chez l'enfant de 2 à 7 ans. Ph.D. dissertation, University of Geneva.

Matthysse, S. 1977. The role of dopamine in schizophrenia. In E. Usdin, D. Hamburg, and J. Barchas, eds. *Neuroregulators and psychiatric disorders.* New York: Oxford University Press.

McConaghy, S. 1980. Developmental differences in story comprehension. Paper presented to New England Child Language Association, Tufts University, November.

McGhee, P. 1973. Children's appreciation of humor: a test of the cognitive congruency principle. Paper presented at Society for Research in Child Development, Philadelphia.

McGhie, A., and Chapman, J. 1961. Disorders of attention and perception in early schizophrenia. *British Journal of Medical Psychology 34:* 103-116.

McKernon, P. 1979. The development of first songs in young children. *New Directions for Child Development 3:* 43-58.

McQuillian, M. 1975. A study of parody. Unpublished manuscript. Project Zero, Harvard Graduate School of Education, Cambridge.

Mednick, S. 1958. A learning theory approach to research in schizophrenia. *Psychological Bulletin 55:* 316-327.

_____. 1962. The associative basis of the creative process. *Psychological Review 69:* 220-232.

Meier, N. 1940. *The Meier art tests: I.* Art judgment. Iowa City: Bureau of Educational Research and Service, University of Iowa.

Melson, W., and McCall, R. 1970. Attentional responses of five-month girls to discrepant auditory stimuli. *Child Development 41:* 1159-1171.

Meltzer, H., and Stahl, S. 1976. The dopamine hypothesis of schizophrenia: a review. *Schizophrenia Bulletin 2:* 19-76.

Mendelsohn, E., Winner, E., and Gardner, H. 1981. Sorting out similarity. Unpublished manuscript, Project Zero, Harvard Graduate School of Education, Cambridge.

Meringoff, L. 1980. Influence of the medium on children's story apprehension. *Journal of Educational Psychology 72*(2): 240-249.

Meyer, L. 1956. *Emotion and meaning in music.* Chicago: University of Chicago Press.

———. 1979. Toward a theory of style. In B. Lang, ed. *The concept of style.* Philadelphia: University of Pennsylvania Press.

Millar, S. 1975. Visual experience or translation rules? Drawing the human figure by blind and sighted children. *Perception 4:* 363-371.

Milner, B. 1962. Laterality effects in audition. In V. B. Mountcastle, ed. *Interhemispheric relations and cerebral dominance.* Baltimore: Johns Hopkins Press.

Mirsky, A. 1969. Neuropsychological bases of schizophrenia. In D. L. Farnsworth, ed. *Annual review of psychology,* vol. 20. Palo Alto: Stanford University Press.

Moorhead, G., and Pond, D. 1941. *The music of young children: I.* Chant. Pillsbury Foundation Studies.

Morris, D. 1967. *The biology of art.* Chicago: Aldine-Atherton.

Munsinger, H., and Kessen, W. 1964. Uncertainty, Structure, and preference. *Psychological Monographs 78*(9), no. 586.

Murray, D., and Deabler, H. 1957. Colors and mood-tones. *Journal of Applied Psychology 41:* 279-283.

Murray, H. *Endeavors in psychology: selections from the personology of Henry A. Murray.* Ed. E. S. Schneidman. 1981. New York: Harper and Row.

Murray, J. 1973. Television and violence: implications of the surgeon general research program. *American Psychologist 28:* 472-478.

Mursell, J. 1937. *The psychology of music.* New York: W. W. Norton.

Naumburg, M. 1950. *Schizophrenic art: its meaning in psychotherapy.* New York: Grune & Stratton.

Nelson, K. 1974. Concept, wood and sentence: interrelations in acquisition and development. *Psychological Review 81:* 267-285.

Nettl, B. 1956a. Infant musical development and primitive music. *Southwestern Journal of Anthropology 12:* 87-91.

———. 1956b. *Music in primitive culture.* Cambridge: Harvard University Press.

Newhall, S. 1940. Measurement of simultaneous contrast. *Psychological Bulletin 37:* 500.

Newman, S. 1933. Further experiments in phonetic symbolism. *American Journal of Psychology 45:* 53-75.

Nisbett, R, and Wilson, T., 1977. Telling more than we can know: verbal reports on mental processes. *Psychological Review* 84(3): 231-259.

Nodine, C. 1982. Compositional design as a perceptual determinant of aesthetic judgment. *Review of Research in Visual Arts Education* 15: 43-54.

Normore, L. 1974. Verbal responses to visual sequences varying in uncertainty level. In D. Berlyne, ed. *Studies in the new experimental aesthetics.* New York: Wiley.

O'Connor, N., and Hermelin, B. 1961. Like and cross-modality recognition in subnormal children. *Quarterly Journal of Experimental Psychology* 11: 48-52.

O'Hare, D., and Gordon, I. 1976. An application of repertory grid technique to aesthetic measurement. *Perceptual and Motor Skills* 42: 1183-1192.

Olson, R. 1975. Children's sensitivity to pictorial depth information. *Perception and Psychophysics* 17(1): 59-64.

Olson, R., Pearl, M., Mayfield, N., and Millar, D. 1976. Sensitivity to pictorial shape perspective in 5-year-old children and adults. *Perception and Psychophysics* 20(3): 173-178.

Olton, R. 1979. Experimental studies of incubation: searching for the elusive. *Journal of Creative Behavior* 13(1): 9-22.

Olton, R., and Johnson, D. 1976. Mechanisms of incubation in creative problem solving. *American Journal of Psychology* 89(4): 617-630.

Opie, I., and Opie, P. 1960. *The lore and language of school children.* Oxford: Clarendon Press.

Orff, C. 1978. *The Schulwerk,* vol. 3. Trans. M. Murray. New York: Schoot.

Ortony, A. 1975. Why metaphors are necessary and not just nice. *Educational Theory* 25: 45-53.

_____. 1979a. Beyond literal similarity. *Psychological Review* 86: 161-180.

_____. 1979b. The role of similarity in similes and metaphors. In A. Ortony, ed. *Metaphor and thought.* Cambridge, Eng.: Cambridge University Press.

_____. 1980. Some psycholinguistic aspects of metaphor. In R. P. Honeck and R. R. Hoffman, eds. *Cognition and figurative language.* Hillsdale, N.J.: Lawrence Erlbaum Associates.

Ortony, A., Schallert, D., Reynolds, R., and Antos, S. 1978. Interpreting metaphors and idioms: some effects of context on comprehension. *Journal of Verbal Learning and Verbal Behavior* 17: 465-477.

Osgood, C. 1960. The cross-cultural generality of visual-verbal synesthetic tendencies. *Behavioral Science* 5: 6-69.

Otswald, P. 1973. Musical behavior in early childhood. *Developmental Medicine and Child Neurology* 15: 376-375.

Paraskevopoulas, I. 1968. Symmetry, recall and preference in relation to chronological age. *Journal of Experimental Child Psychology* 6: 254-264.

Pariser, D. 1979. A discussion of Nadia: a case study of extraordinary drawing ability in an autistic child. Project Zero Technical Report No. 9. Harvard Graduate School of Education, Cambridge.

Park, C. 1978. Review of L. Selfe, Nadia: a case of extraordinary drawing ability in an autistic child. *Journal of Autism and Childhood Schizophrenia* 8(4): 457-472.

Parsons, M., Johnston, M., and Durham, R. 1978. Developmental stages in children's aesthetic responses. *Journal of Aesthetic Education* 12(1): 83-104.

Patrick, C. 1935. Creative thought in poets. *Archives of Psychology*, no. 178.

_____. 1937. Creative thought in artists. *Journal of Psychology* 4: 35-73.

Patterson, F. G. 1977. Linguistic capabilities of a young lowland goulla. Paper presented at Symposium of the American Association for the Advancement of Science, Denver.

Payne, R. W., Mattussek, P., and George, E. 1959. An experimental study of schizophrenic thought disorder. *Journal of Mental Science* 105: 627-652.

Peckham, M. 1965. *Man's rage for chaos*. Philadelphia: Chitton.

Peel, E. 1944. On identifying aesthetic types. *British Journal of Psychology* 35: 61-69.

_____. 1946. A new method for analyzing aesthetic preferences: some theoretical considerations. *Psychometrika* 11: 129-137.

Perkins, D. 1979. Pictures and the real thing. Paper presented at Conference on Processing of Visible Language 2, Niagara-on-the Lake, Canada, Sept. 3-7.

_____. 1981. *The mind's best work*. Cambridge: Harvard University Press.

_____. In press. The perceiver as organizer and geometer. In J. Beck, ed. *Representation and organization in perception*. Hillsdale, N.J.: Erlbaum.

Perkins, D., and Cooper, R. 1980. How the eye makes up what the light leaves out. In M.

Hagen, ed. *The perception of pictures,* vol. 2. New York: Academic Press.

Peters, G., and Merrifield, P. 1958. Graphic representation of emotional feelings. *Journal of Clinical Psychology* 14: 375-378.

Pflederer, M. 1964. The responses of children to musical tasks embodying Piaget's principle of conservation. *Journal of Research in Music Education* 12(4): 251-268.

Phillips, W., Hobbs, S., and Pratt, F. 1978. Intellectual realism in children's drawings of cubes. *Cognition* 6: 15-34.

Piaget, J. 1952. *The child's conception of number.* New York: Humanities.

_____. 1963. *The origins of intelligence in children.* New York: Norton.

_____. 1965. *The moral judgement of the child.* New York: The Free Press.

Piaget, J., and Inhelder, B. 1967. *The child's conception of space.* New York: Norton.

Pickering, G. 1974. *Creative malady.* London: George Allen & Unwin.

Pickford, R. 1963. *Pickford projective pictures.* London: Tavistock.

_____. 1970. Psychiatric art. In H. Osborne, ed. *Oxford companion to art.* Oxford: Clarendon Press.

_____. 1972. *Psychology and visual aesthetics.* London: Hutchinson.

_____. 1982. Art and psychopathology. In D. O'Hare, ed. *Psychology and the arts.* London: Harvester.

Pine, F., and Holt, R. 1960. Creativity and primary process: a study of adaptive regression. *Journal of Abnormal and Social Psychology* 61: 370-379.

Piston, W. 1933. *Principles of harmonic analysis.*

Boston: E. C. Schirmer.

Pitcher, E., and Prelinger, E. 1963. *Children tell stories: an analysis of fantasy*. New York: International Universities Press.

Platt, W. 1933. Temperament and disposition revealed in young children's music. *Character and Personality* 2: 246-251.

Plokker, J. 1965. *Art from the mentally disturbed*. Boston: Little, Brown.

Poffenberger, A., and Barrows, B. 1924. The feeling value of lines. *Journal of Applied Psychology* 8: 187-205.

Pollio, H., and Burns, B. 1977. The anomaly of anomaly. *Journal of Psycholinguistic Research* 6: 247-260.

Pollio, M., and Pickens, J. 1980. The developmental structure of figurative competence. In R. Honeck and R. Hoffman, eds. *Cognition and figurative language*. Hillsdale, N.J.: Erlbaum.

Poore, H. R. 1967. *Composition in art*. New York: Dover.

Popper, K. 1968. *The logic of scientific discovery*. London: Hutchinson.

Popper, K. 1977. *The self and its brain*. New York: Springer-Verlag.

Potter, M. 1966. On perceptual recognition. In J. Bruner, R. Olver, and P. Greenfield, eds. *Studies in cognitive growth*. New York: Wiley.

Powers, J., III, Brainard, R., Abrams, R., and Sadacca, R. 1973. *Training techniques for rapid target detection*. Technical Paper 242, U.S. Army Research Institute for the Behavioral and Social Sciences.

Pratt, C. 1931. *The meaning of music: a study in psychological aesthetics*. New York:

McGraw-Hill.

Prince, G. 1973. *A grammar of stories*. The Hague: Mouton.

Prinzhorn, H. 1972. *Artistry of the mentally ill*. New York: Springer.

Propp, V. 1968. *Morphology of the folk tale*. Austin: University of Texas Press.

Rank, O. 1945. *Will therapy: truth and reality*. Trans. J. Taft. New York: Knopf.

Rao, H. 1923. *The psychology of music*. Bangalore, India: Guruvilas Printing Works.

Reimers, D. 1927. Untersuchungen uber die Entwickelung des Tonalitätsgefühls. In Laufe des Schulzeits, *Zeitschr. f. angew. Psychol*. 28. Cited in R. Francès, *La perception de la musique*. Paris: Vrin, 1958.

Révész, G. 1925. The *psychology of a musical prodigy*. New York: Harcourt Brace.

———. 1954. *Introduction to the psychology of music*. Norman: University of Oklahoma Press.

Rynolds, R., and Ortony, A. 1980. Some issues in the measurement of children's comprehension of metaphorical language. *Child Development* 51(4): 1110-1119.

Richards, I. A. 1929. *Practical criticism*. New York: Harcourt Brace.

———. 1936. Metaphor. In I. A. Richards. *The philosophy of rhetoric*. London: Oxford University Press.

———. 1960. Variant readings and misreadings. In T. A. Sebeok, ed. *Style in language*. Cambridge: M.I.T. Press.

Richter, J., ed. 1970. *The literary works of Leonardo da Vinci*, vol. 1. 3rd ed. London: Phaidon Press.

Rigg, M. 1940. Speed as a determiner of musical mood. *Journal of Experimental Psychology* 27: 566-571.

_____. 1942. *The Rigg poetry judgment test.* Iowa City: Bureau of Educational Research and Service, University of Iowa.

Rimland, B. 1964. *Infantile autism.* New York: Appleton-Century-Crofts.

Rosch, E. 1975. cognitive reference points. *Cognitive Psychology* 7: 532-547.

Rose, G. 1980. The power of form. *Psychological Issues,* Monograph 49. New York: International Universities Press.

Rose, S. 1977. Infants' transfer of response between two-dimensional and three-dimensional stimuli. *Child Development* 48: 1086-1091.

Rosenberg, J. 1964. *On quality in art: criteria of excellence, past and present.* Princeton: Princeton University Press.

Rosenblatt, L. *The reader, the text, the poem: the transactional theory of the literary work.* Carbondale: Southern Illinois University Press, 1978.

Rosenstiel, A., Morison, P., Silverman, J., and Gardner, H. 1978. Critical judgment: a developmental study. *Journal of Aesthetic Education* 12(4): 95-107.

Rosenthal, D. 1970. *Genetic theory and abnormal behavior.* New York: McGraw.

Rosinski, R., Mulholland, T., Degelman, D., and Farber, J. 1980. Picture perception: an analysis of visual compensation. *Perception and Psychophysics* 28(6): 521-526.

Rothenberg, A. 1971. The process of Janusian thinking in creativity. *Archives of General Psychiatry* 24: 195-205.

_____. 1979. *The emerging goddess.* Chicago: University of Chicago Press.

Rothenberg, A., and Hausman, C. 1976. *The creativity question.* Durham: Duke University Press.

Rubin, S., and Gardner, H. 1977. Once upon a time: the development of sensitivity to story structure. Unpublished manuscript, Project Zero, Harvard Graduate School of Education, Cambridge.

Rubin, S., and Wolf, D. 1979. The development of maybe: the evolution of social roles into narrative roles. In E. Winner and H. Gardner, eds. Fact, fiction, and fantasy in childhood. *New Directions for Child Development* 6: 15-28.

Ruff, H., Kohler, C., and Haupt, D. 1976. Infant recognition of two- and three-dimensional stimuli. *Developmental Psychology* 12: 455-459.

Rumelhart, D. 1977. Understanding and summarizing brief stories. In D. La Berge and S. Samuels, eds. *Basic processes in reading: perception and comprehension.* Hillsdale, N.J.: Lawrence Erlbaum.

_____. 1979. Some problem with the notion of literal meanings. In A. Ortony, ed. *Metaphor and thought.* Cambridge, Eng.: Cambridge University Press.

Ryan, T., and Schwartz, C. 1956. Speed of perception as a function of mode of representation. *American Journal of Psychology* 69: 60-69.

Saddock, J. M. 1979. Figurative speech and linguistics. In A. Ortony, ed. *Metaphor and thought.* Cambridge, Eng.: Cambridge University Press.

Sapir, E. 1929. A study in phonetic symbolism. *Journal of Experimental Psychology 12*: 225-239.

Sarno, M., ed. 1972. *Aphasia: selected readings.* New York: Appleton-Century-Crofts.

Scarlett, G. 1981. Problems in make-believe: real or pretend? Paper presented at Orthopsychiatry Conference, New York City.

Scarlett, G., and Wolf, D. 1979. When it's only make-believe: the construction of a boundary between fantasy and reality in storytelling. In E. Winner and H. Gardner, eds. Fact, fiction, and fantasy in childhood. *New Directions for Child Development 6*: 29-40.

Schaefer-Simmern, H. 1948. *The unfolding of artistic activity.* Berkeley: University of California Press.

Schapiro, M. 1962a. Leonardo and Freud: an art historical study. In P. Wiener and A. Noland, eds. *Ideas in cultural perspective.* New Brunswick: Rutgers University Press.

_____. 1962b. Style. In S. Tax, ed. *Anthropology today.* Abridged ed. Chicago: University of Chicago Press.

Scheerer, M., and Lyons, J. 1957. Line drawings and matching responses to words. *Journal of Personality 25*: 251-273.

Schiller, P. 1951. Figural preferences in the drawings of chimpanzee. *Journal of Comparative and Physiological Psychology 44*: 101-111.

Schoenberg, A. 1978. *Theory of harmony.* Berkeley: University of California Press.

Schonberg, R. 1974. *Adolescent thought and figurative language.* Ph.D. dissertation, University of Tennessee.

Schopenhauer, A. 1891. *The art of literature.* London: S. Sonnenschein.

Schwartz, J. 1980. Metalinguistic awareness: a study of verbal play in young children. Unpublished manuscript, Queens College, City University of New York.

Searle, J. 1979. Metaphor. In A. Ortony, ed. *Metaphor and thought.* Cambridge, Eng.: Cambridge University Press.

Seashore, C. 1967. *Psychology of music.* New York: Dover.

Seashore, C., Lewis, D., and Saetveit, J. 1960. *Manual of instruction and interpretations for the Seashore measures of musical talents.* 2nd rev. New York: The Psychological Corporation.

Segall, M., Campbell, D., and Herskovits, M. 1966. *The influence of culture on visual perception.* Indianapolis: Bobbs-Merrill.

Selfe, L. 1977. *Nadia: a case of extraordinary drawing ability in an autistic child.* London: Academic Press.

Serafine, M. 1979. A measure of meter conservation in music based on Piaget's theory. *Genetic Psychology Monographs 99*: 185-229.

Sergeant, D., and Roche, S. 1973. Perceptual shifts in the auditory information processing of young children. *Psychology of Music 1*(2): 39-48.

Sessions, R. 1951. *Harmonic practice.* New York: Harcourt, Brace.

Shakow, D. 1962. Segmental set: a theory of formal psychological deficit in schizophrenia. *Archives of General Psychiatry 6*: 1-17.

Shannon, B. 1980. *Lateralization effects in musical*

decision tasks. Neuropsychologia 18: 21-31.

Shapiro, B., Grossman, M., and Gardner, H. 1981. Selective musical processing deficits in brain-damaged patients. *Neuropsychologia* *19*: 161-170.

Shuter, R. 1968. *The psychology of musical ability*. London: Methuen.

Siegel, J. 1981. Culturally defined learning experience and musical perception. In *National Symposium on the Applications of Psychology to the Teaching and Learning of Music*. Reston, Va.: Music Educators National Conference.

Siegel, J., and Siegel, W. 1977a. Categorical perception of tonal intervals: musicians can't tell sharp from flat. *Perception and Psychophysics 21*(5): 399-407.

_____. 1977b. Absolute identification of notes and intervals by musicians. *Perception and Psychophysics 21*: 143-2.

Silberstein, L., Gardner, H., Phelps, E., and Winner, E. In Press. Autumn leaves and old photographs: the development of metaphor preferences. *Journal of Experimental Child Psychology*.

Silverman, J., Winner, E., Rosenstiel, A., and Gardner, H. 1975. On training sensitivity to painting styles. *Perception 4*: 373-384.

Simon, H., Newell, A., and Shaw, J. 1962. The processes of creative thinking. In H. Simon. *Models of thought*. New Haven: Yale University Press, 1979.

Simon, M. 1888. Les écrits et les dessins des aliénés. Ar*chives de l'Anthropologie Criminelle 3: 3*18-355.

Singer, J. 1973. *The child's world of make-believe*. New York: Academic Press.

Singer, J., and Singer, D. 1979. Television viewing, family style and aggressive behavior in preschool children. Paper presented at Meeting of American Association for the Advancement of Science, Houston, January.

Skinner, B. F. 1972. A lecture on having a poem. In B. F. Skinner. *Cumulative record*. 3rd ed. New York: Appleton-Century-Crofts.

Slater, E., and Meyer, A. 1959. Contributions to a pathography of the musicians. I. Robert Schumann. *Confinia Psychiatria, 2*: 65-94.

Smith, N. 1972. The origins of graphics symbolization in children 3-5. Ph.D. dissertation, Harvard University, Cambridge.

_____. 1980. Development and creativity in American art education: a critique. *High School Journal,* May, pp. 348-352.

Smith, P., and Smith, D. 1961. Ball-throwing responses to photographically portrayed targets. *Journal of Experimental Psychology 62*: 223-233.

Snyder, J. 1979. The spontaneous production of figurative language and word play in the grade school years. Ph.D. dissertation, Boston University.

Snyder, S. 1976. The dopamine hypothesis of schizophrenia: focus on the dopamine receptor. *American Journal of Psychiatry 133*(2): 197-202.

Souief, M., and Eysenck, H. 1972. Factors in the determination of preference judgments for polygonal figures: a comparative study. *International Journal of Psychology 7*: 145-153.

Souques, A., and Baruk, H. 1930. Autopsie d'un

cas d'amusie (avec aphasie) chez un professeur de piano. *Revue Neurologique* 1: 545-556.

Sparks, R., Helm, N., and Albert, M. 1973. *Melodic intonation therapy.* Paper presented at Academy of Aphasia, Albuquerque, October.

Sperry, R. 1974. Lateral specialization in the surgically separated hemisphere. In F. Schmitt and F. Worden, eds. *The neurosciences third study program.* Cambridge: M.I.T. Press.

Sperry, R., Gazzaniga, M., and Bogen, J. 1969. Interhemispheric relationships: the neocortical commisures: syndromes of hemispheric disconnection. In P. J. Vinken and G. W. Bruyn, eds. *Handbook of Clinical Neurology,* vol. 4. Amsterdam: North Holland Publishing.

Spiro, R. 1977. Inferential reconstruction in memory for connected discourse. In R. C. Anderson, R. J. Spiro, and W. E. Montague, eds. *Schooling and the acquisition of knowledge.* Hillsdale, N.J.: Lawrence Erlbaum Associates.

Springbett, B. 1960. The semantic differential and meaning in nonobjective art. *Perceptual and Motor Skills 10:* 231-240.

Steck, L., and Machotka, P. 1975. Preference for musical complexity: effects of context. *Journal of Experimental Psychology: Human Perception and Performance 1:* 170-174.

Stein, N., and Glenn, C. 1977. An analysis of story comprehension in elementary school children. In R. Freedle, ed. *Multidisciplinary approaches to discourse comprehension.* Hillsdale, N.J.: Ablex.

Stokes, A. 1955. Form in art. In M. Klein, ed. *New directions in psychoanalysis.* London: Tavistock.

Stone, I., and Stone, J., eds. 1960. *Dear Theo: the autobiography of Vincent van Gogh.* New York: Grove Press.

Strauss, S., ed. 1982. *U-shaped behavioral growth.* New York: Academic Press.

Sullivan, H. 1953. *The interpersonal theory of psychiatry.* Ed. H. Perry and M. Gawel. New York: Norton.

Sutton-Smith, B. 1975. The importance of the storytaker: an investigation of the imaginative life. *Urban Review 8:* 82-95.

_____. 1979. Presentation and representation in fictional narrative. In E. Winner and H. Gardner, eds. *Fact, fiction, and fantasy in childhood.* New Directions for Child Development 6: 53-65.

_____. 1981. *The folkstories of children.* Philadelphia: University of Pennsylvania Press.

Suzuki, S. 1969. *Nurtured by love: a new approach to education.* New York: Exposition Press.

Swinney, D., and Cutler, A. 1979. The access and processing of idiomatic expressions. *Journal of Verbal Learning and Verbal Behavior 18:* 523-534.

Szonyi, E. 1973. *Kodaly's principles in practice.* London: Boosey and Hawkes.

Tecce, J., and Cole, J. 1976. The distraction-arousal hypothesis, CNV, and schizophrenia. In D. I. Mostofsky, ed. *Behavior control and modification of physiological activity.* Englewood Cliffs, N.J.: Prentice Hall.

Teplov, B. M. 1966. *Psychologie des aptitudes musicales*. Paris: Presses Universitaires de France.

Thiel, C. 1927. An investigation of the drawings of deaf and dumb children. *Z. Kinderforsch 33*: 138-176.

Thorndyke, P. 1977. Cognitive structures in comprehension and memory of narrative discourse. *Cognitive Psychology 9*: 77-110.

Tighe, T. 1968. Concept formation and art: further evidence on the applicability of Walk's technique. *Psychometric Science 12*: 363-364.

Todd, J. 1943. Preferences of children for modern and older paintings. *Elementary School Journal 44*: 223-231.

Todorov, T. 1969. *Grammaire du Décaméron*. The Hague: Mouton.

_____. 1971. The two principles of narrative. *Diacritics*, Fall, p. 39.

Tolstoy, L. 1930. *What is art?* Oxford: Oxford University Press.

Torrance, E. 1962. *Guiding creative talent*. Englewood Cliffs, N.J.: Prentice-Hall.

Tourangeau, R., and Sternberg, R. 1981. Aptness in metaphor. *Cognitive Psychology 13*: 27-55.

Turbayne, C. 1962. *The myth metaphor*. New Haven: Yale University Press.

Tversky, A. 1977. Features of similarity. *Psychological Review 84*: 327-352.

Valentine, C. 1962. *The experimental psychology of beauty*. London: The Camelot Press, Methuen.

Vayo, J. 1977. A microgenetic study of metaphor comprehension in college students. Unpublished research, Project Zero, Harvard Graduate School of Education, Cambridge.

Venables, P. 1964. Input dysfunction in schizophrenia. In B. Maher, ed. *Progress in Experimental Personality Research,* vol. 1. New York: Academic Press.

Verbrugge, R. 1974. The comprehension of analogy. Ph.D. dissertation, University of Minnesota, Minneapolis.

_____. 1980. Transformations in knowing: a realist view of metaphor. In R. P. Honeck and R. R. Hoffman, eds. *Cognition and figurative language*. Hillsdale, N.J.: Erlbaum.

Verbrugge, R., and McCarrell, N. 1977. Metaphoric comprehension: studies in reminding and resembling. *Cognitive Psychology 9*: 494-533.

Vinegrad, M. 1972. A direct magnitude scaling method to investigate categorical vs. continuous modes of speech perception. *Language and Speech 15*: 114-121.

Vitz, P., and Todd, T. 1971. Preference for tones as a function of frequency (H_2) and intensity(db). *Psychological Review 78*(3): 207-228.

Voss, M. 1936. A study of conditions affecting the functioning of the art appreciation process at the child-level. In N. C. Meier, ed. *Studies in the Psychology of Art,* vol. 2. Psychology Monographs 48(1): 1-39.

Wadeson, H. 1980. *Art psychotherapy*. New York: Wiley.

Wagner, R. 1924. *My life*. New York: Dodd, Mead.

Wagner, S., Winner, E., Cicchetti, D., and Gardner, H. 1981. "Metaphorical" mapping in human infants. *Child Development 52*: 728-

731.

Walk, R. 1967. Concept formation and art: basic experiment and controls. *Psychometric Science 9*: 237-238.

Wall, J. 1959. The base line in children's drawings of self and its relationship to aspects of overt behavior. Ph.D. dissertation. The Florida State University, Tallahassee.

Wallach, M. 1960. Two correlates of symbolic sexual arousal: level of anxiety and liking for esthetic material. *Journal of Abnormal and Social Psychology 61*: 396-401.

Wallach, M., and Kogan, N. 1965. *Modes of thinking in young children.* New York: Holt, Rinehart, and Winston.

Wallas, G. 1926. *The art of thought.* New York: Harcourt, Brace.

Walton, W. 1936. Empathic responses in children. In N. C. Meier, ed. Studies in the Psychology of Art, vol. 2. *Psychological Monographs 48*(1): 40-67.

Wapner, W., Hamby, S., and Gardner, H. 1981. The role of the right hemisphere in the apprehension of complex linguistic materials. *Brain and Language 14*: 15-33.

Warrington, E. K., James, M., and Kinsbourne, M. 1966. Drawing disability in relation to laterality of cerebral lesion. *Brain 89*: 53-82.

Waxman, S. G., and Geschwind, N. 1974. Hypergraphia in temporal lobe epilepsy. *Neurology 24*: 629-636.

Weiner, M. 1956. Perceptual development in distorted room: a phenomenological study. *Psychological Monographs 70*: 16.

Weir, R. 1962. *Language in the crib.* The Hague: Mouton.

Weitz, M. 1956. The role of theory in aesthetics. *Journal of Aesthetics and Art Criticism 15*: 27-35.

Werner, H. 1961. *Comparative psychology of mental development.* New York: Wiley.

Werner, H., and Kaplan, B. 1963. *Symbol Formation.* New York: Wiley.

Wertheimer, M. 1945. *Productive thinking.* New York: Harper.

Wexner, L. 1954. The degree to which colors (hues) are associated with mood-tones. *Journal of Applied Psychology 38*: 432-435.

Wheelwright, P. 1954. *The burning fountain: a study in the language of symbolism.* Bloomington: Indiana University Press.

White, R. 1959. Motivation reconsidered: the concept of competence. *Psychological Review 66*: 297-331.

Wild, C. 1965. Creativity and adaptive regression. *Journal of Personality and Social Psychology 2*: 161-169.

Willats, J. 1977. How children learn to represent three-dimensional space in drawings. In G. Butterworth, ed. *The child's representation of the world.* New York: Plenum Press.

Wilson, B. 1966. An experimental study designed to alter fifth and sixth grade students' perception of paintings. *Studies in Art Education 8*(1): 33-42.

Wilson, B., and Wilson, M. 1977. An iconoclastic view of the imagery sources in the drawings of young people. *Art Educations 30*: 5-11.

Wimsatt, W. 1967. *The verbal icon: studies in the meaning of poetry.* Lexington: University of Kentucky Press.

Wing, H. 1948. Tests of musical ability and

appreciation. *British Journal of Psychology, Monograph Supplement*, 27.

Winn, M. 1979. The pleasures and perils of being a child prodigy. *New York Times Magazine*. Dec. 23, pp. 12-17, 38-45.

Winner, E. 1979. New names for old things: the emergence of metaphoric language. *Journal of Child Language* 6(3): 469-491.

_____. 1980. Unpublished research, Boston College.

Winner, E., Engel, M., and Gardner, H. 1980. Misunderstanding metaphor: what's the problem? *Journal of Experimental Child Psychology 30*: 22-32.

Winner, E., and Ettlinger, E. 1979. Do chimpanzees recognize photographs as representations of objects? *Neuropsychologia 17*: 413-420.

Winner, E., and Gardner, H. 1977. The comprehension of metaphor in brain-damaged patients. *Brain 100*: 719-727.

Winner, E., and Gardner, H. 1979. Investigations of the imaginative realm. *New Directiosn for Child Development 6*: vii-xii.

Winner, E., McCarthy, M., and Gardner, H. 1980. The ontogenesis of metaphor. In R. Honeck and R. Hoffman, eds. *Cognition and figurative language*. Hillsdale, N.J.: Lawrence Erlbaum Associates.

Winner, E., McCarthy, M., Kleinman, S., and Gardner, H. 1979. First metaphors. In D. Wolf, ed. Early symbolization. *New Directions for Child Development 3*: 29-41.

Winner, E., Mendelsohn, E., Garfunkel, G., Arangio, S., and Stevens, S. 1981. Are children's drawings balanced? Paper presented at Society for Research in Child Development, Boston.

Winner, E., Rosenstiel, A., and Gardner, H. 1976. The development of metaphor understanding. *Developmental Psychology 12*: 289-297.

Winner, E., Wapner, W., Cicone, M., and Gardner, H. 1979. Measures of metaphor. In *New Directions for Child Development 6*: 67-75.

Wittgenstein, L. 1953. *Philosophical investigations*. New York: Macmillan.

Wohlwill, J. 1965. Texture of the stimulus field and age as variables in the perception of relative distance in photographic slides. *Journal of Experimental Child Psychology 2*: 166.

Wolfflin, H. 1932. *Principles of art history*. London: G. Bell and Sons.

Wollheim, R. 1979. Pictorial style: two views. In B. Lang, ed. *The concept of style*. Philadelphia: University of Pennsylvania Press.

Woodworth, R. S. 1938. *Experimental psychology*. New York: Holt.

Yonas, A. 1979. Attached and cast shadows. In C. F. Nodine and D. F. Fisher, eds. *Perception and pictorial representation*. New York: Praeger.

Yonas, A., Goldsmith, L., and Hallstrom, J. 1978. Development of sensitivity to information provided by cast shadows in pictures. In *Perception 7*(3): 333-341.

Yonas, A., and Hagen, M. 1973. Effects of static and motion parallax depth information on perception of size in children and adults. *Journal of Experimental Child Psychology 15*: 254-265.

Zaidel, E. 1977. Unilateral auditory language comprehension on the Token Test following cerebral commissurotomy and hemispherectomy. *Neuropsychologia 15*: 1-8.

Zaimov, K., Kitov, D., and Kolev, N. 1969. Aphasie chez un peintre. *Encephale 68*: 377-417.

Zenatti, A. 1969. Le développement génétique de la perception musicale. Mon*ographies Françaises de Psychologie, no.* 17.

Ziff, P. 1953. The task of defining a work of art. *Philosophical Review 62*: 58-78.

Zigler, E., Levine, J., and Gould, L. 1966. Cognitive processes in the development of children's appreciation of humor. *Child Development 37*: 507-518.

Zigler, E., Levine, J., and Gould, L. 1967. Cognitive challenge as a factor in children's humor appreciation. *Journal of Personality and Social Psychology 6*: 332-336.

Zimmerman, R., and Hochberg, J. 1963. Pictorial recognition in the infant monkey. *Proceedings of the Psychonomic Society 46*.

Zimmerman, R., and Hochberg, J. 1971. The facilitation of picture discrimination after object discrimination learning in the neonatal monkey and probably vice versa. *Psychonomic Science 24*(5): 239-241.

찾아보기

인 명

Abrams, R./182
Ackerman, J./197
Alajouanine, /473, 488
Albers, J./210
Albert, M./486
Alland, Alexander/225, 247
Alpert, M./529
Altshuler, R./227
Ames, L./161, 447
Ampene, E./176
Anagnostopoulou, K./179
Anastasi, A./520, 522, 526
Anisfeld, M./437, 442
Antos, S./367
Anwar, M./116, 119
Applebee, A/455
Arangio, S./196, 227
Arieti, S./506, 509
Aristotle/31, 359, 361, 378,
     391, 451, 493, 532
Arnheim, Rudolf/19, 34, 59,

78, 81, 87, 111, 151,
165, 191, 193, 210, 227,
235, 243, 248, 510, 512
Arslenian, A./487
Asch, Solomom/54, 411
Attneave, F./152, 154, 296

Bach, J. S./284
Bamber, D./143
Bamberger, J./318, 320, 322,
     324, 341
Barron, Frank/55, 62, 75,
     120, 500
Barrows, B./168
Bartlett, J./297, 314
Baruk, H./487
Baudelaire, Charles/32, 480
Beebe-Center, J./101, 113,
     209
Behrend, Louise/340
Beittel, Kenneth/60
Bell, Clive/23
Bergman, Ingmar/88

Berlyne, Daniel/64, 101,
     103, 106, 197
Berndt, E./425
Berndt, T./425
Bernstein, Leonard/328
Bettelheim Bruno/264, 405,
     419, 421
Bever, T. G./467, 488, 490
Bienstock, S./333
Billig, O./510, 513
Billow, R./415, 445
Birkhoff, George/101
Black, M./364
Blackwell, H./295
Blake, William/31, 498
Blumstein, S./478
Bogen, T./466, 484, 486
Bonaparte, M./392
Bookin, H./368
Bornstein, M./207
Bosch, Hieronymus/498
Boswell, S./193
Botez, M./486

내 용

역│자│약│력 ·····················

이 모 영

고려대학교 심리학과 졸업
독일 Katholische Universitaet Eichstaett 심리학 박사
〈현재〉 선문대학교 상담 · 산업심리학과 교수

『Wahrnehmungsdynamik und Ausdruckswahrnehmung』(1996)
예술에 대한 심리학적 접근의 비판적 고찰(2000)
예술적 창조성에 대하여 '시각적 사고' 개념이 지니는 함축적 의미에 관한 연(2000)
미적 경험에 관한 다차원 통합모델(2002)외 다수의 논문을 발표함.

이 재 준

고려대학교 심리학과 졸업
〈현재〉 홍익대학교 미학과 박사과정

예술심리학

2004년 4월 6일 1판 1쇄 발행
2019년 9월 20일 1판 6쇄 발행

지은이 • Ellen Winner
옮긴이 • 이모영 · 이재준
펴낸이 • 김진환
펴낸곳 • (주) 학지사

04031 서울특별시 마포구 양화로 15길 20 마인
드월드빌딩
대표전화 • 02)330-5114   팩스 • 02)324-2345
등록번호 • 제313-2006-000265호

홈페이지 • http://www.hakjisa.co.kr
페이스북 • https://www.facebook.com/hakjisa

ISBN 89-7548-576-5 93180

정가 22,000원

출판 · 교육 · 미디어기업 학지사

간호보건의학출판 학지사메디컬 www.hakjisamd.co.kr
심리검사연구소 인싸이트 www.inpsyt.co.kr
학술논문서비스 뉴논문 www.newnonmun.com
원격교육연수원 카운피아 www.counpia.com